역주
맹자요의

역자 소개

김선희 이화여대 철학과 교수
전성건 안동대 동양철학과 교수
정소이 서강대 종교학과 교수
함영대 경상대 한문학과 교수
김보름 안양대 HK연구교수

감수
이지형 성균관대 명예교수

역주 『맹자요의』

초판 1쇄 발행일 2020년 12월 31일

저자 정약용
역자 다산학술문화재단 맹자요의강독회
기획 다산학술문화재단
펴낸이 정해창
펴낸곳 도서출판 사암

신고번호 제22-2709호 (2005. 8. 30)
주소 서울시 서초구 서초대로 248 나주정씨 월헌회관 801호
전화 02-585-9548
팩스 02-585-9549
이메일 saambooks@gmail.com
홈페이지 www.tasan.or.kr
ISBN 979-11-87130-02-4 93140
값 48,000원

다산번역총서

역주
맹자요의
孟子要義

정약용 지음
다산학술문화재단 맹자요의강독회 옮김

사암

차례

역주 서문 15

일러두기 / 번역 범례 18

서설 1. 맹자는 자사에게 가르침을 받았는가?〔受業子思〕 20
서설 2. 맹자의 자는 자거인가?〔字子車〕 26
서설 3. 『맹자』는 맹자가 직접 지은 것인가?〔《孟子》自作〕 28
서설 4. 『맹자외서』 4편에 대하여〔《外書》四篇〕 32
서설 5. 조기와 정현의 주에 대하여〔趙岐·鄭玄註〕 36

양혜왕梁惠王 상上

1-1 맹자가 양혜왕을 만났다는 장〔孟子見梁惠王章〕 42
1-2 양혜왕이 못가에 서 계신다는 장〔梁惠王立於沼上章〕 52
1-3 하내가 흉년이 들면 그곳의 백성을 하동으로 옮긴다는 장〔內凶則移其民於河東章〕 58
1-6 양양왕은 바라보아도 임금 같지 않다는 장〔梁襄王望之不似章〕 70
1-7 제선왕이 양으로 소를 바꾼 장〔齊宣王以羊易牛章〕 74

양혜왕梁惠王 하下

2-1 장포가 맹자를 보고 음악을 좋아하는 것에 대해 질문한 장〔莊暴見孟子章〕 94
2-2 제선왕이 문왕이 소유한 동산의 크기에 대해 질문한 장〔齊宣王曰文王之囿章〕 100

2-4 제선왕이 설궁에서 맹자를 보고 즐거움에 대해 질문한 장〔齊宣王見孟子於雪宮章〕 102

2-5 제선왕이 명당을 훼철해야 할지의 여부를 묻는 장〔齊宣王問毀明堂章〕 116

2-10 제나라 사람이 연나라를 정벌하여 승리한 것에 대해 논의한 장〔齊人伐燕勝之章〕 124

2-14 제나라 사람들이 설나라에 성을 쌓는 것에 대해 기록한 장〔齊人將築薛章〕 132

2-16 노평공이 맹자를 보려고 했지만 총애하는 신하인 장창이 이를 저지한 장
〔魯平公嬖人臧倉章〕 136

공손추公孫丑 상上

3-1 공손추가 관중과 안자에 대한 평가를 질문한 장〔公孫丑問管仲晏子章〕 144

3-2 공손추가 부동심에 대해 물은 장〔公孫丑問不動心章〕 150

3-4 인하면 영화롭고 불인하면 치욕을 당한다는 장〔仁則榮不仁則辱章〕 200

3-5 현명한 이를 높이고 재능 있는 자를 등용하며 시장에 자릿세만 받고
세금을 징수하지 않는 일에 관한 장〔尊賢使能市廛而不征章〕 204

3-6 사람에게는 모두 차마 모질게 하지 못하는 마음이 있다는 장〔人皆有不忍人之心章〕 206

3-7 화살 만드는 사람과 갑옷 만드는 사람에 관한 장〔矢人函人章〕 220

3-9 백이와 유하혜에 관한 장〔伯夷柳下惠章〕 228

공손추公孫丑 하下

4-1 천시가 지리보다 못하다는 것에 관한 장〔天時不如地利章〕 242

4-7 맹자가 제나라에서 노나라로 가서 장례를 치른 일과
충우가 관을 만드는 일을 맡게 된 일에 관한 장〔自齊葬於魯充虞敦匠事章〕 250

4-8 심동이 연을 정벌할 수 있는지 물은 장〔沈同問燕可伐章〕 262

4-8 제나라가 연나라를 정벌한 일에 관한 장〔齊人伐燕章〕 264

4-9 연나라가 배반한 일과 주공이 관숙에게 연나라를 감독하게 한 장〔燕人畔周公管叔章〕 266

4-11 맹자가 제나라를 떠나 주 땅에 유숙한 일에 관한 장〔去齊宿於晝章〕 278

등문공滕文公 상上

5-1 등문공이 세자였을 때 맹자가 말씀마다 반드시 요순을 칭한 장
〔滕文公爲世子孟子言必稱堯舜章〕 286

5-2 등정공이 죽고 삼년상을 정하는 장 〔滕定公薨定爲三年之喪章〕 306

5-3 등문공이 나라 다스리는 법을 묻자 하은주 모두 십분의 일의 세법을 시행했다고 하는 장
〔滕文公問爲國夏殷周皆什一章〕 320

5-3 필전으로 하여금 정전제를 묻게 한 장 〔使畢戰問井地節〕 348

5-4 신농의 말을 실천하는 허행에 관한 장 〔有爲神農之言者許行章〕 358

5-5 묵가인 이지가 서벽을 통해 맹자를 뵙고자 하는 장 〔墨者夷之因徐辟求見章〕 372

등문공滕文公 하下

6-2 경춘이 공손연과 장의에 대해 말한 장 〔景春曰公孫衍張儀章〕 378

6-3 주소가 '옛 사람은 석 달 동안 군주를 섬기지 못하면 조문을 간다'는 것을 물은 장
〔周霄問曰古之人三月無君則弔章〕 380

6-4 팽갱이 '뒤따르는 수레가 수십 대'에 대해 물은 장 〔彭更問曰後車數十乘章〕 386

6-5 만장이 소국인 송에 대해 묻자 탕임금이 갈백을 정벌한 일을 말한 장
〔萬章問曰宋小國湯征葛伯章〕 390

6-7 공손추가 '양화가 공자를 뵙고자 한 일'에 대해 물은 장 〔公孫丑問陽貨欲見孔子章〕 400

6-8 대영지가 '십분의 일 세금을 걷고 통관세와 영업세를 철폐하는 일'에 대해 말한 장
〔戴盈之曰什一去關市之征章〕 404

6-9 공도자가 '바깥 사람들이 모두 선생님께서 변론하기를 좋아한다'고 말한 장
〔公都子曰外人皆稱夫子好辯章〕 406

이루離婁 상上

7-1 이루의 눈 밝음과 공수자의 공교한 손재주에 대한 장 〔離婁之明公輸子之巧章〕 418

7-7 천하에 도가 있으면 작은 덕을 지닌 사람이 큰 덕을 지닌 사람에게 부림을 받는다는 장
〔天下有道小德役大德章〕 426

7-8 어린 아이의 '창랑의 물!'이라는 노래가 있다는 장〔有孺子歌曰滄浪之水章〕 430

7-11 도는 가까운 곳에 있는데 먼 곳에서 구하며, 사람마다 자기 부모를 친히 여기면
　　　천하는 평안해질 것이라는 장〔道在邇而求諸遠人人親其親而天下平章〕 432

7-12 아랫자리에 있으면서 윗사람의 마음을 얻지 못하는 것에 대한 장〔居下位而不獲於上章〕 434

7-13 백이가 주왕을 피해 북해의 물가에 살았다는 장〔伯夷辟紂居北海之濱章〕 438

7-14 염구가 계씨의 가신이 되었으나 북을 울리고 성토한다는 장〔求也爲季氏宰鳴鼓而攻之章〕 446

7-15 사람에게 있는 것 가운데 눈동자보다 더 좋은 것은 없다는 장〔存乎人者莫良乎眸子章〕 452

7-18 군자가 자식을 가르치지 않고 자식을 바꾸어 가르쳤다는 장〔君子不敎子易子以敎之章〕 454

7-19 증자가 증석을 봉양한 것에 대한 장〔曾子養曾晳章〕 456

7-20 인물에 대해 더불어 잘못을 다 말할 수 없고, 정사를 다 비판할 수 없다는 장
　　　〔人不足與適也政不足間也章〕 458

7-21 예상치 못한 칭찬이 있으며, 완전함을 구하다가 비방도 받을 수 있다는 장
　　　〔有不虞之譽求全之毀章〕 460

7-22 사람이 말을 함부로 하는 것은 꾸짖을 필요조차 없다는 장〔人之易其言也無責耳矣章〕 462

7-24 악정자가 자오를 따라 제나라로 갔다는 장〔樂正子於從子敖之齊章〕 464

7-27 인의 실제는 부모를 섬기는 것이고, 의의 실제는 형을 따르는 것이라는 장
　　　〔仁之實事親義之實從兄章〕 466

이루離婁　하下

8-1 순은 저풍에서 태어나 명조에서 별세했다는 장〔舜生於諸馮卒於鳴條章〕 476

8-2 자산이 수레로 사람들을 건네주었다는 장〔子産乘輿濟人章〕 480

8-3 군주가 신하 보기를 수족과 같이 하면 신하가 군주 보기를 복심과 같이 한다는 장
　　　〔君視臣如手足臣視君如腹心章〕 484

8-4 죄 없이 사를 죽이면 대부는 그 나라를 떠날 수 있다는 장〔無罪而殺士則大夫可以去章〕 490

8-10 중니께서는 너무 심한 것은 하지 않으셨다는 장〔仲尼不爲已甚者章〕 492

8-11 대인은 말은 반드시 신뢰를 주어야 한다는 데만 매이지는 않으며, 행실은 반드시
　　　실천되어야 한다는 데만 매이지 않는다는 장〔大人言不必信行不必果章〕 494

8-11 대인은 갓난아이의 마음을 잃지 않은 자라는 장〔大人者不失其赤子之心章〕 498

8-13 살아있는 이를 봉양하는 것은 대사에 해당될 수 없다는 장〔養生不足以當大事章〕 500

8-14 군자는 깊이 나아가되 알맞은 방법으로 한다는 장〔君子深造之以道章〕 502

8-17 말에 실상이 없는 것은 상서롭지 못하다는 장〔言無實不祥章〕 504

8-18 중니께서 자주 물을 일컬으며 '물이여! 물이여!' 하셨다는 장〔仲尼亟稱於水曰水哉水哉章〕 506

8-19 사람이 금수와 다른 점이 몇 가지나 되겠느냐는 장〔人之所以異於禽獸者幾希章〕 508

8-20 우왕은 맛난 술을 싫어하고, 선량한 말을 좋아했다는 장〔禹惡旨酒而好善言章〕 512

8-21 왕자의 자취가 종식됨에『시』가 없어지고,『시』가 없어진 뒤에『춘추』가 나왔다는 장
〔王者之迹熄而詩亡春秋作章〕 514

8-22 군자의 유택도 오세면 끊긴다는 장〔君子之澤五世而斬章〕 524

8-24 방몽이 활쏘기를 예에게서 배웠다는 장〔逢蒙學射於羿章〕 528

8-25 서자도 불결한 것을 뒤집어쓰고 있으면, 사람들이 모두 코를 막고 지나간다는 장
〔西子蒙不潔人皆掩鼻章〕 532

8-26 천하에서 성에 대해 말하는 것은 천 년 뒤의 동지도 알 수 있을 것이라는 장
〔天下之言性也千歲之日至章〕 536

8-28 군자가 일반인과 다른 것은 마음을 보존하기 때문이라는 장〔君子所以異於人者以其存心章〕 542

8-29 우와 직이 세 번 자기 집 문 앞을 지나갔다는 장〔禹稷三過其門章〕 546

8-33 제나라 사람 중에 아내와 첩을 두고 집에 사는 자가 있었다는 절〔齊人有一妻一妾節〕 548

만장萬章 상上

9-1 순이 밭에 가서 하늘을 향해 부르짖으며 우신 이유에 대해 만장이 질문한 장
〔萬章問舜往于田號泣于旻天章〕 554

9-2 순이 부모에게 아뢰지 않고 아내를 얻은 것과 아버지 고수가 순을 살해하려고 창고를
손질하게 하고 우물을 파게한 것에 대해 만장이 질문한 장〔萬章曰舜不告而娶完廩浚井章〕 566

9-3 상이 날마다 순을 살해하려고 했지만, 순은 천자가 된 뒤에 오히려 그를 유비라는 땅에
봉해준 것에 대해 질문한 장〔象日以殺舜爲事封之有庳章〕 574

9-4 함구몽이 덕이 성대한 선비는 군주가 신하로 삼을 수 없다는 것에 대해 질문한 장
〔咸丘蒙問盛德之士君不得而臣章〕 578

9-5 요임금이 천하를 순에게 주었다는 것의 사실 여부와 순이 요임금의 아들을 피해 남하의
남쪽으로 갔다는 것에 대해 만장이 질문한 장〔萬章曰堯以天下與舜舜避堯之子於南河之南章〕 588

9-6 우왕 때에 이르러 덕이 쇠해져 현자에게 제위를 물려주지 않고 세습하게 되었는지에 대해
　　만장이 질문한 장 [萬章問至禹德衰不傳於賢章] 594

9-7 이윤이 탕임금에게 요리를 장기로 등용되기를 요구했는지를 만장이 질문한 장
　　[萬章問伊尹以割烹要湯章] 600

9-9 맹자에게 백리해가 진나라에 스스로 팔려가서 다섯 장의 양가죽을 받고 소를 먹여 진목공
　　에게 등용되기를 요구했다는 일을 만장이 질문한 장 [萬章問百里奚自鬻於秦五羊之皮章] 604

만장萬章 하下

10-1 백이가 눈으로는 나쁜 빛을 보지 않았다는 등의 내용에 대한 장 [伯夷目不視惡色章] 612

10-2 북궁의가 주왕조의 작록제도에 대해 질문한 장 [北宮錡問周室班爵祿章] 626

10-3 만장이 벗의 도리에 대해 묻자 맹자가 맹헌자와 비혜공의 사례를 들어 답해준 장
　　[萬章問友孟獻子費惠公章] 636

10-4 만장이 맹자에게 교제를 하는 마음가짐과 공자가 엽교를 행한 것에 대해 질문한 장
　　[萬章問交際孔子獵較章] 642

10-6 선비가 제후에게 의탁하지 않는 이유와 자사가 목공의 대접을 받으려 하지 않은
　　이유에 대해 만장이 맹자에게 질문한 장 [萬章曰士不託諸侯繆公子思章] 656

10-7 선비가 제후를 만나보지 않는 이유와 제경공이 우인을 부른 이유에 대해
　　만장이 맹자에게 질문한 장 [萬章曰不見諸侯齊景公招虞人章] 660

10-8 한 고을의 선사라야 한 고을의 선사를 벗할 수 있다는 말의 숨은 뜻을 살펴볼 수 있는 장
　　[一鄉之善士斯友一鄉之善士章] 664

고자告子 상上

11-1 고자가 성은 기류와 같다고 한 장 [告子曰性猶杞柳也章] 676

11-2 고자가 성은 단수와 같다고 한 장 [告子曰性猶湍水章] 680

11-3 고자가 생을 성이라고 하고 개와 말과 사람의 성에 대해 말한 장
　　[告子曰生之謂性犬牛人之性章] 682

11-6 성에는 선도 없고 불선도 없다고 한 고자의 말을 가지고 공도자가 질문한 장
　　[公都子曰告子曰性無善無不善章] 696

11-7 풍년에는 자제들이 의뢰함이 많다는 것과 모맥과 역아에 대한 장〔富歲子弟多賴麰麥易牙章〕 718

11-8 우산의 나무가 일찍이 아름다왔다는 장〔牛山之木嘗美矣章〕 732

11-10 물고기도 내가 원하는 것이고 곰발바닥도 내가 원한다는 장〔魚我所欲熊掌亦我所欲章〕 740

11-11 인은 마음의 덕이고 의는 마음의 길이라고 한 장〔仁人心也義人路也章〕 744

11-13 공나무·파나무·오동나무·재나무를 사람들이 생장시키려고 한다는 장
〔拱把之桐梓人苟欲生之章〕 748

11-14 사람은 자기 몸에 사랑하는 바를 겸하며 몸에는 귀천과 대소가 있다는 장
〔人之於身也兼所愛體有貴賤有小大章〕 750

11-15 대체를 따르기도 하고 소체를 따르기도 한다는 것에 대해 공도자가 물은 장
〔公都子問或從其大體或從其小體章〕 754

11-16 천작이 있고 인작이 있다고 한 장〔有天爵者有人爵者章〕 758

11-17 귀하고자 하는 것은 사람의 똑같은 마음이라는 장〔欲貴者人之同心章〕 760

11-18 인이 불인을 이김은 물이 불을 이김과 같다는 장〔仁之勝不仁也猶水勝火章〕 762

11-19 오곡이 익지 못하면 피만도 못하다는 장〔五穀不熟不如荑稗章〕 764

고자告子 하下

12-1 임나라 사람이 옥려자에게 예와 밥, 색과 예의 경중을 물은 장〔任人問屋廬子食色禮章〕 768

12-2 사람은 모두 요순이 될 수 있다고 하는 말에 대해 조교가 물은 장〔曹交問人皆可以爲堯舜章〕 772

12-3 고자가 소반은 소인의 시라고 말한 장〔高子曰小弁小人之詩章〕 776

12-6 손우곤이 명성과 실질을 먼저 하는 사람에 대해 말한 장〔淳于髡曰先名實者爲人章〕 782

12-7 오패는 삼왕의 죄인이라는 장〔五覇三王之罪人章〕 786

12-8 노나라가 신자를 장군으로 삼으려고 했다는 장〔魯欲使愼子爲將軍章〕 790

12-9 지금 군주를 섬기는 자들은 걸왕을 부유하게 하고 걸왕을 도와주는 자라는 장
〔今之事君者富桀輔桀章〕 796

12-10 백규가 조세의 20분의 1을 취한다고 하자
작은 맥국이 되는 것에 불과하다는 장〔白圭曰吾欲二十而取一大貉小貉章〕 798

12-15 순임금은 견묘의 가운데에서 발신하였고, 부열은 판축의 사이에서 등용되었다고 한 장
〔舜發於畎畝之中傅說擧於版築之間章〕 802

진심盡心 상上

13-1 그 마음을 다하는 자는 그 본성을 알 수 있다는 장 〔盡其心者知其性章〕 810

13-2 무엇이든 명 아님이 없으니, 명을 아는 이는 위험한 담 밑에 서지 않는다는 장
〔莫非命也不立乎巖牆之下章〕 828

13-4 만물이 모두 나에게 갖추어져 있으니 서를 힘써 행하면 인을 구함이
이보다 가까울 수 없다는 장 〔萬物皆備於我强恕而行求仁莫近章〕 832

13-5 행하면서도 밝게 알지 못하며 익숙하면서도 살피지 못한다는 것에 관한 장
〔行之而不著焉習矣而不察焉章〕 836

13-7 부끄러움이 사람에게는 큰일이라는 장 〔恥之於人大矣章〕 838

13-12 백성을 편안하게 하는 도로 백성을 부리는 것과 살리는 도로 백성을 죽이는 것에 관한 장
〔以佚道使民以生道殺民章〕 840

13-13 패자의 백성들은 즐거워하고 왕자의 백성들은 만족한다는 장
〔覇者之民驩虞如王者之民皥皥如章〕 842

13-16 요임금이 깊은 산중에 거하며 나무와 돌과 함께 하시고
사슴과 멧돼지와 함께 노닐었다는 장 〔舜居深山之中與木石居與鹿豕游章〕 846

13-17 하지 말아야 할 것을 하지 않고, 하고자 하지 않아야 할 것을 하려 하지 말아야 한다는 장
〔無爲其所不爲無欲其所不欲章〕 848

13-18 사람들 가운데 덕과 지혜와 방법을 가진 자 및 외로운 신하와 서자에 관한 장
〔人之有德慧術知者孤臣孼子章〕 850

13-21 땅을 넓히고 백성을 늘리는 것은 군자가 바라는 것이라는 것과 군자의 본성은 얼굴에
환히 드러나고 등에 가득하다는 장 〔廣土衆民君子欲之睟面盎背章〕 854

13-22 백이가 주왕을 피해 북해의 바닷가에 살았던 일에 관한 장 〔伯夷辟紂居北海之濱章〕 858

13-24 공자가 동산에 올라 노나라를 작게 여기시고 태산에 올라 천하를 작게 여기셨다는 장
〔孔子登東山小魯登泰山小天下章〕 860

13-25 닭이 울면 일어나 부지런히 선을 행하는 것에 관한 장 〔鷄鳴而起孶孶爲善章〕 862

13-26 양주가 천하를 위해 한 터럭을 뽑지 않고 묵자가 정수리를 갈아 발꿈치에 이르더라도
하지 않겠다는 장 〔楊子拔一毛而不爲墨子摩頂放踵章〕 864

13-27 굶주린 자는 먹을 것을 달게 여기고 목마른 자는 마실 것을 달게 여긴다는 장
〔飢者甘食渴者甘飮章〕 868

13-30 요순은 본성대로 하셨고 탕무는 몸소 실천하셨다는 장 〔堯舜性之湯武身之章〕 870

13-35 순이 천자이고 고요가 법관인데 고수가 살인을 했다는 가정을 도응이 질문한 장
〔桃應問舜爲天子皐陶爲士瞽瞍殺人章〕 872

13-36 맹자가 범 땅에서 제나라로 가면서 제선왕의 아들을 보고 거처가 기운을 움직이고
봉양함이 몸을 바꾼다고 감탄한 장 〔自范之齊見齊宣王之子居移氣養移體章〕 878

13-37 먹이기만 하고 사랑하지 않는다면 돼지로 교제하는 것이며
공경하지 않으면 짐승을 기르는 것과 같다는 장 〔食而弗愛豕交之愛而弗敬獸畜之章〕 880

13-38 형과 색이 천성이라는 장 〔形色天性也章〕 882

13-39 제선왕이 상기를 단축하고자 하자 공손추가 기년상에 대해 언급한 장
〔齊宣王欲短喪公孫丑曰爲朞之喪章〕 884

13-42 천하에 도가 있을 때는 도를 기준으로 몸을 따르게 한다는 장 〔天下有道以道殉身章〕 888

13-44 그만두어서는 안 될 경우에 그만두는 자는 그만두지 못할 것이 없다는 장
〔於不可已而已者無所不已章〕 890

13-45 군자는 사물에 대해 아끼기는 하나 인으로 사랑하지 않는다는 장
〔君子之於物也愛之而弗仁章〕 892

13-46 지혜로는 자는 모르는 것이 없다는 것과 남의 시마복과 소공복은
자세히 살핀다는 것에 관한 장 〔知者無不知也緦小功放飯流歠章〕 894

진심盡心 하下

14-4 '나는 진을 잘 치며 전쟁을 잘한다'고 한 구절에서 '짐승이 뿔을 땅에 대듯이 하였다'라는
구절에 대한 장 〔我善爲陳善爲戰若崩厥角章〕 898

14-10 이로움에 주밀한 자는 흉년이 죽일 수 없다는 장 〔周于利者凶年不能殺章〕 900

14-14 백성이 귀하고 사직은 그다음이라고 한 장 〔民爲貴社稷次之章〕 902

14-15 성인은 백세의 스승이니 백이와 유하혜가 그에 해당한다는 장
〔聖人百世之師伯夷柳下惠章〕 906

14-16 인은 사람이라는 뜻이니, 합하여 말하면 도라는 장 〔仁者人也合而言之道也章〕 908

14-21 고자에게 말한 산길의 샛길은 며칠만 다니면 된다는 장 〔高子曰山徑之蹊間介然用之章〕 910

14-22 우왕의 음악이 문왕의 음악보다 낫다고 하자 '성문의 수레바퀴 자국이 두 말의 힘으로
이루어진 것이겠는가?'라고 물은 장 〔禹之聲尙文王之聲城門之軌兩馬之力章〕 912

12-24 입과 맛, 눈과 색의 관계에 대한 장 〔口之於味目之於色章〕 920

14-25 악정자가 어떤 사람인지 호생불해가 물은 장〔浩生不害問樂正子何人章〕 930

14-27 삼베와 실에 대한 세와 곡식에 대한 세에 대한 장〔有布縷之征粟米之征章〕 932

14-29 분성괄이 제나라에서 벼슬한 장〔盆成括仕於齊章〕 934

14-35 마음 기르는 데 욕심 줄이는 것보다 나은 것이 없다는 장〔養心莫善於寡欲章〕 938

14-37 공자께서 진나라에 계시면서 우리 당의 선비가 광간하다고 했던 말씀에 관해
만장이 질문한 장〔萬章問曰孔子在陳曰吾黨之士狂簡章〕 940

14-38 요순으로부터 탕왕에 이르기까지 5백년이라고 한 장〔由堯舜至於湯五百有餘歲章〕 946

색인 948

역주 서문

『맹자요의』는 다산의 주요한 경학 저작 가운데 하나이다. 다산의 인간관과 심성론을 이해하는 데 가장 중요한 텍스트 가운데 하나로 널리 알려져 다산의 방대한 저서 가운데서도 일찍부터 연구자들에게 읽혀왔다. 그 결과 번역본도 비교적 일찍 나왔는데, 1994년 현대실학사에서 『역주 다산 맹자요의』라는 이름으로 이지형 선생이 출간한 책이 바로 그것이다. 그 후 20여 년이 흐르도록 새로운 번역이 나오지 않아 여전히 유일한 번역본으로 남아있다. 다산의 인간 이해를 파악하는 데 요긴하게 활용된 것에 비해서는 다소 아쉬운 현실이다.

2014년 우리들이 이 책을 새롭게 번역해보자고 마음먹었던 것도 그러한 아쉬움의 발로였다. 때마침 다산학술문화재단에서 다산의 사서학과 관련하여 독회 지원을 하고 있었다. 실시학사 경학반에서 함께 경학을 공부하던 동학들과 함께 서강대에 자리를 잡은 정소이 교수의 연구실에서 본격적으로 독해를 시작한 것이 2015년 1월이었다. 그리고 매주 한 번씩 주로 화요일 저녁 시간에 만나 독해를 진행했다. 재단의 지원은 독회 전후를 풍성하게 해 주었다. 독회의 과정에서 우리는 공부와 인생과 삶을 이야기했다. 공부보다 뒷자리가 길어지기도 했다.

독해를 진행한 지 3년이 지났을 때 전성건 교수는 안동대에 자리를 잡으면서 자기 몫의 번역을 진작에 완료하고 내려갔고, 다산 문헌학으로 막 학위 논문을 제출한 김보름 선생이 빈자리를 채웠다.

그리고 다시 2년이 흘러 2020년 후학기부터는 김선희 선생이 이화여대 철학과에, 함영대 선생이 경상대 한문학과에 부임했고, 김보름 선생도 안양대 HK연구팀에 연구교수가 되어 좀 더 나은 연구여건을 얻게 되었다. 아마도 강독을 하며 만났던 다산의 영령이 그 후학들의 길을 열어준 것이 아니었을까?

독회의 결실은 나름 꾸준하게 진행되면서 구성원들의 의미 있는 논문으로 결실을 맺기도 하고 새로운 연구시야를 얻는 데 도움도 주었다. 하지만 서로의 엇갈리는 일정으로 인해 번역 자체는 빠르게 진척되지 못했다. 재단의 재촉이 없었더라면 이 독회는 아직도 느림보 걸음을 하고 있을지 모른다.

이지형 선생의 노작에 기대어 우리말 번역을 다듬고, 주석을 보충하며 설명을 좀 더 곡진하게 하려고 노력했지만 과연 얼마나 더 진전된 성과가 있었는지는 이 책을 읽어줄 독자들의 몫이다.《정본 여유당전서》의 성과를 반영하면서 가능한 한 젊은 연구자들이 자유롭게 토론한 내용을 반영하려고 노력했다는 것으로 아쉬움을 달래고 위안을 삼으려 한다.

이 책을 번역하면서 우리는 다산의 치열함과 치밀함을 응원하기도 하고 아쉬워하기도 했다. 기존에 제시된 단편적 이해를 다산의 경학 저작의 흐름이나 『맹자요의』 전편에 대한 폭넓은 시각으로 새롭게 정립할 필요를 느끼기도 했다. 한편 학자로서의 다산에 대해서는 경세적인 측면을 강조할 법도 한데 지나치게 고증적으로 흐르거나 자신의 생각을 지나치게 고집하는 것을 발견하기도 했고, 정조와의 과강을 떠올리며 회답할 때는 전통 전제군주 시대의 학자로서의 면모와 여전히 정조의 유신이라는 정체감을 지닌 다산을 재발견하기도 했다. 인증과 고이의 국면은 이후 『상서고훈』에서 더욱 세밀하게 진행되는데, 그 고증적인 단초를 이 『맹자요의』에서 보기도 했다.

그렇지만 우리의 동의 여부와 상관없이 다산의 설명은 그 어느 것 하나

진지하지 않은 것이 없었다. 다산은 『맹자』라는 유교 경전에 대해 당시 동아시아 경학 연구의 성과를 최대한 흡수하고 새로운 시각을 더해 기존에는 보기 어려운 새로운 논점을 적지 않게 제시했다. 그것이 바로 다산이 드러내고 싶었던 '맹자요의孟子要義'였을 것인데 우리는 이 번역을 통해 그러한 특징적인 국면이 조금이나마 드러나길 기대한다.

새로운 번역서를 내는 즈음에 특별이 고마운 마음을 전해야 할 곳이 있다. 연구의 동력을 제공해주고 그 성과를 번역서로 출간하는 데 큰 도움을 준 다산학술문화재단과 시종 잘 이끌어주신 이주행 선생님께 감사의 말씀을 드린다. 덕분에 독회는 넉넉하면서도 알찬 성과를 낼 수 있었다. 원고를 마무리하는 과정에서 큰 힘을 보태준 안동대학교 동양철학과 대학원생인 배민식 군과 은두기 군에게도 고마움을 전한다. 덕분에 원고는 한층 다듬어졌다.

이 책이 이렇게 단정한 모습으로 나올 수 있었던 것은 사암출판사 편집부의 노고 덕분이다. 두 손 모아 고마운 마음을 전한다.

지금은 고인이 되신 벽사 이우성 선생님은 우리 독회반 성원 모두의 스승이시다. 덕분에 우리는 조금이나마 다산 경학의 일반一斑을 맛보게 되었다. 존모의 마음을 담아 가르침에 보답하는 마음으로 이 책을 영전에 올린다. 다산학의 진척에 이 책이 조금이나마 도움이 되길 진심으로 바란다.

아울러 이 책의 출간을 며칠 앞두고, 이지형 선생님의 부고가 전해졌다. 황망하고 안타까운 마음을 감출 길이 없다. 다만 이 책의 출간으로 선생님의 경학 연구에 대한 열정이 후학들에게 전해지길 간절히 기대한다.

2020년 12월에
공동 역자

일러두기

1. 이 책은 이지형 선생의 『역주 다산 맹자요의』(현대실학사, 1994)를 근간으로 《정본 여유당전서》(다산학술문화재단, 2012)의 교감 표점의 성과를 반영하여 새롭게 번역한 것이다.
2. 원전 번역의 성과를 극대화하기 위해 원문과 번역문은 대교하여 배치하되 지면의 효율적인 활용을 위해 교감주를 비롯한 주석은 가급적 원문에 붙였다.
3. 번역문의 체제는 원문의 체제를 존중하여 다산의 견해가 게시된 '용안鏞案'을 기준으로 단락지었으나 논의의 성격에 따라 구분하기도 했다.
4. 장절에서 다산의 견해가 특징적으로 드러난 구절에 대해서는 역자들이 기존 번역본의 성과를 바탕으로 새롭게 역자평을 수록하기도 했다. 역자평의 경우 '＊'으로 구분했다.
5. 맹자 261장 가운데 다산의 주석이 반영된 153장의 구절은 해당하는 맹자의 원전을 먼저 제시하고 번역하되 다산의 견해를 해석에 반영했다. 그 외 『맹자』의 일반적인 표점은 현대 맹자학에서 가장 널리 읽혀지는 楊伯俊의 『孟子譯註』(中華書局, 1960)를 따랐다.
6. 기타 번역과 관련해서는 한국고전번역원에서 시행하고 있는 일반 한국고전번역의 기준을 준용했다.
7. 『맹자』 원문과 해당 번역 부분에는 왼쪽에 선을 그어 구별해두었다.

번역 범례

1. 이 책은 다산 정약용의 저술 『맹자요의』를 역주한 것이다.
2. 한문 원문은 다산학술문화재단에서 2012년에 편찬한 『정본 여유당전서』의 표점본을 그대로 수록했으나, 표점에 명백한 오류가 있는 경우 바로잡았다.
3. 원문의 현대어 번역은 가급적 직역을 위주로 하되 이해를 돕기 위해 필요한 곳에서는 의역했다.
4. 번역은 한글 전용을 원칙으로 하되 이해를 돕기 위해 때로 한자를 병기하기도 했다.
5. 인명, 서명, 지명과 같은 고유명사들과 고사성어 및 주요 학술용어에는 각주를 붙였다.
6. 표제에서 다산은 상하장의 구분을 하지 않았으나 일반적인 맹자 색인의 범례에 따라 구분하여 제시했다.
7. 이 책에서 쓴 표기 부호는 다음과 같다.
    『　』: 서명. 예) 『孟子集註』, 『莊子』
    【　】: 다산 정약용의 원주原註.
    [　]: 한자어의 음이 다르거나 뜻풀이를 한 경우. 예) 극형[上刑]
    「서명·편명·소편명」: 출전 표시. 예) 『書經·尙書·湯誥』, 『정조실록』1년(1777) 5월 10일
    "　": 인용 또는 대화.
    '　': 강조 또는 인용 속의 인용.

孟子要義

서설序說 1. 맹자는 자사에게 가르침을 받았는가? 〔受業子思〕

《史記·列傳》曰: "孟軻,[1] 騶[2] 人也。受業子思[3] 之門人。"
○趙岐[4]《題辭》曰: "孟子幼被慈母之教, 長師孔子之孫子思, 治儒術。"

○《漢書·藝文志》[5] 曰: "孟子名軻。子思弟子。"
○《孔叢子》[6] 曰: "孟子親受業於子思。"

---

1) 孟軻: 맹자(B.C. 372~B.C. 289)는 중국 전국시대의 정치가 사상가로, 자사의 문인에게 수학하여 공자의 유교이념을 계승하고 발전시킨 대표적인 유교 사상가이다. 공자의 인仁사상을 발전시켜 인의仁義의 사상에 입각한 왕도정치를 주장했고, 그 심성론적 기초로 성선설性善說을 제시했다. 그의 사상을 담은 『맹자』는 송대 이후에 13경의 하나로 채택되었고, 그는 공자 다음가는 성인인 아성亞聖으로 일컬어졌다.
2) 騶: 중국 산동성 추성鄒城 일대에 있던 나라로 하나라 때는 주邾로 불리다가 전국시대에 국명이 추鄒로 변경되었다. 맹자가 여기서 태어났으며 B.C. 369에 초나라에 멸망당했다.
3) 子思: 자사(B.C. 481~B.C. 402)는 중국 춘추시대의 학자로 공자의 손자. 이름은 급伋. 사마천은 『중용中庸』을 자사가 지었다고 하였다. 현재 중국학계에서는 자사와 맹자의 학술에 연관성이 있다고 파악하여 두 사람의 공통되는 학풍과 학파를 사맹학思孟學 또는 사맹학파孟學派라고 부르고 있다.
4) 趙岐: 조기(108~201)는 후한의 경학가. 마융馬融의 형의 딸에게 장가들어 마융에게 『주례』를 묻기도 했다. 당대 권세가의 미움을 받아 각지로 도망을 다니다가 북해 손숭孫嵩의 벽장에서 『맹자』에 주석을 붙였는데, 그것이 현전하는 최초의 『맹자』 주석서가 되었다. 그의 주석은 다소 정치적인 색채가 강하며 박실樸實한 경향이 있다.
5) 『漢書·藝文志』: 반고가 지은 중국 정사 중 하나. 한대의 대표적인 문헌학자 유흠劉歆의 『칠략七略』 7권을 산절刪節하여 한대까지 전해지던 문헌들의 내용을 분류해 소개한 것이다. 정사에 「예문지」가 포함된 것은 『한서』에서 비롯되었다. 이 「예문지」의 분류에서 『맹자』는 경전이 아닌 제자서로 평가받아 「제자략諸子略」에 속했다.
6) 『孔叢子』: 공씨 집안 선생들의 언행록. 전한前漢 때 공자의 9대손인 공부孔鮒가 편찬한 책으로 알려져 있다. 처음에 공자 이하 자사子思·자상子上·자고子高·자순子順의 언행을 모아 21편으로 펴냈고, 그 후 효무제 때 태상太常인 공장孔臧이 자신이 저술한 부賦와 서書를 『연총상하편連叢上下篇』이라 이름붙이고, 덧붙여 '공총자'라고도 했다. 주희朱熹는 그 문체가 서한의 문체가 아니라고 지적하며 위서로 보았고, 명대 학자 호응린胡應麟은 공자의 20대손인 공계언孔季彦을 비롯한 후손들이 선대先代의 유언일사遺言佚事를 집성集成

『사기·열전』에서 말했다. "맹가孟軻는 추騶나라 사람이다. 자사子思의 문인에게 수업을 받았다."

○ 조기趙岐의 『맹자제사孟子題辭』에서 말했다. "맹자는 어려서 자상한 어머니의 가르침을 받았고, 커서는 공자의 손자인 자사를 스승으로 모시고 유가의 학술[儒術]을 닦았다."

○ 『한서·예문지藝文志』에서 말했다. "맹자의 이름은 가軻이다. 자사의 제자이다."

○ 『공총자孔叢子』에서 말했다. "맹자는 자사에게 직접 가르침을 받았다."

한 것이라고 했다. 다산 역시 이 책을 위서僞書라고 지적한 바 있다.

○王劭[7]曰: "《史記》曰'門人', 人是衍字."【王劭, 隋之秘書監】

○司馬貞[8]曰: "王劭以人爲衍字."

○吳程[9]曰: "按孟子自魏 惠王三十五年游梁, 至哀王七年而燕人畔齊[10]。距孔子蓋一百六十七年, 是爲周 赧王之三年, 而孟子著書之成, 固猶在其後也。況孔子夢奠[11]時, 伯魚[12]之沒已六載, 子思固長, 不然亦非幼矣。子思享年六十有二, 去孔子四五十年而卒, 而孟子始生, 其不得親受業, 可見。故孟子但曰'私淑[13]諸人', 而《集註》以爲子思之徒。於〈論語序說〉, 只稱門人."【見《通考》[14]】

---

7) 王劭 : 왕소는 수隋나라의 비서감으로, 자는 군무君懋.『수서』 80권과『독서기讀書記』 등의 저술이 전한다.
8) 司馬貞 : 사마정(679-732)은 당나라의 사학자. 당 현종 때 조산대부, 소문관학사에 이르렀고, 저명한 사기 주석서인『사기색은史記索隱』 30권을 비롯『사기보史記補』,『삼황본기三皇本紀』 등을 편찬했다.
9) 吳程 : 오정(893-965)은 오대십국시대의 오월국의 재상이자 학자. 시호는 충렬忠烈이다.
10) 燕人畔齊 : 관련 내용이『맹자·공손추 하』 9장에 나온다.
11) 夢奠 : 꿈에서 제사의 제물을 받는다는 뜻으로 공자 스스로 자신의 죽음을 일컫는 말로 사용했다. 공자가 죽은 사람의 빈소를 설치하는 양쪽 기둥 사이에 앉아 재물을 받는 꿈을 꾸었는데 공자는 그 꿈을 구고 7일 동안 앓다가 돌아가셨다고 한다. 관련 내용이『예기·단궁檀弓 상』에 보인다.
12) 伯魚 : 공자의 아들인 공리孔鯉. 백어는 그의 자字이다. 백어는 공자보다 앞서 죽었다.
13) 私淑 : 마음속으로 선을 배운다는 뜻으로 존경하는 사람에게 직접 가르침을 받지 못하고 그 사람의 도나 학문을 모범으로 삼고 배우는 것을 말한다.
14)『通考』:『문헌통고文獻通考』를 말한다. 송말원초의 경학가인 마단림馬端臨(1254~1323)이 편찬한 전장사전章書. 중국의 역대 전장제도를 서술한 것으로 두우가 엮은『통전通典』의 속편적 성격이다. 특히 경적을 다루는『경적고』는『문헌통고』 24고 가운데 하나이다.

○ 왕소王劭가 말했다. "『사기史記』에서는 '문인門人'이라고 했는데, '인人'은 잘못 들어간 글자이다."【왕소는 수隋나라의 비서감秘書監을 지낸 사람이다.】

○ 사마정司馬貞이 말했다. "왕소王劭는 '인人'을 잘못 들어간 글자라고 여겼다."

○ 오정吳程이 말했다. "살펴보건대, 맹자는 위魏 혜왕惠王 35년(B.C. 336)부터 양梁나라에서 유세하였고, 애왕哀王 7년(B.C. 316)에 이르러 연燕나라 사람들이 제齊나라에 반기를 들었다. 공자가 돌아가신 지 167년 되는 해가 주周 난왕赧王 3년(B.C. 312)이 되는데, 맹자가 책을 완성한 때는 오히려 그 이후이다. 하물며 공자가 몽전夢奠할 때는 백어伯魚가 죽은 지 이미 여섯 해가 되었으니, 자사는 분명 이미 성장했거나 그렇지 않다 해도 역시 어리지는 않았을 것이다. 자사는 향년享年이 62세였으니 공자보다 40~50년 뒤에 죽었을 것이고, 맹자는 이제 막 태어났으니 그가 친히 가르침을 받을 수 없었다는 것을 알 수 있다. 따라서 맹자는 단지 '타인에게서 사숙私淑하였다'라고만 말하였고, 『맹자집주』에서는 자사의 문도門徒라고 되어 있다. 「논어서설論語序說」에는 단지 문인이라고만 칭했다."【『문헌통고文獻通考』에 보인다.】

○王草堂[15])曰: "《史記·世家》, 子思年六十二。然考《春秋》, 孔子卒在 周敬王四十一年, 而伯魚先孔子卒已三年矣。向使子思生於伯魚所 卒之年, 亦止當在威烈王三四年之間。乃《三遷志》及《孟子》所載, 則 孟子實生於烈王四年。其距子思卒時, 已相去五十年之遠, 焉能受 業乎?"【又云: "魯 繆公曾尊禮子思。然繆公即位, 在威烈王十九年, 則《史記》所云'思年 六十二'者, 或是八十二之誤, 亦未可知。若孟子則斷不能親受業也。"】

○毛奇齡[16])曰: "《史記》·《漢書》猶不足據, 況《三遷》[17])諸志, 則後人撰 造, 又安可信? 予以《孟子》本文計之, 梁 惠王三十年, 齊虜太子申, 則 孟子游梁, 自當在三十年之後。然孟子居梁不及二三年, 而惠王已卒, 襄王又立。乃實計其時, 梁 惠即位之年, 距魯 繆即位之年, 止三十零 年, 即梁 惠卒年, 距魯 繆卒年, 亦不過四十零年。然而孟子已老, 本文 有'王曰叟', 是也, 則受業子思, 或未可盡非者與。"【《左傳》趙叟註, 尊老之 稱[18])。〈曲禮〉, 六十曰老】

○鏞案[19]) 當從《史記》。

---

15) 王草堂: 왕복례王復禮를 말한다. 청대 주자학자로 자는 유인需人, 호는 초당草堂이다. 저 서로 『가례변정家禮辨正』, 『무이구곡지武夷九曲志』 등이 있다.
16) 毛奇齡: 모기령(1623-1716)은 명말청초의 경학가. 호는 서하西河. 명나라가 멸망한 뒤 은 거하여 독서하다가 1679년 박학홍유과에 천거되어 한림원검토로 『명사』 편찬에 참여했 다. 방대한 경학 관계 저술을 통해 기이하고 새로운 의견을 많이 제출했는데, 『논어』는 주 희의 주를, 『서경』은 염약거의 주석을 논박했다. 고염무, 호위 등을 심하게 공박하기도 했 으며, 왕수인의 심학을 발전시켰다는 평가를 받기도 했다. 『사고전서』 편찬관들은 청대 경학에서 근거를 중시한 것은 모기령으로부터 시작되었다고 높게 평가했다. 다산은 모기 령의 예학을 비판했지만, 전장제도와 역사 사실에 대한 그의 풍부한 인증 사례는 적극적 으로 활용했다.
17) 『三遷』: 『삼천지三千志』. 명대에 편찬된 맹자 가문의 가승家乘이다. 명대에 관리를 지낸 사악史鄂이 산동안찰첨사로 맹묘를 방문하여 편찬한 것이다.
18) 《左傳》趙叟註, 尊老之稱: 『춘추좌씨전春秋左氏傳』 선공宣公 2년에 『顧曰, 趙叟在後』라는 구절이 있는데, 두예杜預는 '叟, 老稱'이라고 주석하여 '叟'를 '늙은이'의 의미로 해석했다.
19) 鏞案: 다산의 최종적인 견해를 제시한 것으로 다산의 경학 저작 전반에 걸쳐 나타난다.

○ 왕초당王草堂이 말했다. "『사기·공자세가』에는 자사의 향년이 62세로 되어 있다. 그러나 『춘추』를 고증해보면 공자는 주周 경왕敬王 41년(B.C. 479)에 돌아가셨고, 백어伯魚는 공자보다 3년 앞서 죽었다. 설령 백어가 죽은 그해에 자사가 태어났다고 하더라도 역시 위威 열왕烈王 3~4년 사이일 것이다. 바로 『삼천지三遷志』 및 『맹자』에 기록된 바에 따르면 맹자는 실제로 열왕 4년에 태어났다. 그렇다면 자사가 죽은 때와는 이미 서로 50년이나 떨어져 있으니, 어찌 가르침을 받을 수 있었겠는가?"【또 말했다. "노魯 목공繆公이 자사를 존숭하여 예우하였다. 그러나 목공이 즉위한 해는 위 열왕 19년이니, 『사기』에서 '자사의 나이 62세'라고 한 것은 82세의 잘못인지도 알 수 없다. 그렇다고 해도 맹자는 절대로 직접 가르침을 받을 수 없다."】

○ 모기령毛奇齡이 말했다. "『사기』나 『한서』도 근거로 삼기 부족하다. 더구나 『삼천지』 등 여러 서적은 후대 사람들이 꾸며낸 것이니 어떻게 믿을 수 있겠는가? 내가 『맹자』의 본문으로 계산해보건대, 양나라 혜왕 30년에 제나라가 태자 신申을 생포하였으니, 그렇다면 맹자가 양나라에서 유세한 것은 당연히 혜왕 30년 이후가 되어야 할 것이다. 그러나 맹자가 양나라에 머문 지 2~3년이 채 안 되어 혜왕이 죽고 양왕襄王이 즉위하였다. 실제로 그 시기를 계산해보면 양나라 혜왕이 즉위한 때는 노나라 목공이 즉위한 해와 30년 차이뿐이고, 양나라 혜왕이 죽은 해는 노나라 목공이 죽은 해와 또한 40년 차이에 불과하다. 그러나 맹자는 이미 늙어, 본문에도 '왕이 노인장[叟]이라고 말하였다.' 하였으니, 그렇다면 자사에게 가르침을 받은 것도 어쩌면 모두 틀린 것이라고 할 수는 없다."【『춘추좌씨전』의 '조수趙叟'의 주에 '노인을 높여 부르는 칭호'라고 하였고, 『예기·곡례』에는 '60세를 노老라 한다.' 하였다.】

○ **용안** 마땅히 『사기』를 따라야 한다.

서설 2. 맹자의 자는 자거인가? [字子車]

趙岐〈題辭〉[20]曰: "孟子, 鄒人也。名軻, 字則未聞。"

○《孔叢子》曰: "孟子字子車。"【注云: "一作子居。居貧坎軻, 故名軻。字子居, 亦稱字子輿。"】

○王肅[21]《聖證論》[22]云: "子思書《孔叢子》有孟子居, 卽是軻也。"

○《漢書》注云: "字子車, 一說字子輿。"

○王應麟[23]云: "疑皆傅會。"

○**鏞案**《孔叢子》者, 僞書也。

---

20) 趙岐〈題辭〉: 후한대 학자인 조기의 맹자 주석서인 『맹자주孟子注』의 서문이다. 굳이 '제사題辭'라고 한 것에 대해 후대에 소疏를 붙인 손석은 조기가 신기한 것을 좋아했기 때문에 이렇게 붙인 것이라고 설명한 바 있다.

21) 王肅: 왕숙(195~256)은 후한後漢의 경학가로 위魏의 대신이다. 자字는 자옹子雍이며 동해東海 담郯(지금의 산동성 담성郯城 북쪽) 사람이다. 왕랑王朗의 아들로 일찍이 황문시랑黃門侍郎과 산기상시散騎常侍등을 지냈다. 사마소의 장인으로 사마씨의 두터운 신임을 받았기도 했다. 경학가로 일찍 이름났고 『논어』, 『상서』, 『시경』, 『좌전』 등 여러 경전에 두루 주석을 붙였다. 후한의 경학자 정현鄭玄의 학설에 대해 무려 68개조에 걸쳐 반박하는 『성증론聖證論』을 저술하기도 했다. 그가 지은 것으로 전해지는 『공자가어孔子家語』는 위서緯書로 평가받는다.

22) 『聖證論』: 후한의 경학가 왕숙의 예학서. 정현의 예학 체계에 반대하여 68조에 해당하는 비판적인 의견을 제시했는데, 후에 그의 학설은 위나라의 관학으로 공인받았다.

23) 王應麟: 왕응린(1223~1296)은 송대 경학가로 자는 백후伯厚, 호는 심녕거사深寧居士 또는 후재厚齋. 경원부 은현 사람. 이종 순우淳祐 원년(1241)에 진사進士가 되어 관직은 예부상서겸급사중禮部尙書兼給事中까지 올랐다. 송나라가 망한 뒤(1276) 고향에 은거하면서 20년 동안 경사經史를 강론했다. 저작이 매우 많고 학술적 가치도 높아 고증학考證學이 대세를 이룬 청나라 때 매우 높은 평가를 받았다. 대표적인 저서로 『옥해玉海』, 『곤학기문困學紀聞』 등이 있다.

조기가 「맹자제사孟子題辭」에서 말했다. "맹자는 추鄒나라 사람이다. 이름은 가軻이고, 자字는 듣지 못하였다."

○ 『공총자孔叢子』에서 말했다. "맹자의 자字는 자거子車이다."【주에서는 "자를 자거子居라고도 한다. 가난하게 살면서 알아주는 임금을 만나지 못했기 때문에 이름을 가軻라고 하였다. 자字가 자거子居인데 또한 자를 자여子輿라고 부르기도 한다."라고 하였다】

○ 왕숙王肅이 『성증론聖證論』에서 말했다. "자사의 책인 『공총자孔叢子』에 '맹자거孟子居'라는 사람이 있으니, 바로 맹가孟軻이다."

○ 『한서漢書』의 주注에서 말했다. "맹자의 자는 자거子車인데, 일설에는 자여子輿라고도 한다."

○ 왕응린王應麟이 말했다. "모두 견강부회한 듯하다."

○ **용안** 『공총자』는 위서僞書이다.

서설序說 3. 『맹자』는 맹자가 직접 지은 것인가? 〔孟子〕自作〕

《史記·列傳》曰: "孟軻游齊·梁不合, 退而與萬章[24]之徒, 序《詩》·《書》, 述仲尼之意, 作《孟子》七篇."

○趙岐〈題辭〉曰: "孟子恥沒世而無聞, 退而論集所與高第弟子公孫丑·萬章之徒難疑答問, 又自撰其法度之言, 著書七篇, 二百六十一章, 三萬四千六百八十五字."

○林愼思[25]曰【作《續孟子》二卷】: "《孟子》七篇, 非軻自著, 乃弟子共記其言."【唐人也. 見《正義》[26]】

○韓愈[27]曰: "孟軻之書, 非軻自著, 軻旣沒, 其徒萬章·公孫丑, 相與記軻所言焉."

○朱子曰: "《史記》近是."

朱子《集注·滕文公》首章'道性善', 註曰'門人不能盡記其詞'. 又第四章 '決汝·漢', 註曰'記者之誤'.

---

24) 萬章: 중국 전국시대의 학자로 맹자의 제자. 『맹자』에 순임금의 효와 관련하여 맹자와 나눈 문답을 기록한 「만장」편이 수록되어 있다.
25) 林愼思: 중국 당대의 학자로 자는 건중虔中, 호는 신몽자伸蒙子이다. 관직은 교서랑校書郞, 수부낭중水部郞中에 이르렀으며, 『속맹자續孟子』, 『신몽자伸蒙子』 등을 지었다.
26) 『正義』: 『맹자정의孟子正義』를 말한다. 13경주소본의 『맹자정의』는 조기의 주와 손석의 소로 구성되어 있다. 그런데 주희는 이 『맹자정의』를 손석의 소로 보지 않고, 다른 사람의 저작으로 파악한 바 있다.
27) 韓愈: 한유(768~824)는 당대의 관리이자 문인이면서 사상가이다. 자는 퇴지退之로 하내河內 남하양南河陽 사람이다. 진사 출신으로 사문박사四門博士, 감찰어사監察御使, 이부시랑吏部侍郞 등을 역임했다. 고문 운동을 제창하여 '당송팔대가' 중 한 사람이 되었다. 그는 불교를 비판하고 「원도原道」를 지어 맹자의 도통론을 계승했는데, 이는 공맹의 계승이 유학의 정통이 되는 데 크게 기여했다. 문집으로 『창려선생집昌黎先生集』이 전한다.

『사기·열전』에서 말했다. "맹가孟軻가 제齊와 양梁 두 나라에서 유세하다가 뜻이 맞지 않자, 물러나 만장萬章의 무리와 함께 『시경』과 『서경』을 정리하고, 중니仲尼의 뜻을 조술하여 『맹자』 7편을 지었다."

○ 조기가 「맹자제사」에서 말했다. "맹자가 죽을 때까지 이름이 나지 않은 것을 부끄럽게 여겨, 물러나 우수한 제자인 공손추公孫丑와 만장의 무리와 더불어 의심스러운 것에 대해 따져보고 문답한 것을 논집論集하고, 또 법도가 될 만한 말을 스스로 지어 7편을 저술하니, 261장 34,685자였다."

○ 임신사林慎思【『속맹자續孟子』 두 권을 지었다.】가 말했다. "『맹자』 7편은 맹가孟軻가 스스로 지은 것이 아니고, 제자들이 그의 말을 공동으로 기록한 것이다."【임신사는 당나라 사람이다. 『맹자정의』에 보인다.】

○ 한유韓愈가 말했다. "맹가孟軻의 책은 맹가 자신이 지은 것이 아니라, 그가 죽은 뒤에 그의 제자인 만장과 공손추의 무리가 함께 맹가가 말한 것을 기록한 것이다."

○ 주자가 말했다. "『사기』의 내용이 진실에 가깝다."

주자가 『맹자집주·등문공』 제1장 '성선性善'을 말한 주에서 말했다. "문인들이 그의 말을 다 기억할 수가 없었다." 또 제4장 '여수汝水와 한수漢水를 터놓았다'는 대목의 주에서 "기록한 사람의 잘못이다."라고 말했다.

○吳伯豐[28]以問朱子, 朱子答曰: "前說是,【前說從《史記》】後兩處失之。熟讀七篇, 觀其筆勢, 如鎔鑄而成, 非綴緝所就。"

○鏞案 堯崩, 三年之喪畢, 舜避堯之子,[29] 與〈堯典〉不合[30]。【見余〈堯典說〉】瞽瞍殺人, 皋陶執之, 舜竊負而逃,[31] 於情理不合。【余有辨】孟子亞聖, 不應有此言。七篇豈皆親筆乎?《史記》亦未嘗明云孟子獨作。

---

28) 吳伯豐 : 오백풍은 송대의 학자 오필대吳必大로 백풍伯豐은 그의 자字이다. 일찍이 장식張栻과 여조겸呂祖謙에게 배웠는데, 만년에 주희의 제자가 되었다.
29) 堯崩, 三年之喪畢, 舜避堯之子 : 관련 내용이 『맹자·만장 상』 5장에 보인다.
30) 〈堯典〉不合: 『서경·요전』에는 요가 죽은 다음 해 정월 초하루날 순舜이 문조文祖에 나아가 고했다고 되어 있다.
31) 瞽瞍殺人, 皋陶執之, 舜竊負而逃: 관련 내용이 『맹자·진심 상』 35장에 보인다.

○ 오백풍吳伯豊이 이 문제를 주자에게 묻자, 주자가 이렇게 대답했다. "이전의 설이 옳다.[이전의 설은 『사기』를 따른 것이다.] 그 뒤의 두 곳은 잘못되었다. 맹자 7편을 숙독하여 그 필세를 관찰해보니 마치 쇠를 녹여 이룬 것과 같아 짜깁기를 하여 만들 수 있는 것이 아니다."

○ **용안** 요堯가 붕어하자 삼년상을 마치고 순舜이 요의 아들을 피했다고 하였는데, 『서경』의 「요전堯典」과는 합치되지 않는다.[나의 「요전설堯典說」에 보인다.] 고수瞽瞍가 사람을 죽였고 고요皋陶가 법을 집행하는데 순임금이 몰래 고수를 업고 도망갔을 것이라는 말은 실정으로나 이치로나 맞지 않는다.[내가 변설한 것이 있다.] 맹자는 아성亞聖이니 응당 이런 말을 하지 않았을 것이다. 그러니 『맹자』 7편이 어찌 모두 맹자의 친필이겠는가? 『사기史記』에도 맹자가 단독으로 지은 것이라고 명확하게 얘기한 적은 없다.

서설 4.『맹자외서』4편에 대하여 [《外書》四篇]

趙岐〈題辭〉曰: "《孟子》又有外書四篇, 〈性善辨〉·〈文說〉·〈孝經〉·〈爲正〉. 其文不能弘深, 不與內篇相似, 非《孟子》本眞, 後世依放而託之者也."

○《漢書·藝文志》: "《孟子》七篇."

○孫奭[32]《正義》曰: "孝文廣游學之路, 天下衆書往往稍出. 由是《論語》·《孟子》·《孝經》·《爾雅》, 皆出博士. 當時乃有劉歆九種《孟子》, 凡十一篇."

○鏞案 趙岐親見四篇而不收, 其不雅馴可知.《法言[33]·修身》篇引《孟子》曰: "夫有意而不至者有矣, 未有無意而至者也."

---

32) 孫奭: 손석(962~1033)은 북송의 문신이자 학자. 태종 2년(989)에 구경九經으로 급제하여 한림원시강학사翰林侍講學士와 용도각학사龍圖閣學士를 역임했고,『진종실록』을 편찬했다. 태자소부太子少傅로 치사했다. 황제의 칙명으로 형병邢昺, 두호杜鎬 등과 함께 제경 정의諸經正義와『장자』및『이아爾雅』의 석문釋文을 교정하고,『상서』,『효경』,『논어』,『이아』등을 고정考正했다. 또한 조기의『맹자주』를 교정하고, 육덕명陸德明의『경전석문經典釋文』에서 부족한 부분을 보충했다. 저서에『경전휘언經典徽言』과『오경절해五經節解』등이 있었지만 모두 전해지지 않는다. 그 밖의 저서로『맹자음의孟子音義』와『맹자소孟子疏』가 있다.

33) 法言:『법언』13권. 전한말 양웅揚雄(B.C. 53~A.D. 18)의 대표작으로『논어』의 체제를 모방한 문답체 수상론집이다. 법가나 음양가 등의 사조를 바로잡고 선왕이나 고성古聖이 정한 전칙典則에 따라 대도를 밝히려고 하였다. 북송 이전에는『맹자』와『순자』에 버금가는 것으로 평가받았으나, 왕위를 찬탈한 왕망에게 부역하였기 때문에 이후로는 비난의 대상이 되었다.

조기가 「맹자제사」에서 말했다. "『맹자』에는 또 외서 4편이 있으니, 「성선변性善辨」·「문설文說」·「효경孝經」·「위정爲正」이다. 그 문장이 넓고 깊지 못해 내편과는 서로 비슷하지 않으니, 『맹자』의 진본은 아니고 후세에 모방하여 끼워 넣은 것이다."

○ 『한서·예문지』에서 말했다. "『맹자』는 7편이다."

○ 손석孫奭이 『맹자정의孟子正義』에서 말했다. "한나라 효孝 문제文帝가 여러 학문의 길을 넓혀서 천하의 수많은 책들이 자주 간행되었다. 이로 말미암아 『논어』·『맹자』·『효경』·『이아爾雅』의 분야에서 모두 박사가 배출되었다. 당시 유흠劉歆[34]이 보았던 9종의 『맹자』는 모두 11편[35]이 있었다."

○ **용안** 조기는 직접 이 외서 네 편을 보았으나 수록하지 않았으니, 그것이 바르고 순조롭지 않았다는 것을 알 수 있다. 『법언法言·수신修身』 편에 맹자를 인용하여 말하기를 "무릇 뜻을 두고서도 달성하지 못하는 경우는 있지만, 뜻을 두지 않고서도 달성하는 경우는 아직 없었다."라고 하였다.

---

34) 劉歆 : 유흠(B.C. 46?~A.D. 23)은 중국 전한 말·후한 초의 사상가이다. 자는 자준子駿이며 유향劉向의 아들이다. 『시경』과 『주역』에 통달해 황문랑黃門郎이 되었고, 부친과 함께 영교비서領校秘書가 되어 궁궐의 장서를 정리했으며, 육예六藝의 군서를 7종으로 분류하여 중국 최초의 체계적인 목록서인 『칠략七略』을 지었다. 그는 고문경학을 제창하고 『좌전左傳』과 『고문상서古文尚書』 등을 관학으로 편입시켰다.

35) 『맹자』는 모두 11편 : 원서 7편 외에 외서 4편이 합해져서 모두 11편이 되었다는 뜻이다.

○《史記·六國表36)》注, 皇甫謐37)曰:"孟子稱禹生石紐, 西夷之人也."
○《鹽鐵論》38)引《孟子》曰:"居今之朝, 不易其俗, 而成千乘之勢, 不能一朝居也."
○王應麟曰:"今《孟子》無此語. 其在外書歟."【鹽論》與今本39)不同】

補遺 《後漢·黨錮傳敍》云:"矯枉, 故直必過." 註云:"正枉必過其直, 見《孟子》."

○仲長統《昌言》40)曰:"若乃偏情矯用, 則枉直必過." 注引《孟子》曰: "矯枉過直."

○毛曰:"今《孟子》俱無此文."

李善41)《文選·七命》注云:"《孟子》曰, '离婁, 古明目者也, 能視百步之外, 見秋毫之末.'"

---

36) 六國表 : 진나라를 기준으로 전국시대 6국을 비교한 연표로, 본격적으로 전국시대가 시작되는 기원전 476년부터 진秦 제국이 멸망하는 기원전 207년까지의 연표이다. 진나라를 정통으로 보고 나머지 위, 한, 조, 초, 연, 제 등의 6국을 포함했다.

37) 皇甫謐 : 황보밀(215~282)은 후한 말기의 학자. 평생 동안 벼슬을 하지 않고 저술에 전념했다. 제자백가에 정통했는데, 주요한 저작으로 『제왕세기帝王世紀』, 『고사전高士傳』, 『현안춘추玄晏春秋』 등이 있다.

38) 『鹽鐵論』 : 한대에 소금과 철에 대한 논쟁을 기록한 책. 환관桓寬이 기원전 81년에, 철과 소금을 국가에서 독점하는 염철전매 정책에 관한 조정의 논의들을 모아 기록한 것이다.

39) 今本 : 『맹자·고자 하』편에 "지금의 도에 말미암고도 지금의 풍속을 바꾸지 못한다면 그에게 천하를 주더라도 하루를 지키지 못할 것이다.(由今之道, 無變今之俗, 雖與之天下, 不能一朝居也.)"라는 말이 있다.

40) 仲長統 『昌言』 : 중장통(180~220)은 중국 후한 말의 정치가, 저술가. 당시 사람들이 '광생狂生'이라고 부를 정도로 비판 정신이 투철했다고 한다. 『창언昌言』은 고금의 일을 비교하여 평론한 비평 시론이다.

41) 李善 : 이선(630~689)은 당대의 학자. 박학하고 문장에 능하여 관직이 직학사直學士에 이르렀다. 특히 『문선文選』에 정통하여 60편에 주를 붙였다. 그의 학문을 계승하여 '문선학文選學'이 성립되었다.

『사기·육국표六國表』의 주에서 황보밀이 말했다. "맹자가 말하기를 우禹는 석뉴石紐에서 태어났으니 서쪽 오랑캐[西夷] 사람이다."

○ 『염철론鹽鐵論』에는 『맹자』가 이렇게 인용되어 있다. "오늘날 조정에 있으면서 그 풍속을 바꾸지 않는다면, 천승의 세력을 이룬다 하더라도 하루 아침조차 지킬 수 없을 것이다."라고 하였다.

○ 왕응린이 말했다. "지금의 『맹자』에는 이 말이 없다. 아마도 외서에 있는 듯하다."【『염철론』과 지금의 맹자 판본은 내용이 다르다.】

보유 『후한서·당고열전黨錮傳敍』에서 "굽은 것을 교정하려고 하면 반드시 지나치게 곧게 된다."라고 한 주註에서 "'굽은 것을 바르게 하려다가 필시 그 곧음이 지나치게 될 것이다.'라는 말은 『맹자』에 보인다."

○ 중장통의 『창언昌言』은 "만약 정에 치우쳐 무리하게 바로잡다 보면, 굽은 것을 바르게 하려다가 필시 지나치게 될 것이다."라는 말의 주에서 『맹자』를 인용하면서 "굽은 것을 바로잡으려다 곧음이 지나치게 될 것이다."라고 하였다.

○ 모기령이 말했다. "지금 『맹자』에는 모두 이 문장이 없다."

이선李善이 『문선文選·칠명七命』 편의 주에서 말하였다. "『맹자』에서 '이루離婁는 옛날에 눈이 밝은 사람으로, 백보 바깥도 볼 수 있고 추호의 끝까지도 볼 수 있었다.'라고 하였다."

서설序說 5. 조기와 정현의 주에 대하여 [趙岐·鄭元[42]註]

孫奭《正義》曰: "炎漢[43]之後, 盛傳於世, 爲之注者, 西京 趙岐出焉, 至于李唐, 又有陸善經[44]出焉。爲之音則有張鎰[45]·丁公著[46]。自陸善經已降, 其所訓說, 雖小有異同, 而咸歸宗於趙氏。《隋·志》[47]云, '趙岐註《孟子》十四卷, 又有鄭元註《孟子》七卷, 在梁時又有綦毋邃《孟子》九卷。'《唐書·藝文志》又云, '《孟子》注凡四家, 有三十五卷。'至于《皇朝崇文總目》,[48]《孟子》獨存趙岐注十四卷, 唐 陸善經註《孟子》七卷, 凡二家二十一卷。今校正仍據趙註爲本。"

---

42) 元 : 송宋나라 공종恭宗의 이름인 '현顯'을 휘피한 것으로 '정현鄭玄'을 말한다.
43) 炎漢 : 한나라의 별칭. 음양오행설에 따라 한나라는 화덕火德으로 왕을 세웠다고 한다.
44) 陸善經 : 육선경은 당대의 학자. 『주역』, 『주시』, 『삼례』, 『춘추삼전』, 『논어』, 『맹자』, 『열자』, 『고문상서』에 주석을 붙였다.
45) 張鎰 : 장일(?~781)은 당대의 문신이자 학자. 『오경미지五經微旨』 14권, 『맹자음의孟子音義』 3권을 지었다.
46) 丁公著 : 정공저(762-826)는 당대의 집현전 학사이다. 『맹자수음孟子手音』, 『황태자제왕훈皇太子诸王训』, 『예지礼志』 등을 저술하였다.
47) 『隋·志』: 『수서隋書·경적지經籍志』를 말한다. 정사인 『수서』의 십지十志 가운데 하나로 『한서·예문지』와 함께 한당 학술의 연혁을 아는 데 중요한 서목書目이다. 원래 장손무기長孫無忌 등이 편집한 『오대사지五代史志』의 일부로서 후일 위징魏徵 등의 『수서』와 합본되었다. 남북 5대왕조의 공사公私 서적 목록에 게재된 서적 중 현존하는 것과 분실한 것을 경·자·사·집의 4부와 도경불교道經佛教의 서적으로 대별하여 47류로 나누었다.
48) 『皇朝崇文總目』: 일반적으로 『숭문총목崇文總目』이라고 한다. 송나라 신종 때 왕요신王堯臣(1001~1056) 등이 칙명으로 사관四館에 소장된 서적의 목록을 정리한 것인데, 그 소장처가 모두 숭문원崇文院이었기 때문에 『숭문총목』으로 불려졌다. 사관四館은 송대 문헌의 소장처로 소문관昭文館, 사관史官, 집현관集賢館, 비서각秘書閣을 지칭한다. 『숭문총목』은 3,445종 30,669권의 서목을 사부로 분류하여 각 서목 아래 간결한 해제를 붙였는데, 현존하는 최고最古의 송대 장서 목록이다. 대표 저자인 왕요신은 한림학사를 역임하고 1034년에 구양수 등과 함께 장서를 정리했다.

손석孫奭이 『맹자정의』에서 말하였다. "염한炎漢 이후로 『맹자』가 세상에 전해졌는데, 이 책에 주를 단 사람으로는 서경의 조기趙岐가 있고, 당나라의 육선경陸善經이 있다. 이 책에 음을 단 사람으로는 장일張鎰과 정공저丁公著가 있다. 육선경 이래 훈을 단 것에 조금씩 차이는 있지만 결국 모두 조기의 주를 으뜸으로 쳤다. 『수서隋書·경적지經籍志』에는 '조기가 주해한 『맹자』 14권과 정항鄭亢이 주해한 『맹자』 7권이 있고, 양梁나라 기무수綦毋遂의 『맹자』 9권이 있다.'라고 되어 있다. 『당서唐書·예문지』에 또 이르기를 '『맹자』를 주해한 사람은 모두 4명이고, 도합 35권이다.'라고 되어 있다. 『황조숭문총목皇朝崇文總目』의 『맹자』에 이르러서는 오로지 조기가 주를 단 14권과 당나라의 육선경이 주를 단 7권만 남았으니, 무릇 2명이 주해한 21권이다. 지금의 교정은 조기의 주에 의거한 판본이다."

○〈正義序〉曰: "臣奭前奉勅, 與同判國子監王旭, 國子監直講馬龜符, 國子學說書吳易直·馮元等, 作《音義》二卷."

○朱子曰: "孫奭《正義》, 乃邵[49)]武士人作. 不解名物制度, 其書不似疏."

○王應麟曰: "孫奭,《崇文總目》·《館閣書目》[50)]·《讀書志》,[51)] 皆無之

○鏞案 孫奭官龍圖閣待制, 而《宋史·職官志》云 '大中祥符[52)]中, 建龍圖閣,[53)] 以奉太宗御書御製', 則孫奭要之爲祥符以後之人."

---

49) 邵: 新朝本에는 '劭'로 되어 있으나 지명地名이므로 바로잡는다.
50) 『館閣書目』: 원제목은 『중흥관각서목中興館閣書目』이다. 원서原書 70권, 서례序例 1권, 52문門으로 분류했으며, 수록된 책은 44,486권이다. 순희淳熙 5년(1178)에 간행했으나 사라졌다. 『옥해玉海』, 『산당고색山堂考索』 등에 이 책의 내용을 많이 채록했고, 거기서 그 흔적을 살필 수 있다. 편자는 남송대의 학자 진규陳騤(1128~1203)이다. 진규는 자가 숙진叔晉이고 천대天臺 사람이다. 이 책 외에 『중흥관각록中興館閣錄』, 『문칙文則』 등의 편찬에 참여했다.
51) 『讀書志』: 『군재독서지郡齋讀書志』를 말한다. 중국 송대의 장서가 조공무晁公武(1105~1180)가 엮은 해제 서목이다. 그 당시 사천四川에서 전운사轉運使로 있던 정도井度가 그 지방이 전화戰禍를 입지 않아 귀한 서적이 많이 남아 있어서 10여 년간 책을 모았는데, 조공무의 호학好學에 감탄하여 그 책을 전부 양도하였다고 한다. 이것을 조공무가 임지任地의 관아, 즉 군재郡齋에서 해설한 것이다. 경經·사史·자子·집集의 4부를 다시 류類로 나누어, 부部와 유의 첫머리에 서문을 붙여 책마다 권수, 저자의 약력, 내용의 개요 등을 적었다. 『칠략七略』의 체재를 본받은 중요한 해설서로서 『문헌통고文獻通考·경적고經籍考』가 이 책의 정보를 많이 활용했다.
52) 大中祥符: 송宋 진종眞宗의 연호(1008~1016)이다.
53) 龍圖閣: 용도각은 중국 송대의 진종眞宗이 건립한 황실 서고이다. 태종太宗의 어서御書와 어제문집御製文集 및 보록譜錄과 보물 등을 봉치하고 학사學士, 직학사直學士, 대제待制, 직각 학사直閣學士 등의 관리를 두었다.

○ 손석孫奭이 『맹자정의孟子正義·서序』에서 말하였다. "신하 석奭은 전에 칙령을 받들어 동판국자감同判國子監 왕욱王旭, 국자감직강國子監直講 마귀부馬龜符, 국자학설서國子學說書 오이직吳易直, 풍원馮元 등과 함께 『맹자음의孟子音義』 2권을 지었습니다."

○ 주자가 말하였다. "손석孫奭의 『맹자정의』는 바로 소무 지역의 선비가 지은 것이다. 사물의 명칭과 제도를 풀이하지 않았으니, 조기의 『맹자주』의 소疏와 같지 않다."

○ 왕응린이 말하였다. "손석에 관해서는 『숭문총목崇文總目』·『관각서목館閣書目』·『독서지讀書志』에 모두 언급이 없다."

○ **용안** 손석은 용도각대제龍圖閣待制라는 벼슬을 지냈는데, 『송사宋史·직관지職官志』에 "대중상부大中祥符 중에 용도각龍圖閣을 세워, 태종太宗의 어서御書와 어제御製를 봉안하였다."라고 하였으니, 손석은 요컨대 대중상부 이후의 인물이다.

---

* '맹자서설'은 맹자라는 인물에 대한 고증 2항목, 『맹자』 텍스트에 대한 문헌 고증 2항목, 『맹자』 주석서에 대한 주석 고증 1항목(2개 내용)으로 구성되어 있다. 이는 『맹자』라는 유교 경전에 대한 텍스트 비평의 안목을 보인 것이다. 주희의 『맹자집주서설』에서 문제삼은 도통론과 심성론의 쟁점에 대한 관심사를 전환하여 본격적인 경전 비평으로서 시각을 드러낸 것이다.
  이 논점에 대한 문제 제기는 성호에게서도 일부 나타나 다산이 처음이라고 할 수는 없지만 가장 체계적이고 종합적으로 검토하고 있다. 이는 19세기 조선의 맹자학을 크게 전환시킨 것이다.

양혜왕梁惠王
상上

1-1 맹자가 양혜왕을 만났다는 장 [孟子見梁惠王章]

* 맹자는 이 장에서 부국강병책으로 국가를 강성하게 하려는 양혜왕에게 인의 仁義의 정치를 강조한다. 제후가 이익을 추구하면 그 아래 대부들도 이익을 추구하여 서로 이익을 다투는 풍조가 나라에 만연해져 결국 나라까지 잃게 되지만, 인의를 강조하면 부모와 군주를 앞세우게 되어 오히려 궁극적으로 큰 이로움을 얻을 것이라는 주장이다. 다산은 이 장에서 '인仁'을 두 사람 관계에서 성립하는 실천도덕으로 재해석하고, 천자天子가 전쟁에 동원할 수 있는 전차의 수를 합리적으로 새롭게 계산했다.

孟子見梁惠王, 王曰: "叟不遠千里而來, 亦將有以利吾國乎?" 孟子對曰: "王何必曰利, 亦有仁義而已矣. 王曰: '何以利吾國', 大夫曰: '何以利吾家', 士庶人曰: '何以利吾身' 上下交征利而國危矣. 萬乘之國弑其君者, 必千乘之家, 千乘之國弑其君者, 必百乘之家. 萬取千焉, 千取百焉, 不爲不多矣, 苟爲後義而先利, 不奪不饜. 未有仁而遺其親者也, 未有義而後其君者也. 王亦曰仁義而已矣, 何必曰利?"

《集》[1]曰: "仁者, 心之德, 愛之理. 義者, 心之制, 事之宜."

---

1) 『集』: 『맹자집주孟子集註』를 말한다. 송학을 집대성한 주희가 찬술한 『사서장구집주四書章句集注』의 하나이다. 한대에 완성된 조기의 『맹자주孟子注』가 거둔 정치학적 성과와 송대의 손석의 『맹자음의』 등이 이룬 음운학의 성과를 집성하고, 송대에 발전한 이기심성론理氣心性論을 투영하여 '천리를 보존하고 인욕을 막는다(存天理, 遏人欲)'라는 의리학적 해석학의 신기원을 이루었다. 원대 과거 시험의 주요한 텍스트가 된 이후 600여 년간 동아시아에서 맹자 해석의 절대적인 영향력을 행사했다. 이에 대한 비판적 해석으로는 명말청초 황종희黃宗羲의 『맹자사설孟子師說』, 청대 대진戴震의 『맹자자의소증孟子字義疏證』, 일본 고학파 이토 진사이伊藤仁齋의 『맹자고의孟子古義』, 조선 다산茶山 정약용丁若鏞의 『맹자요의孟子要義』가 대표적이다. 한편 청대 초순焦循은 주자의 조기의 주석을 보완한 『맹자정의孟子正義』를 출간하여 주자의 해석을 비판적으로 계승했다.

맹자가 양혜왕을 뵙자 왕이 말했다. "어르신께서 천리를 멀다하지 않고 오셨으니 또한 장차 내 나라를 이롭게 함이 있겠습니까?"

맹자가 대답했다. "왕께서는 하필 이로움을 말씀하십니까? 역시 인의仁義가 있을 뿐입니다. 왕께서 무엇으로 내 나라를 이롭게 할까 하시면 대부大夫들은 무엇으로 우리 가문을 이롭게 할까 하며, 사서인士庶人들은 무엇으로 내 몸을 이롭게 할까 하여 위아래 사람들이 서로 이로움을 취하면, 나라가 위태로워질 것입니다. 만승의 나라에서 그 임금을 시해하는 자는 반드시 천승의 가문이며, 천승의 나라에서 그 임금을 시해하는 자는 반드시 백승의 가문일 것입니다. 만 가운데서 천을 취하고, 천에서 백을 취하는 것이 많지 않다고 할 수 없는데도 만일 의로움을 뒤로 하고 이로움을 앞세우게 된다면 빼앗지 않고서는 만족하지 못할 것입니다. 이제까지 인仁하고서도 자기 부모를 버린 사람은 없었고, 의로우면서도 자기 임금을 뒤로 한 사람은 없었습니다. 왕께서는 또한 인의仁義를 말씀하시면 될 것인데 하필 이로움을 말씀하십니까?"

『맹자집주』에서 말했다. "인仁은 마음의 덕이고, 사랑하는 이치이다. 의義는 마음의 절제이고, 일의 마땅함이다."라고 하였다.

○麟[2]曰: "董仲舒[3]云, '以仁治人, 以義治我.' 劉原父[4]云, '仁字從人, 義字從我,' 豈造文之意邪?"

○鏞案 仁者, 人人之疊文也。如孫字爲子子之疊文。【古篆, 孫作🙼】人與人之盡其分謂之仁。故古人謂愛人曰仁, 善我曰義。董子之言, 有所本矣。

趙[5]曰: "萬乘,[6] 謂天子也。千乘, 兵車千乘, 謂諸侯也。夷羿之弑夏后, 是以千乘取其萬乘者[7]也。"○又曰: "天子建國, 諸侯立家。百乘之家, 謂大國之卿, 食采邑[8]有兵車百乘之賦者也。若齊 崔·衞 甯·晉六卿等。"

---

2) 麟 : 왕응린王應麟(1223~1296)을 말한다. 26쪽의 각주 23) 참조.

3) 董仲舒 : 동중서(B.C. 179-B.C. 104)는 한대 사상가이자 철학자. 하북河北 광천군廣川郡 사람. 한무제 원년(B.C. 134) 나라를 다스릴 방책을 제시하라는 조서에 『거현량대책擧賢良對策』을 올려 천인감응과 대일통학설 및 "백가를 몰아내고 육경을 드러내야 한다."라고 주장했다. 그의 유가사상은 한무제의 통치를 더욱 공고하게 만들었고, 당시 사회·정치·경제를 안정시키는 데 큰 공헌을 했다. 기원전 134년에 강도역왕江都易王 유비劉非의 국상國相을 지냈고, 기원전 125년에는 교서왕膠西王 유단劉端의 국상도 지냈다. 벼슬에 물러나와 집에 있을 때도 조정에 대사가 있으면 사신을 보내 그의 의견을 물었다고 한다. 저작이 매우 풍부하여 『천인삼책天人三策』, 『사불우부士不遇賦』 등이 있고, 대표작은 『춘추번로春秋繁露』이다.

4) 劉原父 : 원보는 자이며, 호는 공시공公是, 이름은 창敞이다. 북송 임강군臨江軍 신유新喩 사람으로 인종仁宗 경력慶曆 6년(1046)에 진사가 되어 관직은 판남경어사대判南京御史臺에 이르렀다. 『춘추』에 정통하고 박학하여 전주傳注에 얽매이지 않고 한유漢儒의 설을 비판적으로 검토했다. 저서에 『칠경소전七經小傳』과 『춘추권형春秋權衡』, 『춘추전春秋傳』, 『춘추의림春秋意林』, 『춘추전설례春秋傳說例』, 『공시집公是集』 등이 있다. 동생 유반劉攽, 아들 유봉세劉奉世와 함께 『한서표주漢書標注』를 저술했다.

5) 趙 : 조기趙岐(108-201)를 말한다. 20쪽의 각주 4) 참고.

6) 萬乘 : 승乘은 고대 병거兵車 1량輛의 단위이다. 고대에는 병거의 다소로 국가의 규모를 지칭했다. 유향劉向의 『전국책戰國策』에는 전국시대 말기에 만승萬乘의 나라가 7국國, 천승의 나라가 5국이 있었다고 했다.

7) 者 : 新朝本에는 '子'로 되어 있다.

8) 采邑 : 중국 봉건제 시대에 제후와 대부들에게 나누어 주는 봉읍封邑이다. 안사고顏師古는 '채采'는 관官의 의미로 관직에 대해 그 조세의 수입을 군주로부터 부여받는 토지를 말한다고 설명한 바 있다.

○ 왕응린王應麟은 말했다. "동중서董仲舒는 '인으로 남을 다스리고, 의로 나를 다스린다.'라고 하였고, 유원보劉原父(劉敞)는 '인자仁字는 타인을 따르는 것이고, 의자義字는 나를 따르는 것이다.'라고 하였으니, 이것이 어떻게 글자를 만든 뜻이겠는가?"

○ **용안** 인仁이라는 글자는 인人과 인人이 중첩된 글자이다. 손孫자가 자子와 자子가 중첩된 글자인 것과 같다.【고전古篆에 손孫자는 '👣'이다.】 사람이 다른 사람과 함께 할 때에 그 직분을 다하는 것을 인仁이라고 한다. 그러므로 옛 사람들이 남을 사랑하는 것을 인仁이라고 했고, 자신을 선하게 하는 것을 의義라고 했다. 동중서董仲舒 선생의 말은 근거가 있다.

조기가 말했다. "만승萬乘은 천자를 말한다. 천승은 병거兵車 천승이니 제후를 말한다. 이예夷羿가 하후夏后를 시해했는데 이것이 천승으로 만승을 취한 것이다."

○ 또 말했다. "천자는 나라를 세우고, 제후는 가문을 세운다. 백승의 가문은 대국의 경卿을 말하니 채읍采邑을 두고 병거兵車 백승百乘의 부역을 지는 자이다. 이를테면 제나라의 최崔씨, 위衛나라의 영甯씨, 진晉나라의 육경六卿 등이다."

○《集》曰: "萬乘之國者, 天子畿內地方千里, 出車萬乘, 千乘之家者, 天子之公卿, 采地方百里, 出車千乘也."【又云: "臣之於君, 每十分而取其一分."】

○鏞按 天子有三公[9]·三孤[10]·六卿,[11] 已十二人矣。此十二人各食采千乘, 則天子須有萬二千乘之地, 纔可以分授此人。所不足二千乘, 而上大夫已下庶官三百,【《禮》云: "周三百."[12]】府·史·胥·徒[13]之等, 不得立錐之地·盈升之祿, 而天子玉食, 亦無攸出矣。天下其有是乎? 天子自領萬乘之地, 則須於萬乘之外, 又有百千萬乘之地, 然後始可以分田制祿。邦畿千里, 將何以得此地乎? 至若千乘之國, 大夫仕者若有十人, 各持百乘之地, 則諸侯已空手矣。法所謂十卿祿, 無異於賀錢萬,[14] 天下其有是乎?

---

9) 三公: 국가의 최상위 관직. 주대에는 태사太師·태부太傅·태보太保가 여기에 해당한다.
10) 三孤: 중국 주대周代에 삼공三公 다음가는 관직. 소사少師·소부少傅·소보少保가 여기에 해당한다.
11) 六卿: 중국 주대 육관六官의 장. 총재冢宰·사도司徒·종백宗伯·사마司馬·사구司寇·사공司空이다.
12) 《禮》云 周三百: 『예기·명당明堂』에 역대 관직수가 점차 확대된 것을 지적했다. "有虞氏官五十, 夏後氏官百, 殷二百, 周三百"의 언급이 보인다.
13) 府·史·胥·徒: 주관周官의 향사鄕師 직속의 하급 관리. 국왕과 공경대부公卿大夫 아래에 상사上士와 중사中士·하사下士가 있고, 그 아래에 부사서도가 있다.
14) 賀錢萬: 축하금 1만 전을 말한다. 한나라 고조 유방이 여공이 주최한 잔치에 입장하기 위해 거짓으로 제시한 1만 금의 축하금 봉투이다. 실제로 그는 1전錢도 넣지 않았다고 한다. 그 뒤로 호기롭게 거짓으로 상금을 주려는 행위를 비꼬아 비유하는 말로 전용되었다. 『사기·고조본기』에 보인다.

○ 『맹자집주』에서 말했다. "만승의 나라는 천자의 기내畿內로 사방 천리인데 병거兵車 만승을 내는 나라이고, 천승의 가문은 천자의 공경公卿으로, 사방 백리의 채지采地를 가지며 천승의 병거를 내는 나라이다."【또 말했다. "신하는 임금에게 매번 10푼에서 그 1푼을 취한다."】

○ **용안** 천자에게는 삼공三公·삼고三孤·육경六卿이 있으니 이미 12명이다. 이 12명에게 각각 천승을 채읍으로 나누어 준다면 천자는 반드시 만 이 천승의 땅이 있어야 겨우 이 사람들에게 나누어 줄 수 있다. 부족한 이천승에 상대부上大夫 이하 일반 관원 삼백【『예禮』에 "주나라에는 관원이 3백이라고 했다."】과 부府·사史·서胥·도徒 등은 송곳 꽂을 땅도, 한 되 남짓의 녹봉도 얻지 못할 것이며, 천자의 음식도 나올 바가 없을 것이다.

천하에 어찌 이런 일이 있겠는가? 천자는 자기 스스로 만승의 땅을 거느리고, 반드시 만승의 외에 또 백만 천만승의 땅을 가져야 비로소 토지를 나누어주고 녹봉을 제정할 수 있을 것이다. 방기邦畿 천리로 장차 어떻게 이런 땅을 얻을 수 있겠는가? 천승의 나라 같은 경우에는 대부로 벼슬하는 자가 열 명이 있으니 그들이 각각 백승의 땅을 갖는다면 제후들은 이미 빈손이 되고 말 것이다. 법에 이른 바 제후의 봉록은 경의 10배라고 한 것이 하전만賀錢萬과 다를 바가 없으니 천하에 어찌 이런 일이 있겠는가?

○梁 惠王者, 魏斯15)之孫也。晉本萬乘之國, 韓·魏·趙, 皆千乘之家, 【《春秋傳》云'晉 趙鞅以千乘藏於中牟16)', 則韓·魏·趙有千乘之地, 審矣】而三家竟爲篡逆。孟子此語, 隱隱拶逼梁王, 請取自己家事, 以作殷鑑, 非據蒼蒼先古之制而言之者。千乘之國弑其君者, 正是衛寗17)·魯桓18)之類耳。
○《孟子》曰: "燕, 萬乘之國, 齊, 亦萬乘之國。"又曰: "今海內方千里者九, 齊集有其一。"孟子例以春秋·戰國僭亂之法論萬乘。何嘗以天子爲萬乘乎? 讀書, 宜明本書之例。

---

15) 魏斯 : 晉의 대부. 진나라의 대부였던 위사魏斯, 한건韓虔, 조적趙籍이 기원전 403년에 주周 위열왕威烈王에게 제후로 임명해줄 것을 청하여 분열하면서부터 전국시대가 시작된다. 위사는 이후 위나라의 초대 왕 위문후魏文侯가 되었다.
16) 牟 : 新朝本에는 이 뒤에 '巾'이 있다.
17) 衛寗 : 위나라 대부 집안인 영혜자寗惠子의 아들 영희寗喜를 말한다. 양공 26년에 위나라의 헌공獻公 표剽를 시해했다.
18) 魯桓 : 노나라의 권신인 삼환三桓을 지칭하는 말이다.

○ 양혜왕은 위사魏斯의 손자이다. 진나라는 본래 만승의 나라였고, 한·위·조는 모두 천승의 가문이었는데[『춘추전春秋傳』에 진晉의 조앙趙鞅이 천승으로 중모中牟에 숨었다고 하였으니, 한韓·위魏·조趙가 천승의 땅을 가지고 있었음이 분명하다.] 이 세 가문이 마침내 찬역하였다. 맹자의 이 말은 은근히 양혜왕을 압박한 것으로 자기 집안의 일을 취하여 거울삼도록 청한 것이지 아득한 선고先古의 제도를 근거로 말한 것이 아니다. 천승의 나라에서 자기 임금을 죽인 자는 바로 위나라의 영희甯喜, 노나라의 삼환三桓 등의 부류였다.

○ 『맹자』에서 말했다. "연나라도 만승의 나라이고, 제나라도 만승의 나라이다. 또 말했다. "지금 해내海內에서 사방 천리를 소유한 자가 아홉인데 제나라가 그 영토를 합해야 그 중에 하나를 차지하고 있는 셈이다." 그렇다면 『맹자』의 용례는 춘추전국시대의 참란僭亂한 법을 가지고 만승을 논한 것이다. 어찌 일찍이 천자가 만승인 적이 있었겠는가? 책을 읽을 때는 마땅히 대상이 되는 책의 용례에 밝아야 한다.

○《集註》謂'方千里出車萬乘, 方百里出車千乘', 此又必不可通者也。 誠若方百里出車千乘, 則方千里者當出十萬乘。誠若方千里出車萬乘, 則方百里者當出百乘而止。何則? 方千里所函之地, 爲方百里者百, 其出車乘, 豈僅十倍而止乎? 據〈刑法志〉, 方里爲井, 四井爲邑, 四邑爲丘, 四丘爲甸, 乃出車一乘, 則每六十四井, 出一乘矣。方十里所函者百井。然只出車一乘者, 山川相錯, 原隰或少, 方十里之地, 不能皆爲井田。故率方十里出車一乘, 方百里出車百乘,【方百里者, 本函萬井之地, 以有山川之故, 只算得六千四百井】方千里出車萬乘。【方千里者, 本函百萬井之地, 以有山川之故, 只算得六十四萬井】今以爲方百里出車千乘, 違於實矣。古者列爵分土, 上公不過百里, 侯伯七十里, 子男五十里, 則諸侯本無千乘, 安得以諸侯千乘列之爲先王之法乎?

引證　《韓非子》[19]曰: "千乘之君無備, 必有百乘之臣在其側, 以徙其民而傾其國。萬乘之君無備, 必有千乘之家在其側, 而徙其威而傾其國。"【〈愛臣〉篇】

---

19) 『韓非子』: 전국시대의 법가 사상가인 한비의 사상을 담은 책. 기원전 230년경에 진秦나라 시황제에게 만들어서 올린, 반反유가적 전략을 제시한 법가의 최고봉으로 꼽힌다.

○『맹자집주』에서 "사방 천리에서 병거 만승을 내고, 사방 백리에서 병거 천승을 낸다."라고 하였는데 이것도 반드시 통할 수 없는 것이다. 진실로 만약 사방 백리에서 병거 천승을 낸다면 사방 천리에서는 응당 병거 십만승을 내야 할 것이다. 진실로 만약 사방 천리에서 병거 만승을 낸다면 사방 백리에서는 응당 백승을 내는데 그쳐야 할 것이다. 어째서 그러한가? 사방 천리가 포함하는 땅은 사방 백리가 되는 땅이 백 개가 된다. 그곳에서 낼 수 있는 병거가 어찌 겨우 열배에 그칠 뿐이겠는가? 『한서·형법지刑法志』에 의거해보면 사방 1리가 정井이 되고, 네 정井이 읍邑이 되고, 네 읍이 구丘가 되고, 네 구가 전甸이 되는데 여기에서 병거 1승乘을 낸다. 그렇다면 매 64정에서 병거 1승을 내는 셈이다. 사방 십리가 포함하는 땅은 백정이다. 그러나 단지 병거 일승만 내는 것은 산과 내가 서로 얽혀 있고, 원야와 습지가 혹 많지 않아 사방 십리가 되는 땅을 모두 정전으로 만들 수 없기 때문이다. 그래서 평균 사방 십리의 땅에서 병거 한 대를 내는 것이니 사방 백리에서는 병거 100승을 내고,【사방 100리라는 것은 본래 10,000정의 땅을 포함하는데 그 안에는 산천도 있기 때문에 단지 6,400정으로만 계산한다.】 사방 1,000리에서는 병거 10,000승을 낸다.【사방 1,000리는 본래 1,000,000정의 땅을 포함하는데 그 안에 산천도 있기 때문에 단지 640,000정만으로 계산한다.】 지금 사방 100리에 병거 1,000대를 낸다고 한 것은 실제와 다르다. 옛날에 관작을 두고 토지를 나누는데 상공上公도 100리를 넘지 않았고, 후侯나 백伯도 70리였으며, 자子나 남男도 50리였으니 제후는 본래 천승이 없는데 어떻게 제후를 천승으로 해 놓은 것을 열거하여 선왕의 법으로 삼을 수 있겠는가?

인증 『한비자』에서 말했다. "천승의 임금이 대비하지 않으면 반드시 백승의 신하가 그 곁에서 그 백성을 옮겨가고 그 나라를 기울게 하며, 만승의 임금이 대비하지 않으면 반드시 천승의 가문이 그 곁에서 그의 권위를 옮겨가고 그 나라를 기울게 한다."【「애신愛臣」편이다.】

1-2 양혜왕이 못가에서 계신다는 장 〔梁惠王立於沼上章〕

* 맹자는 이장에서 여민동락與民同樂을 해야 진정으로 연못가의 아름다운 정경을 즐길 수 있다는 점을 강조했다. 다산은 '불일성지不日成之'의 '불일不日'과 '우록유부麀鹿攸伏'의 '부伏' 시일갈상時日害喪의 '갈害'의 해석에 대해 고금의 주석을 평가했다.

孟子見梁惠王, 王立於沼上, 顧鴻鴈麋鹿, 曰: "賢者亦樂此乎?" 孟子對曰: "賢者而後樂此, 不賢者雖有此, 不樂也.《詩》云: '經始靈臺, 經之營之, 庶民攻之, 不日成之. 經始勿亟, 庶民子來. 王在靈囿, 麀鹿攸伏, 麀鹿濯濯, 白鳥鶴鶴. 王在靈沼, 於牣魚躍.' 文王以民力爲臺爲沼. 而民歡樂之, 謂其臺曰靈臺, 謂其沼曰靈沼, 樂其有麋鹿魚鼈. 古之人與民偕樂, 故能樂也. 湯誓曰: '時日害喪? 予及女偕亡.' 民欲與之偕亡, 雖有臺池鳥獸, 豈能獨樂哉?"

趙曰: "不與之相期日限, 自來成之."【釋不日成之】
○《集》曰: "不日, 不終日也."

맹자가 양혜왕을 뵈었는데 왕이 못가에 서서 크고 작은 기러기와 사슴들을 돌아보며 말했다. "현자賢者도 이러한 것을 즐기십니까?" 맹자가 대답했다. "현자가 된 뒤라야 이것을 즐거워할 수 있습니다. 어질지 못한 사람은 비록 이것을 가지고 있더라도 즐기지 못합니다.

『시경詩經』에 이런 말이 있습니다. '영대靈臺를 처음 설계하고 지을 때에 이것을 측량하고 일을 도모함에 서민들이 와서 일하는지라 기일을 정하지 않고 완성했도다. 짓기를 시작할 때에 급히 하지 말라 하셨으나 서민들이 아들처럼 달려왔도다. 왕이 영유靈囿에 계시니, 새끼 밴 사슴이 가만히 엎드려 있도다. 사슴들은 살찌고 윤기 나며, 백조는 희고 순결하도다. 왕이 영소靈沼에 계시니, 아! 가득한 물고기들이 뛰어 오르도다.'

문왕이 백성의 힘으로 대臺를 만들고 소沼를 만들었으나, 백성들이 그것을 즐거워하여 그 대臺를 '영대靈臺'라고 하고, 그 소沼를 '영소靈沼'라고 하며 문왕이 사슴들과 물고기, 자라를 소유함을 좋아했습니다. 옛사람들은 백성과 더불어 함께 즐겼기 때문에 능히 즐길 수 있었던 것입니다. 『서경·탕서湯誓』에 이르기를 '이 태양이 언제나 없어질까? 내가 너와 함께 망할 것이로다.' 하였으니, 백성들이 그와 함께 망하고자 한다면, 비록 누대와 연못, 조수鳥獸를 소유한다고 한들 즐길 수 있겠습니까?"

조기가 말했다. "백성들과 서로 기한을 정하지 않았는데 스스로 와서 완성한 것이다.【'不日成之'라는 구절을 해석한 것이다.】

○『맹자집주』에서 말했다. "불일不日"은 종일이 되지 않았다는 말이다."

○鏞案 鄭玄[20]《詩箋》曰: "不日, 不與設期日而成之." 韋昭[21]《國語註》曰: "不日, 不課程以時日."【《國語》引此詩】古註皆同, 不可易也. ○若不終日, 不可曰不日.《易》曰: "介于石, 不終日."《老子》曰: "飄風不終朝, 驟雨不終日." 皆有終字.《公羊》·《穀梁傳》, 不書日者, 謂之不日, 與不設期日而謂之不日者, 其例正同.【《邶風》云: "終風且曀, 不日有曀."】朱子解之曰'不旋日', 亦非不終日】

趙曰: "麀鹿懷妊, 安其所而伏, 不驚動也."【《集》意同】
○鏞案 伏, 當去聲讀, 鳥抱卵曰伏, 獸懷妊亦曰伏. 囿·伏叶韻, 濯·鶴叶韻, 其法, 嚴矣. 趙注必言懷妊, 以其牝鹿也.《集註》去'懷妊'二字, 則詩稱牝鹿無意.

---

20) 鄭玄 : 정현(127~200)은 후한의 경학가로 고문경학과 금문경학을 종합하여 한대 경학의 집대성자로 불린다. 태학에서 『춘추공양전』, 『삼통력三統曆』, 『구장산술九章算術』 등의 금문경학을 배웠고, 장공조張恭祖에게 『주례』, 『예기』, 『춘추좌씨전』, 『고문상서』 등의 고문경전을 배웠으며, 이후 노식盧植과 마융馬融에게 고문경학을 배웠다. 다양한 경전에 주석을 붙였는데, 현전하는 『십삼경주소』의 『모시』, 『주례』, 『의례』, 『예기』는 모두 그의 주석이다.

21) 韋昭 : 위소(204~273)는 삼국시대 오나라의 학자로 자는 홍사弘嗣이고, 운양雲陽 사람이다. 박사좨주博士祭酒, 중서복야中書僕射를 역임했다. 『삼국지』에서는 그를 위요韋曜라고 하였는데, 배송지裵松之의 『삼국지주三國志注』에는 사마소司馬昭 때문에 피휘避諱한 것이라고 하였다. 『국어國語』를 중요하게 여겨 『국어주國語注』를 저술했다.

○ **용안** 정현鄭玄이 『시전詩箋』에서 말했다. "불일不日은 백성들과 더불어 기일을 정하지 않았는데 완성한 것이다." 위소韋昭가 『국어주國語註』에서 말했다. "불일不日은 일정日程을 부과하지 않은 것이다."【『국어國語』에서 이 시를 인용했다.】 그렇다면 고주古註가 모두 같으니 바꿀 수 없다.

○ 만약 주자처럼 "하루가 되지 않았다.(不終日)"라고 한다면 '불일不日'이라고 하면 안 된다. 『주역』에서는 "개결함이 돌과 같아 결단함에 하루를 넘기지 않았다.(介于石, 不終日)"라고 했으며, 『노자』에서는 "회오리 바람은 아침 내내 불지는 않고, 소낙비는 온 종일 내리지 않는다.(飄風不終朝, 驟雨不終日)"라고 하는 것처럼 모두 '종終'자가 있다. 『공양전公羊傳』・『곡량전穀梁傳』에서 일자를 쓰지 않을 때를 '불일不日'이라고 하고, 함께 기한을 정하지 않을 때에도 '불일不日'이라고 하니 그 용례가 꼭 같다.【『시경・패풍邶風』에 "終風且曀, 不日有曀"라는 구절이 있는데, 주자는 '불일不日'을 해석하여 "날이 바뀌지 않은 것이다.(不旋日)"라고 하였으니, 또한 불종일不終日의 뜻이 아니다.】

조기가 말했다. "암사슴이 임신했는데 자기가 있는 곳을 편안하게 여겨 놀라 움직이지 않는 것이다."【『맹자집주』의 뜻도 같다.】

○ **용안** '부伏'는 거성去聲으로 읽어야 한다. 새가 알을 품는 것을 '부伏'라고 하고, 짐승이 임신한 것도 '부伏'라고 한다. 유囿와 부伏가 협운叶韻이고 탁濯과 학鶴이 협운이니, 그 법이 엄격하다. 조기는 주에서 '임신[懷妊]'했다는 것을 굳이 말했는데 그 사슴이 암사슴이기 때문이다. 그런데 『맹자집주』에서 '임신[懷妊]' 두 글자를 빼버려 시에서 암사슴이라고 말한 것이 무의미해졌다.

趙曰:"時, 是也。日, 乙卯日也。害, 大也。言是日桀當大喪亡, 我與女俱往亡之。"

○《集》曰:"桀嘗自言, '吾有天下, 如天之有日, 日亡吾乃亡耳。'"【出《尚書大全[22]》】

○**鏞按** 舊說非。

---

[22] 全 : 新朝本에는 '傳'으로 되어 있으나 주자의 주석이 실린 『상서대전尙書大全』에 따라 바로잡는다. 『상서대전』은 『오경대전』의 하나로 명나라 영락제 때 호광胡廣 등에게 명하여 편찬한 것으로, 주자의 제자 채침蔡沉의 주석을 주로 채택하였다.

조기가 말했다. "시時는 이것[是]이다. 일日은 을묘일乙卯日이다. 갈害은 큰 것[大]이다. 이것은 이 을묘일에 걸桀이 크게 망하는 때를 당했으니 내가 너와 함께 가서 그를 망하게 하겠다."라는 말이다.

○ 『맹자집주』에서 말했다. "걸이 이전에 스스로 말하기를 '내가 천하를 소유한 것은 마치 하늘에 해가 있는 것과 같다. 해가 없어져야 나도 없어질 것이다.'라고 하였다."【『상서대전尙書大全』에 나온다.】

○ **용안** 조기의 구설이 틀렸다.

1-3 하내가 흉년이 들면 그곳의 백성을 하동으로 옮긴다는 장
〔河內凶則移其民於河東章〕

梁惠王曰:"寡人之於國也, 盡心焉耳矣. 河內凶, 則移其民於河東, 移其粟於河內, 河東凶, 亦然. 察隣國之政, 無如寡人之用心者, 隣國之民, 不加少, 寡人之民, 不加多何也? 孟子對曰:"王好戰. 請以戰喩. 塡然鼓之, 兵刃旣接, 棄甲曳兵而走, 或百步而後止, 或五十步而後止, 以五十步笑百步則何如?"曰:"不可, 直不百步耳, 是亦走也."
曰:"王如知此則, 無望民之多於隣國也. 不違農時, 穀不可勝食也, 數罟, 不入洿池, 魚鼈不可勝食也, 斧斤, 以時入山林, 材木不可勝用也. 穀與魚鼈, 不可勝食, 材木不可勝用, 是使民養生喪死無憾也, 養生喪死無憾, 王道之始也. 五畝之宅, 樹之以桑, 五十者可以衣帛矣, 鷄豚狗彘之畜, 無失其時, 七十者可以食肉矣. 百畝之田, 勿奪其時, 數口之家, 可以無飢矣. 謹庠序之敎, 申之以孝悌之義, 頒白者不負戴於道路矣. 七十者衣帛食肉, 黎民不飢不寒, 然而不王者未之有也.

양혜왕이 말했다. "제가 나라에 대해 진심을 다할 뿐입니다. 하내河內에 흉년이 들면 그곳의 백성들을 하동으로 옮기고 곡식은 하내로 옮겨 주었으며, 하동河東이 흉년이 들어도 또한 그러했습니다. 이웃 나라의 정치를 살펴보건대 저처럼 마음을 쓰는 사람이 없습니다. 그런데도 이웃 나라의 백성은 줄어들지 않고, 제 나라의 백성은 늘어나지 않습니다. 무엇 때문인지요?"

맹자가 대답했다. "왕께서 전쟁을 좋아하시니 전쟁으로 비유해 보겠습니다. 둥둥 북을 울려 나아가 칼날과 병장기가 접전을 벌인 다음 갑옷을 버리고 병장기를 질질 끌면서 달아나는데 혹은 백보를 달아난 뒤에 그치고, 혹은 오십보를 달아난 뒤에 멈춥니다. 그런데 오십보 도망간 병사가 백보 도망간 병사를 비웃는다면 어떻습니까?"

"옳지 않으니 다만 백보가 아니었을 뿐이지 그도 또한 도망간 것입니다."

"왕이 만일 그것을 아신다면 백성이 이웃나라보다 많아지기를 바라지 마십시오. 농사지을 때를 어기지 않는다면 곡식을 이루다 먹을 수 없을 것이며 촘촘한 그물을 웅덩이와 우물에 들이지 않는다면 물고기와 자라를 이루다 먹을 수 없을 것입니다. 나무 베는 도끼를 때를 보아 산림에 들인다면 목재를 이루다 쓸 수 없을 것입니다. 곡식과 물고기들을 이루 다 먹을 수 없고, 목재를 이루다 쓸 수 없다면 이것은 백성들에게 삶을 영위하고 죽음을 슬퍼하는데 유감이 없게 하는 것입니다. 삶을 영위하고 죽음을 슬퍼하는데 유감이 없는 것은 왕도王道의 시작입니다. 오묘五畝의 집에 뽕나무를 심으면 오십 된 사람이 비단 옷을 입을 수 있고, 닭이나 돼지 개 등을 길러 때를 잃지 않는다면 칠십 된 사람이 고기를 먹을 수 있을 것입니다. 백묘의 밭에 그 농사지을 때를 빼앗지 않으면 여러 식구들이 있는 가족이 주리지 않게 될 것입니다. 삼가 상서庠序의 가르침에 효제의 의리를 반복한다면 머리가 희끗한 사람이 도로에서 짐을 지지 않을 것이고, 칠십 된 사람이 비단옷을 입고 고기를 먹을 것이며, 서민들은 주리거나 떨지 않게 될 것입니다. 그러하고도 왕노릇 하지 못할 사람은 아직 없었습니다.

狗彘食人食而不知檢, 塗有餓莩而不知發, 人死則曰:"非我也歲也"
是何異於刺人而殺之曰:"非我也, 兵也"王無罪歲, 斯天下之民至焉"

楊[23]曰:"移民·移粟, 荒政之所不廢也。"《周禮·大司徒》云:"大荒·大札,
令邦國移民通財。"【鄭云:"辟災就賤。"】惠王之法, 未嘗非王政也。
○趙曰:"廬井·邑居, 各二畝半以爲宅。冬入保[24]城二畝半, 故爲五畝
也。"
○孫[25]曰:"《周禮》云, '九夫爲井。'《漢·志》云, '井方一里, 是爲九夫。
八家共之, 各受私田百畝, 公田十畝, 是爲八百八十畝, 餘爲廬舍。'"
○《集》曰:"五畝之宅, 一夫所受, 二畝半在田, 二畝半在邑。"

---

23) 楊 : 양시楊時(1053~1135)는 북송 말의 관리이자 사상가이다. 자는 중립中立, 호는 구산龜山, 검남劍南 장락長樂 사람이다. 정호程顥와 정이程頤 형제에게 사사했으며, 주자朱子와 장식張栻, 여조겸呂祖謙 등을 배출하였다. 저서에 『구산집龜山集』, 『구산어록龜山語錄』, 『이정수언二程粹言』 등이 있다.
24) 保 : 향병鄕兵 조직으로 5家가 1保가 된다.
25) 孫 : 손석孫奭(962~1033)은 북송의 문신이자 학자이다.

개나 돼지들이 사람이 먹을 것을 먹어도 단속할 줄을 모르고, 길에는 굶주려 죽은 사람의 시체가 있는데도 창고를 열지 않습니다. 사람이 죽으면 "내가 아니라 흉년이 그런 것이다."라고 한다면 이는 사람을 찔러 죽여 놓고 "내가 아니라 칼이 그런 것이다."라는 것과 무엇이 다르겠습니까? 왕께서 흉년을 허물하지 않는다면 이 천하의 백성들이 여기에 이를 것입니다."

양시가 말했다. "백성을 옮기고, 곡식을 옮기는 것은 흉년에 폐하지 말아야 할 것이다." 『주례·대사도大司徒』에도 "큰 흉년이나 큰 전염병이 돌면 나라에 영을 내려 백성을 옮기고 재화를 통하게 한다."라고 했다.【정현이 말했다. "재화災禍를 피하고 값이 저렴한 곳으로 가게 하는 것이다."】 그렇다면 양혜왕의 방법도 왕정이 아닌 것은 아니다.

조기가 말했다. "농막과 성안의 집은 각각 2묘 반으로 택지를 삼는다. 겨울에는 들어가 성의 보保가 되어 2묘 반을 가진다. 그러므로 5묘가 된다."

○ 손석이 말했다. "『주례』에서 '구부九夫가 정井이 된다.'라고 하였다. 『한서·식화지殖貨志』에서 '정井은 사방 일리一里이니 이것이 구부九夫가 경작하는 것이다. 8가에서 함께 경작하는데 각각 사전 100묘와 공전 10묘를 받는다. 이것이 880묘가 되며 남는 것은 여막을 만든다.'라고 하였다."

○ 『맹자집주』에서 말했다. "5묘의 택지는 일부一夫가 받는 것이다. 이묘 반은 농지에 있고, 이묘 반은 읍성에 있다."

○毛[26]曰: "廬井·邑居, 各二畝半, 則已五畝矣。乃又曰冬入保城二畝半, 何解? 按, 《漢·食貨志》云, '在野曰廬, 在邑曰里。蓋廬田二畝半在公田中, 一名廬舍。' 何休[27]云, '一夫受田百畝, 又受公田十畝。廬舍二畝半, 謂一夫受田一百十畝, 又分受公田之二十畝, 各得二畝半作廬居也。'此易曉也。至在邑之二畝半, 以國城當之, 則大謬。大來[28]曰, '農民無冬月入保國城之理。冬月之保, 當在縣·稍·都·畺之外, 所云守封疆者。若在國城, 則舉國門之外, 合遠郊·近郊·大都·小都之地而盡棄之矣。'【國門之外, 設官治事。凡州閭·族黨·井邑·丘甸, 各有胥師·長正·大夫·宰士, 星布棊[29]列, 與農民井里, 互相控制。使農民冬月俱入城, 則凡此土地·諸官俱置, 何解】

○又曰: "《管子·內政》曰, '四民勿使雜處。處工就官府, 處商就市井, 處農就田野。'而韋昭謂'國都城郭之域, 惟士·工·商而已, 農不與焉', 則二畝半在邑, 只在井邑, 與國邑無涉。蓋古王量地制邑, 其在國邑外, 如公邑·家邑·丘邑·都邑類, 凡所屬井地, 皆可置宅。

---

26) 毛 : 모기령毛奇齡(1623~1716)은 명말청초의 경학가이다.
27) 何休 : 하휴(129~182)는 후한의 금문경학가로 간의대부 등을 지냈다. 양필羊弼에게서 『춘추공양전』을 배워 동중서董仲舒의 사전제자四傳弟子가 되었다. 오경五經과 천문·역산에 두루 뛰어났는데, 동중서에 이어 금문경학을 집대성했다. 『공양묵수公羊墨守』, 『좌씨고육左氏膏肓』, 『곡량폐질穀梁廢疾』을 저술하여 가규賈逵로 대표되는 고문경학에 반대했다. 그의 『춘추공양전해고春秋公羊傳解詁』는 『춘추공양전』의 주석 가운데 가장 널리 인정받았다. 이후 서언徐彦의 소疏와 함께 십삼경주소에 편입되었다.
28) 大來 : 모기령과 동시대의 인물로 이름은 당태唐泰이며, 대래는 그의 자이다. 명나라가 망하자 삭발하고 중이 되었다고 한다.
29) 棊 : 新朝本에는 '某'로 되어 있다.

○ 모기령이 말했다. "여막과 읍성에 각 2묘 반이 있다면 이미 5묘이다. 그런데 또 겨울에는 들어가 성의 보保가 된다는 것은 무슨 해석인가? 살피건대 『한서·식화지』에서 '들에 있는 것을 여廬라고 하고 읍성에 있는 것을 리里라고 한다고 했다. 대개 여전 2묘 반은 공전 가운데 있는데 일명 여사廬舍이다.'라고 하였다. 하휴는 '일부一夫가 사전 100묘를 받고, 또 공전 10묘를 받는다. 여사가 2묘 반이라는 것은 일부가 논지 110묘를 받고 또 공전 20묘를 나누어 각기 2묘 반씩 받아 여거廬居를 만든다.'라고 하였는데, 이것은 쉬운 해석이다. 읍에 있는 2묘 반을 국성에 해당시킨 것은 큰 오류이다. 대래大來가 말하길 '농민들은 겨울에 나라의 성에 들어가 보를 만들 리가 없다. 겨울철의 보는 현縣·초稍·도都·강疆의 밖에 있어야 하니, 이른 바 봉강封疆을 지킨다는 것이다. 만약 나라의 성안에 있다면 국문 밖의 모든 원교·근교나 대도·소도의 땅을 버리게 되는 것이다.'"【국문의 밖에, 관아를 설치하여 일을 다스린다. 무릇 주려州閭·족당族黨·정읍井邑·구전丘甸에 각각 서사胥師·장정長正·대부大夫·재사宰士를 두어 별처럼 펼치고 바둑판처럼 벌려서 농민의 정리井里와 상호 연결시켜 놓는다. 만약 농민들이 겨울에 모두 성으로 들어간다면 무릇 이 토지와 여러 관리를 모두 폐치하는 것이니 이 무슨 해석인가?】

○ 또 말했다. "『관자·내정』에서 '사민四民은 뒤섞여 거처하지 못하게 한다. 공인을 거처하게 할 때는 관부官府에 나아가게 하고, 상인을 거처하게 할 때는 시정市井에 나아가며, 농민을 거처하게 할 때는 전야田野에 나아간다.'라고 했다. 위소韋昭는 '국도는 성곽의 구역이니 오직 사·공·상이 거기에 살 뿐이고, 농민은 끼여 살지 못한다.'라고 하였으니, 2묘 반이 읍에 있다는 것은 단지 정읍井邑에 있는 것이지 국읍國邑과는 아무 상관이 없다. 대체로 옛 왕이 토지를 측량하여 읍을 제정할 적에 국읍에 있는 것 외의 공읍公邑·가읍家邑·구읍丘邑·도읍都邑과 같은 유에 소속된 모든 정지에도 모두 집을 지을 수 있게 하였다.

然且諸井邑中, 亦惟無城者, 可處農民. 若有城如費邑·郈邑所稱都邑者, 則農不得入.《管子》[30]與韋氏之言, 稍可據也."
○鏞案 趙註之義, 不見《周禮》, 不見他經, 此漢儒之白撰也.《詩》云: "中田有廬, 疆場[31]有瓜." 公田之中, 除中央二十畝, 使八家之民相聚爲廬, 則有之矣. 國城之內, 授民宅廛, 亦必以二畝半爲法. 抑何義哉? 斯民就田中[32]二畝半之宅, 樹之以桑, 又就國中二畝半之宅, 樹之以桑,[33] 而孟子合而言之曰'五畝之宅, 樹之以桑', 可乎? 廬者, 茇[34]舍也. 廬本非宅, 不可曰宅. 廬本非宅, 又安有牆? 況公田本非園圃, 不可以毓艸木. 故僅就其疆場[35]隙地, 聊以種瓜. 今欲於公田之中, 建宅築牆, 廣樹桑樜, 豈可得乎? 今人惟以君牧所居, 謂之都邑, 不知人所聚居, 皆可曰邑. 故孔子稱十室之邑, 十室之邑, 豈君牧所居乎? 居於邊鄙者, 未嘗非邑也. 總之, 五畝之宅者, 邑里恒居之室. 或一夫全受五畝, 或五家爲鄰, 謂之五畝之宅. 故〈儒行〉曰'儒有一畝之宮'

---

30) 『管子』:『관자』는 중국 전국시대 후기의 제가백가 논문집으로 제나라 관중管仲의 이름을 따서 지은 것이다. 원본은 86편이나 현재 76편만 전한다. 제나라의 법가를 위주로 여러 학파의 학술 사상 논문을 모아 만든 것으로 법가·도가·명가의 사상과 천문·역수·지리·경제·농업 등의 과학 지식을 포함하고 있다. 그중 「심술」·「백심」·「내업」 등은 기氣와 관련이 있는 도가 학설을 싣고 있고, 「수지」에서는 물이 만물의 근원이라는 이론을 제시하고 있다. 특히 「목민」·「권수」·「형세」·「칠법」 등은 관중이 남긴 말이나 사상을 기록한 것이다. 주해서로는 당대 윤지장尹知章의 『관자주管子注』, 청대 대망의 『관자교정管子校正』과 곽말약郭沫若·문일다聞一多·허유휼許維遹의 『관자집교管子集校』가 있다.
31) 場: 新朝本에는 '場'으로 되어 있다.
32) 中: 新朝本에는 이 뒤에 '之'가 있다.
33) 又就國中~樹之以桑: 奎章本에는 이 13자가 빠져 있다.
34) 茇: 新朝本에는 '茂'로 되어 있다.
35) 疆場: 新朝本에는 '彊場'으로 되어 있다.

그러나 여러 정읍 가운데 오직 성이 없는 경우에만 농민이 거처할 수 있게 하였다. 약 성이 있는 비읍費邑·후읍郈邑처럼 도읍이라고 일컫는 경우는 농민들이 들어갈 수 없었다. 『관자』와 위씨의 말은 근거할 만한 것이 조금은 있다."

○ **용안** 조기의 주석은 『주례』에도 보이지 않고, 다른 경전에도 보이지 않으니 이것은 한유들이 괜히 지어낸 것이다. 『시·소아·신남산』에 "농지 가운데 여사가 있고, 밭두둑에 오이를 심는다."라고 하였다. 공전 가운데 중앙의 20묘를 떼어 8집안의 백성들로 하여금 서로 모여 여사를 짓게 하는 일은 있었다. 나라의 성안 백성들에게 택지를 줄 때에도 2묘 반으로 법을 삼으니 또한 무슨 뜻인가? 이 농민들이 전지 가운데 있는 2묘 반의 택지에 나아가 뽕나무를 심고, 또 나라 안의 2묘 반의 택지에 나아가 뽕나무를 심으므로 맹자가 이 둘을 합하여 "5묘의 택지에 뽕나무를 심는다."라고 하였다는 것이 옳겠는가? 여는 노숙하는 풀집이다. 여는 본래 택宅이 아니니, 택이라고 할 수 없다. 여는 본래 택이 아니니 또한 어찌 담장이 있겠는가? 더구나 공전은 본래 채마 밭이 아니니, 초목을 키울 수 없다. 그러므로 시경에서 겨우 그 경계의 빈 땅에다 약간의 오이를 심었을 뿐이다. 그런데 지금 공전 가운데 집을 건축하고 담장을 쌓으며, 뽕나무·산뽕나무를 널리 심으려 하니 어찌 그렇게 할 수 있겠는가? 오늘날 사람들은 오직 군목君牧이 거처하는 곳만 도읍이라고 하고 사람들이 모여사는 곳을 모두 읍이라고 해도 되는 줄은 모른다. 그러므로 공자는 십실지읍十室之邑이라고 말씀하신 것이니, 십실지읍이 어찌 군목이 거처하는 곳이겠는가? 변비에 거처하는 곳치고 읍 아닌 곳이 없었다. 총괄하건대 5묘의 택이라는 것은 읍리에 있는 항상 거처하는 집이다. 혹 일부一夫가 5묘를 전부 다 받기도 하고, 혹 5가家가 1린鄰이 되니 그것을 5묘의 택이라고도 한다. 그러므로 『예기·유행儒行』에 "유자는 1묘의 집이 있다."라고 한 것이다

引證《書大傳》曰:"歲事既畢, 餘子皆入學, 十五入小學, 十八入大學. 距冬至四十五日, 始出學傅農事. 上老平明坐於右塾, 庶老坐於左塾. 餘子[36]畢出然後歸, 夕亦如之. 餘子皆入, 父之齒隨行, 兄之齒鴈行, 朋友不相踰. 輕任幷重任分, 頒白不提挈. 出入皆如之, 此之謂造士."

○《漢書·食貨志》云:"春將出民, 里胥平旦坐於右塾, 鄰長坐於左塾.
【節】入者必持薪樵, 輕重相分, 斑白不提挈."

○麟曰:"孝悌之義, 當以是觀之."

趙曰:"人君但養狗彘, 使食人食, 不知以法度檢斂也."
○《集》曰:"檢, 制也. 惠王不能制民之產, 又使狗彘得以食人之食, 則與先王制度·品節之意異矣."

---

36) 餘子: 주나라 병역제도의 하나로 매 호戶마다 한 사람을 정졸正卒로 삼고 나머지는 선졸羨卒로 삼기 때문에 여자餘子라고도 하였다. 『주례周禮·지관地官·소사도小司徒』에 "나라에 큰 일이 있으면 백성을 이르게 하고, 큰 변고가 있으면 여자餘子까지 이르게 한다.(凡國之大事, 致民, 大故, 致余子.)"라고 하였다.

인증 『서대전』에서 말했다. "한 해 농사를 다 마친 후에 맏이를 제외한 여러 아들들이 모두 학교에 들어가는데 15세에 소학에 들어가고, 18세에 대학에 들어간다. 동지로부터 45일이 되면 비로소 학교에서 나와 농사일을 배운다. 상노上老는 이른 아침에 우숙右塾에 나와 있고, 일반 노인들은 좌숙左塾에 앉는다. 여러 아들들이 다 나온 뒤에 돌아가는데 저녁에도 이렇게 한다. 여러 아들들이 모두 들어올 때는 아버지 나이 또래에는 뒤를 따라가고, 형 나이 또래에는 조금 뒤떨어져 가고, 붕우 사이에는 서로 넘나들지 않는다. 가벼운 짐은 혼자 맡고 무거운 짐은 나누어 가져 머리가 희끗희끗한 사람이 짐을 가지고 다니지 않게 한다. 출입할 적에 모두 이와 같이 하는데, 이를 일러 조사造士라고 한다."

○ 『한서·식화지』에 "봄에 백성들을 들로 내보내려고 할 때에 이서里胥가 이른 아침에 우숙右塾에 앉아 있고, 인장鄰長은 좌숙左塾에 앉아 있다.【중략】 들어오는 자들은 모두 땔나무를 가지고 오는데 경중輕重을 서로 나누어 머리가 희끗한 사람은 짐을 지지 않는다."

○ 왕응린이 말했다. "효제의 뜻을 마땅히 이것으로 볼 수 있다."

조기가 말했다. "군주가 단지 개나 돼지를 길러 사람이 먹을 것을 먹게 한다면 법도로써 검속할 줄을 모르는 것이다."

○ 『맹자집주』에서 말했다. "검檢은 규제한다는 것이다. 양혜왕이 백성의 산업을 잘 마련해주지 못하고 또 개나 돼지로 하여금 사람이 먹을 것을 먹게 하니 선왕들이 제도를 정하고 예절을 품절하는 취지와는 다르다."

* 다산은 오묘지택五畝之宅에 대한 조기와 주자의 주석이 실정에 맞지 않다고 지적하고, 5묘의 택지는 사람들이 모여 사는 읍리邑里의 상주常住하는 곳이라고 지적했다.

○**鏞案** 狗彘食人食, 豐年也.【豐年粒米狼戾, 愚民不知節用, 人食之餘, 及於狗彘】塗有餓莩, 凶年也. 豐年不知斂, 凶年不知發, 謂不用常平之法也.【余昔聞之於師友】舊說以檢爲斂, 此則是矣. 但云'人君養狗彘', 非矣. 此與庖有肥肉, 廐有肥馬, 意不同.

○麟曰:"止齋[37]曰, '人多言常平出漢 耿中丞,[38] 顏師古[39]以壽昌爲權輿,[40] 豈知常平蓋古制'. 孟氏言'狗彘食人食而不知檢, 塗有餓莩而不知發', 今文作檢, 班氏〈食貨志〉作斂, 是也. 夫豐歲不斂, 饑歲不發, 豈所謂無常平乎?"

引證《漢·王吉[41]傳》: "今民大饑而死, 死又不葬, 爲犬豬所食, 人至相食, 而廐馬食粟, 苦其太肥, 氣盛怒至, 乃日步作之. 王者受命于天, 爲民父母, 固當若是乎?"

○毛曰: "此借《孟子》語, 疏而爲言."

---

37) 止齋 : 진부량陳傅良(1137~1203). 남송 온주溫州 서안瑞安 사람으로, 자는 군거君擧이다. 지재止齋는 호이고, 시호는 문절文節이다. 문장으로 이름을 크게 떨쳤고, 장식張栻, 여조겸呂祖謙과 교유했다. 영가학파永嘉學派의 설계선薛季宣과 정백웅鄭伯熊에게 수학했으며 경세치용을 중시했다. 저서에 『주례설周禮說』, 『춘추후전春秋後傳』, 『좌씨장지左氏章指』, 『모시해고毛詩解詁』, 『지재론조止齋論祖』 등이 있다.

38) 耿中丞 : 경수창耿壽昌(?~?)은 전한 후기의 관료 학자로, 대사농중승大司農中丞을 역임했기 때문에 경중승耿中丞이라고도 한다. 변방에 곳간을 지어 곡식의 값이 쌀 때 비싸게 사들여 농민의 이득을 보장하고 비쌀 때는 싼 값에 되팔아 구휼하게 했는데, 이것이 '상평창常平倉'이다. 상평창은 백성들에게 큰 도움이 되었고, 경수창은 공로를 인정받아 관내후에 봉해졌다. 한편 그는 수학에도 밝아 『구장산술九章算術』을 편집하는 데도 관여했다.

39) 顏師古 : 안사고(581~645)는 당대의 경학가이자 역사학자. 이름은 주籒, 자는 사고師古. 가문의 학통을 이어받아 박학다식했고, 특히 문자훈고文字訓詁, 성운聲韻, 교감학校勘學에 조예가 깊었으며『한서漢書』에 정통했다.

40) 輿 : 정본에서 "新朝本에는 '道'로 되어 있으나 문맥상 '輿'가 옳은 듯하다."라고 하였으나 '道'로 보는 것도 무리는 아니다.

41) 王吉 : 왕길(?~B.C. 48)은 한나라 선제 때의 문신 학자. 창읍왕昌邑王이 정사를 돌보지 않고 향연과 음락을 일삼자 간언하여 위기에서 구하였다. 춘추추씨학春秋騶氏學과 양씨역학梁氏易學에 능했다.

○ **용안** "개나 돼지가 사람이 먹을 것을 먹는 것은 풍년이 들 때다."[풍년에는 곡식이 흔하면 우민愚民들은 절용할 줄을 모른다. 사람들이 먹고 남은 것이 개나 돼지에게 미친 것이다.] 길에 굶어 죽은 시체가 있는 것은 흉년이 든 것이다. 풍년일 때에 검속할 줄을 모르고 흉년에 창고를 열지 않는 것은 상평의 법을 쓰지 않는다고 이를 수 있다.[내가 예전에 사우師友에게 들었다.] 구설에는 검을 거두어들이는 것이라 하였는데 옳다. 그러나 "군주가 개나 돼지를 기른다."라고 말한 것은 잘못이다. 이는 "푸줏간에는 살찐 고기가 있고, 마굿간에는 살찐 말이 있다."라는 것과는 뜻이 같지 않다.

○ 왕응린이 말했다. "지재止齋가 말하기를 '사람들이 대부분 상평의 법이 한나라 경중승耿中丞(경수창耿壽昌)과 안사고顔師古에게서 나왔다고 한다. 경수창이 그 시초를 삼았으니 상평법이 옛 제도인줄을 어찌 알겠는가? 맹자는 '개나 돼지가 사람의 음식을 먹는데도 단속할 줄을 모르고 길에 굶어 죽은 시체가 있는데도 창고를 열지 않는다.'라고 하였는데, 금문今文에는 검檢자로 되어 있지만, 반고의 『한서·식화지』에는 염斂자로 되어 있으니 이것이 옳다. 풍년에는 남은 곡식을 단속할 줄 모르고 흉년에는 곡식을 풀어 구제할 줄 몰랐던 것이지 어찌 상평이 없다는 것이겠는가?'

인증 『한서·왕길전王吉傳』에서 말했다. "이제 백성들이 크게 굶주려 죽고, 죽어도 장례를 치르지 못하여 개나 돼지가 뜯어먹으며 사람들이 서로 잡아먹는 데까지 이르렀는데, 마굿간의 말은 곡식을 먹어 너무 살찌고, 기운이 넘치며 노기가 나서 날마다 걸어다니며 날뛰고 있습니다. 왕은 하늘에서 명을 받아 백성들의 부모가 된 것인데 정말 이렇게 해서야 되겠습니까?"

○ 모기령이 말했다. "이것은 『맹자』의 말에서 따와 소疏로 말한 것이다."

1-6 양양왕은 바라보아도 임금 같지 않다는 장 [梁襄王望之不似章]

* 맹자는 당대의 전국戰國 상황은 통일이 될 때 안정될 수 있을 것이며, 통일시킬 수 있는 사람은 사람 죽이기를 좋아하지 않는 사람일 것이라고 주장했다. 제후들의 전국통일 야욕에 지친 천하의 백성들이 모두 잔인하지 않은 심성을 지닌 군주에게 귀의할 것이므로 그 기세는 막지 못할 것이라고 파악한 것이다. 다산은 사람 죽이기는 좋아하지 않는다는 해석을 두고 사람을 죽인다는 것은 그 백성에게 직접적인 상해를 입힌다는 의미가 아니라 올바른 정치를 하지 못해 백성들이 정치의 은택을 입지 못하는 제도의 개선을 말한 것이라고 했다.

孟子見梁襄王, 出, 語人曰: "望之不似人君, 就之而不見所畏焉. 卒然問曰: '天下惡乎定?' 吾對曰: '定于一.' '孰能一之?' 對曰: '不嗜殺人者能一之.' '孰能與之?' 對曰: '天下莫不與也. 王知夫苗乎? 七八月之間旱, 則苗槁矣. 天油然作雲, 沛然下雨, 則苗浡然興之矣. 其如是, 孰能禦之? 今夫天下之人牧, 未有不嗜殺人者也, 如有不嗜殺人者, 則天下之民皆引領而望之矣. 誠如是也, 民歸之, 由水之就下, 沛然誰能禦之?"

趙曰: "嗜, 猶甘也. 言今諸侯有不甘樂殺人者, 則能一之."
○蘇[42]曰: "漢 高祖及光武及唐 太宗及我太祖能一天下者, 四君皆以不嗜殺人致之. 其餘殺人愈多而天下愈亂."

---

42) 蘇: 소식蘇軾(1037~1101)은 북송 때의 문장가이자 경학가. 자는 자담子瞻, 호는 동파東坡. 1057년 진사가 되어 관직은 한림학사·예부상서를 지냈다. 시詩, 사詞, 서예書藝에 두루 능했고 당송팔대가 가운데 한 사람으로 정치적으로는 왕안석의 신법당과 대립했다. 유배되어 자신이 경작하던 땅을 '동파東坡'라 부르고 스스로를 '동파거사東坡居士'라 칭했다. 아버지 소순蘇洵, 동생 소철蘇轍과 함께 삼소三蘇로 병칭되며, 경학 관계의 저술로는 『동파역전東坡易傳』과 『동파서전東坡書傳』이 전한다.

맹자가 양梁 양왕襄王을 보고는 나와서 사람들에게 말했다.

"바라보아도 임금 같지 않고, 다가가 보아도 두려워할 만한 것을 보지 못했는데 갑자기 묻기를 '천하가 어찌해야 안정되겠습니까?' 하여, 내 대답하기를 '통일되는 데서 안정될 것입니다.' 했다. 그러자 왕이 다시 '누가 통일시킬 수 있겠습니까?' 하기에 '사람 죽이기를 좋아하지 않는 사람이 통일시킬 수 있을 것입니다.'라고 답했다. 왕이 '누가 그런 사람과 함께 할까요?' 하기에 이렇게 답해 주었다.

'천하에 함께 하지 않는 사람이 없을 것입니다. 왕께서는 저 벼이삭을 아십니까? 7월과 8월 사이에 날씨가 가물면 벼 싹은 말랐다가 하늘에 뭉게뭉게 구름이 생겨 쏴하고 비가 내리면 벼 싹은 불쑥 일어납니다. 대저 이와 같다면 누가 그것을 막겠습니까? 지금 천하의 군주 가운데 사람 죽이기를 좋아하지 않는 사람이 없으니 만일 사람 죽이기를 좋아하지 않는 사람이 있다면 천하의 백성들이 모두 목을 빼고서 바라볼 것입니다. 진실로 이와 같다면 백성들이 그에게 귀의하는 것은 물이 아래로 내려가는 것과 같을 것이니, 그 쑥 내려가는 누가 막을 수 있겠습니까?'"

조기가 말했다. "기嗜는 달갑게 여긴다[甘]는 말이다. 지금 제후로서 사람 죽이는 것을 달갑게 여기지 않는 사람이 통일시킬 수 있다는 말이다."

○ 소식이 말했다. "한漢고조高祖와 광무제光武帝 및 당 태종太宗과 우리 태조太祖가 천하를 통일할 수 있었던 것은 네 군주가 모두 사람 죽이기를 좋아하지 않았기 때문에 이룬 것이다. 그 나머지의 경우 사람 죽이기를 더욱 많이 할수록 천하는 더욱 어지러워졌다."

○**鏞案** 此節從來誤解, 蘇說尤大謬。余謂殺人者, 非謂兵刃刑杖而殺之也。不行王政, 豐年不知檢, 凶年不知發, 則嗜殺人者也。不行井田之法, 仰不足以事父母, 俯不足以育妻子, 則嗜殺人者也。五十不能衣帛, 七十不能食肉, 有凍餒以死, 則嗜殺人者也。

○上章云:"殺人以梃與刃, 有以異乎? 以刃與政, 有以異乎?"又上章云:"人死則曰非我也, 歲也。是何以異於刺人而殺之, 曰非我也, 兵也?"當與此章參看, 三章言殺人, 皆是一樣語脈。

○漢 高祖入秦, 無所坑滅, 宋 太祖戒將帥勿妄殺, 固亦王者之仁德。然斷斷非《孟子》此章之義。上下紬繹而深玩之, 當自悟。【梁 襄王不足與有爲, 故孟子微發其端, 不復詳言其義】

○ **용안** 이 절은 종래 잘못 해석되었는데 소식의 주장은 더욱 크게 잘못되었다. 내가 보기에는 사람을 죽인다는 것은 병장기나 형벌로 죽이는 것을 말하는 것이 아니라, 왕정을 행하지 않아 풍년에 남은 곡식을 거둘 줄 모르고, 흉년에 창고의 곡식을 내놓지 않으면 사람 죽이기를 좋아하는 것이다. 정전법을 행하지 아니하여 위로 부모를 섬길 수 없고, 아래로 처자를 먹여 살릴 수 없게 된다면 사람 죽이기를 좋아하는 것이다. 오십 먹은 늙은이가 비단을 입지 못하고 칠십 먹은 늙은이가 고기를 먹지 못해 얼어 죽고 굶주려 죽는다면 사람 죽이기를 좋아하는 것이다.

○ 위 장에서 "사람을 죽이는 데 몽둥이로써 하는 것과 칼로 하는 것이 차이가 있는가? 칼로 하는 것과 정치로 하는 것에 차이가 있는가?"라고 하였고, 또 위 장에서 "사람이 죽으면 '내가 아니라 흉년이 들어 그런 것이다'라고 한다면 이것은 사람을 찔러 죽여 놓고 '내가 아니라 칼이 그런 것이다'라고 하는 것과 무엇이 다르겠습니까?"라고 했다. 마땅히 이 장과 함께 참고하여 살펴보아야 할 것이니 세 장에서 말한 '살인殺人'이 모두 같은 어맥이다.

○ 한 고조高祖는 진秦에 들어가 선비를 묻거나 책을 없앤 적이 없고, 송 태조도 장수들에 함부로 죽이지 말라 경계하였으니 참으로 제대로 된 왕의 어진 덕이다. 그러나 결코 『맹자』 이 장의 본의는 아니다. 위 아래 문장에서 실마리 삼아 깊이 완미해본다면 응당 자연히 깨닫게 될 것이다.[양양왕은 함께 세상에서 의미 있는 일을 하기에는 부족했다. 그러므로 맹자는 그 단서만 살짝 열어주고 다시 그 본의를 상세하게 말하지는 않은 것이다.]

1-7 제선왕이 양으로 소를 바꾼 장 [齊宣王以羊易牛章]

* 맹자는 이 장에서 왕정의 성격을 죄없이 죽는 동물을 안타깝게 여기는 마음을 정치에 돌려 백성들에게 그러한 마음으로 정치를 하면 인정을 베풀 수 있을 것이라고 지적했다. 동정심을 기초로 인정仁政의 논리를 세우는 것이나 안정된 마음은 안정된 생업에서 비롯된다는 정치사상은 이후 동양정치사상에 적지 않은 영향을 끼쳤다. 다산은 이 장에서 『맹자』가 『관자』를 답습한 것은 아니라고 주장했으며, '절지折枝'에 대한 주석에서 문맥의 내용을 중시하는 안목을 보여주었고, '종신終身'의 의미에 대해 당시 어법이라고 지적했다.

齊宣王問曰:"齊桓晉文之事[43]可得聞乎?"孟子對曰:"仲尼之徒無道桓文之事者, 是以後世無傳焉. 臣未之聞也. 無以, 則王乎?"曰:"德何如, 則可以王矣?"曰:"保民而王, 莫之能禦也."曰:"若寡人者, 可以保民乎哉?"曰:"可."曰:"何由知吾可也?"曰:"臣聞之胡齕曰, 王坐於堂上, 有牽牛而過堂下者, 王見之, 曰:'牛何之?'對曰:'將以釁鐘.'[44] 王曰:'舍之! 吾不忍其觳觫,[45] 若無罪而就死地.'對曰:'然則廢釁鐘與?'曰:'何可廢也? 以羊易之!' 不識有諸?"曰:"有之."曰:"是心足以王矣. 百姓皆以王爲愛也, 臣固知王之不忍也."王曰:"然. 誠有百姓者. 齊國雖褊小, 吾何愛一牛? 卽不忍其觳觫, 若無罪而就死地, 故以羊易之也."曰:"王無異於百姓之以王爲愛也. 以小易大, 彼惡知之? 王若隱其無罪而就死地, 則牛羊何擇焉?"

---

43) 齊桓晉文之事 : 제 환공과 진 문공의 공업功業을 말한다. 춘추시대의 대표적인 강국인 오패에 속하고, 부국강병의 전략을 통해 패자의 지위에 올랐다.

44) 釁鐘 : 흔종은 고대 종교적 의례의 하나로 희생犧牲의 피를 종에 발라 신에게 제사를 지내는 것이다.

45) 觳觫 : 곡속은 소나 돼지 등 희생에 사용되는 동물이 도살장으로 끌려갈 때 갖는 위축감과 공포를 표현한 말이다.

제선왕齊宣王이 물었다. "제환공齊桓公과 진문공晉文公이 일을 들어 볼 수 있겠습니까?" 맹자가 대답했다. "중니仲尼의 문도들은 제환공과 진문공의 일을 말한 자가 없습니다. 이 때문에 후세에 전해진 것이 없어, 신이 아직 듣지 못하였습니다. 그만두지 말라 하신다면 왕도王道를 말하겠습니다."

제선왕이 물었다. "덕이 어떠하면 왕노릇할 수 있습니까?" 맹자가 말했다. "백성을 보호하고 왕노릇하면 이것을 막을 자가 없습니다." "과인과 같은 자도 백성을 보호할 수 있습니까?" "가능합니다." "무슨 이유로 나의 가능함을 아십니까?"

"신이 호흘胡齕에게 들은 이야기가 있습니다. '왕께서 당상에 앉아 계시는데, 소를 끌고 당하로 지나가는 자가 있었습니다. 왕께서는 이를 보시고 〈소가 어디로 가는가?〉라고 물으니 〈장차 흔종釁鍾에 쓰려고 한다〉라고 답했습니다. 왕께서 〈놓아주어라. 내가 그 두려워 벌벌 떨며 죄 없이 사지死地로 가는 것을 차마 볼 수 없다.〉 하시니, 답하기를 〈그렇다면 흔종을 폐지하오리까〉 하니 〈어찌 폐지할 수 있겠는가? 양으로써 바꾸어 쓰라.〉라고 하셨다.'라는데 알지 못하겠습니다. 이러한 일이 있었습니까?"

"그러한 일이 있었습니다." "이런 마음이면 충분히 왕 노릇 하실 수 있습니다. 백성들은 모두 왕더러 재물을 아꼈다고 하지만 신은 진실로 왕王의 차마 못하심을 알고 있습니다."

왕이 말했다. "그렇습니다. 진실로 백성들이 비난하는 자가 있겠습니다마는 제나라가 비록 좁고 작으나 내 어찌 한 마리 소를 아끼겠습니까? 이는 그 벌벌 떨면서 죄 없이 사지로 나아감을 차마 볼 수 없어서였습니다. 그러므로 양으로써 바꾸게 한 것입니다." 맹자가 말했다. "왕께서는 백성들이 왕을 두고 재물을 아꼈다고 비난함을 괴이하게 여기지 마십시오. 작은 양을 가지고 큰 소와 바꾸었으니, 저들이 어찌 이것을 알겠습니까? 왕께서 만일 그 죄 없이 사지로 나아감을 측은히 여기셨다면 소와 양을 어찌 구별하셨습니까?"

王笑曰: "是誠何心哉? 我非愛其財, 而易之以羊也, 宜乎百姓之謂我愛也." 曰: "無傷也, 是乃仁術也, 見牛未見羊也. 君子之於禽獸也, 見其生, 不忍見其死; 聞其聲, 不忍食其肉. 是以君子遠庖廚也."

王說曰: "《詩》云: '他人有心, 予忖度之.' 夫子之謂也. 夫我乃行之, 反而求之, 不得吾心. 夫子言之, 於我心有戚戚焉. 此心之所以合於王者, 何也?" 曰: "有復於王者曰: '吾力足以擧百鈞', 而不足以擧一羽; '明足以察秋毫之末', 而不見輿薪, 則王許之乎?" 曰: "否." "今恩足以及禽獸, 而功不至於百姓者, 獨何與? 然則一羽之不擧, 爲不用力焉; 輿薪之不見, 爲不用明焉, 百姓之不見保, 爲不用恩焉. 故王之不王, 不爲也, 非不能也." 曰: "不爲者與不能者之形何以異?" 曰: "挾太山以超北海, 語人曰 '我不能', 是誠不能也. 爲長者折枝, 語人曰 '我不能', 是不爲也, 非不能也. 故王之不王, 非挾太山以超北海之類也; 王之不王, 是折枝之類也.

왕이 웃으며 말했다. "이 진실로 무슨 마음이었던가? 내 재물을 아껴서 양으로써 바꾸게 한 것은 아니건마는 백성들은 나더러 재물을 아꼈다고 하는 말도 마땅하겠다!"

맹자가 말했다. "나쁠 것이 없습니다. 이것이 바로 인仁을 하는 방법이니, 소는 보았고 양은 아직 보지 못했기 때문입니다. 군자는 금수에 대해서 산 것을 보고 차마 그 죽는 것을 보지 못하며, 죽으면서 애처롭게 울부짖는 소리를 듣고는 차마 그 고기를 먹지 못합니다. 이 때문에 군자는 푸주간을 멀리하는 것입니다."

왕이 기뻐하며 말했다. "『시경』에서 '타인이 가지고 있는 마음을 내가 헤아린다.'라고 하였는데, 선생님을 두고 한 말이군요. 내가 실행하고도 반성하여 구해 보았지만 내 마음을 알지 못했는데, 선생님께서 말씀해 주시니, 내 마음에 위로됨이 있습니다. 그런데 이 마음이 왕도에 부합하는 것은 무엇 때문입니까?"

맹자가 말했다. "왕에게 아뢰는 자가 말하기를, '내 힘이 충분히 백균百鈞을 들 수 있되 깃털 하나를 들 수 없으며, 눈의 시력은 추호의 끝을 살필 수 있되 수레에 실은 나무 섶을 볼 수 없다.'라고 한다면 왕은 이것을 받아들이겠습니까?" "아닙니다." "그렇다면 지금에 은혜가 족히 금수에게 미치되 공효가 백성에게 이르지 않음은 유독 어째서입니까? 깃털 하나를 들지 못하는 것은 힘을 쓰지 않기 때문이며, 수레의 섶을 보지 못하는 것은 시력을 쓰지 않기 때문이며, 백성들이 보호를 받지 못함은 은혜를 쓰지 않기 때문입니다. 그러므로 왕王께서 왕노릇 하지 못함은 하지 않는 것일지언정 하지 못하는 것은 아닙니다." 왕이 말했다. "하지 않는 것과 하지 못하는 것은 그 형태가 어떻게 다릅니까?"

맹자가 답했다. "태산을 옆으로 끼고 북해를 뛰어넘는 것을 두고 사람들에게 말하기를, '나는 못한다.'라고 한다면 이것은 진실로 할 수 없는 것입니다. 그런데 어른을 위하여 나뭇가지를 꺾는 것을 두고 남에게 말하기를 '나는 할 수 없다.'라고 한다면 이것은 하지 않는 것일지언정 할 수 없는 것은 아닙니다. 그러므로 왕께서 왕노릇하지 못하는 것은 태산을 끼고 북해를 뛰어넘는 종류가 아니라, 왕께서 왕노릇하지 않는 것은 바로 나뭇가지를 꺾는 것과 같은 종류입니다.

老吾老, 以及人之老; 幼吾幼, 以及人之幼. 天下可運於掌.《詩》云: '刑于寡妻, 至于兄弟, 以御于家邦.' 言擧斯心加諸彼而已. 故推恩足以保四海, 不推恩無以保妻子. 古之人所以大過人者無他焉, 善推其所爲而已矣. 今恩足以及禽獸, 而功不至於百姓者, 獨何與? 權, 然後知輕重; 度, 然後知長短. 物皆然, 心爲甚. 王請度之! 抑王興甲兵, 危士臣, 構怨於諸侯, 然後快於心與?" 王曰: "否. 吾何快於是? 將以求吾所大欲也."

曰: "王之所大欲可得聞與?" 王笑而不言. 曰: "爲肥甘不足於口與? 輕煖不足於體與? 抑爲采色不足視於目與? 聲音不足聽於耳與? 便嬖不足使令於前與? 王之諸臣皆足以供之, 而王豈爲是哉?" 曰: "否. 吾不爲是也." 曰: "然則王之所大欲可知已. 欲辟土地, 朝秦楚, 莅中國而撫四夷也. 以若所爲求若所欲, 猶緣木而求魚也." 王曰: "若是其甚與?" 曰: "殆有甚焉. 緣木求魚, 雖不得魚, 無後災. 以若所爲, 求若所欲, 盡心力而爲之, 後必有災."

나의 노인을 노인으로 섬겨서 남의 노인에게까지 미치며, 나의 어린이를 어린이로 사랑해서 남의 어린이에게까지 미친다면 천하를 손바닥에 놓고 움직일 수 있습니다. 『시경』에 이르기를 '과처寡妻에게 모범이 되어서 형제에 이르고, 집과 나라를 다스린다.'라고 하였으니, 이 마음을 들어서 저기에 더하는 것일 뿐임을 말한 것입니다. 그러므로 은혜를 미루면 족히 사해四海를 보호할 수 있고 은혜를 미루지 못하면 처자도 보호할 수 없는 것입니다. 옛사람이 보통 사람보다 크게 뛰어난 이유는 다른 것이 없으니, 그 하려는 바를 잘 미루었기 때문입니다. 지금 은혜가 족히 금수에게까지 미쳤는데도 공효가 백성들에게 이르지 않음은 유독 무엇 때문입니까? 저울질을 한 뒤에야 무게를 알고, 재어본 뒤에야 길이를 알 수 있습니다. 사물이 다 그러하거니와 그 중에도 마음이 유독 심하니, 왕은 청컨대 이것을 헤아리십시오. 왕은 군대를 일으키며 군사와 신하들을 위태롭게 해서 제후들과 원한을 맺은 뒤에야 마음이 통쾌하시겠습니까?" 왕이 말했다. "아닙니다. 내 어찌 이것을 통쾌하게 여기겠습니까? 장차 나의 크게 하고자 하는 바를 구하려 합니다."

맹자가 말했다. "왕께서 크게 하려는 바를 들어 볼 수 있겠습니까?" 왕이 웃으면서 말하지 않자, 맹자가 말씀했다. "살찌고 단 음식이 입에 부족해서입니까? 가볍고 따뜻한 옷이 몸에 부족해서입니까? 아니면 채색이 눈으로 보기에 부족해서이며, 아름다운 음악이 귀로 듣기에 부족해서이며, 친숙하고 총애하는 사람들을 앞에서 시키고 부리기에 부족해서입니까? 왕의 여러 신하들이 모두 충분히 이것을 공급하니, 왕은 어찌 이 때문이시겠습니까?" 왕이 말씀하였다. "아닙니다. 나는 이 때문이 아닙니다." 맹자가 말했다. "그렇다면 왕이 크게 하려는 바를 알 수 있겠습니다. 토지를 개척하며, 진나라와 초나라에게 조회를 받고 중국中國에 임하여 사방의 오랑캐들을 어루만지고자 하시는 것입니다. 그런데 이와 같은 소행으로 그와 같은 소원을 구하신다면 나무에 올라가서 물고기를 구하는 것과 같습니다."

왕이 말했다. "그처럼 심합니까?" 맹자가 말했다. "그보다 더 심한 점이 있습니다. 나무에 올라 물고기를 구하면 비록 고기를 못 구해도 뒤에 재앙은 없지만, 이렇게 해서 그런 소원을 구하면 심력을 다해도 뒤에 반드시 재앙이 있을 것입니다."

曰: "可得聞與?" 曰: "鄒人與楚人戰, 則王以爲孰勝?" 曰: "楚人勝."
曰: "然則小固不可以敵大, 寡固不可以敵衆, 弱固不可以敵彊. 海內之地方千里者九, 齊集有其一. 以一服八, 何以異於鄒敵楚哉? 蓋亦反其本矣.
今王發政施仁, 使天下仕者皆欲立於王之朝, 耕者皆欲耕於王之野, 商賈皆欲藏於王之市, 行旅皆欲出於王之塗, 天下之欲疾其君者皆欲赴愬於王. 其若是, 孰能禦之?"
王曰: "吾惛不能進於是矣. 願夫子輔吾志, 明以教我. 我雖不敏, 請嘗試之." 曰: "無恆產而有恆心者, 惟士爲能. 若民, 則無恆產, 因無恆心. 苟無恆心, 放辟, 邪侈, 無不爲已. 及陷於罪, 然後從而刑之, 是罔民也. 焉有仁人在位, 罔民而可爲也?
是故明君制民之產, 必使仰足以事父母, 俯足以畜妻子, 樂歲終身飽, 凶年免於死亡. 然後驅而之善, 故民之從之也輕.

왕이 물었다. "그렇다면 방책을 들을 수 있겠습니까?' 맹자가 물었다. "추나라 사람이 초나라 사람과 싸운다면 왕께서는 누가 이기리라고 여기십니까?" "초나라 사람이 이길 것입니다." "그렇다면 작은 나라는 진실로 큰 나라를 대적할 수 없으며, 적은 사람은 진실로 많은 사람을 대적할 수 없으며, 약한 자는 진실로 강한 자를 대적할 수 없는 것입니다. 천하의 땅에서 사방 천리 되는 곳이 아홉인데, 제나라가 전체를 모으면 그 하나를 소유하였으니, 하나를 가지고 여덟을 복종시키는 것이 어찌 추나라가 초나라를 대적함과 다르겠습니까? 어찌 또한 그 근본으로 돌이키지 않으려 하십니까?

지금 왕께서 정치를 하실 때 인정仁政을 베풀어 천하에 벼슬하려는 자들이 모두 왕의 조정에 서게 하며, 경작하는 자들이 모두 왕의 들에서 경작하며, 장사꾼들이 모두 왕의 시장에 물건을 두고자 하며, 여행하는 자들이 모두 왕의 길로 다니도록 한다면, 천하에서 자기 군주를 싫어하는 자들이 모두 왕에게 달려와 하소연하려고 할 것이니, 이와 같다면 누가 이막을 수 있겠습니까?"

왕이 말했다. "내가 어리석어 가르침에 나아갈 수 없으니, 원컨대 부자께서는 나의 뜻을 도와서 밝게 나를 가르쳐 주십시오. 내 비록 불민하지만 한 번 시험해 보겠습니다."

맹자가 말했다. "일정한 생업이 없는데도 일정한 마음이 있는 자는 오직 선비만이 가능한 것입니다. 일반 백성들은 일정한 생업이 없으면 그 때문에 일정한 마음이 없게 됩니다. 만일 일정한 마음이 없다면 방탕하고 편벽되고 사사로우면서도 사치스러움을 하지 않는 것이 없게 될 것이니, 죄에 빠진 뒤에 쫓아서 이들을 처벌한다면, 이것은 백성을 그물질하는 것입니다. 어찌 어진 사람이 군주의 지위에 있으면서 백성을 그물질 할 수 있겠습니까? 그러므로 현명한 군주는 백성의 생업을 제정할 때에 반드시 위로는 부모를 섬길 수 있고, 아래로는 처자식을 거느릴 수 있으며, 풍년에는 내내 배부르고, 흉년에도 죽음에서는 면하게 할 것이니 그런 다음에야 백성들을 몰아서 선으로 가게 합니다. 그러므로 백성들이 명령을 따르기가 쉬운 것입니다.

今也制民之産, 仰不足以事父母, 俯不足以畜妻子, 樂歲終身苦, 凶年不免於死亡. 此惟救死而恐不贍, 奚暇治禮義哉?

王欲行之, 則盍反其本矣. 五畝之宅, 樹之以桑, 五十者可以衣帛矣; 雞豚狗彘之畜, 無失其時, 七十者可以食肉矣; 百畝之田, 勿奪其時, 八口之家可以無飢矣; 謹庠序之敎, 申之以孝悌之義, 頒白者不負戴於道路矣. 老者衣帛食肉, 黎民不飢不寒, 然而不王者, 未之有也."

趙曰: "孟子仕於齊, 齊不用, 乃適梁. 建篇先梁者, 欲以仁義爲首篇. 因言魏事, 章次相從, 然後道齊之事."【《史記》云: "孟子游齊事宣王, 宣王不能用. 適梁, 梁 惠王不果."】

○朱子曰: "按《史記》, 梁 惠王之三十五年乙酉, 孟子始至梁. 其後二十三年, 當齊湣[46]王之十年丁未, 齊人伐燕, 而孟子在齊.

---

46) 湣: 新朝本에는 '宣'으로 되어 있다.

지금은 백성의 생업을 제정해 줄 때에 위로는 부모를 섬기지 못하고, 아래로는 처자식을 거느릴 수 없습니다. 풍년에도 내내 고생하고, 흉년에는 죽음을 면치 못합니다. 이러니 다만 죽음을 구제하기에도 넉넉지 못함을 염려하는데 어느 겨를에 예의를 가르치겠습니까?

왕께서 이것을 행하고자 하신다면 어찌 그 근본을 돌이키지 않습니까? 5묘의 집 가장자리에 뽕나무를 심는다면 50세 된 자가 비단옷을 입을 수 있으며, 닭과 돼지와 개, 큰 돼지를 기름에 새끼칠 때를 잃지 않게 한다면 70세 된 자가 고기를 먹을 수 있으며, 100묘의 토지에 농사철을 빼앗지 않는다면 여덟 식구의 집안이 굶주림이 없을 수 있으며, 상서庠序의 가르침을 삼가서 효제의 의리로써 거듭한다면 머리가 반백班白이 된 자가 도로에서 짐을 지거나 이지 않을 것이니, 늙은 자가 비단옷을 입고 고기를 먹으며, 여민黎民이 굶주리지 않고 춥지 않게 하고, 이렇게 하고서도 왕노릇 하지 못하는 자는 있지 않습니다."

조기가 말했다. "맹자는 제나라에서 벼슬했으나 제나라에서 그 말을 쓰지 못했기 때문에 양梁나라로 간 것이다. 그런데 『맹자』를 편찬할 때에 양나라에 간 것을 앞세운 것은 인의 仁義로 머릿편을 삼고자 했기 때문이다. 그래서 위魏나라에서의 일을 말하여 장의 차례가 이어지게 한 다음에 제나라의 일을 만한 것이다."『사기』에서 말했다. "맹자가 제나라에 유세하여 선왕을 섬겼으나 선왕이 그 말을 쓰지 못하자 양나라로 갔다. 양혜왕도 그 말한 것을 시행하지 못했다."]

○ 주자가 말했다. "『사기』를 살펴보면 양혜왕 35년 을유년(B.C. 336)에 맹자가 비로소 양나라에 이르렀다. 그 후 23년째 되던 제민왕齊湣王 10년 정미년(B.C. 314)에 제나라 사람이 연나라를 쳤는데 맹자가 제나라에 있었다.

故古史謂孟子先事齊 宣王, 後乃見梁 惠王·襄王·齊 湣王. 獨《孟子》以伐燕爲宣王時事, 與《史記》·《荀子》等書, 皆不合. 而《通鑑》以伐燕之歲, 爲宣王十九年, 則是孟子先游梁, 而後至齊, 見宣王矣. 然考異亦無他據, 又未知孰是."

○**鏞案** 伐燕者, 宣王事也. 金仁山[47]據《戰國策》辨之甚詳, 無可疑也.
【詳見'齊人伐燕'章】

趙曰: "孔子之門徒, 心賤薄之, 是以無傳道之者."

○或曰: "孟子不道桓·文之事. 然孟子自爲文, 多襲《管子》,[48] 如省刑罰薄稅斂,【節】規矩, 方圓之正也. 雖有巧目利手, 不如規矩之正方圓也,【節】諸侯毋專殺大臣, 毋曲隄, 毋貯粟,【節】毋擅廢適子, 毋置妾以爲妻,【節】使稅者百一鍾, 孤·幼不刑, 澤梁時縱, 關譏而不征, 市書而不賦,【節】以善勝人者, 未有能服人者也, 以善養人者, 未有不勝人者也,【節】

---

47) 金仁山: 김이상金履祥(1232~1303). 송말원초의 학자로 이름은 상상祥 또는 개상開祥·이상履祥이고, 자는 길보吉父, 호는 차농次農, 절강浙江 난계蘭溪 사람이다. 왕백王柏과 하기何基에게 배웠다. 원나라가 들어서자 인산仁山에 은거하고 '인산선생'이라 불렸다. 송학에 정통하여『대학소의大學疏義』,『논어집주고증論語集註考證』,『맹자집주고증孟子集註考證』,『상서주尙書注』,『상서표주尙書表注』등의 저술을 남겼다.

48) 多襲『管子』: 해당 내용은『관자』의「법법法法」,「패형霸形」등에서 보인다.

그래서 고사古史에 이르기를 '맹자가 먼저 제선왕을 섬기고 그 뒤에 양혜왕, 양양왕, 제민왕을 보았다.'라고 하였다. 그런데 유독 맹자에는 연나라를 정벌한 것을 제선왕 때의 일로 보고 있으니 『사기』와 『순자』 등의 글과는 모두 합치되지 않는다. 그런데 『통감』에서는 연나라를 정벌한 해를 선왕 19년으로 보고 있으니 이는 맹자가 먼저 양나라에 유세하고, 후에 제나라에 이르러 선왕을 본 것이다. 그러나 고이考異하려 해도 또한 다른 근거가 없으니 어느 것이 옳은 지 알 수 없다."

○ **용안** 연나라를 정벌한 것은 선왕 때의 일이다. 김인산金仁山이 『전국책』에 근거하여 변증한 것이 매우 자세하니 의심할 것이 없다.【자세한 것은 제나라 사람이 연나라를 쳤다는 장〔詳見齊人伐燕〕에 보인다.】

조기가 말했다. "공자의 문도는 마음으로 패도를 천박하게 여겼다. 그 때문에 전하여 말하는 사람이 없었던 것이다."

○ 혹자가 말했다. "맹자는 제완공과 진문공의 일을 말하지 않았다. 그러나 맹자 스스로 글을 쓸 때에 『관자管子』를 많이 답습하였으니, 예를 들면 다음과 같다. '형벌을 줄이고 세금을 가볍게 한다',【중략】 '규구는 모난 것이나 둥근 것을 그리는 데 가장 올바른 도구이다. 비록 좋은 시력과 예리한 솜씨가 있다 할지라도 규구로 모난 것이나 둥근 것을 그리는 것만 못하다',【중략】 '제후는 마음대로 대신을 죽이지 말고 제방을 구부려 쌓아 이웃 나라에 해를 까치지 말로 곡식을 쌓아놓지 말라',【중략】 '조세를 거두는 자에 100석 중 1종을 거두게 하고, 고어와 유아에게는 형벌을 가하지 말고, 못에서 고기 잡는 것은 시기에 따라 잡게 하고, 관문에서는 출입자를 조사만 하고 세금을 거두지 말라',【중략】 '남에게 이기기를 좋아하는 사람은 남을 복종시킬 수가 없고, 남을 잘 양육하는 사람은 남을 이기지 못하는 사람이 없다',【중략】

至于'齊景公謂晏子吾欲觀于轉附[49]朝儛'一節, 則全襲齊桓事, 而易其名與語者."

○鋪案《管子》·《孟子》, 其末趣雖殊, 其本皆學先王之道, 故所言多同. 今摘其偶同者, 謂《孟》襲《管》, 不亦悖乎?

引證〈玉藻〉云: "君子遠庖廚."
○賈誼[50]《新書》云: "聖王之于禽獸也, 聞其聲, 不忍食其肉."

趙曰: "折枝, 按摩, 折手節解罷枝也. 少者恥是役, 故不爲耳."
○《集》曰: "以長者之命, 折艸木之枝, 言不難也."
○毛曰: "〈內則〉, '子婦事舅·姑, 問疾痛·苛癢而抑搔之.' 鄭註, '抑搔, 即按摩.' 屈抑枝體, 與折義正同. 此皆卑役, 非凡人屑爲. 故曰是不爲, 非不能."

---

49) 附: 新朝本에는 「拊」로 되어 있으나 『맹자·양혜왕 하』에 따라 바로잡는다.
50) 賈誼: 가의(B.C. 201~169)는 중국 한대漢代 문신이자 학자이다. 기원전 174년에 조정에서 쫓겨나 장사왕長沙王의 태부로 임명되어 떠날 때 지은 「복조부鵩鳥賦」와, 도중에 자신을 굴원에 비유하고 「이소離騷」를 모방해서 지은 「조굴원부弔屈原賦」가 유명하다. 저서로 『신서新書』와 명대에 편집된 『가장사집賈長沙集』이 전한다.

심지어 제나라 경공景公이 안자晏子에게 이르기를 '내가 전부산轉附山과 조무산朝儛山에 관광하여'라는 한 구절에 이르러서는 완전히 제나라 환공의 일을 답습하여 그 이름과 말만을 바꾼 것이다."

○ **용안** 『관자』와 『맹자』는 그 말단의 취지는 비록 다르지만 그 본령은 모두 선왕의 도를 배운 것이다. 그러므로 말하는 바가 같은 곳이 많다. 이제 그 우연히 같은 것을 지적하여 『맹자』가 『관자』를 답습했다고 하는 것은 이치에 어긋난 것이 아니겠는가?

인증 『예기·옥조玉藻』에서 말했다. "군자는 푸줏간을 멀리한다."
○ 가의賈誼가 『신서新書』에서 말했다. "성스러운 임금은 새와 짐승에 대해 그 잡는 소리를 들으면 차마 그 고기를 먹지 못한다."

조기가 말했다. "절지折枝는 안마按摩이니 곧 마디를 꺾어주고 지친 사지를 풀어주는 일이다. 젊은이들은 이 일을 하는 것을 부끄럽게 여기기 때문에 하지 않는 것이다."
○ 『맹자집주』에서 말했다. "어른의 명으로 초목의 가지를 꺾는 것은 어렵지 않다는 말이다."
모기령이 말했다. "『예기·내칙內則』에 '며느리가 시부모를 섬김에 아픈 데와 가려운 데를 물어서 눌러주거나 긁어준다.'라고 하였는데 정현鄭玄은 주注에서 '억소抑搔는 안마'라고 했으니 팔다리를 구부리고 누리는 것으로 꺾는 것과 뜻이 꼭 같다. 모두 비천한 일이니 보통 사람들이 하려 하지 않는 것이다. 그러므로 하지 않는 것이지 할 수 없는 것은 아니라고 말한 것이다.

觀後漢 張皓[51]〈王龔論〉云, '豈同折枝于長者, 以不爲爲難乎?' 劉熙[52] 註, '按摩不爲, 非難爲.' 若劉峻[53]〈廣絶交論〉'折枝[54]舐舐', 盧思道[55] 〈北齊論〉'韓·高之徒,[56] 人皆折枝舐痔', 《朝野僉載》薛稷[57]等 '舐痔 折枝, 阿附太平公主'[58]類, 皆明作媮諂之具. 且問折草木之枝, 何爲 乎?

○或曰: "拜者, 磬折而下手屈膝, 皆折其枝體. 折枝者, 拜也."

○**鏞案** 折枝解作按摩, 古證雖多, 終覺未穩. 若云 '折木枝何爲', 則 '挾太山以超北海', 其有實用乎? 任指一事, 以喩無難, 解作草木之枝, 恐無不可.

---

51) 張皓: 장호는 후한의 관료이자 문인이자 장량張良의 6세손으로 벼슬은 정위廷尉에 이르 렀는데, 특히 의옥疑獄을 잘 다스린 것으로 유명하다.

52) 劉熙: 유희는 후한의 학자로 자는 성국成國, 저술에『석명釋名』이 있다.

53) 劉峻: 유준은 남조 때의 학자로 자는 효표孝標이다. 박학했으며, 다른 사람에게 이서異書 가 있다고 하면 반드시 찾아가 읽었다고 한다.「변명론辨命論」,「광정교서廣絶交書」 등을 지었고,『세설신어世說新語』에 주注를 달았다.

54) 枝: 新朝本에는 '技'로 되어 있다.

55) 盧思道: 노사도는 수나라 문신이자 학자이며, 자는 자행子行이다. 관직은 산기시랑散騎 侍郎에 이르렀다.『노무릉집盧武陵集』이 있다.

56) 韓·高之徒: 북제北齊의 간신인 한장난韓長鸞과 고아나高阿那를 말한다.

57) 薛稷: 설직은 당대의 문인이자 예술가로, 사장辭章으로 유명했고 글씨와 그림에 모두 뛰어 났다.

58) 太平公主: 태평공주(?~713)는 중국 당나라의 제3대 황제인 고종高宗과 측천무후則天武后 사이에서 태어난 막내딸이다. 위황후韋皇后 세력을 몰아내고 예종睿宗을 옹립한 뒤 권력 을 마음대로 휘둘렀는데, 현종玄宗의 폐립廢立을 모의하다가 발각되어 사사賜死되었다.

후한의 장호張皓는 「왕공론王공論」에서 '어른에게 안마해주는 것처럼 쉬운데 어찌 하지 않고서 어렵게 여기는가?' 하였는데, 유희劉熙는 주에서 '안마는 하지 않는 것이지 하기 어려운 것이 아니다.'라고 하였다. 유준劉峻의 「광절교론廣絶交論」에 '안마를 하고 치질을 핥는다.'라든가 노사도盧思道의 「북제론」에 '한장난과 고아나의 무리들은 모두 안마하고 치질을 핥는 자들이다.'라고 한 것과 『조야첨제朝野僉載』에서 설직薛稷 등이 '치질을 핥고 안마하여 태평공주太平公主에게 아부했다.'라고 한 것 같은 용례에 모두 분명히 아첨하는 방법으로 되어 있다. 묻노니 초목의 가지를 꺾어서 무엇을 하겠는가?'

○ 혹자가 말했다. "절이라는 것은 몸을 구부려 손을 아래로 하고 무릎을 굽히는 것으로 다 그 지체를 굽히는 것이니 절지折枝라는 것은 절이다."

○ **용안** 절지折枝를 안마按摩라고 해석한 것은 옛 증거가 비록 많기는 해도 결국 온당하지 못하다. 만약 모기령처럼 "나뭇가지를 꺾어서 무엇을 하겠는가?"라고 한다면 "태산을 끼고 북해를 넘는다."라는 말은 실제로 쓰이는 것인가? 한 가지 일을 임의로 가리켜 어렵지 않음을 비유한 것이니 초목의 가지라고 풀이한다고 해도 안 될 것은 없을 것이다.

趙曰: "欲使王度心如度物也。"

○《集》曰: "必以權·度度之。"【上如字, 下待洛反】

○**鏞案** 下度字承上文, 恐不必入聲讀。

或曰: "終身飽可疑。"

○**鏞案** 終身者, 恆然之意。子路終身誦之,[59] 子路未死, 已稱終身, 蓋當時之語法也。與非天下而稱天下者同。

---

[59] 子路終身誦之: 『논어·자한子罕』에 나오는 말이다. 자로는 "여우나 담비 털옷을 입은 사람과 함께 서서도 부끄러워하지 않는 사람은 자로일 것이다."라는 평가와 함께 "욕심내거나 구하지 않는 것이니 어찌 나쁘다고 하겠는가?(不忮不求, 何用不臧。)"라는 공자의 말을 평생 외우려 하였다.

조기가 말했다. "왕으로 하여금 마음을 헤아리기를 사물을 재는 것과 같이 하도록 한 것이다."

○ 『맹자집주』에서 말했다. "반드시 저울과 자로써 그것을 헤아린다."【위의 도度자는 글자대로 읽고, 아래는 '대待'와 '락洛'의 반절로 읽는다.】

○ **용안** 아래의 도度자는 윗글을 이었으니 꼭 입성入聲으로 읽을 필요는 없다.

혹자가 말했다. "종신토록 배불리 먹는다는 것은 의심스럽다."

○ **용안** 종신終身이라는 것은 항상 그러하다[恆然]는 뜻이다. "자로子路가 종신토록 그것을 외웠다."라고 하였는데, 자로가 아직 죽지 않았음에도 이미 '종신終身'이라는 말을 사용했다. 아마 당시의 어법이었을 것이다. 마치 천하가 아니지만 천하라고 일컫는 것과 같은 것이다.

양혜왕梁惠王
하下

2-1 장포가 맹자를 보고 음악을 좋아하는 것에 대해 질문한 장
〔莊暴見孟子章〕

* 맹자는 이 장에서 왕이 음악이나 사냥을 홀로 즐기는 것보다는 백성과 함께 즐겨야 함을 역설했다. 이에 대해 다산은 왕의 즐거움의 본의는 백성을 구제하는 것에 있어야 한다는 것과 경문 하단의 '거질수축알이상고왈擧疾首蹙頞而相告曰'의 '曰'자에 해당하는 말이 '지어차극至於此極'까지여야 한다고 주장했다.

莊暴見孟子曰: "暴見於王, 王語暴以好樂, 暴未有以對也." 曰: "好樂, 何如?" 孟子曰: "王之好樂甚, 則齊國其庶幾乎." 他日, 見於王曰: "王嘗語莊子以好樂, 有諸?" 王變乎色曰: "寡人非能好先王之樂也, 直好世俗之樂耳." 曰: "王之好樂甚, 則齊其庶幾乎. 今之樂, 由古之樂也." 曰: "可得聞與?" 曰: "獨樂樂與人樂樂, 孰樂?" 曰: "不若與人." 曰: "與少樂樂與衆樂樂, 孰樂?" 曰: "不若與衆." "臣請爲王言樂. 今王鼓樂於此, 百姓聞王鐘鼓之聲·管籥之音, 擧疾首蹙頞而相告曰'吾王之好鼓樂, 夫何使我至於此極也?' 父子不相見, 兄弟妻子離散. 今王田獵於此, 百姓聞王車馬之音, 見羽旄之美, 擧疾首蹙頞而相告曰 '吾王之好田獵, 夫何使我至於此極也?' 父子不相見, 兄弟妻子離散,

장포가 맹자를 뵙고 말했다. "제가 왕을 뵈었는데, 왕께서 제게 음악을 좋아한다고 말씀하셨으나, 저는 대답하지 못했습니다. 묻자오니 음악을 좋아한다는 것은 어떤 것입니까?" 맹자께서 말씀하셨다. "왕께서 음악을 매우 좋아하신다니, 제나라는 잘 다스려질 것입니다."

다른 날에 맹자께서 왕을 알현하고 말씀하셨다. "왕께서 일전에 장자莊子(장포莊暴)에게 음악을 좋아한다고 말씀하셨다고 하니, 그런 일이 있습니까?" 왕이 낯빛을 바꾸어 말했다. "과인은 선왕의 음악을 좋아할 만한 수준이 아닙니다. 단지 세속의 음악을 좋아할 정도입니다."

맹자께서 말씀하셨다. "왕께서 음악을 매우 좋아하신다니, 제나라는 잘 다스려질 것입니다. 오늘날의 음악은 옛날의 음악과 같습니다." 왕이 말했다. "무슨 말인지 들어볼 수 있겠습니까?" 맹자께서 말씀하셨다. "홀로 음악을 즐기는 것과 다른 이와 함께 음악을 즐기는 것 가운데 어느 것이 더 즐겁겠습니까?" 왕이 말했다. "다른 이와 함께 하는 것만 못합니다." 맹자께서 말씀하셨다. "적은 사람들과 음악을 즐기는 것과 많은 사람들과 음악을 즐기는 것 가운데 어느 것이 더 즐겁겠습니까?" 왕이 말했다. "많은 사람들과 함께 하는 것만 못합니다."

맹자께서 말씀하셨다. "신臣이 청컨대 왕을 위해 즐거움[樂]에 대해서 말씀드리고자 합니다. 지금 왕께서 여기에서 음악을 연주하시면 백성들이 왕의 종소리와 북소리, 피리소리와 젓대소리를 듣고는 모두 골치 아파하고 이마를 찌푸리며 서로 말하기를, '우리 왕께서 음악 연주하기를 좋아하시는데, 어찌 우리로 하여금 이 지경[極]에 이르게 하시는가?'라고 합니다. 부모와 자식이 서로를 보지 못하고, 형제들과 처자들이 헤어져 흩어집니다. 또 지금 왕께서 여기에서 사냥을 하시면 백성들이 왕의 수레소리와 말달리는 소리를 듣고, 깃털과 들소꼬리로 만든 사냥용 깃발의 아름다움을 보고는 모두 골치 아파하고 이마를 찌푸리며 서로 말하기를 '우리 왕께서 사냥하기를 좋아하시는데, 어찌 우리로 하여금 이 지경에 이르게 하시는가?'라고 합니다. 부모와 자식이 서로를 보지 못하고, 형제들과 처자들이 헤어져 흩어지게 됩니다.

此無他, 不與民同樂也. 今王鼓樂於此, 百姓聞王鐘鼓之聲·管籥之音, 舉欣欣然有喜色而相告曰'吾王庶幾無疾病與, 何以能鼓樂也?' 今王田獵於此, 百姓聞王車馬之音, 見羽旄之美, 舉欣欣然有喜色而相告曰'吾王庶幾無疾病與, 何以能田獵也?' 此無他, 與民同樂也. 今王與百姓同樂, 則王矣."

孫曰: "聖王之樂, 如〈咸池〉·〈大章〉·〈韶〉·〈夏〉·〈濩〉·〈武〉, 是也. 世俗樂, 如鄭·衛之聲,[1] 是也."
○鏞案〈樂記〉曰: "魏 文侯問於子夏曰'吾端冕[2]而聽古樂, 則惟恐臥, 聽鄭·衛之音, 則不知倦.'" 孫說有所本也. 孔子'放鄭聲', 而孟子謂'今樂猶古樂'者, 急於救民, 未暇正樂也.

---

1) 聲 : 성은 시가詩歌나 음악音樂을 말한다.
2) 端冕 : 단면은 현의玄衣와 현면玄冕을 말한다. 고대 제왕과 귀족의 예복인 면복冕服은 여섯 종류가 있는데, 그중 6번째가 현면복이다. 면복은 상의를 검은색(玄)으로 하고, 치마를 붉은색(纁)으로 한다. 『예기·악기』의 "내가 단면을 하고서 옛 음악을 들으면 드러누워 버릴까 염려되었지만, 정나라와 위나라의 음악을 들으면 피곤한 줄 몰랐다.(吾端冕而聽古樂, 則唯恐臥, 聽鄭衛之音, 則不知倦.)"라는 부분에 정현이 "단은 현의이다.(端, 玄衣也.)"라는 주를 달았다.

이것은 다른 것이 아니라 왕께서 백성들과 함께 즐기시지 않기 때문입니다. 지금 왕께서 여기에서 음악을 연주하시면 백성들이 왕의 종소리와 북소리, 피리소리와 젓대소리를 듣고는 모두 즐거운 마음으로 기쁜 안색을 띠고 서로 말하기를 '우리 왕께서 아프시지 않으신가보다. 그렇지 않다면 어떻게 음악을 연주하시겠는가?'라고 하며, 지금 왕께서 여기에서 사냥을 하시면 백성들이 왕의 수레소리와 말달리는 소리를 듣고는 깃털과 들소꼬리로 만든 사냥용 깃발의 아름다움을 보고 모두 즐거운 마음으로 기쁜 안색을 띠고 서로 말하기를 '우리 왕께서 아프시지 않으신가보다. 그렇지 않다면 어떻게 사냥을 하시겠는가?'라고 한다면, 이것은 다른 것이 아니라 백성들과 즐거움을 함께 하시기 때문입니다. 지금 왕께서 백성들과 즐거움을 함께 하신다면, 왕 노릇을 온전히 하실 것입니다."

손석孫奭이 말했다. "성왕聖王의 음악은 「함지咸池」・「대장大章」・「소韶」・「하夏」・「호濩」・「무武」와 같은 것들이 이것이다. 세속의 음악은 정풍鄭風과 위풍衛風의 소리[聲]와 같은 것들이 이것이다."

○ **용안** 『예기・악기樂記』에서 "위문후가 자하에게 묻기를 '내가 단면端冕의 제복祭服을 입고 옛 음악을 들으면 드러누워 버릴까 염려되었지만, 정나라와 위衛나라의 음악을 들으면 피곤한 줄을 몰랐다.'라고 하였다." 하였으니, 손석의 설은 근거가 있는 것이다. 공자께서 "정나라 음악을 추방해야 한다."[3]라고 하였는데, 맹자께서 "오늘날의 음악이 옛날의 음악과 같습니다."라고 한 것은 백성을 구제하기에 다급하여 정악正樂인지 따질 겨를이 없었던 것이다.

---

3) 정나라 음악을 추방하며 말재주 있는 사람을 멀리 해야 하니, 정나라 음악은 음탕하고 말재주 있는 사람은 위태롭다.(放鄭聲, 遠佞人, 鄭聲淫, 佞人殆.)'라고 하였다. 『논어論語・위령공衛靈公』10장 참조.

孫曰: "齊王悅南郭先生吹竽, 喜鄒忌鼓琴, 安知與衆樂樂?"
○麟曰: "《史記》'鄒忌以鼓琴見齊威王', 非宣王也。惟南郭處士吹竽, 乃宣王時, 見《韓非·內儲說》。"《集》曰: "極, 窮也。"
○**鏞案** '父子不相見, 兄弟妻子離散'十一字, 乃'極'字之註脚,【先言而後解之】如下篇'我竭力耕田, 恭爲子職而已矣。父母之不我愛, 於我何哉'二十二字, 乃怨字之註脚。【先言而後解之】

손석이 말했다. "제나라 왕은 남곽선생南郭先生이 생황 부는 것을 좋아하고 추기鄒忌가 거문고 타는 것을 기뻐했으니,4) 어떻게 백성들과 함께 음악을 즐거워할 수 있다는 것을 알았겠는가?"

○ 왕응린이 말했다. "『사기史記』에서 '추기가 거문고 타는 것을 가지고 제나라 위왕威王을 알현하였다.'라고 했으니, 선왕宣王이 아니다. 다만 남곽처사南郭處士가 생황을 분 것만은 선왕 때의 일이니, 『한비자韓非子·내저설內儲說』에 보인다."

『맹자집주』에서 말했다. "'극極'은 '곤궁함[窮]'을 말한다."

○ **용안** "부모와 자식이 서로를 보지 못하고, 형제들과 처자들이 헤어져 흩어진다."라는 '父子不相見兄弟妻子離散' 11글자는 바로 '극極'자의 주석이 되며,【말을 먼저 하고 해석을 뒤에 한 것이다.】 하편下篇인 『맹자孟子·만장萬章 상』의 "나는 힘을 다해 밭을 갈아 공경히 자식의 직분을 행할 뿐이다. 부모께서 나를 아껴주시지 않음이 나와 무슨 관계가 있겠는가?"라는 '我竭力耕田恭爲子職而已矣父母之不我愛於我何哉'의 22글자가 바로 '괄恝(걱정이 없다는 뜻)'자의 주석이 되는 것과 같다.【말을 먼저 하고 해석을 뒤에 한 것이다.】

* 정약용의 경학사상은 실용과 제민濟民에 중점을 두고 있다. 이 장의 경문 하단에 나오는 '상고왈相告曰'에서 '처자이산妻子離散'까지는 독법이 두 가지이다. 하나는 '왈'자를 '지어차극至於此極'까지로 보고, 다른 하나는 '처자이산'까지로 보는 견해이다. 정약용은 '지어차극'까지로 보면서 '부자불상견형제처자이산父子不相見兄弟妻子離散'의 11글자는 '극極'자의 주석이 된다고 여겼다.

---

4) 제나라 왕은 … 것을 기뻐했으니 : 남곽 선생과 추기는 모두 음악에 소질이 없는 사람들이었는데, 이들의 음악을 즐거워했으니 제나라 왕의 음악에 대한 안목이 어떤지 가늠해볼 수 있을 것이다.

2-2 제선왕이 문왕이 소유한 동산의 크기에 대해 질문한 장
〔齊宣王曰文王之囿章〕

* 맹자는 이 장에서 문왕의 동산이 사방 70리이지만 그의 백성들은 오히려 작다고 여겼으며, 제선왕의 동산은 사방 40리밖에 안 되지만 오히려 크다고 생각한 것은, 문왕의 경우 그 동산을 백성들과 공유했기 때문이라고 하였다. 이 장에서 다산은 다른 전적典籍을 들어 문왕의 동산이 100리이고 제선왕의 동산은 5리라고 하는 등의 사례를 제시하고 있다.

齊宣王問曰:"文王之囿, 方七十里, 有諸?"孟子對曰:"於傳有之." 曰:"若是其大乎?"曰:"民猶以爲小也."曰:"寡人之囿, 方四十里, 民猶以爲大, 何也?"曰:"文王之囿, 方七十里, 芻蕘者往焉, 雉兎者往焉, 與民同之. 民以爲小, 不亦宜乎? 臣始至於境, 問國之大禁, 然後敢入. 臣聞郊關5)之內有囿, 方四十里, 殺其麋鹿者, 如殺人之罪, 則是方四十里爲阱於國中, 民以爲大, 不亦宜乎?"

考異 ○漢中常侍樂松6)對帝曰:"昔文王之囿百里, 人以爲小, 齊宣五里, 人以爲大."

○毛曰:"與《孟子》不同."7)

---

5) 郊關 : 국도國都 밖 100리가 교교郊이고 교 밖에 관문關門이 있는데, 이를 합하여 교관이라고 한다.
6) 樂松 : 악송은 동한東漢의 대신으로 홍도문학鴻都文學과 시중侍中, 봉거도위奉車都尉 등을 역임하였다. 『후한서後漢書·혹리열전酷吏列傳』 참조.
7) 與《孟子》不同 : 『맹자』에는 제선왕의 동산이 40리라고 하였는데, 악송은 5리라고 하였기 때문이다.

제선왕이 물었다. "문왕의 동산[囿]이 사방 70리라 하니, 그러한 일이 있었습니까?" 맹자께서 대답하셨다. "옛 책에 그러한 기록이 있습니다." 제선왕이 말했다. "그렇게 컸습니까?" 맹자께서 대답하셨다. "백성들은 오히려 작다고 여겼습니다." 제선왕이 말했다. "과인의 동산은 사방 40리 밖에 안 되는 데도 백성들은 오히려 크다고 여깁니다. 어째서입니까?"

맹자께서 대답하셨다. "문왕의 동산은 사방 70리였지만, 꼴 베고 나무를 하는 사람들이 그리로 지나다녔고, 꿩을 잡고 토끼를 잡는 사람들이 그리로 지나다녔으니, 동산을 백성들과 함께 한 것입니다. 백성들이 작다고 여긴 것도 당연하지 않겠습니까? 신은 처음 국경에 도달하면 제나라에서 크게 금지하는 것을 물어본 다음에야 감히 들어옵니다. 신이 그 때 들으니, 교관郊關 안에 동산이 사방 40리 인데, 그곳의 사슴을 죽인 자를 살인죄와 같이 다스린다고 하였습니다. 이는 사방 40리로 국도國都 안에 함정[阱]을 만든 꼴이니, 백성들이 크다고 여기는 것도 당연하지 않겠습니까?"

고이 ○ 한나라 중상시中常侍인 악송樂松이 황제에게 대답했다. "옛날 문왕의 동산이 100리나 되었는데도 사람들은 이것을 작다고 여겼습니다. 제선왕의 동산은 5리 일 뿐이었는데도 사람들이 크다고 여겼습니다."

○ 모기령이 말했다. "『맹자』와 내용이 같지 않다."

2-4 제선왕이 설궁에서 맹자를 보고 즐거움에 대해 질문한 장
[齊宣王見孟子於雪宮章]

* 맹자는 설궁에서의 즐거움을 현인들도 갖고 있는지를 묻는 제선왕에게, 천하와 함께 즐거워하고 천하와 함께 걱정할 수 있어야만 왕도정치를 실현할 수 있다고 제시하고 있다. 이에 대해 다산은 이 장에 나오는 하나라 속담[夏諺]을 종래의 학자들과 달리 '유련황망위제후우流連荒亡爲諸侯憂'까지로 보고, 이에 대한 합리적인 분석을 해놓았다.

齊宣王見孟子於雪宮. 王曰: "賢者亦有此樂乎?" 孟子對曰: "有. 人不得則非其上矣. 不得而非其上者, 非也. 爲民上而不與民同樂者, 亦非也. 樂民之樂者, 民亦樂其樂, 憂民之憂者, 民亦憂其憂. 樂以天下, 憂以天下, 然而不王者未之有也. 昔者, 齊景公問於晏子曰: '吾欲觀於轉附·朝儛, 遵海而南, 放於琅邪, 吾何脩而可以比於先王觀也?' 晏子對曰: '善哉, 問也. 天子適諸侯曰巡狩. 巡狩者, 巡所守也. 曰: 『吾王不遊, 吾何以休? 吾王不豫, 吾何以助? 一遊一豫, 爲諸侯度. 今也不然, 師行而糧食, 飢者弗食, 勞者弗息. 睊睊胥讒, 民乃作慝. 方命虐民, 飮食若流. 流·連·荒·亡, 爲諸侯憂.』 從流下而忘反謂之'流', 從流上而忘反謂之'連', 從獸無厭謂之'荒', 樂酒無厭謂之'亡'. 先王無流連之樂, 荒亡之行, 惟君所行也.'

제선왕이 맹자를 설궁雪宮에서 만나보았다. 왕이 말했다. "현자도 이런 즐거움이 있습니까?" 맹자께서 말씀하셨다. "있습니다. 사람들은 이를 얻지 못하면 자기의 윗사람을 비난합니다. 얻지 못했다고 자기의 윗사람을 비난하는 백성들도 잘못이지만, 백성들의 윗사람이 되어서 백성들과 즐거움을 함께 하지 않는 것도 역시 잘못입니다. 백성들의 즐거움을 즐거워하는 이는 백성들 역시 자기 임금의 즐거움을 즐거워하고, 백성들의 걱정을 걱정하는 이는 백성들 역시 자기 임금의 걱정을 걱정합니다. 천하와 함께 즐거워하고, 천하와 함께 걱정하고도 왕 노릇하지 못한 자는 아직 없었습니다.

옛날에 제경공齊景公이 안자晏子에게 물었습니다. '내가 전부산轉附山과 조무산朝儛山을 돌아보고서 해안을 따라 남쪽으로 가서 낭야琅邪에 이르고자 합니다. 내가 어떻게 해야 선왕들이 한 유람[觀]에 비견될 수 있겠습니까?' 안자가 대답했습니다. '좋은 질문이십니다. 천자가 제후국에 가는 것을 순수巡狩라고 합니다. 순수란 제후가 지키는 곳을 순행한다는 뜻입니다. 제후가 천자국에 조회하러 가는 것을 술직述職이라고 합니다. 술직이란 맡은 직책을 보고하는 것입니다. 그러니 순수와 술직은 모두 해야만 하는 일입니다. 봄에는 나가서 경작하는 상태를 살펴보아 부족한 것을 보충해주고, 가을에는 나가서 수확하는 상태를 살펴보아 충분치 않은 것을 도와줍니다. 하나라 속담에 〈우리 임금께서 유람하지 않으시면 우리들이 어떻게 휴식을 취하겠는가? 우리 임금께서 즐기지 않으시면 우리들이 어떻게 도움을 받겠는가?〉라고 했습니다. 한 번 유람하시고 한 번 즐기심이 제후들의 법도가 됩니다. 지금은 그렇지 않아서 군대를 동반하여 양식을 축내니, 굶주린 사람들이 먹지 못하고, 수고하는 사람들이 쉬지 못합니다. 눈을 흘겨보며 서로 헐뜯는 통에 백성들이 마침내 사특[慝]하게 되어 천명天命을 거역하고 백성을 학대하여 마시고 먹는 것이 물 흐르듯합니다. 유류流·련連·황荒·망亡이 제후들의 걱정거리가 된다고 하였습니다.

뱃놀이에 물길을 따라 아래로만 가고 돌아오는 것을 잊어버린 것을 유流라고 하고, 물길을 거슬러 올라가 돌아오는 것을 잊어버린 것을 연連이라고 하고,

景公悅, 大戒於國, 出舍於郊. 於是始興發補不足. 召大師曰'爲我作君臣相說之樂!'蓋徵招·角招,[8] 是也. 其《詩》曰'畜君, 何尤?' 畜君者, 好君也."

趙曰: "雪宮, 離宮之名."
○麟曰: "《元和郡縣志》,[9] '齊 雪宮古址, 在靑州 臨淄縣東北六里.' 《晏子春秋》[10]所謂'齊侯見晏子于雪宮.'"
趙曰: "夏 禹之世, 民之謠語也." 又曰: "'今也'者, 晏子言'今時天下之民'." 又曰: "王道虧, 諸侯行霸, 由當相匡正, 故爲諸侯憂也."

---

8) 徵招·角招 : 징소와 각소는 옛날 악장樂章의 명칭을 말한다.
9) 元和郡縣志 : 『원화군현지』는 중국 당나라의 재상 이길보李吉甫가 원화元和 8년(813년)에 헌종憲宗에게 바친 지리서를 말한다. 원래는 지도가 딸려 있어 『군현도지郡縣圖志』라고 불렸으나, 남송 무렵에 지도가 없어졌져서 『군현지』라고 부른다. 목록 2권과 본문 40권으로 되어 있다.
10) 晏子春秋 : 『안자춘추』는 제나라 안영晏嬰이 지었다고는 하나, 후인들이 안영의 언행을 모아 편찬한 책으로 보인다. 내편 6편과 외편 2편으로 되어 있다.

짐승을 쫓아 사냥하는 것에 염증을 느끼지 않는 것을 황荒이라고 하고, 술을 즐겨 만족함이 없는 것을 망亡이라고 합니다. 선왕께서는 유流와 연連의 즐거움이 없으셨고, 황荒과 망亡의 행실이 없으셨으니, 오직 임금께서 행해야 할 바입니다.'

경공이 기뻐하여 나라에 명령을 크게 내리고는 교외郊外로 나가 머물러 있었다. 이때에 비로소 창고를 열어 부족한 백성들을 보조해주었다. 태사太師를 불러 말씀하시기를 '나를 위하여 군신이 함께 기뻐할 음악을 만들라!' 하였으니, 대개 징초徵招와 각초角招가 이것입니다. 『시경』에서 '임금의 잘못을 바로잡는 것[畜君]이 어찌 허물이 되겠는가?'라고 하였으니, 임금의 잘못을 바로잡는 것은 임금을 사랑하는 것입니다."

조기가 말했다. "설궁은 이궁離宮[궁성 밖 별궁]의 이름이다."
○ 왕응린이 말했다. "『원화군현지元和郡縣志』에 '제나라 설궁의 옛터는 청주靑州 임치현臨淄縣 동북쪽 6리에 있다.'라고 하였으니, 『안자춘추』에서 말한 '제나라 임금이 설궁에서 안자晏子를 보았다.'라는 곳이다."
조기가 말했다. "하나라 우임금 시대 민간의 속담이다." 또 말했다. "'지금(今也)'이라는 것은 안자가 말한 '지금 시대의 천하 백성(今時天下之民)'이다." 또 말했다. "왕도가 무너지고 제후가 패도를 행하여 마땅히 서로를 바로잡아야하기 때문에 제후의 걱정거리가 되는 것이다."

○《集》曰: "諸侯謂附庸之國·縣邑之長."【釋'爲諸侯憂'】

○**鏞案** '爲諸侯度'·'爲諸侯憂' 上下諸侯, 毫髮不殊, 而舊說以下諸侯爲霸者,《集註》以下諸侯爲附庸之國·縣邑之長, 深所未曉。況所謂'縣邑之長', 即如子游爲武城宰, 宓子賤爲單父宰, 及《周禮》縣師·縣正·鄰長·里[11]宰之類, 是也。此輩之謂之諸侯, 其有經證乎?

---

11) 長里 : 新朝本에는 '里長'으로 되어 있다.

○ 『맹자집주』에서 말했다. "제후는 부용국附庸國과 현읍縣邑의 우두머리를 말한다."【'위제후우爲諸侯憂'를 해석한 것이다.】

○ **용안** '위제후도爲諸侯度(제후의 법도가 된다)'와 '위제후우爲諸侯憂(제후의 걱정이 된다)'의 앞뒤의 제후는 털끝만큼도 다르지 않는데, 구설(조기의 설명)에서는 아래의 제후를 패자로 여겼고, 『맹자집주』에서는 아래의 제후를 부용국과 현읍의 우두머리로 여겼으니, 매우 분명치 못한 것이다. 게다가 이른바 '현읍의 우두머리(縣邑之長)'는 곧 예컨대 자유子游가 무성武城의 읍재邑宰가 된 것,[12] 복자천宓子賤이 단보單父의 읍재가 된 것[13] 및 『주례』의 현사縣師·현정縣正·찬장酇長·이재里宰 등의 부류가 이것이다. 이러한 무리들을 제후라고 하는 것이 경전적 증거가 있는 것인가?

---

12) 자유子游가 무성武城의 읍재邑宰가 된 것 : 『논어論語·옹야雍也』 16장 참조.
13) 복자천宓子賤이 단보單父의 읍재가 된 것 : 『여씨춘추呂氏春秋·심응審應』 참조.

上文旣云'吾王不游, 吾王不豫', 則下文之'今也不然', 亦當爲天子巡守而言。引古之天子, 罪今之諸侯, 豈當於理乎? 晏子之時, 諸侯其有巡守者乎? 特以晏子之時, 周室衰弱, 周天子無此過擧。故不得不以諸侯當之。諸侯巡行於自己國內, 而爲鄰國諸侯之憂, 亦無是理。故朱子不得不以附庸之國·縣邑之長當之耳, 奈上下牴牾何哉?
○余昔讀書于萬淵寺之東林,【在和順縣北】以爲上下二節, 通作夏諺, 而並爲太康14)時作,【太康游豫無度, 見〈夏本紀〉】或爲夏桀時作, 諸侯仍當爲五等諸侯, 仲氏擊節稱善。蓋以食·息·流·憂, 並皆叶韻15)。與上節之游·休·豫·助, 詞例相肖, 兼之景公之惡, 不若是之甚也。○近讀《左傳》云: "齊景公痁, 梁丘據與裔款言於公曰: '今君疾病, 爲諸侯憂。'"【昭二十】此亦當時語法, 若所云'爲寡君憂, 以重君憂'之類, 是也。然若云'景公巡守而爲諸侯憂',16) 則大不通矣。

---

14) 康: 신조본에는 '廉'으로 되어 있다.
15) 叶韻: 어떤 운韻의 문자가 다른 운에도 통용되는 것을 말한다.
16) 諸侯憂: 『춘추좌전』 소공 18년조에 보인다.

윗글에서 이미 "우리 임금께서 유람하지 않고, 우리 임금께서 즐기시지 않는다."라고 하였으면, 아랫글에서 "지금은 그렇지 않다."라고 한 것도 마땅히 천자의 순수巡守로 말한 것이어야 한다. 옛날의 천자를 끌어다가 지금의 제후에게 죄준 것이 어찌 이치에 부합하겠는가? 안자晏子의 시대에는 제후 중에 순수하는 자가 있었겠는가? 다만 안자의 시대에는 주나라 왕실이 쇠약하여 주나라 천자에게는 이러한 지나친 행실이 없었다. 그러므로 부득불 제후에 해당시킨 것이다. 제후가 자기 나라 안을 순행하는 것이 이웃나라 제후의 걱정이 된다는 것도 이치에 맞지 않는다. 그러므로 주자도 부득불 부용국과 현읍의 우두머리를 거기에 해당시켰을 뿐이니, 앞뒤가 잘못된 것을 어찌하겠는가?

○ 내가 예전에 만연사萬淵寺의 동림東林에서【화순현和順縣 북쪽에 있다.】독서할 때, 상하 두 구절은 다 하나라 속담으로 모두 태강太康 때에 지어졌거나,【태강이 절도 없이 유람하고 기뻐한 내용이 『사기·하본기』에 보인다.】혹 하나라 걸桀임금 때에 지어진 것이라고 여기고, 제후는 마땅히 다섯 등급의 제후여야 한다고 했더니, 중씨仲氏(둘째 형 정약전丁若銓)가 무릎을 치며 좋다고 칭찬하였다. 대개 식食·식息·유流·우憂는 모두 다 협운叶韻이다. 윗 구절의 유游·휴休·예豫·조助와는 단어의 용례가 서로 비슷하다. 아울러 경공景公의 악함도 이와 같이 심하지는 않았을 것이다.

○ 근래에 『춘추좌전春秋左傳』에서 "제경공이 학질에 걸리자, 양구거梁丘據와 예관裔款이 경공에게 말했다. '지금 임금님의 질병은 제후들의 걱정거리가 됩니다.'"【소공 20년 조목이다.】라는 대목을 읽었다. 이 역시 당시의 표현 방식이다. 예컨대 "우리 임금의 걱정이 다른 임금의 걱정을 무겁게 하였다.(爲寡君憂以重君憂)"라고 하는 부류가 이것이다. 그러나 "경공이 순수하여 제후의 근심이 되었다."라고 말한다면 전혀 통하지 않는다.

○'流連荒亡', 原是夏諺之文。故晏子繼爲訓詁, 使君曉解。若是晏子之所自言, 則自言自註, 亦太勞矣。

考異《晏子春秋》, 景公出游, 問於晏子曰:"吾欲觀於轉附·朝舞, 遵海而南, 至於琅琊。寡人何修, 則夫先王之游?"晏子再拜曰:"善哉, 君之問也! 聞天子之諸侯爲巡守, 諸侯之天子爲述職。故春省耕而補不足者, 謂之'游', 秋省實而助不給者, 謂之'豫'。夏諺曰, '吾君不游, 我曷以休? 吾君不豫, 我曷以助? 一游一豫, 爲諸矦度。今君之游不然, 師行而糧食, 貧苦不補, 勞者不息。'夫從南歷, 時而不反, 謂之'流', 從下而不反, 謂之'連', 從獸而不歸, 謂之'荒', 從樂而不歸, 謂之'亡'。古者聖王, 無流連之游·荒亡之行。"公曰"善", 命吏計公掌之粟, 籍長幼貧氓之數, 吏所委發廩出粟, 以予貧民者三千鍾,[17] 公所身見癃老者七十人, 振贍之然後歸也。[18]

---

[17] 鍾:옛날 용량容量의 단위이다. 고유高誘는 1종이 10곡斛(10말)이라고 했다.
[18] 振贍之然後歸也:『안자춘추내편·문하問下』제4에 보인다.

○ '유련황망流連荒亡'은 원래 하나라 속담에 있는 말이다. 그러므로 안자晏子가 이어서 훈고하여 임금을 깨우치도록 한 것이다. 만일 이것이 안자 자신이 말한 것이라면, 자기가 말하고 자기가 주석을 단 것이니, 또한 매우 번거롭다.

고이 『안자춘추』에서 말했다. "경공景公이 유람하러 나갈 적에 안자晏子에게 물었다. '내가 전부산轉附山과 조무산朝儛山을 돌아보고서 해안을 따라 남쪽으로 가서 낭야琅邪에 이르고자 합니다. 과인이 어떻게 해야 선왕께서 하신 유람과 같을 수가 있겠습니까?' 안자가 두 번 절하고 말했다. '좋은 질문이십니다. 제가 들으니, 천자가 제후에게 가는 것을 순수巡狩라 하고, 제후가 천자에게 가는 것을 술직述職이라 합니다. 그러므로 봄에 밭가는 것을 살펴서 부족한 부분을 돕는 것을 유游라 하고, 가을에 수확을 살펴서 넉넉하지 못한 부분을 돕는 것을 예豫라 합니다. 하나라 속담에 〈우리 임금께서 유游하지 않으시면 우리가 어찌 쉬며, 우리 임금께서 예豫하지 않으시면 우리가 어찌 도움을 받을 수 있겠는가?〉라고 하였으니, 한 번 유游하고 한 번 예豫하는 것은 제후의 법도입니다. 지금 임금의 유람은 그렇지 않아 군대를 동반해서 양식을 축내어 빈천한 자들은 도움을 받지 못하고, 수고한 자들은 쉬지 못합니다. 무릇 남쪽을 따라 내려가 때가 지나도 돌아오지 않는 것을 유流라 하고, 아래로 내려가 돌아오지 않는 것을 연連이라 하고, 사냥에 빠져 돌아오지 않는 것을 황荒이라 하고, 유락遊樂에 빠져 돌아오진 않는 것을 망亡이라 합니다. 옛날의 훌륭한 임금들은 유流와 연連의 놀이[游]와 황荒과 망亡의 행실[行]이 없었습니다.' 경공景公이 '좋은 말이다.'라고 하고는 관리에게 관官에서 담당하는 곡식을 계산하도록 하고, 어른과 어린이 그리고 가난한 백성의 수를 적도록 명령하였다. 담당 관리가 창고를 열고 곡식을 내어 가난한 백성에게 나누어 준 것이 3천 종鐘이요, 수척하고 늙은 자 70인을 공이 친히 접견하고 이들을 진휼賑恤한 뒤에 돌아갔다."

○睛案,[19] 此文蹈襲《孟子》, 似非平仲手筆。然《晏子春秋》爲劉向[20]之所校定, 而亦以'今也不然'以下爲晏子之時, 則西京之讀已如此矣。[21]

引證 《管子·戒篇》曰:"桓公將東游, 問於管仲曰'我游猶軸轉斛, 南至瑯邪。司馬曰亦『先王之游已』, 何謂也?' 管仲對曰: '先王之游也, 春出原農事之不本者, 謂之游, 秋出補人之不足者, 謂之夕。夫師行而糧食其民者, 謂之亡, 從樂而不反者, 謂之荒。先王有游夕之業於人, 無荒亡之行於身。'桓公退, 再拜命曰, '寶法也。'"

鋪案 此文剽竊《孟子》, 而毛奇齡反謂《孟子》襲《管子》, 其不辨眞僞, 本來如此。《管子》, 豈夷吾之所作耶?

---

19) 睛案 : 이정(1792~?)의 견해. 이정의 자字는 학래鶴來, 호號는 금초琴招로 정약용이 강진에 유배를 가서 만난 그곳 출신의 제자이다. 1806년 무렵 이정의 집에 기거하면서 그곳의 학동들을 가르치기도 하였다. 다산의 저술에 간혹 이정의 견해가 제시되어 있다.

20) 劉向 : 유향(B.C. 77~6)은 전한의 경학자로 자字는 자정子政, 본명은 갱생更生이다. 저서로『홍범오행전洪範五行傳』·『열녀전列女傳』·『열선전列仙傳』·『신서新序』·『설원說苑』·『유향별록劉向別祿』등이 있다.

21) 睛案此文~已如此矣 : 新朝本에는 빠져 있다. 교열 과정에서 다산의 의견이 아니라고 판단하여 삭제한 것으로 이해된다.

○ **정안** 이 글은 『맹자』를 답습한 것이며, 안평중晏平仲(안영晏嬰)이 손수 쓴 것은 아닌 듯하다. 그러나 『안자춘추』는 유향劉向이 교정校定한 것이다. 여기에도 '금야불연今也不然' 이하를 안자晏子의 시대로 여기고 있으니, 서경西京(전한前漢) 때 읽은 것이 이미 이와 같았던 것이다.

인증 『관자·계편戒篇』에서 말했다. "환공桓公이 동쪽으로 유람하려고 할 때에 관중管仲에게 묻기를 '나의 유람은 전곡산轉斛山을 기점으로 남쪽으로 내려가서 낭야琅琊에 이르고자 하는 것인데, 사마司馬 역시 〈선왕先王과 같은 유람을 해야 한다.〉라고 하니, 무엇을 말하는 것인가?' 하였다. 관중이 대답하기를 '선왕의 유람은, 봄에 나가 농사에 심을 종자가 없는 이를 찾아내는 것을 유游라 하고, 가을에 나가 인력이 부족한 것을 돕는 것을 석夕이라 합니다. 무릇 군대를 동반하여 백성들의 양식을 축내는 짓을 망亡이라고 하고, 유락遊樂에 빠져 돌아오지 않는 것을 황荒이라고 합니다. 선왕께서는 백성들에게 유와 석의 사업이 있었을 뿐, 자신에게 황과 망의 행실은 없었습니다.' 하였다. 환공桓公이 물러나 두 번 절하고 명하여 말하기를 '보배로 삼아야 할 법이다.'라고 하였다."

○ **용안** 이 글은 『맹자』를 표절한 것인데, 모기령은 도리어 『맹자』가 『관자』를 답습한 것이라고 하니, 그가 진위를 분별하지 못함이 본래 이와 같다. 『관자』가 어떻게 관이오管夷吾가 지은 것이겠는가?

引證 陳蕃[22]諫校獵[23]曰:"齊景公欲觀於海, 放乎瑯邪, 晏子爲陳百姓惡聞旌旗·輿馬之音, 舉首顰眉之感, 景公爲之不行。"

○麟曰:"此以《孟子》二章爲一事。"趙曰:"連, 引也, 使人徒引舟船, 上行而忘反以爲樂, 故謂之'連'。"

○**鏞案** '連'之爲字, 會意·指事, 本爲車行。【辵, 行也】車行必須牽引, 則連者, 牽引也。《易》曰'拔茅連茹', 亦牽連之意。趙註有所本矣。

---

22) 陳蕃 : 진번은 동한東漢 평여平輿 사람으로 자字는 중거仲擧이고, 벼슬은 낙안태수樂安太守를 지냈다. 당시 사람들이 고결한 선비(高潔士)라고 하였다.
23) 교렵校獵 : 교렵은 함정을 만들고 그곳으로 짐승을 몰아 사냥하는 것을 말한다.

인증 진번陳蕃이 교렵校獵하는 것에 대해 간언하여 말했다. "제경공齊景公은 바다를 유람하고 낭야에 도달하고자 하였으나, 안자가 백성들이 의장대의 깃발과 수레의 말발굽 소리를 듣기 싫어하여 모두들 머리를 흔들고 눈살을 찌푸린다고 고하자, 그로 인해 경공이 가지 않았습니다."

○ 왕응린이 말했다. "이는 『맹자』 두 장의 일을 하나의 사건으로 여긴 것이다."

조기가 말했다. "연連은 '끈대引'는 뜻이다. 사람들로 하여금 배를 끌게 하여 위로 올라가 돌아오기를 잊는 것을 즐거움으로 여긴 것이다. 그러므로 '연連'이라고 하였다."

○ **용안** '연連'이라는 글자는 회의會意와 지사指事이니, 본래 수레가 간다[車行]는 뜻이다.【착辶은 간대行는 뜻이다.】 수레가 갈 때는 반드시 끌어야 하니, 연連이란 견인한다는 말이다. 『주역』에서 "띠 풀을 뽑으니 띠 뿌리가 끌려온다.(拔茅連茹)"라고 했으니, 또한 견련牽連의 의미이다. 조기의 주석은 근본 하는 바가 있다.

2-5 제선왕이 명당을 훼철해야 할지의 여부를 묻는 장

[齊宣王問毁明堂章]

* 맹자는 이 장에서 명당을 훼철해야 하는지를 묻는 제선왕에게 명당은 왕정을 행하는 곳이기에 훼철해서는 안 된다는 것을 관철시키려고 했다. 이에 대해 다산은 출왕은 상제에 짝하여 배향하는 곳이라는 모기령의 학설을 비판하고 조회를 받는 곳이 명당이라고 주장했다.

齊宣王問曰:"人皆謂我毁明堂, 毁諸? 已乎?"孟子對曰:"夫'明堂'者, 王者之堂也. 王欲行王政, 則勿毁之矣."王曰:"王政可得聞與?"對曰: "昔者, 文王之治岐也, 耕者九一, 仕者世祿, 關市譏而不征, 澤·梁無禁, 罪人不孥. 老而無妻曰'鰥', 老而無夫曰'寡', 老而無子曰'獨', 幼而無父曰'孤'. 此四者, 天下之窮民而無告者. 文王發政施仁, 必先斯四者.《詩》云:'哿矣富人, 哀此煢獨.'[24]"王曰:"善哉言乎!"曰:"王如善之, 則何爲不行?"王曰:"寡人有疾, 寡人好貨."對曰:"昔者, 公劉[25]好貨,《詩》云:'乃積乃倉, 乃裹餱糧, 于橐于囊, 思戢用光. 弓矢斯張, 干戈戚揚, 爰方啓行.'[26] 故居者有積倉, 行者有裹囊也, 然後可以爰方啓行. 王如好貨, 與百姓同之, 於王何有?"

---

24) 『시경·소아·정월』편에 보인다.
25) 公劉: 공류는 고대 주족周族의 영수領袖로 후직后稷의 증손曾孫인 인물이다. 빈豳 땅에서 살면서 작위를 탐하지 않았고 농업 생산을 발전시키는 데 힘썼던 사람이다.
26) 『시경·대아·공류公劉』편에 보인다.

제선왕이 물었다. "사람들은 모두 나더러 명당明堂을 훼철하라고 합니다. 철거해야 합니까? 두어야 합니까?" 맹자께서 대답했다. "무릇 '명당'이란 왕정을 행하는 이의 당堂이니, 왕께서 왕도정치를 행하시려거든 훼철하지 마소서."

제선왕이 말했다. "왕도정치에 대해 들어볼 수 있겠습니까?" 맹자께서 대답하셨다. "옛날 문왕께서 기주岐周를 다스리실 때엔, 경작하는 자들에게는 9분의 1의 세금을 받았고, 벼슬하는 자들에게는 대대로 녹봉을 주었고, 관문關門과 시장에서는 기찰譏察하기만 하고 세금을 징수하지 않았으며, 저수지[澤]와 여울목[梁]에서는 물고기 잡는 것을 금지하지 않았고, 죄인을 처벌하되 처자식에게 미치지는 않게 하였습니다. 늙어서 아내가 없는 것을 '홀아비[鰥]'라고 하고, 늙어서 남편이 없는 것을 '과부[寡]'라고 하고, 늙어서 자식이 없는 것을 '무의탁자[獨]'라고 하고, 어려서 부모가 없는 것을 '고아[孤]'라고 합니다. 이 넷은 천하의 곤궁한 백성으로 하소연할 곳이 없는 이들입니다. 문왕께서 선정을 행하시고 인정을 베풀 때에 반드시 이 네 부류의 사람들을 우선시했습니다. 『시경』에서 말했습니다. '부유한 사람은 괜찮겠지만 외롭고 의탁할 곳 없는 사람은 가엾어라.'"

제선왕이 말했다. "좋은 말씀이십니다." 맹자께서 말씀하셨다. "왕께서 만일 좋게 여기신다면 어찌하여 행하지 않으십니까?" 제선왕이 말했다. "과인에게는 병통이 있으니, 과인은 재물을 좋아합니다." 맹자께서 말씀하셨다. "옛날에 공류公劉도 재물을 좋아했습니다. 『시경』에 '재물을 창고 안팎에 쌓아두었고, 말린 양식을 보자기에 싸서 전대에 넣고 자루에 넣어두고는, 백성들을 편안케 하고 국가를 빛낼 것을 생각하네. 활과 화살을 준비하고, 방패와 창 그리고 도끼를 들고 이에 비로소 길을 떠난다네.'라고 했습니다. 그러므로 집안에 거주하는 사람들에게는 창고의 안팎에 쌓아둔 것이 있고, 길을 떠나는 사람들에게는 보자기에 싼 양식이 있게 됩니다. 그런 다음에 비로소 길을 떠날 수 있는 것입니다. 임금께서 재물을 좋아하시거든, 그것을 백성들과 함께 하신다면 왕정을 행하시는 데 무슨 어려움이 있겠습니까?"

王曰:"寡人有疾, 寡人好色." 對曰:"昔者, 太王好色, 愛厥妃.《詩》云: '古公亶父, 來朝走馬, 率西水滸, 至于岐下, 爰及姜女, 聿來胥宇.'[27] 當是時也, 內無怨女, 外無曠夫. 王如好色, 與百姓同之, 於王何有?"

趙曰:"泰山下明堂, 本周天子東巡守朝諸侯之處也. 齊侵地而得有之."
○《集》曰:"漢時遺址尚在."【《漢書·郊祀志》:"武帝 元封元年, 封[28]泰山。泰山東北址, 古有明堂處云。"】
○毛曰:"聽政自有朝寢。未聞周王聽政在東魯者。若謂泰山明堂, 因巡守而設, 則西南諸嶽, 其有無明堂? 不見經傳。且欲行王政, 而但以文王治岐爲言, 其於立言之意, 亦多少不合。不知此即出王[29]配帝所也。古明堂之制, 原爲饗帝而設。自黃帝以來, 唐·虞·夏·商俱有之。

---

27) 고공단보古公亶父(태왕)가 아침에 … 집터를 보았다:『시경·대아·면緜』편에 보인다.
28) 封 : 봉선封禪은 임금이 흙으로 단을 모아 하늘에 제사를 지내고, 땅을 깨끗이 쓸어 산천에 제사를 지내던 일을 말한다.
29) 出王 : 왕실이 분파되어 나왔을 때 소자출所自出(어떤 사물이 나온 근본이나 출처)이 되는 왕을 말한다.

왕이 말했다. "과인에게는 병통이 있으니, 과인은 여인을 좋아합니다.[好色]"
맹자께서 대답하셨다. "옛날에 태왕太王께서는 여인을 좋아하시어 그 후비를 총애하셨습니다. 『시경』에서 '고공단보古公亶父(태왕)가 아침에 말을 달려 서쪽 물가를 따라 기산岐山 아래에 이르러 강녀姜女와 함께 집터를 보았다.'라고 했습니다. 이때는 집안에 짝이 없어 원망하는 여인도 없었으며, 집밖에 짝이 없어 외로워하는 남자도 없었습니다. 왕께서 만일 여인을 좋아하시거든, 그것을 백성들과 함께 하신다면 왕정을 행하시는 데 무슨 어려움이 있겠습니까?"

조기가 말했다. "태산 아래에 있는 명당은 본래 주나라 천자가 동쪽으로 순수할 때, 제후들에게 조회를 받던 곳이다. 제나라가 그 땅을 침략하여 차지하였다."

○ 『맹자집주』에서 말했다. "한나라 때도 유적지[遺址]가 여전히 남아 있었다."【『한서·교사지郊祀志』에서 말했다. "무제武帝 원봉元封 원년元年에 태산에서 봉선封禪을 행했다. 태산 동북쪽의 터에는 옛날에 명당의 자리가 있었다."】

○ 모기령이 말했다. "정사政事를 듣는 곳에는 본래 조회朝會를 보는 침전寢殿이 있다. 동노東魯에 주나라 임금이 정사를 들었던 곳이 있었다는 것은 들어보지 못했다. 태산의 명당이 순수하기 위해 설치한 것이라면, 서쪽과 남쪽의 여러 산악에 어떻게 명당이 없을 수 있는가? 경전에는 보이지 않는다. 게다가 왕도정치를 행하고자 하면서 문왕이 기주岐周를 다스린 것만을 말하였으니, 그렇게 말한 의도 역시 부합하지 않는 곳이 많다. 이곳은 곧 출왕出王을 상제上帝에 짝하여 배향하는 곳인지도 모르겠다. 옛날 명당의 제도는 원래 상제를 제사하기 위하여 설치하였다. 황제黃帝 이래로 당唐·우虞·하夏·상商에 모두 명당을 두었다.

但饗帝必有配, 后稷旣配天於郊, 而文王則配天於明堂。且天子繼祖
爲宗, 必有宗祀, 而周制以文王當之。《孝經》所云 '宗祀文王於明堂'
者, 是宗祖之祭。〈周頌·我將〉詩〈小序〉所云 '祀文王於明堂', 則配帝之
祭也。特魯本侯國。諸侯不敢祖天子, 則祖文宗武, 非魯宜有, 而獨文
王以出王之故, 大宗[30]之國, 不祖而宗[31]。因特立周廟, 在祖廟之外,
而又以文當配帝, 特設明堂, 爲出王配帝之所。"

○ **鏞案** 舊說·《集註》, 相承有據, 毛說乖拗而不通矣。天子巡守方岳,
其柴[32]·望[33]之祭, 雖設壇行之, 其覲東方諸侯, 受五玉[34]·三帛,[35] 同
律·度·量·衡, 修禮[36]考功, 詢事考言, 皆將露坐而爲之乎? 脫有風雨不
時, 天子諸侯, 不免沾濕奔竄, 天下其有是乎?

---

30) 옛날 종법 사회에서는 적장자를 대종大宗으로, 나머지 여러 아들인 중자衆子를 소종小宗
으로 삼았다.
31) 不祖而宗 : 노나라는 제후국이라서 천자를 조로 삼지 못하지만, 주공의 공으로 인해 문
왕의 사당을 세울 수 있었다. 이렇게 되면 문왕을 제사하는 대종의 나라가 되는 형국인데,
그렇다고 문왕을 조로 삼지 못하기에 종宗으로는 삼을 수 있게 되는 것이다. 이는 노나
라가 주공으로 인해 문왕을 종으로 삼을 수 있게 되는 특수한 경우라고 할 수 있다.
32) 柴 : 시제柴祭는 땔나무를 태워 하늘에 제사를 지내는 것을 말한다. 『후한서·제사지祭祀
志』에 보인다.
33) 望 : 망제望祭는 산천에 지내는 제사를 말한다.
34) 五玉 : 공公·후侯·백伯·자子·남男의 다섯 등급의 제후가 천자를 알현할 때 예물로 가져가
는 종류의 옥을 말한다.
35) 三帛 : 삼공三公의 바로 밑에 있는 소사少師·소부少傅·소보少保가 천자를 알현할 때 예물
로 가져가는 적색·백색·흑색의 세 가지 비단을 말한다.
36) 禮 : 길례吉禮·가례嘉禮·빈례賓禮·군례軍禮·흉례凶禮를 말한다.

다만 상제에게 제사할 때는 반드시 배향할 대상이 있어야 하기에, 후직后稷은 교郊에서 천제天帝에 배향되었고, 문왕은 명당에서 천제에 배향되었다. 또 천자는 조祖를 계승하여 종宗이 되었으므로 반드시 종사宗祀가 있어야 하니, 주나라의 제도에서는 문왕을 거기에 해당시킨 것이다. 『효경』에서 '명당에서 문왕에게 제사祀했다.'라는 말은 바로 조종祖宗의 제사이다. 『시경·주송周頌·아장我將』편의 시 「소서小序」에서 '명당에서 문왕에게 제사했다.'라고 말했으니, 상제에 배향한 제사이다.

그러나 노나라는 본래 제후의 나라이다. 제후가 감히 천자를 조祖로 삼지 못한다면, 문왕을 조祖로 삼고 무왕을 종宗으로 삼는 것은 노나라에 마땅히 있어야 할 것이 아니다. 그런데 유독 문왕만은 출왕出王이기 때문에 대종大宗의 나라가 되어 문왕을 조祖로 삼지 않고 종宗으로 삼은 것이다. 이 때문에 특별히 주묘周廟를 세워 조묘祖廟 밖에 두고, 또 문왕으로서 상제에 배향하는데 해당시키고, 특별히 명당을 설치하여 출왕이 상제에 짝하는 장소로 삼은 것이다."

○ **용안** 조기의 설명(구설舊說)과 『맹자집주』는 서로 이어받아서 근거가 있으나, 모기령의 설은 어긋나고 억지스러워 통하지 않는다. 천자가 사방의 산악山嶽을 순수하여 시제柴祭와 망제望祭에는 제단祭壇을 설치하여 지낼 수 있지만, 동방東方의 제후들에 대해서만은 다섯 가지 옥과 세 가지 비단을 받고, 율律·도度·양量·형衡을 동일하게 하고, 다섯 가지 예禮를 닦고, 고과考課(업무에 따른 업적을 검사하는 것)를 따지고, 일을 묻고 말을 살피는 일[詢事考言] 등이 모두 길가에 앉아서 할 수 있는 것이겠는가? 느닷없이 비바람이 몰아치면 천자와 제후가 비에 젖어 달려가 피하지 않을 수 없을 것인데, 천하에 이런 일이 있겠는가?

方岳之有朝諸侯之宮,[37] 理所必有, 旣朝諸侯, 則名曰明堂, 理所必然, 毛君何爲而疑之也? 文王之廟, 魯誠有之, 然其在經傳, 原稱周廟, 【《左傳》云[38]: "臨于周廟。"[39]】 不稱明堂。且魯於周廟, 未嘗發號施令以行王政, 何得以此謂之王者之堂乎? 且以周廟言之, 魯祚未絶, 則周廟在國城之內, 非鄰國之所得毁。【魯 平公將見孟子, 則孟子之時魯未亡】 魯祚旣絶, 廟社丘墟, 則出王之廟, 亦所必毁, 毁與不毁, 何足致疑而議之於孟子乎? 其不通甚矣。

○毛又據文王治岐之政, 以明明堂爲文王之廟。【毛云: "專據文王治岐爲言, 其立言之意, 亦必有在。"】 然以諸侯而行王政者, 當法文王, 則專擧文王, 又何疑乎? 毛說下段, 盛論五方天帝[40]配饗之法, 皆襲謬義, 不足辨也。今幷略之。

---

37) 宮: 행궁을 말한다. 행궁은 옛날 서울 이외의 지역에 제왕이 출행할 때 거주하는 궁실이었다.
38) 云: 新朝本에는 '去'로 되어 있다.
39) 『춘추좌전』 양공襄公 12년 조목에 보인다.
40) 五方天帝: 오방五方은 동·서·남·북·중앙을 말하고, 천제天帝는 황제헌원黃帝軒轅·전욱고양顓頊高陽·제곡고신帝嚳高辛·당요唐堯·우순虞舜 등을 말한다.

사방의 산악에 제후들에게 조회를 받는 행궁이 있는 것은 이치상 반드시 있을 법한 일이고, 이미 제후들에게 조회를 받았다면, 명당이라고 이름 하는 것은 이치상 필연적인 것인데, 모군毛君(모기령)은 무엇 때문에 의심하는 것인가? 문왕의 묘는 노나라에 실제로 있었다. 그러나 경전에서는 원래 주묘周廟라고 칭했지,〔『춘추좌전』에서 말했다. "주묘에 임하셨다."〕 명당이라고는 칭하지 않았다. 게다가 노나라는 일찍이 주묘에서 호령하여 왕정을 행한 적이 없었는데, 어떻게 이것을 왕자王者의 당이라고 할 수 있겠는가? 또 주묘周廟로 말하더라도, 노나라의 국운은 아직 끊어지지 않아서 주묘가 국성 안에 있었으니, 이웃나라가 훼철시킬 수 있는 것이 아니다.〔노평공이 맹자를 보려고 했으니, 맹자 때는 노나라가 아직 망하지 않았다.〕 노나라의 국운이 이미 끊어지고 종묘와 사직이 폐허가 되었다면, 출왕의 묘 역시 반드시 훼철되었을 것이다. 훼철할 것인지 말 것인지에 대해 어떻게 그렇게 의문시하여 맹자에게 의론할 만한 것이었겠는가? 모기령의 설명은 참으로 통하지 않는다.

　○ 모기령은 또 문왕이 기주岐周를 다스린 정사를 근거로 명당이 문왕의 묘였다는 것을 밝혔다.〔모기령이 말했다. "문왕이 기주를 다스린 것만을 근거로 말한다면, 그렇게 주장한 의도 또한 반드시 있을 것이다."〕 그러나 제후로 왕정을 행하려는 이는 마땅히 문왕을 본받아야 하니, 다만 문왕만을 거론한다고 해서 또 무엇이 의심스러운가? 모기령의 설명 하단에 오방천제五方天帝에 배향하는 법을 열성적으로 논하였는데, 모두 잘못된 논의를 답습한 것이니, 변론할 것도 못된다. 이제 모두 생략한다.

　* 명당에 대해서는 두 가지 설명이 있다. 하나는 조기와 주희처럼 천자가 동쪽으로 순수하여 제후들에게 조회를 받고 왕정을 행하는 곳이라고 설명한 것이고, 다른 하나는 모기령처럼 상제에게 제사하기 위하여 출왕을 상제에 배향한 묘당廟堂으로 본 것이다. 이에 대해 정약용은 전자는 근거가 있으나 후자는 전혀 통하지 않는 설명이라고 일축한다.

2-10 제나라 사람이 연나라를 정벌하여 승리한 것에 대해 논의한 장
〔齊人伐燕勝之章〕

* 제나라가 연나라를 정벌한 것이 제선왕 때의 일인지, 아니면 제민왕 때의 일인지 학자들의 고증에 따라 설명이 구구하다. 다산은 이에 대해 연대적 고증을 하고, 또 본문에 나오는 구름과 무지개가 비와 어떤 관계가 있는가를 밝힘으로써 제나라가 연나라를 정벌한 것을 증명한다.

齊人伐燕勝之. 宣王問曰: "或謂寡人勿取, 或謂寡人取之. 以萬乘之國伐萬乘之國, 五旬而擧之, 人力不至於此, 不取必有天殃, 取之何如?" 孟子對曰: "取之而燕民悅, 則取之. 古之人有行之者, 武王是也. 取之而燕民不悅, 則勿取. 古之人有行之者, 文王是也. 以萬乘之國伐萬乘之國, 簞食壺漿以迎王師, 豈有他哉? 避水火也. 如水益深, 如火益熱, 亦運而已矣."

齊人伐燕取之, 諸侯將謀救燕. 宣王曰: "諸侯多謀伐寡人者, 何以待之?" 孟子對曰: "臣聞七十里爲政於天下者, 湯是. 未聞以千里畏人者也. 《書》[41]曰: '湯一征, 自葛始.' 天下信之, 東面而征, 西夷怨, 南面而征, 北狄怨, 曰'奚爲後我?' 民望之, 若大旱之望雲霓也."

---

41) 『서경·상서商書·탕서湯誓·중훼지고仲虺之誥』에 보인다.

제나라 사람이 연나라를 쳐서 승리하였다. 제선왕이 물었다. "어떤 사람은 과인에게 연나라를 취하지 말라 하고, 어떤 사람은 과인에게 취하라고 합니다. 만승의 나라(제나라)로 만승의 나라(초나라)를 정벌하였는데, 50일 만에 완전히 점령하였으니, 인력으로는 이러한 상황에 도달하지 못합니다. 취하지 않는다면 반드시 하늘의 재앙이 있을 것이니, 취하는 것이 어떻겠습니까?" 맹자께서 말씀하셨다. "연나라를 취해서 연나라 백성들이 기뻐한다면 취하십시오. 옛 사람 가운데 이것을 행하신 분이 있으시니, 무왕이 그 분입니다. 그러나 연나라를 취해서 연나라 백성들이 기뻐하지 않는다면, 취하지 마십시오. 옛 사람 가운데 이것을 행하신 분이 있으시니, 문왕이 그 분입니다. 만승의 나라로 만승의 나라를 정벌하였는데, 대바구니에 밥을 담고 병에 마실 것을 담아 전하의 군대를 맞이하는 것이 어찌 다른 이유가 있어서 그러했겠습니까? 물과 불을 피하기 위해서입니다. 만일 물이 더욱 깊어지고 불이 더욱 뜨거워진다면, 백성들은 또 옮겨갈 것입니다."

제나라 사람이 연나라를 정벌하여 취하자, 제후들이 장차 연나라를 구원할 것을 도모하였다. 제선왕이 말했다. "제후들이 과인을 정벌할 것을 도모하는 자가 많으니, 어떻게 거기에 대응해야 합니까?" 맹자께서 대답하셨다. "신이 듣기에 70리로 천하에 정치를 펴신 이는 탕왕湯王이 그분이십니다. 1,000리를 가지고 있으면서 사람들을 두려워했다는 경우를 들어본 적이 없습니다. 『서경』에서 '탕왕께서 첫 번째 정벌을 갈葛나라로부터 시작하셨다.'라고 하였습니다. 세상 사람들은 그것을 믿었고, 동쪽을 향해 가서 정벌하면 서쪽 오랑캐가 원망하였고, 남쪽을 향해 가서 정벌하면 북쪽 오랑캐가 원망하였습니다. 그러면서 그들은 '어찌하여 우리를 뒤로 하시는가?'하고 말하였습니다. 백성들은 탕왕께서 정벌해 주시기를 바라기를 마치 큰 가뭄에 구름과 무지개를 바라듯이 하였습니다."

《集》曰: "以伐燕爲宣王事, 與《史記》諸書不同, 已見序說."【見上'齊 宣王 以羊易牛'章】

○陳[42)]曰: "伐燕一事,《史記》以爲齊 湣王十年丁未,《通鑑》以爲宣王 十九年丁未, 以淖齒[43)]事證之, 湣王爲是.《孟子》謂爲宣王, 恐傳寫之 訛耳."

○金[44)]曰: "齊 宣王伐燕, 孟子所見也. 謂爲湣王者, 荀卿所聞也,《史 記》又所傳聞者也, 安得以後世所傳聞之辭而反疑孟子所見之辭乎? 伐燕事,《孟子》最詳, 其次《戰國策》. 蘇秦在燕, 與其相子之婚, 而蘇 代與子之交. 秦死, 齊 宣王復用代. 代爲齊使燕. 燕王問: '宣王何 如?' 對曰: '必不霸, 不信其臣.' 以激燕王而厚子之也. 於是燕王以國 讓子之, 三年大亂. 儲子[45)]謂'齊 宣王因而伐之.' 王令章子伐燕, 士卒 不戰, 城門不閉. 燕王噲死, 齊大勝, 子之亡. 此《通鑑》所據, 以係之 宣王也.

---

42) 陳: 진사개陳師凱. 원대의 학자로 자字는 도용道勇, 호號는 신안新安이다. 『상서채전방통 尙書蔡傳旁通』이라는 저술이 있다.

43) 淖齒: 전국시대 초楚나라 사람으로 제나라 민왕湣王을 살해했다.

44) 金: 김이상金履祥(1232~1303). 송宋나라 말기의 학자로 자字는 길보吉父이다. 인산仁山 아래에 살았기 때문에 인산선생이라 일컬었다.

45) 儲子: 제선왕이 재위 중에 전영田嬰과 저자儲子를 기용해 재상으로 삼고, 광장匡章과 성 자聲子를 장군으로 삼았다. 5년 뒤 연燕나라에 내란이 일어난 틈을 이용해 병사를 일으켜 연나라를 점령했다.

『맹자집주』에서 말했다. "연나라를 정벌한 것을 제선왕 때의 일로 여긴 것은 『사기』 등 여러 책과는 같지 않으니, 이미 「서설序說」에 보인다."【앞의 '제선왕이양역우齊宣王以羊易牛'장에 보인다.】

○ 진사개陳師凱가 말했다. "연나라를 정벌한 일에 대해 『사기』에서는 제민왕 10년 정미丁未 때의 일이라고 했고, 『자치통감』에서는 제선왕 19년 정미 때의 일이라고 했으나, 요치淖齒의 사건으로 고증하면 제민왕 때로 보는 것이 옳다. 『맹자』에서 제선왕이라고 한 것은 아마도 옮겨 쓸 때 잘못된 듯하다."

○ 김이상金履祥이 말했다. "제선왕이 연나라를 정벌한 것은 맹자께서 직접 본 것이다. '민왕 때의 일이다.'라고 한 것은 순경荀卿(순자荀子)이 들은 것이고, 『사기』에서는 다시 이것을 전해들은 것이니, 어떻게 후세에 전해들은 말을 가지고 도리어 맹자께서 직접 보았다고 하신 말씀을 의심한다는 말인가? 연나라를 정벌한 일은 『맹자』가 가장 상세하고, 그다음이 『전국책戰國策』이다. 소진蘇秦이 연나라에 있으면서 재상인 자지子之와 혼인관계를 맺었고, 소대蘇代도 자지와 교분을 맺었다. 소진이 죽자 제선왕은 다시 소대를 기용했다. 소대는 제나라를 위해 연나라에 사신으로 갔다. 연나라 왕이 물었다. '제선왕은 어떤 사람인가?' 소대가 대답했다. '기필코 패자는 되지 못할 것입니다. 신하를 믿지 못하기 때문입니다.' 이렇게 말한 것은 연나라 왕의 마음을 격동시켜 자지를 후대하게 하고자 한 것이었다. 이에 연나라 왕이 나라를 자지에게 물려주었는데, 3년 만에 나라가 크게 어지러워졌다.

저자儲子가 '제선왕이여 이 틈을 타 연나라를 정벌하십시오.'라고 했다. 제선왕이 장자章子에게 명령하여 연나라를 정벌하게 하니, 연나라 사졸들은 싸우려 하지 않았고 성문을 닫지도 않았다. 연나라 임금인 쾌噲는 죽고 제나라는 대승했으며, 자지는 도망갔다. 이것은 『자치통감』에 근거한 것으로 제선왕의 연대에 맞춘 것이다.

但〈年表〉以齊 威王立三十六年, 宣王立十九年, 湣王立四十年,《通鑒》則下減湣王之十年, 上益威王之十年, 移下宣王十年, 以合伐燕之事。《語錄》⁴⁶⁾疑有他據。故履祥以爲伐燕當一以《孟子》爲是。況又有《戰國策》之可據乎!"【見《通考》】

○**鏞案** 仁山之說, 明矣。

---

46) 語錄:『주자어류朱子語類』. 주희가 죽은 뒤 이도전李道傳이 가정嘉定 8년(1215)에 『주자어류』 43권을 편집하여 지주池州에서 간행했다. 그 안에는 요덕명廖德明 등 주희의 제자 33명이 기록한 내용이 실려 있다.

다만 『사기·연표』에서는 제위왕齊威王의 재위는 36년, 제선왕의 재위는 19년, 제민왕의 재위는 40년으로 기록되어 있는데, 『자치통감』에서는 아래로 제민왕의 10년을 빼고, 위로는 제위왕의 10년을 더하여 아래로 제선왕 10년을 옮겨서 연나라를 정벌한 일에 합치시켰다. 『주자어류』는 다른 근거가 있는 듯하다. 그러므로 나(김이상金履祥)는 연나라를 정벌한 것은 마땅히 한결같이 『맹자』를 따르는 것이 옳다고 생각한다. 게다가 근거할 만한 『전국책』도 있지 않은가?〖『문헌통고文獻通考』에 보인다.〗

○ **용안** 인산仁山(김이상金履祥)의 설명이 명확하다.

* 맹자는 이 장에서 제선왕이 연나라를 정벌한 것에 대해 반기를 들어 여러 제후국들이 자신의 나라를 정벌하려고 하는 데 대응책을 제시해달라는 요청에 대해, 왕도정치를 행하면 두려워할 것이 없음을 제시하였다. 여기에서 다산은 비와 무지개의 관계에 대해 고증하고 있다.

趙曰:"雨則虹見, 故大旱而思見之。"⁴⁷⁾

○《集》曰:"雲合則雨, 虹見則止。"

○蔡⁴⁸⁾曰:"雲合則雨, 虹見則止, 若望雲者, 仰⁴⁹⁾其來也, 若望霓者, 又疑其不來也。"

○鏞案《詩》云:"朝隮于西, 崇朝其雨。"⁵⁰⁾ 雨雖不多, 虹者雨之徵也。虹之爲物, 或以之雨, 或以之霽。總之, 不雨則無虹, 舊說似長。

---

47) 雨則虹見 : 비가 오면 무지개가 나타나기 때문에 큰 가뭄이 들게 되면 사람들이 무지개를 보고자 하는 희망을 갖게 된다는 말이다.

48) 蔡 : 채청蔡淸(1453~1508)을 말한다. 자字는 개부介夫, 호號는 허재虛齋이다. 명대의 대표적인 이학자로 평생 동안 육경의 본지를 탐구했는데, 학문이 근엄한 것으로 명성이 높았다. 주요한 저작으로『사서몽인四書蒙引』,『역몽인』,『허재문집』등이 있으며, 조선 학자들에게도 많은 영향을 끼쳤다.

49) 仰 : 新朝本에는 '望'으로 되어 있으나《四書蒙引·梁惠王章句上》에 따라 바로잡는다.

50) 朝隮于西, 崇朝其雨 :『시경·용풍鄘風·체동蝃蝀』편에 보인다.

조기가 말했다. "비가 오면 무지개가 나타나기 때문에 큰 가뭄에는 무지개 볼 것을 생각한다."

○ 『맹자집주』에서 말했다. "구름이 모이면 비가 오고, 무지개가 나타나면 비가 그친다."

○ 채청蔡淸이 말했다. "구름이 모이면 비가 오고, 무지개가 나타나면 비가 그치니, 구름을 바라는 것은 비가 오기를 기대하는 것이고, 무지개를 바라는 것은 또 비가 오지 않을까 걱정하는 것이다."

○ **용안** 『시경』에서 말했다. "아침에 서쪽에 무지개가 걸리면, 아침 내내 비가 온다." 비가 많이 오지는 않더라도 무지개는 비가 올 징후이다. 무지개라는 것은 어떤 때는 비를 오게도 하고 어떤 때는 개이게도 한다. 총괄하자면, 비가 오지 않으면 무지개도 없으니, 조기의 설명(舊說)이 나은 듯하다.

* "큰 가뭄에 구름과 무지개를 바라듯이 한다.(若大旱之望雲霓也.)"라는 구절에 대해 다산은 "구름이 모이면 비가 오고 무지개가 나타나면 그친다."라고 한 주자의 주석보다는 조기의 설이 낫다고 하면서 구름과 무지개를 모두 비가 올 징후와 연관시키고 있다.

2-14 제나라 사람들이 설나라에 성을 쌓는 것에 대해 기록한 장
[齊人將築薛章]

* 맹자는 이 장에서 등문공에게 제나라 사람들이 설나라에 성을 쌓는 것에 대해 두려워하지 말고 선을 행하면 된다고 하였다. 여기에서 다산은 제나라 사람들이 설나라에 성을 쌓은 시기에 대해 고증하고 있다.

滕文公問曰:"齊人將築薛, 吾甚恐, 如之何則可?"孟子對曰:"昔者, 大王居邠, 狄人侵之, 去, 之岐山之下居焉. 非擇而取之, 不得已也. 苟爲善, 後世子孫必有王者矣. 君子創業垂統, 爲可繼也. 若夫成功, 則天也. 君如彼何哉? 强爲善而已矣.

趙曰:"齊人幷得薛, 築其城, 以偪於滕, 故文公恐也."【《集》意同】
○毛曰:"齊人築薛, 不知在何時. 按《國策》齊 湣王三年, 封田嬰于薛, 稱爲薛公. 及四年田嬰將城薛, 而諫者沮之, 則所云'齊人築薛', 應在湣王之四年, 以前此未嘗有城薛事也. 然此時孟子方去齊游滕, 幷游宋·薛, 則不過在齊 宣末年, 與齊 湣城薛, 似不相合. 且孟子游薛, 薛尙未亡, 而時適有用兵之事, 故其餽孟子曰'爲兵', 曰'聞戒'.[51]"

---

51) 聞戒:"설나라에 있을 때는 내가 경계하는 마음을 품고 있었는데, '선생님께서 경계하고 계시다는 말씀을 들었기 때문에 군비를 위하여 드립니다.'라고 말하니, 내가 어떻게 받지 않을 수가 있겠는가?(當在薛也, 予有戒心, 辭曰, '聞戒, 故爲兵餽之.' 予何爲不受?)"『맹자·공손추公孫丑 하』에 보인다.

등문공이 물었다. "제나라 사람들이 장차 설薛나라에 성을 쌓으려고 하니, 내가 매우 두렵습니다. 어찌하면 좋을까요?" 맹자께서 대답하셨다. "옛날에 태왕太王이 빈邠 땅에 거처하였는데, 오랑캐[狄人]가 침범하자 빈 땅을 떠나 기산岐山 아래에 가서 살았습니다. 이는 가려서 취한 것이 아니라 부득이해서였습니다. 만일 선을 행한다면, 후세의 자손 중에 반드시 왕도정치를 행하는 이가 있게 될 것입니다. 군자가 기업基業을 열고 정통正統을 전하는 것은 후손들이 계승할 수 있게 하기 위함입니다. 성공할지의 여부는 하늘에 달려 있을 뿐입니다. 군주께서 제나라 사람들을 어찌하시겠습니까? 힘써 선을 행하시면 됩니다."

조기가 말했다. "제나라 사람들이 설나라를 병탄하고 성을 쌓아 등나라를 핍박했기 때문에 등문공이 두려워한 것이다."【『맹자집주』의 뜻도 같다.】

○ 모기령이 말했다. "제나라 사람들이 설薛나라에 성을 쌓은 것이 어느 때인지 모르겠다. 살펴보니, 『전국책』에서는 '제민왕 3년에 전영田嬰을 설나라에 봉하여 설공薛公이라고 칭했다. 4년째가 되자 전영이 설나라에 성을 쌓으려고 했는데, 간언하는 사람이 이를 저지하였다.'라고 했다. 그렇다면 '제나라 사람이 설나라에 성을 쌓았다'라고 한 것은 응당 제민왕 4년 때의 일이어야 하고, 이 이전에는 설나라에 성을 쌓았던 적이 없었던 것이다. 그러나 이때에 맹자께서 막 제나라를 떠나 등나라에서 유세遊說했고, 아울러 송나라와 설나라에서 유세했다. 그렇다면 이때는 제선왕 말년에 불과하고, 제민왕이 설나라에 성을 쌓은 것과는 서로 합치하지 않는 듯하다. 게다가 맹자께서 설나라에서 유세한 때는 설나라가 아직 망하지 않았을 때이고, 때마침 전쟁이 있었기 때문에 맹자에게 노자를 주면서 '군비를 위한 것이다.'라고 하고, '경계하고 계시다는 말씀을 들었다.'라고 한 것이다."

○ 鏞案 薛之亡滅, 不見《書傳》.[52] 故《春秋正義》曰: "薛獻公始與魯同盟, 小國無記, 不知爲誰所滅."【隱十一】然梁 惠王三年, 齊 宣王立後三年, 宋公偃立後十一年, 梁 襄王立是年, 宋 偃稱王後二年, 燕王噲讓國後三年, 齊 湣王立後三年, 田嬰將城薛, 此其數十年之事也. 乃《戰國策》云: "宋王偃滅滕而伐薛."【占雀篇】故朱子於薛居州[53]之註, 謂'宋王偃滅滕伐薛,'[54] 則宋 偃初年, 薛猶未亡, 其餽孟子兼金, 不足疑也. 及至湣王初年, 薛爲齊所滅, 故湣王新得薛, 即以封田嬰, 遂議築城, 而滕人恐之也.《孟子》·《國策》正相符合, 何謂相戾?

○ 若宋之滅滕, 未可深信.《春秋釋例》[55]曰: "齊滅之."《春秋正義》曰: "楚滅之."《竹書紀年》[56]曰: "越滅之."

---

52) 書傳: 신조선사본과 규장각본에 모두 '서전書傳'으로 되어 있는데, '서書'자는 연문인 듯하다. 그렇지 않으면 '좌左'자나 '삼三'자가 되어야 할 것 같다. 그렇다면 『서전』은 『좌전左傳』이나 『삼전三傳』이 된다. 『삼전』은 『춘추좌씨전春秋左氏傳』, 『춘추곡량전春秋穀梁傳』, 『춘추공양전春秋公羊傳』을 말한다.

53) 薛居州: 설거주는 송왕宋王 언偃의 신하를 말한다.

54) 宋王偃滅滕伐薛: "송왕 언이 일찍이 등나라를 멸망시키고 설나라를 정벌하였다. 천하에 패왕이 되려고 하였는데, 곧 이때였는지 의심스럽다.(宋王偃嘗滅滕伐薛, 敗齊楚魏之兵, 欲霸天下, 疑卽此時也.)" 『맹자·등문공 하』에 보인다.

55) 春秋釋例: 『춘추석례』는 진晉나라 두예杜預의 저술로 『춘추좌전春秋左傳』의 의례儀例를 해석한 것이다. 15권이었으나 원본은 없어진 지가 오래 되었고, 『영락대전永樂大全』 중에 겨우 3편이 남아 있는데 탈문脫文이 많다. 『사고전서四庫全書』본은 『영락대전』의 것에다 공영달孔穎達의 『춘추정의春秋正義』 및 여러 책에 인용된 『춘추석례春秋釋例』의 글로 보충하여 45편을 만들고 15권으로 나누어 옛 모습을 복원한 것이다.

56) 竹書紀年: 『죽서기년』의 저자는 미상이다. 진晉나라 무제武帝 때 급군汲郡 사람 부준不準이 위양왕魏襄王의 무덤에서 죽서竹書를 많이 도굴하였는데, 무제가 가져오게 해서 비각秘閣에 위촉하여 교감하게 하였다고 한다. 그 가운데 『죽서기년』 2권은 14편인데, 하夏나라 이래로 위魏 안리왕安釐王 20년까지의 일을 기록한 것이다. 지금 전해지는 것은 위서僞書로 되어 있다.

○ **용안** 설나라가 멸망한 것은 『서전書傳』에 보이지 않는다. 그러므로 『춘추정의春秋正義』에서 말했다. "설헌공薛獻公이 처음으로 노나라와 동맹을 맺었는데, 작은 나라라 기록이 없어서 누구에 의해 멸망당했는지 알 수가 없다."【은공隱公 11년이다.】 그러나 양혜왕 3년이라고도 하고, 제선왕 즉위 3년 뒤라고도 하고, 송공宋公 언偃이 즉위한 11년 뒤라고도 하고, 양양왕梁襄王이 즉위한 해라고도 하고, 송공 언이 왕이라 칭한 2년 뒤라고도 하고, 연왕燕王 쾌噲가 나라를 양위한 3년 뒤라고도 하고, 제민왕 즉위 3년 뒤라고도 한다. 그러나 전영이 장차 설나라에 성을 쌓으려고 한 것은 수십 년 뒤의 일이다.

이어 『전국책』에서 "송왕宋王 언偃이 등나라를 멸망시키고 설나라를 정벌했다."【『점작占雀』편이다.】라고 했기 때문에, 주자가 설거주薛居州에 대한 주註에서 "송왕 언이 등나라를 멸망시키고 설나라를 정벌했다."라고 하였다. 그렇다면 송나라 언왕 초년에는 설나라가 아직 멸망하지 않았으니, 맹자에게 좋은 금(兼金)을 노자로 제공한 것은 의심할 것이 없다. 제민왕 초년에 이르러서야 설나라가 제나라에 의해 멸망된 것이다. 그러므로 제민왕이 새로 설나라를 얻고는 곧바로 전영을 봉하여 마침내 성을 쌓는 일을 모의하였으니, 등나라 사람들이 그것을 두려워한 것이다. 『맹자』와 『전국책』이 정확히 서로 부합하는데, 무슨 연유로 서로 어긋난다고 하는 것인가?

○ 송나라가 등나라를 멸망시켰다는 것은 깊이 믿을 만한 것이 아니다. 『춘추석례春秋釋例』에서는 "제나라가 멸망시켰다."라고 하였고, 『춘추정의春秋正義』에서는 "초나라가 멸망시켰다."라고 하였으며, 『죽서기년竹書紀年』에서는 "월나라가 멸망시켰다."라고 하였다.

* 맹자의 등나라 유세 시기 및 제나라 사람이 설나라에 성을 쌓는 시기에 대해여, 모기령은 『맹자』와 『전국책』의 기록이 서로 어긋난다고 하였는데, 정약용은 이를 반박하여 서로 어긋나지 않는다고 하였다.

2-16 노평공이 맹자를 보려고 했지만
총애하는 신하인 장창이 이를 저지한 장 〔魯平公嬖人臧倉章〕

* 맹자는 이 장에서 노평공이 자신을 만나려고 했지만 장창이 이를 막은 것을 장창이라는 사람의 능력이 아니라, 천명에 기인한 것이라고 주장했는데 여기에서 다산은 문제가 되었던 예의의 문제를 제례가 아니라 상례라고 고증했다.

魯平公將出, 嬖人臧倉者請曰, "他日君出, 則必命有司所之. 今乘輿已駕矣, 有司未知所之, 敢請." 公曰: "將見孟子." 曰: "何哉? 君所謂輕身以先於匹夫者. 以爲賢乎? 禮義由賢者出, 而孟子之後喪踰前喪. 君無見焉!" 公曰: "諾." 樂正子入見曰: "君奚爲不見孟軻也?" 曰: "或告寡人曰'孟子之後喪踰前喪', 是以不往見也." 曰: "何哉, 君所謂 '踰'者? 前以士, 後以大夫, 前以三鼎, 而後以五鼎與?" 曰: "否, 謂棺椁·衣衾[57]之美也." 曰: "非所謂踰也, 貧富不同也." 樂正子見孟子曰: "克告於君, 君爲來見也. 嬖人有臧倉者沮君, 君是以不果來也." 曰: "行或使之, 止或尼之. 行止, 非人所能也. 吾之不遇魯侯, 天也. 臧氏之子, 焉能使予不遇哉?"

---

57) 棺椁衣衾: 관곽과 의금은 상례와 장례를 치를 때 쓰이는 물품을 말한다. 관곽은 시신을 담아 장지葬地에 묻는 내관內棺과 외곽外槨을 말하고, 의금은 소렴小斂과 대렴大斂 등에서 사용되는 옷가지와 이불 등을 말한다.

노평공魯平公이 외출하려고 할 때, 총신 장창臧倉이 청해 물었다. "다른 날에는 군주께서 출타하실 때, 반드시 유사有司에게 갈 곳을 명령하셨는데, 지금은 가마가 준비되었는데도 유사가 갈 곳을 알지 못합니다. 무슨 일인지 감히 여쭙고자 합니다." 노평공이 말했다. "맹자를 만나보고자 한다." 장창이 말했다. "어째서입니까? 군주께서 몸을 가벼이 하여 필부에게 먼저 찾아가는 것이 그가 현명하다고 여겨서 입니까? 예의는 현명한 이로부터 나옵니다. 그런데 맹자는 나중에 치른 초상이 앞서 치른 초상보다 후했습니다. 군주께서는 그를 만나지 마소서." 노평공이 말했다. "그렇게 하겠다."

악정자樂正子가 조정에 들어가 노평공을 알현하고 말했다. "군주께서는 어찌하여 맹가孟軻(맹자)를 만나보지 않으셨습니까?" 노평공이 말했다. "어떤 이가 과인에게 말하기를, '맹자가 나중에 치른 초상이 앞서 치른 초상보다 후했다'라고 하였다. 이 때문에 가서 만나보지 않은 것이다." 악정자가 말했다. "무엇을 말씀하시는 것입니까? 군주께서 말씀하시는 '후했다'는 것은? 앞서 치른 초상에서는 사士의 예를 쓰고 나중에 치른 초상에서는 대부大夫의 예를 쓰며, 앞서 치른 초상에서는 삼정三鼎을 쓰고 나중에 치른 초상에서는 오정五鼎을 쓴 것을 말씀하시는 것입니까?" 노평공이 말했다. "아니다. 관곽棺槨과 의금衣衾의 아름다움을 말한 것이다." 악정자가 말했다. "그것은 '후했다'는 것이 아니라, 가난함과 부유함이 같지 않기 때문입니다."

악정자가 맹자를 뵙고 말했다. "제가 군주에게 아뢰니, 군주께서 와서 만나려고 하셨는데, 총애하는 이 중에 장창이란 자가 있어 군주를 만류했다고 합니다. 군주께서는 이 때문에 오시는 것을 결행하지 못하신 것입니다." 맹자께서 말씀하셨다. "가는 것도 시키는 것이 있어서이고, 멈추는 것도 막는 것이 있어서이다. 가거나 멈추는 것은 사람이 할 수 있는 것이 아니다. 내가 노나라 제후을 만나지 못한 것은 천명이니, 장씨臧氏의 아들이 어떻게 나로 하여금 만나지 못하게 할 수 있었겠는가?"

趙曰:"士祭三鼎, 大夫祭五鼎."【《集》意同】○饒[58]曰:"五鼎是大夫之禮,
羊·豕·魚·腊·膚, 三鼎是士之禮, 特豕[59]·魚·腊."

○**鏞案** 魯 平公病之以喪禮, 而樂正子質之以祭禮, 豈有是理? 趙註疏
矣. 據〈士喪禮〉, 大[60]斂之奠, [61] 特豚[62]三鼎, 朔日之奠, [63] 特豚三鼎,
薦新之奠, [64] 特豚三鼎, 朝祖之奠, [65] 特豚三鼎, 虞[66]·祔[67]·練[68]·祥, [69]
皆用特豕三鼎. 凡此諸奠, 大夫之禮, 皆少牢五鼎. [70] 唯遣奠, [71] 士用
五鼎, 大夫用七鼎. 卒哭[72]祔祭, 或至太牢. [73]【見〈雜記〉】樂正子所質問
者, 蓋喪奠·喪祭之鼎數也, 第言祭禮, 何以別矣?

---

58) 饒 : 요로饒魯(1193~1264). 남송의 저명한 이학자로 자字는 백여伯輿, 호號는 쌍봉雙峰이
다. 석동서원을 복설하여 문도들을 강학하였는데, 지수함양을 위주로 했다. 학문사변을
우선시하면서도 독실한 실천을 강조했는데, 나중에 백동동서원·염계서원 등에서 강학했
다. 저서로『오경강의五經講義』,『논맹기문論孟紀聞』,『학용찬술學庸纂述』등이 있다.
59) 特豕 :『예기·왕제王制』편의 정현의 주에는 "특特은 한 마리의 소를 가리킨다.(特, 特牛
也.)"라고 했다.
60) 大 : 新朝本에는 '出'로 되어 있다.
61) 大斂之奠 : 대렴大斂을 하고 지내는 전奠.
62) 特豚 :『의례儀禮·사관례士冠禮』편의 정현의 주에는 "한 마리의 새끼 돼지를 말한다.(特
豚, 一豚也.)"라고 했다.
63) 朔日之奠 : 초하루에 지내는 전.
64) 薦新之奠 : 계절에 따른 새로운 음식을 준비하여 지내는 전.
65) 朝祖之奠 : 발인 하루 전에 혼백을 사당에 올리고 지내는 전.
66) 虞 : 장례 뒤의 초우初虞·재우再虞·삼우三虞를 통틀어 말한다.
67) 祔 : 상기喪期가 끝난 뒤에 그 신주를 조묘祖廟의 사당에 모셔 합제하는 것을 말한다.
68) 練 : 기년상期年喪의 경우 11개월이 되면 연제를 지낸다.
69) 祥 : 상중에 지내는 제사로 기년제는 소상小祥, 삼년상을 마칠 때는 대상大祥을 말한다.
70) 少牢五鼎 : 양·돼지·어육·포·제육 등을 일정한 신분에 한해서 제사나 빈객의 향연에 올리
는 예제禮制를 말한다.
71) 遣奠 : 발인할 때의 제사를 말한다.
72) 卒哭 : 삼우제三虞祭를 지낸 뒤에 지내는 제사로, 사람이 죽은 지 석 달이 되는 초정일初丁
日 또는 초해일初亥日에 지낸다.
73) 太牢 : 어육·포·제육은 물론 소·양·돼지 등을 일정한 신분에 한해서 제사나 빈객의 향연
에 올리는 예제를 말한다.

조기가 말했다. "사士의 제사에는 삼정三鼎을 쓰고, 대부大夫의 제사에는 오정五鼎을 쓴다."【『맹자집주』의 뜻도 같다.】

○ 요로饒魯가 말했다. "오정五鼎은 대부大夫의 예로 양羊·돼지[豕]·생선[魚]·포[腊]·제육[膚]이고, 삼정三鼎은 사士의 예로 돼지[特豕]·생선[魚]·포[腊]를 쓴다."

○ **용안** 노평공은 상례喪禮에 병통이 있는 것으로 파악했는데, 악정자는 제례祭禮로 질문했으니, 어떻게 이러한 이치가 있겠는가? 조기의 주註는 공소空疎하다. 『의례·사상례士喪禮』에 근거해보면, 대렴전大斂奠에는 특돈特豚 삼정三鼎을 쓰고, 삭일전朔日奠에는 특돈特豚 삼정三鼎을 쓰고, 천신전薦新奠에는 특돈特豚 삼정三鼎을 쓰고, 조조전朝祖奠에는 특돈特豚 삼정三鼎을 쓴다. 우제虞祭·부제祔祭·연제練祭·상제祥祭에는 특시特豕 삼정三鼎을 쓴다. 무릇 여기에서 거론한 여러 전奠들은 대부大夫의 예로, 모두 소뢰少牢 오정五鼎을 쓴다. 오직 견전遣奠에서만 사는 오정五鼎을 쓰고, 대부는 칠정七鼎을 쓴다. 졸곡卒哭과 부제祔祭에는 간혹 태뢰太牢에 이르기도 한다.【『예기禮記·잡기雜記』에 보인다.】 악정자가 질문한 것은 상전喪奠과 상제喪祭의 정鼎의 수인데, 단지 제례만 말한다면 어떻게 구별되겠는가?

* 노평공이 장창의 말을 듣고 맹자의 부모상父母喪은 그 집상執喪이 상례喪禮에 어긋난다고 한 데 대해서, 악정자가 그것이 어긋난다고 하는 구체적인 실례實例를 들어 상례喪禮로써 질문한 것이 본문의 내용이다. 그런데 종래 주석가들이 악정자의 질문을 제례祭禮로 생각하고 주석하였기 때문에 정약용이 이를 바로잡은 것이다.

趙曰:"喪父時爲士, 喪母時爲大夫。"

○ **鏞案** 喪父時爲士, 則孟子旣入仕食祿而後, 乃喪其父, 趙氏前於〈題辭〉, 又何云'夙喪其父幼被慈母三遷之教'乎? 旣仕旣祿, 猶爲葬埋之戲[74]·衒賣之嬉,[75] 必無是理。由是言之,《列女傳》所稱'孟母三遷'之說, 原是白撰。眞若孟子幼喪其父, 則雖瀹菜爲奠, 斂以時服, 豈得以薄於父病之哉?《列女傳》之不可信, 皆此類也。

---

74) 葬埋之戲 : 맹자의 어머니가 맹자와 함께 처음에 공동묘지 근처에 살았는데, 맹자가 매장하는 흉내를 내므로 이사하였다는 이야기이다.
75) 衒賣之嬉 : 두 번째는 저자거리 근처로 이사하였더니, 이번에는 맹자가 물건 파는 흉내를 내므로 또다시 글방이 있는 곳으로 이사하였다는 이야기이다.

조기가 말했다. "아버지 상을 당했을 때는 사士였고, 어머니 상을 당했을 때는 대부大夫였다."

○ **용안** 아버지 상을 당했을 때에 사였다면, 맹자가 이미 벼슬하여 녹을 받은 뒤에 아버지 상을 당한 것인데, 조씨趙氏(조기趙岐)가 앞서 「맹자제사」에서 "일찍이 아버지를 잃고 어려서 '어머니가 세 번이나 이사하는 교육(慈母三遷之教)'을 받았다."라고 말한 것은 어째서인가? 이미 벼슬하여 녹을 받았으면서도 매장하는 놀이와 물건 파는 장난을 했다고 하는데, 결코 그럴 리가 없다. 이를 근거로 말하면, 『열녀전列女傳』에서 말한 '맹모삼천孟母三遷'의 이야기는 원래 공연히 지어낸 이야기이다. 정말로 맹자가 어릴 때 아버지를 잃었다면, 비록 삶은 채소로 제물을 삼고, 평소 입었던 옷으로 염斂했다고 한들, 어찌 아버지의 장례를 소홀히 했다고 헐뜯을 수 있겠는가? 『열녀전』을 믿을 수 없는 것은 모두 이러한 것들이다.

공손추公孫丑
상上

3-1 공손추가 관중과 안자에 대한 평가를 질문한 장

〔公孫丑問管仲晏子〕

* 제나라의 요직을 맡는다면 관중이나 안자 같은 공을 기대할 수 있는지를 묻는 공손추의 질문에 대한 맹자의 답변이다. 맹자는 관중과 안자는 왕을 패자로 만든 것에 불과하며 진정한 정치는 도덕적 통치 즉 인정人政이라고 설파한다. 이 장에서 다산은 "문왕하가당야文王何可當也"를 해석하는 두 가지 방법 즉 "문왕을 어찌 감당할 수 있겠는가"와 "문왕이 어찌 감당할 수 있겠는가"에 대해 견해를 밝힌다.

公孫丑問曰: "夫子當路於齊, 管仲・晏子之功, 可復許乎?" 孟子曰: "子誠齊人也, 知管仲・晏子而已矣. 或問乎曾西曰; '吾子與子路孰賢?' 曾西蹴然曰: '吾先子之所畏也.' 曰: '然則吾子與管仲孰賢?' 曾西艴然不悅, 曰: '爾何曾比予於管仲? 管仲得君, 如彼其專也; 行乎國政, 如彼其久也; 功烈, 如彼其卑也. 爾何曾比予於是?'" 曰: "管仲, 曾西之所不爲也, 而子爲我願之乎?"

曰: "管仲以其君霸, 晏子以其君顯. 管仲・晏子猶不足爲與?" 曰: "以齊王, 由反手也." 曰: "若是, 則弟子之惑滋甚. 且以文王之德, 百年而後崩, 猶未洽於天下; 武王・周公繼之, 然後大行. 今言王若易然, 則文王不足法與?"

공손추가 물었다. "선생께서 제나라의 요직을 맡으신다면 관중管仲과 안자晏子의 공功을 다시 기대할 수 있겠습니까?" 맹자가 말했다. "그대는 진실로 제나라 사람이구나. 관중과 안자만 아는 걸 보니. 어떤 사람이 증자의 손자인 증서曾西에게 '그대와 자로子路 가운데 누가 더 나은가?' 하고 물었다. 증서가 언짢아하면서 '자로는 우리 선조(증자)께서도 두려워하던 분일세.'하고 말하니, 어떤 사람이 '그러면 당신과 관중 가운데 누가 더 나은가?'라고 말하였다. 증서가 발끈하여 불쾌해 하면서 '그대가 어찌 나를 관중에 비교하는가? 관중이 임금의 신임을 얻음에 저와 같이 독차지하였고 저토록 오래 국정을 행했음에도 공렬이 저와 같이 낮았으니 그대는 어찌하여 나를 여기에 비교하는가?'라고 말하였다." (이어서 맹자가) 말했다. "관중은 증서조차 그와 같이 되려 하지 않았는데 그대는 나에게 그와 같이 되기를 바라는가?"

공손추가 말했다. "관중은 그 임금을 패자로 만들었고, 안자는 그 임금을 현창하였으니 관중이나 안자만큼하기도 오히려 부족하다는 말입니까?" 맹자가 말했다. "제나라를 가지고 왕노릇하는 것은 손을 뒤집는 것처럼 쉬운 일이다." 공손추가 말했다. "만약 그러하다면 저의 의혹이 더욱 깊어집니다. 문왕이 덕을 백년이나 베푸신 후에 붕어하셨는데도, 교화가 천하에 충분히 행해지지 못했고 무왕과 주공이 계승하신 뒤에야 교화가 크게 행해졌습니다. 지금 왕노릇하는 것이 이처럼 쉽다고 말씀하신다면 곧 문왕도 본받기에 부족하다는 말씀입니까?"

曰: "文王何可當也? 由湯至於武丁, 賢聖之君六七作. 天下歸殷久矣, 久則難變也. 武丁朝諸侯有天下, 猶運之掌也. 紂之去武丁未久也, 其故家遺俗, 流風善政, 猶有存者; 又有微子[1]·微仲[2]·王子比干[3]·箕子·膠鬲[4]皆賢人也, 相與輔相之, 故久而後失之也. 尺地莫非其有也, 一民莫非其臣也, 然而文王猶方百里起, 是以難也.
齊人有言曰: '雖有智慧, 不如乘勢; 雖有鎡基, 不如待時.' 今時則易然也. 夏后·殷·周之盛, 地未有過千里者也, 而齊有其地矣; 雞鳴狗吠相聞, 而達乎四境, 而齊有其民矣. 地不改辟矣, 民不改聚矣, 行仁政而王, 莫之能禦也. 且王者之不作, 未有疏於此時者也; 民之憔悴於虐政, 未有甚於此時者也. 飢者易爲食, 渴者易爲飮. 孔子曰: '德之流行, 速於置郵而傳命.' 當今之時, 萬乘之國行仁政, 民之悅之, 猶解倒懸也. 故事半古之人, 功必倍之, 惟此時爲然."

---

1) 微子 : 미자는 은나라의 귀족인데, 『논어』에서 미자·기자箕子·왕자 비간王子比干을 '은나라의 세 어진 사람(殷三仁)'으로 칭했다.
2) 微仲 : 미중은 서주西周의 제후국 송宋나라의 귀족이다.
3) 王子比干 : 왕자 비간은 상商의 마지막 군주 주왕紂王에게 간언하다가 죽임을 당한 현인이다.
4) 膠鬲 : 교격은 바닷가에서 소금 등을 팔았던 은나라의 현인이다.

맹자가 말했다. "문왕을 어찌 당할 수 있겠는가? 은나라의 탕임금에서부터 무정武丁에 이르기까지 예닐곱 분의 어질고 성스러운 임금이 나와 천하가 은나라로 귀의한지 오래되었는데, 오래되면 변하기 어렵다. 무정이 제후들에게 조회받고 천하를 소유한 것이 마치 손바닥 위에서 움직이는 것 같았다. 은나라의 폭군 주紂와 성군 무정 사이의 거리가 그리 오래지 않았으니 유서 깊은 가문과 좋은 풍속, 선대의 유풍과 훌륭한 정치가 여전히 남아 있었다. 또 미자微子와 미중微仲, 왕자王子 비간比干, 기자箕子, 교격膠鬲 같은 성인들이 있어 이들이 서로 더불어 보좌하였으므로 오래 유지한 뒤에야 나라를 잃은 것이다. 한 치의 땅도 그의 땅이 아닌 것이 없었으며, 한 사람의 백성도 그의 신하가 아닌 자가 없었으나 문왕은 오히려 사방 백리를 가지고 나라를 일으키셨으므로 이 때문에 교화가 천하에 미치기 어려웠던 것이다.

제나라 사람들 말에 '비록 지혜가 있더라도 형세를 타는 것만 못하며, 비록 농사 도구가 있더라도 농사지을 시기를 기다리는 것만 못하다.'라고 하였으니, 지금은 왕노릇 하기가 쉬운 때이다. 하·은·주가 흥성했을 때 땅이 사방 천리를 넘지 않았는데 제나라에 그 정도의 땅이 있고, 닭 우는 소리와 개 짖는 소리가 서로 이어 들려 사방 국경에 도달할 정도였는데 제나라에 그 정도의 백성이 있으니, 땅을 다시 개간하지 않고 백성을 다시 모으지 않아도 인정을 행하여 왕노릇 한다면 막을 수 있는 자가 없을 것이다. 또한 인정을 베풀 왕자王者가 일어나지 않은 것이 지금보다 드문 때가 없고, 백성이 학정虐政 때문에 초췌한 것이 지금보다 심한 적이 없었다. 주린 자에게는 먹게 하기 쉽고, 목마른 자에게는 마시게 하기 쉬운 법이다. 공자께서 '덕이 퍼져나가는 것은 파발마로 명령을 전달하는 것보다 빠르다.'라고 말씀하셨다. 지금 만승지국이 인정을 베풀면 백성들이 기뻐하는 것이 마치 거꾸로 매달려 있다가 풀려난 것 같을 것이다. 그러므로 일은 옛 사람의 반만 하고도 공은 반드시 배가 될 것이니 오직 지금이 그러한 때이다."

趙曰:"曾西, 曾子之孫。"【《集》註同】

○麟曰:"《經典序錄》,[5] '曾申[6]字子西, 曾參之子。子夏以詩傳曾申, 左丘明[7]作傳以授曾申。'【曾西之學, 於此可攷】 楚鬭宜申[8]·公子申[9][10]皆字子西, 則曾西之爲曾申無疑。"

趙曰:"文王之時難爲功, 故言'何可當也?'"
○《集》曰:"當, 猶敵也。"
○蔡曰:"當, 猶敵也。以其不可當也, 孰謂文王不足法哉?"
○或曰:"殷德如彼, 文王由方百里起, 是文王難當也。"
○鏞案 註說謂'文王不可當殷德也', 或說謂'後人不可當文王也', 或說似長。若云'文王不當殷', 則可字未安。

引證《呂氏春秋》,[11] 舜行德三年而三苗[12]服。孔子聞之曰:"通乎德之情, 則孟門·太行,[13] 不爲險矣。故曰德之速, 疾乎以郵而傳命。"
○麟曰:"此可以證孟子引孔子之言。"

---

5) 經典序錄 : 당대의 경학가 육덕명陸德明(550~630)이 지은 『경전석문서록經典釋文序錄』을 가리킨다.
6) 曾申 : 증자의 두 아들 중 하나로 좌구명左丘明에게 『춘추좌전春秋左傳』을 배웠다고 알려져 있다.
7) 左丘明 : 『좌씨춘추』의 저자로 알려진 주대周代 노나라의 태사太史로 이름은 구명丘明이다.
8) 鬭宜申 : 춘추시대 초기에 활동했던 노나라 대부이며 자는 자서子西이다.
9) 춘추시대 초나라 대부 초공왕楚共王을 가리킨다.
10) 新朝本에는 이 뒤에 '公子申'이 있다.
11) 『呂氏春秋』: 중국 진秦나라의 재상으로 시황제 초기까지 활동했던 여불위呂不韋(?~B.C. 235)가 식객 3,000명에게 저술을 맡겨 편찬했다는 일종의 백과전서이다. 당시 전해 오던 여러 학설과 사실들을 모아 편찬한 잡가雜家의 대표적인 작품이다.
12) 三苗 : 요순 시대에 활동했던 남방의 네 오랑캐, 즉 사흉四凶 가운데 하나이다.
13) 孟門·太行 : 은殷나라 주紂왕 때 왼쪽에는 맹문산, 오른쪽에는 태행산이 있었다.

조기가 말했다. "증서는 증자의 손자다." 【『맹자집주』의 주註도 같다.】

○ 왕응린이 말했다. "『경전서록經典序錄』에 '증신曾申의 자字는 자서子西로, 증삼의 아들이다. 자하가 『시경』을 증신에게 전하였고 좌구명左丘明이 『좌전』을 지어 증신에게 주었다.'라고 되어 있다.【증서의 학문은 이로부터 상고할 수 있다】 초나라의 투의신鬪宜申·공자신公子申은 모두 자字가 자서이므로 증서가 증신인 것은 의심할 바가 없다."

조기가 말했다. "문왕의 때는 공을 이루기가 어려웠다. 그러므로 '어찌 감당할 수 있겠는가?'라고 말한 것이다."

○ 『맹자집주』에서 말했다. "당當은 필적한다敵는 것과 같다."

○ 채침이 말했다. "당은 필적한다는 것과 같다. 문왕에 필적할 수 없다는 것이지 누가 문왕을 본받기에 부족하다고 했겠는가?"

○ 혹자가 말했다. "은나라의 덕이 저와 같았는데 문왕이 사방 백리로 일어났으니 이것이 문왕을 감당하기 어렵다는 것이다."

○ **용안** 『맹자집주』의 설說은 "문왕이 은의 덕을 감당할 수 없었다."라고 하고, 혹자의 설은 "후인들이 문왕을 당할 수 없다."라고 했는데, 혹자의 설이 나은 것 같다. 만약 "문왕이 은을 당할 수 없었다."라고 하면 '가可'자는 타당하지 않다.

인증 『여씨춘추』에서 순임금이 덕을 행한지 삼년이 되자 삼묘三苗가 복종하였다. 공자가 이를 듣고 "덕의 실정이 통하게 되면 맹문산孟門山·태행산太行山도 험난하지 않을 것이다. 그러므로 덕이 퍼지는 속도가 파발마가 명령을 전하는 것보다 빠르다고 한 것이다."라고 하였다.

○ 왕응린이 말했다. "이로써 맹자가 공자의 말을 인용했음을 증명할 수 있다."

3-2 공손추가 부동심에 대해 물은 장 [公孫丑問不動心章]

* 이 장은 만약 높은 관직에 오르면 마음이 동요하지 않을지 질문하는 공손추에게 맹자가 고자를 비롯해 부동심의 사례들을 자신의 부동심과 비교하여 대답하는 대목이다. 이에 대해 다산은 주희의 해석을 비판하며 부동심의 의미를 새롭게 해석하는 한편, '오불췌언吾不惴焉'에 관한 조기와 주희의 주석을 비판한다.

公孫丑問曰:"夫子加齊之卿相, 得行道焉, 雖由此霸王不異矣. 如此, 則動心否乎?"孟子曰:"否. 我四十不動心." 曰:"若是, 則夫子過孟賁遠矣." 曰:"是不難, 告子先我不動心." 曰:"不動心有道乎?" 曰:"有. 北宮黝之養勇也, 不膚撓, 不目逃, 思以一毫挫於人, 若撻之於市朝. 不受於褐寬博, 亦不受於萬乘之君. 視刺萬乘之君, 若刺褐夫. 無嚴諸侯. 惡聲至, 必反之.

孟施舍之所養勇也, 曰:'視不勝猶勝也. 量敵而後進, 慮勝而後會, 是畏三軍者也. 舍豈能爲必勝哉? 能無懼而已矣.' 孟施舍似曾子, 北宮黝似子夏. 夫二子之勇, 未知其孰賢, 然而孟施舍守約也. 昔者曾子謂子襄曰:'子好勇乎? 吾嘗聞大勇於夫子矣. 自反而不縮, 雖褐寬博, 吾不惴焉; 自反而縮, 雖千萬人, 吾往矣.' 孟施舍之守氣, 又不如曾子之守約也."

曰:"敢問夫子之不動心, 與告子之不動心, 可得聞與?"

공손추가 물었다. "선생님이 제나라의 경상卿相의 자리에서 도를 행할 수 있게 되신다면 비록 이로 인해 제나라 왕이 패왕霸王이 된다 하더라도 이상하지 않을 것입니다. 이와 같다면 마음이 동요하지 않겠습니까?" 맹자가 말했다. "그렇지 않다. 나는 사십 세부터 마음이 동요하지 않았다." 공손추가 말했다. "이와 같다면 선생님께서는 맹분孟賁보다 훨씬 뛰어나십니다." 맹자가 말했다. "이는 어렵지 않다. 고자는 나보다 먼저 마음이 동요하지 않았다." 공손추가 말했다. "마음이 동요하지 않는 데 방법이 있습니까?" 맹자가 말했다. "있다. 북궁유北宮黝는 용맹함을 기르기를 칼에 찔려도 움찔하지 않고, 눈을 찔려도 피하지 않으며, 조금이라도 남에게 꺾이면 장터거리에서 매질을 당하는 것처럼 여겼다. 베옷을 입은 비천한 사람에게서 모욕을 받지 않았고 또한 만승萬乘의 군주에게도 모욕을 받지 않았다. 만승의 군주를 찌르는 것을 비천한 사람을 찌르는 것과 같다고 여겼다. 두려운 제후가 없었으니 욕하는 소리가 들리면 반드시 보복하였다.

맹시사孟施舍가 용맹함을 기르는 바로 말하자면 '이기지 못할 것을 보더라도 이길 듯이 여기니 적을 헤아린 뒤에 나아가며, 이길 것을 고려한 후에야 대적한다면 이것은 적의 대군三軍을 두려워하는 것이다. 나라고 어찌 반드시 이길 수 있겠는가? 능히 두려워하지 않을 뿐이다.'라고 하였다. 맹시사는 증자와 비슷하고, 북궁유는 자하子夏와 비슷하다. 두 사람의 용맹 가운데 누가 나은지는 알 수 없지만 맹시사가 지키는 바가 간략하다. 예전에 증자가 자양子襄에게 '그대는 용맹함을 좋아하는가? 내가 일찍이 공자께 큰 용맹에 관하여 들었는데, 스스로 돌아보아 정직하지 못하면 비록 베옷을 입은 비천한 사람이라도 내가 어찌 두려워하지 않겠는가? 그러나 스스로 돌아보아 정직하다면 비록 천만 명이 있더라고 나는 대적하러 갈 것이다.'라고 말씀하셨다. 맹시사의 기를 지킴[守氣]은 증자의 간략함을 지킴[守約]만 못하다."

공손추가 말했다. "감히 묻겠습니다. 선생님의 부동심不動心과 고자의 부동심(의 차이)에 대하여 들을 수 있겠습니까?"

告子曰: '不得於言, 勿求於心; 不得於心, 勿求於氣.' 不得於心, 勿求於氣, 可; 不得於言, 勿求於心, 不可. 夫志, 氣之帥也; 氣, 體之充也. 夫志至焉, 氣次焉. 故曰: '持其志, 無暴其氣.'" "旣曰 '志至焉, 氣次焉', 又曰 '持其志無暴其氣' 者, 何也?" 曰: "志壹則動氣, 氣壹則動志也. 今夫蹶者趨者, 是氣也, 而反動其心."

"敢問夫子惡乎長?" 曰: "我知言, 我善養吾浩然之氣." "敢問何謂浩然之氣?" 曰: "難言也. 其爲氣也, 至大至剛, 以直養而無害, 則塞于天地之閒. 其爲氣也, 配義與道; 無是, 餒也. 是集義所生者, 非義襲而取之也. 行有不慊於心, 則餒矣. 我故曰, 告子未嘗知義, 以其外之也. 必有事焉而勿正, 心勿忘, 勿助長也. 無若宋人然: 宋人有閔其苗之不長而揠之者, 芒芒然歸. 謂其人曰: '今日病矣, 予助苗長矣.' 其子趨而往視之, 苗則槁矣. 天下之不助苗長者寡矣. 以爲無益而舍之者, 不耘苗者也; 助之長者, 揠苗者也. 非徒無益, 而又害之."

"고자는 '말[言]에서 이해되지 않는 것을 마음에서 구하지 말며, 마음에서 이해되지 않는 것을 기氣에서 구하지 말라.'라고 말했다. 마음에 이해되지 않는 것을 기에서 구하지 말라고 한 것은 괜찮지만 말에 이해되지 않는 것을 마음에서 구하지 말라고 한 것은 옳지 않다. 대개 지志는 기의 장수요, 기는 몸에 가득 찬 것이다. 지志가 이르면 기가 따르는 것이다. 그러므로 '지志를 지키되 기를 해치지 말라.'라고 하였다." "이미 선생님께서 '지가 여기에 이르면 기가 따른다.'라고 하셨는데 또 '지를 지키되 기를 해치지 말라.' 하신 것은 어째서입니까?" 맹자가 말했다. "기가 한결같으면 기가 그에 따라 움직이고, 기가 한결같으면 지가 움직이게 된다. 이제 넘어지고 달리게 하는 것은 기이지만 그것이 도리어 마음을 동요시킨다."

"감히 묻겠습니다. 선생님께서는 어느 쪽을 잘 하십니까?" 맹자가 말했다. "나는 말을 알며[知言], 나의 호연지기浩然之氣를 잘 기른다." "감히 묻겠습니다. 무엇을 호연지기라고 합니까?" 맹자가 말했다. "말로 하기 어렵다. 그 기는 지극히 크고 지극히 강하여 곧게 길러서 해침이 없다면 곧 하늘과 땅 사이에 가득 차게 된다. 그 기는 언제나 의義와 도道에 짝하니, 이것이 없으면 주리게[餒] 된다. 행하는데 마음에 만족스럽지 못한 바가 있으면 호연지기가 핍진하게 된다. 의를 쌓아서 생기는 것이니 의가 밖에서 엄습하여 얻어지는 것이 아니다. 내가 그 때문에 '고자는 일찍이 지를 알지 못한다'라고 말한 것이니, 그가 의를 밖에 있는 것이라 여겼기 때문이다. 반드시 의를 쌓는 것을 일삼으며 그 효과를 미리 기대하지 말고, 마음에서 잊지도 말고 조장하지도 말아야 한다. 송나라 사람처럼 해서는 안 되니 송나라 사람 중에 벼의 싹이 자라지 않음을 안타깝게 여겨 이를 뽑아놓은 자가 있었다. 아무 생각 없이 돌아와 다른 사람들에게 '오늘은 매우 피곤하구나. 내가 벼의 싹이 자라는 것을 도왔다'라고 말하였다. 그의 아들이 달려가서 보니 싹은 말라 있었다. 천하 사람들 중에 벼의 싹이 자라도록 조장하지 않는 자가 드물다. 유익하지 않다고 여겨 버려두는 자는 싹을 김매지 않는 자요, 억지로 자라는 것을 돕는 자는 그 싹을 뽑는 자이니 이는 한갓 유익이 없을 뿐 아니라 또한 해치는 것이다."

"何謂知言?" 曰: "詖辭知其所蔽, 淫辭知其所陷, 邪辭知其所離, 遁辭知其所窮. 生於其心, 害於其政; 發於其政, 害於其事. 聖人復起, 必從吾言矣."

"宰我·子貢善爲說辭, 冉牛·閔子·顔淵善言德行. 孔子兼之, 曰: '我於辭命則不能也.' 然則夫子旣聖矣乎?"

曰: "惡! 是何言也? 昔者子貢·問於孔子曰: '夫子聖矣乎?' 孔子曰: '聖則吾不能, 我學不厭而教不倦也.' 子貢曰: '學不厭, 智也; 教不倦, 仁也. 仁且智, 夫子旣聖矣!' 夫聖, 孔子不居, 是何言也?"

昔者竊聞之: 子夏·子游·子張皆有聖人之一體, 冉牛·閔子·顔淵則具體而微. 敢問所安." 曰: "姑舍是."

"무엇을 일러 '말을 안다[知言]'고 하시는지요?" 맹자가 말했다. "치우친 말[詖辭]에서 그 마음이 가려진 바를 알며, 음란한 말[淫辭]에서 (그 마음이) 빠져 있는 바를 알며, 간사한 말[邪辭]에서 벗어난 바를 알며, 변명하는 말[遁辭]에서 궁한 바를 알 수가 있다. 잘못된 말들이 마음에서 생겨나면 반드시 그 정치를 해치게 되며, 그 정치에 드러나면 그 일을 해치게 되니, 성인이 다시 나타난다 하더라도 내 말을 따를 것이다."

"재아와 자공은 말을 잘 하였고, 염우와 민자, 안연은 덕행에 관해서 말을 잘 하였습니다. 공자께서는 이것을 겸하시고도 '나는 사명辭命에 대해서는 능하지 못하다'고 하셨으니, 그러면 선생님께서는 이미 성인이십니다!"

맹자가 말했다. "아! 이것이 무슨 말이냐. 옛날에 자공이 공자께 '선생님께서는 성인이십니까?' 하고 물으니, 공자께서 '성인은 내가 성취할 수 없는 바이지만 나는 배우는 데 싫증내지 않고, 가르치는 데 게으르지 않을 뿐이다.'라고 하셨다. 그러자 자공이 '배우는 데 싫증내지 않는 것은 지혜이고, 가르치는 데 게으르지 않는 것은 인仁입니다. 인한데 또 지혜로우니 선생께서는 이미 성인이십니다.'라고 하였다. 성인은 공자께서도 자처하지 않으셨는데, 이것이 무슨 말인가?"

"예전에 제가 들으니 자하子夏, 자유子游, 자장子張은 모두 성인의 덕의 일부를 갖추고 있었고, 염우冉牛, 민자건(閔子), 안연顔淵은 그 전체를 갖추었지만 미약하다 하였습니다. 감히 선생님께서는 어느 편에 편안히 자처하실지 묻고자 합니다." 맹자가 말했다. "일단 이 이야기는 그만 두자."

曰:"伯夷·伊尹何如?"曰:"不同道. 非其君不事, 非其民不使; 治則進, 亂則退, 伯夷也. 何事非君, 何使非民; 治亦進, 亂亦進, 伊尹也. 可以仕則仕, 可以止則止, 可以久則久, 可以速則速, 孔子也. 皆古聖人也, 吾未能有行焉; 乃所願, 則學孔子也.""伯夷·伊尹於孔子, 若是班乎?"曰:"否. 自有生民以來, 未有孔子也."

曰:"然則有同與?"曰:"有. 得百里之地而君之, 皆能以朝諸侯有天下. 行一不義·殺一不辜而得天下, 皆不爲也. 是則同."

曰:"敢問其所以異?"曰:"宰我·子貢·有若智足以知聖人. 汙, 不至阿其所好. 宰我曰:'以予觀於夫子, 賢於堯舜遠矣.'子貢曰:'見其禮而知其政, 聞其樂而知其德. 由百世之後, 等百世之王, 莫之能違也. 自生民以來, 未有夫子也.'有若曰:'豈惟民哉? 麒麟之於走獸, 鳳凰之於飛鳥, 太山之於丘垤, 河海之於行潦, 類也. 聖人之於民, 亦類也. 出於其類, 拔乎其萃, 自生民以來, 未有盛於孔子也.'"

"백이伯夷와 이윤伊尹은 어떠합니까?" 맹자가 말했다. "도가 같지 않다. 섬길 만한 임금이 아니면 섬기지 않고 부릴만한 백성이 아니면 부리지 않으며 다스려지면 나아가고 혼란하면 물러가는 이는 백이이다. 누구를 섬긴들 군주가 아니며 어떤 백성을 부린들 나의 백성이 아니겠는가 하며, 다스려져도 또한 나아가고 혼란해도 또한 나아가는 이가 이윤이다. 벼슬을 할 만하면 벼슬을 하고, 그만둘 만하면 그만두고, 오래 머무를 만하면 오래 머무르고, 떠나야 할 때는 속히 떠나는 이는 공자이시다. 이들은 모두 예전의 성인이다. 나는 그렇게 할 수 없지만 내가 바라는 바는 공자를 배우는 것이다." "백이와 이윤이 공자와 같은 반열입니까?" 맹자가 말했다. "아니다. 사람이 생긴 이래 공자와 같은 분은 없었다."

"그렇다면 세 분들 사이에 같은 점이 있습니까?" 맹자가 말했다. "있다. 백리의 땅을 얻어서 군주가 된다면 세 사람 모두 능히 제후에게 조회를 받으며 천하를 소유하실 것이다. 한 가지의 불의한 일을 행하고, 한 사람의 허물없는 이를 죽여서 천하를 얻는다 해도 세 사람 모두 그렇게 하지 않았을 것이다. 이런 점이 같다."

"감히 다른 점에 대해 묻고자 합니다." 맹자가 말했다. "재아와 자공과 유약은 지혜가 성인을 알아 볼 수 있을 만하였다. 곤궁해지더라도 좋아하는 이에게 아첨하는 데에는 이르지 않았을 것이다. 재아는 '내가 보기에 공자는 요순보다 훨씬 뛰어나시다.'라고 말했고, 자공은 '예를 보면 그 나라의 정사를 알 수 있고, 음악을 들으면 그 나라의 덕을 알 수 있으니 백세 이후의 왕으로부터 백세 동안의 왕들을 평가해보아도 이를 벗어날 이가 없으니 사람이 생긴 이래 공자 같은 분은 없었다.'라고 말했다. 유약은 '어찌 나만 사람뿐이겠는가. (공자께서는) 달리는 짐승 중에 기린이, 나는 새 중의 봉황이, 언덕과 작은 둑에 대해 태산이, 흐르는 얕은 물에 대해 하해와 같은 부류이다. 백성에 대해 성인 역시 같은 부류이다. 부류 가운데서도 특출 나며, 무리 가운데서도 빼어나시니 사람이 생긴 이래 공자보다 훌륭한 사람은 없었다.'라고 말했다."

趙曰:"如是, 寧動心畏難, 自恐不能行否耶? 丑以此爲大道不易, 人當恐懼之, 不敢欲行也."

○《集》曰:"任大責重如此, 亦有所恐懼疑惑而動其心乎?"【朱子曰:"公孫丑非謂孟子以卿相富貴動其心, 謂霸王事大, 恐孟子擔[14)]當不過, 有所疑懼而動其心耳."】

○鏞案 人之所以動心, 其端不一。凡外物之來, 或可喜可怒可憂可哀恐懼之等, 皆足以動吾心。若吾之喜怒憂哀恐懼之情, 隨物亂動, 無所節制, 則不可以居高鎭物。此所以處大位·當大任者, 首以不動心爲貴。古人贊美賢宰相, 必稱太山喬嶽·深林鉅谷·中流之砥[15)]·大廈之柱, 誠以其不動心如是, 然後方可以居百僚之上, 鎭萬物之情也。虞舜入麓弗迷, 文王羑里[16)]演《易》, 周公流言[17)]弗避, 孔子魋[18)]·匡[19)]不畏, 此先古聖人之不動心也。

---

14) 擔 : 新朝本에는 '儋'으로 되어 있다.

15) 中流之砥 : 황하 중류에 있는 기둥 모양(柱狀)의 돌이다. 위가 편편하여 숫돌 같이 생겼고 격류 속에서도 우뚝 솟아 꼼짝도 하지 않고 있으므로, 난세에 처하여 의연히 절개를 지키는 선비에 비유된다.

16) 羑里 : 유리는 은나라 주왕이 주나라 문왕을 유폐한 곳이다. 이곳에서 문왕이 역의 8괘를 추연하여 64괘를 만들었다고 한다.

17) 流言 : 무왕이 죽고 성왕이 즉위하자, 무왕의 동생인 관숙管叔이 다른 아우 채숙蔡叔과 함께 형인 주공이 장차 어린 성왕에게 이롭지 못할 것이라는 근거없는 말을 퍼뜨려 주공을 모함한 일을 말한다.

18) 魋 : 송나라의 대부 사마환퇴司馬桓魋이다. 송나라 경공이 공자를 등용하려 하자 자신의 입지가 약화될 것을 염려한 환퇴가 큰 나무를 쓰러뜨려 그 아래에서 제자들에게 강론하고 있던 공자를 죽이려 한 일이 있었다.

19) 匡 : 광 땅의 사람들이 공자를 노나라의 실권자였던 가신家臣 양호陽虎로 오인하여 공자를 포위하고 체포하려던 일을 말한다.

조기가 말했다. "이와 같다면 어찌 마음을 동요시키고 어려운 것을 꺼려 스스로 행할 수 없을까 두려워하겠는가? 공손추는 이것이 행하기 쉽지 않은 대도大道라서 사람들이 마땅히 걱정하고 두려워하여 감히 행하고자 하지 않을 것이라고 생각한 것이다."

○ 『맹자집주』에서 말했다. "맡은 바가 크고 책임이 막중함이 이와 같다면 또한 겁내고 두려워하고 의심하고 미혹된 바가 있어 그 마음이 동요하시겠습니까? 라고 한 것이다."【주자가 말했다. "공손추는 맹자가 경상卿相이나 부귀 때문에 마음이 동요된다고 여긴 것이 아니요, 패왕은 사업이 커서 아마도 맹자가 감당하지 못하여 의심하고 두려워하는 바가 있어 그 마음이 동요될 것이라고 여긴 것이다."】

○ **용안** 사람의 마음이 동요되는 까닭은 그 단서가 하나가 아니다. 외물이 다가올 때 혹 기뻐하거나 노여워하거나 근심하거나 슬퍼할 만하고 걱정하고 두려워하는 일들이 모두 내 마음을 동요시킬 수 있다. 만일 나의 기쁨·노여움·근심·슬픔·걱정·두려움 등의 감정이 사물에 따라 어지럽게 움직여 절제하는 바가 없게 되면 높은 곳에 거하며 외물을 진정시킬 수 없게 된다. 이것이 높은 자리에 처하고 큰 임무를 맡은 자가 우선 부동심을 귀하게 여겨야 하는 까닭이다. 고인古人들이 현명한 재상을 찬미할 때는 반드시 태산처럼 높은 산·깊은 숲의 큰 골짜기·(황하) 중류의 지주砥柱·큰 집의 기둥을 가리켰으니, 진실로 그 부동심이 이와 같은 연후에야 바야흐로 모든 관료의 위에 있으면서 만물의 실정을 진정시킬 수 있기 때문이다. 순임금이 산기슭에 들어가도 길을 잃지 않고 문왕이 유리에 유폐되었을 때 『역』(의 팔괘)을 추연했으며 주공이 (관숙管叔이 퍼뜨린) 낭언[流言]을 피하지 않고, 공자가 환퇴와 광 땅의 일을 두려워하지 않았으니 이는 고대 성인들의 부동심이다.

漢 高祖百騎赴宴, 唐 太宗下馬脫兜, 宋 眞宗過橋親征, 明 太祖招降入幕, 此後世帝王之不動心也。陳平[20]燕居深念, 謝安[21]圍棋如故, 趙普[22]補綴進奏, 韓琦[23]引首受劍, 此大臣之不動心也。周亞夫[24]堅臥不起, 李廣[25]縱馬解鞍, 賈復[26]裹裹督戰, 費禕[27]開門彈琴, 此將臣之不動心也。

雖其大小眞僞各自不同, 要其所以植身鎭物, 皆足以處大位而當大任。若夫得一饋孩然以悅, 遭一罵悻然以忿, 値一患色然以駭者, 其局量淺小, 氣象輕薄, 不足以居此位而當大任。故皐陶[28]九德之目, [29] 若剛·强·塞·毅諸德, 皆以不動心爲準, 斷之曰'彰厥有常, 吉哉'。常者, 不動也, 卽'不動心'三字, 乃三古以來, 居大位當大任者, 頭一件大[30]題目。公孫丑游於聖門, 深知此義, 故發問如此。

---

20) 陳平 : 진평(?~B.C. 178). 전한前漢의 공신으로 지모가 뛰어나 한漢 고조를 도와 천하를 평정하였다.
21) 謝安 : 사안(320~385). 동진東晉을 위기에서 구한 정치가.
22) 趙普 : 조보(922~992). 송宋 태조太祖를 도운 북송의 정치가.
23) 韓琦 : 한기(1008~1075). 뛰어난 재상으로 알려진 북송의 정치가.
24) 周亞夫 : 주아부(B.C. 199~B.C. 143). 서한西漢 흉노의 침입을 막은 승상.
25) 李廣 : 이광(?~B.C. 119). 흉노를 제압했던 전한前漢 때의 장군.
26) 賈復 : 가복(?~55). 후한後漢 때의 장군.
27) 費禕 : 비위(193-253). 제갈량에게 등용된 촉한蜀漢 때의 장군.
28) 皐陶 : 고요. 공정한 판결로 이름난 순임금 때의 법관.
29) 九德之目 : 『서경書經·우서虞書·고요모皐陶謨』에 나오는 아홉 가지 덕을 말한다. "행함에 아홉 가지 덕이 있으니 (중략) 너그러우면서도 엄숙하고, 부드러우면서도 곧게 서며, 삼가면서도 공손하고, 다스리면서도 공경하며, 길들이면서도 굳세고, 곧으면서도 온화하며, 간략하면서도 방정하고, 강건하면서도 독실하며, 용감하면서도 의를 좋아하니, 밝으면서도 한결같음이 있으면 길하다.(行有九德…寬而栗, 柔而立, 愿而恭, 亂而敬, 擾而毅, 直而溫, 簡而廉, 剛而塞, 彊而義, 彰厥有常, 吉哉.)"
30) 大 : 新朝本에는 빠져 있다.

한 고조가 부하 100기를 거느리고 잔치에 나아갔고, 당 태종이 말에서 내려 투구를 벗어던졌고, 송의 진종이 다리를 건너서 친히 정벌하였고 명의 태조가 항복하려는 자들을 막사로 불러들였으니, 이는 후세 제왕들의 부동심이다. 진평陳平이 평소에 깊이 생각하였고 사안謝安이 바둑 두기를 전처럼 하였으며 조보趙普가 태조를 도와 나아가 아뢰었고, 한기韓琦가 목을 내어 칼을 받았으니 이는 대신大臣의 부동심이다. 주아부周亞夫가 꼼짝 않고 누워 일어나지 않았고, 이광李廣이 말을 놓아주고 안장을 풀었으며, 가복賈復이 상처를 싸매고서 싸웠고 비위費禕가 문을 열고 거문고를 퉁겼으니 이는 장신將臣의 부동심이다.

비록 대소와 진위가 각각 같지 않으나 요컨대 그 자신을 세워 외물을 진정시킨 점은 모두 높은 자리에 처하고 큰 임무를 맡기에 족한 것이다. 만일 한번 선물을 얻으면 웃으며 기뻐하고, 한번 질책을 당하면 성질을 부리고 화를 내며, 한 번 근심을 만나면 낯빛을 바꾸며 놀라는 자는 그 국량이 얕고 작으며 기상이 경박하여 이러한 위치에 거하면서 큰 임무를 맡기에 부족하다. 그러므로 고요皐陶의 아홉 가지 덕목 중에 군셈[剛]·강함[強]·치밀함[塞]·확고함[毅] 같은 덕목은 모두 부동심을 기준으로 삼은 것이니, 단언하자면 "밝으면서도 한결같음이 있으면 길하다."라는 것이다. '상常'이란 동요하지 않음이니 곧 부동심 세 글자는 삼고三古시대 이래로 높은 자리에 거하고 큰 임무를 맡은 이들의 첫째가는 큰 제목題目이다. 공손추는 성인의 문하에서 종유하여 이 뜻을 깊이 알고 있었으므로 이와 같이 질문한 것이다.

特以諸情之中, 恐懼之情, 最難裁制, 故不動心者, 以無懼爲首。此孟子所以歷言北宮黝·孟施舍之所守, 曾子·子襄之所言, 以明無懼之義, 其實不動心, 不止於無懼而已。至若先儒之所言, 恐非本旨。何也? 我之大德, 有足以受大任行大道, 則自當無懼。我之才德, 本自不足, 君子宜逡巡退縮, 以讓賢路。豈可强求其無懼乎? 況惑與不惑, 繫于知識, 知所不及, 安得不惑? 孔子稱四十不惑,³¹⁾ 孟子稱四十不動心。故朱子遂以不動心爲不惑, 然經所云不動心, 非謂是也。古人稱'定大事·決大議, 垂紳整笏, 不動聲色而措天下於太山之安',³²⁾ 一問一答, 當以是求之。

---

31) 四十不惑:『논어·위정爲政』에 보인다.
32) 定大事·決大議, 垂紳整笏, 不動聲色而措天下於太山之安 : 당송 팔대가 가운데 한 사람인 구양수歐陽修(1007~1072)의 「상주주금당기相州晝錦堂記」에 나오는 '臨大事, 決大議, 垂紳正笏, 不動聲色, 措天下於泰山之安, 可謂社稷之臣'를 인용한 것이다. 이 글은 송나라 대신으로 위국공에 봉해진 한기가 부임지인 상주 관아 뒤에 세운 주금당에 구양수가 올라가서 그를 추모하기 위해 지은 것이다. 『고문관지古文觀止』에 수록되어 있다.

다만 모든 감정 가운데 걱정과 두려움의 정이 가장 절제하기 어려우므로 부동심은 두려움이 없는 것을 으뜸으로 삼는다. 이것이 맹자가 북궁유와 맹시사가 지킨 바, 증자와 자양이 말한 바를 일일이 서술하여 두려움이 없음의 뜻을 밝힌 까닭이나, 실로 부동심은 두려움이 없음에 그치지 않는다. 선유들이 말한 바의 경우 아마도 본지가 아닐 것이다. 어째서인가? 나의 큰 덕이 큰 임무를 받아 큰 도를 행하기에 족하다면 저절로 마땅히 두려움이 없을 것이다. 나의 재덕이 본래 스스로 부족하면 군자는 마땅히 머뭇거리며 물러나 현자에게 길을 양보해야 한다. 어찌 억지로 두려움이 없기를 구할 수 있겠는가? 하물며 미혹됨과 미혹되지 않음은 지식에 달려 있으니 앎이 미치지 못한다면 어찌 미혹되지 않을 수 있겠는가? 공자는 사십 세에 미혹되지 않았다고 말했고 맹자는 사십에 마음이 동요되지 않았다고 말했다. 그러므로 주자는 마침내 부동심을 미혹되지 않음[不惑]이라고 여겼으나 경전에서 말한 부동심은 이를 말하는 것이 아니다. 고인이 "대사를 정하고 큰 일을 결정할 때는, 큰 띠를 길게 드리우고 홀을 바로잡고는, 말소리나 얼굴빛을 바꾸지 않고 천하를 태산같이 평안하게 하였다."라고 하였으니, 이 장의 질문과 답변은 마땅히 이로부터 구해야 한다.

* 이 대목에서 다산은 부동심을 '불혹'의 의미로 이해한 주희를 비판한다. 다산은 부동심이 단지 두려움이 없는 상태에 한정되지 않으며 이미 갖추어진 덕을 통해 외물을 진정시키는 능력으로, 보통 사람이 아니라 높은 관직에 있는 이가 대업을 이루기 위해 필요한 자질이라고 생각한다.

趙曰: "夫子志氣堅, 勇過孟賁。"
○**鏞案** 不動心之差優差劣, 本無形跡, 何以知甲與乙相過之遠乎? 疑當時稱孟賁五十不動心, 俗有此語, 故公孫丑言之如是。

趙曰: "告子之勇, 未四十而不動心。"【《集註》不言未四十】
○**鏞案** 告子以未四十不動心見稱。故孟子特謂之先我。當時若無此稱, '先我'二字, 不可解也。
○孟賁五十始不動心。故公孫丑聞四十之說, 而稱夫子過之。告子未四十已不動心。故孟子聞過遠之說, 而稱告子先我。詳其語脈, 所爭在四十前後。

《集》曰: "黝以必勝爲主而不動心者也, 舍以無懼爲主, 而不動心者也。"
○又曰: "黝務敵人, 舍專守己。"

조기가 말했다. "맹자는 뜻과 기가 견고하며 용맹이 맹분을 뛰어넘는다."

○ **용안** 부동심이 조금 낫고 조금 못한 것은 본래 자취가 없는 것인데 어떻게 갑과 을의 차이가 크다는 것을 알 수 있는가? 의심컨대 당시 맹분이 오십 세에 마음을 동요하지 않았다고 일컬은 것은 세속에 이러한 말이 있었기 때문에 공손추가 이와 같이 말했을 것이다.

조기가 말했다. "고자는 용맹하여 사십이 되기 전에 마음이 동요하지 않았다."【『맹자집주』에는 '사십이 되기 전에'라는 말이 없다.】

○ **용안** 고자는 사십에 이르기 전에 마음이 동요하지 않았다는 것으로 칭송을 받았다. 그러므로 맹자가 특히 "나보다 앞선다.(先我)"라고 말한 것이다. 당시 만일 이런 말이 없었다면 '나보다 앞선다.(先我)'라는 두 글자는 풀이할 수 없다.

○ 맹분은 오십 세에 비로소 마음이 동요하지 않았으므로 공손추가 "맹자가 사십 세에 마음이 동요하지 않았다."라는 말을 듣고서 스승이 맹분보다 뛰어나다고 칭송한 것이다. 고자는 사십이 되기 전에 이미 마음이 동요하지 않았다. 그러므로 맹자가 자신이 맹분보다 훨씬 뛰어나다는 말을 듣고 고자가 자신보다 앞선다고 말한 것이다. 그 어맥을 살펴보면 쟁점은 사십 전인가 후인가에 달려 있다.

『맹자집주』에서 말했다. "북궁유는 반드시 이기는 것을 위주로 하여 마음을 동요하지 않은 사람이요, 맹시사는 두려움이 없는 것을 위주로 하여 마음이 동요하지 않은 사람이다."

○ 또 말했다. "북궁유는 다른 사람을 대적하는 데 힘썼으며 맹시사는 자기를 지키는 데 전념하였다."

○**鏞案** 黝與舍, 皆刺客贗夫也. 聖師賢弟, 坐論心學, 忽引此輩以爲證援, 大是怪事. 蓋以林林衆生之中, 原有一種大膽男子, 不由學習, 不假矯飾, 自能悍然無懼如黝與舍者, 往往有之. 欲講不動心之法者, 俯求其所以不動心之故. 於是換其志趣, 而用其執守之髣髴, 抑亦無傷. 此孟子所以取之爲引喩也. 原夫天下之事, 有成有敗, 有利有鈍, 居大位·當大任者, 當以必成必利爲心. 然及其成功則天也. 惟成敗·利鈍, 不以爲欣戚, 然後方可曰不動心. 二子之事雖小, 可以喩大.

趙曰: "施, 發音也."
○《集》曰: "施, 發語聲."
○**鏞案** '孟施'二字, 複姓也. 《禮記》曰: "孔子食於少施氏[33]而飽." 孟施氏·少施氏, 似是兄弟之孫.

---

33) 孔子食於少施氏: 소시씨少施氏는 공자가 노魯 혜공惠公의 아들 시보施父의 후손으로, 공문孔門 72현 중 한 사람이다. 『예기·잡기雜記 하』에 공자가 소시씨로부터 초대를 받은 일화가 나온다. 소시씨의 초대를 받은 공자는 식사를 마친 뒤 "내가 소시씨의 집에서 식사한 뒤 배가 불렀는데, 이는 소시씨가 나를 예에 맞게 대접했기 때문이다.(吾食於少施氏而飽 少施氏食我以禮)"라고 하였다.

○ **용안** 북궁유와 맹시사는 모두 자객으로, 거친 사내들이다. 성스러운 스승과 현명한 제자가 둘러앉아 심학心學을 논할 때 홀연히 이런 부류들을 끌어다 증거로 삼았으니 크게 괴이한 일이다. 대개 수많은 사람들 가운데 본래 이런 종류의 대담한 사내들이 있어서 배우고 익히는 과정을 거치지 않고 꾸미고 장식할 겨를이 없어도 북궁유나 맹시사처럼 저절로 사납고 두려움이 없을 수 있는 경우가 종종 있다. 마음이 동요하지 않는 법을 배우고자 하는 자가 마음을 동요시키지 않는 방법의 연고를 살피고 구하려 하자 이에 그 취지를 바꾸어 '잡아 지킴[執守]' 가운데 유사한 것을 이용하였으니 또한 해될 것이 없다. 이것이 맹자가 이를 취하여 비유로 끌어온 까닭이다. 본래 천하의 일은 성공할 때도 있고 실패할 때도 있으며 예리할 때도 있고 우둔할 때도 있으나 높은 자리에 있으면서 큰 임무를 맡은 자들은 마땅히 반드시 성공하고자 하고 반드시 예리하고자 한다. 그러나 성공에 이르는 것은 하늘에 달려 있다. 오직 성공과 실패, 예리함과 우둔함을 기쁨과 슬픔으로 여기지 않게 된 연후에나 바야흐로 마음이 동요하지 않았다고 말할 수 있다. 두 사람의 일은 비록 작으나 비유하는 바는 크다고 할 수 있다.

조기가 말했다. "시施는 발음만 쓴 것이다."
○ 『맹자집주』에서 말했다. "시는 발어하는 소리이다."
○ **용안** '맹시' 두 글자는 복성複姓이다. 『예기』에서 "공자는 소시씨의 집에서 식사하시고 포만감을 느끼셨다."라고 하였다. 맹시씨와 소시씨는 아마도 형제의 손자인 듯하다.

趙曰:"曾子長于孝, 孝百行之本。子夏知道雖眾, 不如曾子孝之大也。"
○《集》曰:"子夏篤信聖人, 曾子反求諸己。"
○**鏞案** 四科十哲,[34] 無不篤信聖人, 何必子夏而已。子夏·曾子於孔門諸弟, 蓋以執守見稱。故孟子之言如此。今必取《論語》句語, 以證子夏之執守, 亦歸於摸索而已。至於曾子之守, 解在下節, 不必他求。
○毛云:"若篤信他人, 則與勵之不受·必反之學, 正自相反。"

趙曰:"縮, 義也。"
○《集》曰:"縮, 直也。"
○**鏞案**《集》義不可易。

趙曰:"惴, 懼也。內自省, 有不義不直之心, 雖褐寬博, 不當輕驚懼之也。"
○《集》曰:"惴, 恐懼之也。"

---

[34] 四科十哲 : 4과10철은 덕행德行·언어言語·정사政事·문학文學 등 네 가지 분야에서 뛰어났던 공자의 열 명의 제자를 말한다. 덕행에는 안연顏淵·민자건閔子騫·염백우冉伯牛·중궁仲弓이 뛰어났고, 언어에는 재아宰我·자공子貢이, 정사에는 염유冉有·자로子路, 문학에는 자유子游·자하子夏가 뛰어났다고 평가된다.

조기가 말했다. "증자는 효에 뛰어났는데 효는 백행의 근본이다. 자하는 도에 대해 아는 것이 비록 많았으나 증자가 효에 뛰어났던 것에는 미치지 못했다."

○ 『맹자집주』에서 말했다. "자하는 성인을 독실하게 믿었고 증자는 자기 자신에게 돌이켜 구했다."

○ **용안** 공자의 네 가지 중요한 분야의 열 명의 뛰어난 제자들 가운데 누구도 성인을 독실히 믿지 않는 자가 없었으니 독실하게 믿은 이가 어찌 반드시 자하뿐이겠는가? 자하와 증자는 공자 문하의 다른 제자들 가운데 대개 '잡아 지키는 일[執守]'로 칭송되어 왔다. 그러므로 맹자의 말이 이와 같은 것이다. 지금 반드시 『논어』의 구절을 취해 자하가 잡아 지킨 일을 증명하고자 한다면 또한 억지로 모색하는 데 귀결될 뿐이다. 증자의 지킴의 경우에도 풀이가 아래 구절에 있으니 다른 것을 구할 필요가 없다.

○ 모기령이 말했다. "다른 사람을 독실하게 믿는 경우라면 북궁유가 모욕을 받지 않고 모욕을 받으면 반드시 보복하는 등의 학설과는 서로 정반대가 될 것이다."

조기가 말했다. "축縮은 의義이다."

○ 『맹자집주』에서 말했다. "축은 직直이다."

○ **용안** 『맹자집주』의 뜻은 바꿀 수 없다.

조기가 말했다. "췌惴는 두렵다[懼]는 말이다. 안으로 자기를 반성하여 의롭지 않고 정직하지 않은 마음이 있다면 비록 비천한 사람이라도 쉽게 놀라게 하고 두렵게 할 수는 없을 것이다."

○ 『맹자집주』에서 말했다. "췌는 두렵게 하는 것이다."

○**鏞案** 趙註大謬, 而朱子因之也。吾不惴焉者, 吾豈不惴焉也。上下節, 論無懼之法, 皆我心之無懼也。敵人之懼與不懼, 豈所問哉? 自反而不直, 敵雖寡弱, 君子當恐懼自修, 此大勇無懼之法也。

趙曰: "不得者, 不得人之善心善言也。"【釋告子之言】
○**鏞案** 不得於言, 謂言有所跲,【猶言一毫挫於人】不得於心, 謂心有不慊。【猶言自反而不縮】告子以爲言有所跲, 便當棄置, 勿復求其故於吾心, 所以自守而不動心也, 心有不慊, 便當棄置, 勿復求其驗於吾氣, 亦所以自守而不動心也。告子之學, 蓋不問是非, 惟以不動心爲主。

○ **용안** 조기의 주는 크게 잘못되었는데도 주자가 이를 따랐다. '오불췌언吾不惴焉'이라는 것은 "내가 어찌 두려워하지 않겠는가?"라는 의미이다. 위아래 절에서 두려움을 없애는 방법을 논하였으니 모두 내 마음에 두려움이 없는 것이다. 대적하는 사람이 느끼는 두려움과 두렵지 않음이 어찌 묻고자 하는 바이겠는가? 스스로 돌이켰으나 정직하지 않다면 적이 비록 수가 적고 약하더라도 군자는 마땅히 두려워하며 스스로를 닦으니 이것이 큰 용기로 두려움이 없도록 하는 방법이다.

* '오불췌언吾不惴焉'에 대한 조기와 주자의 해석을 비판한 대목이다. 다산은 '오불췌언吾不惴焉'을 '내가 그들을 두렵게 하지 못한다.'라고 풀이하는 조기와 주자의 해석을 비판하며 이를 '내가 어찌 그들을 두려워하지 않겠는가?'라는 의미로 해석한다. 다산은 '오불췌언吾不惴焉'은 나의 부동심과 관련된 문제로, 상대방이 느끼는 두려움과는 관계없는 문제라고 주장한다.

조기가 말했다. "'얻지 못했다'는 것은 다른 사람의 훌륭한 마음과 훌륭한 말을 얻지 못했다는 것이다." 【고자의 말을 풀이한 것이다】

○ **용안** "말에서 얻지 못했다.(不得於言)"라는 것은 말에 걸리는 바가 있음을 말하고, 【'다른 사람에게 조금이라도 꺾이면"이라고 말하는 것과 같다.】 마음에서 얻지 못했다는 것은 마음에 만족스럽지 못한 바가 있음을 말하는 것이다. 【"스스로 반성하여 바르지 못하면"이라고 말하는 것과 같다.】 고자는 말에 걸리는 바가 있으면 곧 마땅히 내버려두고 다시 나의 마음에서 그 까닭을 구하지 말아야 스스로 지켜서 마음이 동요하지 않을 수 있으며, 마음에 만족하지 않은 것이 있으면 마땅히 내버려두고 다시 나의 기에서 그 증험을 구하지 말아야 또한 스스로 지켜서 마음이 동요하지 않게 된다고 여긴 것이다. 고자의 배움은 대개 시비를 묻지 않고 오직 마음이 동요하지 않는 것을 위주로 한 것이다.

○言有所跲, 則必其心有所蔽陷矣, 心有不慊, 則必其氣隨而沮餒矣。言有跲而求於心, 則可知病祟, 心不慊而求於氣, 則可見病證。然祟在病前, 證在病後, 治病者不求於證, 猶之可也, 不求於祟, 大不可也。此與孟子知言養氣之學, 如角弓反張處。

趙曰:"志, 心所念慮也。氣, 所以充滿形體爲喜怒也。"
○又曰:"志帥氣而行之。"
○《集》曰:"志爲氣之將帥."
○**鏞案** 志爲將帥, 氣爲卒徒, 朱子之義, 不可易也。【孔子曰: "三軍可奪帥, 匹夫不可奪志。"以志爲帥, 亦有所本】但志者, 心之所之, 此固然矣。【志字象心上有之】氣之爲物, 不可不覈, 若以後世理氣之說, 渾合言之, 則大不可也。原夫吾人之所以生養動覺,[35] 惟有血氣二物。

---

[35] 이 구절에 등장하는 '생양'과 '동각'은 성호 이익이 인간을 포함해 만물을 생장지심生長之心, 지각지심知覺之心, 의리지심義理之心으로 나눈 삼심설三心說 중 '생장'과 '지각'에 대응하는 개념으로 볼 수 있다. 마테오 리치가 만물을 생장 능력을 가진 생혼生魂, 운동과 지각 능력을 가진 각혼覺魂, 그리고 인지적이며 이성적 추론이 가능한 영혼 등으로 나눈 삼혼설三魂說에 성호가 자극을 받고, 순자가 만물을 네 가지로 구분한 사품설을 활용하여 삼심설을 고안했는데, 다산도 유사한 방식으로「고자 상」에서 만물의 품위에 따라 생활, 동각動覺, 도의지심道義之心을 가진다고 보았다.

○ 말에 걸리는 바가 있으면 반드시 그 마음에 가려지고 빠지는 바가 있으며, 마음에 만족하지 못하는 바가 있으면 반드시 그 기氣가 그에 따라서 막히고 주리게 된다. 말에 걸리는 바가 있어 마음에서 구하면 병의 기미를 알 수 있고 마음에 만족하지 못하는 바가 있어 기에서 구하면 병의 증상을 볼 수 있다. 그러나 기미는 병이 나기 전에 있고 증상은 병이 난 후에 있으니 병을 치료하는 자가 증상에서 구하는 것은 오히려 괜찮지만 기미에서 구하지 않는 것은 크게 잘못된 것이다. 이는 맹자의 지언과 양기의 학설에 대해 마치 팔다리가 뒤틀린 것처럼 서로 어긋나는 것이다.

조기가 말했다. "지志는 마음에 염려하는 바가 있는 것이다. 기氣는 형체에 충만하여 기쁨과 노여움의 근거가 되는 것이다."
○ 또 말했다. "지志는 기氣를 통솔하여 행하게 하는 것이다."
○ 『맹자집주』에서 말했다. "지志는 기氣의 장수가 된다."
○ **용안** 지志는 장수가 되고 기氣는 병졸이 되니 주자의 뜻은 바꿀 수 없다.[공자가 "삼군의 장수는 빼앗을 수 있지만 필부의 뜻은 빼앗을 수 없다."라고 했으니 지를 장수로 여기는 것은 또한 근본이 있다.] 다만 지라는 것은 마음이 가는 것이니 이는 본래 그러한 것이다.[지志라는 글자는 심心 위에 지之가 있는 것을 형상화한 것이다.] 기라는 것은 따져 묻지 않을 수 없으니 만약 후대의 이기理氣의 설을 가지고 뒤섞고 합하여 말한다면 크게 잘못된 것이다. 원래 우리가 태어나고 자라나며[生養] 움직이고 지각하는 것[動覺]은 오직 혈血과 기氣 두 가지가 있기 때문이다.

論其形質, 血粗而氣精, 血鈍而氣銳。凡喜怒哀懼之發, 皆心發爲志, 志乃驅氣, 氣乃驅血, 於是見於顏色, 達於四體。志者, 氣之帥也, 氣者, 血之領也。故孔子論好色好鬪之理, 兼言血氣, 而孟子論不動心之理, 單言氣, 以氣之爲物, 驅駕血液, 其權力次於志也。故孟子自注曰: "氣者, 體之充。" 夫充於體者, 何物? 非他, 氣也。是氣之在人體之中, 如游氣之在天地之中。故彼曰氣, 此亦曰氣。總與理氣之氣不同。【理氣家, 凡有形質者謂之氣】

趙曰: "志爲至要之本, 氣爲其次焉。"
○毛曰: "此次字, 如《毛傳》'主人入次'·《周禮·宮正》'掌次'[36]之次, 言舍止也。小註謂'志是第一件, 氣是第二件', 則志·氣不容列等第。"

---

36) 掌次:『주례』천관총재天官冢宰에 등장하는 63개의 관직 중 하나로, 장사掌舍는 왕의 출행과 회동하는 관사를 주관하고, 장차掌次는 왕이 출행하여 휴식하는 곳의 자리를 주관한다.『주례』에 "장차掌次는 왕차王次의 법을 관장하여 유장帷帳 펴는 일을 맡는다.(掌次, 掌王次之法, 以待張事)"라는 구절이 있다.

형질을 논한다면 혈은 거칠고 기는 정밀하며, 혈은 둔하고 기는 예민하다. 기쁨·노여움·슬픔·두려움이 발하는 것은 모두 마음이 발하여 지가 된 것으로 지가 곧 기를 부리고 기가 곧 혈을 부리니 이에 안색에 나타나고 사체에 퍼지게 된다. 지라는 것은 기의 장수이며 기는 혈의 영수이다. 그러므로 공자는 색을 좋아하고 싸움을 좋아하는 이치를 논하면서 혈과 기를 겸하여 말하였는데, 맹자는 부동심의 이치를 논하면서 단순히 기만을 말한 것은 기라는 것이 혈액을 부리지만 그 권력이 지의 다음에 오기 때문이다. 그러므로 맹자는 스스로 주해하여 "기는 몸에 충만한 것이다."라고 말하였다. 몸에 가득 찬 것은 어떠한 것인가? 다른 것이 아니라 기이다. 이처럼 기가 인체 가운데 있는 것은 천지 가운데에 유기遊氣가 있는 것과 같다. 그러므로 (인체에 있는) 저것을 기라고 말하고 (천지에 떠도는) 이것 역시 기라고 말한다. 총괄하면 이기설의 기와는 같지 않다.【성리학자理氣家들은 무릇 형질이 있는 것을 일러 기라고 한다】

* "대개 지는 기의 장수요, 기는 몸에 가득 찬 것이다."라는 본문의 구절에 대해 다산은 이기론理氣論의 차원에서 기를 단순히 형질로 파악하는 성리학의 관점을 반대하고 인체의 생명력의 토대로서 인체 안에서 유동하는 기와 그에 의해 운용되는 혈의 통합적 기제로 파악하고자 한다.

조기가 말했다. "지는 지극히 긴요한 근본이요, 기는 그다음이 된다."
○ 모기령이 말했다. "이 '다음[次]'이라는 글자는 『모전毛傳』의 '주인이 장막에 들어간다(主人入次)'와 『주례·궁정宮正』의 '장차掌次'의 차次와 같으니, 놓으면 그침[舍止]을 말한 것이다. 소주小註에서 '지는 첫 번째 일이요, 기는 두 번째 일이다.'라고 한 것은 곧 지와 기를 같은 반열에 둘 수 없다는 것이다."

○**鏞案** 毛說大謬。凡不動心之法, 持志爲首務, 無暴氣爲次功。能斯二者則庶可不動。故曰'志第一, 氣次焉', 毛說其當於理乎?

趙曰: "暴, 亂也。"
○《集》曰: "亦不可不致養其氣。"【程子云: "無暴亂其氣。"】
○陳[37]曰: "《集註》謂致養其氣, 卽無暴氣, 發得暴, 失養故也。"
○**鏞案** 暴者, 急也, 疾也。不動心之法, 先當持其志, 使之寧靜, 於是制其氣, 勿令急疾, 然後喜怒憂懼, 乃不必形于色, 而成敗·利鈍·死生·禍福, 有不足以動其心者。無暴之暴字, 尤是至要之訣, 而舊說訓之爲亂,《集註》都無明說。今人皆讀之爲自暴自棄之暴, 豈可通乎?

---

37) 陳埴: 진식은 송대의 학자로 자는 기지器之, 호는 잠실潛室이다. 섭적葉適에게 배웠고, 후에 주희에게 수학했다.『우공변禹貢辨』과『홍범해洪範解』,『왕제장구王制章句』,『목종집木鐘集』등의 저서가 있다.

○ **용안** 모기령의 설은 크게 잘못되었다. 무릇 마음이 동요하지 않는 방법에서 지를 잡는 것이 가장 먼저 힘쓸 일이며, 기를 난폭하게 하지 않는 것은 그다음으로 노력할 바이다. 이 두 가지를 할 수 있다면 거의 동요하지 않을 수 있다. 그러므로 "지가 첫째이고 기가 다음이다."라고 말한 것이니 모기령의 설이 이치에 합당하겠는가?

조기가 말했다. "포폭란 어지럽힌다[亂]는 말이다."
○ 『맹자집주』에서 말했다. "또한 그 기를 기르지 않을 수 없는 것이다."
【정자가 말했다. "그 기를 난폭하게 하지 않는다."】
○ 진식陳埴이 말했다. "『맹자집주』에서 '그 기를 기른다고 한 것'은 곧 기를 난폭하게 하지 않는 것이니, 기가 발하는 것이 난폭하면 기름[養]을 잃기 때문이다."
○ **용안** 포폭란 급하다[急]는 말이요, 빠르다[疾]는 말이다. 마음을 동요하지 않는 방법은 먼저 마땅히 그 지志를 잡아서 그로 하여금 편안하고 고요하게 하고, 여기에서 그 기를 제어하여 급하거나 빠르게 하지 않도록 한 뒤에 기쁨, 노여움, 근심, 두려움이 반드시 얼굴에 나타나지 않게 되고, 성공과 실패, 날카로움과 둔함, 생과 사, 화와 복이 마음을 동요시킬 수 없게 되는 것이다. 무포의 포는 더욱 지극히 긴요한 비결인데, 구설에서는 이를 '난'이라고 풀이하였고 『맹자집주』에서도 조금도 명확하게 설명하지 않았다. 지금 사람들이 모두 이를 자포자기의 포로 풀이하니 어찌 통할 수 있겠는가?

○陳潛室[38]'發得暴'三字, 已得此意。疾風, 謂之暴風, 讀之當如此。

○程子〈四勿箴〉曰: "發禁躁妄, 內斯靜專。" 此正是無暴其氣。

趙曰: "行而蹶者, 氣閉不能自持。故志氣顚倒。"
○《集》曰: "蹶, 顚躓也。"
○**鏞案** 許慎[39]《說文》'蹶者, 跳也', 蹶者, 趨者, 謂躍者走者也。方躍方走者, 其心不能寧靜。是以氣動之, 故心亦隨動也。行而顚躓者, 本非氣動, 又與趨者, 不成比對, 恐非本旨。趨者, 前行急也, 躍者, 上行急也。

---

38) 陳潛室 : 진식陳埴은 중국 송나라의 학자로 잠실潛室은 그의 호다. 주희의 문인으로 제자들에게 질문의 장점과 효과를 크게 장려했다. 제자들의 질문에 답한 것들을 모아 편찬한 『목종집木鍾集』이 있다.
39) 許慎 : 허신은 동한東漢의 경학가로 중국 최초의 자전으로 평가되는 『설문해자說文解字』를 저술했다. 고전학자인 가규賈逵를 사사하여 유가의 고전에 정통했다. 선진先秦의 고서체古書體에 따른 원전을 중시한 고문가에 속한다. 『설문해자』는 한자의 형태, 의미, 소리를 체계적으로 해설한 최초의 자서字書이다.

○ 진잠실의 '발득포發得暴' 세 글자는 이미 이 뜻을 얻었다. 질풍疾風을 일러 폭풍暴風이라고 하니, 읽는 것이 마땅히 이와 같아야 한다.

○ 정자가 「사물잠四勿箴」에서 "기가 발할 때 조급하거나 경망한 것을 막고 안에서 곧 고요히 집중해야 한다."라고 말했는데, 이것이 바로 그 기를 성급하게 하지 않는다는 것이다.

* 종래의 주석들이 무포기기의 '포'를 '난폭하게 하다', '해치다' 등으로 해석한 데 대해 다산은 '급하게 하다', '빠르게 하다'로 해석한다. 다산은 맹자가 호연지기를 기르는 방법으로 제안한 물정勿正, 심물망心勿忘, 물조장勿助長 등을 시간적 성급함을 경계하는 내용으로 해석하는데 이 구절에서의 '포' 역시 난폭하다의 의미가 아니라 시간적으로 급하다, 빠르다의 의미로 해석하고 있다.

조기가 말했다. "가다가 넘어지는 것은 기가 막혀서 스스로 지탱할 수 없기 때문이다. 그러므로 지와 기가 전도된 것이다.

○ 『맹자집주』에서 말했다. "궐은 엎어지고 넘어지는 것이다."

○ **용안** 허신의 『설문해자』에 "궐은 뛰는 것[跳]이다."라고 하였는데 '궐蹶'자과 '추趨'자는 뛰는 자와 달리는 자를 말한다. 뛰고 달리려 하는 자는 그 마음이 편안하고 고요할 수 없다. 따라서 기가 움직이니 그러므로 마음이 또한 이를 따라서 동요하게 된다. 걸어 가다가 엎어지고 넘어지는 것은 본래 기가 동요한 것이 아니고 또한 달리는 자와는 대비가 되지 않으니 아마도 본뜻이 아닌 듯하다. 달리는 자는 앞으로 가기에 급한 것이요, 뛰는 자는 위로 가기에 급한 것이다.

趙曰: "丑問孟子才志所長何等。"【釋'夫子惡乎長'】
○《集》曰: "丑復問孟子之不動心, 所以異於告子。"
○**鏞案** 告子不得於言, 勿求於心, 我知言, 告子不得於心, 勿求於氣, 我善養吾浩然之氣, 一言一氣, 彼我相照。所以然者, 心不直則氣不旺, 氣不旺則辭不壯。此所以所講者不動心, 而養氣·知言, 爲之樞紐也。此一篇之要旨。

趙曰: "我聞人言, 能知其情所趨。"【《集》意亦大同】
○**鏞案** 知言者, 知言語之本在心也。詳論在下。

《集》曰: "餒, 飢乏而氣不充體也。言人能養成此氣, 則其氣合乎道義而爲之助, 使其行之勇決, 無所疑憚。若無此氣, 則其一時所爲, 雖未必不出於道義, 然其體有所不充, 則亦不免於疑懼, 而不足以有爲矣。"

조기가 말했다. "공손추는 맹자의 재지才志 가운데 장점이 무엇인가를 물은 것이다."【'선생께서는 어디에 장점이 있으십니까'를 풀이한 것이다.】

○ 『맹자집주』에서 말했다. "공손추는 맹자의 부동심이 고자와 다른 까닭을 거듭 물은 것이다."

○ **용안** 고자는 "말에서 얻지 못하면 마음에서도 구하지 않는다."라고 하였으나, 맹자는 "나는 말을 안다."라고 하였고, 고자는 "마음에서 얻지 못하면 기에서 구하지 않는다."라고 하였으나, 맹자 자신은 "나의 호연지기를 잘 기른다."라고 하였으니, 말 한 가지와 기 한 가지에서도 그와 내가 서로 대조된다. 그러한 까닭은 마음이 정직하지 않으면 기가 왕성하지 못하고, 기가 왕성하지 못하면 말이 장엄하지 않기 때문이다. 이것이 강구하고자 하는 것은 부동심인데, 양기와 지언을 그 핵심으로 삼은 이유다. 바로 이것이 이 한 편의 요지이다.

조기가 말했다. "나는 다른 사람의 말을 들으면 능히 그 실정이 향하는 바를 알 수 있다."【『맹자집주』의 뜻도 또한 대략 같다】

○ **용안** 말을 안다는 것은 언어의 근본이 마음에 있다는 것을 안다는 것이다. 상세한 논의는 아래에 있다.

『맹자집주』에서 말했다. "뇌餒란 굶주리고 결핍되어 기가 몸에 충만하지 않은 것이다. 사람이 이 기를 길러낼 수 있으면 그 기가 도의에 맞아서 도움이 되고 그 실행하는 것을 용기 있고 과단성 있도록 하여 의심하고 꺼리는 바가 없게 된다는 말이다. 만약 이 기가 없다면 한때의 행위가 비록 반드시 도의에서 나오지 않는 것은 아니나 그 몸에 채워지지 않는 바가 있으니 또한 의심하고 두려워하는 것을 면치 못하여 큰 일을 행하기에 부족하게 된다."

○朱子〈答呂子約書〉曰: "若如來喻, 以是爲指道義而言,[40] 若無此道義, 即氣爲之餒, 則孟子於此, 亦當別下數語, 其下亦不須更說是集義所生矣。"[41]

○鏞案 朱子之意, 以爲無浩氣則體餒, 呂氏之意, 以爲無道義則氣餒。[42] 此一訟案也。竊嘗思之, 體餒, 非君子之攸憂也。唯是集義積善之功, 有所不至, 則內疚外怍, 茶然自沮, 氣爲之餒, 是乃君子之所恥也。孟子以集義爲生氣之本, 而朱子以養氣爲行義之助, 其先後本末, 似顚倒也。原夫浩然之氣, 不可徒生, 不可强養。唯是由道行義, 日積月累, 則心廣體胖, 俯仰無愧。於是乎貧賤不能戚, 威武不能屈, 以至於氣塞天地。若有意養氣, 以氣爲業, 則除了呴噓呼吸·熊經鳥伸, 無所事於養氣也。揠苗助長之戒, 正在於此。'非義襲取'之句, 亦以申明此義。

---

40) 義而言 : 정본은 道義에서 구두를 나누었으나 『주자대전』 권48 「답여자약」의 표점에 따라 言에서 나누었다.

41) 若如來喻 … 其下亦不須更說是集義所生矣 : 『주자대전』 권48 「답여자약」 중 "만일 보내 주신 편지와 같이 '是'가 도의를 가리키는 것으로 보아, 만약 이 도의가 없다면 기는 주리게 된다고 말한다면, 맹자는 여기에서 또한 마땅히 몇 마디를 더하여 이 뜻의 상세함을 다 했을 것입니다. 또한 마땅히 이와 같이 문장을 도치시키고 뜻을 반대로 하여 훗날의 독자들을 의심스럽게 하여, 지금 말하는 것처럼 하지 않았을 것입니다. 또한 만약 이와 같다면 그 윗 구절의 본말은 모름지기 '정직함으로 기르고 해가 없도록 해야 한다.'라고 해야 하며 그 아랫 구절 또한 모름지기 '이것은 의를 쌓아서 생겨나는 것이다.'라고 해서는 안 됩니다."(若如來喻, 以是指道義而言, 若無道義, 即氣爲之餒, 則孟子於此亦當別下數語, 以盡此意之曲折. 又不當如此倒其文而反其義 以疑後之讀者, 如今之云也. 且若如此, 則其上本末須說以直養而無害, 其下亦不須更說是集義所生矣.)의 일부를 인용한 것이다.

42) 朱子之意 … 以爲無道義則氣餒 : 같은 편지 가운데 "호연지기에 있어서는 다만 이 기가 본래 도의와 배합하여 이루어지니, 도의가 없으면 기는 주리게 될 뿐이라고 말하고자 한 것일 뿐입니다. 그 밖의 것은 끌어다 인용한 잘못으로, 모두 이 문장으로 인하여 다른 뜻이 생겨나 자연히 번거롭고 쓸데없는 것이 된 것입니다.(於浩氣之說, 但欲謂此氣元是配合道義而成, 無道義則氣爲之餒而已. 其他援引之失. 皆緣此文以生異義. 自爲繁冗.)"라는 문장이 있다.

○ 주자가 「답여자약서」에서 말했다. "만약 보내주신 편지와 같다면 '시是'는 도의道義를 가리켜 말한 것이 됩니다. 만약 '이 도의가 없다면 즉 기가 주리게 된다.'라는 뜻이라면, 맹자는 여기에 또한 마땅히 별도로 몇 마디를 더 했을 것이고, 그 아래에서도 또한 다시 '시집의소생是集義所生'이라고 말할 필요가 없었을 것입니다."

○ **용안** 주자의 뜻은 호연지기가 없다면 몸이 주린다고 여긴 것이며, 여씨의 뜻은 도의가 없으면 기가 주린다고 여긴 것이다. 이것은 하나의 논쟁거리이다. 내가 일찍이 생각해 보건대 몸이 주리게 되는 것은 군자가 걱정할 바가 아니며 오직 의를 모으고 선을 쌓는 노력에 다하지 못하는 바가 있다면 안으로 허물이 있고 밖으로 부끄러워 정신이 피폐하게 되고 또한 막혀 기가 주리게 되니 이것이 곧 군자가 부끄러워할 바이다. 맹자는 의를 모으는 것을 기를 생성하는 근본으로 여겼고 주자는 기를 기르는 것을 의를 행하기 위한 보조로 여겼으니 이는 선후본말이 전도된 듯하다. 원래 호연지기는 그냥 생겨나는 것도 아니고 억지로 기를 수 있는 것도 아니다. 오직 도로 말미암아 의를 행하는 것이니, 날로 쌓고 달로 보태면 마음이 넓어지고 몸이 펴져서 하늘을 우러르고 땅을 굽어보아도 부끄러움이 없게 된다. 이에 빈천이 그 마음을 근심하게 할 수 없고, 위무가 그 마음을 굴복하게 할 수 없어서 기가 천지에 충만한 데 이르게 된다. 만약 기를 기르는 데 뜻을 두어 기를 업으로 삼는다면 숨을 토하고 마시고 들이쉬고 내쉬는 것, 몸을 곰처럼 매달리고 새처럼 펴는 양생법을 제외하고는 기를 기르는 데 일삼을 바가 없게 된다. 싹을 뽑아서 자라도록 돕는 것을 경계한 뜻이 바로 여기에 있다. "의가 밖에서 엄습하여 오는 것이 아니다."라는 구절 역시 이 뜻을 거듭 밝힌 것이다.

不知朱子何故而固拒呂[43]說也。配者, 合也, 謂浩氣須道義以生, 須道義以養, 不能相離也。[44]

○公牧[45]云:"浩氣與充體之氣似不同。浩氣旣是合道義之物, 則非所以肥瘠強痿, 豈可曰體無是則餒乎?"

趙曰:"集, 雜也。密聲取敵曰襲。"
○《集》曰:"集義, 猶言積善。"
○**鏞案** 浩然之氣, 非一朝之所能生, 必積仁累義, 養之無害, 然後其氣乃成。趙註, 非矣。此氣旣是道義所成, 視上志氣之氣, 又超一層, 則似不當名之曰氣。

---

43) 呂 : 주희, 장남헌 등과 교류한 남송의 학자 여조겸呂祖謙(1137~1181)을 가리킨다. 그의 자는 백공伯恭이다. 효종을 섬기고 태상박사, 저작랑, 국사원 편수관 등을 역임하였다. 『휘종실록』을 개수改修하고 『황조문감』을 교정하고 간행하였다.

44) 配者 … 不能相離也 : 「자찬묘지명」에 따르면 다산은 여조겸의 입장이 율곡과 합치한다고 여긴다.

45) 公牧 : 감천紺泉 윤종심尹鍾心(1793~1853)으로, 윤동尹峒이라고도 한다. 공목은 그의 자이다. 다산이 강진 유배 시절에 기른 18제자의 한 사람으로 다산초당 주인의 아들이다.

주자가 무슨 연유에서 굳이 여조겸의 설을 거부했는지는 모르겠다. 배라는 것은 합한다는 것이니 호연지기가 모름지기 도의로 생성되고 도의로 길러져서 서로 떨어질 수 없음을 말한 것이다.

○ 공목이 말했다. "호연지기와 몸을 채우는 기는 서로 다른 것 같다. 호연지기는 이미 도의에 짝한 것이므로 살찌고 수척해지거나 강해지고 약해지는 것이 아니니 어찌 몸에 이것이 없으면 주린다고 할 수 있겠는가?"

* 여기서 다산은 '無是, 餒也'에 관한 주희와 여조겸의 논쟁을 소개하고 이에 대한 자신의 입장을 정리하고 있다. 주희는 '시是'를 '호연지기'로 보아 호연지기가 없으면 몸에 영향이 간다고 보았고 여조겸은 '도의道義'로 보아 도의 즉 도덕적 지향이 없으면 기가 약해진다고 보았는데 다산은 이 논쟁에서 주희를 비판하고 여조겸의 견해에 동조한다. 다산은 주희의 입장이 기를 의를 기르는 보조적 토대로 본 것, 다시 말해 의를 행하기 위해 호연지기를 먼저 길러야 한다는 것인데 이는 의의 실천을 통해 그 결과로 자연히 기가 길러진다고 보았던 맹자의 뜻과 반대된다는 것이다. 다산은 만일 의를 행하기 위해 기를 먼저 기르고자 노력한다면 이는 양생법과 다를 바가 없으므로 군자라면 이러한 노력할 이유가 없다고 주장한다.

조기가 말했다. "집은 섞는다[雜]는 뜻이다. 소리를 내지 않고 적을 잡는 것을 습이라고 한다."
○ 『맹자집주』에서 말했다. "'집의'란 선을 쌓는다고 말한 것과 같다."
○ **용안** 호연지기는 하루아침에 생겨나는 것이 아니니 반드시 인을 쌓고 의를 포개어 그것을 기르는데 해침이 없게 된 연후에 그 기가 비로소 완성되는 것이다. 조기의 주는 그르다. 이 기는 이미 도의에 의해 이루어진 것이므로 위의 지기志氣의 기氣로 보면 또한 한 단계 넘어서는 것이니 그것을 일러 기라고 하는 것은 부당한 듯하다.

然神形妙合, 肥瘠相關. 心廣則體胖, 慾盛則眸眊, 美在中則睟面而盎背, 愧在內則汗出而色赧, 皆神形妙合之明驗也. 今日行一義, 明日行一義, 義之旣積, 氣以之養, 是其體力之廣大, 雖可以塞天地, 而其妙合之所常寓, 終不離於形軀之內, 斯其所以名氣也.

趙曰: "言人行仁義之事, 必有福在其中而勿正."
○《集》曰: "正, 豫期也.《春秋傳》曰'戰不正勝', 是也."【《公羊傳》僖二46)十六】
○鏞案 正者, 射者之期乎中鵠也.〈齊風〉曰: "終日射侯, 不出正兮."【孔47)疏云: "正大於鵠."48)】《周禮·射人》云: "王射三侯49)五正, 疾射二侯50)三正, 孤卿51)·大夫射52)一侯二正." 皆以射之所中爲正也.〈大射儀〉鄭註云: "正者, 鳥名, 齊·魯之間, 名題肩爲正, 鳥之捷黠者."【遂命量人'註】

---

46) 二 : 新朝本에는 '三'으로 되어 있으나 『춘추공양전春秋公羊傳』 희공僖公 26년에 따라 바로잡는다.
47) 孔 : 『오경정의五經正義』 등을 편찬한 당대 의경학자 공영달孔穎達(574-648)을 말한다.
48) 正大於鵠 : 화살의 과녁으로, 정은 사척四尺이며 곡은 이척二尺이다.
49) 三侯 : 후는 과녁으로, 웅후熊侯·호후虎侯·표후豹侯를 말한다.
50) 二侯 : 웅후熊侯와 표후豹侯를 말한다.
51) 孤卿 : 종1품 문관인 찬성贊成 벼슬이다.
52) 射 : 新朝本에는 빠져 있으나 『주례周禮』 사인射人에 따라 보충한다.

그러나 신身과 형形은 묘하게 합하여 살찌고 수척한 것에 서로 관계되어 있으니 마음이 넓어지면 곧 몸이 퍼지며, 욕심이 성하면 눈동자가 흐려지고, 아름다움이 안에 있으면 그것이 얼굴에 나타나고 등에 가득하게 되며, 부끄러움이 안에 있으면 땀이 나고 얼굴이 붉어지는 것이 모두 신과 형이 결합되어 있다는 분명한 증험이다. 오늘 하나의 의로움을 행하고 내일 하나의 의로움을 행하면 의가 이미 쌓이고 기가 이로부터 길러지니 그 체력의 넓고 큼이 비록 천지를 채울 수 있다고 하더라도 그 오묘한 결합이 항상 깃들어 있는 바는 마침내 육체의 안을 벗어나지 못하니 이것이 기라고 이름붙인 까닭이다.

조기가 말했다. "사람이 인의의 일을 행하면 반드시 복이 그 가운데에 있으니 기필하지 말라고 말한 것이다."

○ 『맹자집주』에서 말했다. "'정正'이란 미리 기약하는 것이니 『춘추전春秋傳』에 '전투에서는 승리를 기약해서는 안 된다.'라고 말한 것이 이것이다."【『공양전公羊傳』 희공僖公 26년에 나온다.】

○ **용안** 정正은 화살을 쏘는 자가 정곡에 맞출 것을 미리 기필하는 것이다. 『시경·제풍齊風』에 "종일토록 활을 쏘았으나 정곡을 벗어나지 않았네."라고 하였으며,【공영달의 소에, "정正은 곡鵠보다 크다."라고 했다】『주례·사인射人』에 "왕이 화살을 쏠 때는 삼후오정三侯五正을 설치하며, 제후가 쏠 때는 이후삼정二侯三正을 설치하며, 고경孤卿, 대부大夫가 쏠 때는 일후이정一侯二正을 설치한다."라고 했으니, 모두 화살이 명중하는 것을 정正이라고 여긴 것이다. 『의례·대사大射』의 정현의 주註에 이르기를 "정은 새의 이름으로 제나라와 노나라에서는 제견題肩이라는 새를 정이라 하였는데, 새 가운데 민첩하고 영리한 것이다."라고 하였다.【수명양인遂命量人에 대한 주이다】

射之難中, 以中爲雋。故射取名焉。《春秋傳》之以正爲期, 其本在是也。

○此節, 乃養浩氣之玄訣也。浩然之氣, 不可襲而取之。但積道義, 任其自然, 是本法也。若當有事之時, 自期自必, 要發浩然之氣, 是所謂揠苗也。故孟子戒之曰:"必於有事之時, 勿先設正,【句】但於心內, 勿忘正直底道理,【心勿忘】切勿助長, 以犯揠苗之病。" 此養浩氣之法也。旨哉, 妙哉! 非躬行心得者, 何以與是?

쏘아 맞추기가 어렵기 때문에 적중하면 뛰어나다고 여긴다. 그러므로 활쏘기에서 이름을 취한 것이다. 『춘추전』에서 "正을 기期라고 한 것"은 그 근본이 여기에 있다.

○ 이 절은 호연지기를 기르는 현묘한 비결을 말한 것이다. 호연지기는 엄습하여 취할 수 없다. 다만 도의를 쌓고 자연에 맡겨야 하니 이것이 근본적인 방법이다. 만일 일이 생겼을 때 스스로 기약하고 기필하여 호연지기를 발하고자 한다면 이것이 이른바 '새싹을 뽑는 것[揠苗]'이다. 그러므로 맹자가 이를 경계하여 "반드시 일이 있을 때에 미리 기필하는 바를 설정하지 말고,[여기까지가 한 구절이다.] 다만 마음속에서 바르고 곧은 도리를 잊지 말고,[마음으로 잊지 말라.] 결단코 자라기를 도와서 새싹을 뽑는 잘못을 범하지 말라."라고 하였으니, 이것이 호연지기를 기르는 방법이다. 뜻이 깊고도 묘하도다! 몸소 행하고 마음으로 터득한 사람이 아니면 어떻게 이런 경지에 참여할 수 있겠는가?

○趙註忽爲徼福求福之說, 迂陋甚矣。

○紘父[53]云:"強發浩氣者, 犯虛憍之病。"

趙曰:"四者之類,[54] 我聞能知其所趨。"【引賓孟[55]·驪姬[56]·豎牛[57]之等】

○《集》曰:"其心明乎正理而無蔽, 然後其言平正通達而無病。"

○鏞案 告子'不得於言, 勿求於心', 孟子'不得於言, 必求於心', 此其所以相反也。詖·淫·邪者, 言之有失者, 所謂不得於言也。即言之詖, 而知其心之有所蔽, 即言之淫, 而知其心之有所陷, 即言之邪, 而知其心之有所離, 所謂'不得於言, 必求於心'也。心不直則氣不旺, 氣不旺則辭不壯。此必然之理, 而告子曰'不得於言, 勿求於心', 此決然非理之言。言者, 心之旗也,[58] 告子分爲二物, 豈可通乎? 孟子知浩然之氣, 生於心直, 通罃之辭, 亦生於心直。故曰'我知言', 故曰'我養氣'。

---

53) 紘父 : 이강회李綱會(1789~?)이고, 굉보는 그의 자이다. 다산의 18제자 중 한 사람이다. 서울 사람으로 강진에 가서 다산에게 글을 배웠다.

54) 四者之類 : 네 가지의 잘못된 말, 즉 피사詖辭·음사淫辭·사사邪辭·둔사遁辭를 말한다.

55) 賓孟 : 빈맹은 주周 경왕景王의 서자로 왕자 조朝의 스승이 되어 그를 왕으로 옹립하려 했으나, 경왕이 죽은 뒤에 왕자 맹猛이 임금이 되면서 사살되었다.

56) 驪姬 : 여희는 춘추시대에 여융驪戎의 딸로 태어나, 진 헌공이 여융을 정벌하여 이기고 돌아오면서 데리고 와서 그녀를 부인으로 삼았다. 여희는 그 뒤로 두 아들을 낳고 태자 신생申生을 참살하였다.

57) 豎牛 : 수우는 춘추시대의 노나라 대부 손숙표叔孫豹의 가신으로 우牛는 호이고 수豎는 관호官號이다.

58) 也 : 新朝本에는 '中'으로 되어 있다.

○ 조기의 주는 갑자기 복福을 바라고 복을 구하는 설說이니, 매우 어둡고 어리석다.

○ 굉보紘父가 말했다. "억지로 호연지기를 발하는 자는 헛된 교만의 잘못을 범하게 된다."

조기가 말했다. "네 가지 종류의 (나쁜) 말은 내가 들으면 그것이 향하는 바를 알 수 있다."【빈맹賓孟, 여희驪姬, 수우豎牛 등의 일을 인용하였다.】

○ 『맹자집주』에서 말했다. "그 마음이 바른 이치에 밝아서 가려짐이 없게 된 후에야 그 말이 평정平正하고 통달通達하여 병통이 없게 된다."

○ **용안** 고자告子는 "말에서 얻지 못하면 마음에서 구하지 말라."라고 했고, 맹자는 "말에서 얻지 못하면 반드시 마음에서 구하라."라고 했으니, 이는 서로 반대되는 것이다. 치우치고 음탕하고 사악한 것은 말에 잘못이 있는 것이니, 이른바 "말에서 얻지 못하였다."라는 것이다. 말이 치우친 바로 그 마음의 가려진 바가 있음을 알고, 말이 음탕한 바로 그 마음이 빠져 있는 바가 있음을 알며, 말이 사악한 바로 그 마음이 사리에서 벗어난 바를 알게 되니, 이른바 "말에서 얻지 못하면 반드시 마음에서 구해야 한다."라는 것이다. 마음이 정직하지 못하면 기氣가 왕성하지 못하고, 기가 왕성하지 못하면 말이 장엄하지 못하다. 이는 필연적인 이치이지만 고자는 "말에서 얻지 못하면 마음에서 구하지 말라."라고 하였으니, 이는 결단코 이치에 맞지 않는 말이다.

말이란 마음의 표지인데, 고자는 나누어 두 가지[二物]로 여겼으니 어찌 이치가 통하겠는가. 맹자는 호연지기가 마음이 정직한 데서 나오고 통창通暢한 말 역시 마음이 정직한 데서 생겨난다는 것을 알았기 때문에 "나는 말을 안다."라고 하였고 "나는 기氣를 기른다."라고 한 것이다.

今人讀此章, 不知言·氣二者之上下通貫, 何以解矣?
○明理不足以知言, 必其心秉義正直, 無所蔽陷, 然後乃無詖淫之病. 如浩然之氣, 生於集義, 不可作明理說.

趙曰: "人君有好殘賊嚴酷心, 必妨害仁政."
○《集》曰: "知其心之失, 又知其害於政事."
○**鏞案** 生於其心者, 言也, 發於其政者, 亦言也. 政, 大事也, 事, 小政也.【孫奭《正義》引冉子退朝, 孔子問晏之語[59]】詖淫之言, 生於其蔽陷之心, 以害其政事,【下篇先言害事, 後言害政, 宜與此參看】

---

59) 孔子問晏之語:『논어·자로』에 보인다.

지금 사람들은 이 장章을 읽을 때 '언言'과 '기氣' 두 가지가 상하로 관통한 다는 것을 알지 못하니, 어떻게 이해하겠는가?

○ 이치에 밝아도 말을 알기에는 부족하니, 반드시 그 마음이 의義를 잡아 정직하고 가려짐이 없은 뒤에라야 곧 치우치고 음탕한 병통이 없을 것이다. 이는 호연지기가 의를 쌓는 데서 생겨나는 것과 같으니, 주희와 같이 명리설明理說을 만들어서는 안 된다.

* 이 장에서 다산은 호연지기浩然之氣와 지언知言에서 기氣와 말[言]의 관계를 구체적으로 언급하고 있다. 먼저 다산은 마음과 말을 둘로 본 고자의 입장을 비판하고 말을 마음이 드러난 바로 해석하여 말에서 얻지 못하면 마음에서 문제의 해결을 구해야 한다고 주장한다. 나아가 다산은 "마음이 정리正理에 밝아서 가려짐이 없게 된 뒤에야 말이 공명하고 올바르다."라고 보아 마음이 이치를 파악한 뒤에 말이 올바르게 된다는 주희의 '명리설明理說'을 비판하며 의를 쌓은 뒤에 호연지기가 생기는 것과 마찬가지로 마음이 '병의정직秉義正直'해야 그에 따라 말의 병통이 없어진다고 주장한다.

조기가 말했다. "인군人君에게 잔인하게 해치고 혹독하게 하는 것을 좋아하는 마음이 있으면 반드시 어진 정치에 방해가 된다."

○ 『맹자집주』에서 말했다. "그 마음을 잃은 바를 알고, 또한 그것이 정사政事에 방해됨을 안다."

○ **용안** 그 마음에서 생겨나는 것은 말이요, 그 정사에서 드러나는 것 역시 말이다. 정政은 내사大事를 말하고, 사事는 작은 정사[小政]를 말한다.[손석孫奭은 『맹자정의孟子正義』에서 염자冉子가 퇴정하였을 때, 공자가 늦은 이유를 물은 말을 인용하였다.] 치우치고 음탕한 말은 그 가려지고 빠진 마음에서 생겨나서 그 정사를 방해하니,[하편에는 일을 해치는 것을 먼저 말하고, 정사를 해치는 것을 뒤에 말하였으니, 마땅히 이와 함께 참고해 보아야 한다.]

此所謂一心爲萬事之本也。心有病, 則不得發無病之言, 言有病, 則不得行無害之事, 萬言萬事之本, 在於一心。惡得云'不得於言, 勿求於心'乎? 故自說而自斷之曰'聖人必從吾言'。

趙曰: "丑見孟子, 但言不能辭命。故曰'夫子旣已聖矣乎'"
○《集》曰: "此一節, 林氏[60]以爲皆公孫丑之問, 是也。"
○**鏞案** 舊說自'宰我'以下, 承上作孟子言, 惟'然則'以下八字, 爲丑之言, 故朱子正之。
○說辭者, 賓主論說之辭, 子貢對吳太宰嚭之類,[61] 是也。辭命者, 鄰國朝聘之所用, 大夫專對曰辭,【到彼國, 隨所問而對者】國君致辭曰命。【所以命使臣】《論語》曰: "辭達而已。"曰: "爲命, 裨諶[62]草創之。"《春秋傳》曰: "大夫受命不受辭。"皆此物, 非尋常言語之謂也。【說辭之說, 或讀音稅, 亦可也】惟善言德行, 乃私室論道之言。

---

60) 林氏 : 송대 학자인 임지기林之奇(1112~1176)로 자는 소영少穎이고, 호는 졸재拙齋 또는 삼산선생三山先生이며, 시호는 문소文昭이다. 여본중呂本中을 사사했으며, 조정에서 학자들이 왕안석의 『삼경신의三經新義』를 참고하려고 하자 사설邪說이라고 하여 배척했다. 『상서집해尙書集解』, 『맹자강의孟子講義』 등을 지었다.
61) 子貢對吳太宰嚭之類 : 자공의 계책으로 월왕越王 구천句踐이 오吳의 태제太宰 백비伯嚭에게 선물을 보낸 일이다. 『사기·오자서열전伍子胥列傳』에 나온다.
62) 裨諶 : 비심은 정나라의 대부로 이름은 조竈이고 심諶은 그의 자이다.

이것이 이른바 하나의 마음이 만사의 근본이 된다는 것이다. 마음에 병통이 있으면 병통 없는 말을 말할 수 없고, 말에 병통이 있으면 해가 없는 일을 행할 수 없으니, 모든 말과 모든 일의 근본이 하나의 마음[一心]에 달려 있는 것이다. 어찌 "말에서 얻지 못하면 마음에서 구하지 말라." 할 수 있겠는가? 그러므로 스스로 말하고 스스로 단정지어 "성인聖人이라도 반드시 내 말을 따를 것이다."라고 한 것이다.

조기가 말했다. "공손추는 맹자가 다만 사명辭命에만 능하지 못하다고 말하는 것을 보았으므로 '선생님께서는 이미 성인聖人이십니다.'라고 한 것이다."

○ 『맹자집주』에서 말했다. "이 한 구절은 임지기林之奇가 전부 공손추의 질문이라고 여겼는데 그 말이 옳다."

○ **용안** 구설舊說에는 '재아宰我' 이하부터 윗절에 이어 맹자의 말이라 하고 오직 '연즉然則' 이하 8자만을 공손추의 말로 보았기 때문에 주자가 바로잡은 것이다.

○ 설사說辭란 빈주賓主가 논설하는 말이니 자공子貢이 오태제(吳太) 비豁와 상대했던 부류가 그것이다. 사명辭命이란 이웃 나라에 조빙朝聘할 때 사용하는 것으로, 대부大夫가 전대專對하는 것을 '사辭'라고 하고[다른 나라에 도착해 묻는 바에 따라 대답하는 것이다], 그 나라 임금이 치사致辭한 것을 명命이라고 한다.[사신에게 명하는 것이다] 『논어』에 "사辭는 전달할 뿐이다."라고 하였고 "(정나라에서) 군명[命]을 만들 때 비심裨諶이 초고를 짓는다."라고 하였다. 『춘추전』에서 "대부는 명을 받고 사는 받지 않는다."라고 하였는데 모두 이것이 일상적 언어가 아님을 말한 것이다.['설사'의 '설'은 더러 '세'라고도 읽는데 또한 괜찮다.] 오직 "덕행을 잘 말하였다."라는 것은 곧 사적 공간에서 도를 논하는 것을 두고 한 말이다.

○公孫丑知孟子平日善言善辯, 莫知其所以然。乃今聞孟子之言, 覺孟子以心直之故, 善於言辯。於是歎服曰:"夫子旣聖矣乎!"

《集》曰:"孟子能知言, 又善養氣, 則是兼言語德行而有之, 豈不旣聖矣乎?"
○**鏞案** 恐不然也。孟子平日善言善辯, 公孫丑之所知也。丑猶不以善言爲聖者, 不知言出於心也。今聞孟子之言, 乃知言不可以徒善, 必其心志正直, 積義然後, 發爲言語者, 乃無疵病。然則善言者, 其養心可知, 豈非聖人乎? 辭命, 孔子亦未自許, 而孟子之善言善辯, 衆所共知。故引孔子之言, 以證孟子之聖。
○孟子自說知言, 未嘗自說善言, 烏得以知言爲善言乎? 況自'何謂知言'以下所論, 皆言語之事, 而忽引先天浩然之氣, 謂孟子兼言語德行而有之, 豈可通乎?

○ 공손추는 맹자가 평소에 말을 잘하고 논변을 잘하는 것을 알았지만 왜 그러한지에 대해서는 알지 못했다. 이제 맹자의 말을 듣고 맹자가 마음이 곧았기 때문에 말과 논변을 잘하였다는 것을 깨닫고 이에 탄복하여 "선생님께서는 이미 성인이십니다."라고 한 것이다.

『맹자집주』에서 말했다. "맹자는 말을 알 수 있었고, 또한 기를 잘 기를 수 있었으니 언어와 덕행을 겸하여 가지고 있었던 것이다. 어찌 이미 성인이 아니겠는가."

○ **용안** 아마도 그렇지 않을 것이다. 맹자가 평소에 말을 잘하고 논변을 잘하였던 것은 공손추가 이미 알고 있던 바였다. 공손추는 오히려 말을 잘한다고 성인이 되는 것은 아니라고 생각하였는데 이는 말이 마음에서 나오는 것임을 몰랐기 때문이다. 지금 맹자의 말을 듣고서야 말이란 한갓 잘하기만 해서는 안 되며 반드시 그 마음이 바르고 곧으며 의를 쌓은 연후에야 언어로 발현된 것에 병통이 없게 됨을 알게 된 것이다. 그러므로 말을 잘하는 사람은 그 마음을 기르는 바를 알 수 있으니 어찌 성인이 아니겠는가? 사명辭命은 공자도 또한 스스로 허여하지 않은 바였는데 맹자가 말을 잘하고 논변을 잘하는 것은 사람들이 모두 알았으므로 공자의 말을 인용하여 맹자가 성인임을 증명한 것이다.

○ 맹자는 스스로 "말을 안다."라고 했지 일찍이 "말을 잘 한다."라고 하지 않았는데 어찌 '말을 아는 것'을 가지고 '말을 잘하는 것'이라고 할 수 있겠는가? 하물며 "무엇을 지언이라고 합니까?(何謂知言)"부터는 논한 바가 모두 언어에 관한 일인데 갑자기 선천적인 호연지기를 끌어다 맹자가 언어와 덕행을 겸하여 가지고 있다고 말하니 어찌 통할 수 있겠는가.

浩氣, 豈德行乎? 況顏·閔之善言德行, 亦重在善言, 不在德行, 今云'孟子兼德行', 亦贅矣. 況兼四子者, 孔子也, 孔子兼此四子言語之才, 而猶云'辭命則不能', 所以證孟子之聖. 今乃以孟子兼四子之長, 則已隔一嶺而越一川矣, 此段不敢從.

趙曰:"汙, 下也. 言三人雖小汙不平, 亦不至阿其所好."
○麟曰:"老泉[63]《三子知聖人汙論》, 誤以汙字爲句, 趙岐謂孟子知其言大過, 故貶謂之汙下, 亦非孟子之意."

---

63) 老泉 : 소순蘇洵(1009~1066). 소동파의 아버지로 노천은 그의 호이다. 북송의 관리이자 문인이며, 자는 명윤明允, 호는 노천老泉, 미주眉州 미산眉山 사람이다. 아들 소식蘇軾, 소철蘇轍과 함께 '삼소三蘇'라 불렸으며, 당송팔대가로 칭송되었다. 저서에 『가우집嘉祐集』, 『시법諡法』 등이 있다.

호연지기가 어찌 덕행이겠는가? 하물며 안연·민자건의 "덕행을 잘 말하였다." 역시 중점이 "말을 잘 한다."에 있지 '덕행'에 있지 않으니 지금 "맹자가 덕행을 겸하였다."라고 한 것은 또한 군더더기다. 하물며 네 제자의 장점을 겸한 것은 공자인데, 공자가 이 네 제자의 언어의 재주를 겸했으면서도 오히려 "사명은 능하지 않다."라고 한 것은 맹자가 성인임을 증명하고자 한 것으로, 지금 (공자와 비교해서) 맹자가 네 제자의 장점을 겸하였다고 높인 것은 이미 고개 하나 만큼 떨어져 있고 시내 하나를 넘어야 할 정도이니 이 단락은 감히 따를 수 없다.

* 다산은 말을 잘하는 능력과 성인의 관계를 이해하지 못했던 공손추와, 맹자에 대해 언어와 덕행을 겸비하였다고 평가하는 『맹자집주』를 모두 비판한다. 공손추는 맹자가 말을 잘한다는 사실만을 알았지 그 언변이 근본적으로 마음이 정직하기 때문에 비롯된 것이라는 점을 알지 못했는데 주희 역시 이를 잘못 해석하여 오직 언어에 대해 말한 것을 언어와 덕행을 모두 겸비한 것으로 평가했다는 것이다. 다산의 의도는 언어와 덕행은 구분되는 별도의 것이 아니라 덕행의 결과로 언어가 바르게 된다는 것이다.

조기가 말했다. "오汙는 낮은 것이다. 재아·자공·유약 세 사람이 비록 지혜가 조금 낮아 고르지 않더라도 또한 좋아하는 대상에게 아첨하는 데 이르지 않을 것이다."

○ 왕응린이 말했다. "노천의 '삼자지성인우론'은 잘못해서 오汙자로 구句를 나누었고, 조기는 맹자가 그들의 말이 크게 지나쳤다는 것을 알고 폄하여 낮다고 하였다고 여겼으나 맹자의 뜻이 아니다."

3-4 인하면 영화롭고 불인하면 치욕을 당한다는 장
〔仁則榮[64]不仁則辱章〕

* 이 장은 맹자가 도덕 정치로서 '인정仁政'의 방법과 그 효과에 대해 언급하는 구절로, 여기서 다산은 '하늘이 만든 재앙'과 '스스로 만든 재앙'에 관해 언급한다.

孟子曰:"仁則榮, 不仁則辱. 今惡辱而居不仁, 是猶惡濕而居下也. 如惡之, 莫如貴德而尊士, 賢者在位, 能者在職, 國家閒暇, 及是時明其政刑. 雖大國, 必畏之矣. 《詩》云:'迨天之未陰雨, 徹彼桑土, 綢繆牖戶. 今此下民, 或敢侮予?'[65] 孔子曰:'爲此詩者, 其知道乎! 能治其國家, 誰敢侮之?'今國家閒暇, 及是時般樂怠敖, 是自求禍也. 禍福無不自己求之者. 《詩》云:'永言配命, 自求多福.'〈太甲〉曰:'天作孽, 猶可違; 自作孽, 不可活.'此之謂也."

趙曰:"行仁政, 則國昌而民安, 得其榮樂."
○**鏞案** 榮者, 華彎也。辱者, 屈折也。《易例》[66]:"震爲仁, 巽爲不仁, 震爲勇奮, 巽爲撓屈."故否之〈大象〉曰:"不可榮以祿."

---

(64) 榮:新朝本에는 '策'으로 되어 있다.
(65) 迨天之未陰雨 … 或敢侮予:『시경·빈풍豳風·치효鴟鴞』에 보인다.
(66) 易例:청대의 학자 혜동惠棟(1697~1758)이 저술한 책이다. 혜동은 『주역』과 『상서』 등의 경서를 실증적으로 연구하여 한나라의 경학을 복원하기 위해 힘을 기울였다. 『주역술周易述』은 미완이기는 하지만 30년의 노력을 기울인 저작으로, 종래 애매하던 한나라 때의 역학의 실태를 정확하게 표출한 저술이라는 점에서 영향력을 행사한 책이다.

맹자가 말했다. "인하면 영화롭고 인하지 않으면 치욕스러우니 지금 치욕을 싫어하면서도 불인에 처하는 것은 습한 것을 싫어하면서도 낮은 곳에 처하는 것과 같다. 만일 치욕을 싫어한다면 덕을 귀하게 여기고 선비를 높이는 것만 한 것이 없으니 현명한 자가 마땅한 지위에 있고 능력 있는 자가 마땅한 직책에 있는 가운데 국가가 한가하거든 그때에 이르러 그 정사와 형정을 밝힌다면 비록 대국이라도 반드시 그 나라를 두려워 할 것이다. 『시경』에서 '하늘에 먹구름이 밀려오기 전에 저 뽕나무 뿌리의 껍질을 거두어다가 문과 창틈에 얽어매어 둔다면 지금 이 백성들이 나를 감히 업신여기겠는가?'라고 하였는데, 공자는 '이 시를 지은 자는 아마도 도를 아는 자일 것이다. 국가를 다스릴 줄 안다면 누가 감히 업신여기겠는가?' 하셨다. 지금 국가가 한가하면 그 때에 이르러 즐기고 태만하고 놀러 다니니, 이는 스스로 화를 구하는 것이다. 화와 복은 스스로 구하지 않는 바가 없다. 『시경』에서 '길이 천명에 합하는 것이 스스로 많은 복을 구하는 것이다.'라고 하고, 『시경·태갑』에서 '하늘이 만든 재앙은 오히려 피할 수 있지만 스스로 만든 재앙은 살 길이 없다.'라고 한 것은 이를 말한 것이다."

조기가 말했다. "인정仁政을 행하면 국가가 번창하고 백성이 편안하니 그 영화와 즐거움을 얻을 수 있다."

○ **용안** 영榮이란 화창하다[華畅]는 말이다. 욕辱이란 꺾이고 구부러진다[屈折]는 말이다. 『역례易例』에 "진震은 인仁이 되고 손巽은 불인不仁이 되며, 진은 번성함[舉蕃]이 되고 손은 구부러짐[撓屈]이 된다."라고 하였다. 그러므로 비괘의 대상大象에서 "봉록으로 영화롭게 되어서는 안 된다."라고 한 것이다.

趙曰:"殷王 太甲, 言天之妖孼, 尙可違避, 若高宗雊雉,[67] 宋 景守心之變,[68] 皆可以德消去也。自己作孼者, 若帝乙[69]慢神震死, 是爲不可活。"

○蔡曰:"天作孼, 如水火盜賊之災。至於姦盜詐僞, 以失其身者, 是眞無所逃於天地之間, 而擧天地之間, 皆爲牢獄也。"

○**鋪案** 天作孼, 趙注好, 自作孼, 蔡說好。

---

[67] 雊雉 : 은나라 고종이 수꿩의 울음소리를 듣고 느낀 바가 있어 자신의 행동을 고쳐 수신했다는 일을 가리킨다.

[68] 守心之變 : 춘추시대 송나라 경공 때 형혹성熒惑星, 즉 재앙을 일으킨다는 화성이 하늘의 별자리(分野) 중 송나라의 자리인 심심에 머물며 떠나지 않았다(守). 그러자 천문을 담당하는 관리가 재앙을 다른 이에게 옮길 것을 권했는데, 경공이 그럴 수 없다고 하니 형혹성이 물러갔다는 이야기에서 온 것이다.

[69] 帝乙 : 중국 상商나라의 29대 왕으로 태정太丁의 아들이며, 상나라의 마지막 왕인 주왕紂王의 아버지이다.

조기가 말했다. "은왕은 태갑太甲이다. 하늘의 요사스런 재앙은 오히려 피할 수 있다고 말한 것이니 예를 들어 고종高宗의 구치雊雉와 송경공宋景公의 수심守心의 변變 같은 것은 모두 다 덕을 가지고 없앨 수 있었던 일이다. 자기가 만든 재앙이란 제을帝乙이 신을 모독하여 벼락을 맞아 죽은 일과 같은 것이니 이러한 일은 살 길이 없는 것이다."

○ 채청蔡淸이 말했다. "하늘이 만든 재앙은 수해, 화재, 도둑의 화와 같은 것이다. 간악한 일과 도둑질, 속이고 거짓된 행동으로 그 몸을 망치는 자에 이르러서는 참으로 천지 사이에 도망갈 곳이 없으니 온 천지가 모두 감옥이 된다."

○ **용안** 하늘이 만든 재앙에 관해서는 조기의 주가 좋고 자기가 만든 재앙에 관해서는 채청의 설이 좋다.

3-5 현명한 이를 높이고 재능 있는 자를 등용하며
시장에 자릿세만 받고 세금을 징수하지 않는 일에 관한 장

[尊賢使能市廛而不征章]

* 이 장은 맹자가 인정仁政의 실질적인 방법을 제안하는 대목이다. 맹자는 현명하고 재능있는 이를 높이고 시장과 관문, 농사에서 합리적으로 세금을 징수하는 것이 인정의 기초라고 주장하는데 여기서 다산은 공전에 세금을 부과하지 않는 제도의 기원에 대해 언급한다.

孟子曰:"尊賢使能, 俊傑在位, 則天下之士皆悅而願立於其朝矣. 市廛而不征, 法而不廛, 則天下之商皆悅而願藏於其市矣. 關譏而不征, 則天下之旅皆悅而願出於其路矣. 耕者助而不稅, 則天下之農皆悅而願耕於其野矣. 廛無夫里70)之布, 則天下之民皆悅而願爲之氓矣. 信能行此五者, 則鄰國之民仰之若父母矣. 率其子弟, 攻其父母, 自生民以來, 未有能濟者也. 如此, 則無敵於天下. 無敵於天下者, 天吏也. 然而不王者, 未之有也."

趙曰:"不橫稅賦, 若履畝之類."
○**鏞案** 助而不稅者, <u>春秋</u> <u>魯</u>人初稅畝, 其後遂爲列國之通制。故<u>孟子</u>言之, <u>趙</u>註不可沒。

---

70) 夫里 : 부와 리는 모두 마을의 단위이다.

맹자가 말씀하셨다. "현명한 이를 높이고 재능이 있는 자를 부리며, 뛰어난 인물이 마땅한 지위에 있으면 천하의 선비가 모두 기뻐하며 그 조정에서 벼슬하고자 할 것이다. 시장에 물건을 쌓아두어도 세금을 징수하지 않으며, 재고가 쌓이면 법에 따라 구매하여 재고를 쌓아두지 않는다면 천하의 상인들이 모두 기뻐하며 그 시장에 상품을 보관하고자 할 것이다. 관문에서 기찰만 하고 세금을 징수하지 않으면 천하의 여행객들이 모두 기뻐하며 그 길에 나서고자 할 것이다. 농사짓는 자들에게 공전의 경작을 돕게만 하고 세금을 징수하지 않는다면 천하의 농민들이 모두 기뻐하며 그 땅에서 농사짓고자 할 것이다. 거주지에 부夫와 리里의 포를 부과하지 않으면 천하의 백성들이 모두 기뻐하면서 그의 백성이 되기를 원할 것이다. 진실로 이 다섯 가지를 행할 수 있다면 이웃나라의 백성들이 부모를 대하듯 우러를 것이니 그 자제를 이끌어 부모를 공격하는 것은 백성이 생긴 이래로 성공한 자가 없다. 이와 같다면 천하에 적이 없을 것이다. 천하에 적이 없는 사람은 하늘의 관리[天吏]이니 이와 같이 하고도 천하에 왕노릇하지 못하는 사람은 없다."

조기가 말했다. "함부로 세금을 부과하지 않는 것은 밭이랑을 따라 점검하여 부세를 매기는 것과 같은 부류이다."

○ **용안** 공전의 경작을 돕게만 하고 세금을 부과하지 않는 것은 춘추시대 노나라 사람들이 처음으로 밭에 세금을 매기고 그 후에 마침내 여러 나라에 통상적인 제도가 된 것이다. 그래서 맹자가 말한 것이니 조기의 주는 없앨 수 없다.

3-6 사람에게는 모두 차마 모질게 하지 못하는 마음이 있다는 장
〔人皆有不忍人之心章〕

* 맹자의 핵심 이론 중 하나인 사단四端에 대해 언급하는 대목으로, 우물에 빠지려는 어린 아이의 사례를 통해 인간에게 측은지심, 수오지심, 사양지심, 시비지심의 네 가지 마음의 단서가 본성적으로 갖추어져 있다는 맹자 성선설이 소개되는 대목이다. 다산은 여기서 사단이 없으면 금수와 같다는 조기의 주를 성리학자들이 의도적으로 배제했다고 주장한다. 성리학자들은 금수도 인간과 마찬가지로 사단의 토대가 되는 본연지성을 가지고 있다고 생각했기 때문이라는 것이다. 또한 다산은 인의예지를 인간의 마음에 근본적으로 내재한 이치로 보는 성리학의 이론에 반대해, 이를 행사行事 즉 실질적인 실천 이후에 성립하는 명칭이라고 주장하여 성리학과 다른 해석을 제시한다.

孟子曰:"人皆有不忍人之心. 先王有不忍人之心, 斯有不忍人之政矣. 以不忍人之心, 行不忍人之政, 治天下可運之掌上. 所以謂人皆有不忍人之心者, 今人乍見孺子將入於井, 皆有怵惕惻隱之心. 非所以內交於孺子之父母也, 非所以要譽於鄉黨朋友也, 非惡其聲而然也. 由是觀之, 無惻隱之心, 非人也; 無羞惡之心, 非人也; 無辭讓之心, 非人也; 無是非之心, 非人也. 惻隱之心, 仁之端也; 羞惡之心, 義之端也; 辭讓之心, 禮之端也; 是非之心, 智之端也. 人之有是四端也, 猶其有四體也. 有是四端而自謂不能者, 自賊者也; 謂其君不能者, 賊其君者也. 凡有四端於我者, 知皆擴而充之矣, 若火之始然, 泉之始達. 苟能充之, 足以保四海; 苟不充之, 不足以事父母."

맹자가 말했다. "사람에게는 모두 차마 모질게 하지 못하는 마음이 있다. 선왕은 남에게 모질게 하지 못하는 마음을 가지고 남에게 차마 모질게 하지 못하는 정치를 행하셨으니 차마 남에게 모질게 하지 못하는 마음으로 차마 남에게 모질게 하지 못하는 정치를 행한다면 천하를 다스리는 것을 손바닥 위에서 운용할 수 있을 것이다. 사람에게 차마 남에게 모질게 하지 못하는 마음이 있다고 하는 까닭은 지금 어떤 사람이 어린아이가 우물에 들어가려고 하는 것을 얼핏 본다면 모두 깜짝 놀라고 측은해 하는 마음을 가지게 될 것이다. 이는 어린아이의 부모와 교분을 맺기 위해서도 아니고, 마을의 친구들로부터 명예를 구해서도 아니며, 아이를 구하지 않았다는 오명을 듣기 싫어 그러한 것도 아니다. 이로부터 말미암아 본다면 측은지심이 없으면 사람이 아니요, 수오지심이 없으면 사람이 아니며, 사양지심이 없으면 사람이 아니고, 시비지심이 없으면 사람이 아니다. 측은지심은 인의 시초요, 수오지심은 의의 시초이며, 사양지심은 예의 시초요, 시비지심은 지의 시초이다. 사람에게 이 네 가지 시초가 있는 것은 사지[四體]가 있는 것과 같으니 이 사단을 가지고 있으면서 스스로 인의를 행할 수 없다고 말하는 자는 스스로 해치는 자요, 자신의 군주가 인의를 행할 수 없다고 말하는 자는 그 군주를 해치는 자이다. 무릇 나에게 있는 사단을 모두 넓혀서 채울 줄 안다면 마치 불이 타오르기 시작하고 샘물이 흘러나가기 시작하는 것과 같을 것이니 진실로 넓혀서 채울 수 있다면 사해[四海]를 보호할 수 있을 것이고 진실로 채울 수 없다면 부모를 모시기에도 부족할 것이다."

趙曰:"非惡有不仁之聲名。"
○朱子曰:"惡其聲, 是惡被不救人之名。"
○**鏞案**《集註》宜補。

趙曰:"無此四者, 當若禽獸, 非人心耳。"
○《集》曰:"人若無此, 不得謂之人。"
○**鏞案** 趙注禽獸之說, 必不可刪沒, 而宋·元以來, 無此說者, 宋·元諸先生, 皆以四端爲本然之性, 而又以本然之性爲人物之所同得, 故不欲云'禽獸無此心'。此古今學術不同處。

趙曰:"端者, 首也。人皆有仁義禮智之首, 可引用之。"
○孫曰:"人有惻隱之心, 是仁之端本起於此也。有羞惡之心者, 是義之端本起於此也。有辭讓·是非之心者, 是禮·智之端本起於此者也。惻隱四者, 是爲仁義四者之端本也。"
○《集》曰:"端, 緖也。因其情之發, 而性之本然, 可得而見, 猶有物在中而緖見於外也。"
○蔡季通[71]云:"端, 乃是尾。"
○陳曰:"比之繭絲, 外有一條緖, 便知得內有一團絲。"

---

71) 蔡季通 : 남송의 경학가인 채원정蔡元定(1135~1198)으로, 계통은 그의 자이다. 복건성 건양建陽 출신으로 벼슬에 나아가지 않고 부친인 채발蔡發에게 이정二程과 소옹邵雍, 장재張載 등의 학문을 배웠다. 뒤에 주희에게 배웠는데, 주희의 이학理學을 발전시킨 인물로 평가받는다.

조기가 말했다. "불인不仁하다는 평판을 싫어해서가 아니다."

○ 주자가 말했다. "그 소리를 싫어한다는 것은 사람을 구하지 않았다는 평을 듣기 싫어한다는 것이다."

○ **용안** 『맹자집주』는 마땅히 보충해야 한다.

조기가 말했다. "이 네 가지가 없다면 마땅히 금수와 같으니 사람의 마음이 아니다."

○ 『맹자집주』에서 말했다. "사람에게 만약 이것이 없다면 사람이라고 할 수 없다."

○ **용안** 조기의 주에서 금수의 설은 절대 깎아 없앨 수 없는 것인데 송·원 이래로 이 설이 없어진 것은 송·원의 여러 선생들이 모두 사단을 본연지성으로 여기고 또 본연지성은 사람과 물이 함께 얻은 것이라고 여겨 "금수는 이 마음이 없다."라고 말하고자 하지 않았기 때문이다. 이것이 옛날과 지금의 학술이 같지 않은 바이다.

조기가 말했다. "단이란 시초이다. 사람에게는 모두 다 인의예지의 시초가 있어서 끌어다 쓸 수 있다."

○ 손석이 말했다. "사람에게 측인지심이 있다는 것은 인의 단본端本이 여기에서 일어난다는 것이요, 수오지심이 있다는 것은 의의 단본이 여기에서 일어난다는 것이며, 사양 시비지심이 있다는 것은 예와 지의 단본이 여기에서 일어난다는 것이다. 측은 등 네 가지는 인의예지 네 가지의 단본이다."

○ 『맹자집주』에서 말했다. "단은 시초이다. 그 정情이 발하는 것으로 말미암아 성의 본연을 볼 수 있으니 사물이 안에 있으면 시초가 밖에서 보이는 것과 같다."

○ 채원정이 말했다. "단이란 꼬리이다."

○ 진식이 말했다. "누에고치 실에 비유하자면 밖에 한 가닥의 실마리가 있으면 곧 안에 한 뭉치의 실이 있음을 알 수 있는 것과 같다."

○**鏞案** 仁義禮智之名, 成於行事之後。故愛人而後謂之仁, 愛人之先, 仁之名未立也。善我而後謂之義, 善我之先, 義之名未立也。賓主拜揖而後, 禮之名立焉, 事物辨明而後, 智之名立焉。豈有仁義禮智四顆, 磊磊落落, 如桃仁·杏仁, 伏於人心之中者乎? <u>顏淵問仁, 子曰: "克己復禮爲仁。"</u>[72] 明仁之爲物, 成於人功, 非賦生之初, 天造一顆仁塊, 插于人心也。克己復禮之時, 豈不費許多人力乎? <u>孟子曰: "舍魚而取熊, 舍生而取義。"</u>[73] 明一生一義, 皆在彼處, 我得就彼揀擇, 舍其短而取其長也。若於賦生之初, 原有一顆義塊, 插在心內, 則又安得舍之取之乎? 《禮》曰: <u>"春秋教以禮樂。"</u>[74] 若禮在心, 何以教矣? 《禮》曰: "二十始學禮。" 若禮在心, 何以學矣? <u>甯武子</u>[75]: <u>"邦有道則智。"</u>[76] 若其天賦之性, 原有此智, 則邦無道時, 又惡能拔其智而去之乎? <u>孔子曰: "仁者不憂, 知者不惑。"</u>[77]

---

72) 克己復禮爲仁:『논어·안연』에 보인다.
73) 舍魚而取熊, 舍生而取義:『맹자·고자 상』에 보인다.
74) 春秋教以禮樂:『예기·왕제王制』에 보인다.
75) 甯武子: 영무자는 춘추시대 위衛나라 사람으로 성공成公 때 대부大夫를 지낸 영유甯兪를 가리킨다. 공자는 그에 대해 "나라에 도가 있을 때는 지혜롭고 나라에 도가 없을 때는 어리석으니, 그 지혜로움은 따라갈 수 있지만 그 어리석음은 따라갈 수 없다."라고 평한 바 있다.
76) 邦有道則智:『논어·공야장公冶長』에 보인다.
77) 仁者不憂, 知者不惑:『논어·자한子罕』에 보인다.

○ **용안** 인의예지라는 명칭은 일을 행한 뒤에 이루어지는 것이다. 그러므로 사람을 아껴준 후에 그것을 인이라고 하니 사람을 아껴주기 전에는 인이라는 명칭이 성립하지 않는다. 나를 선하게 한 뒤에 이것을 의라고 하니, 나를 선하게 하기 전에는 의라는 명칭이 성립하지 않는다. 손님과 주인이 절하고 읍한 뒤에 예의 명칭이 성립하고 사물을 명료하게 분변한 뒤에 지의 명칭이 성립하는 것이다. 어찌 인의예지의 네 알맹이가 또렷하여 복숭아와 살구의 씨처럼 사람의 마음속에 덩어리로 잠재해 있는 것이겠는가? 안연이 인에 대해 묻자 공자가 "자기의 사욕을 이기고 예로 돌아가는 것이 인이다."라고 말씀하신 것은 인이 사람의 공부에서 이루어진 것이지, 태어날 때부터 하늘이 한 덩어리의 인을 만들어 사람의 마음속에 끼워 넣은 것이 아니라는 것을 밝힌 것이다. 자기의 사욕을 이기고 예로 돌아가려 할 때 어찌 많은 노력이 들지 않겠는가? 맹자가 "물고기를 버리고 진귀한 곰 발바닥을 취하고, 삶을 버리고 의를 취한다."라고 한 것은 하나의 생과 하나의 의가 저곳에 있는데 내가 그곳에 나아가 선택하여 나쁜 것은 버리고 그 좋은 것을 취한다는 것을 밝힌 것이다. 만약 태어날 때부터 원래 한 덩어리의 의가 마음속에 끼워져 있다면 또 어떻게 이를 버리거나 취할 수 있겠는가? 『예기』에 "봄가을에는 예악을 가르친다."라고 하였는데, 만약에 예가 마음속에 있다면 무엇 때문에 가르치겠는가. 『예기』에서 "스무 살에 비로소 예를 배운다."라고 했는데, 만약 예가 마음속에 있다면 무엇 때문에 배우겠는가? 영무자甯武子는 "나라에 도가 있을 때는 지혜롭다."라고 하였으니, 만약 태어날 때의 천성에 원래 이 지를 지니고 있었다면 나라에 도가 없을 때는 또 어떻게 그 지를 뽑아내서 버릴 수 있겠는가? 공자가 말씀하시기를 "어진 이는 근심하지 않고 지혜로운 이는 미혹되지 않는다."라고 하였다.

苟使天賦之性, 原有仁智, 則人人皆不憂不惑, 仁者智者, 顧何以別有色目乎? 凡五經四書, 其有仁義禮智之字者, 逐一點檢, 莫不如此, 余不暇更僕而數之也.

仁義禮智, 知可以行事而成之, 則人莫不俛焉孳孳, 冀成其德. 仁義禮智, 知以爲本心之全德, 則人之職業, 但當向壁觀心, 回光反照, 使此心體, 虛明洞澈, 若見有仁義禮智四顆, 依俙髣髴, 受我之涵養而已. 斯豈先聖之所務乎? 知事父孝爲仁, 則溫淸滫瀡, 便當朝夕著力. 謂天地生物之心爲仁, 則惟瞑目端坐而已. 知事君忠爲仁, 則匡拂扶持, 便當奔走竭力. 謂東方木德爲仁, 則惟土木形骸, 自命曰燮理陰陽而已.[78] 知牧民慈者爲仁, 則懷綏惠恤, 便當恪恭致力. 謂滿腔子一團和氣爲仁, 則惟默然無語, 閉門涵養而已. 其功績之所成就, 豈不萬倍以相懸乎?

---

78) 已:新朝本에는 '仁'으로 되다.

만약 타고날 때의 천성이 원래 인과 지를 지니고 있다면 사람마다 근심하지 않고 미혹되지 않게 될 것이니 어진 이와 지혜로운 이를 어떻게 구별할 수 있겠는가. 무릇 오경과 사서에서 인의예지라는 글자를 있는 대로 하나하나 점검해 본다면 이와 같지 않은 바가 없을 것이나 나는 번거롭게 헤아릴 겨를이 없다.

인의예지가 일을 행함으로써 이루어지는 것임을 안다면 사람마다 열심히 노력하여 그 덕을 이루기를 바라지 않는 자가 없을 것이다. 이와 달리 인의예지가 본심의 온전한 덕이라고 한다면 사람들의 직분은 다만 벽을 향해 앉아 마음속을 들여다보고 빛을 돌이켜 근원을 비추면서 이 심체心體로 하여금 허명하고 통철하도록 하여 마치 인의예지의 네 알맹이가 어렴풋한 듯 있으면서 나의 함양을 받아들이는 것뿐이라고 여기는 것과 같을 것이다. 이것이 어찌 옛 성인들이 힘쓰던 일이겠는가? 부모님을 섬기기를 효성스럽게 하는 것이 인仁임을 안다면 따뜻함과 서늘함을 살피고 음식 봉양에 마땅히 아침저녁으로 힘써야 한다. 이와 달리 천지가 만물을 낳는 마음을 인仁이라고 한하면 오직 눈을 감고 조용히 앉아 있으면 그만이다. 임금을 섬기기를 충성스럽게 하는 것이 인仁임을 안다면 임금을 바로잡고 돕고 부지하는데 마땅히 분주히 힘을 다해야 한다. 이와 달리 동방東方의 목덕木德을 인仁이라고 한다면 다만 흙이나 나무처럼 그대로 있으면서 스스로 명하여 음양을 섭리한다고 말하는 것일 뿐이다. 백성 다스리기를 자애롭게 하는 것이 인仁임을 안다면 백성을 편안하게 해주고 은혜를 베풀어 구제하는 데 마땅히 삼가고 힘을 다해야 한다. 이와 달리 몸속에 가득한 한 덩어리의 화기和氣를 인仁이라고 한다면 오직 묵묵히 아무 말도 하지 않으면서 문을 닫고 그 기운을 함양하면 그만이다. 그 공적을 성취하는 데 어찌 만 배 이상 차이나지 않겠는가?

有子曰:"孝弟也者, 其爲仁之本。"[79] 孔子曰:"爲仁由己。"曾子曰: "堂堂乎, 張也! 難與並爲仁矣。"[80] 仁本在內之理, 則何以謂之爲仁? 爲猶作也, 用力行事之謂爲也, 著手圖功之謂爲也。在心之理, 何以著手而用力乎?

總之, 端也者, 始也。物之本末, 謂之兩端。然猶必以始起者爲端, 故《中庸》曰:"君子之道, 造端乎夫婦, 及其至也, 察乎天地。"端之爲始, 不旣明乎?《禮》曰:"君子問更端, 則起而對。"更端, 非復問之始乎?《春秋傳》曰:"履端乎始, 序則不愆。"杜注云:"步歷之始, 以爲術之端首。"【《晋書》云:"履端, 元日正始之初。"】端之爲始, 不又明乎? 物之頭尾, 實爲兩端, 皆可名端。然其在《書傳》, 以頭爲端者, 更多其文。〈鄕射禮〉曰'主人奠爵于序端', 則註者謂之序頭。〈鄕飮禮〉曰'司正升, 立于席端', 則解者謂之席頭。

---

79) 其爲仁之本:『논어·학이』에 나오는 구절로, 다산은『논어고금주』에서 이 구절을 "인을 행하는 근본이다."라고 해석한 주희를 비판하고, "인의 근본이 된다."라고 해석함으로써 효제가 곧 인의 근본이라고 주장한다.
80) 堂堂乎, 張也! 難與並爲仁矣:『논어·안연』에 보인다.

유자有子는 "효제라는 것은 인의 근본이다."라고 하였고 공자는 "인을 행함은 자기에게 달려 있다."라고 하였으며, 증자는 "당당하구나, 자장이여. 그러나 더불어 인을 행하기는 어렵다."라고 하였는데, 인이 본래 마음속에 들어있는 이理라면 어떻게 인을 행한다고 할 수 있겠는가? '위爲'자는 '짓는다[作]'와 같으니, 힘을 써서 일을 행하는 것을 위라 하기도 하고 착수하여 공효를 도모하는 것을 위라 하기도 한다. 마음속에 있는 이理가 어떻게 착수하여 힘을 쓸 수 있겠는가?

총괄하면 '단端'이란 시초이다. 사물의 본말을 양단이라고 한다. 그러나 오히려 반드시 처음에 일어나는 것을 단으로 여겼기 때문에『중용』에서 "군자의 도는 부부에서 시작되니 그 지극함에 이르러서는 천지에 드러난다."라고 하였으니, 단이 시작이 된다는 것은 이미 명백하지 않은가?『예기』에서 "군자가 질문을 다시 시작하면[問更端] 일어나서 답한다."라고 했으니, 여기서 갱단이란 다시 물음을 시작하는 것이 아니겠는가?『춘추전』에 "11월 초하루가 동지인 날을 원단[履端]으로 하면 계절의 순서가 어긋나지 않는다."라고 하였고, 두예杜預의 주註에 "역의 시초를 일월오성의 도수로 헤아려 역을 만드는 단수로 삼는다."라고 하였으니,【『진서』에 '이단履端은 정월 초하루가 시작되는 처음이다'라고 하였다】단이 '시초'라는 뜻임이 또한 분명하지 않는가? 사물의 머리와 꼬리가 실로 양단이 되니 모두 단이라 이름할 수 있다. 그리고『서전』에서 머리를 단이라고 한 것은 그러한 문장이 더욱 많다.『의례·향사례鄕射禮』에 "주인이 잔을 서단에 올린다."라고 하였는데, 주석을 단 사람이 이를 '서두序頭'라고 하였다.『의례·향음례鄕飮禮』에 "사정이 올라가 석단에 섰다."라고 하였는데, 뜻을 풀이한 사람이 이를 석두席頭라고 하였다.

又凡筆頭曰筆端, 舌頭曰舌端,【見《韓詩外傳》】杖頭曰杖端,【見《後漢書·禮儀志[81])》】牆頭曰牆端,【孔平仲[82])詩云: "蓼花抽穗出牆端。"】屋頭曰屋端,【范成大[83])詩云: "一株獨成長, 蒼然齊屋端。"[84])】

凡以頭爲端者, 不可勝數。烏得云尾爲端乎?

惻隱之心發于內, 引而長之, 則可以行仁政。惻隱之心, 非仁政之所始乎? 辭讓之心發于內, 引而長之, 則可以行禮法。辭讓之心, 非禮法之所始乎? 羞[85])惡之心爲之本, 而伯夷之不事汙[86])君, 其末也。是非之心爲之頭, 而展禽之不祀爰居,[87]) 其尾也。譬之絲然, 惻隱之心爲絲團, 而解之繹之, 可以爲孝弟, 可以惠鰥寡。孰爲其本, 孰爲其末? 孰爲其頭, 孰爲其尾? 四端之義, 孟子親自注之曰: "若火之始然, 泉之始達。" 兩箇始字, 磊磊落落, 端之爲始, 亦旣明矣。

---

81) 志 : 新朝本에는 이 뒤에 '端'이 있다.
82) 孔平仲 : 공평중은 북송 사람으로 자는 의보毅父 또는 의보義甫이다. 형인 공문중孔文仲, 공무중孔武仲과 함께 삼공三公으로 불린 문인이다. 저서로 『공씨담원孔氏談苑』, 『속세설續世說』, 『석패釋稗』 등이 있다.
83) 范成大 : 범성대(1126~1193)는 남송의 정치가이자 시인으로, 자는 치능致能이고 호는 석호거사石湖居士이다. 남송 4대가의 한 사람이고 청신淸新한 시풍으로 전원의 풍경을 읊은 시가 유명하다. 저서로 『석호거사시집』, 『석호사』 등이 있다. 지방관을 거쳐 재상의 지위인 참지정사에 이르렀고, 금나라에 사절로 갔을 때 부당한 요구에 굴하지 않고 소신을 관철했다고 한다.
84) 齊屋端 : 新朝本에는 '端齊屋'으로 되어 있다.
85) 羞 : 新朝本에는 '差'로 되어 있다.
86) 汙 : 新朝本에는 '汗'으로 되어 있다.
87) 展禽之不祀爰居 : 전금은 춘추시대 노나라의 인물인 유하혜柳下惠를 말한다. 유하柳下는 그가 하사받은 봉지封地로, 본래 이름은 전획展獲이다. 자가 금禽이라 전금展禽으로 부른다. 노나라 동문 밖에 원거爰居라는 크기가 망아지만 한 바닷새가 날아왔을 때 노나라 대부 장문중이 새에게 제사를 지내려 하자, 명분 없이 국가의 전례를 더하지 말라고 간언하였다.

또 필두筆頭를 필단筆端이라고 하고, 설두舌頭를 설단舌端이라고 하며, 【『한시외전』에 보인다】 장두杖頭를 장단杖端이라고 하고,【『후한서·예의지』에 보인다】 장두牆頭를 장단이라고 하며,【공평중의 시에 '여뀌꽃 이삭 패어 담장 머리로 나왔네'라고 하였다.】 옥두屋頭를 옥단屋端이라고 하니,【범성대의 시에 '한 그루만이 홀로 성장하여 창연히 지붕 머리[屋端]에 가지런하구나!'라고 하였다.】 무릇 두頭를 단이라 한 것은 이루 헤아릴 수 없이 많다. 어찌 미眉를 단이라 할 수 있겠는가?

마음속에서 발현되는 측은지심을 이끌어 기른다면 어진 정치[仁政]를 행할 수 있으니 측은지심이 어진 정치가 시작되는 바가 아니겠는가? 마음속에서 발현되는 사양지심을 이끌어 기른다면 예법을 행할 수 있으니 사양지심이 예법이 시작되는 바가 아니겠는가? 수오지심이 근본이고 백이伯夷가 더러운 임금을 섬기지 않는 것이 근본에서 나온 말단이며, 시비지심이 머리이고 전금이 원거를 제사하지 않는 것이 꼬리이다. 이를 실에 비유하면 측은지심은 실 뭉치와 같으니 이것을 풀어내고 뽑아내면 효제를 할 수 있고 과부나 홀아비에게 은혜를 베풀 수 있으니 어느 것이 근본이 되고 어느 것이 말이 되며 어느 것이 머리가 되고 어느 것이 그 꼬리가 되겠는가? 사단의 뜻은 맹자가 직접 주해하기를 "불이 처음 타오르기 시작하는 것과 같고 샘물이 처음 솟아오르기 시작하는 것과 같다."라고 했으니, 두 개의 '시始'자가 분명하고 뚜렷하여, 단이 시작이라는 뜻임이 또한 이미 분명하다.

四端爲四事之本, 故聖人敎人, 自此起功, 自此肇基, 使之擴而充之。
若於四端裏面, 又有所謂仁義禮智者, 隱然潛伏, 爲之奧主, 則是孟子
擴充之功, 舍其本而操其末, 放其頭而捉其尾。遮斷了一重眞境, 原不
能直窮到底。所謂隔靴而爬癢, 鑿井而未泉, 豈可曰知本之學乎? 且
此四端, 可曰心, 不可曰性, 可曰心, 不可曰理, 可曰心, 不可曰德, 名
不可不正也。此係進德修業者, 不可不明辨處。余昔聞之於師友。
○趙註十七字,[88] 字字金石, 點點珠玉, 誠一毫無憾。改首爲尾, 改引
用爲發見, 於是乎本末易矣。

---

88) 趙註十七字 : 조기의 주 '端者首也, 人皆有仁義禮智之首, 可引用之'를 말한다.

사단은 인의예지의 근본이니 그러므로 성인聖人이 사람을 가르칠 때 이로부터 공부를 일으키고 이로부터 기초를 닦아 이를 넓히고 채우게 하셨다. 만약 사단의 이면에 또한 이른바 인의예지가 은밀히 잠복해 있어서 이를 주인으로 삼는다면 이는 맹자의 확충공부에서 근본을 버리고 말을 잡는 것이며 머리를 버리고 꼬리를 붙드는 것이다. 하나의 중요한 진정한 경지를 차단해 버리면 본래 곧바로 밑바닥까지 도달할 수 없다. 이른바 신발을 신은 채 발의 가려운 데를 긁는 것과 같고 우물을 팠지만 샘물이 나오지 않는 것과 같으니 어찌 근본을 아는 학문이라고 할 수 있겠는가? 또한 이 사단은 심心이라고 할 수 있으나 성性이라고 할 수 없고, 심心이라고 할 수 있으나 이理라고는 할 수 없으며, 심心이라고 할 수 있으나 덕德이라고는 할 수 없으니, 명칭을 바로잡지 않을 수 없다. 이것은 덕 있는 사람에게 나아가 업을 닦는 일에 관계되는 것이니 명확하게 분변하지 않을 수 없다. 나는 옛날에 이를 사우師友에게 들었다.

  ○ 조기의 주 17자는 글자마다 금석이요, 점점마다 주옥이니 참으로 조금도 유감이 없다. 수首를 미尾로 고치고 "끌어내어 확충한다."라는 것을 "나타난다."로 고치면 이에 본말이 바뀌게 될 것이다.

3-7 화살 만드는 사람과 갑옷 만드는 사람에 관한 장 [矢人函人章]

* 이 장에서 맹자는 사람을 해치는 기술보다 살리는 기술을 택할 것과 어진 마을을 택하여 거처를 정하는 것, 화살을 쏠 때의 마음가짐 등의 예를 통해 인의 의미와 효과에 대해 설명하고 있다. 다산은 여기에서 맹자의 본의가 가치있는 방법 또는 기술을 택하는 것에 있다고 보았고 나아가 인을 천지가 만물을 생성하는 마음으로 해석하고 이를 본심에 갖추어진 덕이라고 해석하는 주희를 비판한다. 다산은 만일 인이 천하 만물이 본래 갖추고 있는 덕이라면 인을 행하는 것이 공이 되지도, 불인을 행하는 것이 죄가 되지도 않을 것이라고 주장한다. 다산의 주장은 인이 실제 상황에서 하고자 하는 의지를 통해 자발적으로 택하는 것이지 본래 마음에 갖추어진 덕이 아니라는 것이다.

孟子曰:"矢人豈不仁於函人哉? 矢人唯恐不傷人, 函人唯恐傷人. 巫匠亦然, 故術不可不愼也. 孔子曰:'里仁爲美. 擇不處仁, 焉得智?' 夫仁, 天之尊爵也, 人之安宅也. 莫之禦而不仁, 是不智也. 不仁·不智·無禮·無義, 人役也. 人役而恥爲役, 由弓人而恥爲弓, 矢人而恥爲矢也. 如恥之, 莫如爲仁. 仁者如射, 射者正己而後發. 發而不中, 不怨勝己者, 反求諸己而已矣."

맹자가 말했다. "화살 만드는 사람이 갑옷 만드는 사람보다 어찌 인하지 않겠는가? 화살 만드는 사람은 오직 화살이 사람을 상하게 하지 못할까 두려워하고 갑옷 만드는 사람은 오직 갑옷이 잘못되어 사람을 상하게 할까 두려워할 뿐이다. 무당과 관 짜는 목수도 역시 그러하니 그러므로 기술은 신중하게 쓰지 않을 수 없다. 공자께서 말씀하셨다. '마을의 인심이 인후한 것이 아름답다. 인후한 곳을 가려서 인한 곳에 처하지 않는다면 어찌 어질다 하겠는가?' 무릇 인이란 하늘이 내린 고귀한 작위이고 사람이 편안히 거하는 집이다. 막는 이가 없는데도 인하지 못하다면 이는 지혜롭지 못한 것이다. 인하지 못하고 지혜롭지 않으며 예가 없고 의가 없는 사람은 다른 사람에게 부려진다. 다른 사람에게 부려지면서 부려지는 것을 수치스럽게 여긴다면 활 만드는 사람이 활 만드는 것을 수치스럽게 여기고 화살 만드는 사람이 화살 만드는 것을 수치스럽게 여기는 것과 같다. 만일 수치스럽다면 인을 행하는 것이 낫다. 인한 자는 화살을 쏘는 것과 같으니 화살 쏘는 자는 자기를 바로한 뒤에 화살을 쏜다. 화살을 쏘아서 적중하지 않아도 자기를 이긴 자를 원망하지 않으니 자기 자신에게 돌이켜 반성할 뿐이다."

趙曰: "里, 居也。仁, 最其美者也。夫簡不處仁, 爲不智。"

○《集》曰: "里有仁厚之俗者, 猶以爲美, 擇所以自處, 而不於仁, 安得爲智乎?"

○《論語集註》曰: "里[89]有仁厚之俗爲美, 擇里而不居於是, 則失其是非之本心。"

○陳[90]曰: "孔子之意, 本言擇里, 孟子引之以證擇術, 微有不同。《集註》於此, 只以孟子之意釋孔子之言, 故與《語》註小異。"

---

89) 里 : 新朝本에는 빠져 있다.
90) 陳 : 원대의 경학자 진사개陳師凱로 원나라 남강 사람이고 자는 도용道勇이다. 동회택東匯澤에 은거하여 저술에 힘썼다. 저서로『상서채전방통尙書蔡傳旁通』등이 있다.

조기가 말했다. "리里는 거하는 바이다. 인仁은 가장 아름다운 것이다. 무릇 가려서 인한 곳에 처하지 않으면 지혜롭지 못한 것이다."

○ 『맹자집주』에서 말했다. "마을에 인후한 풍속이 있어야 오히려 아름답다고 여기니, 스스로 거처할 곳을 택하되 인에 거처하지 않으면, 어떻게 지혜롭다고 할 수 있겠는가?"

○ 『논어집주』에서 말했다. "마을에 인후한 풍속이 있는 것을 아름답다 여기니 마을을 택하여 그러한 곳에 살지 않으면 그 시비의 본심을 잃은 것이다."

○ 진사개陳師凱가 말했다. "공자의 뜻은 본래 마을을 택하는 것을 말한 것이고 맹자는 이를 인용하여 방법을 택하는 것을 논증하였으니 조금 다른 점이 있다. 『맹자집주』는 여기에서 다만 맹자의 뜻으로 공자의 말을 해석하였으니 그러므로 『논어』의 주와는 조금 다르다."

○**鏞案** 孔子言擇里, 孟子引之以證擇術, 無是理也。里者, 人所居也。【里一字爲句】人所居惟仁爲美, 所謂人之安宅也。豈擇里之說乎? 孔子本言擇術。【詳見余《論語說》】

趙曰: "爲仁則可以長天下, 故天所以假人尊爵也。"
○《集》曰: "仁者, 天地生物之心。得之最先, 而兼統四者, 所謂元者善之長也。故曰尊爵。"
○**鏞案** 天道以德之善惡爲尊卑, 如人道以爵之高下爲尊卑。人苟仁矣, 其位之爲士爲庶, 天所不問, 豈非天之尊爵乎? 若以爲天地生物之心, 又以爲本心全體之德, 則洪勻賦予, 本無不均, 人人腔內, 皆具天地生物之心, 林林蔥蔥, 無一而非得天之尊爵者也, 豈可通乎? 人之爲物, 欲仁則仁, 不欲仁則不仁。故仁者爲功, 不仁者爲罪, 仁者可褒, 不仁者可貶。

○ **용안** 공자는 마을을 택하는 바를 말하였고, 맹자는 이를 인용하여 방법을 택하는 바를 논증했다고 했으나, 이러한 이치는 없다. 마을이라는 것은 사람이 거하는 바이다.【리里 한 글자가 구가 된다】 사람이 거하는 바는 오직 인을 아름답게 여기니 이른바 사람의 편안한 집이다. 어찌 마을을 택하는 것에 관한 설이겠는가? 맹자는 본래 방법을 택하는 것을 말한 것이다.【상세한 것은 나의 『논어설論語說』에 보인다】

조기가 말했다. "인을 행하면 천하의 수장이 될 수 있으니 그러므로 하늘이 사람에게 고귀한 작위를 빌려준 것이다."

○ 『맹자집주』에서 말했다. "인이란 천지가 만물을 낳는 마음이다. 이를 얻는 것을 가장 먼저하고 네 가지를 아울러 총괄하니, 이른바 '원元이 선의 으뜸'이라는 것이다. 그러므로 고귀한 벼슬이라고 한 것이다."

○ **용안** 천도가 덕의 선악을 존귀함과 비천함으로 삼는 것은 인도가 벼슬의 고하로 존귀함과 비천함으로 삼는 것과 같지만 사람이 진실로 인仁하면 그 지위가 선비이건 서인이건 하늘이 따지지 않으니 어찌 하늘의 존귀한 벼슬이 아니겠는가? 만약 인을 천지가 만물을 낳는 마음이라고 여기고 또한 본심에 온전히 갖추어진 덕이라고 여긴다면 큰 물레와 같은 우주가 나에게 이 마음을 부여함에 본래 고르지 않음이 없을 것이어서 사람마다 가슴 속에 모두 천지를 낳는 마음을 갖추고 있고, 우거진 숲처럼 번성한 것들 가운데 하나라도 하늘의 고귀한 벼슬을 얻지 못한 것이 없을 것이니 어찌 이치가 통하겠는가? 사람이란 존재는 인하기를 바라면 인하게 되고 인하기를 바라지 않으면 불인하게 된다. 그러므로 인은 공功이 되고 불인은 죄가 되며 인자는 칭찬할 수 있고 불인은 비방할 수 있다.

若仁爲本心全體之德, 則人雖欲離仁不居, 其可得乎? 闕黨不知長幼,[91] 互鄕難與接言,[92] 市廛有賈衒之俗, 學校習俎豆之禮。是四里者, 皆不在吾身之內, 故我得擇其一而居之。仁與不仁, 亦不在吾心之內, 故我得以意揀擇, 舍此取彼。若仁在本心, 則離不得矣, 何以擇矣?

《集》曰:"因人愧恥之心而引之, 使志於仁也。"
○**鏞案** 經曰:"莫如爲仁。"爲, 猶作也, 爲者, 行事也。朱子以仁爲天地生物之心·本心全體之德, 則'爲仁'二字不可解。故解之曰'志於仁', 志於仁, 豈爲仁乎? 譬如農然, 孟子欲令人一手執耒, 一足蹈耟, 墢土向前去。有人在傍曰:"我志於農。"斯兩人所爲, 同乎, 不同乎?

---

91) 闕黨不知長幼:『논어·헌문憲問』에 보인다.
92) 互鄕難與接言:『논어·술이述而』에 보인다.

만약 인이 본심에 온전히 갖추어진 덕이라면 사람이 비록 인을 떠나 거하지 않고자 해도 가능하겠는가? 공자가 거처하던 궐당闕黨 사람들은 장유의 순서가 있음을 알지 못하였고 풍속이 비천한 호향互鄕 사람들은 말을 섞기가 어려웠으며 시전에는 장사하는 습속이 있고 학교에서는 제사지내는 예를 배우니 이 네 마을은 모두 내 몸 안에 없는 것이므로 나는 그 하나를 택하여 거하는 것이다. 인하고 인하지 않고는 또한 내 마음 안에 있지 않으므로 나는 내 뜻으로 택하고 가려 이것은 버리고 저것은 취한다. 만약 인이 본심에 있다면 떠날 수가 없는데 어찌 택할 수 있겠는가?

『맹자집주』에서 말했다. "사람들의 부끄러워하는 마음으로 말미암아 이를 이끌어 인에 뜻을 두게 한 것이다."

○ **용안** 『맹자』의 '막여위인莫如爲仁'에서 '위爲'자는 '작作'자와 같으니 이때의 위란 일을 행하는 것이다. 주자는 인을 천지가 만물을 낳는 마음이라거나 본심이 온전히 갖추고 있는 덕이라고 보았는데 이 경우 '위인爲仁' 두 글자는 해석할 수 없게 된다. 그러므로 이를 풀이하여 "인에 뜻을 둔다."라고 하였으니 인에 뜻을 둔다는 것이 어찌 인을 행하는 것이겠는가? 농사에 비유하자면 맹자는 사람으로 하여금 한 손으로는 가래를 잡게 하고 한 발로는 따비를 밟게 하여 흙을 파서 앞으로 나아가게 하려는데 곁에 있는 어떤 사람이 "나는 농사에 뜻을 두었다."라고 말한다면 두 사람이 하는 바가 같은가 같지 않은가?

3-9 백이와 유하혜에 관한 장 〔伯夷柳下惠章〕

* 맹자는 이 장에서 강직한 태도로 섬길만한 군주만을 섬겼던 백이와 군주의 수준을 탓하지 않고 섬겼던 유하혜의 정치적 태도와 방법을 부정적으로 평가하고 있는데 다산은 주로 백이와 유하혜에 대한 『사기』 등의 기록을 문제삼고 있다.

孟子曰: "伯夷, 非其君不事, 非其友不友. 不立於惡人之朝, 不與惡人言. 立於惡人之朝, 與惡人言, 如以朝衣朝冠坐於塗炭. 推惡惡之心, 思與鄕人立, 其冠不正, 望望然去之, 若將浼焉. 是故諸侯雖有善其辭命而至者, 不受也. 不受也者, 是亦不屑就已. 柳下惠, 不羞汙君, 不卑小官. 進不隱賢, 必以其道. 遺佚而不怨, 阨窮而不憫. 故曰, '爾爲爾, 我爲我, 雖袒裼裸裎於我側, 爾焉能浼我哉?' 故由由然與之偕而不自失焉, 援而止之而止. 援而止之而止者, 是亦不屑去已." 孟子曰: "伯夷隘, 柳下惠不恭. 隘與不恭, 君子不由也."

맹자가 말했다. "백이는 섬길 만한 군주가 아니면 섬기지 않았고 벗할 만한 사람이 아니면 벗하지 않았으며 악인의 조정에 서지 않았고 악한 사람과 더불어 말하지 않았다. 악인의 조정에 서고 악인과 말하는 것을 마치 조복과 조관을 입고 쓴 채 진흙이나 흙구덩이에 앉아 있는 듯 여겼으며 악을 미워하는 마음을 미루어서 향인과 함께 서 있을 때 쓰고 있는 관이 바르지 않으면 황망히 떠나서 마치 더럽혀진 듯이 여겼다. 이 때문에 제후들 가운데 비록 외교적인 사명辭命을 잘 갖추어 찾아오는 이가 있더라도 받아주지 않았으니 받아주지 않는 것은 또한 관직에 나아가는 것을 기꺼워하지 않았기 때문이다. 유하혜는 더러운 군주를 섬기는 것을 부끄러워하지 않고 작은 벼슬이라도 낮게 여기지 않았으며 나아가면 자신의 현명함을 숨기지 않되 반드시 올바른 도리로 하였으며 벼슬자리에서 밀려나도 원망하지 않고 곤액을 당하여도 번민하지 않았다. 그러므로 그는 '너는 너이고 나는 나이니 네가 비록 내 곁에서 옷을 걷어붙이고 몸을 드러낸다 하여도 네가 어찌 나를 더럽힐 수 있겠는가?'라고 말하였다. 그러므로 누구와도 유유자적하게 함께 하면서도 스스로 올바름을 잃지 않았으며 붙들어 멈추게 하면 멈추었으니 붙들어 멈추게 하면 멈춘 것은 또한 그가 떠나는 것을 기꺼워하지 않았기 때문이다." 이어서 맹자가 말했다. "백이는 도량이 좁고 유하혜는 불공하니 군자는 이처럼 행하지 않는다."

趙曰: "伯夷, 孤竹君之長子, 讓國而隱居者也."

○又曰: "殷之末世, 諸侯多不義, 故不就之。後乃歸於西伯[93]也."

○**鏞案** 此註高[94]古, 非後世儒者所能道也。《史記·伯夷傳》稱: "叩馬而諫武王。天下旣宗周, 伯夷義不食周粟, 隱於首陽山, 遂餓而死."

---

93) 西伯: 주나라 왕조의 기초를 쌓은 인물로 후일의 문왕文王이다.
94) 高: 新朝本에는 빠져 있다.

조기가 말했다. "백이는 고죽국 임금의 큰 아들로, 나라를 양보하고 은거한 자이다."

○ 또 말했다. "은나라 말기에 제후들 가운데 불의한 자들이 많았으므로 나아가지 않았다. 후에 서백에게 귀의하였다."

○ **용안** 이 주는 고상하고 고풍스러우니 후세 유자들이 말할 수 있는 바가 아니다. 『사기·백이전伯夷傳』에서 "말고삐를 잡고 무왕에게 간하였다. 천하가 이미 주나라를 종으로 삼자 백이는 의롭게 주나라 곡식을 먹지 않고 수양산에 은거하다 마침내 굶어서 죽었다."라고 칭하였다.

今人習見此文, 惟知伯夷避周而隱居。趙邠卿[95]生於西京, 不必尊信《史記》, 故曰'讓國而隱居', 明伯夷隱居, 在讓國之後, 歸西伯之前, 非避周而隱居也。今詳《論語》·《孟子》所論伯夷諸事, 皆《史記》所闕, 而叩馬·採薇諸事, 又於孔子·孟子之言, 都無影響, 恐非實錄。微子受封而不恥, 箕子陳道而不疑, 何獨伯夷叩馬而諫, 採薇而食, 以至餓死乎? 古者師行, 誠有載主之法。然有載遷主,[96] 無載新主。況周人虞[97]而立主, 殷人練[98]而立主, 未葬無立主之法也。夫既曰'父死不葬', 又曰'載木主, 號曰文王', 豈當於理乎? '叩馬'一段, 原是白撰。余仲氏巽菴先生[99]作〈伯夷傳解〉, 段段劈破, 節節中窾, 史遷復生, 無以置對。今不疊述。

○伯夷避紂, 居北海之濱, 不惟避紂, 並避當時諸侯。蓋以當時諸侯, 多染紂惡, 故不肯立朝, 惟西伯是歸耳。

---

95) 趙邠卿 : 조빈경은 조기趙岐를 말한다. 동한의 경학가로 자세한 내용은 22쪽의 주를 참조.
96) 遷主 : 대수代數가 멀어 원묘遷廟에 봉안한 신주를 말한다.
97) 虞 : 이미 장례를 치른 뒤 혼백을 위안하기 위해 드리는 제사인 우제虞祭를 가리킨다.
98) 練 : 기년상朞年喪의 경우 11개월에 연제練祭를 지낸다.
99) 巽菴先生 : 손암선생은 정약전丁若銓(1758~1816)을 말한다. 다산의 종형이고, 손암은 그의 호이다. 다산이 자신을 가장 잘 알아주는 스승이자 벗으로 여겼고, 대부분의 자기 저작에 대한 검토를 종형에게 받았다. 유배지인 흑산도에서 어류와 어족에 관한 책『자산어보玆山魚譜』를 저술했다.

지금 사람들은 이 문장만을 보고 익혀 오직 백이가 주를 피하여 은거한 것만을 안다. 조빈경趙邠卿이 서주에서 태어났지만 반드시 『사기』를 존신하지 않았다. 그러므로 "나라를 양보하고 은거하였다."라고 하였으니, 백이가 은거한 것은 나라를 양보한 후 서백에게 귀의하기 전이지, 주를 피해 은거한 것은 아님을 밝힌 것이다. 지금 『논어』와 『맹자』에서 백이에 대해 논한 여러 일들을 살펴보면 모두 『사기』에 빠져 있는 것들로, 말고삐를 잡고 무왕에게 간하였다거나 고사리를 캐먹었다는 등의 일이 또한 공자와 맹자의 말에서 모두 흔적이 없으니 아마도 실제의 기록이 아닌 듯하다. 미자는 책봉을 받고도 부끄러워하지 않았고 기자는 도를 진술하였으나 의심하지 않았는데 어찌 유독 백이만이 말고삐를 잡고 간하며 고사리를 캐먹다 굶어 죽는 데 이르렀는가? 옛날에 군대가 출동할 때 진실로 신주神主를 싣고 다니는 법이 있었다. 그러나 천주遷主만을 싣고 다녔을 뿐 신주를 싣지 않았다. 하물며 주나라 사람들이 우제를 지내고 신주를 세우고 은나라 사람들이 연제를 지내고 신주를 세웠다 해도 장사지내기 전에 신주를 세우는 법은 없었다. 그러므로 이미 "아버지가 돌아가셨는데 장사 지내지 않는다."라고 말하고 또한 "목주를 싣고 이를 문왕이라고 불렀다."라고 말하는 것이 어찌 이치에 합당하겠는가? "말고삐를 잡고"라는 구절은 본래 임의로 택한 것일 뿐이다. 나의 형 손암선생이 「백이전해伯夷傳解」를 지었는데 조목조목 논파하고 구절구절 허점을 지적하였으니, 사마천이 다시 살아와도 대꾸할 수 없을 것이다. 지금 덧붙여 말하지 않겠다.

　○ 백이는 주를 피해 북해의 바닷가에 거했는데 주를 피하였을 뿐 아니라 아울러 당시의 제후도 피한 것이다. 대개 당시 제후들 가운데 주의 악에 물든 이가 많았으므로 함께 조정에 서고자 하지 않았고 오직 서백에게 귀의했던 것이다.

引證 孔子曰: "隱居以求其志, 行義以達其道。吾聞其語矣, 未見其人矣。齊景公有馬千駟, 死之日, 民無德而稱焉。伯夷·叔齊, 餓于首陽之下, 民到于今稱之。其斯之謂與!"

○**鏞案** 齊景公, 兄弒而弟立, 伯夷·叔齊, 兄讓而弟逃, 明隱居行義, 本在讓國之後。故孔子必與齊景公並稱也。讓國而失祿, 所以餓也。

引證 ○《論語》曰: "逸民, 伯夷·叔齊·虞仲·夷逸·朱張·柳下惠·少連。[100] 子曰, '不降其志,[101] 不辱其身, 伯夷·叔齊與。'謂柳下惠·少連, 降志辱身矣, 言中倫行中慮, 其斯而已矣。"[102]

○**鏞案** 孔子於此結之, 曰'我則異於是', 則所謂君子不由也。然孔子不明言隘與不恭。[103]

---

100) 『논어·미자微子』에 나오는 은자들이다.
101) 志: 新朝本에는 '身'으로 되어 있으나 『논어·미자』에 따라 바로잡는다.
102) 逸民 … 其斯而已矣: 『논어·미자』에 보인다.
103) 然孔子不明言隘與不恭: 『논어』의 원문은 다음과 같다. "백이는 좁고 유하혜는 공손하지 못했다. 좁은 것과 공손하지 못함은 군자가 말미암지 않는 바이다.(孟子曰, 伯夷隘, 柳下惠不恭, 隘與不恭, 君子不由也.)"

인증 공자가 말씀하셨다. "'은거하여 그 뜻을 구하고, 의를 행하여 그 도를 펼친다.'라는 말을 나는 들어보았으나, 그러한 사람은 보지 못했다. 제나라 경공에게 말 4천 마리가 있었지만 그가 죽은 날에 백성 가운데 아무도 덕을 칭송하는 이가 없었다. 백이와 숙제는 수양산 아래서 굶어죽었지만 백성들은 지금까지 그를 칭송하니 아마도 이러한 이들을 두고 말한 것일 것이다."

○ **용안** 제나라 경공은 형이 시해 당해 동생이 즉위한 것이고 백이와 숙제는 형이 사양하자 동생도 도망한 것으로, 은거하고 의를 행함이 본래 나라를 사양한 뒤에 있다. 그러므로 공자는 반드시 제경공과 나란히 일컬었던 것이다. 나라를 사양하고 녹을 잃었으므로 굶주리게 된 것이다.

인증 ○ 『논어』에서 말했다. "숨어 산 백성은 백이·숙제·우중·이일·주장·유하혜·소련이라고 말하였다. 공자가 말씀하셨다. '그 뜻을 굽히지 않고 그 몸을 욕되게 하지 않은 것은 백이와 숙제일 것이다.' 유하혜와 소련은 뜻을 굽히고 몸을 욕되게 하였으나 말은 인륜에 맞고 행실은 사려에 맞았으니 그뿐이다."

○ **용안** 공자는 여기서 결론을 지으며 "나는 이들과 다르다."라고 하였으니, 이른바 "군자는 이러한 바를 따르지 않는다."라는 것이다. 그러나 공자는 좁음[隘]와 공손치 않음[不恭]에 대해서는 분명하게 말씀하지 않으셨다.

趙曰:"柳下惠, 姓展, 名禽, 字季。柳下, 其號也。"

○《集》曰:"柳下惠, 展禽, 居柳下而諡惠也。"

○《論語集註》曰:"柳下, 食邑名。"

○趙德[104]曰:"《春秋傳》註, '柳下惠, 氏展, 名獲, 字禽, 柳下是所食之邑名, 諡曰惠。展無駭之後。'【見《通考》】

○毛曰:"趙註有誤。名獲, 見《國語》, 字禽, 見《左傳》, 又字季, 見《國策》·《莊子》, 諡惠, 見《列女傳》。是禽與季, 皆是字, 而趙註以禽爲名。是名字且誤, 何況其號?《左傳》孔疏云, '季是五十字, 禽是二十字。'"

○又曰:"《集註》其云食邑, 見《左傳》孔疏, 居柳下, 見《莊子》註。然總不知出何書。且魯地並無柳下一名, 嵇康[105]鍛柳下, 在河內山陽縣。然亦非地名。若號則非居非邑, 益不可解。"

○鏞案 柳下惠雖曰公族, 本是遺逸, 中經窮厄, 三仕三黜, 未或安富, 未必有食邑。

---

104) 趙德: 천수선생天水先生이라고 불린 당대의 경학자이다.
105) 嵇康: 혜강은 죽림칠현 가운데 한 사람으로 위진현학의 대가이다.

조기가 말했다. "유하혜는 성이 전展이고 이름이 금禽이며 자는 계季이다. 유하柳下는 그의 호이다."

○ 『맹자집주』에서 말했다. "유하혜는 전금展禽인데 유하柳下에 살았으며 혜惠를 시호로 받았다."

○ 『논어집주』에서 말했다. "유하는 식읍의 이름이다."

○ 조덕이 말했다. 『춘추전』의 주에 '유하혜는 성은 전이고 이름은 획獲이며, 자는 금이고 유하는 식읍의 이름이며, 시호는 혜이다. 전무해展無駭의 후손이다.'【『문헌통고』에 보인다.】라고 하였다."

○ 모기령이 말했다. "조기의 주는 오류가 있다. 이름이 획이라는 것은 『국어』에 보이고 자字가 금禽이라는 것은 『좌전』에 보이며 또한 자가 계季라는 것은 『전국책』・『장자』에 보이고, 시호가 혜惠라는 것은 『열녀전』에 보인다. 이 금과 계라는 것은 모두 그의 자字인데 조기의 주에는 금禽이 이름이라고 되어 있다. 이름과 자도 또한 오류인데 하물며 호는 어떠랴? 『좌전』의 공영달 소疏에는 '계는 50세 때의 자이고 금은 이십 세 때의 자이다.'라고 하였다."

○ 또 말했다. "『맹자집주』에서 식읍이라고 한 것은 『좌전』의 공영달 소에 보이고, 유하에 살았다는 것은 『장자』 주에 보인다. 그러나 총괄적으로 어떤 책에서 나온 것인지는 알 수 없다. 더불어 노나라 땅에는 유하라는 지명이 한 곳도 없다. 혜강嵇康이 유하에서 단련하였는데 하내 산양현에 있는 곳이다. 그러나 또한 지명은 아니다. 만약 호라고 해도 거주지나 식읍이 아니니 더욱 이해할 수 없다."

○ **용안** 유하혜가 비록 공족公族이라 해도 본래 은거하던 유민으로 도중에 궁액을 겪었던 데다 벼슬을 세 번 하였으나 세 번 축출되었으니, 아마도 편안하거나 부유하지는 않았을 것이므로 반드시 식읍을 가지고 있었던 것은 아닐 것이다.

古者東門遂·西門豹·東郭賈·南郭且于【哀六年】·北郭子車【襄卄八】·東里子産·大陸子方【哀十四】之類, 皆以所居而得名。唯延州來季子, 或稱延陵季子,¹⁰⁶⁾ 先儒以爲采邑之名, 不知何據。

---

106) 延州來季子, 延陵季子 : 춘추시대 오나라 출신의 정치가인 계찰季札이다. 연릉延陵에 봉해져 연릉계자, 주래州來에 봉해져 연주래계자延州來季子 등으로 불렸다.

옛날에는 동문수·서문표·동곽고·남곽저우【애공 6년】·북곽자거【양공 28년】·동리자산·대류자방【애공 14년】 등은 모두 거주하는 바로 이름을 얻은 경우이다. 오직 연주래계자 혹은 연릉계자에 대해서만 선유들이 채읍의 이름에서 유래한 것이라고 하는데 근거가 어디에 있는지 모르겠다.

공손추公孫丑
하下

4-1 천시가 지리보다 못하다는 것에 관한 장 [天時不如地利章]

* 이 장에서 맹자는 전쟁 상황에서 하늘의 때[天時]와 지리적 형세[地利]보다 상하가 서로 화합하는 '인화人和'가 더욱 중요함을 강조한다. 다산은 여기서 주로 천시의 해석에 대해 검토한다. 또한 다산은 고허왕상의 법으로 천시에 대한 길흉을 점치는 것을 한대 참위가의 술수에 불과하다고 비판하고 천시란 계절에 따라 전쟁을 준비하는 것, 다시 말해 시기가 적합한가 아닌가의 문제일 뿐이라고 주장한다.

孟子曰:"天時不如地利, 地利不如人和. 三里之城, 七里之郭, 環而攻之而不勝. 夫環而攻之, 必有得天時者矣; 然而不勝者, 是天時不如地利也. 城非不高也, 池非不深也, 兵革非不堅利也, 米粟非不多也; 委而去之, 是地利不如人和也. 故曰: 域民不以封疆之界, 固國不以山谿之險, 威天下不以兵革之利. 得道者多助, 失道者寡助. 寡助之至, 親戚畔之; 多助之至, 天下順之. 以天下之所順, 攻親戚之所畔; 故君子有不戰, 戰必勝矣."

맹자가 말씀하셨다. "천시天時가 지리地利만 못하고 지리가 인화人和만 못하다. 3리의 성과 7리의 외성을 둘러싸고 공격해도 이기지 못하는 경우가 있다. 둘러싸고 공격하면 반드시 천시를 얻을 때가 있겠지만 그래도 이기지 못하는 것은 천시가 지리만 못하기 때문이다. 성이 높지 않아서도 아니고 연못이 깊지 않아서도 아니며 병기와 갑옷이 견고하고 날카롭지 않아서도 아니며 쌀과 곡식이 많지 않은 것도 아니지만 이를 버리고 떠나가니 지리가 인화만 못하기 때문이다. 그러므로 '백성들을 구획짓되 국경의 경계로 해서는 안 되며, 국가를 견고히 하되 산과 협곡의 험준함으로 해서는 안 되며 천하를 두렵게 하되 병기와 갑옷의 예리함으로 해서는 안 된다.'라고 한 것이다. 도를 얻은 자는 도움을 주는 이가 많고 도를 잃은 자는 도와주는 이가 적다. 도와주는 이가 적은 것이 지극하면 친척도 배반하고, 도와주는 이가 많은 것이 지극하면 천하가 순조롭다. 천하가 순조로운 바로 친척이 배반하는 바를 공격하는 것이다. 그러므로 군자는 싸우지 않는 경우는 있어도 싸우면 반드시 승리한다."

趙曰:"天時, 謂時日·支干·五行·旺相·孤虛之屬."

○孫曰:"古之用兵者, 莫不布策挾龜, 迎日計月, 望雲占風, 觀星候氣, 以察吉凶, 以明利害."

○又曰:"孤虛之法, 以一畫爲孤, 無畫爲虛, 二畫爲實, 以六十甲子日定東西南北四方, 然後占其孤·虛·實而向背之, 卽知吉凶矣. 又如周武王犯歲星[1]以伐商, 魏太祖以甲子日破慕容,[2] 凡用師之道, 有太史抱天時, 太史[3]執同律[4]之類, 是也."

---

1) 歲星 : 세성은 목성을 말한다.
2) 慕容 : 모용은 중국 삼국시대 하북성의 좌북평 서쪽 상곡에 이르는 지역에 살았던 유목 민족의 하나로 훗날 북위에 병합되었다.
3) 史 : 고대 악관樂官의 장長으로 악률樂律을 관장하는 태사太師를 가리키므로 '사師'가 옳은 듯하다.
4) 同律 : 울려律呂와 같은 말이다.

조기가 말했다. "천시는 시일時日·지간支干·오행五行·왕상旺相·고허孤虛를 말한다."

○ 손석이 말했다. "옛날에 군대를 지휘하는 사람은 산대를 펼쳐 보고 거북점을 쳐보며 해 뜨는 것을 보고 달을 헤아리며, 구름을 바라보고 바람으로 점을 치며, 별을 관찰하고 기후를 점쳐 길흉을 살피고 이로움과 해로움을 밝혔다."

○ 또 말했다. "고허지법은 한 획을 고孤로 삼고, 획이 없는 것을 허虛로 삼으며, 두 획을 실實로 삼으니 육십갑자일로 동서남북 사방을 정한 뒤에 그것이 고한지, 허한지, 실한지를 점쳐서 그 향배에 따라 길흉을 아는 것이다. 또 예를 들어 주周 무왕武王이 세성歲星이 나타나자 상商을 친 일과 위魏 태조太祖가 갑자일에 모용慕容을 격파한 것과 같은 것이니 무릇 군사를 쓰는 방법에 있어 태사太史가 천시를 받들고 태사太師가 동률을 맡은 류가 이것이다."

○**鏞案**《易》曰:"聖人先天而天不違, 後天而奉天時。"先天者, 不卜不筮而行之也。後天者, 卜日筮日而行之也。聖人之奉天時不過如此。卜筮之法, 假如行軍, 則先以人謀定某月某日, 乃詢卜筮, 占其吉凶。吉則曰得天時, 整旅行師, 凶則已之。晉 趙鞅卜救鄭, 遇水適火。史龜曰:"是謂沈陽, 可以興兵。"【哀九5)年】鄭 皇耳卜侵衛, 孫文子獻兆曰:"兆如山陵, 有夫出征。"【襄十年】所謂天時不過如此。故〈曲6)禮〉曰:"卜筮者, 先聖王之所以使民信時日·畏法令也。"不卜不筮, 但執甲乙丙丁子丑寅卯, 曰吉曰凶曰虛曰實, 此後世讖緯之家, 妖邪罔誕之術。孟子豈以是爲天時哉?石㚟7)言於子囊8)曰:"先王卜征五年, 歲習其祥。9)"【襄十三】天時之難得如此。

---

5) 九 : 신조본에는 '八'로 되어 있으나 『춘추좌씨전』 애공 9년에 따라 바로잡는다.
6) 曲 : 신조본에는 '典'으로 되어 있다.
7) 石㚟 : 정鄭나라의 태재太宰 벼슬을 지내던 사람으로 오랫동안 초나라에 억류되어 있었다.
8) 子囊 : 초나라 영윤令尹을 지낸 공자 정貞의 자이다.
9) 先王卜征五年, 歲習其祥 : "정나라 양소와 태재 석착이 여전히 초에 역류되어 있었다. 석착이 자낭에게 말하기를 '선왕은 정벌하기 5년 전부터 점을 쳐서 해마다 길한 점이 거듭되면 출병하고, 길하지 않으면 더욱 덕을 닦고 나서 다시 점을 쳤습니다.'라고 하였다.(鄭良霄, 大宰石㚟猶在楚. 石㚟言於子囊曰:"先王卜征五年, 而歲習其祥. 祥習則行. 不習, 則增脩德而改卜.)"『춘추좌전』 양공 13년에 보인다.

○ **용안** 『주역·건괘·문언』에 "대인은 하늘에 앞서 하여도 하늘이 어기지 않고, 하늘보다 뒤에 하여도 천시를 받든다."라고 하였다. 하늘보다 먼저 한다는 것은 복서卜筮로 점을 치지 않고 행하는 것이고 하늘보다 뒤에 한다는 것은 시일을 복서로 점을 쳐서 행하는 것이다. 성인이 천시를 받드는 것은 이러한 일에 불과하다. 복서의 법이란 가령 군사를 출동시킬 때 먼저 사람들과 의논하여 모월 모일을 정하여 복서를 물어서 길흉을 점치는 것이다. 그래서 길하면 천시를 얻었다 하고 군대를 정비해서 군대를 출동시키고 흉하다면 그만두는 것이다. 진晉나라 조앙趙鞅이 정나라를 구할 것인지를 점쳤는데 물이 불로 나아가는 상을 만났다. 사구가 말하였다. 이는 양을 가라앉히는 것이니 군사를 일으킬 만합니다.【애공 9년】 정鄭나라 황이皇耳가 위衛를 침략하려고 점을 쳤는데 위나라 손문자孫文子가 그 조짐을 아뢰기를 "조짐이 산 언덕처럼 매우 성하게 일어나는 상이니 사내들이 출정하여 그 장수를 잃는다."라고 하였으니【양공 10년】 천시라는 것은 이러한 것에 지나지 않는다. 『예기·곡례 상』에 "복서卜筮는 선대의 성왕이 사람들로 하여금 시일을 믿게 하고 법령을 두려워하게 한 것이다."라고 하였다. 복서를 하지 않고 다만 갑을병정甲乙丙丁, 자축인묘子丑寅卯를 가지고 길흉과 허실을 말하는 것은 후세 참위가들의 요사하고 허망한 술법이다. 맹자가 어찌 이런 것들을 천시라고 했겠는가? 석착石㚟이 자낭子囊에게 "선왕은 정벌하기 5년 전부터 점을 쳐서 해마다 길한 점이 거듭되면 출병한다."라고 말했으니【양공 13년】 천시를 얻기가 이와 같이 어렵다.

○古者甲子乙丑, 但以紀日, 不以紀年。自漢 武帝 太初元年甲子以後, 始以紀年, 其後轉轉訛誤, 以之紀月, 以之紀時。於是所謂孤虛旺相之法, 千枝萬葉, 東振西觸, 又非特趙邠卿之時而已。漢時卜筮, 亦用飛伏之法,[10] 無復紹天明之義。故〈王制〉曰:"假於鬼神·時日·卜筮以疑眾, 殺。"與〈曲禮〉所言, 其法相反。今之爲國者, 宜一遵〈王制〉。
○〈月令〉曰:"孟春不可以稱兵, 季夏不可以起兵, 孟秋選士厲兵, 以征不義。"此亦天時之說, 豈必孤虛旺相哉?

引證 《荀子》云:"荀卿與臨武君[11]議兵於王前。臨武君曰, '上得天時, 下得地利, 此用兵之要術也。'"

---

10) 飛伏之法: 한대 경학가인 경방京房의 이론으로 괘가 나타난 것을 비飛, 나타나지 않은 것을 복伏이라고 한다.
11) 臨武君: 임무군은 진秦나라와 대적한 초나라의 장군이다. 원문은 『순자·치사致仕』에 나오는, 조나라 효성왕에게 고한 내용이다.

○ 옛날에 갑자을축甲子乙丑은 단지 날을 나타내는 데 사용했지 해를 나타내는 데 사용하지 않았다. 한 무제 태초太初 원년元年인 갑자甲子 이후에 처음으로 해를 나타내는 데 사용했는데 그 이후 점차 잘못되어 이것으로 달을 나타내기도 하고 시를 나타내기도 하였다. 이에 이른바 고허왕상孤虛旺相의 법이 천 가지 만 가지로 갈라지고 동으로 서로 논란이 일었는데 비단 조기(趙邪卿)의 시대뿐만이 아니었다. 한나라 때의 복서는 또한 비복의 법[飛伏之法]을 쓰고 다시 하늘의 밝음을 이어받는다는 뜻은 없었다. 그러므로 『예기·왕제王制』에 말하기를 "귀신鬼神·시일時日·복서卜筮 등에 가탁하여 백성들을 의혹시키는 자는 죽인다."라고 하였으니 『예기·곡례曲禮』에 말한 바와 그 법이 서로 다르다. 지금 나라를 다스리는 사람들은 「왕제」를 따라야만 할 것이다.

○ 『예기·월령』에 "맹춘孟春에 군대를 일으켜서는 안 되고, 계하季夏에 군대를 일으켜서는 안 되며, 맹추에 군사를 선발하고 병기를 갈고 닦아 의롭지 못한 자를 정벌한다."라고 하였으니, 이 또한 천시의 설이다. 어찌 굳이 고허왕상이 천시이겠는가?

인증 『순자』에서 말했다. "순경과 임무군이 왕 앞에서 군사에 관해 의논할 때 임무군이 '위로는 천시를 얻고 아래로는 지리를 얻는 것이 병사를 쓰는 요체입니다.'라고 말했다."

4-7 맹자가 제나라에서 노나라로 가서 장례를 치른 일과 충우가 관을 만드는 일을 맡게 된 일에 관한 장 〔自齊葬於魯充虞敦匠事章〕

* 이 장에는 맹자의 명으로 맹자 모친상을 감독했던 제자 충우가 장례가 끝난 뒤 맹자에게 장사에 사용한 관목이 사치스러운 것이 아니냐고 묻는 질문에 맹자가 제도와 능력이 된다면 부모의 상을 치르는 박하게 치러서는 안 된다고 답하는 대목이다. 여기서 다산은 죽은 이를 장사지낼 때 예로써 할 뿐이라는 공자의 말을 근거로 군자는 천하를 위해 부모의 장을 박하게 치르지 않는다는 맹자의 입장을 받아들이지 않는다.

子自齊葬於魯, 反於齊, 止於嬴. 充虞請曰: "前日不知虞之不肖, 使虞敦匠事. 嚴, 虞不敢請. 今願竊有請也, 木若以美然." 曰: "古者棺槨無度, 中古棺七寸, 槨稱之. 自天子達於庶人. 非直爲觀美也, 然後盡於人心. 不得, 不可以爲悅; 無財, 不可以爲悅. 得之爲有財, 古之人皆用之, 吾何爲獨不然? 且比化者, 無使土親膚, 於人心獨無恔乎? 吾聞之君子: 不以天下儉其親."

맹자가 제나라에서 노나라로 가서 어머니의 장사를 치르고 제나라로 다시 돌아가다가 영 땅에 머물렀다. 충우充虞가 청하여 말하였다. "전날에는 저의 불초함을 모르시고 저에게 관을 만드는 일을 돌보게 하셨는데 그때는 급하여 제가 감히 묻지 못했습니다. 오늘에서야 청하여 묻고자 하니, 관목이 지나치게 좋은 듯합니다." 맹자가 말했다. "고대에는 관곽에 일정한 법도가 없었는데 중고 때는 속 널[棺]은 7치[寸]요, 겉 널[槨]도 그에 걸맞게 하여 천자天子로부터 서인庶人에게까지 이르렀으니, 이는 한갓 보기 좋게 하려는 아니라 그렇게 한 뒤에야 사람의 마음[人心]을 다하는 것이기 때문이다. 제도상으로 그렇게 할 수 없으면 마음이 흡족할 수 없었고, 이렇게 할 만한 재물이 없으면 흡족할 수가 없었다. 제도상으로 그렇게 할 수 있고 또 그럴만한 재력이 있으면 옛 사람들은 모두 그렇게 장만해서 썼으니 내 어찌 홀로 그렇게 하지 않겠는가? 또 죽은 이를 위하여 흙을 살에 닿지 않게 하면 사람의 마음에 좋지 않겠느냐? 내가 들으니 '군자는 천하를 위하여 자기 어버이에게 검박하게 하지 않는다.'라고 하였다."

趙曰:"孟子仕於齊, 喪母而歸葬於魯也."
○郝敬[12]曰:"孟子自齊葬于魯, 反于齊, 一似將葬而始歸, 裁葬而即出。不終喪而爲齊卿者, 此是何解? 禮凡尊者有賜, 必明日往拜。惟喪禮則斂之明日, 但拜君命及衆賓, 而不拜棺中之賜。故贈襚之賜, 拜于葬後。是時孟子仕齊喪母。

---

[12] 郝敬 : 학경은 명나라 사람으로 자는 중여仲輿이고, 호는 초망楚望이며, 학승건郝承健의 아들이다. 산동세감山東稅監 진증陳增의 탐욕과 횡포를 탄핵했다가 강음지현江陰知縣으로 쫓겨났다. 탄핵을 받아 사직하고 귀향했다. 하학상달의 학문을 주장했으며, 왕수인의 양지설과 지행합일설에 반대했다. 경산선생이라고도 불렀다. 저서에 『학씨구경해郝氏九經解』가 있다.

조기가 말했다. "맹자는 제나라에서 벼슬을 하고 있었는데 어머니가 돌아가시자 노나라로 돌아와서 장사를 지냈다."

○ 학경이 말했다. "맹자가 제나라로부터 노나라로 가서 장사지내고 제나라로 돌아갔다는 것은 마치 장사를 지내려고 비로소 돌아왔다가 장사를 마치자마자 곧 돌아간 것처럼 보인다. 상을 다 마치지 않고 제나라의 경상이 된 것이니 이를 어떻게 해석해야 하는가? 예에 무릇 존귀한 자가 하사하면 반드시 다음날 가서 배례하게 되어 있다. 오직 상례喪禮에서 염殮한 다음날에 다만 군명君命과 여러 빈객들에게 절을 할 뿐, 관에 넣을 물건들을 하사한 것에 대해서는 절하지 않는다. 그러므로 수의를 하사한 일에 대해서는 장례를 치른 후에 배례하는 것이다. 이때 맹자는 제나라에서 벼슬을 하고 있다가 어머니의 상을 당하였다.

齊王必以卿禮來贈含襚,[13] 而孟子以棺中之賜, 不即往拜, 至三月歸葬之後, 然後反齊而拜王之賜。然又不至齊而止於嬴者, 禮, 衰絰不入公門, '大夫去國, 踰境爲壇位, 望鄕而哭', 此喪禮也。今自魯至齊, 遂于境上嬴邑爲壇位, 成禮而畢然後反魯。"

○毛曰:"據夏·商之制, 臣有父母之喪, 則三年不呼其門。故曾子曰, '夏后氏旣殯而致事, 殷人旣葬而致事。'[14] 謂即有未了之事, 亦于葬後盡致之。惟周人不避金革, 而再期之後, 即可從政。毋論孟子客卿, 原無未了之事, 即寇戎金革, 不涉先生。且殯次門內, 葬次門外, 亦居喪要禮。孟子方教滕 文行古制, 居廬不言, 豈有身甫三虞,[15] 而即可離門內外者?"【又云:"嬴在齊南, 去齊都三十餘里。即《春秋》所稱'公會齊[16]侯于嬴'者。果是拜賜, 亦不當如是之遠也。"】

---

13) 含襚: 죽은 이의 입에 물리는 구슬인 함옥含玉과 수의襚衣를 말한다.
14) 夏后氏旣殯而致事, 殷人旣葬而致事:『예기·증자문曾子問』에 보인다.
15) 三虞: 삼우는 장사 지낸 뒤 세 번째 지내는 제사를 말한다.
16) 齊: 신조본에는 '諸'로 되어 있으나『春秋』桓公 3年에 따라 바로잡는다.

제나라 왕은 반드시 경상에 대한 예로 함옥과 수의를 보냈을 터이지만 맹자는 관에 넣을 물건을 하사했다고 해서 곧바로 가서 배례하지 않고 3개월이 지난 뒤에야 장례 지낸 후에 제나라로 돌아가서 왕이 물건을 내려준 것에 대해 배례해야 한다. 그러나 제나라에 이르지 않고 영에서 멈춘 것은 예제에 최질衰絰을 하고 있을 때는 공문에 들어가지 않고 대부는 나라를 떠나 국경을 넘을 때 단을 만들어놓고 고향을 바라보며 곡을 한다는 것과 같으니 이것이 상례이다. 지금 노나라에서 제나라로 가면서 국경에 있는 영읍에 이르러 단을 만들어놓고 예를 마친 다음에야 노나라를 떠난 것이다."

○ 모기령이 말했다. "하나라와 은나라의 제도에 근거하면 신하가 부모의 상을 당할 경우 삼년간 그 문하에 부르지 않는다. 그러므로 증자가 '하후씨는 접빈을 마치면 관직에서 내려오고 은나라 사람은 장례를 마치면 관직에서 내려온다.'라고 하였으니 끝맺지 못한 일이 있으면 또한 장례가 끝난 뒤에 모두 처리하는 것을 일컫는다. 오직 주나라 사람만이 전쟁을 피하지 않으니 이년 후에 정치에 종사한다. 맹자가 객경의 위치였던 것은 논할 것도 없이, 본래 끝맺지 못한 일이 없으니 외적이나 전쟁의 일은 맹자와 아무 상관이 없다. 또한 접빈 후에는 문 안에 머물고, 장사한 뒤에는 문 밖에 머무는 것이 또한 거상의 중요한 예법이다. 맹자가 바야흐로 등문공에게 옛 제도를 행하고 움막에 살면서 말하지 말라고 가르쳤는데 어찌 자신은 삼우제를 지내고 문의 안팎을 떠날 수 있었겠는가?'【또 말하기를 "영은 제나라 남쪽에 있었는데 제나라 도읍과의 거리가 삼십여 리였다. 곧 『춘추』에서 이른바 '공이 영 땅에서 제후와 회합하였다.'고 한 곳이다. 과연 여기에서 물건을 하사한 것에 대해 절을 하였다면 또한 마땅히 이와 같이 멀지는 않았을 것이다."】

○**鏞案** 孟子是時, 母子居齊。母死反葬於魯, 又反哭于齊, 事實平正, 本無可疑。郝說穿鑿, 甚矣。所引禮例, 亦皆謬誤。毛既辨之, 今不贅。
【毛說甚長, 今只錄其半】

趙曰: "敦匠, 厚作棺也。"
○《集》曰: "充虞嘗董治作棺之事。"
○**鏞案** 敦, 厚也。又敦, 迫也。【見〈邶風〉釋文】然則音燉。又敦, 治也。【〈魯頌〉云: "敦商之旅。"】然則音堆。從舊說則讀當音燉, 而從《集註》則似燉似堆, 未可定也。董者, 督迫也。治者, 治事也。旣云董治, 則兩義相牽, 未可定也。
○孟子答充虞之問, 全以厚薄爲說, 故舊說如此。然詳玩上句,【前日不知虞之不肖】當從《集註》, 讀當音堆。

○ **용안** 맹자는 이때 모자가 제나라에 살고 있었다. 어머니가 돌아가시자 돌아와서 노에서 장사를 지내고 또한 되돌아가 제에서 곡을 한 것은 사실이 분명하고 정확하여 본래 의심할 수 없다. 학경의 설은 천착이 심하고 인용한 의례도 또한 모두 잘못되었다. 모씨는 이미 이를 변석하였으니 여기서는 덧붙이지 않는다.【모씨의 설은 매우 길어서 여기서는 단지 반만 수록한다.】

조기가 말했다. "돈장敦匠이란 관을 두껍게 짜는 것이다."

○ 『맹자집주』에서 말했다. "충우가 일찍이 관을 만드는 일을 감독하였다."

○ **용안** 돈이란 두텁다는 뜻이요 또한 독촉한다는 뜻이다.【『시경·폐풍邶風』의 주석에 보인다.】 이 경우 음은 돈이다. 또 돈은 '다스린다'는 뜻이다.【『시경·노송魯頌』에 "상나라 군사를 다스린다."라고 하였다.】 이 경우 음은 퇴堆다. 구설에 따르면 읽을 때 마땅히 돈이라 읽어야 하지만, 『맹자집주』를 따르면 돈인 듯도 하고 퇴인 듯도 하여 정할 수 없다. 동董이란 독촉한다는 뜻이다. 치治란 일을 다스린다는 뜻이다. 이미 독촉하고 다스린다고 하였으니 두 가지 뜻이 서로 맞당겨 정할 수 없다.

○ 맹자가 충우의 물음에 답할 때 오로지 후박厚薄으로만 말하였기 때문에 구설이 이와 같은 것이다. 그러나 윗 구절【전일에 우의 불초함을 모르고(前日不知虞之不肖)】을 완미하면 마땅히 『맹자집주』를 따라야 하고 음도 퇴로 읽어야 한다.

趙曰: "從天子至於庶人, 厚薄皆然。但重累之數, 牆翣之飾有異。"

○**鏞案**〈喪大記〉曰: "君, 大棺[17]八寸, 屬[18]六寸, 椑[19]四寸。上大夫, 大棺八寸, 屬六寸。下大夫, 大棺六寸, 屬四寸。士, 棺六寸。"〈檀弓〉曰: "夫子制於中都,[20] 四寸之棺, 五寸之槨。" 趙簡子[21]曰: "桐棺三寸, 下卿之罰。"【見《左傳》】《家語》曰: "孔子之喪, 桐棺四寸, 柏棺五寸。" 雖諸文參錯, 自天子達於庶人, 壹是皆以七寸爲法, 恐無是理。墨子曰: "古聖王制葬埋之法, 曰棺三寸, 足以朽體。" 墨蓋欲自天子達於庶人, 通用三寸, 亦無是理。大抵孔子封其父墳, 其崇四尺, 鯉也死, 有棺而無槨, 聖人也。孟子所秉, 似與孔子不同。

趙曰: "我聞君子之道, 不以天下人所得用之物, 儉約於其親, 言事親竭其力者也。《論語》曰, '生, 事之以禮, 死, 葬之以禮。'[22] 可謂孝也已。"

---

17) 大棺: 국군國君의 관은 세 겹인데, 대관은 가장 바깥쪽의 관이다.
18) 屬: 대관 안쪽의 관을 말한다.
19) 椑: 제일 안쪽의 관을 말한다.
20) 中都: 중도는 한때 공자가 원으로 머물렀던 노나라의 고을로, 지금의 산동성 문상현에 있다.
21) 趙簡子: 조간자는 조앙趙鞅(?~B.C. 475)으로, 춘추시대 진晉나라의 대부를 말한다. 전국칠웅 중 하나였던 조나라의 초석을 쌓은 인물로, 동생에 의해 축출되었던 주나라 경왕을 복위시키는 데 공을 세웠다.
22) 生, 事之以禮, 死, 葬之以禮: 『논어・위정』에 보인다.

조기가 말했다. "천자로부터 서인에 이르기까지 후하고 박한 것은 모두 같다. 다만 겹의 수와 상여 둘레의 장식은 차이가 있다."

○ **용안** 『예기·상대기喪大記』에 "군의 대관은 두께가 8촌이요, 속屬은 6촌이며, 벽椑은 4촌이다. 상대부의 관은 8촌이요, 속은 6촌이다. 하대부의 관은 6촌이요, 속은 4촌이며 선비의 관은 6촌이다."라고 하였고, 『예기·단궁』에 "부자께서 중도中都의 수령이 되어 제도를 정할 때 4촌의 관과 5촌의 곽으로 하였다."라고 하였다. 조간자趙簡子는 "3촌의 오동나무 관은 하경이 받은 벌이다."라고 하였고 [『좌전』에 보인다.] 『공자가어』에서는 "공자의 상에서 오동나무관 4촌과 측백나무관 5촌으로 하였다."라고 했으니, 비록 여러 글이 뒤섞여 있지만 천자로부터 서인에 이르기까지 한결같이 7촌을 법으로 삼는다는 것은 아마도 이러한 이치가 없을 것이다. 묵자는 "옛날의 성왕聖王들은 매장하는 법을 정하였는데 두께 3촌이라고 말한 것은 3촌은 되어야 사체를 썩게 할 수 있기 때문이다."라고 했는데, 이는 묵자가 천자로부터 서인에 이르기까지 3촌으로 통용하고자 한 것으로, 역시 이와 같은 이치는 없다. 대저 공자께서는 그 부친의 무덤을 봉분할 때 높이를 4척으로 하였고 아들 리鯉가 죽었을 때 관은 있었지만 곽은 없었으니 성인이신 것이다. 맹자가 주장하는 바는 공자와 서로 다른 듯하다.

조기가 말했다. "나는 군자의 도는 천하 사람들이 얻어 쓸 수 있는 일반적인 물건으로 부모(의 상을) 검소하게 하지 않는다고 들었으니, 부모를 섬김에 그 힘을 다해야 함을 말한 것이다. 『논어』에서 '살아있는 이를 섬길 때 예로써 하고 죽은 이를 장사지낼 때 예로서 하면 효라고 할 만하다.'라고 하였다."

○《集》曰: "所當得爲而不自盡, 是爲天下愛惜此物, 而薄於吾親也."
○**鏞案** 事親竭其力者, 農夫之類也. 古人以農夫謂之小人, 安得以君子爲農夫乎? 趙說, 非也. 余謂凡聖王立法立制, 使民不得踰者, 爲天下慮也. 孟子之意, 蓋曰'君子不以慮天下之故, 自儉其親', 蓋其所秉, 與孔子不同, 未敢從也.《論語》曰'生, 事之以禮, 死, 葬之以禮'者, 所以戒三家[23]之僭禮踰法也, 趙引此文, 亦是疑孟之意.
○以即境則桐棺三寸, 亦足以拒土以遠慮, 則豈得以七寸之厚, 免土之親膚哉? 熟讀〈檀弓〉一篇, 可知孔子所秉. 若孟子治母喪, 其衣衾·棺槨, 必有踰禮者. 故今有充虞之疑, 後有臧倉之譖.

---

23) 三家: 삼가는 노나라의 패권을 쥐고 있던 대부인 맹손씨孟孫氏·숙손씨淑孫氏·계손씨季孫氏를 말한다.

○ 『맹자집주』에서 말했다. "당연히 얻을 수 있는 것에 스스로 힘을 다하지 않는 것은 천하를 위하여 그 물건을 아끼고 내 부모에게는 박하게 하는 것이다."

○ **용안** 부모를 섬기는 데 그 힘을 다한다는 것은 농부와 같은 부류이다. 옛사람들은 농부를 소인이라고 여겼으니 어찌 군자를 농부로 여길 수 있겠는가? 조기의 설은 잘못되었다. 나는 성왕聖王이 법과 제도를 만들어 백성들로 하여금 넘지 못하게 한 것은 천하 사람들을 염려했기 때문이라고 생각한다. 맹자의 뜻은 대개 군자가 천하를 걱정하는 일 때문에 그 부모에 대해 검약하게 하지는 않는다고 말한 것이니 대개 그 견해가 공자와 달라 감히 따를 수가 없다. 『논어』에서 "살아있는 이를 섬길 때 예로써 하고 죽은 이를 장사지낼 때도 예로써 한다."라고 한 것은 노나라의 삼가三家가 예를 참월하고 법도를 넘는 것을 경계하기 위한 것으로, 조기가 이 글을 인용한 것은 또한 맹자의 뜻을 의심한 것이다.

○ 경우에 따라 오동나무관 3촌으로도 흙을 막아 시신에 흙이 닿을까 하는 걱정을 멀리할 수 있으니 어찌 7촌이나 되는 두꺼운 관을 취해야 흙이 피부에 닿는 것을 면할 수 있겠는가? 『예기·단궁檀弓』 한 편을 숙독해보면 공자가 주장하는 바를 알 수 있다. 맹자가 모친상을 치른 일의 경우, 그 의복과 이불, 관곽 등에 반드시 예를 넘은 바가 있었다. 그러므로 그때 충우의 의심이 있었던 것이고 후에 장창의 참소가 있게 된 것이다.

4-8 심동이 연을 정벌할 수 있는지 물은 장 [沈同問燕可伐章]

* 이 장은 제나라의 신하 심동이 맹자에게 연나라를 정벌해도 되냐고 묻는 질문에 맹자에 사사로이 정벌할 수 없다고 대답하는 대목이다. 이에 대해 다산은 올바른 정치는 제후에게 왕도정치를 행하도록 권면하는 것과 제후가 왕명을 어길 때 죄를 묻는 것은 두 가지를 병행해야 한다고 주장한다.

沈同以其私問曰: "燕可伐與?" 孟子曰: "可. 子噲不得與人燕, 子之不得受燕於子噲. 有仕於此, 而子悅之, 不告於王而私與之吾子之祿爵; 夫士也, 亦無王命而私受之於子, 則可乎? 何以異於是?"

趙曰: "子噲不以天子之命, 而擅以國與子之."
○**鋪案** 後儒皆謂: "孔子尊周, 孟子不尊周." 今觀此章, 孟子《春秋》之義, 嚴於斧鉞. 勸諸侯行王政, 罪諸侯違王命, 兩義雙行, 不相悖也. 故繼之曰'爲天吏則可以伐之'.

심동이 사적으로 물었다. "연나라를 정벌할 수 있습니까?" 맹자가 말씀하셨다. "할 수 있다. (연燕나라 왕인) 자쾌子噲도 다른 사람에게 연을 줄 수 없으며 (연나라의 재상인) 자지子之도 자쾌로부터 연나라를 받을 수 없다. 여기 어떤 벼슬하는 이가 있는데 그대가 그 사람을 좋아하여 왕에게 고하지 않고 사사로이 그대의 녹과 작을 주고 그 선비 역시 왕명 없이 사사로이 그대로부터 녹과 작을 받는다면 괜찮겠는가? 어찌 이와 다르겠는가?"

조기가 말했다. "자쾌는 천자의 명이 아니라 제멋대로 나라를 자지에게 준 것이다."

○ **용안** 후대 유학자들이 모두 "공자는 주나라를 존숭하였으나 맹자는 주나라를 존숭하지 않았다."라고 말한다. 지금 이 장을 살펴보니 맹자의 '춘추지의'는 부월斧鉞보다 엄하다. 제후에게 왕도정치를 행하도록 권면하는 것과 제후가 왕명을 어길 때 죄를 묻는 것은 두 가지가 병행하여 행해야 서로 어그러지지 않는다. 그러므로 연이어 "하늘의 관리[天吏]라면 정벌할 수 있다."라고 말한 것이다.

4-8 제나라가 연나라를 정벌한 일에 관한 장 〔齊人伐燕章〕

齊人伐燕. 或問曰: "勸齊伐燕, 有諸?" 曰: "未也. 沈同問 '燕可伐與'? 吾應之曰 '可', 彼然而伐之也. 彼如曰 '孰可以伐之'? 則將應之曰: '爲天吏, 則可以伐之.' 今有殺人者, 或問之曰 '人可殺與'? 則將應之曰 '可.' 彼如曰 '孰可以殺之'? 則將應之曰: '爲士師, 則可以殺之.' 今以燕伐燕, 何爲勸之哉?"

舊本連上爲一章,《集註》分爲二章. 恐舊本爲是. 雖通下章而爲一, 亦無不可.

제나라 사람이 연나라를 정벌했다. 어떤 이가 물었다. "제나라가 연나라를 정벌하도록 권하는 일이 있습니까?" 맹자가 말했다. "없습니다. 심동이 '연나라를 벌할 수 있습니까?'라고 물어서 내가 '그렇다.'라고 답하였는데, 저들이 그러하다고 여겨 정벌한 것입니다. 그가 만일 '누가 정벌할 수 있습니까?'라고 물었다면, 장차 대답하기를 '하늘의 관리라면 정벌할 수 있습니다.'라고 말했을 것입니다. 지금 어떤 살인자가 있는데 어떤 이가 묻기를 '그 사람을 죽일 수 있습니까?'라고 묻는다면, 장차 대답하기를 '그렇다.'라고 할 것입니다. 저 사람이 만일 '누가 그를 죽일 수 있습니까?'라고 물었다면, 장차 대답하기를 '법관[士師]이 그를 죽일 수 있습니다.'라고 말했을 것이오. 지금은 연나라로 연나라를 정벌한 것이니 어찌 정벌하도록 권하였겠소."

구본에는 윗장과 이어져 하나의 장이었는데 『맹자집주』에서 나누어 두 장으로 만들었다. 아마도 구본이 옳은 듯하다. 더구나 아랫장과 통틀어 하나로 만든다고 해도 또한 안 될 것이 없다.

4-9 연나라가 배반한 일과 주공이 관숙에게
연나라를 감독하게 한 장〔燕人畔周公管叔章〕

* 연나라가 제나라를 배반하자 제나라의 신하 진가가 주공이 동생인 관숙에게 은나라를 감독하게 하였으나 관숙이 배반한 일을 비유로 삼아 맹자에게 제나라의 입장을 변명하는 대목이다. 이에 대해 다산은 관숙 등 삼감이 은나라를 감독하지 않았음을 고증하는 모기령의 주석 등을 검토하고 하고 주공과 관숙의 서열에 대해 고증한다.

燕人畔. 王曰: "吾甚慚於孟子." 陳賈曰: "王無患焉. 王自以爲與周公, 孰仁且智?" 王曰: "惡! 是何言也?" 曰: "周公使管叔監殷, 管叔以殷畔. 知而使之, 是不仁也; 不知而使之, 是不智也. 仁智, 周公未之盡也, 而況於王乎? 賈請見而解之." 見孟子問曰: "周公何人也?" 曰: "古聖人也." 曰: "使管叔監殷, 管叔以殷畔也, 有諸?" 曰: "然." 曰: "周公知其將畔而使之與?" 曰: "不知也." "然則聖人且有過與?" 曰: "周公, 弟也; 管叔, 兄也. 周公之過, 不亦宜乎? 且古之君子, 過則改之; 今之君子, 過則順之. 古之君子, 其過也, 如日月之食, 民皆見之; 及其更也, 民皆仰之. 今之君子, 豈徒順之, 又從爲之辭?"

《集》曰: "武王立紂子武庚, 而使管叔與弟蔡叔·霍叔監其國."
○毛曰: "經傳並無三叔監殷事, 惟〈大誥·書序〉有云'三監叛'. 前儒因《春秋傳》有'周公痛二叔之不咸'及'管·蔡啓商, 惎間王室'語, 疑蔡叔亦同監殷.

연나라가 배반했다. 왕이 말하였다. "내가 맹자에게 심히 부끄럽다." 진가陳賈가 말했다. "왕께서는 걱정하지 마십시오. 왕께서 스스로 생각하시기에 주공과 더불어 누가 더 인하고 지혜롭다고 여기십니까?" 왕이 말했다. "아, 이것이 무슨 말인가?" 진가가 말했다. "주공이 관숙으로 하여금 은나라를 감독하게 하였는데 관숙이 은나라를 이용해 배반하였는데 주공이 이를 알고 시켰다면 인하지 않은 것이요, 모르고 시켰다면 이는 지혜롭지 못한 것입니다. 인과 지는 주공도 다하지 못한 바인데 하물며 왕께서 다하실 수 있겠습니까? 청컨대 제가 맹자를 만나 해명하겠습니다." 진가가 맹자를 뵙고 말하였다. "주공은 어떤 분이십니까?" 맹자가 말했다. "옛 성인이시다." 진가가 말했다. "주공이 관숙으로 하여금 은나라를 감독하게 하셨는데 관숙이 은나라를 이용해 배반하였던 일이 있습니까?" 맹자가 말했다. "그렇다." 진가가 말했다. "주공이 장차 관숙이 배반할 것을 알고도 시킨 것입니까?" 맹자가 말했다. "알지 못하셨다." "그렇다면 성인 또한 잘못이 있는 것이지요?" 맹자가 말했다. "주공은 동생이요, 관숙은 형이다. 주공의 과실이 또한 마땅하지 않은가? 또한 옛 군자들은 잘못이 있으면 곧 고쳤으나 지금의 군자들은 잘못이 있으면 따르는구나. 옛 군자들은 잘못이 있으면 일식 월식과 같아서 백성들이 모두 이를 보았고 고치는 경우에는 백성들이 모두 우러러보았으나 지금의 군자는 어찌 한갓 따를 뿐이고 또한 따라서 변명을 하는가?"

『맹자집주』에서 말했다. "무왕은 주왕의 아들 무경武庚을 세워 관숙管叔과 더불어 동생 채숙蔡叔, 곽숙霍叔으로 하여금 그 나라를 감독하게 하였다."

○ 모기령이 말했다. "경전에 삼숙三叔이 은나라를 감독한 일이 전혀 없고 오직 『서경·대고大誥·서서書序』에만 '삼감三監이 반란을 일으켰다.'라는 말이 있다. 이전의 유자들은 『춘추전』에 있는 '주공이 이숙과 함께 하지 못함을 안타깝게 여겼다.'와 '관숙과 채숙이 상을 계도하여 왕실을 미워하게 했다.'라는 말에 근거해 채숙이 또한 함께 은을 감독한 것이 아닌가 의심하였다.

故孔安國注〈書序〉, 始云'三監者, 管·蔡與商', 而《漢書·地理志》遂謂 '管·蔡·武庚三分邶·鄘·衛之地而各尹之', 以爲監即尹也.

夫武庚, 殷也. 以殷監殷, 固已謬矣. 且管·蔡未嘗分鄘·衛也. 〈世家〉 云'封鮮于管, 封度于蔡',[24)] 杜預[25)]謂'管在滎陽', 《世本》[26)]謂'汝南[27)] 上蔡, 即叔度封國', 況霍叔則並無闌及者. 其後鄭氏作《詩譜》,[28)] 據 〈蔡仲之命〉, 謂霍亦流言. 因以霍代商, 竊補三數, 而前儒非之, 謂監 殷·流言本是兩事, 流言有霍, 而監殷何有?"

○又曰: "《周禮》施典之官, 顯有牧·監·參·伍·殷·輔六名. 牧·監以諸侯爲 之, 參·伍·殷·輔, 則以各國之大夫·士爲之, 皆統制之官, 即監官也. 《史 記》作〈衛世家〉, 認監作輔, 有云'武王恐武庚有賊心, 使管叔·蔡叔傅相 之', 夫傅相, 漢官, 置之諸侯王之國, 如所云膠東[29)]相長沙王.

---

24) '封鮮于管, 封度于蔡': 『사기·관채세가管蔡世家』에 보인다.

25) 杜預: 두예(222~284)는 삼국시대 위나라의 정치가이자 학자로, 서진西晉의 장군이 되어 동오東吳를 정벌할 때 공을 세움으로써 중국을 재통일하는 데 기여했다. 특히 『춘추』를 좋아하여 『춘추좌전집해春秋左傳集解』, 『춘추석례春秋釋例』, 『춘추장력春秋長歷』 등 『춘추』에 관한 저술을 남겼다.

26) 世本: 『세본』은 『한서·예문지藝文志』에 황제黃帝의 시대로부터 춘추시대까지 제왕·제후·경대부의 세계世系·시호諡號·성명姓名을 기록한 책으로 알려져 있으나 없어졌다가 청대에 다시 편찬되었다.

27) 汝南: 한 고조 4년에 설치한 군郡의 명칭이다.

28) 詩譜: 『시보』는 후한의 경학자 정현鄭玄(127~200)이 『사기·육국연표六國年表』와 『춘추』 등을 근거로 『시경』에 나오는 각 시의 연대를 추정하고 관련된 역사적 사실을 정리한 책이다.

29) 膠東: 교동은 한나라 때 유기劉奇에게 봉해준 땅이다.

그러므로 공안국이 『서경·대고大誥·서서書序』를 주석하면서 처음으로 '삼감이란 관숙과 채숙과 상이다.'라고 하였고, 『한서·지리지』에 마침내 '관숙·채숙·무경이 패·용·위 땅을 삼분하여 각각 다스렸다.'라고 하였다.
　저 무경은 은나라 사람이다. 은나라 사람으로 은나라를 감독하게 했다는 것은 본래 이미 오류이다. 또한 관숙과 채숙은 일찍이 용과 위를 나눈 일이 없다. 『사기·세가』에서 '선을 관에 봉하고 도를 채에 봉하였다.'라고 하였고, 두예는 '관은 형양에 있다.'라고 하였으며, 『세본世本』에는 '여남의 상채 땅은 숙도에게 봉해준 나라이다.'라고 하였는데, 하물며 곽숙의 경우는 모두 언급이 전혀 없다. 후에 정현이 『시보詩譜』를 지을 때 『서경·채중지명蔡仲之命』을 근거로 곽숙에 관한 것이 항간에 떠도는 이야기라고 말했다. 이 때문에 곽숙을 상 대신으로 삼아 슬그머니 삼이라는 숫자를 채운 것으로 이전의 유자들은 이를 잘못이라고 여겼다. 은나라를 감독하는 일과 항간에 떠도는 이야기는 본래 서로 다른 일이니 떠도는 말에는 곽숙의 일이 있지만 은나라를 감독하는 일에는 곽숙의 일이 어디에 있는가?"
　○ 또 말하였다. "『주례』에는 시전지관施典之官으로 목牧·감監·참參·오伍·은殷·보輔라는 여섯 명칭이 분명히 있다. 목·감은 제후에게 담당하도록 하고 참·오·은·보는 각국의 대부나 사士에게 담당하도록 했는데 모두 통제하는 관리이니 곧 감관監官이다. 『사기·위세가』에는 '감'을 '보'라고 하였는데 '무왕은 무경이 배반하는 마음을 가질까 두려워하여 관숙과 채숙을 부상傅相으로 삼았다.'라는 말이 있다. 무릇 부상이란 한나라 때의 관직으로 제후국에 배치하였으니 예를 들면 '교동膠東이 장사왕長沙王의 부상이 되었다.'라는 것과 같다.

傅者, 即輔也. 未有二叔爲武庚輔者. 監殷, 本牧監之職, 而誤以殷輔當之也. 蓋監, 所以監視諸侯者. 然即推諸侯, 爲之九州一千八百諸侯, 每州立方伯, 統領其事.《春秋傳》謂之九伯,〈王制〉除王畿謂之八伯,《尚書·多方》謂之胥伯, 然總謂之牧.〈曲禮〉'九州之長, 入天子之國曰牧', 是也. 乃自牧而下, 又有卒正·連帥·屬長三等官,〈多方〉謂之小大多正. 自牧而上, 又有王朝之二伯一等官,《春秋傳》謂之分陝之伯,〈曲禮〉謂之五官之長之伯, 總監官也. 管叔之監, 祇是連帥·正長, 僅監殷墟諸國者, 其官在牧下. 而《周禮》建牧之後, 即繼曰立其監, 一似立監之名, 專指連帥·正長三等官者. 然且三監之稱, 雖以三等得名, 顧自昔有之.〈王制〉記商制云, '天子使其大夫爲三監, 監于方伯之國, 國三人.' 惟商制無二伯, 但以王大夫三人監方伯國. 而周制則特設二伯于王畿, 即以連帥·正長三等官, 襲三監之名. 且連帥·正長, 合不下數十餘人, 所謂小大多正者, 而總名三監.

부란 보이다. 이숙이 무경의 보가 된 바가 없다. 은나라를 감독하는 것은 본래 목감의 직분이지만 잘못하여 은보가 담당했다고 한 것이다. 대개 감이란 제후를 감시하기 위한 것이다. 그러므로 제후를 추천하여 구주 일천팔백의 제후로 삼고 주마다 방백을 세워 그 일을 총괄하게 하였다. 『춘추전』에는 구백이라고 했고, 『예기·왕제』에는 왕기를 제외하고 팔백이라고 하였으며, 『상서·다방多方』에는 서백이라고 하였으니, 총괄하여 목이라 한다. 『예기·곡례』에 '구주의 우두머리가 천자의 나라에 들어가면 목이라 하였다.'라는 것이 이것이다. 목 이하로 졸정·연수·속장의 삼등관이 있는데, 『상서·다방多方』에서는 이를 일러 대소의 여러 정장正長[正]이라고 하였다. 목 이상으로 또한 왕조의 이백이라는 일등관이 있었는데, 『춘추전』에서는 분섬지백分陝之伯이라고 하였고, 『예기·곡례』에서는 오관장의 백이라 하였으니, 총괄하면 감독이다. 관숙의 감은 다만 연수連帥·정장正長으로 하여금 다만 은허의 여러 나라를 감독하게 한 것이니, 그 관직은 목 아래에 있었다. 그런데 『주례』에서 목을 세운 이후에 이를 이어 감을 세웠다고 하였으니 감이라는 명칭을 세운 것은 오로지 연수·정장 등 삼등관을 가리키는 듯하다. 그러나 또한 삼감의 명칭이 비록 삼등으로써 명칭을 얻었다고 하나 돌아보면 예로부터 그러한 바가 있었다.

『예기·왕제』에서는 상의 제도를 기록하여 말하기를 '천자가 대부로 하여금 삼감으로 삼아서 방백의 나라를 감독하게 했으니 나라마다 세 사람이 있었다.'라고 했으니, 오직 상나라의 제도에 이백이 없고 다만 왕대부 세 사람으로 방백의 국가를 감독하게 한 것이다. 그러나 주나라의 제도는 특별히 왕기에 이백을 설치하였으니 즉 연수 정장의 삼등관으로 삼감의 명칭을 답습한 것이다. 또한 연수 정장은 합하면 수십 명을 웃도니 이른바 대소의 여러 정장을 총괄하여 삼감이라 이름한 것이다.

是初以三人爲三, 而繼即以三等爲三, 多官稱三監, 一官亦得稱三監。管不必蔡, 何論有霍?"
○又曰: "三代事蹟, 至宋一變, 天下學者, 皆知有武王封康叔, 周公避東郊, 召公辭官, 周公留後諸事, 牢不可破。若三叔監殷, 則尤百口不能爭者。"
○鏞案 三監者, 官名也。堯之四岳, 未必是四人, 秦之五大夫趙嬰, 未必是五人, 漢之壺關三老董公, 未必是三人。始以三人之故, 名曰三監, 其後官不必備, 猶稱三監。先儒必求三人, 以充三額, 或使武庚自監其身, 或使霍叔引入冤獄。其後梅賾僞造《尙書》'霍叔竟爲庶人, 三年不齒',【見〈蔡仲之命〉】冤甚矣。詳見余《尙書說》, 今不贅。
○毛氏三等之說, 亦是謬義。三監之法, 當從〈王制〉。

시초에는 세 사람을 삼이라고 하였으나 이어지면서 삼감을 삼이라 하고 여러 관직을 삼감이라 하기도 하였으며 하나의 관직도 또한 삼감이라 칭할 수 있었으니 관숙에 채숙까지 필요치 않는데 어찌하여 곽숙이 있었음을 논해야 하는가?"

○ 또 말했다. "삼대의 사적은 송에 이르러 일변하였는데 천하의 학자들은 모두 무왕이 강숙을 봉하였고 주공이 동교로 피하였으며 소공이 벼슬을 사양하였고 주공이 머물러 왕을 보필한 여러 일들을 분명한 일로 논파할 수 없다. 삼숙이 은을 감독했다는 일의 경우, 더욱 수백 명이 있다 해도 쟁론할 수 없을 것이다."

○ **용안** 삼감은 관직의 명칭이다. 요堯의 사악四岳도 반드시 네 사람이 아니었고 진의 오대부 조영趙嬰도 반드시 다섯 사람이 아니었으며 한의 호관 삼로 동공도 반드시 세 사람이 아니었다. 처음에는 세 사람이었기 때문에 명칭을 삼감이라고 했지만 그 후에 관직을 모두 갖출 필요가 없게 되었음에도 여전히 삼감이라고 칭한 것이다. 선유들은 반드시 세 사람을 구하여 삼이라는 수효를 채우기 위해 혹 무경으로 하여금 그 자신을 감독하게 하기도 하고 곽숙으로 하여금 원통한 옥사에 끌어들이기도 하였다. 그 후에 매색이 『상서』를 위조해 곽숙을 마침내 서인으로 만들어 삼년간 버려두었다고 하였으니『상서·채중지명蔡仲之命』에 보인다.】 심히 원통하다. 상세한 것은 나의 『상서설尚書說』에 있으니 여기서는 덧붙이지 않겠다.

○ 모씨의 삼등지설 역시 잘못된 해석이다. 삼감의 법은 마땅히 『예기·왕제』를 따라야 한다.

趙曰: "周公惟管叔弟也, 故愛之, 管叔念周公兄也, 故望之, 親親之恩也。"

○《集》曰: "管叔, 武王弟, 周公兄也。" 又曰: "周公乃管叔之弟, 管叔乃周公之兄。"

○毛曰: "《史記·世家》曰, '文王有同母十子。一伯邑考, 二武王發, 三管叔鮮, 四周公旦。'然而孔安國註〈金縢〉謂'周公攝政, 其弟管叔及蔡叔·霍叔, 放言於國, 以誣周公'。張南士謂'此事有可疑者三。周公稱公, 而管叔以下皆稱叔, 一。周公先封周, 旣又封魯, 而管叔並無畿內之封, 二。周制立宗法, 以嫡弟之長者爲大宗, 周公·管·蔡皆嫡弟, 而周公爲大宗, 稱魯宗國, 三'。若《尙書》孔疏, 釋流言所起, 謂'殷法兄終弟及, 三叔疑周公爲武王之弟, 有次立之勢', 則亦以周公次武王。其弟及, 與殷法合, 故流言, 則趙氏所註, 非無據也。"

○鏞案《孟子》·《史記》, 兩相符合, 則管叔之爲第三, 周公之爲第四, 無復可疑。

조기가 말했다. "주공은 오직 관숙을 아우처럼 생각하였으므로 그를 아꼈고, 관숙도 주공을 형처럼 생각하였으므로 그를 우러렀으니 친친의 은정이다."

○ 『맹자집주』에서 말했다. "관숙은 무왕의 동생이며 주공의 형이다." 또 말하였다. "주공은 곧 관숙의 동생이며 관숙은 곧 주공의 형이다."

○ 모기령이 말했다. "『사기·세가』에서 말하기를 '문왕에게는 같은 어머니에게서 태어난 열 명의 아들이 있었다. 첫째는 백읍 고이고 둘째는 무왕 발이며 셋째는 관숙 선이고 넷째는 주공 단이다.'라고 했다. 그러나 공안국이 『상서·금등金縢』의 주에서 '주공이 섭정을 하자 그 동생인 관숙과 채숙, 그리고 곽숙이 나라에 소문을 퍼뜨려 주공을 무함하였다.'라고 하였다. 장남사가 '이 일은 의심할 만한 점이 세 가지 있다. 주공은 공이라고 칭하면서도 관숙 이하는 모두 숙으로 칭한 점이 첫 번째이고, 주공이 먼저 주에 봉해지고 이윽고 또한 노에 봉해졌는데 관숙은 전혀 기내에 봉해지지 않았다는 점이 두 번째이며, 주나라 제도의 입종법에서 적자인 아우 가운데 장자를 대종으로 삼았으니 주공과 관숙, 채숙이 모두 적자인 아우임에도 주공이 대종이 되어 노나라를 종국이라고 칭했다는 것이 세 번째다.'라고 하였다. 『상서』의 공영달 소에서 유언이 일어난 것을 풀이하여 '은나라 법에 형이 죽으면 아우가 그 자리에 오르도록 되어 있는데, 삼숙은 주공이 무왕의 동생으로 다음으로 자리에 오를 형세라고 의심하였다.'라고 하였으니, 즉 주공이 무왕을 이을 것이라고 여긴 것이다. 은나라 법과 합치하므로 유언의 경우 곧 조씨의 주에 근거가 없는 것은 아니다."

○ **용안** 『맹자』와 『사기』는 서로 부합하니 곧 관숙이 셋째가 되고 주공이 넷째가 된다는 것을 다시 의심할 바가 없다.

豈得以趙邠卿·梅仲眞二註, 易其序次乎?【毛所謂孔注, 即是梅傳】張南士設三難, 亦殊未然。公者, 公·侯之爵名也, 叔者, 伯·叔之序名也。第三以下, 皆可稱叔, 故周公原稱叔旦。【《管蔡世家》云: "武王封叔旦於魯。" 魏文帝策命孫權曰: "叔旦有夾輔之勳。"】又如畿內之封, 或無地可封者, 第於畿內食以一邑。或將受外封, 而留輔天子者, 先受采邑。管叔旣受外封, 又不留輔, 則其無內邑, 理所固然, 又何封之可索乎? 至於立嫡爲大宗者, 此是鄭玄謬義, 本無經據。同姓之盟, 謂之宗盟,【見《左傳》】同姓之國, 謂之宗國,【《滕文公》】其例相同。何得以'吾宗國'三字, 遂伸鄭義乎?【詳見〈喪期別〉】然且管叔無後國絶, 設如鄭玄之法, 亦必移宗于魯國, 周公爲弟, 何足疑乎?

○齊桓公殺兄以定國, 周公殺兄以定天下。彼私此公, 雖若霄壤, 孔子謂'桓公正而不譎', 帝王家有義斷之法, 與私家不同。

어찌 조빈경·매중진 두 사람의 주를 가지고 그 순서를 바꿀 수 있겠는가? 【모씨의 이른바 공안국의 주라는 것은 즉 매색의 전이다.】 장남사가 제기한 세 가지 논란도 또한 전혀 그렇지 않다. 공이라는 것은 공, 후라는 작위의 명칭이며 숙이라는 것은 백, 숙이라는 순서의 명칭이다. 셋째 이하는 모두 숙이라고 칭할 수 있으므로 주공도 원래는 숙단이라고 불렸다.【『사기·관채세가』에서 "무왕이 숙단을 노에 봉했다."라고 하였고, 위나라 문제가 손권을 책봉하면서 "숙단은 보좌한 공훈이 있다."라고 하였다.】 또한 기내에 봉하는 경우 혹 봉할 만한 땅이 없으면 다만 기내에 한 읍을 식읍으로 주기도 하며 혹 장차 외봉을 받을 것이라서 남아 천자를 보필하는 자는 먼저 채읍을 받기도 한다. 관숙은 먼저 외봉을 받았으며 또한 남아서 보필하지 않았으니 내읍이 없었던 것은 이치상 당연한 것이니 또한 무슨 봉읍을 찾을 수 있겠는가? 적을 세워 대종으로 삼는 경우에도 이는 정현의 잘못된 해석으로 본래 경전에 근거가 없다. 동성의 맹약을 일러 종맹이라고 하고【『춘추좌씨전』에 보인다.】 동성의 국가를 종국이라고 부르는데,【『맹자·등문공』에 보인다.】 그 예가 서로 같다. 어찌하여 '오종국' 세 글자를 가지고 정현의 뜻을 확대할 수 있겠는가?【상세한 것은 『상례사전喪禮四箋·상기별喪期別』에 보인다.】 그러나 또한 관숙은 후사가 없어 나라가 끊겼으니 설사 정현의 해석법을 따른다 해도 또한 반드시 노나라로 종을 옮겨야 하니 주공이 아우라는 것을 어찌 의심할 수 있겠는가?

○ 제환공은 형을 죽여 나라를 평정하였고, 주공은 형을 죽여 천하를 평정하였다. 전자는 사적인 일이요 후자는 공적인 일인데 비록 그 차이가 하늘과 땅과 같으나 공자가 "환공은 바르고 거짓이 없다."라고 하였으니, 제왕가에 의단義斷의 법이 있는 것은 사가私家와 같지 않다.

4-11 맹자가 제나라를 떠나 주 땅에 유숙한 일에 관한 장
〔去齊宿於晝章〕

* 제나라를 떠나는 맹자를 만류하러 온 이에게 맹자가 노 목공과 자사의 관계를 예로 들어 군자의 머무르고 떠남에 관한 자신의 입장을 전하는 대목이다. 이 장에서 다산은 노 목공과 자사의 관계에 대해 『맹자·만장하』 6장, 신상과 설류에 관해서는 「등문공하」편 7장과 연관시켜 보아야 한다고 주장한다. 고금의 주석은 노 목공이 자사를 존경하고 예우하였으며 신상과 설류도 존경한 것으로 보고 "노 목공이 자사의 곁에 항상 어진 사람의 보살핌이 없으면 자사를 편안하게 여기지 못하며, 설류와 신상이 목공 곁에 어진 사람이 없으면 자신들의 몸을 편안하게 여기지 못한다."라고 한데 대해, 다산은 '무인호자사지측無人乎子思之側'과 '무인호목공지측無人乎繆公之側'의 두 측자에서 구절을 끊어 '자사를 편게 할 수 없고 그 몸을 편하게 할 수 없다'는 것은 가정이 아니라 실제 역사적 사실이라고 보는 것이다.

孟子去齊, 宿於晝. 有欲爲王留行者, 坐而言. 不應, 隱几而臥. 客不悅曰: "弟子齊宿而後敢言, 夫子臥而不聽, 請勿復敢見矣." 曰: "坐! 我明語子. 昔者魯繆公無人乎子思之側, 則不能安子思; 泄柳·申詳, 無人乎繆公之側, 則不能安其身. 子爲長者慮, 而不及子思, 子絶長者乎? 長者絶子乎?"

趙曰: "晝, 齊西南近邑."
○麟曰: "《水經注》云'漷水出時水東, 去臨淄城十八里', 所謂漷中也. 俗以漷水爲宿留水, 以孟子三宿出漷."【當作晝. 《後漢》'耿弇進軍晝中',《史記》'晝邑人王蠋',《通鑒》作晝邑】
○鏞案 此章·下章, 凡宿晝出晝, 皆作晝, 傳寫之誤. 豈至是乎? 宰予晝寢, 後人改作晝寢, 亦此一類.

맹자가 제나라를 떠나면서 주晝 땅에 유숙하고 있었는데 왕을 위해 맹자가 떠나는 것을 만류하고자 하는 자가 있었다. 그가 앉아서 말하자 맹자는 그에게 응하지 않고 안석이 기대어 누우셨다. 객이 불쾌해하며 말하였다. "제가 목욕재계하고 하룻밤을 머문 이후에야 감히 말씀을 드렸는데 선생님께서는 돌아 눕고 듣지 않으시니 감히 다시 뵙지 않고자 합니다." 맹자가 말했다. "앉으시오. 내가 그대에게 분명히 말해주겠소. 옛날에 노나라 목공은 자사의 곁에 자사의 뜻을 전할 사람이 없으면 자사를 편안히 할 수 없다고 여겼고 설류와 신상은 목공의 곁에 보좌할 사람이 없으면 그 자신이 편안하지 않았다. 그대가 주군을 위해 염려하는 것이 자사에 미치지 못하니 그대가 그대 주군을 끊은 것인가? 그대 주군이 그대를 끊은 것인가?"

조기가 말했다. "주는 제나라 서남쪽 근경의 읍이다."

○ 왕응린이 말했다. "『수경주』에서 '획수濋水는 시수時水에서 나와 동쪽으로 임치성까지의 거리가 18리이다.'라고 하였으니, 이른바 획중濋中이다. 통상 획수를 유수라고 한 것은 맹자가 3일을 유숙하고 떠났기 때문이다." 【마땅히 획畫이 되어야 한다. 『후한서』에 "경감이 획중으로 군사를 진군시켰다."라고 했고, 『사기』에 "획읍畫邑 사람 왕촉王蠋"이라고 했으며, 『자치통감』에는 획읍으로 되어 있다.】

○ **용안** 이 장과 다음 장은 주晝에서 자고 주晝를 떠났다며 모두 주라고 되어 있는데, 이는 옮겨 쓸 때 생긴 잘못이다. 어찌 이 지경에 이르렀는가? '재여주침宰予晝寢'을 후세 사람들이 획침畫寢이라고 고쳐 쓴 것도 이와 같은 부류이다.

趙曰: "繆公尊禮子思, 子思以道不行則欲去。繆公常使賢人往留之, 說以方且聽子爲政, 然則子思復留。泄柳·申詳, 亦賢者也, 繆公尊之不如子思, 二子常有賢者在繆公之側勸以復之, 其身乃安矣。"【《集》義亦大同】

○**鏞案** 古今之註, 皆可疑也。君子去留, 惟係用·舍。實不聽用, 而但使說客誘之以方且聽用, 則子思信聽其言, 回心復留, 有是理乎? 君子去留, 惟視君心。君實無欲留之心, 而常有說客在於君側, 勸以復之, 則申·泄倚此爲勢, 安身不去, 有是理乎? 況孟子明云 '繆公於子思, 不能悅賢, 不能養賢, 臺之無餽',【〈萬章下〉】30) 趙注以爲繆公慍而絶之, 則繆公·子思之有始無終, 明矣。泄柳·申詳之閉門踰垣, 又是孟子親口所言, 則子思·申·泄都不能畢竟安身, 今以註說觀之, 則有若三子賴此而終安者然, 豈不違於實乎? 永樂《大全》載《語類》問答及輔氏之說, 皆不嚠曉, 陸氏本載顧麟士31)·蔡淸諸說, 仍無正義。

---

30) 萬章下 : 新朝本에는 이 원주가 '臺之無餽' 바로 앞에 있으나 『맹자』에 따라 바로잡는다.
31) 顧麟士 : 고린사는 청나라 고몽린顧夢麟(1585~1653)의 자이다. 『사서설약四書說約』 등의 저서가 있다.

조기가 말했다. "목공은 자사를 존숭하고 예로 대했으나 자사는 도가 행해지지 않으면 떠나고자 하였다. 목공은 항상 어진 사람들을 자사에게 보내 머물게 하면서 장차 그들로 하여금 '선생의 말을 듣고 정치를 하고자 한다.'라고 말하게 했기 때문에 자사는 다시 머물렀다. 설류와 신상도 또한 어진 사람들이다. 목공이 그들을 존대하는 것이 자사와 같지는 않았으나 두 사람은 항상 어진이가 목공의 곁에 있어서 권하고 아뢰어야 그 몸이 편안하였다."【『맹자집주』의 뜻 역시 대략 이와 같다.】

　○ **용안** 고금의 주들은 모두 의심할 만하다. 군자가 떠나고 머무는 것은 오직 그 말이 쓰이는가 버려지는가에 달려 있다. 실제로는 듣고 정책에 쓰지 않으면서도 만일 유세객들에게 자사의 말을 장차 듣고 활용하겠다고 말하니 자사가 그 말을 믿고 마음을 돌려 다시 머물렀다면 그런 이치가 있겠는가? 군자가 떠나고 머무는 것은 오직 군주의 마음에 달려 있다. 군주에게 진실로 머무르게 하려는 뜻이 없는데도 항상 유세객들이 군주의 곁에 서 권하여 아뢰어서 신상과 설류가 이에 의지하여 위세를 부리고 몸을 편안히 여겨 떠나지 않고자 했다면 그런 이치가 있겠는가? 하물며 맹자가 분명히 "목공이 자사에 대하여 어진 이를 기쁘게 하지 못하고 어진 이를 기르지 못하였다. 그에게 천관이 물건을 보내지 아니하였다."【『맹자·만장 하』】라고 하였고, 조기의 주에 목공이 화가 나서 그와 절교한다고 했으니, 목공과 자사는 시작은 좋았으나 끝이 나빴던 것이 분명하다. 설류와 신상이 문을 닫아 받아들이지 않고 담을 넘어 피하였다는 것은 또 맹자가 직접 말한 바로, 자사·신상·설류는 모두 마침내 몸이 편안할 수 없었는데 지금 주에서 말한 바대로 살펴보면 마치 이 세 사람이 이로 인해 마침내 편안하게 된 듯 여기니 어찌 실제와 어긋나지 않겠는가. 영락제 때 만든 『사서대전四書大全』에 실려 있는 『주자어류朱子語類』에서 인용한 문답이나 보광輔廣의 설은 모두 막혀 밝지 못하고 육씨陸氏 본에 실린 고인사顧麟士나 채청蔡淸의 여러 설도 이로 인하여 뜻이 올바르지 않다.

○《易》曰: "君子上交不諂, 下交不瀆."[32] 《孟子》曰: "君子之戹於陳·蔡, 無上下之交也." 人君得賢共國, 必有下交, 君子得君行道, 必有上交. 《易》曰: "拔茅連茹, 以其彙." 泰者, 天地之交也. 天地之交, 非上下之交乎? 孔子仕於魯, 蓋先之以由·求, 其適衛也, 亦先之以由·柴, 而蘧瑗[33]·史䲡[34]·顔讎由[35]諸人, 又爲之先後焉, 皆此義也. 此章原於兩側字絶句, 而'則不能'以下, 卽下句也. 孟子蓋云: "魯 繆公不能下交, 其在子思之側者, 皆非繆公之人, 如是也, 故終不能安子思.【臺無餽以後子思不安】泄柳·申詳不能上交, 其在繆公之側者, 皆非申·泄之人, 如是也, 故終不能安其身.【申詳無仕魯之文】我今子然一身, 客於齊國, 都無上下之交, 齊王何以安我, 我亦何以安其身乎? 我之去齊, 不得已也. 子爲我慮, 而曾不及子思, 其可曰厚於我乎?"

---

32) 君子上交不諂, 下交不瀆:『주역·계사전 하』에 보인다.
33) 蘧瑗: 거원의 자는 백옥伯玉이며, 위衛 영공靈公 때의 어진 대부이다. 공자가 위나라에 갔을 때 그의 집에 머물렀다.
34) 史䲡: 사추는 사어史魚라고도 한다. 위나라 대부이고, 정직하기로 유명한 인물이다.
35) 顔讎由: 안수유는 위나라 사람으로 어진 대부로 알려졌는데, 공자가 위나라에서 그의 집에 머물렀다.

○ 『주역』에서 "군자는 윗사람과 교제할 때 아첨하지 않고 아랫사람과 교제할 때 업신여기지 않는다."라고 하였고, 맹자가 "진陳·채蔡에서 곤액을 겪은 것은 군주와 신하 사이의 교제가 없었기 때문이다."라고 하였으니, 인군이 현명한 신하를 얻어 정치를 함께 하려면 반드시 신하와 교제가 있어야 하고 군자가 군주를 얻어 도를 행하려면 반드시 군주와 교제가 있어야 한다. 『주역』에서 "띠 풀의 뿌리를 뽑으니, 그 무리를 같이 하면 길하다."라고 했으니, 태泰괘는 천지의 교제이다. 천지의 교제는 상하의 교제가 아니겠는가? 공자가 노나라에서 벼슬할 때 대개 자로와 염구를 먼저 시키고 위나라에 갈 때는 또한 자로와 자고를 먼저 보내고 거원蘧瑗, 사추史鰌, 안수유顔讎由 등의 여러 사람들을 선후로 삼은 것은 모두 이러한 뜻이다. 이 장은 원래 두 '측(側)자'에서 구두를 떼니 '즉불능則不能' 이하는 아랫구이다. 맹자가 말한 것은 대략 다음과 같다. "노 목공이 아랫사람들과 교제를 하지 못하여 자사 곁에 있는 사람은 모두 목공의 사람들이 아니니, 이와 같으므로 마침내 자사를 편안하게 할 수 없었고,【천관이 물건을 보내지 않은 이후로 자사가 편안하지 못했다.】 설류와 신상도 윗사람과 교제를 하지 못하여 목공 곁에 있는 사람은 모두 설류와 신상의 사람들이 아니니, 이와 같으므로 마침내 그 몸을 편안하게 할 수 없었다.【신상은 노나라에서 벼슬한 기록이 없다.】 내가 지금 외롭게 홀홀단신으로 제나라의 객이 되었음에도 상하지교가 전혀 없으니 제왕이 어떻게 나를 편하게 할 수 있으며, 나 역시 어떻게 내 몸을 편하게 할 수 있겠는가. 내가 제나라를 떠나는 것은 부득이한 일이다. 그대가 나를 위해 염려하되 일찍이 자사에 미치지 못하였으니 나에 대해 후하게 했다고 말할 수 있겠는가?"

등문공滕文公
상上

5-1 등문공이 세자였을 때 맹자가 말씀마다 반드시 요순을 칭한 장
〔滕文公爲世子孟子言必稱堯舜章〕

* 맹자는 사람의 성이 선하다는 것을 요순의 예를 들어 설파하였다. 다산은 이 장에서 성의 뜻이 본래 기호에 있음을 증명하고 사람의 성이란 선함을 좋아하는 도심의 기호라는 점을 분명히 한다. 맹자는 요순을 예로 들었지만, 다산은 걸이나 척과 같은 악인의 성 역시 선함을 좋아하는 것은 변하지 않는다고 주장한다. 아울러 다산은 신유학에서 말하는 본연지성, 특히 허령한 마음의 본체가 순수하게 선하다는 설은 불교 이론에서 나온 것으로, 유교의 원의와는 다르다고 배척하고 있다.

滕文公爲世子, 將之楚, 過宋而見孟子. 孟子道性善, 言必稱堯舜. 世子自楚反, 復見孟子. 孟子曰: "世子疑吾言乎? 夫道一而已矣. 成覵謂齊景公曰: '彼丈夫也, 我丈夫也, 吾何畏彼哉?' 顏淵曰: '舜何人也? 予何人也? 有爲者亦若是.' 公明儀[1]曰: '文王我師也, 周公豈欺我哉?' 今滕, 絶長補短, 將五十里也, 猶可以爲善國. 書曰: '若藥不瞑眩, 厥疾不瘳.'[2]"

趙曰: "《古紀世本》,[3] 錄諸侯之世, 滕國有考公 麋, 與文公之父定公相直, 其子元公 弘, 與文公相直. 似後世避諱, 改考公爲定公, 以元公行文德, 故謂之文公也."

○鏞案 此注不可沒.

---

1) 公明儀 : 공명의는 춘추시대 노나라의 남무성南武城 사람으로, 은나라 시대의 예의에 대해 정통하였다고 한다.『예기·단궁檀弓』에 대한 정현의 주석에 따르면, 공명의는 자장子張의 제자이자 증자曾子의 제자이다.
2) 若藥不瞑眩, 厥疾不瘳 :『상서尙書·열명상說命上』에 보인다.
3)『古紀世本』:『고기세본』은 고대 각국 제왕의 세계世系를 기록한 책으로, 송나라 때 일실되어 전하지 않는다. 사마천이『사기』를 지을 때 많이 참고하였다고 한다.

등문공滕文公이 세자였을 때 초楚나라로 가는 길에 송宋나라를 지나면서 맹자를 뵈었다. 맹자께서는 성性의 선함을 설파하였는데, 말씀마다 반드시 요순을 칭하셨다. 세자가 초나라에서 돌아와 다시 맹자를 뵙자, 맹자께서 말씀하셨다. "세자는 내 말을 의심하십니까? 도는 하나일 뿐입니다. 성한盛覵이 제경공齊景公을 일러 말하기를 '그도 대장부요, 나도 대장부인데 내가 어찌 그를 두려워하겠는가?'라고 하였고, 안연顔淵이 말하기를 '순舜은 어떤 사람이며 나는 어떤 사람인가 하는 것 역시 매한가지이다.'라고 하였으며, 공명의公明儀가 말하기를 '문왕文王은 내 스승이다. 주공이 어찌 나를 속이겠는가?'라고 하였다. 오늘날 등나라가 지나친 곳을 잘라내어 모자라는 곳을 고친다면, 오십 리 정도의 땅에도 좋은 나라를 만들 수 있을 것입니다. 『서경』에 이르기를 '만일 약이 명현 반응을 내지 않으면 그 병은 치료되는 것이 아니다.'라고 하였습니다."

　조기趙岐가 말했다. "『고기세본古紀世本』에 제후의 세계世系를 기록하였는데, 등나라의 고공考公 미糜는 문공文公의 아버지인 정공定公에 해당하고, 그 아들 원공元公 홍弘은 문공에 해당한다. 아마 후세에 휘諱하여 고공을 정공으로 고치고 원공이 문덕文德을 행하였기 때문에 문공이라고 이른 듯하다."

　○ **용안** 이 주를 없애서는 안 된다.

趙曰:“人生皆有善性。但當充而用之耳。”

○《集》曰:“性者,人所稟於天以生之理也。渾然至善,未嘗有惡。”

○**鏞案** 神形妙合,乃成爲人。神則無形,亦尚無名。以其無形,故借名曰神。【借鬼神之神】心爲血府,爲妙合之樞紐。故借名曰心。【心本五臟,字與肝肺同】死而離形,乃名曰魂。孟子謂之大體,佛家謂之法身,其在文字,無專名也。先儒言性,亦太渾融,今人又或差誤。生則曰性,死則曰魂,其實性與魂異,性非吾人大體之全名也。余謂性者,主於嗜好而言,若所謂謝安石性好聲樂,魏鄭公性好儉素。或性好山水,或性好書畫,皆以嗜好爲性。性之字義,本如是也,故孟子論性,必以嗜好言之。其言曰‘口之於味同所嗜·耳之於聲同所好·目之於色同所悅’,【〈告子上〉】皆所以明性之於善,同所好也。性之本義,非在嗜好乎?

조기가 말했다. "사람은 태어나면서부터 모두 착한 본성을 갖는다. 단지 마땅히 이것을 확충擴充하여 운용해야 할 뿐이다."

○ 『맹자집주』에서 말했다. "성性이란 사람이 하늘로부터 받아서 태어난 이치이다. 온전히 지극한 선하여 악한 적이 없다."

○ **용안** 신神과 형形이 신묘하게 어우러져 비로소 사람이 된다. 신은 형체가 없고 이름 또한 없다. 그것은 형체가 없기 때문에, 이름을 빌려 '신神'이라고 부른다.【귀신鬼神의 '신神' 자字를 빌린 것이다.】 심心은 피를 주관하는 장기로서, 묘합妙合의 중추이다. 이 때문에 이름을 빌려 '심'이라고 부른다.【심은 본래 오장五臟의 하나이며 글자 자체는 간·폐와 같은 것이다.】 죽어서 형체를 떠나면 '혼魂'이라 부른다. 맹자는 그것을 '대체大體'라고 하였고, 불가에서는 '법신法身'이라고 하는데, 문자에 있어서 그것을 지칭하는 고유명사專名는 없다. 선유들이 성을 말한 것은 너무 두루뭉술하고, 지금 사람들은 또 더러 착오를 범하고 있다. 살아 있을 때는 '성'이라고 하고 죽으면 '혼'이라고 하니, 실제로 성과 혼은 다르며, 성은 우리 인간의 대체에 대한 온전한 명칭은 아닌 것이다. 나는 성이란 기호嗜好에 중점을 두고 말한 것이라고 생각한다. 가령 "사안석謝安石은 천성이 음악을 좋아하였고, 위魏 정공鄭公은 천성이 검소한 것을 좋아하였다."라는 말과 같다. 어떤 사람은 성품이 산수山水를 좋아하고, 어떤 사람은 성품이 서화書畫를 좋아한다고 하는 것은, 모두 기호를 가지고 성이라 하는 것이다. '성'이란 글자 뜻이 본래 이와 같기 때문에 맹자가 성을 논할 때는 반드시 기호를 가지고 설명하였다. 그 말에 "입이 맛에 대하여 기호가 같고, 귀가 음악에 대하여 기호가 같고, 눈이 색色에 대하여 좋아하는 것이 같다."라고 하였는데,【『고자 상』】 이들은 모두 성이 선善에 대하여 기호 하는 바가 같다는 점을 밝힌 것이다. 성의 본래 뜻이 '기호'에 있음이 아니겠는가?

人莫不好財色, 人莫不好安逸, 其謂之性善者, 何也? 孟子以堯·舜明性善, 我則以桀4)·蹠5)明性善。穿窬之盜, 負贓而走, 欣然善6)也。明日適其鄰, 見廉士之行, 未嘗不油然內怍。古所謂梁上君子可與爲善, 此性善之明驗也。此地有尹氏子爲盜。余令其兄弟諭之以仁義, 盜泫然以泣。又有鄭氏子惡人也, 余臨溪打魚, 使之切膾, 鄭長跪板色而自數其罪曰'我惡人也, 我殺無惜者也', 縷縷言不已。苟性不善, 豈有是也?【此以羞惡之心明性善】里有不孝子, 不知者譽之爲孝則悅。彼其心以孝爲善故悅也。里有奸淫婦, 不知者譽之爲貞則悅。彼其心以貞爲善故悅也。貪官汚吏, 聚斂掊剋, 無所不爲, 奸人諂之以淸白則悅。譏夫倿臣, 賣弄欺詐, 無所不爲, 奸人諂之以忠直則悅。彼其心皆樂善而恥惡。故雖知其違於實, 而第以爲悅也。

---

4) 桀王 : 걸왕은 하夏나라의 마지막 임금인데, 포학한 정치로 나라를 멸망시켰다.

5) 盜跖 : 도척은 중국 춘추시대의 대도大盜를 말한다. 9천 명의 부하를 거느리고 나쁜 짓을 했다고 한다. 『사기』에는 유하혜柳下惠의 아우라고 하였다.

6) 善 : 문맥상 '喜'가 옳은 듯하다.

재물과 여색을 좋아하지 않는 사람이 없고, 안일하게 지내기를 좋아하지 않는 사람이 없다. 그런데도 성은 선하다고 말한 것은 어째서인가? 맹자는 요순堯舜을 예로 들어 성선性善을 설명하였는데, 나는 걸왕과 도척盜跖을 예로 들어 성선을 밝혀보겠다. 좀도둑이 훔친 물건을 지고 도망칠 그 당시에는 신이 나서 기뻐한다. 그러나 이튿날 그 이웃에 가서 청렴한 선비의 행실을 보면 자신도 모르게 속으로 부끄럽게 여기지 않는 적이 없다. 이것이 옛날에 이른바 "양상군자梁上君子와도 함께 선을 행할 수 있다."라는 것인데, 이것이 인간의 성이 선하다는 명확한 증거이다. 이곳에 윤씨의 자식으로서 도둑질을 한 자가 있었다. 내가 그 형제들에게 인의를 가지고 깨우치게 하니 그가 눈물을 주르르 흘리며 울었다. 또 정씨의 자식은 악인이었는데 내가 시냇가에서 고기를 잡아 그로 하여금 회를 치도록 하자, 그는 무릎을 꿇고 얼굴을 붉히며 스스로 자신의 죄를 거듭 밝히면서 "저는 악인입니다. 저는 죽어도 아까울 것이 없는 놈입니다."라고 쉬지 않고 말하는 것이었다. 진실로 성이 선하지 않다면 이럴 수가 있겠는가? 【이는 수오지심으로써 성선을 밝힌 것이다.】

마을에 불효자가 있는데, 모르는 사람이 효자라고 칭찬하면 좋아한다. 이는 그의 마음이 효를 선으로 여기기 때문에 기뻐하는 것이다. 마을에 음란한 여자가 있는데, 모르는 사람이 정숙하다고 칭찬하면 기뻐한다. 이는 그의 마음이 정숙함을 선으로 여기기 때문에 기뻐하는 것이다. 온갖 방법으로 착취하는 탐관오리貪官汚吏가 수탈하고 착취함에 못할 짓이 없다가도 간사한 사람이 아첨하여 그를 청렴하고 깨끗하다고 하면 기뻐한다. 참소를 잘하는 사람이나 알랑거리는 신하가 농락과 사기를 일삼다가도 간사한 사람이 아첨하여 그들을 충직하다고 하면 좋아한다. 이는 그의 마음이 선을 좋아하고 악을 부끄럽게 여기기 때문이다. 따라서 비록 사실과 다른 줄 알면서도 기쁘게 여기는 것이다.

所謂性善, 亶以是也。苟爲不然, 明明擧天下之人, 方且從惡如崩, 從善如登, 而孟子以空言稱性善, 人其有信之者乎?《詩》云:"民之秉彝! 好是懿德。"7) 性之謂秉彝, 而必以好德爲說, 性之字義, 其不在於嗜好乎? 人性之必好爲善, 如水性之必好就下, 火性之必好就上。賦生之初, 天命之以此性, 雖貪淫虐殺, 無所不爲, 而此性仍然不變。見忠臣孝子, 則美之爲善也, 與國人同, 見貪官汚吏, 則疾之爲惡也, 與國人同。此所謂性善也。【此以是非之心明性善】

因此性而感之, 貪淫虐殺者, 有一朝遷義之理, 不善而能然乎? 言性者, 必主嗜好而言, 其義乃立。若謂此虛靈無形之物, 其體渾然至善, 一毫無惡, 則赤子始生, 但知啼哭索乳求抱, 安得硬謂之純善乎? 若以其自主之權能而言之, 則其勢可以爲善, 亦可以爲惡。

---

7) 民之秉彝, 好是懿德:『시경・대아大雅・증민편烝民篇』에 보인다.

이른바 "인간의 성은 선하다."라는 것은 진실로 이러한 점 때문이다. 진실로 그렇지 않다면 분명히 모든 천하의 사람들이 바야흐로 악을 따르는 것은 무너져 내리는 것처럼 쉽고, 선을 따르는 것은 높은 곳에 오르는 것처럼 힘든데, 맹자가 공연히 성은 선하다고 말한다면 믿을 사람이 있겠는가? 『시경』에 "백성이 떳떳함을 잡음이여! 이 아름다운 덕을 좋아 하도다."라고 하였다. 성을 '떳떳함을 잡음'이라고 하면서 반드시 덕을 좋아하는 것으로 설명하였으니, '성'이란 글자의 뜻이 기호에 있는 것이 아니겠는가? 인간의 본성이 반드시 선을 행하길 좋아한다는 것은 마치 물의 성질이 아래로 내려가는 것을 좋아하고, 불의 성질이 위로 올라가기를 좋아하는 것과 같다. 세상에 태어날 때 하늘이 이 성을 부여하여, 비록 탐음貪淫·학살虐殺 등 못할 짓이 없더라도 이 성은 그대로 변하지 않는다. 충신과 효자를 보면 선하다고 칭찬하고, 탐관오리를 보면 악하다고 미워하는 것은 온 나라 사람들이 같다. 이것이 이른바 성선이라고 하는 것이다.[이는 시비지심으로써 성선을 밝힌 것이다.]

이 성으로 인해 감화되어 탐음·학살하던 자가 하루아침에 의義로 옮겨갈 수 있는 이치가 있으니, 성이 선하지 않고 그러할 수 있겠는가? 성을 말하는 사람은 반드시 기호에 중점을 두고서 말해야 그 의미가 제대로 선다. 그렇지 않고 만약 "이는 허령무형虛靈無形한 것으로서 그 본체는 조금의 악도 없는 지극한 선이다."라고 말한다면, 어린애가 갓 태어나 아는 것은 보채며 울고 젖을 찾고 안아달라는 것뿐인데, 어떻게 억지로 이를 일러 순수한 선이라 말할 수 있겠는가? 만약 자주적인 권능을 가지고 말한다면, 그 형세는 선을 행할 수도 있고 악을 행할 수도 있다.

揚[8)9)]雄以此爲性, 故命之曰善惡渾。若以其形氣之私慾而言之, 則不惟可善而可惡, 抑亦難善而易惡, 從善如登, 從惡如崩, 非過語也。荀卿以此爲性, 故命之曰性惡。彼荀與揚之言, 亦未嘗指無爲有, 誣白爲黑, 則必其所指點者, 與孟子不同耳。佛家號爲明心見性,[10)] 其千言萬語, 皆所以贊美此物。然其本意, 與孟子性善之說, 相去萬里。彼所言者, 本體之虛靈奇妙也, 此所言者, 謂其能樂善恥惡, 如水之就下也。豈同趣之言乎?

○〈召誥〉[11)]曰: "節性惟日其邁。"【蔡云: "節其驕淫之性。"】〈王制〉曰: "修六禮以節民性。"《孟子》曰: "動心忍性。"[12)] 此所云性者, 人心之嗜好也。〈商書〉祖伊[13)]之言曰: "不虞天性。" 子思曰: "率性。"《孟子》曰: "性善。" 此所云性者, 道心之嗜好也。雖其所主不同, 其以嗜好爲性則同。

---

8) 揚: 新朝本에는 '楊'으로 되어 있다. 이 장章의 '揚'은 모두 이와 같다.
9) 揚雄: 양웅(B.C. 53~A.D. 18)은 전한前漢 시대의 학자로 자는 자운子雲이다. 저서로는 『양자법운揚子法言』, 『태현경太玄經』, 『양자방언揚子方言』 등이 있다.
10) 明心見性: 심성의 본원을 철저히 밝혀 그 본성을 본다는 뜻이다.
11) 召誥: 『서경』의 편명이다.
12) 動心忍性: 『맹자·고자 하』에 보인다.
13) 祖伊: 조이는 은殷나라의 마지막 폭군인 주왕紂王의 신하로 어진 사람이었다.

양웅揚雄이 이를 성이라 여겼기 때문에 '선악혼(성에는 선과 악이 섞여 있다)'이라고 이름한 것이다. 만약 형기의 사욕을 가지고 말한다면, 선을 행할 수도 있고 악을 행할 수도 있을 뿐만 아니라, 또한 선은 행하기 어렵고 악은 행하기 쉬우니 "선을 따르는 것은 위로 올라가는 것과 같고, 악을 따르는 것은 흙이 무너져 내리는 것과 같다."라는 말이 지나친 말은 아니다. 순경荀卿이 이것을 성이라 여겼기 때문에 명명하기를 '성악性惡'이라고 하였다. 저 양웅과 순경의 말도 전혀 터무니없는 말은 아니니, 그들이 가리킨 바가 맹자와 같지 않을 따름이다. 불가佛家에서는 '명심견성明心見性'이라고 하여 그 천언만어千言萬語가 모두 이 성을 찬미하였으나, 그 본의는 맹자의 성선설과는 전혀 다르다. 저들이 말한 것은 (사람 마음의) 본체가 허령기묘虛靈奇妙하다는 것이고, 여기서 말하는 것은 (사람의 마음이) 능히 선을 좋아하고 악을 싫어한다는 것이 물이 아래로 내려가는 것과 같다는 것이다. 어찌 취지가 같은 말이겠는가?

○「소고召誥」에서 말했다. "성을 절제하여 오직 날마다 힘쓴다."【채침이 이르기를 "교만스럽고 지나친 성품은 절제하는 것이다."라고 하였다.】『예기·왕제王制』에서 말했다. "육례六禮를 닦아 민民의 성을 절제한다."『맹자』에서 말했다. "마음을 분발시키고 성을 절제하여 참게 한다." 여기에서 이른바 성은 인심의 기호를 말한 것이다. 『상서』에서 조이祖伊가 말했다. "백성이 천성을 헤아리지 못한다." 자사子思가 말했다. "성을 따른다."『맹자』에서 말했다. "성은 선하다." 여기에서 이른바 성은 도심道心의 기호이다. 비록 주안점을 둔 바는 같지 않지만 기호를 성이라 한 것은 같다.

《集》曰:"程子曰,'性卽理也。天下之理,原其所自,未有不善。喜怒哀樂未發,何嘗不善?發而中節,卽無往而不善,發不中節,然後爲不善。故凡言善惡,皆先善而後惡。'"

○**鎬案** 喜怒哀樂未發,謂之中者,謂君子戒愼恐懼,[14] 盡其愼獨之工,則執中在心,不偏不倚,特不與物接,未有喜怒哀樂之發耳。豈人性本體之謂乎?朱子於《中庸或問》,[15] 所論如此。均是朱子之言,豈可執謬而捨正乎?【詳見余《中庸說》】孟子言性善,而程子謂'性兼有善惡,如太極之函有陰陽,而特以先吉後凶之義,不得不先言性善',則惡固隱然在中。此與揚子所謂善惡渾,何以異矣?先善後惡而指爲善物,則明其物善惡參半,而特以先善後惡之義,權謂之善物也。善惡參半而權謂之善物,則吉凶參半而權謂之吉兆,是非參半而權謂之正論。定龜體決國論者,其差謬多矣,而可通乎?

---

14) 戒愼恐懼:『중용』에서 보이지 않는 바를 삼가고(戒愼乎其所不睹) 들리지 않는 바를 두려워한다(恐懼乎其所不聞)는 뜻이다. 여기서 '보이지 않고 들리지 않는 바'는 하늘의 무성무취無聲無臭함을 이른다.

15) 『中庸或問』: 주희가 『중용장구』에서 다 밝히지 못한 『중용』의 취지를 문답체의 글로 다시 천명해놓은 책이다.

『맹자집주』에서 말했다. "정자가 말했다. '성은 곧 이치[理]이다. 천하의 이치는 그 근본을 추구해보면 선하지 않은 것이 없다. 희로애락이 아직 발현되지 않은 상태에 어찌 불선함이 있겠는가? 발현되어 절도節度에 맞으면 언제나 불선이 없게 되고, 발현되어 절도에 맞지 않은 뒤에 불선이 된다. 그러므로 무릇 선악을 말함에 선을 앞에 악을 뒤에 말하게 된다.'"

○ **용안** 희로애락이 발현되지 않은 것을 중中이라 한 것은, 군자가 삼가고 두려워하며 신독愼獨의 노력을 다하면, 중을 잡은 것이 마음속에 있게 되어 한쪽으로 치우거나 기울지 않으며, 다만 외물과 접촉을 하지 않아 희로애락의 발현이 없다는 것을 말한 것일 뿐이다. 어찌 인성의 본체를 말한 것이겠는가? 주자가 『중용혹문中庸或問』에서 논한 바도 이와 같다. 다같이 주자의 말인데 어째서 잘못된 것을 채택하고 옳은 것을 버리는가?[나의 『중용설中庸說』에 자세히 보인다.] 맹자는 성은 선하다 하였는데, 정자程子는 "성이 선악을 함께 갖고 있는 것은 태극太極이 음양陰陽을 함께 갖고 있는 것과 같다. 다만 길한 것을 앞으로 하고 흉한 것을 뒤로 하는 뜻으로써 먼저 성선을 말하지 않을 수 없다."라고 말했으니, 악이 본래 은연 중에 그 가운데 있는 것이 된다. 이는 양웅揚雄이 선악이 섞여 있다고 말한 것과 무엇이 다르겠는가? 선을 앞으로 악을 뒤로 하여 선한 성품[善物]이라고 이름 한다면, 그것은 선과 악이 반반인데 다만 선을 앞으로 악을 뒤로 하는 뜻에서 편의상 선한 성품이라고 말한 것이 분명하다. 선악이 반반 섞여 있는데 편의상 선하다고 말하는 것은, 길흉吉凶이 반반 섞여 있는데 편의상 길조吉兆라고 하고, 시비是非가 반반 섞여 있는데 편의상 정론正論이라고 말하는 것과 마찬가지다. 이렇게 점괘를 정하고 국론國論을 정하는 것은 그 오차가 많은데 그래도 통할 수 있겠는가?

明道[16]曰: "性固善也。然惡亦不可不謂之性。"【見《大全》】

○陳曰: "纔識氣質之性, 即善惡方各有著落。不然則惡從何處生? 孟子說未備。" 又曰: "程子發此義。孟子專說義理之性, 則惡無所歸。是論性不論氣, 孟子之說爲未備。"

○**鏞案** 性有善有惡, 而孟子單言性善, 則孟子不知性矣。孟子不知性, 而復有知性者乎? 據云'義理之性主乎善, 氣質之性主乎惡, 二性相合乃爲全性', 則揚子雲善惡渾之說, 爲正論也。單言氣質之性, 則荀卿子性惡之說, 爲正論也。然則孔子·子思之統, 當在荀·揚, 豈得復以孟氏爲宗乎?《道經》[17]曰: "人心惟危, 道心惟微。"今人以人心爲氣質之性, 以道心爲義理之性, 不知心之與性, 所指不同。性之爲字, 專主好惡而言, 豈可以心而爲性乎? 鹿之性好山林, 雉之性惡馴養。雖不幸而墮於馴養, 顧其心終以山林爲好, 一見山林, 油然有感羨之心, 此之謂性也。天於賦生之初, 予之以此性, 使之率而行之, 以達其道。若無此性, 人雖欲作塵刹之善, 畢世不能作矣。

---

16) 明道: 북송대의 학자인 정호程顥(1032~1085)이다. 명도는 그의 호이며, 자는 백순伯淳이다. 동생 정이程頤와 함께 이정자二程子로 불린다.

17)『道經』:『서경』과 비슷한 고전인 듯하나 일실되고 없다.『순자·해폐解蔽』에『도경』의 글을 인용하고 있다.

정호程顥가 말했다. "성은 진실로 선하다. 하지만 악도 성이라고 말하지 않을 수 없다."【『성리대전性理大全』에 보인다.】

○ 진식陳埴이 말했다. "기질의 성에 대하여 알게 되면 선악이 각각 나오는 곳이 있게 된다. 그렇지 않다면 악이 어디서 나온다는 것인가? 맹자의 설은 미비점이 있다." 또 말했다. "정자는 이 뜻을 명확히 하였다. 맹자는 오로지 의리의 성만을 말했기 때문에, 악이 귀착될 곳이 없다. 이는 성만을 논하였지 기氣를 논하지 않은 것이니, 맹자의 설은 미비점이 있다."

○ **용안** 성에는 선도 있고 악도 있는데 맹자가 오로지 성선만을 말하였다면, 맹자는 성을 알지 못한 것이다. 맹자가 성을 알지 못하였는데 누가 다시 성을 알 수 있겠는가? "의리의 성은 선을 주로 하고 기질의 성은 악을 주로 하는데, 두 성이 서로 합해져서 완전한 성이 된다."라는 말에 근거한다면, 양웅의 선악이 섞여 있다는 설이 정론이 되고, 오로지 기질의 성만을 말하면, 순경荀卿의 성악설이 정론이 된다. 그렇다면 공자·자사의 도통道統은 마땅히 순자와 양웅에게 있어야 하는데, 어째서 맹자를 종통宗統으로 삼는가? 『도경』에 이르기를 "인심은 위태롭고 도심은 은미하다."라고 하였다. 지금 사람들은 인심을 기질의 성으로 여기고 도심을 의리의 성으로 여기는데, 이는 심과 성이 가리키는 바가 같지 않음을 알지 못한 것이다. 성의 자의字義는 오로지 호오好惡를 주로 하여 말한 것인데, 어찌 심을 성이라 할 수 있겠는가? 사슴의 성은 산림을 좋아하고 꿩의 성은 길들여 기르는 것을 싫어한다. 비록 불행하게 인가人家에서 길러지게 되었더라도 그 마음은 끝끝내 산림을 좋게 여겨, 한번 산림을 보면 불현듯 선망하는 마음을 가지니 이것을 일러 성이라 한다. 하늘이 처음 생명체를 낳을 때, 이 성을 주어 그로 하여금 잘 따르고 행하여 그 도리를 이룰 수 있게 한 것이다. 이 성이 없다면 사람이 비록 순간순간 선을 행하려 하더라도 죽을 때까지 행하지 못할 것이다.

天旣賦之以此性, 故又能時時刻刻提醒牖啓, 每遇作惡, 一邊發慾, 一邊沮止, 明沮止者, 卽本性所受之天命也。天命之謂性, 非是之謂乎? 若所謂善惡渾者, 天之賦性旣如此, 則人之行善, 如水之就下, 火之就上, 不足爲功能。故天之於人, 予之以自主之權, 使其欲善則爲善, 欲惡則爲惡, 游移不定, 其權在己, 不似禽獸之有定心。故爲善則實爲己功, 爲惡則實爲己罪。此心之權也, 非所謂性也, 揚雄誤以爲性, 故乃謂之善惡渾, 非初無是事而揚雄誣之也。蠭之爲物, 不得不衛君, 而論者不以爲忠者, 以其爲定心也。虎之爲物, 不得不害物, 而執法者不引律議誅者, 以其爲定心也。人則異於是, 可以爲善, 可以爲惡, 主張由己, 活動不定。故善斯爲功, 惡斯爲罪。然且可善可惡之理, 旣已參半, 則其罪似當半減, 所以作孼之不敢逭者, 以性善也。性之樂善恥惡, 旣眞確矣, 拂此性而爲惡, 罪其可逭乎?

하늘이 이미 이 성을 부여하여 시시각각 성찰하고 인도하며, 나쁜 일을 저지를 경우를 당하면 한편으로는 욕심을 내면서 한편으로는 저지하려 하니, 저지하는 것은 곧 본성이 받은 천명天命이 분명하다. "하늘이 명한 것을 일러 성이라고 한다."라고 한 말이 이것을 두고 이른 것이 아니겠는가? 만약 "선악이 섞여 있다."라고 하는 자에 따르면, 하늘이 부여한 성이 이미 이와 같으므로 사람이 선을 행하는 것은 물이 아래로 내려가고 불이 위로 올라가는 것과 마찬가지로 사람의 공능功能이 되지 못한다. 따라서 하늘은 사람에게 주체적인 권능을 주었다. 가령 선을 하려고 하면 선을 하고 악을 하려고 하면 악을 하여, 향방向方이 유동적이고 정해지지 않아 그 권능이 자신한테 있으며, 금수가 정해진 마음[定心]을 갖고 있는 것과는 같지 않다. 그러므로 선을 하면 실제로 자신의 공功이 되고 악을 하면 실제로 자신의 죄가 된다. 이는 마음의 권능이지 이른바 성이 아닌데, 양웅이 잘못 성이라 여겼기 때문에, 이에 "선악이 섞여 있다."라고 말한 것이지, 애당초 이런 일이 없는데 양웅이 이것을 꾸며낸 것은 아니다. 벌의 속성은 어쩔 수 없이 여왕벌을 호위하는데, 논하는 사람이 충忠이라고 여기지 않는 이유는, 그것이 정해진 마음이라고 여기기 때문이고, 범의 속성은 어쩔 수 없이 생물을 해치는데, 법을 집행하는 자가 법을 적용하여 벌주기를 논의하지 않는 이유는, 그것이 정해진 마음이라고 여기기 때문이다. 사람은 이들과는 달리 선을 할 수도 있고 악을 할 수도 있어, 주도해 나가는 것이 자신에게 있고 행동해 나가는 것이 일정하지 않기 때문에 선은 공이 되고 악은 죄가 된다. 그러나 선할 수도 있고 악할 수도 있는 이치가 이미 서로 반반이면, 그 죄는 응당 덜어 주어야 될 듯하지만, 죄를 지어 그 책임을 피할 수 없는 이유는 성이 선한 점 때문이다. 성이 선을 좋아하고 악을 수치로 여기는 점이 분명한데, 이 성을 거스르고 악을 한다면 어찌 그 죄를 면할 수 있겠는가?

○今人以純乎虛靈者爲義理之性, 以由乎形氣者爲氣質之性, 千罪萬惡, 皆由於食色安逸, 故凡惡皆歸之於形氣, 而虛靈不昧之體, 認之爲但具衆美, 都無纖惡, 殊不然也。虛靈之物, 不能爲惡, 則彼無形之鬼神, 又何以有明神惡鬼哉? 食色安逸之欲, 皆由形氣, 而凡驕傲自尊之罪, 是從虛靈邊出來, 不可曰虛靈之體, 無可惡之理也。人有以道學文章自尊者, 譽之則喜, 毀之則怒。是於形氣有甚關係? 凡以虛靈之體, 謂純善無可惡之理者, 佛氏之論也。惟性純善, 餘不然也。

《集》曰:"古今聖愚, 本同一性。"【朱子曰:"同此一性, 則天下固不容有二道。"】
○**鋪案** 天命之謂性, 率性之謂道。故一性則一道。性之本在天也。【吳程有本然之說。然本然之名, 本出《楞嚴經》[18]】

---

[18] 『楞嚴經』: 심성의 본체가 법문의 정수精髓가 된다는 교리를 밝힌 불경이다. 당나라 승려인 선자밀제船刺密帝가 한역漢譯하였다.

○ 지금 사람들은 순수히 허령한 것은 의리의 성이요, 형기에 말미암은 것은 기질의 성이라고 여겨, 온갖 죄악들은 모두 식색食色과 안일安逸에서 나오는 것이기 때문에 모든 악은 형기로 돌리고, 허령불매虛靈不昧한 본체는 다만 모든 아름다움을 구비하고 조금의 악도 없다고 인식하고 있는데, 그렇지 않다. 허령한 것이 악을 하지 못한다면, 저 무형의 귀신들 가운데 어떻게 명신明神과 악귀가 있을 수 있겠는가? 식색과 안일의 욕심이 모두 형기에서 나오지만, 무릇 교만하고 자만하는 죄는 허령한 쪽에서 나오니, 허령한 것을 악을 행할 리가 없다고 말할 수 없다. 사람들 가운데 도학道學이나 문장을 가지고 스스로 높은 체하는 사람이 있을 경우, 그를 칭찬하면 좋아하고 비난하면 성낸다. 이것이 형기와 어떤 관계가 있는가? 무릇 "허령한 것은 순수한 선으로 악을 할 리가 없다."라는 것은 불씨佛氏의 말이다. 오직 성만이 순수하고 나머지는 그렇지 않다.

『맹자집주』에서 말했다. "고금의 성인이나 어리석은 사람 모두 본래 똑같은 성을 가졌다."【주자가 말했다. "똑같은 성을 가졌다면 세상에 두 가지 도가 있을 수 없다."】

○ **용안** 하늘이 명한 것을 성이라고 하고, 성을 따르는 것을 도라고 한다. 그러므로 성이 하나면 도 역시 하나이다. 성의 근본은 하늘에 있다.【오정吳程이 본연에 대한 설을 해놓은 것이 있다. 그러나 본연이라는 명칭은 본래 『능엄경楞嚴經』에서 나온 말이다.】

趙曰:"成覸, 勇果者也。與景公言曰, '尊貴者, 與我同丈夫。'"
○《集》曰:"彼謂聖賢也。"
○鏞案 趙注, 非也。

引證 賈誼《新書》[19]曰:"謂門人學者, 舜何人也, 我何人也?"
趙曰:"師文王信周公, 言其知所法則也。"
○《集》曰:"文王我師也, 蓋周公之言。"
○鏞案 舊說雙尊之,《集註》束爲一, 未詳孰是。然伯魚曰'孔子我師也', 曾申[20]曰'曾子我師也', 恐無此理。文王行此道者也, 周公明此道者也, 雙尊之似無不可。

---

19) 『新書』: 한나라 가의賈誼가 지은 책이다. 구본舊本은 없어졌고, 오늘날 전하는 책은 후세 사람들이 『한서漢書·가의전賈誼傳』을 바탕으로 만든 위작僞作이다. 그러나 실제로는 『한서漢書』에 없는 내용도 상당히 많이 포함되어 있다.
20) 曾申: 증신은 증자曾子의 아들이다. 자는 자서字西이며, 자사子思의 제자이다.

조기가 말했다. "성간成覸은 용감하고 과단성 있는 사람이다. 경공景公에게 더러 말하기를 '존귀한 사람도 나와 똑같은 사내이다.'라고 하였다."

○ 『맹자집주』에서 말했다. "'피彼'는 성현을 말한 것이다."

○ **용안** 조기의 주注는 잘못되었다.

인증 가의賈誼의 『신서』에서 말했다. "문인·학자들에게 이르기를, 순은 어떤 사람이고 나는 어떤 사람인가?"

조기가 말했다. "문왕은 나의 스승으로 하고 주공을 믿었다는 것이니, 본받을 바를 알았다는 말이다."

○ 『맹자집주』에서 말했다. "'문왕은 나는 스승이다.'라는 말은 대개 주공의 말이다."

○ **용안** 구설에서는 두 사람을 모두 높였고, 『맹자집주』는 묶어서 하나로 하였는데, 어느 것이 옳은지 모르겠다. 그러나 백어伯魚가 "공자는 나의 스승이다."라고 하거나, 증신曾申이 "증자는 나의 스승이다."라고 할 리가 없을 듯하다. 문왕은 이 도를 행한 자이고 주공은 이 도를 밝힌 자이니, 둘 다 높인다 하더라도 되지 못할 것이 없을 듯하다.

5-2 등정공이 죽고 삼년상을 정하는 장 [滕定公薨定爲三年之喪章]

* 이 장은 등문공滕文公이 세자로 있을 때 부친 정공定公의 상을 당하여 맹자에게 친상親喪에 대한 제반 예제禮制를 물어 시행한 내용이다. 등문공은 종국宗國인 노나라의 선군께서도 3년상을 치르지 않았다는 반대에도 극진하게 상례를 치루었다. 다산은 이 장에서 '종국'의 뜻을 '종주국宗主國'이나 '대종·소종'의 뜻이 아닌, '동성同姓을 가진 국가'로 보아 등나라와 노나라가 모두 동성인 주周나라를 종주국으로 삼았다는 점을 밝혔다. 아울러 다산은 3년 상이 주나라의 본래 예법인데, 춘추시대 이후 특수한 상황에 처한 노나라의 선군들이 이를 다하지 못하였음도 고증하였다.

滕定公[21]薨. 世子謂然友曰: "昔者孟子嘗與我言於宋, 於心終不忘. 今也不幸至於大故, 吾欲使子問於孟子, 然後行事. 然友之鄒問於孟子." 孟子曰: "不亦善乎! 親喪固所自盡也. 曾子曰: '生, 事之以禮; 死, 葬之以禮, 祭之以禮, 可謂孝矣.' 諸侯之禮, 吾未之學也; 雖然, 吾嘗聞之矣. 三年之喪, 齊疏之服, 飦粥之食, 自天子達於庶人, 三代共之."
然友反命, 定爲三年之喪. 父兄百官皆不欲, 曰: "吾宗國魯先君莫之行, 吾先君亦莫之行也, 至於子之身而反之, 不可. 且志曰: '喪祭從先祖.'" 曰: "吾有所受之也." 謂然友曰: "吾他日未嘗學問, 好馳馬試劍. 今也父兄百官不我足也, 恐其不能盡於大事, 子爲我問孟子."
然友復之鄒問孟子. 孟子曰: "然. 不可以他求者也. 孔子曰: '君薨, 聽於冢宰. 歠粥, 面深墨. 卽位而哭, 百官有司, 莫敢不哀, 先之也.' 上有好者, 下必有甚焉者矣. '君子之德, 風也; 小人之德, 草也. 草尙之風必偃.' 是在世子."

---

21) 滕定公: 등문공의 아버지이다.

등정공滕定公이 죽자 세자가 연우然友에게 말했다. "지난번 맹자께서 송나라에서 내게 말씀하신 것이 마음에서 끝내 잊히지 않는다. 이제 불행이도 큰 변고를 당하였으니 나는 그대를 보내어 맹자에게 물은 후에 일을 행하고자 한다." 연우가 추鄒나라로 가서 맹자에게 물으니, 맹자께서 말씀하셨다. "좋지 아니한가! 부모님의 상은 본래 스스로 극진히 해야 하는 것이다. 증자께서는 '살아계실 때는 예禮로써 섬기고, 사망하였을 때는 예로써 장사지내며, 제사지낼 때에도 예로써 드리면 효孝라고 이를 수 있다.'라고 하셨다. 제후의 예는 내가 아직 배우지 못했으나, 일찍이 들은 바 3년 상을 치러야 하는 것과 거친 상복을 입어야 하는 것, 그리고 미음 죽을 먹는 것은 천자天子서부터 일반 평민에 이르기까지 삼대가 공통으로 삼았다."

연우가 돌아와 보고하여 3년 상을 하기로 정하니, 집안 어른들과 여러 벼슬아치들이 모두 원치 않으며 말하기를 "우리의 종국宗國인 노나라의 선군께서도 그렇게 하지 않으셨고, 우리 선군께서도 그렇게 하지 않으셨는데 그대에 이르러서 이를 뒤집는 것은 불가합니다. 또 옛 기록에도 '상례와 제례는 선조를 따른다.' 하였습니다."라고 하며 "우리들은 전수 받은 바가 있습니다."라고 말하였다. 세자가 연우에게 이르기를 "내가 지난날에 일찍이 학문은 하지 않고 말달리기와 칼 쓰기를 좋아하였으므로, 지금 집안 어른이나 여러 벼슬아치들이 나를 신통찮게 여긴다. 큰일을 극진히 치루지 못할까 염려스러우니 그대는 나를 위하여 맹자께 물어보라."라고 하였다.

연우가 다시 추나라에 가서 맹자에게 묻자 맹자께서 말씀하셨다. "그렇다. 이는 다른 이의 자문을 구하는 일이 아니다. 공자가 말씀하시길, '임금이 돌아가시면 세자는 모든 일을 총재에게 위임하고 벼슬아치들은 총재冢宰에게 명령을 듣는다. 세자가 죽을 먹고 얼굴이 짙은 흑색이 되어 자리에 나아가 통곡을 하면 모든 벼슬아치나 관리들이 감히 슬퍼하지 않을 수 없으니, 세자가 먼저 그렇게 하였기 때문이다. 위에서 좋아하면 밑에서는 반드시 더 심하게 따라 하는 법이다. 군자의 덕은 바람이고, 소인의 덕은 풀이다. 풀 위에 바람이 불면 반드시 쓰러진다.'라고 하셨으니, 이는 세자에게 달려 있는 것이다."

然友反命. 世子曰:"然. 是誠在我." 五月居廬, 未有命戒. 百官族人可謂曰知. 及至葬, 四方來觀之, 顔色之戚, 哭泣之哀, 弔者大悅.

趙曰:"敬聖人, 故宗魯."
○《集》曰:"周公爲長, 兄弟宗之, 故滕謂魯爲宗國也."
○**鏞案** 趙氏讀之如'天下宗周'之宗, 此一義也。朱子從鄭玄大宗小宗之義, 謂武王於管·蔡·曹·滕之中, 特立周公以爲大宗, 以其爲嫡長也。然《禮》曰'有無宗亦莫之宗者, 公子是也',[22) 誠以宗也者, 廟也.【象神在宀中】繼禰者, 戴禰廟以主其祭者爲宗, 繼祖者, 戴祖廟以主其祭者爲宗. 故曰'別子爲祖, 繼別爲宗'。若公子·王子旣不敢以王公爲宗, 乃其兄弟又各自爲祖, 未及成宗. 故曰'無宗亦莫之宗', 其義昭然.

---

22) 公子是也:『예기정의禮記正義』에 따른 해석이다.

연우가 돌아가 보고하자 세자가 말하기를 "그렇다. 이것은 진실로 나에게 달려 있는 것이다."라고 하고, 5개월 동안 여막廬幕에 거처하면서 명령이나 징계를 내리지 않았다. 벼슬아치들과 집안사람들이 모두 일컬어 "예를 안다."라고 하였다. 장례 때에 이르러 사방의 사람들이 몰려들었는데 참관하였는데, 얼굴빛을 초췌하게 하고 통곡을 애절하게 함에, 조문객들이 크게 흡족해 하였다.

조기가 말했다. "성인을 존경하기 때문에 노魯나라를 종주宗主로 여긴 것이다."

○ 『맹자집주』에서 말했다. "주공周公이 맏이가 되어 형제들이 그를 종주로 삼았기 때문에 등나라가 노나라를 종국이라 부른 것이다."

○ **용안** 조씨趙氏는 "천하가 주나라를 종국으로 삼는다."라고 할 때의 종宗의 뜻으로 읽었는데, 이것은 하나의 뜻이다. 주자는 정현鄭玄의 대종大宗·소종小宗의 뜻을 따라 "무왕武王이 관管·채蔡·조曹·등籐 가운데에서 특별히 주공을 세워 대종을 삼았는데, 주공이 적장嫡長이기 때문이다."라고 하였다. 그러나 『예기』에 "외동이어서 다른 이를 자신의 종주로 삼을 수도, 자신을 다른 이의 종주로 삼을 수도 없는 경우가 있으니, 공자公子가 바로 그런 경우이다."라고 하였다. 진실로 종주로 삼는다는 것은 묘廟에 모신다는 뜻이다.【신神이 집[宀] 안에 있는 것을 형상하였다.】 부父를 계승할 경우, 녜묘禰廟를 받들어 그 제사를 주관하는 사람이 종이 되고, 조組를 계승할 경우 조묘祖廟를 받들어 그 제사를 주관하는 사람이 종이 된다. 그러므로 "별자別子를 조로 하고 별자를 계승하는 것을 종으로 한다."라고 하였다. 공자公子나 왕자王子의 경우는 이미 왕이나 공을 종으로 삼을 수가 없고, 그 형제는 또한 제각기 조가 되어 종을 이루지 못한다. 그러므로 "종이 없고 또 종으로 삼을 수도 없다."라고 하였으니, 그 뜻이 분명하다.

鄭玄於《大傳·小記》[23]之註, 忽立謬義, 以公子·王子之嫡出而年長者, 立之爲大宗, 周文王之王子八人,【伯邑考不在計】以周公立之爲大宗, 魯桓公之公子三人, 以季友立之爲大宗.【謂季友嫡出】後儒每引滕人'吾宗國'一言, 以證其義. 然季友嫡出, 本無明文. 況此義理, 惟於文王八子·桓公三子, 纔得相合, 萬一王子·公子, 雖有數人, 都是妾出, 其將立誰以爲宗乎? 古禮王公·大夫之家, 若無嫡出, 妾子承統, 法也. 方其立宗之時, 嫡長者立爲大宗. 逮子若孫, 長嫡之家, 以妾子承統, 次嫡之家, 以嫡子承統, 於是乎嫡者奉庶以爲宗, 庶者領嫡以爲衆. 於是乎嫡妾之貴賤易矣, 安在其貴嫡也? 鄭玄此義, 其在經傳, 絶無證據, 朱子不察而從之也. 同姓之盟, 謂之宗盟,【見《左傳》】同姓之國, 謂之宗國, 其例相同, 不足疑也.《晉語》, 舟之僑[24]曰: "宗國旣卑." 宗國, 謂虢[25]也. 豈必大宗曰宗國?

---

23) 대전大傳 상복소기喪服小記:『예기』의 편명이다.
24) 舟之僑 : 주지교는 춘추시대 괵虢나라의 대부大夫를 말하는데, 나중에 진晉나라로 망명하였다.
25) 虢 : 新朝本에는 '虢'로 되어 있다.

정현鄭玄이 『예기·대전大傳·상복소기喪服小記』의 주注에서 갑자기 잘못된 정의定義를 하여 "공자·왕자의 적출嫡出이면서 연장자인 사람을 세워 대종으로 삼으니, 주周 문왕文王의 왕자 8인 가운데【백읍고伯邑考는 그 수에 들어가지 않았다.】주공을 세워 대종으로 삼았고, 노魯 환공桓公의 공자 세 사람 가운데 계우季友를 세워 대종으로 삼았다."【계우가 적출이라고 하였다.】라고 하였다. 후세의 유자들도 항상 등나라 사람이 '우리 종국'이라고 한 한마디 말을 인용하여 그 뜻을 증명하였다. 그러나 계우가 적통이라는 분명한 글이 없다. 더구나 이 의리는, 오직 문왕의 여덟 공자와 환공의 세 공자에게만 겨우 합치되지만, 만일 왕자·공자가 비록 열 명이 있어도 모두 첩의 소생이면 장차 누구를 세워 종으로 삼을 것인가? 고례古禮에, 왕공王公·대부大夫의 집에 적자가 없으면 첩의 아들이 종통을 잇는 것이 법이다. 종통을 세울 때는 적장자嫡長子를 대종으로 세우게 된다. 자손에 이르러서 장적長嫡의 집이 첩의 아들로써 종통을 잇고, 차적次嫡의 집이 적자로써 종통을 잇게 될 경우, 이에 적자가 서자庶子를 받들어 종으로 삼고, 서자는 적자를 거느려 중서衆庶로 삼는다. 이에 적과 첩의 귀천이 뒤바뀌게 되니, 적을 귀하게 여기는 뜻이 어디 있는가? 정현의 이런 뜻은 경전에는 전혀 증거가 없는데도, 주자가 살피지 않고서 그것을 따랐다. 동성同姓의 맹약盟約을 종맹宗盟이라고 하고,【『좌씨춘추전』에 보인다.】동성의 나라를 종국이라고 하여 그 예가 서로 같으니 의심할 것이 못 된다.【『국어國語·진어晉語』에 주지교舟之僑가 말하기를 "종국이 이미 낮아졌다."라고 하였는데, 종국은 괵虢나라를 일컬은 것이다. 어찌 꼭 대종만을 종국이라고 하겠는가?】

《集》曰:"二國不行三年之喪者, 乃其後世之失, 非周公之法本然也."
○毛曰:"魯自春秋至戰國, 無不行三年喪者. 僖公薨, 文公二年納幣, 相距再期. 猶然以喪娶譏之. 成公三年喪畢, 然後朝晉. 胡氏[26] 猶以不朝周, 刺其非禮. 昭公居三年喪不哀, 叔向[27]曰'有三年之喪, 而無一日之慼', 則近代先君何嘗不行? 且本文明曰'喪祭從先祖', 先祖者始祖, 非近代祖也."

○又曰:"戰國諸侯, 皆不行三年喪乎? 若然則齊 宣欲短喪何與? 然且曰'吾宗國魯先君不行, 吾先君亦不行', 則是魯 周公·伯禽[28]·滕 叔繡, 並無一行三年喪者. 子張問高宗三年不言, 夫子曰, '何必高宗? 古之人皆然.'[29] 其非今制, 昭然也. 成王崩方九日, 康王遽即位冕服, 出命令誥諸侯, 與三年不言, 絶不相同.

---

26) 胡氏 : 호씨는 호안국胡安國(1074~1138)을 말한다. 송宋나라 학자로 자는 강후康侯, 벼슬은 중서사인中書舍人에 이르렀다. 저서로는 『춘추전春秋傳』, 『자치통감거요보유資治通鑑擧要補遺』 등이 있다.
27) 叔向 : 숙향은 춘추시대 진晉나라의 대부大夫 양설힐羊舌肹의 자字이다.
28) 伯禽 : 백금은 주공周公의 아들로 노魯나라에 봉封해졌다.
29) 『논어·헌문憲問』에 보인다.

『맹자집주』에서 말했다. "두 나라가 삼년상을 행하지 않은 것은 후세의 잘못이지, 주공의 법이 본래 그러한 것은 아니었다."

○ 모기령이 말했다. "노나라에서는 춘추시대부터 전국시대까지 삼년상을 행하지 않은 사람이 없었다. 희공僖公이 죽고 나서 문공文公은 2년 차에 혼례를 치루었는데, 그 사이가 만 2년이다. 그런데도 상중喪中에 부인을 들였다는 간언을 들었다. 성공成公은 삼년상을 마치고 나서 진晉나라에 조문朝問을 하였는데, 호안국胡安國은 오히려 주나라에 조문하지 않은 것을 가지고 예를 지키지 않았다고 꼬집었다. 소공昭公이 삼년상을 치르면서 슬퍼하지 않자 숙향叔向이 말하기를 '삼년상을 치르면서 하루도 슬퍼하지 않았다.'라고 했으니, 가까운 선대의 임금이 어찌 일찍이 행하지 않은 적이 있었겠는가? 또 본문에서 분명히 '상제喪祭는 선조先祖를 따른다.'라고 하였으니, 선조라는 것은 시조始祖이고 가까운 선대의 조상이 아니다."

○ 또 말했다. "전국시대의 제후들이 모두 삼년상을 행하지 않았던가? 만약 그러하다면 제선왕이 상기喪期를 줄이려고 한 것은 무엇 때문인가? 그러나 또 말하기를 '우리 종국인 노나라 선군先君도 행하지 않았고, 우리 선군도 행하지 않았다.'라고 하였으니, 이는 노나라 주공·백금伯禽과 등나라 숙수叔繡 등은 아무도 3년상을 행한 사람이 없다는 것이다. 자장子張이 묻기를 '고종高宗이 3년 동안 말을 하지 않았다는데 사실입니까?'라고 하자, 공자가 말하기를 '어찌 꼭 고종만이 그랬겠느냐? 옛사람이 모두 그러하였다.'라고 하였으니, 지금의 제도가 아님이 분명하다. 성왕成王이 죽고 난지 9일 만에 강왕康王이 급히 즉위하여 면복冕服을 입고 명령을 내리고 제후에게 포고布誥하였으니, 3년 동안 말하지 않았다는 것과는 전혀 맞지 않는다.

晉 平公初即位, 即改服命官, 而通列國盟戒之事, 始悟孟子引三年不言·滕 文五月居廬未有命戒, 皆是商制, 並非周制。周公制禮, 並無有此, 故侃侃然曰周公不行·叔繡不行·悖先祖·違授受, 歷歷有詞, 世不察也。然則孟子何以使行商制? 曰, '使滕行助法,[30] 亦商制也。'"

○**鏞案** 余考春秋諸國之禮, 壞亂參錯, 原無一定之法, 有如是者, 有如彼者, 國各異軌, 君各殊矩。其所同者, 惟踰年稱君, 三年衰絰等大節而已。詳見余《春秋考徵》, 今不再述。惟所謂'魯先君之莫之行', 不是全莫之行, 蓋云不得如殷 高宗而已。

魯 隱公未葬臨戎,[31] 魯 桓公·閔公旣葬會盟, 魯 襄公旣葬受享, 魯 莊公·文公·宣公在喪而娶, 雖謂之莫之行, 可也。然魯 昭公未葬三易衰, 其三易則童心[32]也, 而其不脫衰則可貴也。【見《左傳》】

---

30) 助法 : 조법은 은殷나라의 조세제도이다. 재래의 설에 따르면 630묘畝의 토지를 8가에 70묘씩 분배하여 농사지어 먹고살게 하고, 중앙의 70묘는 공전이라 하여 공동으로 경작하여 조세로 바쳤다고 한다. 다산의 설은 이와는 좀 다르다.
31) 戎 : 新朝本에는 '戒'로 되어 있다.
32) 童心 : 양공襄公을 장사 지낼 때까지 공자公子 주獳는 세 차례 상복喪服을 바꾸어 입었는데, 법도法度 없이 장난치다가 바꾸어 입은 새 상복이 금방 헌 상복처럼 옷깃이 해어졌기 때문이다. 이때 소공昭公의 나이가 19세였는데도 오히려 어린아이와 같은 마음이 있었다고 전해진다.

진晉 평공平公이 처음에 즉위하여 곧장 복장을 바꾸고 관리를 명하고 열국列國들과 동맹을 서로 맺었으니 맹자가 '3년 동안 말을 하지 않았다.'라는 말을 인용한 것과, 등문공이 5개월 동안 여막에 거처하면서 명계命戒를 하지 않은 것은 모두 상商나라 제도이고, 결코 주나라 제도가 아님을 비로소 알겠다. 주공이 예를 제정하면서 결코 이런 조항을 두지 않았으므로, 굽히지 않고 말하기를 '주공도 행하지 않았고, 숙수도 행하지 않았으니, 선조를 배신하고 전통을 거스르는 일이다.'라고 하며 조목조목 나열하였으나, 세상은 살피지 않았다. 그렇다면 맹자는 무엇 때문에 상나라 제도를 행하게 하였는가? 등나라에게 조법助法을 행하게 한 것도 또한 상나라 제도이다."

○ **용안** 내가 춘추시대 여러 나라의 예법을 고찰해보니, 무너지거나 어지러워지고 뒤섞여 원래 일정한 법이 없어 이런 것도 있고 저런 것도 있었다. 나라나 임금에 따라 법도가 달랐다. 같은 것은 임금이 죽고 나서 해를 넘긴 뒤에 다음 임금을 임금이라 호칭하는 것이나, 3년 동안 상복을 입는 것 등 큰 절차뿐이었다. 나의 『춘추고징』에 상세히 보이기 때문에 다시 기술하지 않는다. 다만

"노나라 선군도 행하지 않았다."라고 말한 것은 전혀 행하지 않았다는 것이 아니라, 은나라 고종高宗처럼 하지 못했다고 말한 것일 뿐이다. 노나라 은공隱公은 장례를 치르지 않은 상태에 전쟁에 임하였고, 환공桓公과 민공閔公은 장례를 치르고 나서 회맹會盟을 하였고, 양공襄公은 장례를 치르고 나서 향례享禮를 받았으며, 장공莊公·문공文公·선공宣公은 상중에 장가를 들었으니, 행하지 않았다고 하여도 괜찮다. 그러나 소공昭公은 장례가 끝나기도 전에 세 번이나 상복喪服을 바꾸었는데, 그것은 어린 아이의 마음이었다. 그렇지만 상복을 벗지 않은 것은 귀하게 여길 만하다.[『춘추좌씨전』에 보인다.]

魯悼公之喪, 孟敬子[33)]言食粥之禮, 若嗣君喫飯, 諸臣其議食粥乎? 雖昭子[34)]食食, 而嗣君之食粥, 可知也.【見〈檀弓〉】孟子答然友之問, 亦不過擧二者而爲言, 一曰齊疏之服, 二曰饘粥之食. 此二者, 吾宗國魯先君未嘗不行, 而父兄百官諈之如此, 豈不可疑? 總之, 衰亂之君, 以其私意, 或行或否, 周公之禮, 斷不如此. 至於三年不言之禮, 此是殷禮, 不是周禮. 周禮惟未葬不出命令. 故文九年春, 毛伯[35)]來求金, 不稱王命.《左氏》曰: "不書王命, 未葬也." 明周禮惟未葬不命也. 滕文公之五月居廬, 未有命戒, 正亦周禮, 而毛氏乃謂孟子敎文公行殷禮, 尤大謬也. 如毛氏之說, 則杜預短喪[36)]之義, 將立而可說乎?

---

33) 孟敬子: 맹경자는 노魯나라 대부로 이름은 중손첩仲孫捷이다.
34) 昭子: 소자는 노나라 계강자季康子의 증손曾孫으로 이름은 강彊이다.
35) 毛伯衛: 모백위는 춘추시대 주나라 양왕襄王의 신하인 모백위毛伯衛이다.
36) 杜預短喪: 두예단상은 진晉 무제武帝 때 두예가 지지하던 '기장제복旣葬除服' 제도를 말한다. 즉 장례를 치르자마자 상복을 벗고 국정에 임하는 국제國制를 말한다.

노 도공悼公의 상에 맹경자孟敬子가 죽을 먹는 예를 말하였는데, 만약 대를 잇는 임금이 밥을 먹었다면 여러 신하들이 죽 먹을 일을 논의하였겠는가? 비록 소자昭子는 밥을 먹었을지라도 대를 잇는 임금은 죽을 먹어야 함을 알만하다.【『단궁檀弓』에 보인다.】 맹자 역시 연우然友의 질문에 답하면서 단지 두 가지를 들어서 말했는데, 하나는 거친 상복을 입는 것이고 하나는 죽을 먹는 것이다. 이 두 가지는 우리 종국인 노나라 선군이 행하지 않은 적이 없는데, 부형父兄·백관百官들이 이와 같이 속였으니, 어찌 의심하지 않을 수 있겠는가? 총괄컨대, 쇠퇴하고 어지러운 시대의 임금이 자기 마음대로 혹은 행하기도 하고 혹은 그렇게 하지 않기도 하였으나, 주공의 예는 단연코 이렇지 않다. 3년 동안 말을 하지 않는 예는 은나라 예이고 주나라 예가 아니다. 주나라 예는 오직 장례를 치르지 않은 상태에서는 명령을 내지 않는다. 이 때문에 『좌전』 문공文公 9년 봄에 "모백毛伯이 와서 금金을 요구했다."라고 하면서 왕명王命이라고 칭하지 않았다. 『좌전』에 이르기를 "왕명이라고 쓰지 않은 것은 아직 장례를 치르지 않아서이다."라고 하였으니, 주나라 예법은 장례를 치르지 않고서는 왕이 명령을 내지 않는다는 것을 밝힌 것이다. 등문공이 다섯 달 동안 여막에 거처하면서 명계命戒를 하지 않은 것은 확실히 주나라 예인데도, 모기령은 맹자가 문공한테 은殷나라 예를 행하도록 한 것이라고 하였으니, 더욱 큰 오류이다. 모씨의 이론대로라면 두예杜預의 단상제短喪制와 같은 것도 입론하여 말할 수 있지 않겠는가?

趙曰: "志, 記也。《周禮》, '小史掌邦國之志。'"
○麟曰: "邦國之志, 若周志·史佚之志·鄭 晉 楚書·秦記之類。"

趙曰: "父兄百官, 且復言'我轉有所受之'。一說世子言我受之於孟子也。"
○《集》曰: "引志之言, 以爲上世以來, 有所傳受。"
○**鏞案** 一說非。

조기가 말했다. "'지志'는 기록이다. 『주례』에 '소사小史가 나라의 지를 관장하였다.'라고 하였다."

○ 왕응린이 말했다. "나라의 지란 예컨대 주나라의 지, 사일史佚의 지, 정鄭·진晉·초楚나라의 서書, 그리고 진秦나라의 기記 등의 종류이다."

조기가 말했다. "부형·백관이 다시 말하기를 '우리들은 오히려 전수받은 바가 있다.'라고 하였다. 일설에는 세자가 '내가 맹자한테서 들었다.'라고 말하였다 한다."

○ 『맹자집주』에서 말했다. "지志의 말을 인용하여 윗세대로부터 전수傳受한 바가 있다고 한 것이다."

○ **용안** 일설은 잘못이다.

5-3 등문공이 나라 다스리는 법을 묻자 하은주 모두 십분의 일의 세법을 시행했다고 하는 장 〔滕文公問爲國夏殷周皆什一章〕

* 맹자는 이 장에서 정전제井田制와 세법을 설명하고 있다. 다산은 서경의 홍범구주洪範九疇에 근거하여 정전이 하나라부터 시행되어 은殷과 주周에서 정립된 제도라고 보고, 정지井地의 면적과 구획도 하·은·주가 다르지 않다고 설명한다. 아울러 다산은 본문에서 용자가 비판하고 있는 일괄적으로 거두는 세금, 즉 공세貢稅의 폐단은 요순우의 시대에는 본래 없었다고 주장하고 있다. 또한 대대로 물려받는 세록世祿과 관련하여 다산은 녹봉과 녹읍은 물려받으나 세대를 거듭하여 점차 적어지고, 작록은 기본적으로 세습되지 않음을 설명하였다.

滕文公問爲國. 孟子曰: "民事不可緩也. 詩云:'晝爾于茅, 宵爾索綯; 亟其乘屋, 其始播百穀.' 民之爲道也, 有恆産者有恆心, 無恆産者無恆心. 苟無恆心, 放辟邪侈, 無不爲已. 及陷乎罪, 然後從而刑之, 是罔民也. 焉有仁人在位, 罔民而可爲也? 是故賢君必恭儉禮下, 取於民有制. 陽虎[37] 曰:'爲富不仁矣, 爲仁不富矣.'

夏后氏五十而貢, 殷人七十而助, 周人百畝而徹, 其實皆什一也. 徹者, 徹也; 助者, 藉也. 龍子曰:'治地莫善於助, 莫不善於貢. 貢者校數歲之中以爲常. 樂歲, 粒米狼戾, 多取之而不爲虐, 則寡取之; 凶年, 糞其田而不足, 則必取盈焉. 爲民父母, 使民盻盻然, 將終歲勤動, 不得以養其父母, 又稱貸而益之. 使老稚轉乎溝壑, 惡在其爲民父母也?' 夫世祿, 滕固行之矣. 詩云:'雨我公田, 遂及我私.' 惟助爲有公田. 由此觀之, 雖周亦助也.

---

37) 陽虎 : 양호는 양화陽貨라고도 한다. 노나라 계손씨의 가신家臣으로 『논어』에 자주 등장한다.

등문공이 나라 다스리는 법을 물었다. 맹자께서 말씀하셨다. "백성의 일은 늦출 수가 없으니, 『시경』에 이르기를 '낮에는 띠풀을 베어오고 밤이면 새끼를 꼬며, 지붕 위를 서둘러 올라야, 비로소 백곡百穀을 파종한다.'라고 하였습니다. 백성들이 사는 방법이란 일정한 수입[恒産]이 있는 사람은 일정한 마음[恒心]을 갖지만 일정한 수입이 없는 사람은 일정한 마음을 갖지 못합니다. 일정한 마음을 갖지 못하면 방탕하고 편벽되며, 사악하고 호화스러운 행위를 하지 않음이 없을 것이니, 죄에 빠지게 된 연후에 따라서 형벌을 준다면 이는 백성들을 그물질하는 것입니다. 어떻게 어진 사람이 자리에 있으면서 백성을 그물질하는 일을 하는 일이 있을 수 있습니까? 이런 까닭에 현명한 임금은 반드시 공손하고 검약하여, 아래 사람에게도 예우하고 백성들에게서 거둬들이는 데도 절제함이 있습니다. 양호陽虎가 말하기를 '부富를 추구하면 인仁하지 못하고, 인을 추구하면 부유해지지 못한다.'라고 하였습니다.

하후夏后씨 때는 50묘畝를 주어 공세貢稅를 내게 하였고, 은나라 사람들은 70묘를 주어 조경助耕을 시켰으며, 주나라 사람들은 100묘를 주어 철세徹稅를 내게 하였으니, 실상은 모두 10분의 1을 내게 한 것입니다. '철徹'은 거둔다는 뜻이고, '조助'는 힘을 빌린다는 뜻입니다. 용자龍子가 말하기를 '토지를 관리하는 데는 조법助法보다 좋은 것은 없고 공세보다 좋지 않은 것도 없다. 공貢이란 몇 년의 중간치를 헤아려 일정한 분량을 거두는 것이어서 풍년에는 곡식이 넘쳐나니 많이 취하여도 가혹하지 않건만 적게 취하고, 흉년에는 그 밭을 싹싹 긁어도 부족한데 반드시 그 분량을 채우려 한다. 백성의 부모가 되어가지고 백성으로 하여금 헐떡거리며 한 해 내내 부지런히 움직여도 그 부모도 부양할 수 없게 만드는데다가 빚까지 주어 이자를 받으니, 늙은이와 어린아이로 하여금 구렁텅이로 떨어지게 만들면서 백성들의 부모랄 것이 어디에 있는가?'라고 하였습니다. 무릇 세록世祿은 등나라에서 본래 시행하고 있었습니다. 『시경』에 이르기를 '우리 공전公田에 비를 내려, 마침내 우리 사전私田까지 이른다.'라고 하였는데, 오직 조경助耕을 할 때만 공전을 두는 것입니다. 이로 본다면 비록 주周나라라 하더라도 또한 조경법이었던 것입니다.

設爲庠序學校以敎之: 庠者, 養也; 校者, 敎也; 序者, 射也. 夏曰校, 殷曰序, 周曰庠, 學則三代共之, 皆所以明人倫也. 人倫明於上, 小民親於下. 有王者起, 必來取法, 是爲王者師也. 詩云 '周雖舊邦, 其命惟新', 文王之謂也. 子力行之, 亦以新子之國."

趙曰: "陽虎, 非賢者也, 言有可采, 不以人廢言也."
○**鏞案**《集註》有味。[38]

趙曰: "禹受禪於君, 故夏稱后, 殷·周順人心而征伐, 故言人也."
○**鏞案** 趙說, 非矣。義見余《檀弓箴誤》。[39]

趙曰: "民耕五十畝, 貢上五畝, 耕七十畝者, 以七畝助公家, 耕百畝者, 徹取十畝以爲賦。雖異名, 而多少同, 故曰皆什一也."
○《集》曰: "商人始爲井田之制."

---

38) 《集註》有味 : 주자는 양호陽虎가 이것을 말한 것은 인仁을 행하는 것이 부富에 해가 될까 봐 두려워함이요, 맹자가 이 말을 인용한 것은 부가 되는 일을 하는 것이 인에 해가 될까 봐 두려워한 것이라고 하였다.

39) 義見余《檀弓箴誤》: 다산의 『단궁잠오檀弓箴誤』에는 『국어國語』의 주어周語에 나오는 글에 근거하여, 우가 천하를 얻은 뒤에 씨氏로써 국호를 삼았기 때문에 '하후夏后'라고 하였고, 은殷과 주周는 씨로써 국호를 삼지 않았기 때문에 다만 '은인殷人'·'주인'周人'이라고 하였다고 한다.

상庠, 서序, 학學, 교校를 설치하여 백성들을 가르쳤으니, '상'은 봉양한다는 뜻이고, '교'는 가르친다는 뜻이며, '서'는 활쏘기를 익힌다는 뜻입니다. 하夏나라에서는 '교'라고 하였고, 은殷나라에서는 '서'라고 하였으며, 주周나라에서는 '상'이라고 하였으나 학學은 삼대가 공통이었으니, 모두 인륜을 밝히고자 한 것이었습니다. 인륜이 위에서 밝혀지면 백성들은 아래에서 친목하게 됩니다. 왕업王業을 이룰 자가 나타나면 반드시 와서 이를 취하고 본받을 것이니, 이는 왕자의 스승이 되는 것입니다. 『시경』에 이르기를 '주나라는 비록 오래된 나라이나 그 명命은 오직 새로울 뿐이다.'라고 하였으니, 문왕을 일컬을 것입니다. 당신도 힘써 행한다면, 당신의 나라 역시 새롭게 될 수 있을 것입니다."

조기가 말했다. "양호는 현자가 아니다. 그러나 그의 말에는 취할 만한 점이 있으니 그 사람됨 때문에 말까지 버리지는 않는다."

○ **용안** 『맹자집주』의 설명이 의미가 있다.

조기가 말했다. "우禹는 임금에게서 선양받았기 때문에 하후夏后라고 일컬었고, 은과 주는 인심을 따라 정벌했기 때문에 은인殷人·주인周人이라고 했다."

○ **용안** 조기의 설명은 잘못되었다. 내가 지은 『단궁잠오』에 그 뜻이 보인다.

조기가 말했다. "백성이 50묘를 경작하면 5묘의 곡물을 위에 바치고 70묘를 경작하는 사람은 7묘의 곡물을 공가公家에 바치고 100묘를 경작하는 사람은 10묘의 곡물을 거두어 세금으로 삼았으니, 비록 공貢·조助·철徹의 이름은 다르지만 많으나 적으나 비율은 같기 때문에 모두 10분의 1이라고 하였다."

○ 『맹자집주』에서 말했다. "상商나라에서 처음으로 정전의 제도를 만들었다."

○鏞案 朱子謂'井田之制, 始於商人', 恐不然也。墳衍原隰之地, 谿磵溝渠之水, 天荒以來, 原未嘗經緯割劃, 而殷人始畫爲井, 其可得乎? 此必天翻地覆, 山頹水汨之世, 乃能爲此, 畫地爲井, 非堯·舜·禹·稷之所爲乎? 然且黃帝·神農之時, 已有經畫之制。故說卦之例, 坤爲布帛, 布帛者, 經緯也。說卦[40]之作, 必在上古,【義詳余《易箋》[41]】則中國開物之聖, 原有井地之制。特其制度之詳密·規模之齊整, 必在堯·禹之際耳。殷人·周人, 不過於成法之中, 量其時宜, 稍加變通而已。

○孟子誦'雨我公田'之詩, 以證周制之有公田, 則夏后氏無公田矣。然孟子之時, 典籍散滅, 法制陵夷, 井田之形, 其已敗亡, 已無可問。故僅誦二句詩, 以證周制之有公田。周制尚然, 夏制之有無公田, 況可徵乎? 今於數千年之後, 謂夏有公田, 人孰信之? 雖然, 箕子[42]則古人也。

---

40) 設卦:「설괘」는 『주역周易』의 편명이다.
41) 易箋:『역전』은 다산 자신이 지은『주역사전周易四箋』을 말한다.
42) 箕子 : 기자는 은나라의 태사太師이다. 주왕紂王의 숙부로서 주왕에게 자주 충언을 올려도 듣지 않자, 미친 사람처럼 굴어서 노예가 되었다고 한다. 무왕이 주나라를 세운 뒤에 풀려났다.

○ **용안** 주자가 정전의 제도가 상나라에서 시작되었다고 하지만, 아마 그렇지 않은 듯하다. 벼랑·평지·언덕·습지의 땅과 계곡·산골·도랑의 물이 세상이 생긴 이래로 한 번도 가로 세로 나뉘고 쪼개지고 구획된 적이 없다가, 은나라 사람이 비로소 금을 그어 정井을 만들었다는 것이 타당하겠는가? 이것은 반드시 천지가 뒤집히고 산이 무너지고 물이 잠긴 시대라야 할 수 있으니, 땅에 금을 그어 정을 만든 것은 요堯·순舜·우禹·직稷이 한 바가 아니겠는가? 게다가 또한 황제黃帝·신농神農 때에 이미 경획經畫의 제도가 있었다. 따라서 설괘設卦의 글에 "곤坤은 포백布帛이 된다."라고 하였으니, 포백이란 경위經緯이다. 설괘가 지어진 시기는 반드시 상고시대일 것이니, 【내가 지은 『주역사전周易四箋』에 뜻이 자세하다.】 중국 문명이 열리던 시대의 성왕聖王들에게 원래 정전의 제도가 있었을 것이다. 다만 그 제도의 치밀함과 규모의 정비는 반드시 요와 우의 시대에 생겨났을 것이다. 은과 주는 이루어진 제도 안에서 시대에 알맞음을 헤아려 조금 변통을 추가하는 데 지나지 않았을 뿐이다.

○ 맹자가 "우리 공전公田에 비를 내려 …."라는 내용의 시를 읊어서 주나라 제도에 공전이 있었다는 것을 증명했으니, 하나라에는 공전이 없었을 것이라고 여긴 것이다. 그러나 맹자의 시대에도 전적이 흩어져 없어지고 법제가 무너져서 정전의 형태가 모두 이미 망가져 고찰할 수 없었다. 그래서 겨우 두 구의 시를 외어서 주나라 제도에 공전이 있었음을 증명한 것이다. 주나라 제도도 오히려 그러한데, 하물며 하나라 제도에 공전이 있었는지 없었는지를 증거할 수 있겠는가? 지금 수천 년 뒤에 와서 "하나라에 공전이 있었다."라고 말한다면 어느 누가 믿겠는가? 비록 그렇긴 하나 기자箕子는 옛사람이다.

箕子之言曰: "天乃錫禹洪範九疇。"⁴³⁾ 洪範九疇者, 禹之物也。洪範之形, 皇極居中, 八疇環外, 一似井田之形。【見余〈洪範圖〉】疇者, 田疇也。旣受九疇之錫, 而其畫地爲田, 不用九疇之法, 必無是理, 夏制之有公田, 明矣。又夏后營國之法, 明亦九區。故啓⁴⁴⁾之誓師, 先召六鄕之卿。旣有六鄕, 則明亦王宮居中, 面朝後市, 與周法同也。營國旣然, 則治田亦然。故禹自奏其功曰: "予決九川距四海, 濬畎澮距川。"⁴⁵⁾ 畎澮者, 井田之物, 非井田而有畎澮, 所謂無麵之䬳飥, 井田非夏制乎? 〇所謂夏后氏五十而貢⁴⁶⁾者, 一區百畝, 每用二夫治之, 共十六人 同治公田。惟其輸官之法, 田分九等, 而權於數歲之中, 以爲恒例。如今吾東之法, 某區之稅一結, 某區之稅七負, 恒定其額, 不得增減。

---

43) 洪範九疇: 홍범구주는 천하를 다스리는 아홉 가지 큰 법으로, 기자箕子가 지어 무왕武王에게 주었다고 한다. 구주九疇는 오행五行・오사五事・팔정八政・오기五紀・황극皇極・삼덕三德・계의稽疑・서징庶徵・오복五福의 아홉 가지 범주를 지칭한다.
44) 啓: 계는 우임금의 아들로 우의 뒤를 이어 임금이 되었다고 한다.
45) 予決九川距四海, 濬畎澮距川: 『상서・익직益稷』에 보인다.
46) 夏侯氏五十而貢: 재래의 설에 따르면 하나라에서는 땅을 50묘씩 분배하고, 세금 거두는 법으로 공법貢法을 썼다고 한다. 다산의 견해는 이와는 조금 다르다.

기자의 말에 "하늘이 우禹에게 홍범구주洪範九疇를 내려주셨다."라고 했으니, 홍범구주란 우의 시대의 유물이다. 홍범의 형태는 황극皇極이 가운데에 있고 팔주八疇가 밖으로 빙 둘러 있어서 꼭 정전의 형태와 비슷하다.【내가 지은 「홍범도洪範圖」에 보인다.】

　주라는 것은 밭두둑이다. 구주를 하사받고 난 뒤 땅을 구획하여 밭을 만듦에 구주의 법을 쓰지 않을 리가 절대 없으니, 하나라 제도에 공전이 있었던 것은 분명하다. 또 하나라가 나라를 경영하는 법도 아홉 구역이었음이 분명하다. 그러므로 계啓가 군사에게 맹세할 적에 먼저 여섯 고을의 경을 불렀으니, 이미 여섯 고을이 있는 것이 분명하다면 또한 왕궁이 가운데에 있고, 앞에는 조정 뒤에는 저자가 있는 것이니, 주나라의 제도와 동일하다. 나라를 경영함이 이미 그렇다면 밭을 다스리는 것도 또한 그럴 것이다. 그러므로 우가 스스로 자기가 한 일을 아뢰면서 말하기를 "제가 아홉 개의 천川을 터서 바다로 빠지게 하고, 견회畎澮를 파서 천으로 빠지게 했습니다."라고 했으니, '견회'라는 것은 정전과 관계있는 것이다. 정전이 아닌데 견·회가 있다는 것은 이른바 밀가루 없이 수제비를 만드는 격이니, 정전은 하나라의 제도가 아니겠는가?

　○ 이른바 '하후씨오십이공夏侯氏五十而貢'이라는 것은 한 구역이 100묘畝인데, 한 구역 당 두 사람이 경작하여 모두 열여섯 사람이 함께 공전을 경작한다는 뜻이다. 오직 관에 세금 내는 법은 밭을 아홉 등분으로 나누어 서너 해의 평균을 헤아려서 일정한 예로 삼았다. 지금 우리나라 법에, 어떤 구역의 세금은 1결이고, 어떤 구역의 세금은 7부負로 항상 그 액수가 정해져 있어 증감할 수 없는 것과 같다.

此所謂五十而貢也。此法若逢大饑, 不能無蠲。故夏法春省耕而補不足, 秋省斂而助不給, 吾東給災[47]之法, 即其意也。所謂殷人七十而助[48]者, 通執八百畝, 推移分田, 十夫各得七十畝, 二夫各得五十畝, 共十二人同治公田。惟其輸官之法, 不問豐儉, 但納公田之所出, 公家所藉, 民力而已, 故名之曰助。助者, 藉也。所謂周人百畝而徹[49]者, 一夫全受一區, 八夫同治公田, 黍稷旣熟, 有司自取而輸之官。一似燕享祭祀, 籩豆旣陳, 而有司徹去者。然斯之謂徹也。徹者, 取去也。
○三代分田之數, 多寡不同者。井田皆良田也。墳衍原隰之地, 可以畫井者, 不可多得。故周人之法, 亦於井地之外, 加授萊田,[50] 上地五十畝, 中地百畝, 下地二百畝。《遂人》文〕況夏后之初, 洪水新平, 畎澮新濬, 所作井田, 其數不多。故一夫所受, 僅得五十, 民所耕作, 都是萊田。

---

47) 給災 : 재해를 입은 논밭의 세금을 면제해주는 제도이다.
48) 殷人七十而助 : 은나라에서는 땅을 70묘씩 분배하고, 세금 거두는 법으로 조법을 썼다고 한다. 다산의 견해는 이와는 좀 다르다.
49) 周人百畝而徹 : 재래의 설에 의하면 주나라에서는 땅을 100묘씩 분배하고, 세금 거두는 법으로 철법徹法을 썼다고 한다. 다산의 견해는 이와는 좀 다르다.
50) 萊田 : 내전은 경작하지 않는 묵전을 말한다.

이것이 이른바 '오십이공五十而貢'이라는 것이다. 이 법은 만약 큰 흉년을 만나면 세금의 일부를 면제해 주지 않을 수 없다. 그러므로 하나라 법은 봄에 경작하는 것을 살펴서 부족을 보충해주고, 가을에 수확하는 것을 살펴서 넉넉지 못함을 도와주었으니, 우리나라의 급재給災의 법은 바로 그런 의도이다. 이른바 '은인칠십이조殷人七十而助'라는 것은 모두 800묘를 가지고 사정에 맞게 밭을 나누어, 열 사람은 각각 70묘를 얻고, 두 사람은 각각 50묘를 얻어서, 모두 열두 사람이 함께 공전을 경작한다. 오직 관에 세금 내는 법은 풍흉을 따지지 않고 다만 공전에서 수확한 것만 납부하게 하니, 공가公家에서 빌리는 것은 백성의 힘일 따름이다. 그러므로 '조助'라고 이름한 것이니, '조'라는 것은 빌린다는 뜻이다. 이른바 '주인백묘이철周人百畝而徹'이라는 것은 한 사람이 한 구역을 다 받아서, 여덟 사람이 공전을 함께 경작하고, 곡식이 여문 뒤에 관리가 직접 가져다가 관에 보내니, 연회하고 제사지낼 때 음식을 차려놓은 뒤에 끝나면 관리가 철상(상을 물린다)하는 경우와 똑같다. 그래서 이것을 '철徹'이라고 하니, '철'이라는 것은 '가져간다'는 뜻이다.

○ 하·은·주 삼대가 밭을 분배한 수의 많고 적음이 같지 않은 이유는 다음과 같다. 정전은 모두 좋은 밭이다. 벼랑·평지·언덕·습지의 땅에 정井을 그을 수 있는 땅은 많지가 않다. 그러므로 주나라 법에도 정지井地 이외에 내전萊田을 더 주었다. 가장 좋은 땅은 내전 50묘를, 중간의 땅은 내전 100묘를, 가장 나쁜 땅은 내전 200묘를 주었다.【『주례周禮·수인遂人』의 내용이다.】 하물며 하나라 초기에는 홍수가 겨우 다스려지고 견회를 새로 팠으니 정전을 만든 수는 많지 않았다. 그래서 한 사람이 받는 밭이 겨우 50묘였고, 백성들이 경작한 것은 모두 내전이었다.

降及殷人之世, 益畫井地, 其數稍敷, 故一夫所受, 增至七十。降及周世, 井地益廣, 萊田漸少, 故一夫全受百畝, 而所授萊田乃爲五十。此自然之勢也。

○若云'夏后氏以五十畝爲一區, 殷人以七十畝爲一區', 則其說不通。誠以五十·七十, 不能開方。不能開方, 則不成井田。試以五十畝爲一區, 則七七四十九, 所零者一, 不得開方。試以七十畝爲一區, 則八八六十四, 所零者六, 不得開方。何以爲井田乎? 況禹濬畎澮[51]之後, 其井區大小, 便若天成, 殷人欲改而大之, 則須決裂阡陌,[52] 堙夷溝澮, 乃可以改畫其井, 殷人何苦爲是? 殷人之後, 周人又改而益大之, 則又須決裂阡陌, 堙夷溝澮, 天下其騷騷矣。必有如商鞅者起, 思欲永革其法, 然後乃爲此事。苟無此心, 必因其故井而變通其法。余謂三代井田, 其形皆同, 誠以理而推之也。【朱子曰: "三代之制, 若自五十·七十至百畝, 畛域[53]皆變, 則勞民傷財。此王莽之政, 必無是理。此一說, 即孟子不曾親歷之一證也。"】

---

51) 溝澮 : 구회는 전답 사이에 있는 도랑을 말한다.
52) 阡陌 : 남북으로 난 길을 '천阡,' 동서로 난 길을 '맥陌'이라고 했다. 하동 지역에서는 동서로 난 길을 '천,' 남북으로 난 길을 '맥陌'이라고 했다.
53) 畛域 : 진역은 전답의 경계를 말한다.

그 후 은나라 때는 정지를 더 많이 만들어 그 수가 점점 많아졌기 때문에 한 사람이 받는 밭이 늘어나 70묘에 이르렀고, 주나라 때로 내려와서는 정지가 더욱 넓어지고 내전이 점차 적어졌기 때문에, 한 사람이 온전히 100묘를 받고 내전을 받는 것은 50묘가 되니, 이것은 자연스런 추세이다.

○ 만약 하나라가 50묘를 1구역으로 삼고, 은나라가 70묘를 1구역으로 삼았다고 한다면 그 설은 통하지를 않는다. 진실로 50묘·70묘로써는 평방근 平方根을 계산할 수 없다. 평방근을 계산할 수 없다면 정전을 이룰 수 없다. 한번 계산해 보자. 50묘를 1구역으로 삼으면 7×7=49이니 1묘가 남아서 평방근으로 계산할 수 없고 70묘를 1구역으로 삼으면 8×8=64이니 6묘가 남아서 평방근으로 계산할 수 없다. 어떻게 정전이 될 수 있겠는가? 하물며 우임금이 밭도랑을 판 뒤에 정전의 구역의 크기가 마치 자연스레 이루어진 것처럼 되었는데, 은나라가 고쳐서 크게 하려 했다면 모름지기 밭 구획阡陌을 쪼개고 도랑을 메꾸고 평평히 해야 정井을 다시 그을 수 있었을 것이니, 은나라가 무엇 때문에 힘들여 그것을 했겠는가? 은나라 뒤에 주나라도 또 고쳐서 더욱 크게 하려 했다면 또 모름지기 밭 구획을 쪼개고 도랑을 메꾸어 평평히 해야 했을 것이니 온 세상이 소란스러웠을 것이다. 반드시 상앙商鞅 같은 자가 일어나서 그 법을 영원히 변혁시키려고 생각한 뒤에라야 이런 일을 할 수 있을 것이다. 진실로 이런 마음이 없다면 반드시 옛 정전의 법에 바탕 해서 그 법을 변통시켰을 것이다. 그래서 나는 삼대의 정전이 그 형태가 모두 같았다고 생각하는데, 그 이치를 꼼꼼히 추론해 본 것이다.[주자가 말하기를 "삼대의 제도가 만약 50묘·70묘로부터 100묘에 이르기까지 진역畛域을 모두 변경하였다면, 백성을 힘들게 하고 재물을 없앤 것이다. 이는 왕망王莽의 정치와 같은 것이니, 반드시 이럴 턱이 없다. 이 일설은 바로 맹자가 일찍이 직접 경험해 본 적이 없다는 한 증거이다."라고 하였다.]

○夏后氏旣以五十畝授一夫, 而猶以百畝爲一區者, 堯·舜·禹爲萬世經遠之謀也。堯·禹畫井之初, 原以一夫百畝爲法, 特以井地不多, 無以徧及。故權授五十, 以待井地之益廣, 乃得一夫全受一區也。然則殷人之七十, 周人之百畝, 皆堯·禹之遺意, 如後嗣王仰遵祖宗之遺命者然, 非以革世之故, 思改前代之法, 而自立其新式也。

○ 余又思之, 所謂貢法, 孟子所言, 雖不敢不從, 然旣作井田, 則民食八區, 公收其一, 不問豐凶, 惟取什一, 卽自然之勢, 不易之理。旣作井田, 又立恒定之稅, 使田夫豐年偸其贏餘, 凶年補其缺欠, 必無是理。雖其言出於孟子, 未敢深信。誠以堯·舜·禹之作法, 必不若是之乖當也。〈禹貢〉田分九等, 賦分九等, 不過欲粗領其大綱, 非恒定之庸典。何則? 田之肥瘠, 跬步以殊, 人之盛衰, 時月以變, 雍州[54]之田, 安得盡爲上上,[55] 兗州[56]之賦, 安得長爲下下[57]乎? 當時之纖條細目, 不載〈禹貢〉, 〈禹貢〉所言者, 粗領大綱而已。所謂龍子,[58] 不過戰國俗儒。但見〈禹貢〉九等之制, 遂云'較數歲以爲常', 而孟子門人記之如此耳。旣作井田, 應收九一, 龍子所謂貢法, 恐非虞·夏之制。

---

54) 雍州: 옹주는 우禹임금 때 구주九州의 하나이다. 지금의 섬서성陝西省과 감숙성甘肅省 서쪽 일대를 말한다.

55) 上上: 땅의 비옥함을 따질 때 상중하上中下의 등급에서 각각 다시 상중하를 두어 9등급으로 나누었는데, '상상上上'은 그중에서 가장 높은 등급이다.

56) 兗州: 연주는 우임금 때 구주의 하나이다. 지금 하북성河北省 서남부와 산동성山東省 서북부 일대를 말한다.

57) 下下: 하하는 아홉 등급 중 가장 낮은 등급이다.

58) 龍子: 용자는 토지 정책 중에서 공법貢法보다 나쁜 것이 없으니 몇 해를 비교하여 일정한 수를 정한 것이라고 한 사람이다. 주자는 고현인古賢人이라고 했으나, 다산은 전국시대의 속유俗儒라고 하였다.

○ 하나라가 이미 50묘를 한 사람에게 주었으나 오히려 100묘를 1구역으로 삼은 것은, 요·순·우 임금이 만세토록 오래 갈 계획을 세운 것이다. 요임금과 우임금이 정井을 구획하던 처음에는 원래 한 사람당 100묘로 법을 삼았는데, 다만 정지가 많지 않아서 두루 보급할 수 없었다. 그러므로 임시변통으로 50묘를 주어서, 정지가 더욱 넓어지기를 기다려 한 사람이 한 구역을 완전히 받을 수 있게 하였다. 그러니 은나라의 70묘, 주나라의 100묘가 모두 요·우가 남긴 뜻으로, 다음 대를 이은 왕이 조종의 유명遺命을 받들어 따른 것과 같은 것이요, 나라가 바뀌었다는 이유 때문에 앞 왕조의 법을 고칠 것을 생각하여 따로 새 법을 세운 것은 아니다.

○ 내가 또 생각하건대, 이른바 공법貢法은 맹자가 말한 바라 감히 따르지 않을 수 없지만, 이미 정전이 만들어졌으면 백성은 여덟 구역을 경작하여 먹고, 국가는 그 한 구역의 곡물을 거두는데, 풍년과 흉년을 따지지 않고 오직 10분의 1만 취하는 것은 자연의 형세요, 바꾸지 못할 이치이다. 이미 정전을 만들었는데 또 일정액의 세금을 정하여 농부로 하여금 풍년에는 남는 것을 차지하게 하고, 흉년에는 부족한 것을 보충하게 할 리가 절대 없다. 비록 그 말이 맹자에게서 나왔더라도 깊이 믿을 수 없다. 진실로 요·순·우가 만든 법은 반드시 이처럼 사리에 어긋나지는 않았을 것이다. 『서경·우공禹公』편에서 전田을 아홉 등급으로 나누고 세금을 아홉 등급으로 나눈 것은, 그 큰 법을 대충 제시한 것에 불과하지, 항상 정해진 영원한 법은 아니다. 왜 그런가? 밭의 기름지고 척박한 것은 아주 가까운 거리에서도 차이가 나고, 인구의 많고 적음은 수시로 변하니, 옹주雍州의 밭이 어떻게 모두 최상급이 될 수 있으며, 연주兗州의 세금이 어떻게 영원히 최하위가 될 수 있겠는가? 당시의 세세한 조목은 「우공」에 실리지 않았으니, 「우공」에서 말한 것은 큰 법만 대충 제시한 것일 뿐이다. 이른바 용자龍子가 말한 공법은 아마도 우하虞夏의 제도가 아닌 듯하다.

趙曰: "徹猶取, 人徹取物也."

○《集》曰: "耕則通力而作, 收則計畝而分, 故謂之徹."

○毛曰: "據《春秋三傳》,[59] 皆云'徹者, 什一而藉',[60] 又云'穀出, 不過藉',[61] 則仍兼助法。其所云徹, 要是通助之義, 而《集註》徹法, 別有'耕則通力合作, 收則計畝均分'一十二字, 誠不知其語出自何書。然顯與《春秋傳》'公田不治則非民, 私田不治則非吏',[62] 與《孟子》'省耕省斂, 補不足助不給',[63] 以及'上農夫食九人, 上次食八人',[64] 至'下食五人'諸語, 全不相合。然旣主此說, 亦宜畫一, 乃于'請野九一而助'[65]節, 又註云'周之徹法蓋如此', 則豈有祇一徹法而屢變其說, 了無定準若是者?"

○**鋪案** 徹者, 取去也。【義見《論語說》'盍[66]'徹'章】

---

59) 春秋三傳: 춘추삼전은『춘추좌씨전』,『춘추공양전』,『춘추곡량전』을 말한다.
60) 徹者, 什一而藉:『공양전公羊傳』선공宣公 15년 "고자십일이자고자古者十一而藉"에 보인다.
61) 穀出, 不過藉:『좌전左傳』선공 15년 "곡출불과자穀出不過藉"에 보인다.
62) 公田不治則非民, 私田不治則非吏:『곡량전穀梁傳』선공 15년에 보인다.
63) 省耕省斂, 補不足助不給:『맹자·양혜왕 하』에 보인다.
64) 上農夫食九人, 上次食八人:『맹자·만장 하』에 보인다.
65) 請野九一而助: 이것은 교외의 지역에 9분의 1세로 조법을 적용하기를 청한다는 뜻이다.『맹자·등문공 하』에 보인다.
66) 盍: 新朝本에는 '蓋'로 되어 있다.

조기가 말했다. "'철徹'은 취한다는 뜻과 같으니 사람이 물건을 거두어 가져가는 것이다."

○ 『맹자집주』에서 말했다. "경작할 때는 힘을 합쳐서 경작하고, 수확할 때는 묘를 계산해서 나누기 때문에 '철徹'이라고 하였다."

○ 모기령이 말했다. 『춘추春秋』의 삼전三傳을 근거해 보면, 모두 이르기를 '철법徹法은 10분의 1세로 백성의 힘을 빌린 것이다.'라고 하였고, 또 '세금으로 내는 곡식은 백성의 힘을 빌리는 정도를 지나지 않는다.'라고 하였으니, 그대로 조법助法을 겸한 것이다. 거기에서 말하는 철이란 바로 '힘을 합친다通助'는 뜻인데, 『맹자집주』에서 철법徹法은 따로 '경작할 때는 힘을 합쳐서 경작하고, 수확할 때는 묘를 계산해서 나눈다.(耕則通力合作 收則計畝均分)'라는 12자를 두었으니, 진실로 그 말이 어느 책에서 나왔는지 모르겠다. 그러나 분명히 『춘추전春秋傳』의 '공전公田이 잘 다스려지지 않으면 백성을 질책하고, 사전私田이 잘 다스려지지 않으면 관리를 질책한다.'라는 말과, 『맹자』의 '봄에 경작하는 것을 살펴서 부족한 물자를 보충해주고, 가을에 수확하는 것을 살펴서 풍족치 못한 것을 보태준다.'에서 '상급의 농부는 아홉 사람을 부양하고, 다음 급은 여덟 사람을 부양하고 … 하급의 농부는 다섯 사람을 부양한다.'에 이르는 여러 말과 전혀 서로 합치되지 않는다. 그러나 이미 이 설을 주장했으면 또한 마땅히 일관성이 있어야 하는데 '야외의 논으로부터는 9분의 일의 세금을 청구한다.(請野九一而助)'의 대목에 주석하기를 '주나라의 철법도 대개 이와 같다.'라고 하였다. 단지 하나의 철법이 있을 뿐인데, 자주 그 설을 변경하여 일정한 기준이 전혀 없음이 어찌 이러한가?'

○ **용안** '철徹'이란 취하여 가져가는 것이다.[뜻이 『논어설論語說』 합철장盡徹章에 보인다.]

通力合作, 計畝均分者, 謂八家同力以治八區, 及其秋成, 通執八區所穫, 八分其率, 各領一率也.【假如八區所穫, 爲四百斛, 則八家均分, 各得五十斛】此法恐不便. 誠以八家人口, 不必皆同, 則所致人力, 不能相同. 況其勤惰, 必各不齊, 秋成之後, 顧何以計畝均分乎? 民將胥怨, 何以行矣?

毛曰: "貢法殘虐特甚, 豈夏后立法, 獨無薄征散利? 諸典若謂此貢之流弊, 則徹與助, 誰無流弊, 而獨以貢言之?"

○**鏞案** 夏后之法, 秋省斂而助不給. 故夏諺曰: "吾王不豫, 吾何以助?"[67] 其法可知也. 恒定稅額者, 若遇大饑之歲, 其勢不能無蠲減. 故吾東之法, 幾結幾負, 恒定稅額, 而每遇饑歲, 必有災減[68]之法, 況於夏后之世乎? 孟子之時, 助·徹之法, 皆已廢格, 故有子[69]勸徹於魯君,[70] 孟子請助於滕君.

---

67) 吾王不豫, 吾何以助:『맹자·양혜왕 하』에 보인다.
68) 災減: 재감은 재해가 있었을 때 조세租稅를 감면해주는 제도를 말한다.
69) 有子: 유자는 공자의 제자 유약有若이다.
70) 有子勸徹於魯君:『논어·안연』에 보인다.

힘을 합쳐서 경작하고 묘를 계산해서 균등하게 나눈다는 것은, 여덟 가구가 힘을 함께 하여 여덟 구역을 경작하고, 가을에 수확할 때에 이르러서는 여덟 구역의 수확한 바를 모두 가져다가 여덟 등분으로 나누어 각각 한 몫씩 가진다는 것이다.【예를 들면 여덟 구역에서 수확한 것이 400섬이면 여덟 가구가 고르게 나누어 각각 50섬씩 갖는 것이다.】그러나 이 법은 형편에 맞지 않는 점이 있다. 솔직히 여덟 가구의 사람 수가 반드시 다 똑같지만은 않을 것이니, 힘을 들인 바도 서로 같을 수는 없다. 더구나 부지런하고 게으른 것이 반드시 각각 똑같지 않을 것인데, 가을 수확 후에 어떻게 묘를 계산해서 고르게 분배할 수 있겠는가? 백성들이 장차 서로를 원망할 것이니 어떻게 시행할 수 있겠는가?

○ 모기령이 말했다. "공법의 잔학함이 특히 심하다면, 어찌 하나라가 법을 세울 때 세금을 가볍게 하고 이익을 나누어 주는 법만 유독 없었을까? 여러 전적에서 만약 이 공법의 유폐流弊를 말할진대, 철법과 조법 그 어느 것인들 유폐가 없겠는가? 그런데도 유독 공법만 가지고 말했는가?"

○ **용안** 하나라의 법은 가을에 수확하는 것을 살펴서 부족한 것을 보충하였다. 그러므로 하나라 속담에 "우리 왕이 즐겁지 않으면 우리가 어떻게 도움을 받을 것인가?"라고 하였으니, 그 법이 어떠한지 알 수 있다. 항상 세금의 액수가 정해져 있는 것도 만약 큰 흉년을 만나면 형편상 감면이 없을 수 없다. 그러므로 우리나라의 법에도 몇 결結 몇 부負라는 일정 세액이 정해 있고, 매번 흉년을 만나면 반드시 재감災減의 법을 두었는데, 하물며 하나라 시대에 그런 법이 없었겠는가? 맹자 시대에는 조법·철법이 모두 이미 없어져 시행되지 않았기 때문에 유자有子가 노나라 임금에게 철법의 시행을 권했던 것이고, 맹자가 등나라 임금에게 조법의 시행을 청했던 것이다.

明當時所行, 皆近貢法, 而又無補助之政. 故龍子以其流弊而言之, 堯·禹之世, 豈有是也? 然旣作井田, 宜收九一, 龍子所言, 必非堯·禹之本法.

趙曰: "糞其田, 尙無所得, 不足以食."
○《集》曰: "糞, 壅也."
○**鏞案** 田之壅糞, 每在豐凶未判之前, 則豐年未嘗不糞其田也, 凶年亦何以豫知其凶, 而加糞其田哉? 余謂糞者, 掃除也.〈曲禮〉曰: "爲長者糞之禮, 必加帚於箕上."《左傳》曰: "張趯[71]使謂太叔[72]曰, '糞除先人之敝廬.'"【昭三年】《荀子》曰: "堂上不糞, 則郊艸不芸."【〈彊[73]〉國篇】韓愈文曰: "糞除天下山川." 糞者, 掃也. 糞其田而不足者, 掃其田而不足也.

---

71) 長趯: 장적은 춘추시대 진晉나라 대부大夫이다.
72) 太叔: 태숙은 정鄭나라 정경正卿 유길游吉의 자字이다. 정자산鄭子産의 뒤를 이어 선정을 베풀었다.
73) 彊: 신조본에는 '經'으로 되어 있으나『荀子』에 따라 바로잡는다.

분명 당시에 시행되었던 것은 모두 공법에 가깝지만 보충해주거나 도와주는 정사가 없었을 것이다. 그러므로 용자龍子가 그 폐단으로써 말한 것이지, 요·우의 시대에 어찌 용자가 말한 그런 일이 있었겠는가? 그러나 이미 정전을 만들었다면 의당 9분의 1의 세금을 거두었을 것이니, 용자가 말한 바는 반드시 요·우의 본래의 법은 아닐 것이다.

조기가 말했다. "그 밭을 모두 쓸어보아도 얻을 것이 없으니 거두어 먹기에 부족하다."

○ 『맹자집주』에서 말했다. "'분糞'은 거름을 주어 북돋아주는 것이다."

○ **용안** 밭에 거름을 주어 북돋아 주는 일은 해마다 풍년인지 흉년인지가 아직 결정되기 전에 하는 것이니, 풍년일 때는 일찍이 그 밭에 거름 주지 않은 적이 없거니와, 흉년일 때에도 또한 어떻게 흉년일 것을 미리 알아서 그 밭에 거름을 더하겠는가? 나는 '분糞'이란 쓸어 버리는 것이라고 생각한다. 『예기禮記·곡례曲禮』에 "어른을 위해 청소하는 예는 반드시 빗자루를 쓰레받기 위에 올려라."라고 하였고, 『좌전』에 장적長翟이 사람을 보내 태숙太叔에게 전하기를 "선대先代부터 살던 묵은 집을 깨끗이 쓸어놓겠습니다."[소공昭公 3년]라고 하였으며, 『순자荀子』에 "집 마루까지도 쓸어 청소해 놓고 있지 않으면 바깥의 풀도 김매져 있지 않을 것이다."[『강국彊國』편]라고 하였고, 한유韓愈의 글에 "천하 산천을 깨끗이 쓸었다."라고 하였으니, 분이란 쓸어 세금을 내는 것이다. 따라서 '분기전이부족糞其田而不足者'이란 말은 그 밭을 다 쓸어 세금을 내도 부족하다는 뜻이다.

趙曰: "古者諸侯·卿·大夫·士有功德, 則世祿賜族者也。官有世功也, 其子雖未任居官, 得世食其父祿。賢者子孫必有土之義也。"

○《集》曰: "世祿者, 授之土田, 使之食其公田之入, 實與助法, 相爲表裏。"

○林曰: "世祿不必是公田所需者。蓋當時助法不行, 那有公田? 只是於貢法, 隨俗加賦而取之。"【見《存疑》】

○毛曰: "世祿有兩說。一謂世祿即世官。〈畢命〉[74] '世祿之家', 孔安國注'世有祿位'也。古祿隨位行, 有位期有祿。故《論語》'天祿永終'[75] 亦作永保祿位解。觀《國語》, 范宣子[76] 歷序世爵, 自陶唐迄今, 死而不朽, 而叔孫穆子[77]曰'此之謂世祿, 不是不朽'[78] 正謂世祿者, 世爵之別名也。一謂世祿是世卿·大夫子弟, 世世受祿。據《禮》注, 夏制王國世祿, 侯國不世祿。〈王制〉云'內諸侯祿', 又云'諸侯之大夫, 不世爵祿'[79] 是也。"

---

74) 畢命: 「필명」은 『서경』의 편명이다.

75) 天祿永終: 천록영종은 『논어·요왈』에 보인다. 『논어』에서의 뜻은 "천록이 영원히 끊어지고 만다."라는 것인데, 모기령은 정반대의 뜻으로 해석하고 있다. 즉 "윤집기중允執其中이면 사해가 곤궁해지더라도 천록이 끝나는 것을 영원하게 만들 수 있다."라고 해야 한다는 것이다.

76) 范宣子: 범선자는 춘추시대 진晉나라 대신大臣으로 범문자范文子의 아들이다.

77) 叔孫穆子: 숙손목자는 숙손표叔孫豹로 춘추시대 노나라 대부大夫이다. 시호諡號는 목자穆子이다.

78) 此之謂世祿, 不是不朽: 『국어·진어晉語』에 보인다.

79) 『예기·왕제王制』에 보인다.

조기가 말했다. "옛날에 제후·경·대부·사가 공덕이 있으면 대대로 녹을 그 족族에게 내렸다. 관직에 있는 이가 대대로 공이 있으면 그 자식이 비록 관직에 있지 않더라도 아버지의 녹봉을 대대로 물려받을 수 있었다. 어진 사람의 자손에게는 반드시 토지가 있었다는 뜻이다."

○ 『맹자집주』에서 말했다. "세록世祿이라는 것은 토전을 주어서 그 공전公田의 수입을 먹게 하는 것이니, 실상은 조법과 서로 표리가 된다."

○ 임지기林之奇가 말했다. "세록이 반드시 공전에서 나오는 것은 아니다. 대개 당시에 조법이 행해지지 않았으니 어떻게 공전이 있을 수 있겠는가? 다만 이것은 공법貢法에 세속을 따라 부부賦를 더하여 취한 것일 따름이다."【『존의存疑』에 보인다.】

○ 모기령이 말했다. "세록에는 두 가지 설이 있다. 첫째, 세록은 곧 세관世官이다. 「필명畢命」의 '세록지가世祿之家'라는 대목에 공안국이 주석하기를 '대대로 녹위祿位를 가지고 있다.'라고 하였다. 옛날의 녹봉[祿]은 지위[位]에 따라 책정되었으니 지위가 있으면 곧 녹봉이 있었다. 그러므로 『논어』의 '천록영종天祿永終(천록이 영원히 끝나지 않는다)'은 또한 '영보녹위永保祿位(길이 녹위를 보전한다)'라고 풀이해야 한다. 『국어』에 보건대, 범선자范宣子가 자기 집안이 대대로 벼슬하는 것이 요임금 때부터 지금까지 이르렀음을 낱낱이 서술하면서, 이것이 죽더라도 썩지 않는 것이라고 하자, 숙손표叔孫豹가 말하기를 '이것은 세록이라고 해야지 불후不朽라고 하는 것은 옳지 않다.'라고 하였다. 이것은 바로 세록이 세작世爵의 다른 이름임을 말한 것이다. 둘째, 세록은 대대로 경대부의 자제가 대대로 녹을 받는 것이라는 것이다.

『예기』의 주를 근거해보면, 하나라 제도의 경우, 왕국王國은 대대로 녹을 받고 후국侯國은 대대로 녹을 받지 않았으니, 왕제王制에 '내제후內諸侯는 녹을 받았다.'라고 한 것과, 또 '제후의 대부는 세습되는 작록을 받지 않았다.'라고 한 것이 이것이다.

商·周則中外卿·大夫, 皆得世祿.〈祭義〉[80]云'殷人貴富', 注'臣能世祿曰富',《春秋左氏說》[81]'卿·大夫得世祿不世位, 父爲大夫死, 子得食其故采地, 如有賢才, 則復父故位. 故《詩》曰「凡周之士, 不顯亦世」',[82] 是也. 然春秋世官不世祿, 而此反云'不世位而世祿', 固已難解. 且官族煩多, 旣使食其采地, 至有過而後奪之. 如周制副田[83]·祿仕田之類, 當亦必有限制, 或以世殺, 或以親殺, 使邦甸[84]土地, 足任頒給. 乃《禮》文茫然, 卽《禮》註亦周章蔑略, 並無成說. 而《集註》則云'仕者之子孫皆敎之, 敎而成材則官之. 若不可用, 亦使之不失其祿', 則旣非世官, 與〈畢命〉'世祿之家'·叔孫穆子所解'世祿', 俱不相合. 且詳於授官, 而略於給采, 幷不知其語出自何書."

○**鏞案** 世祿者, 世爵也. 古者大夫之有家, 如諸侯之有國, 父傳子承, 世世不絶, 皆襲其田祿.

---

80) 祭義:「제의」는 『예기』의 편명이다.
81) 春秋左氏說:「춘추좌씨설」은 송나라 여조겸呂祖謙이 지은 책으로 『춘추春秋』의 뜻을 새롭게 풀이하였다.
82) 凡周之士, 不顯亦世:『시경·대아大雅·문왕편文王』에 보인다.
83) 副田 : 부전은 관리의 가족 부양을 위해 지급하는 전답이다.
84) 邦甸 : 방전은 수도, 즉 궁궐 땅(王畿)에 가까운 구역이다.

상나라・주나라의 경우는 중외中外 경대부가 모두 대대로 녹을 받을 수 있었으니, 「제의祭義」의 '은인귀부殷人貴富'라는 대목에 '신하가 능히 대대로 녹을 받는 것을 부富라고 한다.'라고 주를 하였고, 『춘추좌씨설』에 '경대부의 경우 녹봉은 세습하고 지위는 세습하지 않았으니, 아버지가 대부로 죽으면 아들이 그 옛 식읍지를 그대로 가질 수 있었고, 만일 훌륭한 재주가 있으면 아버지의 옛 지위를 그대로 이었다.'라고 하니, 그러므로 『시경』에 '주나라의 선비여! 드러나지 않아도 대대로 이어진다.'라는 것이 이것이다. 그러나 춘추시대에는 관직은 대대로 하고 녹은 대대로 하지 않았는데, 여기서는 반대로 '관직은 대대로 하지 않고 녹은 대대로 한다.'라고 하니, 진정 이해하기가 어렵다. 또 관리의 가족은 그 수가 많아서 이미 식읍지를 그대로 가졌더라도, 허물이 있은 뒤에는 그것을 빼앗았다. 가령 주나라 제도의 부전副田・녹사전祿仕田 같은 것은 반드시 제한을 두어서, 세대가 지남에 따라 감소시키거나 혹은 친소親疏에 따라 감소시켜서, 방전邦甸의 토지를 적절히 배분할 수 있게 하였을 것이다. 『예기』의 글이 분명하지 않아 그 『예기』의 주 역시 거칠고 소략하여 이를 설명해 내지 못하였다. 그리고 『맹자집주』에서는 '벼슬하는 자의 자손은 모두 교육시키니, 교육하여 인재가 되면 관직을 주었다. 등용할 수 없는 경우에도 또한 그 녹을 잃지 않게 했다.'라고 하였다. 이미 관직을 세습하는 것은 아니었으니, 「필명畢命」의 '세록지가世祿之家'나 숙손표가 해석한 '세록'과는 모두 서로 맞지 않다. 또한 관직을 제수하는 것에 대해서는 상세하고 식읍지를 나눠주는 것에 대해서는 소략하니, 모두 그 말들이 어느 책에서 나온 것인지 모르겠다.

○ **용안** 세록世祿이란 세작世爵이다. 옛날에 대부에게 가家가 있는 것은 제후에게 국國이 있는 것과 같았다. 아버지가 전하고 아들이 이었으니, 대대로 끊이지 않고 모두 그 전록田祿을 세습하였다.

惟官職不世, 司徒之子, 未必爲司徒, 司馬之子, 未必爲司馬。又於諸大夫之中, 簡取一人, 爲之執政, 若鄭之子產, 衛之孔達, 是也。其或大夫強盛, 世執國命者, 不問賢·愚, 皆得擅政, 若晉之趙氏·魯之季氏, 是也。惟公子生生不已, 旣爲別子,[85] 又莫不世爵世祿。然世數久遠者, 亦未嘗去舊納新。故魯之臧氏, 本是孝公之子臧僖伯[86]之家, 而下至昭公之世, 猶有臧昭伯[87]得世其爵。然大夫之家, 或以罪而殄滅, 或無後而絶祀, 或有罪而奔仕於他國, 其田祿所出, 不能不世增世減。惟士之世祿, 未有明文。然文王治岐之法, 孟子通謂之仕者世祿。仕者, 大夫士之通稱。或者士法亦同, 今不可考。總之, 諸國之法, 未必皆同。故齊·秦之法, 客卿擅政, 所謂上賢也, 魯·鄭之法, 公族執命, 所謂上親也。

---

85) 別子 : 별자는 제후의 서자를 말한다. 『예기·대전大傳』에 "別子爲祖, 繼別爲宗, 百世不遷者, 別子之後也."라고 하였고, 증공曾鞏의 「공족의公族議」에 "天子之適子, 爲天子, 其別子爲諸侯, 諸侯之適者, 爲諸侯, 其別子爲大夫."라고 되어 있다.
86) 莊僖伯 : 장희백은 춘추시대 노나라의 대부로 이름은 구彄이다. 노 은공隱公 때 인물로 『좌전』 5년조에 보인다. 희백僖伯은 시호諡號이다.
87) 莊昭伯 : 장소백은 『좌전』 소공昭公 25년조에 보인다. 노나라 대부이다. 이름은 사賜이다.

오직 관직만은 대대로 물려받지 않았으니, 사도司徒의 자식이 꼭 사도가 되는 것은 아니고, 사마司馬의 자식이 꼭 사마가 되는 것도 아니다. 또 여러 대부 가운데 한 사람을 선발하여 정치를 맡겼으니, 정나라의 자산子産과 위나라의 공달功達 같은 경우이다. 때로는 대부가 강성해서 대대로 국명國命을 잡는 경우는, 현우賢愚를 가리지 않고 모두 정치를 멋대로 할 수 있기도 했으니, 진나라의 조씨趙氏와 노나라의 계씨季氏 같은 경우이다. 오직 공자公子는 자꾸 태어나 끊임이 없으니, 이미 별자別子가 되어도 또 세작·세록 하지 않음이 없다. 그러나 세대 수가 멀고 오래된 자도 또한 일찍이 오래된 것을 버리고 새로운 것을 받아들인 적이 없었다. 그러므로 노나라의 장씨蔣氏는 본래 효공孝公의 아들인 장희백의 가家인데, 아래로 소공 시대에 이르러서도 오히려 장소백이 대를 물려 그 작록을 지니고 있었다. 그러나 대부의 가문은 때로는 죄를 겨서 멸족을 당하기도 하고, 후손이 없어 제사가 끊기기도 했으며, 범죄를 저질러 도망가고 다른 나라에서 벼슬하기도 하였으니, 전록의 양이 대대로 증감이 없을 수 없었다. 오직 사士의 세록은 명문明文이 없으나, 문왕이 기岐 땅을 다스린 법을 맹자가 통틀어 '사자세록仕者世祿(벼슬하는 사람은 대대로 녹을 받음)'이라고 하였으니, '사仕'란 대부·사의 통칭이다. 어떤 사람은 사법士法도 또한 같다고 하나 지금은 상고할 수 없다. 여러 나라의 법을 총괄해 보면, 반드시 다 같지는 않다. 그러므로 제나라·진秦나라 법에 객경客卿(타국 출신으로 경이 된 사람)이 정사를 마음대로 한 것을 상현上賢이라고 하였고, 노나라·정나라의 법에 공족公族이 국명을 잡은 것을 상친上親이라고 하였다.

授爵之法旣然, 則其分田制祿之法, 不能皆同。今無以細究, 毛氏强欲索解, 亦不通矣。

《集》曰:"子, 指文公, 諸侯未踰年之稱也。"
○鏞案 此義甚正, 舊註所不能。

작위을 제수하는 법이 이미 그러하니, 전田을 나누고 녹을 제정하는 법도 모두 같을 수는 없을 것이다. 지금 세밀히 고찰할 방도가 없는데 모씨가 억지로 찾아서 풀고자 하니, 또한 통하지 않는다.

『맹자집주』에서 말했다. "'자子'는 문공文公을 가리킨 말이다. 제후가 거상居喪에 1년을 넘기지 아니했을 때의 칭호이다."

○ **용안** 이 뜻이 매우 바르다. 구주舊註에서는 할 수 없는 해석이다.

5-3 필전으로 하여금 정전제를 묻게 한 장 〔使畢戰問井地章〕

* 맹자는 이 장에서 정전제의 구체적인 시행법으로, 들[野]에서는 9분의 1의 세법[助耕法]을, 성 안[國中]에서는 10분의 1을 세법을 쓰게 하라고 설명한다. 다산은 『주례』에 근거하여 행정구역마다 다른 세법을 적용하였는데 '들'이란 대부大夫의 채읍지여서 9분의 1의 세법을, '성 안'은 수遂에 해당되는 구역으로 10분의 1의 세법을 썼음을 규명하고 있다. 아울러 '여부餘夫'를 다산은 '다섯 식구 미만의 가장'으로 새롭게 정의하고 이들에게는 정지 대신 묵정밭을 주는 것으로 해석해야 주나라 시대 정전제를 실행함에 있어 노동력의 분배에 따른 형평성이 맞추어 진다고 설명한다.

使畢戰問井地. 孟子曰:"子之君將行仁政, 選擇而使子, 子必勉之! 夫仁政, 必自經界始. 經界不正, 井地不鈞, 穀祿不平. 是故暴君汙吏必慢其經界. 經界旣正, 分田制祿可坐而定也. 夫滕壤地褊小, 將爲君子焉, 將爲野人焉. 無君子莫治野人, 無野人莫養君子. 請野九一而助, 國中什一使自賦. 卿以下必有圭田, 圭田五十畝. 餘夫二十五畝. 死徙無出鄉, 鄉田同井. 出入相友, 守望相助, 疾病相扶持, 則百姓親睦. 方里而井, 井九百畝, 其中爲公田. 八家皆私百畝, 同養公田. 公事畢, 然後敢治私事, 所以別野人也. 此其大略也. 若夫潤澤之, 則在君與子矣."

此節當別爲一章, 以無'滕文公'三字, 故諸本皆合釋之. 今姑界別.

등문공이 필전畢戰으로 하여금 정전법을 묻게 하자, 맹자께서 말씀하셨다. "그대의 임금이 장차 인정仁政을 행하고자 하여 그대를 선택하여 보낸 것이니, 그대는 반드시 힘써야 할 것이다. 무릇 인정이란 반드시 토지의 경계를 다스리는 데서부터 시작되는 것이다. 경계가 올바르지 않으면, 정지井地가 균등하지 않아 곡록穀祿도 공평하지 못하게 된다. 이런 까닭에 폭군이나 탐관오리들은 반드시 그 경계를 흐지부지하게 한다. 경계가 이미 올바르게 되면 논밭을 나누고 곡록을 제정하는 일은 앉아서도 정할 수 있다. 등滕나라는 국토가 좁고 작으나 장차 군자가 될 사람이 있고, 장차 야인野人이 될 사람이 있을 것이니, 군자가 없으면 야인을 다스릴 수 없고, 야인이 없으면 군자를 부양할 수 없다. 청컨대 들에서는 9분의 1의 세법을 쓰는 조경법을 시행하고, 성안에서는 10분의 1의 세법을 쓰게 하여 스스로 부담하게끔 하라. 경卿 이하는 반드시 규전圭田이 있었으니, 규전은 오십 묘이다. 다섯 식구 이하의 가장[餘夫]에게는 스물다섯 묘를 준다. 죽거나 이사를 해도 고향을 벗어남이 없으니 고향땅에서 함께 밭 간 사람들은 출입할 때 서로 벗하고, 지키고 망 볼 때 서로 도우며, 질병이 있을 때 서로 돌볼 것이어서 곧 백성들은 친목하게 된다. 사방 1리로 한 정井을 만드는데, 한 정은 900묘이며, 그 가운데가 공전公田이 된다. 여덟 가족이 각자 100묘를 사전私田으로 받는데, 함께 공전을 경작하여 공전의 일을 끝마친 뒤에야 감히 사전의 일을 보게 되니, 이는 (군자와) 야인을 구별한 까닭이다. 이것이 그 대략이다. 이것을 시의적절하게 시행하는 것은 임금과 그대에게 달려 있다."

이 절節은 별도로 한 장을 만들어야 할 것인데, '등문공滕文公'이란 세 자字가 없다 하여 많은 본本들이 모두 합쳐서 풀이하고 있다. 지금은 일단 나누어 구별해둔다.

趙曰:"九一者, 井地以九頃爲數, 而供什一, 郊野之賦也。國中什一者,《周禮》園·廛二十而稅一, 時行重法賦, 責之什一也。而, 如也。自, 從也。孟子欲請使野人如助法, 什一而稅之, 國中從其本賦, 二十而稅一以寬之也。"

○《集》曰:"國中, 郊門之內, 鄕遂之地也。田不井授, 但爲溝洫, 使什而自賦其一, 蓋用貢法也。"

○**鏞案**《周禮·小司徒》'井牧其野', 井者, 九一也。遂人治溝, 十夫有溝, 百夫有洫, 皆以十·百爲數, 此什一也。自野以外, 用井田法, 收其九一, 此孟子所謂野九一也。自郊以內, 用十溝法, 收其什一, 此孟子所謂國中什一也。鄭玄於〈考工[88]·匠人〉之註, 謂'鄕·遂用溝洫法, 都·鄙用井田法', 引《孟子》此文, 以證其義。朱子亦云:'二法決不可合', 鄭分爲兩項郄是。乃陳及之[89]·馬貴與[90]猶欲和合爲說, 以立什一之義, 其見狹矣。

---

88) 考工:「고공」은『주례』의 편명이다.
89) 陳及之: 진급지는 후촉後蜀 사람으로 신진현령新津縣令을 지냈다.
90) 馬端臨: 마단림(1254?~1323)은 송송나라 낙평인樂平人으로 자는 귀여貴與이다.『문헌통고文獻通考』를 편찬했다.

조기가 말했다. "'구일九一'이란 정지井地를 구경九頃으로 단위를 세워 10분의 1의 세를 바치는 것으로서, 교郊와 야野에서 시행하는 부세이다. '국중십일國中什一'이라는 것은 『주례周禮』에 '원園과 전廛은 20분의 1의 세를 거둔다.'라고 하였는데, 당시에는 무거운 부세를 행하여 10분의 1을 부담케 하였다. '이而'라는 글자는 '여如'라는 뜻이요, '자自'라는 글자는 '종從'이라는 뜻이다. 맹자는 야인의 조법助法과 같이 10분의 1을 거두고, 국중國中은 본래의 부세에 따라 20분의 1의 세를 거두어 좀 관대하게 하기를 청한 것이다."

○ 『맹자집주』에서 말했다. "나라 안國中'이란 교문郊門 안의 향鄕과 수遂의 땅이다. 밭을 정전으로 하여 나누어 주지 않고, 다만 도랑을 만들어 10분의 1의 세를 스스로 납부케 하니, 이는 공법을 시행한 것이다."

○ **용안** 『주례·소사도小司徒』에서 "그 전야를 정전으로 다스린다."라고 하였는데, 정井이란 9분의 1을 거두는 것이다. 수인人이 구溝를 다스리는데, 10부夫마다 구를 두고, 100부마다 혁洫을 두어, 모두 10과 100으로 단위를 삼았으니, 이것이 10분의 1을 거두는 것이다. 야野로부터 바깥은 정전법을 시행하여 9분의 1을 거두니, 이것이 맹자가 이른바 "야野에서는 9분의 1을 거둔다."라는 것이요, 교郊로부터 안으로는 십구법十溝法을 시행하여 10분의 1을 거두니, 이것이 맹자가 이른바 "국중國中에서는 10분의 1을 거둔다."라는 것이다. 정현은 「고공기考工記」 장인匠人의 주석에서, 향鄕과 수遂에는 구혁법溝洫法을 시행하고 도都와 비鄙에는 정전법을 시행하였다며 맹자의 이 글을 인용하여 그 뜻을 증명하였다. 주자도 또한 이 두 법은 결코 합할 수 없다 하였고, 정현은 두 항목으로 나누는 것을 옳게 여겼는데, 진급지陳及之·마단림馬端臨이 오히려 둘을 합한 설을 만들어 '십일什一'의 뜻을 세웠으니, 그 견해가 편협하다.

先王之法, 本是九一, 而孟子·公羊子[91]有大桀·大貉之戒,[92] 似若什一之外, 再無他法。故趙氏亦以九頃供什一, 膠合爲說。然九頃則九一, 何以供什一乎?〈載師〉[93]云'園·廛二十而稅一'者, 本是宅廛之稅, 與井地無涉。【詳見〈田制考〉】趙又引此以證什一之義, 亦踈謬甚矣。孟子云'野九一', 而趙氏改之爲什一, 孟子云'國中什一', 而趙氏改之爲廿一, 抑何武也? 使自賦者, 野外井田之粟, 多係土田·官田, 大夫之家, 削各自運輸, 國中便近, 令民自輸之也。

○但古者六鄕在王城之中, 本無田地。鄭玄每云'鄕·遂用溝洫法', 斯則誤矣。溝洫者, 遂人之事, 鄕則何干?

趙曰: "餘夫者, 一家一人受田, 其餘老少尚有餘力者, 受二十五畝, 半於圭田,[94] 謂之餘夫也。受田者, 田萊有多少有上中下,《周禮》曰'餘夫亦如之', 亦如上中下之等也。"

---

91) 公羊子 : 공양자는 『춘추공양전春秋公羊傳』을 지은 공양고公羊高를 높여서 부르는 말이다.
92) 大桀·大貉之戒 : 『맹자·고자 하』와 『춘추공양전』 선공宣公 15년조에 보인다.
93) 載師 : 「재사」는 『주례』 지관사도地官司徒의 편명이다.
94) 圭田 : 규전은 향·대부·사에게 봉제사奉祭祀를 위해서 주되 세금은 받지 않는 땅이다.

선왕의 법은 본래 9분의 1을 거두는 것인데, 맹자와 공양자公羊子가 대걸大桀과 대맥大貊의 경계警戒를 둠으로 해서 마치 10분의 1을 거두는 법 외에는 다른 법이 없는 것처럼 되어버렸다. 그래서 조기는 또한 구경九頃으로 하여금 10분의 1을 바친다는 억지 이론을 지어낸 것이다. 그러나 구경이면 9분의 1을 바치는 것이지 어찌 10분의 1을 바치는 것이겠는가? 「재사載師」에 "원園과 전廛은 스물에서 하나를 거둔다."라고 한 것은 본래 택전宅廛의 세금이지 정지와는 관계가 없는 것이다.【『전제고田制考』에 상세히 나온다.】 조기가 또 이것을 인용하여 십일의 뜻을 증명한 것 또한 매우 잘못 되었다. 맹자가 "야野에는 9분의 1을 걷는다."라고 한 것을 조기는 10분의 1을 거둔다고 고치고, 맹자가 "국중國中에는 10분의 1을 거둔다."라고 한 것을 20분의 1이라고 고쳤으니, 이 역시 얼마나 제멋대로인가? "스스로 세금을 내게끔 하였다.(使自賦)"는 것은 야외野外 정전의 곡식은 대부분 사전士田과 관전官田에 속해 있어서, 대부의 가문에서 추수하여 각자 실어가지만 나라 안은 곧 가까우니 백성들로 하여금 직접 갖다 내게 한 것이다.

○ 다만 옛날에 육향六鄕은 왕성王城 안에 있었기 때문에 본래 전지田地가 없었다. 그런데 정현은 매번 향鄕과 수遂에는 구혁법溝洫法을 시행한다고 말하니, 이것은 잘못이다. 구혁은 수인遂人의 일이지 향과는 관계가 없다.

조기가 말했다. "'여부餘夫'란 한 집에 한 사람이 밭을 받고, 나머지 노인이나 소년 중에서 혹시 여력이 있는 자는 25묘를 받는데, 규전圭田의 절반이 되니, '여부'라고 이른 것이다. 밭을 받은 자는 묵정밭의 다소에 따라 상·중·하를 두었는데, 『주례』에서 '여부도 또한 이와 같다.'라고 했으니, 역시 상·중·하의 등급과 같다."

○《集》曰: "程子曰, '一夫, 上父母下妻子, 以五口八口爲率, 受田百畝。如有弟, 是餘夫也。年十六, 別受田二十五畝, 俟其壯而有室, 然後更受百畝之田。'"

○《周禮·遂人》注: "鄭司農[95]云, '戶計一夫一婦而賦之田。其一戶有數口者, 餘夫亦受此田也。'"

○鏞案《周禮·遂人》, 明明餘夫亦受田百畝,《孟子》曰'餘夫二十五畝', 顯然不合。余始疑之, 今細檢《周禮》, 乃知〈遂人〉所言餘夫亦如之者, 卽萊之數也。餘夫所受, 只是萊田, 上地受萊五十畝, 中地受萊百畝, 下地受萊二百畝, 與正夫同也。萊之所謂上地者, 一年耕而一年休者也。然則受五十畝, 其實一年所耕二十五畝而已。若授良田, 豈不以二十五畝爲率乎?《孟子》·〈遂人〉之文, 若合符節, 何快如之?

○ 其謂之餘夫者, 古者均土之法, 上地家七人, 中地家六人, 下地家五人,【〈小司徒〉之文】不滿五人者, 不能受井地, 歸之於餘夫也。

---

95) 鄭司農 : 정사농은 정중鄭衆(?~83)을 말한다. 후한後漢 때 경학자로 이름은 중衆, 자字는 중사仲師이며, 장제章帝 때 대사농大司農을 지냈기에 정사농鄭司農이라고 칭한다. 경학에 밝았으며, 저서로는 『춘추난기조례春秋難記條例』가 있다. 정중鄭衆을 선정先鄭이라고 하고, 정현鄭玄을 후정後鄭이라고도 한다.

○ 『맹자집주』에서 말했다. "정자程子가 말하기를 '한 장부丈夫는 위로는 부모를 섬기고 아래로는 처자를 기르므로, 다섯 내지 여덟 명을 식솔로 하고 있어, 밭 100묘를 받는다. 만약 동생이 있으면, 이는 여부餘夫이다. 16세가 되면 별도로 25묘를 받고, 장성하여 장가든 후에 다시 100묘의 밭을 받는다.'라고 하였다."

○ 『주례·수인遂人』 주석에서 말했다. "정사농鄭司農이 '한 집[戶]마다 지아비 한 명과 지어미 한 명을 계산해서 밭을 준다. 그 한 집에 식구가 여럿인 경우, 여부餘夫도 또한 이 밭을 받는다.'라고 했다."

○ **용안** 『주례·수인』에서는 명백히 여부도 또한 밭 100묘를 받는다고 했는데, 맹자는 "여부는 25묘를 받는다."라고 하였으니, 분명히 맞지 않는다. 내가 처음에는 이것을 의심하였는데 지금 『주례』를 자세히 검토해보니, 「수인」에서 "여부도 또한 이와 같다."라고 말한 것은 곧 묵정밭의 숫자임을 알았다. 여부가 받은 것은 묵정밭일 뿐이니, 상지上地인 경우는 50묘의 묵정밭을 받고, 하지下地인 경우는 200묘의 묵정밭을 받으니, 정부正夫와 같다. 묵정밭에서 상지라고 하는 것은 1년은 경작하고 1년은 쉬는 땅이다. 그러므로 50묘를 받아도 실은 1년에 경작하는 것은 25묘 뿐이다. 만약 좋은 밭을 받는다면 어찌 25묘로써 식솔을 양육하지 않겠는가? 『맹자』와 「수인」의 글이 부절符節을 합친 듯하니, 얼마나 통쾌한가?

○ 그 여부餘夫라고 하는 것은, 옛날 땅을 나누는 법에 상지上地는 일곱 식구의 집에 주고, 중지中地는 여섯 식구의 집에 주고, 하지下地는 다섯 식구의 집에 주었는데,【『소사도小司徒』의 글】 다섯 식구가 되지 않는 집은 정지井地를 받을 수 없고 여부로 처리되었다.

鄭玄拘於〈王制〉96)'食十人'之文, 以七·六·五三等爲中地之三等, 而上上家十人, 下下家二人,【〈遂人〉註】謬之甚矣。一夫一婦, 顧安能治田百畝, 又受萊二百畝哉? 雖下下之田, 非五人, 不可治也。餘夫者, 不滿五人者也。

○餘夫之法, 雖不可詳, 要之四夫受田百畝, 束爲一部, 而八部並力同治餘田百畝, 以其所收輸于官, 如井田之例, 無秋熟無稅之理也。

○卿之圭田, 亦必在井田之外, 則正亦餘夫之所治也。餘夫二家, 可治一卿之圭田。趙氏欲以餘夫治圭田, 其義甚確。但其所言, 牽纏破碎, 不可用也。

---

96) 王制:「왕제」는 『예기』의 편명이다.

정현은 「왕제王制」의 열 명을 먹인다는 말에 얽매여서, 칠인·육인·오인 삼등三等을 중지中地의 삼등으로 삼아 "상上의 상上은 식구 열 명의 집에 주고, 하下의 하下는 두 식구의 집에 준다."【"수인遂人」의 주註】라고 하였으니, 잘못이 크다. 지아비 1명과 지어미 1명이 어떻게 100묘의 밭을 경작할 것이며, 또 묵정밭 200묘를 받을 수 있겠는가? 비록 최하위의 밭이라 하더라도 다섯 사람이 아니고서는 경작할 수 없다. 그러므로 여부란 다섯 식구가 되지 않는 집인 것이다.

　○ 여부의 법이 상세하지는 않으나, 요컨대 네 여부가 밭 100묘를 받아서 묶어 한 부部가 되고, 여덟 부가 힘을 합쳐 여전餘田 100묘를 함께 일구어 그 소출을 관에 바치니, 정전의 관례와 같이 추수한 것이 없으면 세금을 내지 않는 법이다.

　○ 경卿들의 규전 역시 필히 정전 이외에 있는 것이니, 바로 여부들이 경작하는 것이다. 여부 두 집이면 한 경의 규전을 경작할 수 있다. 조기는 여부가 규전을 경작한다는 것을 증명하고 싶어 했는데, 그 뜻은 매우 명확하다. 다만 그 말이 억지로 끌어대고 자잘하여 쓸 수 없다.

5-4 신농의 말을 실천하는 허행에 관한 장 〔有爲神農之言者許行章〕

* 맹자는 이 장에서 몸소 노동을 실천하는 것을 숭상하는 신농과 허행의 이론을 반박하면서, 인재를 등용하여 제도를 정립하고, 오륜五倫으로 풍속을 교화시키는데 마음을 쓰는 유가의 통치자 역시 고유의 공로가 있음을 설파한다. 다산은 이와 관한 주석에서 신농이 농가農家학파는 아니라고 주장하고, 오륜이란 『중용』의 오달도五達道와 뜻이 통하며, 물건의 크고 작음은 정교하고 투박하다는 뜻이 아님을 밝히고 있다.

有爲神農之言者許行, 自楚之滕, 踵門而告文公曰:"遠方之人聞君行仁政, 願受一廛而爲氓." 文公與之處, 其徒數十人, 皆衣褐, 捆屨織席以爲食." 陳良之徒陳相與其弟辛, 負耒耜而自宋之滕, 曰:"聞君行聖人之政, 是亦聖人也, 願爲聖人氓." 陳相見許行而大悅, 盡棄其學而學焉. 陳相見孟子, 道許行之言曰:"滕君, 則誠賢君也; 雖然, 未聞道也. 賢者與民並耕而食, 饔飧而治. 今也滕有倉廩府庫, 則是厲民而以自養也, 惡得賢?"

孟子曰:"許子必種粟而後食乎?" 曰:"然." "許子必織布而後衣乎?" 曰:"否. 許子衣褐." "許子冠乎?" 曰:"冠." 曰:"奚冠?" 曰:"冠素." 曰:"自織之與?" 曰:"否. 以粟易之." 曰:"許子奚爲不自織?" 曰:"害於耕." 曰:"許子以釜甑爨, 以鐵耕乎?" 曰:"然." "自爲之與?" 曰:"否. 以粟易之." "以粟易械器者, 不爲厲陶冶; 陶冶亦以其械器易粟者, 豈爲厲農夫哉? 且許子何不爲陶冶. 舍皆取諸其宮中而用之? 何爲紛紛然與百工交易? 何許子之不憚煩?" 曰:"百工之事, 固不可耕且爲也."

신농의 말을 실천하는 자인 허행許行이 초楚나라에서 등나라로 와서 문공의 앞에 이르러 아뢰기를 "먼 곳 사람으로 임금께서 인정仁政을 행하신다는 말을 듣고 한 자리를 받아 백성이 되기를 원합니다."라고 하자, 문공이 그에게 거처할 곳을 주니 그 무리 수십명이 모두 갈옷을 입고는 신을 두드려 만들고 자리를 짜서 그것으로 양식을 마련하였다. 진량陳良의 무리인 진상陳相이 그의 아우 신辛을 데리고 쟁기와 보습을 둘러매고 송나라에서 등나라로 와서 말하기를 "임금께서 성인聖人의 정치를 행하신다는 말을 들었는데, 그렇다면 역시 성인이실터, 성인의 백성이 되기를 원합니다."라고 하였다. 진상이 허행을 보고 크게 기뻐하여, 그가 배웠던 것을 모두 버리고 그에게서 다시 배웠다. 진상이 맹자를 보고서 허행의 설로써 말하기를 "등나라 임금은 진실로 현명한 군주입니다. 비록 그러하나 아직 도는 듣지 못하였습니다. 현명한 사람은 백성들과 더불어 밭 갈아 먹으며, 손수 밥을 지어 다스린다고 합니다. 오늘날 등나라에는 창름倉廩과 부고府庫가 있으니, 이는 백성들을 괴롭혀서 자신을 부양하는 것입니다. 어찌 현명하다고 할 수 있겠습니까?"라고 하였다.

　맹자께서 말씀하셨다. "허자는 반드시 곡식을 심은 뒤에 먹는가?" "그렇습니다." "허자는 반드시 베를 짠 후에 입는가?" "아닙니다. 허자는 갈옷을 입습니다." "허자는 관을 쓰는가?" "관을 씁니다." "어떤 관을 쓰는가?" "소박한 관을 씁니다." "자기 스스로 짜는가?" "아닙니다. 곡식을 주고 바꿉니다." "허자는 어찌 스스로 짜지 않는가?" "밭 가는 데 방해되기 때문입니다." "허자는 가마솥과 시루로 밥을 짓고, 쇠 연장으로 밭을 가는가?" "그렇습니다." "자기 손으로 만드는가?" "아닙니다. 곡식과 바꿉니다." "곡식으로 연장이나 그릇을 바꾸는 것이 질그릇장이나 대장장이를 괴롭히는 것이 아니라면, 질그릇장이나 대장장이가 그 연장이나 그릇을 가지고 곡식과 바꾸는 것이 어찌 농부를 해치는 것이 되겠는가? 게다가 허자는 어찌 질그릇장이나 대장장이가 되지 않는가? 무엇이든 자기 집에서 취하여 쓰지 않는가? 무엇 때문에 분주하게 백공百工들과 서로 바꾸려 하는가? 어찌하여 허자는 번거로움을 꺼려하지 않는가?" "백공의 일은 본래 밭을 갈면서 할 수는 없습니다."

然則治天下獨可耕且爲與? 有大人之事, 有小人之事. 且一人之身, 而百工之所爲備. 如必自爲而後用之, 是率天下而路也. 故曰: 或勞心, 或勞力; 勞心者治人, 勞力者治於人; 治於人者食人, 治人者食於人: 天下之通義也.

當堯之時, 天下猶未平, 洪水橫流, 氾濫於天下. 草木暢茂, 禽獸繁殖, 五穀不登, 禽獸偪人. 獸蹄鳥跡之道, 交於中國. 堯獨憂之, 舉舜而敷治焉. 舜使益掌火, 益烈山澤而焚之, 禽獸逃匿. 禹疏九河, 瀹濟漯, 而注諸海; 決汝漢, 排淮泗, 而注之江, 然後中國可得而食也. 當是時也, 禹八年於外, 三過其門而不入, 雖欲耕, 得乎?

后稷敎民稼穡. 樹藝五穀, 五穀熟而民人育. 人之有道也, 飽食 煖衣逸居而無敎, 則近於禽獸. 聖人有憂之, 使契爲司徒, 敎以人倫: 父子有親, 君臣有義, 夫婦有別, 長幼有序, 朋友有信. 放勳曰: '勞之來之, 匡之直之, 輔之翼之, 使自得之, 又從而振德之.' 聖人之憂民如此, 而暇耕乎?

"그렇다면 천하를 다스리는 일만은 유독 밭 갈면서 할 수 있다는 말인가? 대인의 일이 있고, 소인의 일이 있다. 게다가 한 사람의 몸으로 백공의 할 일을 다 할 수 있다고 해서 만일 반드시 스스로 만들어 써야 한다면, 이는 천하 사람을 모조리 길거리로 끌어내는 것이다. 그러므로 이르기를 '어떤 이는 마음을 쓰고 어떤 이는 힘을 쓰니, 마음을 쓰는 사람은 남을 다스리고, 힘을 쓰는 사람은 남에게 다스림을 받는다.'라고 하였다. 남에게 다스림을 받는 사람은 남을 먹여 살리고, 남을 다스리는 사람은 남에게 얻어먹는 것이, 천하의 공통된 의리이다.

요임금 시절에는 천하가 아직 고르지 않아 홍수가 멋대로 흘러 천하에 범람하였다. 초목은 울창하고 금수는 번식하여 오곡은 익지 않고, 금수는 사람들을 위협하였다. 짐승 발자국과 새들의 자취로 이루어진 길이 나라를 얽어 놓았으니 요임금은 홀로 이를 걱정하여 순을 등용하여 널리 다스리게 한 것이다. 순은 익益에게 불을 담당하게 하여 익이 산과 늪에 불을 질러 태우자 금수는 도망가서 숨어버렸다. 우禹임금은 아홉 갈래의 강을 통하게 했는데, 제수濟水와 탑수漯水는 파서 바다로 흘려보내고, 여수汝水와 한수漢水는 트고, 회수淮水와 사수泗水를 배수하여 강으로 쏟게 하니 그런 뒤에야 나라에서 먹고 살 수가 있었다. 이 시절에 우임금은 8년 동안 밖에 있으면서 자기 집 문을 세 번이나 지나쳤지만 들어가지 않았으니, 비록 밭을 갈고 싶어도 할 수 있었겠는가?

후직后稷이 백성들에게 농사짓는 법을 가르쳐 오곡을 심고 기르게 하니, 오곡은 익고 백성들은 길러졌다. 사람에게는 도리가 있으니, 배불리 먹고 따뜻한 옷을 입으며 편하게 산다고 해도 가르침이 없으면 금수와 가까워진다. 성인은 이를 염려하여 설契을 사도司徒로 삼아 인륜을 가르치게 하였으니, 부자간에는 친함이 있고, 군신 간에는 의리가 있고, 부부간에는 구분이 있으며, 장유 간에는 순서가 있고 붕우 간에는 믿음이 있다는 것이었다. 「방훈放勳」에서 말하기를 '위로하고 오게 하며, 바로잡아주고 펴주어라. 도와주고 감싸줘서 스스로 얻게 하고 또 나아가 실력을 떨치게 하라.'라고 하였다. 성인이 백성을 걱정함이 이와 같으니, 어느 사이에 밭을 갈겠는가?

堯以不得舜爲己憂, 舜以不得禹 皐陶爲己憂. 夫以百畝之不易爲己憂者, 農夫也. 分人以財謂之惠, 敎人以善謂之忠, 爲天下得人者謂之仁. 是故以天下與人易, 爲天下得人難. 孔子曰: '大哉堯之爲君! 惟天爲大, 惟堯則之, 蕩蕩乎民無能名焉! 君哉舜也! 巍巍乎有天下而不與焉!' 堯舜之治天下, 豈無所用其心哉? 亦不用於耕耳.

吾聞用夏變夷者, 未聞變於夷者也. 陳良, 楚產也. 悅周公 仲尼之道, 北學於中國. 北方之學者, 未能或之先也. 彼所謂豪傑之士也. 子之兄弟事之數十年, 師死而遂倍之. 昔者孔子沒, 三年之外, 門人治任將歸, 入揖於子貢, 相嚮而哭, 皆失聲, 然後歸. 子貢反, 築室於場, 獨居三年, 然後歸. 他日, 子夏·子張·子游以有若似聖人, 欲以所事孔子事之, 彊曾子. 曾子曰: '不可. 江漢以濯之, 秋陽以暴之, 皜皜乎不可尙已.' 今也南蠻鴃舌之人, 非先王之道, 子倍子之師而學之, 亦異於曾子矣. 吾聞出於幽谷遷于喬木者, 未聞下喬木而入於幽谷者. 魯頌曰: '戎狄是膺, 荊舒是懲.' 周公方且膺之, 子是之學, 亦爲不善變矣."

요임금은 순을 얻지 못함을 자신의 걱정으로 삼았고, 순은 우와 고요皐陶를 얻지 못함을 자신의 걱정으로 삼았다. 무릇 백 묘의 밭이 잘못됨을 자신의 걱정으로 삼는 자는 농부이다. 남에게 재물을 나누어주는 것을 '혜惠'라 하고, 남에게 선함을 가르치는 것을 '충忠'이라 하며, 천하를 위해 사람을 얻는 것을 '인仁'이라 한다. 이 때문에 천하를 남에게 주는 것은 쉬워도 천하를 위해 인물을 얻기는 어려운 것이다. 공자께서 '위대하도다, 요의 임금됨이여! 오직 하늘만이 위대하거늘 요임금만이 이를 본받으셨으니, 넓고 커서 백성들이 무어라 이름 할 수가 없도다. 임금답도다 순舜이여! 우뚝하여 천하를 소유하고도 관여하지 않으셨도다!'라고 말씀하셨다. 요순이 천하를 다스림에 어찌 그 마음을 쓰지 않았겠는가? 밭 가는 데 쓰지 않으셨을 따름이다.

　나는 중화의 풍속으로 오랑캐를 변화시켰다는 말은 들었어도 오랑캐에 의해 변화했다는 말은 듣지 못하였다. 진량은 초楚나라 태생으로 주공과 중니仲尼의 도를 좋아하여 북으로 와서 중국의 문화를 배웠는데, 북방의 학자들이 잠시라도 그를 앞설 수 없었으니 그는 이른바 걸출한 선비라고 하겠다. 그대의 형제가 수십 년 그를 섬겼으나 스승이 돌아가시니 결국 그를 배반하고 마는구나. 옛적에 공자께서 돌아가신 후 3년이 지났는지라, 문인들은 짐을 챙겨 돌아가려고 하였다. 자공子貢께 들어가 인사하고 서로 마주보며 통곡하였는데 모두 목이 쉰 뒤에야 돌아갔다. 자공은 다시 돌아가 묘 앞뜰에 집을 짓고서 홀로 3년을 거처한 뒤에 돌아갔다. 훗날 자하子夏, 자장子張과 자유子游가 유약有若은 성인과 닮았다 하여 공자를 섬기던 바로써 그를 섬기자고 증자에게 강요하자 증자가 말하기를 '안 된다. 강한江漢으로 씻고 가을 햇볕에 말린 듯 빛나고 순결하니 더 할 수가 없다.'라고 하였다. 지금 남쪽 야만인의 뱁새 같은 혀를 가진 사람이 선왕의 도를 비난하는데, 그대는 그대의 스승을 배반하고 그를 배우니, 역시 증자와는 다르구나. 나는 으슥한 골짜기에서 나와 높은 나무로 옮겨간다는 말은 들었어도 높은 나무에서 내려와 으슥한 골짜기로 들어간다는 말은 듣지 못하였다. 「노송魯頌」에 '서융과 북적은 공격하고 남쪽의 형서는 징계한다.'라는 말이 있다. 주공은 이들을 거부하고 응징하였는데 그대는 그들을 옳다고 여기어 배우니, 또한 잘못 변화된 것이로다.

"從許子之道, 則市賈不貳, 國中無僞. 雖使五尺之童適市, 莫之或欺. 布帛長短同, 則賈相若; 麻縷絲絮輕重同, 則賈相若; 五穀多寡同, 則賈相若; 屨大小同, 則賈相若." 曰: "夫物之不齊, 物之情也; 或相倍蓰, 或相什伯, 或相千萬. 子比而同之, 是亂天下也. 巨屨小屨同賈, 人豈爲之哉? 從許子之道, 相率而爲僞者也, 惡能治國家?"

《集》曰: "神農之言者, 史遷所謂農家者流."
○麟曰: "《呂氏春秋·開春論》云, '神農之敎曰,「士有當年而不耕者, 則天下或受其饑矣. 女有當年而不績者, 則天下或受其寒矣. 故身親耕妻親績, 所以見致民利也.」'《管子》[97]引神農之數,[98][99]《文子》[100]亦引神農之法, 此即許行所謂神農之言歟.《漢·藝文志》農家有《神農》二十篇, 劉向《別錄》[101]云, '李悝·商君所說.'"
○鏞案 古者農家者流, 別有一種學問.

---

97) 『管子』: 『관자』는 춘추시대 제齊나라 관중管仲이 지었다고 전해지는 책이다. 법치사상과 경제정책 등을 서술하였다.
98) 數: 문맥상 '敎'가 옳은 듯하다.
99) 신농의 가르침을 인용하였고; 『관자管子·규도편揆度篇』에 보인다.
100) 『文子』: 『문자』는 서명書名이다. 2권으로 되어 있는데, 『한서·예문지』에는 9권이라고 하였다. 주에 "문자는 노자의 제자인데 공자와 동시대 사람이다."라고 하였다. 『수서隋書·경적지經籍志』에는 12편으로 되어 있는데, 이것이 현재의 판본과 같다.
101) 『別錄』: 양梁 완효서阮孝緖의 『칠서七書』 서문에 "옛날에 유형이 교서하여 그때마다 일록一錄으로 삼았는데, 그 지귀指歸를 논하고 잘못된 것을 따져서 마침내 주상奏上하였으니 모두 본서本書에 실려 있다. 이때 또 별록別錄·중록衆錄을 '별록別錄'이라고 하였으니, 곧 지금의 『別錄』이 그것이다."라고 하였다.

(진상이) "허자의 도를 따르면 시장의 가격이 다르지 않으므로 나라 안에 거짓이 없어질 것입니다. 오척되는 아이를 시장에 보내도 혹시라도 그를 속이는 자가 없게 됩니다. 포백布帛의 길이가 같으면 값도 같을 것이고, 여러 가지 삼, 올실, 명주실, 솜의 무게가 같으면 값도 같을 것입니다. 오곡의 양이 같으면 가격도 같을 것이고, 신발의 크기가 같으면 가격도 같을 것입니다."라고 하자 맹자께서 말씀하셨다. "물건이 고르지 아니함은 사물의 실정이니 어느 것은 곱절이나 다섯 배가 되고 어느 것은 열 배, 백배가 되며, 어느 것은 천 배, 만 배가 되기도 한다. 그대는 그것들을 나란히 하여 똑같다고 보니, 이는 천하를 어지럽히는 일이다. 굵고 거칠게 삼은 신발과 가늘고 섬세하게 삼은 신발이 같은 가격이라면, 누가 그것을 만들자고 할 것인가? 허자의 도를 따른다면 서로 다투어 거짓을 하게 하는 것이니, 어떻게 국가를 다스릴 수 있겠는가?"

『맹자집주』에서 말했다. "신농神農의 말을 하는 사람이란 말은 사마천이 이른바 농가農家의 부류이다."

○ 왕응린이 말했다. "『여씨춘추·개춘론開春論』에 말하기를 '신농神農의 가르침에, 당해에 밭 갈지 않는 사내가 있으면 천하의 누군가는 굶주리게 된다. 당해에 옷감을 짜지 않는 여자가 있으면 천하의 누군가는 추위에 떨게 된다. 그러므로 자신이 몸소 밭 갈고 아내가 몸소 옷감을 짜는 것은 백성을 이롭게 하려는 것이다.'라고 하였다. 『관자管子』는 신농의 가르침을 인용하였고 『문자文子』에도 신농의 법을 인용하였으니, 이것이 바로 허행이 말한 신농의 말일 것이다. 『한서漢書·예문지』에 '농가에 『신농神農』20편이 있다.'라고 하였고, 유향劉向의 『별록』에는 '이회李悝와 상앙商鞅이 말한 것이다.'라고 하였다."

○ **용안** 옛날 농가의 부류[農家者流]는 별도로 일종의 학문이었다.

趙曰:"舍者, 止也。止不肯皆自取之其宮宅中。"
○《集》曰:"舍, 止也。或讀屬上句, 舍, 謂作陶冶之處也。"
○毛曰:"舍, 止也, 言止取宮中, 不須外求也。"
○鏞案 毛說, 是也。《論語》曰'舍曰欲之',[102] 義與此同。

趙曰:"掌, 主也。主火之官, 猶古之火正也。"
○閻潛丘[103]曰:"火者, 堯時官名, 即火正。《左傳》'關伯爲堯火正',[104] 是也。《周禮》'司爟掌行火之政令',[105] 亦即此官, 朱子不曉火爲官名, 于《尚書》'命益作虞'[106]處, 謂'堯但使益除障翳驅禽獸, 未必使爲虞官, 至舜而後命作虞', 則不知火是官名, 而又誤以烈山澤爲虞官事, 兩失之矣。"【毛云:"益初爲火官, 至舜時改作虞官。"】
《集》曰:"據〈禹貢〉[107]及今水路, 惟漢水入江耳, 汝·泗則入淮, 而淮自入海。此謂四水皆入於江, 記者之誤也。"
○鏞案 舊註無此說, 疏矣。

---

102) 論語曰舍曰欲之 : 공자가 말하였다. "구求야! 군자는 '단지 바란다.'라고 말해야지, 구차스럽게 다른 변명하는 것을 싫어한다."
103) 閻潛丘 : 염잠구는 염약거閻若璩(1636~1704)를 말한다. 청나라 태원太原 사람으로 자字는 백시百詩이고, 호號는 잠구潛丘이다. 경사經史를 깊이 연구하였으며, 『고문상서소증古文尚書疏證』, 『맹자생졸년월일고孟子生卒年月日考』, 『사서석지四書釋地』 등의 저서가 있다.
104) 關伯爲堯火正 : 『좌전·양공襄公』 9년조에 "陶唐氏之火正, 關伯居商丘, 祀大火而火紀時焉. 相土因之, 故商主大火."라고 하였다.
105) 司爟掌行火之政令 : 『주례·하관夏官·사관司爟』에 보인다. 사관司爟은 사시四時에 국화國火의 나무를 바꾸어주는 것과 계춘季春에 출화出火하는 것을 맡은 관직이다.
106) 命益作虞 : 명익작우는 『상서순전舜典』의 세주細註에 나온다.
107) 禹貢 : 「우공」은 『상서』의 편명이다.

조기가 말했다. "사슴는 '그만둔다[止]'는 것이니, 모두 다 자기의 집안에서 스스로 만들어 쓰는 것을 그만두고서 하려 하지 않는 것이다."

○ 『맹자집주』에서 말했다. "사슴는 '그친다[止]'는 것이다. 어떤 사람은 윗 구句에 붙여 '사슴'를 질그릇을 빚는 장소로 읽는다."

○ 모기령이 말했다. " 사슴는 '단지'라는 뜻이다, 단지 집 안에서만 취하여 쓰고 밖에서는 구하기를 기다리지 않는다는 말이다."

○ **용안** 모씨毛氏의 설이 옳다. 『논어』에 "단지 바라기만 한다."라고 한 뜻이 이것과 같다.

조기가 말했다. "'장掌'은 관장하는 것이다. 불을 맡은 관직은 옛날의 화정火正과 같다."

○ 염약거가 말했다. "화火는 요堯 당시의 관명官名이니 즉 '화정火正'이다. 『좌전』에 '알백關伯이 요의 화정火正이 되었다.'라는 것이 바로 이것이다. 『주례』에 '사관司爟이 행화行火의 정령政令을 맡는다.'라고 한 것도 역시 이 관직인데, 주자는 '화火'가 관명인 것을 깨닫지 못하여 『상서』의 익益을 명하여 우虞로 삼았다는 곳에서 '요는 다만 익으로 하여금 장예障翳를 제거하고 금수를 몰아내게 하였을 뿐이고, 반드시 우관虞官으로 삼지는 않았다. 순임금 때에 이르러서야 명하여 우虞로 삼았다.'라고 하였으니, '화火'가 관명임을 알지 못한 것이고, 또 잘못 생각하여 산택에 불을 지르는 것을 우관虞官의 일로 여겼으니 두 가지를 잘못한 것이다."【모기령이 말했다. "익益은 처음에 화관이 되었다가 순의 시대에 이르러서 우관으로 바뀌었다."】

『맹자집주』에서 말했다. "「우공禹貢」편과 지금의 수로水路를 근거해보면, 한수漢水만이 양자강으로 들어가고 여수汝水와 사수泗水는 회수淮水로 들어가는데, 회수는 곧바로 바다로 들어간다. 여기에서 네 강물이 모두 양자강으로 들어간다고 한 것은 기록한 사람의 착오다."

○ **용안** 구주舊註는 여기에 대한 설명이 없어 소략하다.

《集》曰:"敎以人倫,《書》曰, '天叙有典, 勅我五典, 五惇哉!'[108] 此之謂也."

○ **鏞案**《書》所謂五典者, 父義·母慈·兄友·弟恭·子孝也.《春秋傳》本有明文, 故伏生《書傳》·鄭玄《書》註, 以至梅賾贗註, 皆釋之如此. 五倫者,《中庸》之五達道[109]也,《集註》恐誤.【《孟子》曰'長幼',《中庸》曰'昆弟', 則五倫·五達道亦小異】

趙曰:"聖人之潔白, 如濯之江·漢, 暴之秋陽."

○《集》曰:"夫子道德明著, 光輝潔白."

○ 毛曰:"道德, 無言潔白者. 惟志行分淸濁, 則有是名. 故夫子稱丈人欲潔其身,[110] 孟子稱西子蒙不潔,[111] 又稱狷者爲不屑不潔之士,[112] 司馬遷稱屈原其志潔. 大抵獨行自好者, 始有高潔之目, 此非聖德也.【惟夫子自云:"不曰白乎? 涅而不緇."[113] 與〈屈原傳〉之'皭然泥而不滓'語同】

---

108) 天叙有典, 勅我五典, 五惇哉 : 『서경·우서虞書·고요모皐陶謨』에 보인다.

109) 五達道 : 『중용』에서 공자의 말씀을 인용하여 "天下之達道五, 所以行之者三. 曰君臣也, 父子也, 夫婦也, 昆弟也, 朋友之交也, 五者天下之達道也."라고 하였다.

110) 欲潔其身 : 『논어·미자微子』 7장에 보인다. "子路從而後 遇丈人以杖荷蓧 子路問曰 子見夫子乎 丈人曰 四體不勤 五穀不分 孰爲夫子 植其杖而芸 子路拱而立 止子路宿 殺鷄爲黍而食之 見其二子焉 明日子路行以告 子曰 隱者也 使子路反見之 至則行矣 子路曰 不仕無義 長幼之節 不可廢也 君臣之義 如之何其廢之 欲潔其身 而亂大倫 君子之仕也 行其義也 道之不行 已知之矣." 주자는 자로子路의 말이라고 보았으나, 복주본福州本에는 '자로' 아래에 '반자反子' 두 글자가 있으므로, 자로가 돌아오자 공자가 이르는 말로 보기도 한다고 했다. 모씨毛氏는 공자의 말로 보고 해석한 것이다.

111) 西子蒙不潔 : 『맹자·이루 하』에 보인다.

112) 狷者爲不屑不潔之士 : 『맹자·진심 하』에 보인다.

113) 不曰白乎? 涅而不緇 : 『논어·양화陽貨』에 보인다.

『맹자집주』에서 말했다. "인륜으로 가르쳤다는 것은, 『상서』에 이른바 '하늘의 질서에는 일정한 법식이 있으니 우리 오전五典을 바르게 하여 다섯 가지를 돈독히 하라.'라고 하였으니, 이를 이른 것이다."

○ **용안** 『상서』에 이른 오전五典이란, 아비는 의롭고 어미는 자애롭고 형은 우애롭고 아우는 공손하고 자식은 효성스러운 것이다. 『춘추』의 전傳에 본래 분명한 글이 있어서 복생伏生의 『서전』과 정현의 서주書註부터 매색梅賾의 안주贗註에 이르기까지 모두 이렇게 해석한 것이다. 오륜五倫이란 『중용』의 오달도五達道이니, 『맹자집주』는 틀린 듯하다.【『맹자』에는 '장유長幼'라고 했고, 『중용』에는 '곤제昆弟'라고 했으니, 오륜과 오달도는 역시 조금 다르다.】

조기가 말했다. "성인의 결백潔白함은 강한江漢에 빨고 가을 햇볕에 쪼인 것과 같다."

○ 『맹자집주』에서 말했다. "부자夫子의 도덕이 밝게 드러나니, 빛나고 결백하다."

○ 모기령이 말했다. "도덕에 대해서는 결백이라고 말하지 않는다. 오직 뜻과 행실이 청·탁淸濁으로 나누어지면 이러한 이름이 있게 된다. 그래서 공자는 장인丈人을 일컬어 '자기 몸만을 깨끗이 하려 한다.'라고 했고, 맹자는 '서자西子는 불결한 것을 뒤집어썼다.'라고 했으며, 또 '견자狷子는 불결한 것을 달갑게 여기지 아니하는 사람'이라고 했고, 사마천은 '굴원屈原을 칭하여 그 뜻이 깨끗하다.'라고 한 것이다. 대체로 홀로 행동하여 자기를 아끼는 자에게는 비로소 고결하다는 지목하게 되니, 이것은 성덕聖德이 아니다.【오직 부자夫子가 스스로 이르기를 '희다 하지 않겠는가? 물들여도 검어지지 않음이여!'라고 하셨으니 『굴원전屈原傳』의 "깨끗하여 진흙 속에서도 더러워지지 않는다."라는 것과 같은 말이다.】

豈有曾子擬夫子, 反不若子貢之如天如日[114]·宰我之超堯越舜,[115] 而僅云潔白? 非其旨矣."【《詩序》云: "白華,[116] 孝子之潔白."】
○鋪案 皜皜者, 聖德光輝之純潔也。毛說拗。

趙曰: "周時擊戎·狄, 懲止荊·舒之人."[117]
○《集》曰: "僖公之頌, 而孟子以周公言之, 亦斷章取義也."
○鋪案 斷章取義者, 豈得並易其事實? 孟子引古書說古事, 原多錯誤。

趙曰: "巨, 粗屨也。小, 細屨也。如使同價而賣之, 人豈肯作其細哉?"

○《集》曰: "物之有精粗, 猶其有大小也."
○權[118]曰: "上節云'屨大小同, 則價相若', 許行之法, 亦未嘗巨屨小屨同價也。而孟子之言如是, 故趙註以巨小爲粗細也。不知孟子之意, 原以許行之法反曉許行。若曰爾法亦不能使大小同價, 則精粗之不能同價, 如大小之不能同價, 爾奈何但知大小, 而不知精粗乎?《集註》甚明."

---

114) 反不若子貢之如天如日:『논어·자장子張』에 보인다.
115) 宰我之超堯越舜:『맹자·공손추公孫丑』에 보인다.
116) 白華:『시경·소아小雅·어조지십魚藻之什』의 백화편白華篇이다.
117) 周時擊戎·狄, 懲止荊·舒之人:『시경·노송魯頌·비궁閟宮』에 보인다.
118) 權氏 : 권씨는 권철신權哲身(1736~1801)을 말한다. 자는 기명旣明이고, 호는 녹암鹿庵이다. 성호星湖의 문인으로서 성호학파의 좌파左派이며, 다산은 녹암계鹿菴系의 학문 계통을 이어 발전시켰다.

어찌 증자曾子가 부자를 견주는 것이 도리어 자공의 '하늘과 같고 해와 같다.'라는 말과 재아의 '요순을 뛰어 넘는다.'라는 것보다 못하고 겨우 '결백하다'라고만 했겠는가. 그런 뜻이 아니다."『시서詩書』에 "백화白華는 효자의 결백을 노래한 것이다."라고 하였다.]

○ **용안** '호호皓皓'는 성덕聖德이 광채가 나고 순결하다는 뜻이다. 모씨의 설명은 억지이다.

○ 조기가 말했다. "주나라 때 융적을 치고 형서인을 응징하였다."

○ 『맹자집주』에서 말했다. "희공僖公을 기린 것인데 맹자는 주공으로 말하였으니, 역시 단장취의斷章取義한 것이다."

○ **용안** 단장취의가 어찌 그 사실 전부를 바꿀 수 있는 것이겠는가. 맹자는 고서를 인용하여 고사古事를 말함에 원래 착오가 많았다.

○ 조기가 말했다. "'거巨'는 굵게 삼은 신발이고 '소小'는 가늘게 삼은 신발이다. 만약 같은 값에 팔려고 한다면 사람들이 어찌 섬세한 것을 만들려고 하겠는가."

○ 『맹자집주』에서 말했다. "물건에 정精·조粗가 있음은 마치 대·소가 있음과 같다."

○ 권철신이 말했다. "상절에서 '신발의 대소가 같으면 값이 서로 같다.'라고 말했으니, 허행의 법도 큰 물품과 작은 물품의 값이 같지 않았던 것이다. 그런데 맹자의 말이 이와 같아서 조기는 '크고 작음[巨小]'을 '거칠고 섬세함[精粗]'으로 주석하였다. 이는 맹자의 의도가 본래 허행의 법으로써 도리어 허행을 깨우치려 한 것이었음을 모른 것이다. '너의 법도 역시 대소를 같은 값으로 할 수 없는 것과 마찬가지인데, 너는 어찌해서 대소만을 알고 정조精粗는 알지 못하느냐.'라고 말한 것이니, 『맹자집주』가 매우 명확하다."

5-5 묵가인 이지가 서벽을 통해 맹자를 뵙고자 하는 장

〔墨者夷之因徐辟求見章〕

* 맹자는 이 장에서 묵가墨家에 속하는 이지夷之라는 인물을 등장시켜 묵가의 이론의 핵심인 절장설節葬說과 겸애설兼愛說을 논박하였다. 이지는 맹자가 병중에 있어 '오지 않았는데(不來)' 조선의 언해諺解에서는 '오지 말라(勿來)'로 이해하였다. 다산은 '오지 않았다'라고 해석하는 것이 평순平順하다고 설명한다.

墨者夷之, 因徐辟而求見孟子. 孟子曰: "吾固願見, 今吾尙病, 病愈, 我且往見, 夷子不來!" 他日又求見孟子. 孟子曰: "吾今則可以見矣. 不直, 則道不見; 我且直之. 吾聞夷子墨者. 墨之治喪也, 以薄爲其道也. 夷子思以易天下, 豈以爲非是而不貴也? 然而夷子葬其親厚, 則是以所賤事親也." 徐子以告夷子. 夷子曰: "儒者之道, 古之人 '若保赤子', 此言何謂也? 之則以爲愛無差等, 施由親始."
徐子以告孟子. 孟子曰: "夫夷子, 信以爲人之親其兄之子爲若親其鄰之赤子乎? 彼有取爾也. 赤子匍匐將入井, 非赤子之罪也. 且天之生物也, 使之一本, 而夷子二本故也. 蓋上世嘗有不葬其親者. 其親死, 則擧而委之於壑. 他日過之, 狐狸食之, 蠅蚋姑嘬之. 其顙有泚, 睨而不視. 夫泚也, 非爲人泚, 中心達於面目. 蓋歸反虆梩而掩之. 掩之誠是也, 則孝子仁人之掩其親, 亦必有道矣." 徐子以告夷子. 夷子憮然爲閒曰: "命之矣."

묵가墨家학파인 이지夷之가 서벽徐辟을 통하여 맹자를 뵙고자 하자, 맹자께서 "나도 진실로 만나고 싶으나 지금 나는 아직 병중에 있다. 병이 낫거든 내 장차 가서 만나 볼 것이다."라고 하니, 이자夷子는 오지 않았다. 그 후에 또 맹자를 뵙기를 요구하자 맹자께서 말씀하셨다. "내가 오늘은 만날 수 있지만, 직언하지 않으면 도리가 드러나지 않으므로, 내 그것을 직언하리다. 내가 듣기로 이자는 묵가라고 하던데 묵가가 상례를 치를 때는 검박하게 하는 것을 도리로 삼는다. 이자는 이로써 천하를 바꾸려고 생각하니, 어찌 이것을 옳지 않다고 하면서 귀하게 여기지 않겠는가? 그러나 이자는 그 어버이를 후하게 장사지냈으니, 이는 천하게 여기는 것으로 어버이를 섬긴 것이다." 서자는 이를 이대로 이자에게 아뢰니, 이자가 말하기를 "유자儒者의 도에도 옛사람은 '갓난아이를 보호하듯 한다.'라는 이 말은 무슨 뜻인가? 나는 이것을 사랑에는 차등이 없는데, 이를 시행하는 것은 어버이로부터 시작된다고 여긴다."라고 했다.

서자가 이대로 맹자에게 아뢰니 맹자께서 말씀하시길 "이자는 사람들이 자기 형의 아들을 친히 하는 것이 그 이웃집의 아이를 친히 하는 것과 같이 여긴다고 믿는가? 그것은 다른 데서 뜻을 취한 것이다. 갓난아기가 엉금엉금 기어서 우물로 빠지려 하는 것은 갓난아이의 죄가 아니라고 한 것이다. 또 하늘이 만물을 낳을 때 그 근본을 하나로 하였는데, 이자는 근본을 둘로 여긴 까닭이다. 오랜 옛적에 그 어버이를 장사지내지 않은 사람이 있었는데, 그 어버이가 돌아가시자 들어다가 골짜기에 버렸다. 다른 날 그곳을 지나가는데 여우와 늑대가 파먹고 파리와 구더기가 모여서 빨아먹는 것을 보니, 그의 이마에서는 진땀이 흘러 곁눈으로 보고 바로 보지 못하였다. 진땀을 흘린 것은 남을 의식해서 흘린 것이 아니라, 속마음이 얼굴에 나타난 것이다. 그는 집으로 돌아와 삼태기와 들것을 가지고 시신을 덮었다. 덮는 것이 진실로 옳다면 효자나 어진 이가 그 부모를 덮는 것 역시 필히 그 법도가 있는 것이다." 서자가 이대로 이자에게 아뢰자, 이자는 멍하니 한동안 있다가 말하기를 "나를 가르쳐 주셨다."라고 하였다.

趙曰:"是日夷子聞孟子病, 故不來."

○**鏞案**《集註》, '夷子不來'屬上節。吾東諺解, 不來讀之如勿來。恐趙注平順。

引證《莊子》曰:"古人喪禮, 貴賤有儀, 上下有等, 天子棺槨七重, 諸侯五重, 大夫三重, 士再重。今墨子獨生不歌, 死不服, 桐棺三寸而無槨, 以爲法式。"【〈天下〉篇】

○[119]麟曰:"《宋書·禮志》引《尸子》, '禹治水, 爲喪法, 曰桐棺三寸, 制喪三日。' 蓋墨家託於禹也。"

---

119) ○: 新朝本에는 빠져 있다.

조기가 말했다. "이 날 이자夷子는 맹자가 병이 난 것을 들었으므로 오지 않았다."

○ **용안** 『맹자집주』는 '이자불래夷子不來'를 상절上節에 붙였다. 우리나라 언해諺解는 '오지 않았다(不來)'를 '오지 못하였다(勿來)'로 읽는다. 아마도 조기의 주가 평이하고 순조로운 듯하다.

인증 『장자莊子』에서 말했다. "고인古人의 상례는 귀천에 따라 의식이 있고 상하上下에 차등이 있었으니, 천자는 관의 두께[棺槨]가 일곱 겹이요, 제후는 다섯 겹, 대부는 세 겹, 사는 모두 두 겹이었다. 그런데 지금 묵자는 홀로 살아서는 노래 부르지 않고, 사람이 죽어도 상복을 입지 않으며, 오동나무 관[桐棺] 3촌에 곽槨은 없이 하여 그것으로 법식을 삼는다."【「천하天下」편에 보인다.】

○ 왕응린이 말했다. 『송서宋書·예지禮志』에서는 『시자尸子』에 우禹가 치수治水를 하고 상법喪法을 만들었다는 것을 인용하여 말하기를 '오동나무 관은 3촌으로 하고 상일喪日은 3개월로 정하였다.'라고 하였으니, 대개 묵가가 우禹에 의탁한 것이다.

등문공滕文公
하下

6-2 경춘이 공손연과 장의에 대해 말한 장〔景春曰公孫衍張儀章〕

* 맹자는 이 장에서 당시의 군주들에게 영합하였던 공손연公孫衍과 장의張儀가 대장부라는 경춘의 말에 반박하면서, 진정한 대장부는 인의를 지키고 도리를 따를 뿐, 부귀와 협박에 의해 순종하는 것은 아녀자의 도리일 뿐이라고 설파한다. 다산은 맹자가 인용한 아녀자의 도리는 현재의 『예경禮經』 판본에는 없는 별본이라는 주석을 달고 있다.

景春[1]曰: "公孫衍[2], 張儀[3]豈不誠大丈夫哉? 一怒而諸侯懼, 安居而天下熄." 孟子曰: "是焉得爲大丈夫乎? 子未學禮乎? 丈夫之冠也, 父命之; 女子之嫁也, 母命之, 往送之門, 戒之曰: '往之女家, 必敬必戒, 無違夫子!' 以順爲正者, 妾婦之道也. 居天下之廣居, 立天下之正位, 行天下之大道. 得志與民由之, 不得志獨行其道. 富貴不能淫, 貧賤不能移, 威武不能屈. 此之謂大丈夫."

引證〈士昏禮〉: "父送女, 命之[4]曰, '戒之敬之, 夙夜毋違命.'【賈[5]疏云: "無違舅命."】母[6]於西階上, 施衿結帨曰, '勉之敬之, 夙夜毋違宮事.'【賈疏云: "毋違姑命."】"

○**鏞案**《禮經》無 '毋違夫子' 之文, 孟子所見者, 別本也.

---

1) 景春 : 경춘은 위나라의 종횡가縱橫家를 따르는 자이다.
2) 公孫衍 : 송손연은 음진읍陰晉邑(오늘날 화음시華陰市 동북 지역)에서 출생하여 진나라, 위나라 등에서 벼슬하였다. 장의張儀의 연횡책에 대해 맞수였다는 평이 있다.
3) 張儀 : 장의(?~B.C. 310)는 위魏나라 안읍安邑(오늘날 산서山西 지방) 사람이다. 전국시대의 유명한 종횡가로서 연횡連橫을 제창하였다. 전국시대 6개국의 합종合縱을 여러 차례 저지하여 진秦나라 혜문왕惠文王에게 중용되었다.
4) 命之 : 新朝本에는 '之命'로 되어 있으나 《儀禮·士昏禮》에 따라 바로잡는다.
5) 賈公彦 : 가공언은 당나라 고종高宗 때의 학자이다. 관官은 태학박사太學博士에 이르렀고, 저서로는 『의례의소儀禮義疏』, 『주례의소周禮義疏』가 있다.
6) 母 : 新朝本에는 '毋'로 되어 있으나 《儀禮·士昏禮》에 따라 바로잡는다.

경춘景春이 말하기를 "공손연公孫衍과 장의張儀는 어찌 진실로 대장부가 아니겠습니까? 한 번 화를 내면 제후들이 두려워하고, 조용히 거처하면 천하가 조용해집니다." 맹자께서 말씀하셨다. "이것이 어찌 대장부가 될 수 있는가? 그대는 아직 예를 배우지 않았는가? 장부가 관례冠禮할 때는 아버지가 훈계를 하고, 여자가 시집을 갈 때는 어머니가 훈계를 하는데, 보낼 때 문간까지 가서 주의를 시키길, '네 시집에 가거든 반드시 공경하고 반드시 조심하여 남편을 거스르지 말라!'라고 하시니, 순종을 정도로 삼는 것은 아녀자의 도리이다. 천하의 넓은 집에 거처하며, 천하의 바른 자리에 서서 천하의 큰 도를 행하니, 뜻을 얻으면 백성과 더불어 나아가고 뜻을 얻지 못하면 홀로 그 도를 행한다. 부귀도 더럽히지 못하고 빈천도 변하게 못하며, 협박으로도 굽히게 못 하는 자만이 이를 대장부라 할 수 있다."

인증 「사혼례士昏禮」에서 말했다. "아버지가 딸을 보내면서 명하기를 '조심하고 공경하여 밤낮으로 명을 어기지 말라.'【가공언賈公彦의 소疏에는 '시아버지의 명을 어기지 말라'고 하였다.】라고 하고, 어머니는 서쪽 계단 위에서 옷고름을 둘러주고 패건佩巾을 묶어주면서 이르기를 '근면하고 공경하여 밤낮으로 집안일을 어기지 말라.'【가공언의 소에는 '시어머니의 명을 어기지 말라'라고 하였다.】라고 하였다."

○ **용안** 『예경禮經』에는 '남편을 어기지 말라.'라는 문구가 없으니, 맹자가 본 것은 다른 판본이다.

6-3 주소가 '옛 사람은 석 달 동안 군주를 섬기지 못하면 조문을 간다'는 것을 물은 장 [周霄問曰古之人三月無君則弔章]

* 맹자는 이 장에서 "옛 사람이 석 달 동안 군주를 섬기지 못하면(三月無君) 조문을 간다."라는 말에, 선비가 벼슬을 하지 못하는 것은 제후가 나라를 잃는 것과 같이 중대하고 시급한 것임을 설명한다. 다산은 '삼월무군'이란 옛 선비가 실위失位하여 고국故國을 떠나면 석 달 동안 소복素服을 입는 상례喪禮를 행하고 이 기간 동안 다른 군주를 모시지 않는 예법을 지칭한다고 고증한다. 이 기간 동안 소복을 입기 때문에 그를 만나는 사람들도 조의弔儀로 그를 대하는 것이라고 설명한다.

周霄[7)]問曰: "古之君子仕乎?" 孟子曰: "仕. 傳曰: '孔子三月無君, 則皇皇如也, 出疆必載質.' 公明儀曰: '古之人三月無君則弔.'" "三月無君則弔, 不以急乎?" 曰: "士之失位也, 猶諸侯之失國家也. 禮曰: '諸侯耕助, 以供粢盛; 夫人蠶繅, 以爲衣服. 犧牲不成, 粢盛不潔, 衣服不備, 不敢以祭. 惟士無田, 則亦不祭.' 牲殺器皿衣服不備, 不敢以祭, 則不敢以宴, 亦不足弔乎?" "出疆必載質, 何也?" 曰: "士之仕也, 猶農夫之耕也, 農夫豈爲出疆舍其耒耜哉?" 曰: "晉國亦仕國也, 未嘗聞仕如此其急. 仕如此其急也, 君子之難仕, 何也?" 曰: "丈夫生而願爲之有室, 女子生而願爲之有家. 父母之心, 人皆有之. 不待父母之命媒妁之言, 鑽穴隙相窺, 踰牆相從, 則父母國人皆賤之. 古之人未嘗不欲仕也, 又惡不由其道. 不由其道而往者, 與鑽穴隙之類也."

---

7) 周霄 : 주소는 위魏나라 사람이다.

주소周霄가 물었다. "옛 군자도 벼슬을 했습니까?" 맹자께서 말씀하셨다. "벼슬을 하였다. 「전傳」에 이르기를 '공자는 석 달 동안 섬길 군왕이 없으면 안절부절 못하시며 국경을 벗어날 때는 반드시 예물을 실으셨다.'라고 하였으며, 공명의公明儀는 '옛 사람은 석 달 동안 군왕을 섬기지 못하면 조문을 간다.'라고 하였다." "석 달 군왕을 섬기지 못했다고 조문하는 것은 너무 급하지 않습니까?" 맹자께서 말씀하셨다. "벼슬아치[士]가 지위를 잃는 것은 마치 제후가 나라를 잃는 것과 같다. 『예기』에 이르기를 '제후가 밭을 갈아 제사음식을 장만하고, 부인은 누에고치를 쳐서 제사의복을 마련한다. 희생이 마련되지 않고 제사음식이 깨끗하지 못하며 제사의복이 갖추어지지 않으면 감히 제사를 지내지 못하고, 벼슬아치에게 제전祭田이 없어도 또한 제사를 지내지 못한다.'라고 하였다. 고기나 제기나 제복이 갖추어지지 못하여 감히 제사를 지내지 못하면 연회도 감히 못 열 터이니, 또한 조문할 만하지 아니한가?"

"국경을 벗어날 때는 반드시 예물을 싣고 가는 것은 어째서입니까?" 맹자께서 말씀하셨다. "선비들이 벼슬살이 하는 것은 농부가 밭갈이하는 것과 같으니, 농부가 국경을 벗어난다고 해서 어찌 그 쟁기와 보습을 놓겠는가?" "진晉나라도 또한 벼슬할 나라인데, 벼슬하는 것이 이와 같이 급히 하였다는 말은 들어보지 못했습니다. 벼슬하는 것이 이와 같이 급하다면 군자가 벼슬하기를 어렵게 여기는 것은 어째서입니까?" 맹자께서 말씀하셨다. "장부丈夫가 태어나면 그를 위해 부인이 있기를 원하고, 여자가 태어나면 그를 위해 남편이 있기를 원하는 것은 부모의 마음이니, 사람마다 모두 그러한 마음을 가지고 있다. 부모의 명과 중매쟁이의 말을 기다리지 않고 담 구멍을 뚫어 서로 엿보며 담을 넘어 서로 어울린다면 부모와 나라 사람들이 모두 천박하게 여긴다. 옛사람들은 벼슬살이를 원치 않는 것은 아니었으나, 또한 제대로 된 방법에 의하지 않는 것을 혐오하였으니, 제대로 된 방법에 의하지 않고 나아가는 것은 담 구멍을 뚫는 것과 같은 종류이다."

趙曰:"三月, 一時也。物變而不佐君化, 故皇皇。"

○饒曰:"一年有四時之祭, 若失位三月, 便廢一祭。故可吊其不得祭, 非吊其不得君。"

○**鏞案** 若以三月之久而吊之, 則三年無君者, 其將奈何? 三月無君者, 謂三月素服之間也。古者失位去國, 純用喪禮。〈曲禮〉曰:"大夫·士去國踰竟, 爲壇位鄉國而哭, 素衣·素裳·素冠, 徹緣·鞮屨·素簚, 乘髦馬,[8] 不蚤鬋, 不祭食,[9] 不說人以無罪, 婦人不當御, 三月而復服。"【陳[10]云:"去父母之邦, 捐親戚去墳墓, 故以凶喪之禮自處。"】此喪禮也。彼以喪禮自處, 故我以喪禮往吊也。豈以不祭之故乎? 三月無君者, 三月復服之間也。

○古者失位去國, 純用喪禮。故名之曰喪。〈檀弓〉曰:"喪不慮居。"曰:"喪公弔之, 必有拜者。"《論語》, 儀封人請見, 曰:"二三子, 何患乎喪?"[11]

---

8) 髦馬 : 모마는 갈기가 긴 말을 말한다. 말의 갈기를 잘라 장식으로 삼았는데, 실위거국失位去國하는 자는 이런 장식을 하지 않는다고 하였다.

9) 祭食 : 제식은 성찬盛饌을 먹을 때 선대先代의 음식을 만든 분에게 제사 지내는 것을 말한다.

10) 陳 : 진호陳澔(1260-1341)는 원元대의 저명한 경학가이다. 자字는 가대可大이고 호號는 운주雲住이다. 『예기집설禮記集說』 10권을 지었다.

11) 二三子, 何患乎喪 : 『논어·팔일八佾』에 보인다.

조기가 말했다. "석 달은 한 기간이다. 만물이 변화하는 기간인데도 임금의 교화를 돕지 못하므로 허둥대는 것이다."

○ 요로饒魯가 말했다. "1년에는 네 계절의 제사가 있으니, 만약 석 달 동안 실위失位를 하게 되면 곧 한 철의 제사를 폐하게 된다. 그러므로 조문할 만한 것은 제사 지내지 못하는 것을 조문하는 것이지, 임금을 얻지 못함을 조문하는 것이 아니다."

○ **용안** 만약 석 달이 길다고 해서 조문을 한다면 3년 동안 임금이 없는 자에게는 어떻게 해야 하겠는가? '삼월무군三月無君'이란 석 달 동안 소복素服을 입는 기간이다. 옛날에는 실위하여 고국을 떠나면 순전하게 상례를 썼다. 『예기·곡례曲禮』편에 이르기를 "대부와 사가 고국을 떠나 국경을 넘게 되면 단위壇位를 만들어놓고 고국을 향하여 곡을 하고, 흰 저고리를 입으며, 흰 하의를 입으며, 흰 관을 쓰며, 채색된 단을 없애며, 장식 없는 신을 신으며, 수레 덮개를 희게 하며, 모마髦馬를 타며, 손톱이나 수염을 깎지 않으며, 제식祭食을 하지 않으며, 남에게 자기가 무죄無罪하다고 말하지 않으며, 부인과 잠자리를 함께 하지 않으니, 석 달이 지난 뒤에 평상복으로 돌아간다."【진호가 말하기를 "부모의 나라를 떠나면 친척을 버리고 분묘墳墓를 하기 때문에 흉상凶喪의 예로 자처하는 것이다."라고 하였다.】라고 하였으니, 이것은 상을 당했을 때의 예이다. 그가 상례로써 자처하므로 내가 상례로써 가서 조문하는 것이다. 어찌 제사지내지 못해서이겠는가. '삼월무군'은 석 달 뒤에 평상복으로 돌아올 때까지의 기간인 것이다.

○ 옛날에는 실위하여 고국을 떠나면 순전히 상례를 썼다. 그래서 '상喪'이라고 한 것이다. 『예기·단궁檀弓』편에 "상을 당함에 거처할 집을 근심하지 않는다."라고 하였고, 또 "상을 당함에 국군國君이 와서 조문을 하면 반드시 답례로 배사拜謝해야 한다."라고 하였으며, 『논어』에서 의봉인儀封人이 뵙기를 청한 구절에 "그대들은 어찌 상喪을 걱정하는가?"라고 말하였다.

○古人適他國, 必三月復服而後, 始仕於其國, 其間無君, 凡三月也。此之謂三月無君。

○士者, 仕也, 卿·大夫·士之通名。

引證《穀梁傳》曰:"宮室不設, 不可以祭。衣服不備, 不可以祭。車馬·器械不備, 不可以祭。有司一人不備, 不可以祭。"【成十七】

○ 고인古人은 타국에 가면 반드시 석 달이 지나 평상복으로 돌아온 뒤에야 비로소 그 나라에서 벼슬하였으니, 그 사이에 임금을 모시지 않는 기간이 모두 석 달이다. 이것을 일러 '삼월무군'이라고 하는 것이다.

○ '사士'란 벼슬하는 것이니, 경卿·대부大夫·사士에게 공통적으로 쓰이는 이름이다.

인증 『곡량전穀梁傳』에서 말했다. "궁실宮室이 설치되지 않으면 제사 지낼 수 없고, 의복이 갖추어지지 않으면 제사 지낼 수 없으며, 거마車馬와 가구가 갖추어지지 않으면 제사 지낼 수 없고, 유사有司가 한 사람이라도 갖추어지지 않으면 제사 지낼 수 없다."【성공成公 17년】

6-4 팽갱이 '뒤따르는 수레가 수십 대'에 대해 물은 장
〔彭更問曰後車數十乘章〕

* 맹자는 이 장에서 선비는 그의 공적으로 먹고사는 것이지 그의 뜻[志]만으로 먹고사는 것이 아니라고 주장하면서, 기와를 부수고 벽에 흙칠을 하는(毁瓦畫 墁) 사람의 뜻이 먹고사는 데 있다고 해서 그에게 밥을 주지는 않는다고 설명한 다. 다산은 '획만畫墁'이 철 흙손[鐵杇]으로 벽에 진흙을 마구 발라 못쓰게 만드 는 것으로 보고 있다.

彭更問曰: "後車數十乘, 從者數百人, 以傳食於諸侯, 不以泰乎?" 孟 子曰: "非其道, 則一簞食不可受於人; 如其道, 則舜受堯之天下, 不 以爲泰, 子以爲泰乎?" 曰: "否. 士無事而食, 不可也." 曰: "子不通功 易事, 以羨補不足, 則農有餘粟, 女有餘布; 子如通之, 則梓匠輪輿皆 得食於子. 於此有人焉, 入則孝, 出則悌, 守先王之道, 以待後之學者, 而不得食於子. 子何尊梓匠輪輿而輕爲仁義者哉?"
曰: "梓匠輪輿, 其志將以求食也; 君子之爲道也, 其志亦將以求食與?"
曰: "子何以其志爲哉? 其有功於子, 可食而食之矣. 且子食志乎? 食 功乎?" 曰: "食志." 曰: "有人於此, 毁瓦畫墁,[12] 其志將以求食也, 則 子食之乎?" 曰: "否." 曰: "然則子非食志也, 食功也."

---

12) 毁瓦畫墁: 손석孫奭의 소疏에는 "기와를 부수어서 땅에 그림을 그리고, 곧 다시 지워 없 애 버린다."라고 풀이하였다. 그러나 초순焦循은 『맹자정의孟子正義』에서 소疏의 해석 이 잘못된 것이라 하고 각기 '全瓦破碎'와 '畫地則復墁滅之'라는 두 가지 일로 보았다.

팽갱이 물었다. "뒤에 따르는 수레가 수십 대이며, 따르는 사람 수 백 명을 거느리며, 제후들에게 밥을 차례대로 얻어먹는 것이 너무 지나치지 않습니까?" 맹자께서 말씀하셨다. "정당한 도리가 아니라면 밥 한 그릇이라도 남에게 받아서는 안 되지만, 만일 정당한 도리라면 순임금이 요임금의 천하를 받으시되 지나치다고 여기지 않으셨으니, 그대는 이를 지나치다고 여기는가?" 말하였다. "아닙니다. 선비가 하는 일 없이 밥을 얻어먹는 것이 옳지 않다는 것입니다." 맹자께서 말씀하셨다. "그대가 만일 사람들의 노력과 일을 교역하게 하여 부족한 것을 보충하게 하지 않는다면, 농부에게는 남아 버리는 곡식이 있을 것이고, 여자에게는 남아서 버리는 옷감이 있을 것이다. 그러나 그대가 교역하게 한다면 목수들이나 수레장이들도 모두 그대에게 밥을 얻어먹을 것이다. 여기에 어떤 사람이 있는데 집에서는 효도하고 나가서는 공경하며, 선왕의 도를 지켜 후세의 학자들 기다리더라도 그대에게 밥을 얻어먹지 못할 것이니, 그대는 어찌하여 목수나 수레장이들은 높이면서 인의에 힘쓰는 사람들은 가벼이 여기는가?"

팽갱이 말하였다. "목수나 수레장이들은 그 뜻이 밥을 먹고 살자는 데 있지만, 군자가 도리에 힘쓰는 것도 그 뜻이 장차 밥을 먹고 살자는 데 있습니까?" 말씀하셨다. "그대는 그 뜻을 따져서 무엇을 하려는가? 그대에게 공이 있어 밥을 먹일 만하면 먹이는 것이다. 또한 그대는 뜻을 따져서 밥을 먹이겠는가? 공을 따져서 먹이겠는가?" 말하였다. "뜻을 따져서 먹이겠습니다." 말씀하셨다. "여기에 사람이 있는데 기와 장을 부수고 벽에 흙칠을 하면서 그 뜻은 장차 먹고 살자는데 있다고 하면, 그대는 그에게 밥을 먹이겠는가?" 말하였다. "아닙니다." 말씀하셨다. "그렇다면 그대는 뜻에 따라서 밥을 먹이는 것이 아니라, 공적에 따라 먹이는 것이다."

趙曰:"破碎瓦畫地, 則復墁滅之。"

○《集》曰:"墁, 墻壁之飾也。"

○**鏞案** 墁, 或作鏝, 或作槾, 或作墹, 皆鐵朾之名。以鐵墁施泥者, 謂之墁。

조기가 말했다. "기와를 부수고 땅에 그림을 그리고는 곧 다시 지워 없애 버리는 것이다."

○ 『맹자집주』에서 말했다. "'만墁'은 담장 벽의 장식이다."

○ **용안** '만墁'은 혹은 '만鏝'으로, 혹은 '만槾'으로, 혹은 '만㙢'으로 되어 있으나, 모두 철로 된 흙손[杇]의 이름이다. 철 흙손[鐵杇]으로 진흙을 바르는 것을 '만墁'이라고 이른다.

6-5 만장이 소국인 송에 대해 묻자
탕임금이 갈백을 정벌한 일을 말한 장 [萬章問曰宋小國湯征葛伯章]

* 맹자는 이 장에서 송宋나라가 비록 소국이지만 왕도정치를 편다면 탕임금이 갈백을 정벌할 때처럼 백성들은 환영할 것이라고 『서경』의 구절을 인용하여 설득한다. 모기령과 주희 등 주석가들은 맹자의 말을 「상서·무성武成」편과 「태서太誓」편에 토대를 두고 설명하는데, 다산은 이 부분이 매색梅賾이 위작한 현행 상서의 위고문僞古文 부분이며, 앞뒤가 맞지 않다고 고증하고 있다.

萬章問曰:"宋, 小國也. 今將行王政, 齊楚惡而伐之, 則如之何?"孟子曰:"湯居亳,[13] 與葛爲鄰, 葛伯放而不祀. 湯使人問之曰:'何爲不祀?'曰:'無以供犧牲也.'湯使遺之牛羊. 葛伯食之, 又不以祀. 湯又使人問之曰:'何爲不祀?'曰:'無以供粢盛也.'湯使亳衆往爲之耕, 老弱饋食. 葛伯率其民, 要其有酒食黍稻者奪之, 不授者殺之. 有童子以黍肉餉, 殺而奪之. 《書》曰:'葛伯仇餉.'此之謂也. 爲其殺是童子而征之, 四海之內皆曰:'非富天下也, 爲匹夫匹婦復讎也.'
湯始征, 自葛載, 十一征而無敵於天下. 東面而征, 西夷怨; 南面而征, 北狄怨, 曰:'奚爲後我?'民之望之, 若大旱之望雨也. 歸市者弗止, 芸者不變, 誅其君, 弔其民, 如時雨降. 民大悅. 《書》曰:'徯我后, 后來其無罰.'

---

13) 亳 : 박은 은殷의 수도이다.

만장이 물었다. "송宋나라는 작은 나라입니다. 이제부터 왕도정치를 펴보려 하는데 제齊나라와 초楚나라가 이를 미워하여 공격한다면 어떻게 합니까?" 맹자께서 말씀하셨다. "탕湯임금이 박亳 땅에 거처하실 때에 갈葛나라와 이웃하였는데, 갈백葛伯이 방탕하여 제사를 지내지 않았다. 탕임금이 사람을 시켜 묻기를 '어찌하여 제사를 지내지 않는가?'라고 하니, 갈백이 대답하기를 '바칠 희생犧牲이 없기 때문입니다.'라고 하였다. 이에 탕임금이 그에게 소와 양을 보내주게 하셨는데 갈백은 그것을 먹어버리고, 또 제사를 지내지 않았다.

탕임금이 또 사람을 시켜 묻기를 '어찌하여 제사를 지내지 않는가?'라고 하니, 대답하기를 '바칠 곡식[粢盛]이 없기 때문입니다.'라고 하였다. 이에 탕임금이 박 땅의 사람들을 백성들을 보내어 밭갈이를 하여주도록 하니, 노약자들이 일꾼들의 먹을 것을 날라 주었다. 갈백은 그의 백성들을 거느리고 가서 술과 밥과 곡식을 가져오는 자들을 강탈하고 주지 아니하는 자를 죽였다. 어떤 어린아이가 기장밥과 고기를 가지고 와서 먹이자, 그 아이를 죽이고 식량을 빼앗았다. 『서경』에 이르기를 '갈백은 밥 주는 사람을 원수로 여기었다.'라고 하였는데, 이를 두고 이른 것이다. 이 아이를 죽였기 때문에 그를 정벌하자, 사해四海의 사람들은 모두 '천하의 부귀 때문이 아니라, 보통 사람들[匹夫匹婦]을 위해 원수를 갚으려는 것이다.'라고 하였다.

탕임금이 처음 정벌을 갈나라부터 시작하여 열한 번 정벌하자 천하에 적이 없어졌다. 동쪽을 향하여 정벌하면 서쪽의 오랑캐가 원망하고 남쪽을 향하여 정벌하면 북쪽의 오랑캐가 원망하며 '왜 우리들만 뒤로 미루시나?'라고 하였으니, 백성들의 기대는 큰 가뭄에 비를 바라듯이 하여, 시장에 모여드는 무리가 그치지 않고, 김매는 자들도 동요하지 않았다. 그들의 폭군을 주살하고 백성들을 위로하시니, 마치 때맞춰 단비가 내린 듯 백성들은 크게 기뻐하였다. 『서경』에 이르기를 '우리 임금님을 기다리나니, 우리 임금님이 오시면 이제는 형벌이 없을 것이다.'라고 하였다.

'有攸不惟臣, 東征, 綏厥士女, 匪厥玄黃, 紹我周王見休, 惟臣附于大邑周.'14) 其君子實玄黃于匪以迎其君子, 其小人簞食壺漿以迎其小人, 救民於水火之中, 取其殘而已矣. 太誓曰: '我武惟揚, 侵于之疆, 則取于殘, 殺伐用張, 于湯有光.' 不行王政云爾, 苟行王政, 四海之內皆擧首而望之, 欲以爲君. 齊楚雖大, 何畏焉?"

《集》15)曰: "宋王偃嘗滅滕伐薛, 敗齊·楚·魏之兵, 欲霸天下, 疑即此時也."

○毛曰: "據《國策》《史記》, 皆云'宋君偃, 始僭稱王, 而旋爲齊·楚·魏三國所滅', 則宋稱王者, 只偃一人. 獨其稱滅滕伐薛, 則僅見之《國策·占雀》篇, 而其言不實. 《春秋正義》16)謂'滕三十一世, 爲楚所滅', 杜氏《釋例》又云'春秋後六世而齊滅之', 若《竹書紀年》又云'於越滅滕', 此無可攷者. 然云宋滅滕, 則不然.

---

14) 有攸不惟臣 … 惟臣附于大邑周: 『서경·주서周書·무성武成』에 보인다.
15) 集: 新朝本에는 '李'로 되어 있다.
16) 『春秋正義』: 『춘추정의』는 『춘추좌씨정의春秋左氏正義』를 말한다. 공영달孔穎達의 소疏로 지금의 『주소본注疏本』이 그것이다.

'신하가 되지 않으려는 자가 있자 동쪽으로 정벌하여 그 나라의 선비들과 여자들을 편안하게 하자, 그들은 검누른 비단을 광주리에 싣고 줄을 지어 와서 우리 주周나라 임금의 훌륭하심을 보고 〈큰 고을 주의 신하가 되기만을 희망하였다.〉라고 하였다. 그 나라의 군자들도 검누른 비단을 광주리에 싣고 와서 주의 군자들을 맞이하고, 그 나라의 소인들은 도시락과 물병을 들고 주나라의 소인들을 환영하여 주니, 이는 백성들을 물과 불 가운데서 구해주고, 잔악한 무리만을 잡아내 주었기 때문이었다. 『서경·태서太誓』에 이르기를 '우리의 무위를 펼쳐 그들의 강역에 들어간다. 잔악한 무리들을 잡아내어 주벌의 효용이 널리 퍼지니, 탕임금보다 더욱 빛나는구나!'라고 하였다. 왕도정치를 행하지 않으면 그만이지만, 왕도정치를 진실로 행한다면 사해 안의 모든 사람들이 모두 머리를 들고 우러러 보면서 임금으로 삼고자 할 것이니, 제·초나라가 비록 크다 한들 무엇이 두렵겠는가?'

『맹자집주』에서 말했다. "송왕 언偃이 일찍이 등滕을 멸하고, 설薛을 치고, 제齊·초楚·위魏의 군대를 패배시키고서 천하의 패권을 장악하고자 하였으니, 아마도 바로 이때인 듯하다."

○ 모기령이 말했다. "『전국책』과 『사기』에 의거하면 모두 '송군 언偃이 처음으로 왕을 참람되게 칭했으나 곧 제·초·위 세 나라에게 멸망당하였다.'라고 하였으니, 송이 왕을 자칭한 것은 다만 언偃 한 사람뿐이다. 유독 '등을 멸하고 설을 쳤다.'라고 말한 것은 『전국책戰國策 점작편占雀篇』에 보일 뿐인데 그 말이 확실하지 않다. 『춘추정의春秋正義』에는 '등은 31세世 만에 초에게 멸망당하였다.'라고 하였고, 두예杜預의 『춘추석례春秋釋例』에서도 '춘추후 6세에 제齊가 멸망시켰다.'라고 하였다. 『죽서기년竹書紀年』 같은 데는 또 '오월於越이 등滕 멸하였다.'라고 하였으니, 이것은 상고해볼 수가 없다. 그러나 '송이 등을 멸하였다.'라고 한 것은 그렇지가 않다.

據《孟子》, 自去齊以後, 即遊宋游薛, 故有在餽賻之文.[17] 然而孟子在宋, 滕文且過宋而見孟子,[18] 則宋王滅滕, 自無此事。況註曰'甞滅滕', 則似前此者, 尤屬荒唐。若其稱'宋王與齊‧楚並伐', 則總難實指。考宋僭王, 在齊湣六年‧宋君偃十一年之後, 與孟子去齊游宋, 祇在齊宣王之末‧湣王未立之前, 年分不合。此時焉得有宋王之稱? 且孟子游宋時, 齊‧楚未伐宋也。〈宋世家〉明云'君偃十一年, 自立爲王, 東伐齊, 南敗楚, 西敗魏軍, 齊‧楚皆指爲桀宋。至君偃四十七年,【〈年表〉作四十三年】當齊湣三十八年, 蘇代請伐宋, 然後齊‧楚‧魏三國共伐宋, 殺偃而分有其地',[19] 則是桀宋伐齊‧楚, 齊‧楚未甞先伐宋。且齊‧楚報伐, 距孟子游宋時, 已不啻三十餘年, 其年分事蹟, 總不相合。"

---

17) 自去齊以後, 即遊宋游薛, 故有在餽賻之文: 『맹자·공손추 하』에 "송나라에 있을 때 내가 장차 먼 길을 가야 했는데, 길을 가는 사람에게는 반드시 노자를 준다."라는 설명이 있다.
18) 滕文且過宋而見孟子: 『맹자·공손추 상』에 보인다.
19) 當齊湣三十八年, 蘇代請伐宋, 然後齊‧楚‧魏三國共伐宋, 殺偃而分有其地: 『사기』 권38 「송미자세가宋微子世家」와 본문의 인용구와는 차이가 있다.

『맹자』에 근거해보면, 맹자가 제를 떠난 이후로 곧 송에 가고 설에 갔기 때문에 궤신餽贐의 문文이 있게 된 것이다. 그런데 맹자가 송에 있을 때에 등문공이 마침 송을 지나다가 맹자를 만나보았으니, 송왕이 등을 멸한 일은 본래 없는 것이다. 더구나 주註에 '일찍이 등을 멸하였다.'라고 하였으니, 이보다 먼저라는 것은 더욱 황당한 일인 듯하다. '송왕이 제·초와 함께 쳤다.'라고 말한 것 같은 것은 모두 사실로 보기가 어렵다. 송이 왕을 참칭僭稱한 일을 고찰해보면, 제齊 민왕湣王 6년, 송군宋君 언偃 11년 이후에 있었던 일이라고 하나, 맹자가 제를 떠나 송에 간 것이 다만 제 선왕의 말년, 민왕이 서기 전에 있었던 일이니 연대가 맞지 않는다. 이때에 어찌 송왕이라고 칭한 일이 있었겠는가? 또 맹자가 송에 갔을 때는 제·초가 송을 치지 않았다. 송세가宋世家에 분명히 '송군 언이 11년에 스스로 왕이 되어, 동으로 제를 치고, 남으로 초를 패몰시키고, 서쪽으로 위군魏君을 패퇴시키니, 제·초가 그를 지칭하여 송나라의 걸왕[桀宋]이라고 하였다. 송군 언의 47년,【연표에는 43년으로 되어 있다.】제 민왕 38년에 이르러 소대蘇代가 송을 치기를 청한 뒤에야 제·초·위 삼국이 송을 쳐서 언을 죽이고 그 국토를 나누어 가졌다.'라고 하였으니, 이는 걸송이 제·초를 친 것이지, 제·초가 먼저 송을 친 적은 없다. 또 제·초가 보복하여 친 것이므로 맹자가 송에서 생활하던 때와는 30년도 더 차이가 나고 그 연대와 사적事蹟이 서로 합치하지 않는다."

趙曰:"有攸以下, 皆《尚書》逸篇之文。篚厥玄黃, 謂諸侯執玄三纁二之帛。"

○《集》曰:"〈武成〉篇載武王之言,[20] 孟子約其文如此。然其辭特與今《書》文不類, 今姑依此文解之。士女以篚盛玄黃之幣, 迎武王而事之。"
○ **鏞案** 玄黃, 非士女之所得執也。五玉三帛之贄, 其秩寂尊, 子男之執蒲璧・穀璧者, 皆用玄黃爲贄,[21] 所謂圭璋特達[22]・璧琮有加[23]也。〈聘禮〉載諸侯相聘之禮曰'國君之幣, 束帛[24]加璧, 夫人之幣, 束帛加琮', 束帛, 非玄黃乎? 王肅〈堯典〉[25]之注云'孤執玄, 諸侯之適子執纁, 附庸之君執黃', 雖其言偏畸有病,【見余〈堯典說〉[26]】亦未嘗以玄黃之篚爲士女之物。況孟子此時, 自誦自註曰'君子執篚以迎君子, 小人執箪以迎小人', 八字打開, 兩兩相配, 安得云士女執篚乎? 據禮, 士庶之贄, 不過雉鶩, 婦人之贄, 不過脯栗,【見〈曲禮〉, 又見《春秋傳》】敢以非禮之物, 媚于天吏乎? 此是梅賾造僞之鐵案。朱子旣疑其僞, 今乃遇其臟不執, 此後學之深恨也。

---

20) 篇載武王之言 : 『상서・무성武成』에 보인다.
21) 皆用玄黃爲贄 : 『주례・춘관春官・대종백大宗伯』에 보인다.
22) 圭璋特達 : 규장특달은 『예기・빙의聘義』에 나오는 용어로, 빙례시聘禮時에 규장圭璋이라는 옥玉을 가지고 가는 자는 그것만으로 빙례聘禮의 예물로 통하게 되고 따로 폐백을 더하지 않는 것을 말한다.
23) 璧琮有加 : 『의례儀禮・빙례聘禮』에 보인다.
24) 束帛 : 속백은 비단 다섯 필을 각각 양끝에서 말아서 한 묶음으로 한 것이다.
25) 堯典 : 「요전」은 『상서尙書』의 편명이다.
26) 「堯典說」: 다산의 『상서고훈尙書古訓』과 관련되어 어느 편이 위서인지 밝힌 것이다.

조기가 말했다. "'유유有攸' 이하는 모두 『상서·일편逸篇』의 내용이고, '비궐현황篚厥玄黃'은 제후가 가지고 가는 현삼훈이玄三纁二의 비단이다."

○ 『맹자집주』에서 말했다. "「무성武成」 편에 무왕의 말이 실려 있는데, 맹자가 그 문장을 이렇게 요약하였다. 그러나 그 내용은 다만 오늘날 『상서』의 글과 같지 않으니, 지금은 우선 이 글에 의거해서 해석한다. 사녀士女가 광주리에 검고 누런 비단을 담아가서 무왕武王을 맞이하여 섬긴 것이다."

○ **용안** '현황玄黃'은 사녀士女가 가지고 갈 수 있는 것이 아니다. 오옥五玉과 삼백三帛의 예물은 그 서질敍秩이 가장 높고, 자子·남男이 포벽蒲璧·곡벽穀璧을 가지고 갈 때는 모두 현황을 예물로 쓴다. 이른바 '규장특달圭璋特達'은 '벽璧과 종琮을 이에 더한다는 것'이다. 「빙례聘禮」에 제후가 빙문하는 예가 실려 있는데 "국군國君의 폐백은 속백束帛에 벽璧을 더하고 부인의 폐백은 속백에 종琮을 더한다."라고 했으니, 속백은 현황이 아니겠는가? 왕숙王肅의 「요전堯典」 주에 "'고孤'는 현玄(검붉은 색깔의 비단)을 가지고 가고, 제후의 적자適子는 훈纁(붉은 색깔의 비단)을 가지고 가며, 부용국附庸國의 군君은 황黃(황적색 비단)을 가지고 간다."라고 했으니, 비록 그 말이 조금 병통은 있으나,【나의 「요전설堯典說」에 나온다.】 그래도 역시 현황玄黃을 광주리에 담아가는 것을 사녀의 예물로 여기지는 않았다. 더구나 맹자가 이 당시에 자기가 말하고 자기가 주를 하기를 "군자는 폐백을 가지고 군자를 맞이하고 소인은 음식을 가지고 소인을 맞이했다."라고 하여 여덟 글자씩 시원스럽게 짝이 맞으니, 어떻게 사녀가 예물을 담은 광주리를 가지고 왔다고 말할 수 있겠는가? 예에 의거하면, 사와 서인庶人의 예물은 꿩과 오리에 지나지 않고, 부인의 예물은 포脯와 밤에 지나지 않는데,【「곡례曲禮」에 보이고, 또 『춘추전』에 보인다.】 감히 예가 아닌 물건으로 천리天吏에게 잘 보이려 하겠는가? 이것은 매색이 위조한 글이 틀림없다. 주자가 이미 그 거짓됨을 의심했었는데, 지금 이에 그 도적을 만나고서도 잡지 못하니, 이것이 후학이 매우 한스럽게 여기는 점이다.

趙曰:"〈太誓〉, 古《尚書》百二十篇之時〈泰誓〉也。今之《尚書·泰誓》篇, 後得以充學, 故不與古〈太誓〉同。諸傳記引〈泰誓〉, 皆古〈泰誓〉也。"
○《集》曰:"今《書》文亦小異。"
○**鏞案** 梅氏於第三句增凶字, 於第四句減殺字。[27] 然孟子先言'取其殘', 後誦'取于殘', 以證取殘之義, 則凶字固衍文也。天討有罪, 當殺者殺, 不殺而伐, 理所不通。況〈太誓〉者, 太公之誓師也。伊所訓曰〈伊訓〉,[28] 召所誥曰〈召誥〉,[29] 其義一也。【見余〈太誓說〉】夫惟太公誓之, 故贊揚君德曰'于湯有光'。今武王自誓其師曰'于湯有光', 是孔子自稱其賢於堯·舜, 豈聖人之言乎? 此又梅賾造僞之鐵案, 不可毁也。

---

27) 於第四句減殺字:『상서·태서太誓』에 보인다.
28) 伊訓:「이훈」은『상서』의 편명이다.
29) 召誥:「소고」는『상서』의 편명이다.

조기가 말했다. "태서太誓는 『고상서古尙書』 120편이 있을 때의 태서太誓이다. 지금의 『상서·태서』은 나중에 얻어서 편입시킨 것으로, 고대의 「태서太誓」와 같지 않으니, 여러 전기傳記에 인용한 「태서」는 모두 고태서이다."

○ 『맹자집주』에서 말했다. "지금 『상서』에 있는 글과는 역시 조금 다르다."

○ **용안** 매씨梅氏가 제3구에 '흉凶'자를 더 넣고 제4구에서 '살殺'자를 빼버렸다. 그러나 맹자는 앞에서는 '취기잔取其殘'이라고 말하고 나중에 '취우잔取于殘'이라고 인용하여 '취잔取殘'의 뜻을 증명하였으니, '흉凶'자는 본래 잘못 들어간 글자이다. 하늘이 죄진 자를 토벌함에 마땅히 죽일 자는 죽이는 법인데, 죽이지 않고 정벌한다면 이치가 통하지 않는 것이다. 더구나 「태서太誓」란 태공太公이 군사들에게 맹세한 것이다. 이윤伊尹이 훈계하는 것을 「이훈伊訓」이라 하고, 소공召公이 고하는 것을 「소고召誥」라고 하였으니, 그 의미는 마찬가지이다.【나의 「태서설太誓說」에 나온다.】 태공이 맹세하였기 때문에 군의 덕을 찬양하여 "탕湯보다 빛남이 있다."라고 한 것이다. 지금 무왕이 그 군사들에게 스스로 맹세하면서 "탕보다 빛남이 있다."라고 한다면, 이는 공자가 자기 스스로 요순보다 훌륭하다고 말하는 격이니 어찌 성인의 말씀이겠는가? 이것이 또 매색이 위찬僞撰한 글이 틀림이 없으니 그것을 무너뜨릴 수 없다.

6-7 공손추가 '양화가 공자를 뵙고자 한 일'에 대해 물은 장

〔公孫丑問陽貨欲見孔子章〕

* 맹자는 이 장에서 아무리 제후라도 그들이 예를 갖추지 않을 때는 만날 필요가 없다고 주장하면서, 선비 신분이었던 공자 역시 노나라 대부大夫였던 양화를 만나지 않았다는 점을 지적한다. 다산은 여기서 양화는 주 왕실의 정식 대부가 아니라 계씨季氏의 가신家臣일 뿐이었다는 모기령의 주석을 인용하고 있다.

公孫丑問曰:"不見諸侯何義?"孟子曰:"古者不爲臣不見. 段干木踰垣而辟之, 泄柳閉門而不內, 是皆已甚. 迫, 斯可以見矣. 陽貨欲見孔子而惡無禮, 大夫有賜於士, 不得受於其家, 則往拜其門. 陽貨矙孔子之亡也, 而饋孔子蒸豚; 孔子亦矙其亡也, 而往拜之. 當是時, 陽貨先, 豈得不見? 曾子曰:'脅肩諂笑, 病于夏畦.'子路曰:'未同而言, 觀其色赧赧然, 非由之所知也.'由是觀之, 則君子之所養可知已矣."

공손추가 물었다. "제후를 만나지 않으시는 것은 어떤 이유입니까?" 맹자께서 말씀하셨다. "옛날에는 신하가 되지 않았으면 만나지 않았다. 단간목段干木은 담을 넘어가 피하였고, 설류泄柳는 문을 닫아걸고 들이지 않았으니, 이들은 너무 심했다. 만일 절박하다면 만나볼 수도 있다. 양화陽貨가 공자를 만나보고 싶었으나 무례하게 되는 것은 싫어하였다. 대부가 선비[士]에게 물건을 하사했는데, 자기 집에서 직접 받지 못하였으면 대부의 문 앞에 절을 해야 하므로, 양화는 공자가 없을 때를 엿보아 공자에게 삶은 돼지를 보냈는데, 공자께서도 역시 그가 집에 없을 때를 엿보아 찾아가서 절하였다. 당시에 양화가 먼저 찾아갔더라면 어찌 만나보지 않을 수 있었겠는가? 증자가 말하기를 '어깨를 움츠리고 아첨하며 웃는 것은 여름 땡볕에 밭가는 것보다 더 힘들다.'라고 하였고, 자로가 말하기를 '동의하지 않으면서도 말하는 자는 그 얼굴빛이 붉어지는데, 나는 아는 바가 아니다.'라고 하였으니, 이런 점으로 미루어보면 군자가 기르는 바를 알 수 있다."

趙曰: "陽貨, 魯大夫也, 孔子, 士也."

○毛曰: "直稱陽貨爲大夫, 孔子爲士, 此可解乎? 殊不知季氏家臣, 原稱大夫. 季氏是司徒, 下有大夫二人, 一曰小宰, 一曰小司徒. 此大國命卿之臣之明稱也. 故邑宰·家臣, 當時得通稱大夫. 如郈邑大夫·郕邑大夫·孔子父鄹邑大夫, 此邑大夫也. 陳子車之妻, 與家大夫謀,[30] 季康子欲伐邾, 問之諸大夫,[31] 季氏之臣申豐, 杜氏註爲屬大夫,[32] 公叔文子之臣, 《論語》稱爲臣大夫,[33] 此家大夫也."

---

30) 陳子車之妻, 與家大夫謀: 『예기·단궁檀弓 하』에 보인다.
31) 季康子欲伐邾, 問之諸大夫: 『좌전』 애공哀公 7년에 보인다.
32) 季氏之臣申豐, 杜氏註爲屬大夫: 『좌전』 양공襄公 23년의 두예杜預 주註에 보인다.
33) 臣大夫: 『논어·헌문憲問』에 보인다.

조기가 말했다. "양화는 노魯의 대부이고, 공자는 사士이다."

○ 모기령이 말했다. "다만 '양화는 대부이고 공자는 사士이다.'라고만 하면 이해할 수 있겠는가? 계씨季氏의 가신을 본래 대부라고 칭함을 알지 못한 것이다. 계씨는 사도司徒인데 아래에 대부 2명이 있으니, 하나는 소재小宰이고, 하나는 소사도小司徒이다. 이것은 대국이 경卿의 신하에게 명령하는 분명한 칭호이다. 그러므로 읍재邑宰와 가신을 당시에 대부로 통칭할 수 있었으니, 예를 들면 후읍대부郈邑大夫, 성읍대부郕邑大夫, 공자의 부친 추읍대부鄹邑大夫와 같은 것은 읍대부이고, 진자거陳子車의 아내가 가대부家大夫와 의논한 것과, 계강자季康子가 주邾를 치고자 하여 제대부諸大夫에게 물은 것과, 계씨季氏의 신하는 신풍申豊을 두씨杜氏의 주註에서 대부에 속한다고 한 것과 공숙문자公叔文子의 신하를 『논어』에서 신하인 대부라고 칭한 것은 가대부家大夫이다."

6-8 대영지가 '십분의 일 세금을 걷고 통관세와 영업세를 철폐하는 일'에 대해 말한 장 〔戴盈之曰什一去關市之征[34]〕章〕

* 맹자는 이 장에서 세금 제도의 폐해인 통관세와 영업세를 '당장(今茲)' 철폐하기 어렵다는 대영지戴盈之의 말이 닭 훔치기를 당장 그만두기 어렵다는 말처럼 도리에 어긋남을 주장한다. 다산은 여기서 '당장(今茲)'이란 '올해(今年)'를 의미함을 고증하고 있다.

戴盈之曰: "什一, 去關市之征, 今茲未能. 請輕之, 以待來年, 然後已, 何如?" 孟子曰: "今有人日攘其鄰之雞者, 或告之曰: '是非君子之道.' 曰: '請損之, 月攘一雞, 以待來年, 然後已.' 如知其非義, 斯速已矣, 何待來年."

趙曰: "今年未能盡去."
○或曰: "茲, 歲也. 漢詩之云'何以待來茲', 蘇秦[35]之言'今茲效之', 皆歲之義也.《左傳》曰, '昔歲入陳, 今茲入鄭.'〔宣十二〕《呂氏春秋》曰, '今茲美禾, 來茲美麥.'[36)"【杜預《左傳注》, 亦以茲爲歲】

---

34) 征: 新朝本에는 '廛'으로 되어 있으나 『孟子·滕文公下』에 따라 바로잡는다.
35) 蘇秦: 소진은 전국시대의 낙양인洛陽人으로 자는 계자季子이다. 제齊나라 민왕湣王 때의 재상인데 합종책合從策으로 유명하다. 『한서·예문지』에 「소자蘇子」 31편이 있다고 했으나 지금은 망실되어 없다.
36) 今茲美禾, 來茲美麥: 『여씨춘추呂氏春秋』 권26에 보인다.

대영지戴盈之가 말하였다. "10분의 1의 세금을 걷되, 통관세나 영업세를 철폐하는 것은 금년에는 아직 할 수 없으니, 청컨대 세금을 경감해 놓았다가 내년에 완전히 없애는 것은 어떻겠습니까?" 맹자께서 말씀하셨다. "오늘 어떤 사람이 매일 이웃집 닭을 훔쳐 가는데 어떤 사람이 그에게 '이는 군자의 도리가 아니다.'라고 하자 '청컨대 좀 줄여서 한 달에 닭 한 마리씩 훔치다가 내년에 완전히 그만두겠다.'라고 하는구나! 만약 그것이 도리가 아님을 알면 속히 그만두어야 할 것이니, 어찌 내년까지 기다리겠는가?"

조기가 말했다. "금년에 전부 없애지 못한다."
○ 혹자가 말했다. "'자茲'는 해[歲]이다. 한시漢詩에 '어찌 한 해를 기다리리요.(何以待來茲)'라고 한 것과 소진蘇秦의 말에 '올해부터 그것은 효력이 있다.(今茲效之)'라고 한 것은 다 해[年]의 뜻이다. 『좌전』에 '작년에는 진나라에 들어가고, 올해는 정나라에 들어간다.(昔歲入陳 今茲入鄭)'라고 하였고,【선공 12년이다.】 『여씨춘추』에 '올해는 벼가 잘 자라고 내년에는 보리가 잘 자란다.(今茲美禾 來茲美麥)'라고 하였다."【두예杜預의 『좌전左傳』 주註에도 '자茲'를 '세歲'라고 하였다.】

6-9 공도자가 '바깥 사람들이 모두 선생님께서 변론하기를 좋아한다'고 말한 장 [公都子曰外人皆稱夫子好辯章]

* 맹자는 이 장에서 자신은 변론하기를 좋아하는(好辯) 것이 아니라, 양주楊朱와 묵적墨翟의 사설邪說을 물리치고 우·주공·공자 등 선왕의 도를 밝히기 위해 부득이하게 설파하고 다닐 수밖에 없었음을 설명하고 있다. 다산은 양·묵의 위아설爲我說과 겸애설兼愛說이 사악한 것이 아니라 시중時中에 맞지 않았을 뿐, 그들도 현인이라고 주장한다. 아울러 다산은 신유가들이 종종 인정하는 불교의 이론이 오히려 가장 이치에서 멀다고 반론한다.

公都子曰:"外人皆稱夫子好辯, 敢問何也?" 孟子曰:"予豈好辯哉? 予不得已也. 天下之生久矣, 一治一亂. 當堯之時, 水逆行, 氾濫於中國. 蛇龍居之, 民無所定. 下者爲巢, 上者爲營窟. 書曰: '洚水警余.' 洚水者, 洪水也. 使禹治之, 禹掘地而注之海, 驅蛇龍而放之菹. 水由地中行, 江淮河漢是也. 險阻旣遠, 鳥獸之害人者消, 然後人得平土而居之.
堯舜旣沒, 聖人之道衰. 暴君代作, 壞宮室以爲汙池, 民無所安息; 棄田以爲園囿, 使民不得衣食. 邪說暴行又作, 園囿汙池沛澤多而禽獸至. 及紂之身, 天下又大亂. 周公相武王, 誅紂伐奄, 三年討其君, 驅飛廉於海隅而戮之. 滅國者五十, 驅虎豹犀象而遠之. 天下大悅. 書曰: "丕顯哉, 文王謨! 丕承哉, 武王烈! 佑啓我後人, 咸以正無缺."
世衰道微, 邪說暴行有作, 臣弑其君者有之, 子弑其父者有之. 孔子懼, 作春秋. 春秋, 天子之事也. 是故孔子曰: '知我者其惟春秋乎! 罪我者其惟春秋乎!'

공도자公都子가 말했다. "바깥사람들은 모두 선생님께서 변론하기를 좋아하신다고 하는데, 어째서 그러한지 감히 묻겠습니다." 맹자께서 말씀하셨다. "내가 어찌 변론을 좋아하겠는가? 내가 부득이해서이다. 천하에 사람이 난 지도 오래라 한 때는 다스려지고, 한 때는 혼란스러웠다. 요임금 시절에 물이 거꾸로 흘러 나라 가운데에 범람하니 뱀과 용들이 그곳에 살고 백성들은 정착할 곳이 없었다. 낮은 지역 사람들은 둥지를 만들고 높은 지역 사람들은 굴집을 만들었다. 『서경』에 '큰물[洚水]이 나를 경계하였다.'라고 하였으니, 큰물이란 홍수이다. 우禹로 하여금 홍수를 다스리게 하시니, 우가 땅을 파서 바다로 흘러 보내고, 뱀과 용을 몰아내어 늪으로 쫓아버리자, 물이 땅 속으로 흐르게 되었으니, 양자강, 회수, 황하, 한수가 그것이다. 험상궂은 곳[險阻]이 멀어지고 날짐승들이 사람을 해치는 것이 없어진 연후에 사람들은 평평한 땅을 얻어 살 수 있게 되었다.

요순은 이미 돌아가시니 성인의 도가 쇠하여 폭군이 대대로 나오게 되었다. 백성들의 집을 허물고 그 자리에 연못을 만드니 백성들이 쉴 곳이 없어졌고, 농지를 버리고 동산을 만드니 백성들이 입고 먹을 수 없게 되었으며, 그릇된 사설과 포악한 행위가 또 일어나고 동산와 연못, 늪이 많아져 금수가 이르게 되어, 주紂의 때에 이르러서는 천하가 또 크게 어지러워졌다. 주공이 무왕을 도와 주를 주살하고 엄奄나라를 정벌한 지 3년 만에 그 군주를 토벌하시고, 비렴飛廉을 바닷가로 쫓아버린 후 죽이시니, 나라를 멸망시킨 것이 50개국이었고, 범, 표범, 코뿔소, 코끼리를 몰아내어 멀리 쫓아버리니 천하가 크게 기뻐하였다. 『서경』에 이르기를 '크게 드러났도다. 문왕의 계책이여! 크게 이으셨도다. 무왕의 공렬功烈이여! 우리 후인들을 도와 인도하시되 모두 바로잡아주시고 흠 없게 하셨도다.'라고 하였다.

세상이 쇠하고 도리는 미약해져 그릇된 사설과 포악한 행위가 다시 일어나자, 신하로서 그 군주를 시해하는 자가 생겨났고, 아들로서 그 아버지를 시해하는 자가 생겨났다. 공자께서 이를 두려워하여 『춘추』를 지으시니, 『춘추』는 천자의 일을 쓴 글이다. 그러므로 공자는 '나를 알아주는 이도 오직 『춘추』 때문이겠지! 나에게 죄를 주는 이도 오직 『춘추』 때문이겠지!'라고 하셨다.

聖王不作, 諸侯放恣, 處士橫議, 楊朱 墨翟之言盈天下. 天下之言, 不歸楊, 則歸墨. 楊氏爲我, 是無君也; 墨氏兼愛, 是無父也. 無父無君, 是禽獸也. 公明儀曰:'庖有肥肉, 廄有肥馬, 民有飢色, 野有餓莩, 此率獸而食人也.'楊墨之道不息, 孔子之道不著, 是邪說誣民, 充塞仁義也. 仁義充塞, 則率獸食人, 人將相食.
吾爲此懼, 閑先聖之道, 距楊墨, 放淫辭, 邪說者不得作. 作於其心, 害於其事; 作於其事, 害於其政. 聖人復起, 不易吾言矣. 昔者禹抑洪水而天下平, 周公兼夷狄驅猛獸而百姓寧, 孔子成春秋而亂臣賊子懼. 詩云:'戎狄是膺, 荊舒是懲, 則莫我敢承.'無父無君, 是周公所膺也. 我亦欲正人心, 息邪說, 距詖行, 放淫辭, 以承三聖者; 豈好辯哉? 予不得已也. 能言距楊墨者, 聖人之徒也."

引證 《管子·法法》篇云:"《春秋》之記, 臣有弒其君, 子有弒其父者矣。"

성왕聖王이 나오지 아니하고 제후들은 방자하며, 처사들은 함부로 의론하니, 양주楊朱·묵적墨翟의 설이 천하에 가득하게 되어, 천하의 언론이 양주로 귀결되지 않으면 묵적에게 돌아가게 되었다. 양씨는 자기만을 위하니, 이는 임금이 없는 것이고, 묵씨는 겸애를 주장하는데, 이는 아버지가 없는 것이다. 아버지가 없고 임금이 없으면, 이는 금수이다. 공명의公明儀가 말하기를 '푸줏간에 기름진 고기가 있고 마굿간에는 살찐 말이 있는데 백성들은 굶주린 기색을 하고 들판에는 굶어죽은 시체가 있다면, 이는 짐승을 몰아 사람을 잡아먹게 하는 것이다.'라고 하였다. 양주와 묵적의 도가 그치지 않으면 공자의 도가 드러나지 못할 것이니, 이는 그릇된 사설이 백성들을 속여 인의를 가로막아 버리기 때문이다. 인의가 가로막히면 짐승을 몰아 사람을 잡아먹게 하다가 사람들이 장차 서로 잡아먹게 될 것이다.

나는 이렇게 될까 두려워 선왕의 도를 옹호하여 양주와 묵적의 도를 배격하고, 음란하고 그릇된 사설을 퍼뜨리는 자가 다시 나오지 못하게끔 하려는 것이다. 그릇된 사설이 그 마음속에 생겨나면 그 일을 그르치는 것이요, 그 일에서 생겨나면 그 정사를 그르치는 것이니, 성인이 다시 나오셔도 내 말을 바꾸지 않으실 것이다. 옛날에 우임금이 홍수를 막아내니 천하가 태평하게 되었고, 주공이 민족들을 통합하고 맹수를 몰아내자 백성들이 편안해졌으며, 공자께서 『춘추』를 지으시니 난신적자들이 두려움에 떨었다. 『시경』에 이르기를 '융적을 정벌하고 형서가 징계하니 감히 대적할 자가 없도다.'라고 하였으니, 아버지가 없고 임금이 없다고 주장하는 사설들은 바로 주공이 응징하신 바이다. 나 또한 사람의 마음을 바로잡고 그릇된 사설을 그치게 하며, 잘못된 행실을 막고 음란한 말을 추방함으로써 세 성인을 계승하려는 것이니, 어찌 변론하기를 좋아하겠는가? 나는 부득이해서이다. 양주와 묵적을 막자고 말할 수 있는 자는 성인의 문도이다."

인증 『관자·법법法法』 편에서 말했다. "『춘추』의 기록에 '신하가 임금을 시해한 자가 있고 자식이 아비를 시해한 자가 있다.'라고 하였다."

○毛曰: "此語似孟子之所本。然此是舊時《春秋》, 非夫子《春秋》也, 則意封建之世多有此禍, 特夫子以前簡策, 總不傳耳。"
○鏞案 臣弑其君, 子弑其父, 乃坤初六之傳文。[37) 毛氏乃以《管子》爲孟子所本, 謬矣。

《集》曰: "楊朱[38)但知愛身, 故無君。墨子愛無差等, 故無父。"【眞云: "楊朱自一身之外, 截然不恤, 故其跡似乎義。墨翟於親疎之間, 無乎不愛, 故其跡似乎仁。"】
○鏞案 聖人之道, 不拘不滯, 義之與比, 故謂之時中。然其中楊·墨之義, 未嘗不俱存也。獨善其身, 非爲我乎? 兼善天下, 非兼愛乎? 惟其所執, 不滯一偏。當堯·舜之世, 則禹·稷胼胝而兼愛, 當魯·衛之亂, 則顔回閉門而爲我。楊·墨則不然。楊子不問窮達, 以獨善爲主, 墨子不問治亂, 以兼善爲主, 此其所以悖於道也。大抵獨善其身者, 惟當隱居山林, 求其寡過而已。天下之人, 以此爲敎, 則人主將誰與共國?

---

37) 臣弑其君, 子弑其父, 乃坤初六之傳文: 『주역 문언전文言傳』에 보인다. "積善之家, 必有餘慶; 積不善之家, 必有餘殃。臣弑其君, 子弑其父, 非一朝一夕之故, 其所由來者漸矣, 由辯之不早辯也。"
38) 楊朱: 양주는 전국시대 사람으로 자字는 자거子居이고 위아설爲我說을 주창하였다.

○ 모기령이 말했다. "이 말을 맹자가 근본으로 삼은 듯하다. 그러나 이것은 옛날의 『춘추』이지 공자 시대의 『춘추』가 아니다. 생각하건대 봉건시대에는 이러한 화란이 많았으나, 다만 공자 이전의 간책簡策이 모두 전해지지 않은 것일 뿐이다."

○ **용안** 신하가 임금을 시해하고 아들이 아비를 시해하는 것은 바로 곤괘坤卦 초육初六의 전문傳文이다. 모기령은 맹자가 『관자』를 본뜬 것이라고 하였는데 이는 잘못이다.

『맹자집주』에서 말했다. "양주楊朱는 자기 몸을 사랑할 줄만 알므로 임금이 없고, 묵자 사랑함에 차등이 없으므로 아비가 없다."【진덕수眞德秀가 말하기를 "양주는 자기 한 몸 외에는 전연 사랑하지 않으므로 그 자취가 의義와 유사하고, 묵적은 친한 자이건 소원한 자이건 간에 사랑하지 않음이 없으므로 그 자취가 인仁과 유사하다."라고 하였다.】

○ **용안** 성인聖人의 도는 구애되지 않고, 막히지 않고, 의에 따르니, 그러므로 때에 맞는다[時中]고 이르는 것이다. 그러나 그 가운데 양·묵의 의리가 함께 존재하지 않은 적이 없었다. 홀로 자기의 몸을 선하게 하는 것이 나를 위함이 아닌가? 천하를 똑같이 선하게 하려는 것이 겸애가 아닌가? 오직 그 잡은 바가 한편으로 집착하지 않는 것이다. 요순의 세상을 당해서는 우직禹稷이 손발이 트도록 애써 노력하여 겸애하였고, 노위魯衛의 난을 당해서는 안회가 문을 걸어 잠그고 자신을 위하였다. 양·묵은 그렇지 않았으니, 양사는 궁하거나 영달하거나에 관계없이 독선獨善을 주장하였고, 묵자는 세상의 치란에 관계하지 않고 겸선兼善을 주장하였으니, 이것이 도와 어긋나는 까닭이다. 대체로 자기 자신만을 선하게 하는 자는 산림에 은거하여 과오를 적게 하기만을 구하여야 하니, 온 세상 사람들이 이것을 가르침으로 삼는다면 인주人主는 장차 누구와 함께 나라를 다스리겠는가?

子路謂丈人曰: "君臣之義, 不可廢."³⁹⁾【丈人蓋楊朱之學】爲我, 非無君之 道乎? 兼善天下者, 惟當沾體塗足, 求其立功. 天下之人, 以此爲教, 則修閨門之行, 以養其親者或寡矣. 魏無知⁴⁰⁾謂曾參不離其親, 不可 與圖大事, 一向以兼濟爲務, 則必不顧其家. 兼愛, 非無父之道乎? 然 楊·墨皆賢人也. 孟子慮其弊而距之. 今人誤讀《孟子》, 以楊子爲吝人, 墨子爲狂客, 不知拔毛·磨頂,⁴¹⁾皆設喩之言, 非二子之實事也. 拔一 毛而利天下, 猶言枉己之尺, 直人之尋也. 殺一不辜而得天下, 不爲, 亦爲我之學, 甚言之, 則斯云 '拔一毛而利天下, 不爲'.【文字會意, 愛人曰 仁, 善我曰義, 西山之言有味】

---

39) 君臣之義, 不可廢 : 『논어·미자微子』에 보인다. 모기령은 '君臣之義, 不可廢'를 공자가 한 말로 보았으나, 다산은 주자처럼 자로子路가 한 말로 보았다.

40) 魏無知 : 위무지는 한나라 사람이다. 한왕漢王에게 진평陳平을 천거하였는데, 강관絳灌 이 진평은 형수를 도적질하고 뇌물을 받았다고 참소를 하니, 왕이 위무지를 꾸짖었다. 그 러자 무지가 대답하기를 "제가 말했던 것은 능력이고, 폐하가 들은 것은 행실입니다. 지금 비록 미생尾生이나 효이孝已와 같은 행실을 하는 자가 있다 하더라도 성패成敗의 수數에 는 이롭지 않을 것입니다."라고 하였다. 『한서漢書·장진왕주전張陳王周傳』에 보인다.

41) 拔毛磨頂 : 발모마정은 『맹자·진심 상』에 보인다. "孟子曰: 楊子取爲我, 拔一毛而利天下, 不爲也. 墨子兼愛, 摩頂放踵, 利天下爲之, 子莫執中, 執中爲近之, 執中無權, 猶執一也. 所 惡執一者, 爲其賊道也, 擧一而廢百也." 여기에서 발모마정은 양주楊朱의 위아설爲我說 과 묵자墨子의 겸애설兼愛說을 빗대어 한 말이다.

자로子路가 장인丈人을 평하여 말하기를 "군신의 의는 폐할 수 없다."[장인은 아마도 양주의 학문을 따르는 자일 것이다.]라고 하였으니, 나를 위하는 것이 무군無君의 도가 아니겠는가? 천하를 똑같이 선하게 하려는 자는 온몸을 땀으로 적시고 발을 더럽혀 가면서 공을 세우기를 구하니, 온 세상 사람들이 이것으로 가르침을 삼는다면 규문閨門의 행실을 닦아서 부모를 봉양하는 자가 어쩌면 적어질 것이다. 위무지魏無知가 이르기를 "증삼曾參은 부모 곁을 떠나지 않았으니 함께 큰 일을 도모할 수가 없지만, 한번 겸제兼濟(온 세상 사람을 다 구제하는 것)를 임무로 삼는다면 반드시 자기 집안을 돌보지 않을 것이다."라고 하였으니, 겸애가 무부無父의 도가 아니겠는가? 그러나 양묵은 모두 현인이다. 맹자는 그 병폐를 거부해서 걱정한 것일 뿐이다. 지금 사람들은 『맹자』를 잘못 읽어서 양자를 인색한 사람으로 여기고 묵자를 광객狂客으로 여겨, 발모마정拔毛磨頂이란 모두 가설로 비유한 말이지 두 사람의 실제 일이 아니라는 것을 모른다. 머리카락 한 올을 뽑아서 천하를 이롭게 한다는 것은 자기의 일척一尺을 굽혀서 남의 팔척八尺을 곧게 한다는 말과 같다. 허물없는 한 사람을 죽여서 천하를 얻을 수 있더라도 그렇게는 하지 않는 것도 나를 위하는 학문이니, 심하게 말하자면 이것을 "머리카락 한 올을 뽑아서 천하를 이롭게 하더라도 하지 않는다."라고 하는 것이다.[문자의 회의會意로 보면 사람을 사랑하는 것이 인仁이고, 나를 착하게 하는 것이 의義니 진덕수의 말이 의미가 있다.]

胡致堂[42]曰:"楊朱與老聃同時, 墨翟又在前, 宗師大禹, 而晏嬰學之. 以爲楊·墨出於師·商,[43] 攷之不甚詳矣."
○麟曰:"異端之學, 非孔門弟子傳流之差也."

《集》曰:"程子曰, '佛氏之言近理, 又非楊·墨之比.'"
○朱子曰:"楊·墨只是硬恁地做. 佛氏最有精微, 動得人處."
○**鏞案** 佛氏之言, 最不近理. 余流落南荒, 居深山之中, 從經僧觀佛書, 其所論心性之理, 皆無原本, 亦無究竟, 大不近理. 不知有宋諸先生, 何故每云佛氏近理.

---

42) 胡致堂 : 호치당은 호인胡寅(1098~1157)을 말한다. 송宋나라 사람으로 자字는 명중明仲이다. 학자들이 정당선생政堂先生이라 불렸으며, 시호諡號는 문충文忠이다. 호안국胡安國의 조카인데, 그의 양자養子가 되었다. 양시楊時에게서 배웠으며, 저서로는 『논어상설論語詳說』, 『독사관견讀史管見』, 『비연집斐然集』 등이 있다.
43) 師商 : 사師는 자장子張, 상商은 자하子夏를 의미한다. 모두 공자의 제자들이다.

○ 호인胡寅이 말했다. "양주는 노담老聃과 동시대 사람이고, 묵적은 더 이전 사람으로 우禹를 종사宗師로 삼았으며, 안영晏嬰이 그에게서 배웠다. 양묵이 사상師商에게서 나왔다고 하는 말은 그다지 상세하게 고찰하지 않은 것이다."

○ 왕응린이 말했다. "이단의 학은 공자 문하의 제자들이 전수하면서 차이가 생긴 것이 아니다."

『맹자집주』에서 말했다. "정자는 '불씨(석가)의 말이 이치에 가까운 것은 또 양묵에 비교할 정도가 아니다.'라고 하였다."

○ 주자가 말했다. "양묵은 다만 경직되어 있어 자기 본의대로 해나가는데, 불씨는 가장 정미하여 곳곳에 사람을 감동시키는 부분이 있다."

○ **용안** 불씨의 말은 가장 이치에 가깝지 않다. 나는 남쪽 거친 곳에 유배되어 깊은 산속에 거처할 적에 승려를 따라 불서佛書를 본 적이 있는데, 그가 논한 심성의 이론은 모두 본원이 없고 또 끝이 없어서 이치에 전혀 가깝지 않았다. 송나라 여러 선생들은 무슨 까닭에 번번이 불씨가 이치에 가깝다고 했는지 모르겠다.

이루離婁
상上

7-1 이루의 눈 밝음과 공수자의 공교한 손재주에 대한 장
〔離婁之明公輸子之巧章〕

* 맹자는 이 장에서 방형과 원형을 만들려면 곡자와 굽은 자가 있어야 하고, 오음五音을 바르게 조절하려면 육률六律이 있어야 하듯, 천하를 다스리는 데는 어진 정치가 있어야 한다고 말했다. 다산은 육률과 인정에 대한 새로운 해석을 제시했다.

孟子曰: "離婁[1]之明, 公輸子[2]之巧, 不以規矩,[3] 不能成方員; 師曠[4]之聰, 不以六律,[5] 不能正五音[6]; 堯舜之道, 不以仁政, 不能平治天下. 今有仁心仁聞而民不被其澤, 不可法於後世者, 不行先王之道也. 故曰, 徒善不足以爲政, 徒法不能以自行. 《詩》云: '不愆不忘, 率由舊章.' 遵先王之法而過者, 未之有也. 聖人旣竭目力焉, 繼之以規矩準繩, 以爲方員平直, 不可勝用也; 旣竭耳力焉, 繼之以六律, 正五音, 不可勝用也; 旣竭心思焉, 繼之以不忍人之政, 而仁覆天下矣.

---

1) 離婁 : 이루는 중국의 황제黃帝시대의 사람이다. 시력이 뛰어나 백보 밖에서 가을의 가느다란 털끝도 볼 수 있었다고 한다. 이주離朱라고도 한다. 『장자莊子‧천지天地』에 보인다.
2) 公輸子 : 공수자는 춘추시대 노나라의 솜씨 좋은 장인으로, 공수公輸는 성姓이고, 이름은 반般이다. 초혜왕楚惠王이 송나라를 공격할 때 공수반에게 성을 공격할 무기로 운제雲梯를 만들게 했다. 『묵자墨子‧공수公輸』에 보인다.
3) 規矩 : 규규는 둥근 원을 만드는 기구이고, 구矩는 굽은 곡선을 만드는 자이다.
4) 師曠 : 사광은 춘추시대 사람이다. 청력이 특히 탁월하여 진평공晉平王의 악사장樂師長이 되었다.
5) 六律 : 육률은 음악의 기본이 되는 여섯 가지 양陽의 음률音律을 말한다. 통상 율려律呂라고 하면 양률과 음률로 각 12음률이 있는데, 육률은 그 가운데 양률만을 지칭한다. 황종黃鍾‧태주太簇‧고선姑洗‧유빈蕤賓‧이칙夷則‧무역無射이 여기에 해당한다.
6) 五音 : 오음은 다섯 가지 음계音階이다. 일명 오성五聲으로 궁宮‧상商‧각角‧치徵‧우羽를 말한다.

맹자가 말했다. "이루離婁의 눈 밝음과 공수자公輸子의 좋은 솜씨로도 직각자와 곡재規矩가 없다면, 네모와 원을 그릴 수 없다. 사광師曠의 귀 밝음으로도 육율六律이 없다면 오음五音을 바로잡을 수 없다. 요순의 다스림도 인정仁政이 아니라면 천하를 잘 다스릴 수 없다. 지금 세상에 어진 마음과 어진 정치가 있다고 하는데도 백성들이 그 혜택을 받지 못하고, 후세에 본받을 만한 것이 없는 것은 선왕의 다스림을 시행하지 않기 때문이다. 그러므로 한갓 선善만으로는 정치가 될 수 없고, 한갓 법法만으로는 저절로 시행되지 않는다. 『시경』에서 '허물하지도 말고 잊지도 말라 옛 법을 따라가라.(不愆不忘, 率由舊章)'라고 한 것이다.

선왕의 법을 준수하다가 잘못한 사람은 아직 없었다. 성인께서 이미 시력을 다하였으면서도 굽은 자와 곡자로 뒤 이어 새끼줄을 마름질하여 네모와 동그라미, 수평과 수직을 만들어 이루다 쓸 수가 없었다. 이미 청력을 다하였으면서도 다시 육률로 오음을 바로잡아 이루다 쓸 수 없었다. 이미 노심초사하였음에도 다시 차마하지 못하는 마음으로 정치를 시행하니 어진 정치가 천하를 덮었던 것이다.

故曰, 爲高必因丘陵, 爲下必因川澤. 爲政不因先王之道, 可謂智乎? 是以惟仁者宜在高位. 不仁而在高位, 是播其惡於衆也. 上無道揆也. 下無法守也, 朝不信道, 工不信度, 君子犯義, 小人犯刑, 國之所存者幸也.

故曰: 城郭不完, 兵甲不多, 非國之災也; 田野不辟, 貨財不聚, 非國之害也. 上無禮, 下無學, 賊民興, 喪無日矣. 《詩》曰: '天之方蹶, 無然泄泄.' 泄泄, 猶沓沓也. 事君無義, 進退無禮, 言則非先王之道者, 猶沓沓也. 故曰: 責難於君謂之恭, 陳善閉邪謂之敬, 吾君不能謂之賊."

趙曰: "黃帝亡其玄珠,[7] 使離朱索之. 離朱, 即離婁也. 能視於百步之外, 見秋毫之末."【出《莊子·天地》篇】

毛曰: "六律是十二管, 非作樂之器. 三代後並無此物, 而五音不絶于世, 何以非六律不能正五音?"

---

7) 玄珠: 현주는 황제가 소유했다는 전설적인 구슬을 말한다. 황제가 곤륜산을 유람하던 중에 현주를 잃어버려 이주離朱에게 찾아보라고 명했다는 일화가 『장자·천지』에 보인다.

그러므로 '높은 곳을 만들 때는 반드시 구릉丘陵에서 하고, 낮은 곳을 만들 때는 반드시 늪지대[川澤]로 한다.'라고 하였으니, 정치를 하는 데 선왕의 도로써 하지 않는다면 지혜롭다고 할 수 있겠는가? 이 때문에 오직 어진 사람이 높은 자리에 있는 것은 마땅하지만 어질지 못한 사람이 높은 자리에 있다면 이것은 백성들에게 그 악을 퍼트리는 것이다. 윗사람이 법을 준수하지 않고, 아랫사람이 법을 지키지 않으며, 조정에서는 다스림을 신뢰하지 않고, 공인들이 도량형을 믿지 않으며, 군자들은 의로움을 지키지 않고, 소인들은 법률을 지키지 않는데도 나라가 존속되는 것은 요행일 뿐이다.

그러므로 '성곽이 완비되지 않고 군사가 적은 것이 나라의 재앙은 아니다. 들이 개간되지 않고, 재물이 모이지 않는 것도 나라의 해가 되지는 않는다. 윗사람은 무례하고, 해치는 백성이 들고 일어난다면 나라는 머지않아 망하게 될 것이다.'라고 하는 것이다. 『시경』에 '하늘이 바야흐로 나라를 무너뜨리려 하니 그렇게 느긋하지 말지어다.(天之方蹶, 無然泄泄)'라고 하였는데, 느긋하다[泄泄]는 것은 답답하다[沓沓]는 것이다. 임금을 섬기는 데 의롭지 않고, 진퇴에 무례하며, 말하는 것이 선왕의 다스림이 아니라면 답답하다고 할 만하다. 그러므로 임금에게 어려움을 책임지우는 것[責難]을 '공손함[恭]'이라고 하고, 선량함을 아뢰고 사악함을 막는 것을 '공경함[敬]'이라고 하며, '우리 임금은 할 수 없다'라고 하는 것을 '해치는 것[賊]'이라고 하는 것이다."

조기가 말했다. "황제黃帝가 그의 현주玄珠를 잃게 되자 이주離朱로 하여금 찾아오게 하였다. 이주는 곧 이루離婁이다. 그는 시력이 좋아 100보 떨어신 곳에서 추호秋毫의 끝을 볼 수 있었다."【『장자·천지天地』에 나온다.】

모기령이 말했다. "육률六律은 십이관十二管이지 음악을 연주하는 악기는 아니다. 삼대三代 이후에는 이 물건이 전부 없어졌지만 오음五音은 세상에 끊어지지 않았는데, 어떻게 육률이 아니면 오음을 바로잡지 못한다고 할 수 있는가?"

鏞案 六律, 乃造樂器之尺也。秦·漢以來, 吹律之說[8]作, 於是乎六律亡矣。然且以十二律, 配之於五聲二變,[9] 其剩者五, 謂之啞鍾,[10] 於是五聲與六律偕亡矣。義詳余《樂書解》,[11] 今不再述。

范[12]曰:"仁政者, 治天下之法度。"

鏞案 規矩律呂, 爲工師法度之所由生。仁政亦當於法度上理會, 下段引《詩》而言遵先王之法, 可見其義也。滕文公行井田法, 則曰'聞君行仁政', 孟子一生經濟, 在於經界。大抵井田之法在王政, 如規矩之於方員, 六律之於宮商, 田政先正, 然後禮樂兵刑萬緒千頭, 俱有條理。柳磻溪經國之書,[13] 必從田政始, 可謂知本之學也。井田今不可行, 惟均田之法, 在上者斷而行之, 斯可爲矣。堯·舜, 大聖人也, 堯·舜之道, 大聖人之道也。不以仁政, 不能平治天下, 即仁政果規矩六律哉!

---

8) 吹律之說 : 취율지설은 황제黃帝가 만들었다고 전해지는 음률의 기준 단위를 설명한 것이다. 황제가 영윤伶綸을 시켜 대하大夏 서쪽으로부터 곤륜崑崙의 북쪽에 이르기까지 대나무를 구했는데, 결국 해곡解谷에서 구한 것으로 통筒를 만들고 이것을 불어 황종黃鍾의 궁宮으로 삼았다. 12통을 만들어 봉황새의 소리를 들어보니 수컷의 울음소리 같은 것이 6개, 암컷의 울음소리 같은 것이 6개였으므로, 황종의 소리와 합해 음을 만들게 하였다. 이것이 곧 12율의 시초이다.『한서·율력지律歷志』에 보인다.

9) 二變 : 이변은 칠음七音 가운데 변궁變宮과 변치變徵를 말한다.

10) 啞鐘 : 아종은 12율 가운데 활용된 7성聲을 제외한 나머지 음률을 말한다.

11)『樂書解』:『악서해』는 정약용이 지은 악서樂書로는 현재『악서고존樂書孤存』이 전한다.

12) 范 : 범조우范祖禹(1041~1098)는 북송의 저명한 문신이자 역사가이다. 사마광의 제자로 그와 함께『자치통감資治通鑑』을 기술하고, 당나라의 역사 비평서인『당감唐鑑』을 저술했다.

13) 柳磻溪經國之書 : 유형원의『반계수록磻溪隨錄』이다. 유형원은 일생의 저작『반계수록』에서 국가경영의 핵심은 전제田制를 바로잡는 데서 시작해야 한다며 전제부터 시행 가능한 조목을 검토했다. 특히 맹자가 구상한 정전제의 이상을 조선의 현실에서 구현하고자 '정정자형' 토지 구획이 아니라 '전田자형' 토지 구획을 제안하기도 했다.

용안 육률은 바로 악기를 만드는 자[尺]이다. 진한秦漢 이래 취율吹律의 주장이 생겨나자 이때에 육률이 없어졌다. 그러나 또 십이율을 오성五聲과 이변二變에 배속시키고 그 남는 다섯은 아종啞鐘이라고 하였다. 이때에 오성과 육률이 모두 없어지게 되었다. 내가 지은 『악서해樂書解』에 뜻을 상세하게 풀어놓았으므로 여기에서 다시 서술하지 않는다.

범조우範祖禹가 말했다. "인정仁政은 천하를 다스리는 법도이다."

용안 규구規矩나 율려律呂는 공인工人과 악사樂師가 말미암아 법도를 만드는 것이다. 인정仁政도 마땅히 법도에서 이해하여야 할 것이니, 하단에서 『시경』을 인용하여 선왕의 법을 준용해야 함을 말한 데에서 그 취지를 엿볼 수 있다. 등문공이 정전법을 시행하자, 맹자가 "임금께서 인정仁政을 행한다는 것을 들었다."라고 말했으니, 맹자가 일생 동안 추구한 경세제민의 이상이 전지田地의 경계를 바르게 함에 있다는 것을 알 수 있다. 대체로 정전법은 왕정을 시행함에 있어 규구規矩로 방원方圓을 만들고 육률六律로 궁상宮商의 기준을 잡는 것과 같다. 전정田政이 먼저 바로잡혀야 그다음에 예악과 병형兵刑 등의 만 가지 천 가지 일에 두서가 있게 되고 모두 조리를 갖추게 될 것이다. 유반계柳磻溪는 나라를 경영하는 책에서 반드시 전정田政을 바로잡는 것부터 시작해야 된다고 하였으니 근본을 아는 학문이라고 할 수 있다. 정전은 지금의 상황에는 시행할 수 없지만, 다만 균전의 법이라면 윗자리에 있는 자가 결단하여 시행한다면 이것은 할 수 있다. 요순은 위대한 성인이고, 요순의 도는 위대한 성인의 도이다. 하지만 인정人政으로 하지 않는다면 천하를 잘 다스릴 수 없을 것이니, 그렇다면 인정은 실로 규구規矩나 육률六律이라고 할 것이다!

引證 〈禮器〉曰:"爲朝夕必放於日月,[14] 爲高必因丘陵, 爲下必因川澤。"

趙曰:"君無道術可以揆度天意。"
○《集》曰:"道, 義理也。謂以義理度量事物。"
○**鏞案** 自此至彼曰道, 吾人一生之所由也。恐與義理不同。

引證《後漢書·邳彤傳》曰:"孟軻以彊其君之所不能爲忠, 量其君之所不能爲賊。"
麟曰:"與今《孟子》語小異。"[15]

---

14) 爲朝夕必放於日月 : 위조爲朝과 위석爲夕에 천자가 천시天時에 따라 제사를 지내는 것을 말한다. 위조는 천자가 춘분일에 동문 밖에서 해에 제사를 지내는 것이고, 위석은 천자가 추분일에 서문 밖에서 달에 제사를 지내는 것이다. 해는 동방에서 뜨기 때문에 동문에서 제사를 지내고, 달은 서방에서 생겨나기 때문에 서문에서 제사를 지낸다. 곧 해와 달이 뜨는 곳을 모방한 것이다.

15) 與今《孟子》語小異 :『後漢書·邳彤傳』에서 "彊其君之所不能爲忠, 量其君之所不能爲賊。"이라고 기록된 것이『맹자·이루 상』본문에 수록된 "責難於君謂之恭, 陳善閉邪謂之敬, 吾君不能謂之賊。"과 차이가 있음을 지적한 말이다.

* 방형과 원형을 만드는 데는 규구와 같은 도구가 있어야 하고, 오음을 바르게 하는 데는 육률과 같은 자가 있어야 하는 것과 같이 한 나라를 다스리는 데는 인정仁政이 아니면 안 된다. 다산은 규구와 육률의 역할처럼 인정을 시행하는 데는 제도적인 법제화가 가장 중요하며, 그것은 전정田政에서부터 시작되어야 한다고 생각했다. 다산은 당시 권력층의 토지 겸병으로 인해 백성들의 곤궁이 극도에 이른 것을 보고 토지제도의 개혁을 주장하여 전론田論을 집필했다. 이는 맹자가 구상한 인정에 대하여 당대 조선의 형편을 고려하여 심사숙고한 모색이었다.

인증 『예기·예기禮器』에서 말했다. "춘추의 조석朝夕에는 반드시 해와 달이 뜨는 곳을 본떠 제사지낸다. 높은 것을 만들 때는 반드시 구릉丘陵에서 하고, 낮은 것을 만들 때는 반드시 늪지대川澤로 한다."

조기가 말했다. "임금에게는 하늘의 뜻을 헤아릴 수 있는 도술道術이 없다."
○ 『맹자집주』에서 말했다. "도道는 의리義理이다. 의리로 사물을 헤아리는 것을 말한다."
○ **용안** 여기에서부터 저기로 이르는 것을 도道라고 하는데, 우리들이 일생 동안 지나다니는 것이다. 『집주』에서 말하는 의리義理와는 같지 않은 듯하다.

인증 『후한서·질운전邦惲傳』에서 말했다. "맹가孟軻는 자기 임금이 잘하지 못하는 것에 힘쓰게 하는 것을 '충성[忠]'이라고 여기고, 자기 임금이 능통하지 못할 것이라 헤아리는 것을 '해치는 것[賊]'이라고 여겼다."
왕응린이 말했다. "지금 『맹자』에 있는 말과는 조금 다르다."

7-7 천하에 도가 있으면 작은 덕을 지닌 사람이 큰 덕을 지닌 사람에게 부림을 받는다는 장 [天下有道小德役大德章]

孟子曰:"天下有道, 小德役大德, 小賢役大賢; 天下無道, 小役大, 弱役强. 斯二者天也. 順天者存, 逆天者亡. 齊景公曰:'旣不能令, 又不受命, 是絶物也.' 涕出而女於吳. 今也小國師大國而恥受命焉, 是猶弟子而恥受命於先師也. 如恥之, 莫若師文王. 師文王, 大國五年, 小國七年, 必爲政於天下矣.《詩》云:'商之孫子, 其麗不億. 上帝旣命, 侯于周服. 侯服于周, 天命靡常. 殷士膚敏, 祼將于京.' 孔子曰:'仁不可爲衆也. 夫國君好仁, 天下無敵.' 今也欲無敵於天下而不以仁, 是猶執熱而不以濯也.《詩》云:'誰能執熱, 逝不以濯?'"

맹자가 말했다. "천하에 도가 있을 때는 작은 덕을 지닌 사람이 큰 덕을 지닌 사람에게 부림을 받고 조금 현명한 사람이 크게 현명한 사람에게 부림을 받지만 천하에 도가 없을 때는 작은 나라가 큰 나라에게 부림을 받고 약자가 강자에게 부림을 받는다. 이 두 가지는 하늘의 뜻이다. 하늘의 뜻을 따르는 자는 살아남고 하늘의 뜻을 어기는 자는 망한다. 제경공齊景公이 말하기를 '이미 나라가 약해 명령을 할 수 없는데 또 명령을 받지도 않는다면 이는 세상과 끊는 것이다.'라고 하고는 눈물을 흘리면서 오吳나라에 딸을 시집보냈다.

지금 약소국이 강대국을 스승 삼으면서도 명령받는 것을 수치로 여기니, 이는 제자가 선사先師에게 명령받는 것을 수치스럽게 여기는 것과 같다. 만일 그것을 수치스럽게 여긴다면 문왕文王을 스승 삼는 것만 못하다. 문왕을 스승 삼으면 대국은 5년, 소국은 7년 정도면 반드시 천하를 다스리게 될 것이다.

『시경』에서 말했다. '상商나라의 자손이 그 수가 십만도 그치는 것이 아니지만 상제上帝가 이미 명하시니 오직 주나라에 복종하는 도다. 오직 주나라에 복종하는 것은 천명이 한결같지는 않기 때문이다. 은나라 인재들은 훌륭하고 날렵하니 주나라 서울에 술을 부어 제사를 돕는다.'라고 하였고, 공자는 '인자仁者를 당해낼 수 있겠는가? 군주가 인仁을 좋아하면 천하에 대적할 자가 없다.'라고 하였다. 이제 천하에 적이 없게 하고자 하면서 인정을 시행하지 않는다면 이것은 마치 뜨거운 물건을 잡고서 물로 씻지 않는 것과 같으니,『시경』에서도 '누가 뜨거운 물건을 붙잡고서 씻지 않을 수 있겠는가?'라고 하였다."

蔡[16]曰: "先師, 不是已亡之稱。後世所謂釋奠於先師先聖者, 則皆是已亡者之稱。所謂先生·先輩之先, 故得親受其命。"【見《蒙引》】

---

16) 蔡 : 채청蔡淸(1453~1508)으로 명대의 경학자이다. 그는 복건福建 진강晉江 사람으로 자는 개부介夫, 호는 허재선생虛齋先生이며, 시호는 문장文莊이다. 성화成化 20년(1481)에 진사進士가 되어 예부주사禮部主事에 올랐다. 무종武宗 정덕正德 초에 강서제학부사江西提學副使를 지냈다. 나중에 남경南京 국자감좨주國子監祭酒로 제수되었지만 이미 사망한 뒤였다. 저서에 『사서몽인四書蒙引』과 『역경몽인易經蒙引』, 『간하도낙서설看河圖洛書說』, 『어요語要』, 『성신법省身法』, 『허재집虛齋集』 등이 있다.

채청이 말했다. "선사先師는 이미 죽은 자의 칭호가 아니다. 후세에 이른바 '선사先師·선성先聖에게 석전釋奠한다.'라는 것은 모두 이미 죽은 자의 칭호이다. 여기서는 이른바 '선생·선배'라고 할 때의 '선先'이다. 그러므로 그 명령을 직접 받을 수 있는 것이다."【『사서몽인四書蒙引』에 보인다.】

* 다산은 '선사先師'에 대한 채청의 해석을 소개하여 이 문맥에서의 '선사先師'가 직접 명령을 받을 수 있는 대상이라는 점을 강조하였다.

7-8 어린아이의 '창랑의 물!'이라는 노래가 있다는 장

〔有孺子歌曰滄浪之水章〕

* 맹자는 어질지 못함의 폐해가 심각함을 말하고, 어린 아이들의 '창랑지가滄浪之歌'를 인용하여, 한 개인이나 가정, 나라를 막론하고 길흉화복은 모두 청수와 탁수가 그러하듯 쓰임을 자초한다는 것을 강조했다. 『서경 태갑太甲』에 '하늘이 만든 재앙은 오히려 피할 수 있거니와, 스스로 만든 재앙은 피할 수 없다.'라고 했는데, 바로 이러한 상황에 적실한 말이다.

孟子曰: "不仁者可與言哉? 安其危而利其菑, 樂其所以亡者. 不仁而可與言, 則何亡國敗家之有? 有孺子歌曰: '滄浪之水淸兮, 可以濯我纓; 滄浪之水濁兮, 可以濯我足.' 孔子曰: '小子聽之! 淸斯濯纓, 濁斯濯足矣, 自取之也.' 夫人必自侮, 然後人侮之; 家必自毀, 而後人毀之; 國必自伐, 而後人伐之. 太甲曰: '天作孽, 猶可違; 自作孽, 不可活.' 此之謂也."

引證《文子》[17]曰: "混混之水濁, 可以濯吾足乎。泠泠之水淸, 可以濯吾纓乎。"

○麟曰: "孺子滄浪之歌, 亦見於《楚辭·漁父》。攷之〈禹貢〉, 漢水東爲滄浪之水, 則此歌楚聲也。"

---

17) 《文子》: 『문자』는 중국 고대 서적으로 『통현진경通玄眞經』으로도 불린다. 노자 『도덕경』을 부연하는 황로사상을 담고 있다. 북위의 학자인 이섬李暹이 낸 『문자주文子注』가 『신당서新唐書』와 조공무의 『군재독서지郡齋讀書志』에 보인다. 한때 위서僞書라는 비판이 있었으나 1973년 하남성에서 『문자』 죽간이 발굴되어 위서설이 재검토되고 있다.

맹자가 말했다. "어질지 못한 자와 더불어 말할 수 있겠는가? 위험을 편안히 여기고, 재앙을 이롭게 여겨, 망하게 되는 것을 좋아한다. 어질지 못한 자와 더불어 말할 수 있다면 어찌 나라를 망하게 하고 집안을 패하게 하는 일이 있겠는가? 어린 아이들이 노래하기를 '창랑滄浪의 물이 맑거든 나의 갓끈을 빨 것이요, 창랑의 물이 흐리거든 나의 발을 씻겠다.'라고 한다. 공자도 말하길 '제자들아! 저 노래를 들어보라. 물이 맑으면 갓끈을 빨고, 물이 흐리면 발을 씻는다고 이는 물이 스스로를 그렇게 만든 것이다.'라고 하셨다.

사람은 반드시 스스로를 업신여긴 뒤에 남이 그를 업신여기며, 집안은 반드시 스스로 패가敗家한 뒤에 남들이 그 집안을 패가시키며, 나라는 반드시 스스로를 공격한 뒤에 남이 그 나라를 공격하는 것이다. 『서경·태갑』에서 '하늘에서 내린 재앙은 오히려 피할 수 있지만 스스로 지은 잘못은 살릴 길이 없다.'라는 것이 이것을 말하는 것이다."

인증 『문자文子』에서 말했다. "혼혼混混한 물이 흐리면 내 발을 씻을 수 있고, 영령泠泠한 물이 맑으면 내 갓끈을 씻을 수 있다."
  ○ 왕응린이 말했다. "어린아이들의 창랑가는 『초사·어부사』에 보인다. 『상서·우공』을 고찰해보면, 한수漢水가 동으로 흘러 창랑滄浪의 물이 되니, 이 노래는 초나라 노래이다."

* 왕응린은 「창랑가」를 초나라 노래라고 했는데, 다산은 이를 인증하고 긍정했다.

7-11 도는 가까운 곳에 있는데 먼 곳에서 구하며, 사람마다 자기 부모를 친히 여기면 천하는 평안해질 것이라는 장
〔道在邇而求諸遠人人親其親而天下平章〕

孟子曰:"道在爾而求諸遠, 事在易而求之難. 人人親其親 長其長而天下平."

《集》曰:"親長, 在人爲甚邇, 親之長之, 在人爲甚易."
○**鏞案** 求道求事者, 當主爲天下國家者而言.
○孔子曰:"雖有善者, 必世而後仁."[18] 仁者, 人人親其親長其長也.
○親其親, 孝慈也, 長其長, 弟也.《大學》於治國平天下, 只說'孝弟慈'三字, 亦孟子淵源所在也.《大學》以修身爲本, 皆所以自修也, 此所謂人人親其親長其長也.

---

18) 雖有善者, 必世而後仁:『논어·자로子路』에 나오는 말이지만 다르게 인용되었다. 원문은 "如有王者, 必世而後仁."이다.

맹자가 말했다. "도는 가까운 곳에 있는데 먼 곳에서 구하며, 일은 쉬운 곳에 있는데 어려운 데서 찾는다. 사람마다 자기 부모를 친히 여기고, 자기 어른들을 어른으로 섬긴다면 천하는 평안해질 것이다."

* 사람들은 도를 먼 곳에서 구하고, 할 일을 어려운 데서 찾는다. 자기 부모님, 자기 어른들을 제대로 섬기는 것부터 실천한다면 천하는 평안해질 것이다.

○ 『맹자집주』에서 말했다. "부모님과 어른들은 사람에게 있어 매우 가깝다. 친히 여기고 어른으로 섬기는 것은 사람에게 있어 매우 쉬운 것이다."

○ **용안** 도를 구하고 일을 구하는 자는 마땅히 천하와 국가 다스리는 것을 위주로 말해야 한다.

○ 공자가 말했다. "비록 선량한 사람이 있다 하더라도 반드시 한 세대는 지나야 인仁해질 것이다."라고 했다. 인仁이란 사람마다 자기 부모를 친히 여기고 자기 어른을 섬기는 것이다.

○ 자기 부모님을 친히 여기는 것은 '효孝'이고 '자慈'이며, 자기 어른을 섬기는 것은 '제弟'이다. 『대학』의 '치국평천하'에서는 효·제·자 세 글자로만 말했는데 또한 맹자는 연원한 바가 있다. 『대학』에서 '수신'으로 근본을 삼은 것은 모두 '자수自修'이기 때문이니 이것이 이른 바 사람마다 자기 부모님을 친히 여기고 자기 어른을 섬긴다는 것이다.

* 다산은 "자기 부모님을 친히 여기고 자기 어른을 섬기면 천하가 평안한 것이다."라는 말의 연원을 『대학』에 두고 그것이 스스로 실천해야 하는 것임을 강조했다.

7-12 아랫자리에 있으면서 윗사람의 마음을 얻지 못하는 것에 대한 장 〔居下位而不獲於上〕

* 맹자는 신자臣子로서 유자의 역할을 군주의 마음을 얻는데서 비롯된다고 보고, 그것을 축차적으로 획득하는 방법으로 벗에게 신뢰를 얻고, 부모를 섬겨 기쁘게 하며, 자신에게 성의를 다하는 자세를 제시했다. 그리고 자신에게 성의를 다하는 자세의 핵심으로 선에 명확한 태도를 주문했다. 다산은 이 대목에서 『중용』의 내용과 함께 이 장의 의미를 성찰해야 한다고 주장했다.

孟子曰:"居下位而不獲於上, 民不可得而治也. 獲於上有道, 不信於友, 弗獲於上矣. 信於友有道, 事親弗悅, 弗信於友矣. 悅親有道, 反身不誠, 不悅於親矣. 誠身有道, 不明乎善, 不誠其身矣."

引證 《中庸》曰:"在下位, 不獲乎上, 民不可得而治矣。獲乎上有道。不信乎朋友, 不獲乎上矣。信乎朋友有道。不順乎親, 不信乎朋友矣。順乎親有道。反諸身不誠, 不順乎親矣。誠身有道。不明乎善, 不誠乎身矣。誠者, 天之道也。誠之者, 人之道也。誠者不勉而中, 不思而得, 從容中道, 聖人也。誠之者, 擇善而固執之者也。"

맹자가 말했다. "아랫자리에 있으면서 윗사람의 마음을 얻지 못한다면 백성을 다스릴 수 없다. 윗사람의 마음을 얻는 데 방법이 있으니, 벗에게 신뢰를 받지 못하면 윗사람의 마음을 얻지 못할 것이다. 벗에게 신뢰를 받는데 방법이 있으니, 부모님을 섬겨 기쁘게 하지 못하면 벗에게 신뢰를 받지 못할 것이다. 부모님을 기쁘게 하는 데 방법이 있으니, 자신을 돌이켜봄에 성의가 없으면 부모님을 기쁘게 하지 못할 것이다. 자신을 성의있게 하는데 방법이 있으니, 선善에 명확하지 않으면 자신을 성의있게 하지 못한다."

인증 『중용』에서 말했다. "아랫자리에 있으면서 윗사람의 마음을 얻지 못하면 백성을 다스릴 수 없다. 윗사람의 마음을 얻는 데 방법이 있으니, 벗에게 신뢰가 없으면 윗사람의 마음을 얻지 못한다. 벗에게 신뢰를 얻는 데 방법이 있으니, 부모를 잘 따르지 않으면 벗에게 신뢰를 얻을 수 없다. 부모를 잘 따르는 데 방법이 있으니, 자신을 돌이켜봄에 성의가 없으면 부모를 잘 따르지 못한다. 자신을 성의 있게 하는데 방법이 있으니, 선에 명확하지 않으면 자신을 성의 있게 하지 못한다. 성의는 하늘의 도이고, 성의 있게 하는 것은 사람의 도이다. 성의가 있는 사람은 애쓰지 않아도 알맞게 행동하고, 생각하지 않고서도 터득하여 조용히 도에 알맞으니 성인이다. 성의 있게 하는 사람은 선을 택하여 굳게 잡는 사람이다."

趙曰, "授人誠善之性者, 天也。思行其誠以奉天者, 人也。"
鏞案 趙不與《中庸》合觀。[19] 故不以誠者爲聖人, 謬。

○『集』曰, "誠者, 理之在我者, 皆實而無僞, 天道之本然也。"
○**鏞案** 朱子以天命爲理, 又以天命之性爲本然之性, 則此注又以明本然之性無有不善者也。然觀於《中庸》, 誠者乃聖人,【其德合乎天之道】思誠者乃學者,【強仁, 乃是人之道】豈可以誠者爲本然之性乎? 且性非理也。理之爲物, 歸于自然, 自然豈可以爲性乎? 萬物之生, 皆有所始, 夫豈有本然者乎?

---

19) 觀: 新朝本에는 '勸'으로 되어 있으나 奎章本에 따라 바로잡는다.

조기가 말했다. "인간에게 성의와 선한 성품을 준 것은 하늘이고, 그 성의를 생각하고 실천하여 하늘을 받들어야 하는 것은 인간이다."

용안 조기는 『중용』과 합해서 보지 않았다. 그래서 '성誠'을 성인聖人의 일로 보지 않은 것이니 오류이다.

* 조기는 성誠을 성인의 일로 보지 않고 인간의 성誠과 연관시켜 해석해 이것으로 하늘을 받들어야 한다고 보았다. 이것은 『중용』에서 제시된 '성자誠者'와 '성지자誠之者'에 대한 이해가 결여된 것이다. 그러므로 다산은 『중용』의 구절과 함께 보아야 한다고 지적했다.

○ 『맹자집주』에서 말했다. "성誠은 리理가 나에게 있는 것으로, 모두 참되고 거짓이 없으니 천도의 본연이다."

○ **용안** 주자는 천명을 '이理'로 삼고, 또 천명의 성性을 본연의 성性이라고 했다. 주注에서는 또 본연의 성은 선하지 않음이 없다는 점을 밝혔다. 그러나 『중용』에서 살펴보면 성誠은 곧 성인의 것이고,[그 덕이 하늘의 도에 합한다.] 성誠을 생각하는 것은 배우는 자의 것이니,[애써 인을 실천하려는 것은 바로 인간의 도리이다.] 어찌 성誠을 본연의 성이라고 할 수 있겠는가? 또 성誠은 이치[理]가 아니다. 이치라는 것은 자연에 귀속되는 것인데, 자연이 어찌 성性이 될 수가 있겠는가? 만물의 생성에는 모두 시초가 있는 법인데, 저 어찌 본연한 것이 있겠는가?

* 성誠은 성인의 본분이고, 그것을 실천하려는 것은 사람의 본분이다. 이를 이치가 나에게 있는 것이라고 주장하며 천도의 본연이나 본연의 성으로 이해하려는 주자의 주장을 비판했다. 다산의 자연은 성性이 될 수 없으며 만물은 시원이 있어 본연本然이 없다는 지적은 매우 흥미로운 착상이다.

7-13 백이가 주왕을 피해 북해의 물가에 살았다는 장
〔伯夷辟紂居北海之濱章〕

* 문왕의 왕정에 대한 맹자의 평가이다. 본문의 해석과 관련하여 다산의 역사적 해석이 있다.

孟子曰:"伯夷辟紂, 居北海之濱, 聞文王作興, 曰:'盍歸乎來! 吾聞西伯善養老者.' 太公辟紂, 居東海之濱, 聞文王作, 興曰:'盍歸乎來! 吾聞西伯善養老者.' 二老者, 天下之大老也, 而歸之, 是天下之父歸之也. 天下之父歸之, 其子焉往? 諸侯有行文王之政者, 七年之內, 必爲政於天下矣."

○《集》曰:"作·興, 皆起也."
○蔡曰:"作·興, 皆起也。并合兩字解之, 猶曰殆·蓋皆發詞, 非可以此就把二字連讀也。"【見《蒙引》】
○毛曰,"今以作字句, 興字連下讀. 但漢讀皆不如此, 趙注'聞文王作興', 以興字句, 而疏云, '聞文王興起, 乃曰, 盍[20]歸乎來?' 又《離騷》[21] '呂望之鼓刀兮, 遭周文而得擧', 王逸[22]註'太公辟紂居東海之濱, 聞文王作興', 則正引《孟子》文, 而以興字句者. 漢儒句讀, 與後不同多類此."

---

20) 盍 : 新朝本에는 '蓋'로 되어 있으나 奎章本에 따라 바로잡는다.
21)《離騷》:『이소』는 중국 춘추시대 초나라의 굴원이 지은『이소경離騷經』을 말한다.
22) 王逸 : 왕일(89~158)은 한대의 학자로 교서랑校書郎을 역임하고 순제順帝 때 시중을 지냈다.『초사』에 대한 완전한 주석 가운데 가장 오래된『초사장구楚辭章句』를 지었다.

맹자가 말했다. "백이가 주왕紂王을 피해 북해의 물가에 살다가, 문왕이 일어났다는 말을 듣고 흥기하여 말하기를 '내 어찌 그에게 돌아가지 않겠는가? 내 들으니, 서백西伯은 노인을 잘 봉양하는 사람이라도 한다.'라고 했다. 태공太公도 주왕을 피하여 동해의 물가에 살다가 문왕이 일어났다는 말을 듣고 흥기하여 말하기를 '내 어찌 그에게 돌아가지 않겠는가? 내 들으니, 서백은 노인을 잘 봉양하는 사람이라고 한다.'라고 하였다. 두 노인들은 천하의 위대한 노인들인데 문왕에게 귀의했으니, 이는 천하의 아버지들이 문왕에게 귀의한 것이다. 천하의 아버지가 그에게 귀의했으니, 그 자제들이 어디로 가겠는가? 제후 가운데 문왕의 정사를 시행하는 자가 있다면 7년 내에는 반드시 천하를 다스리게 될 것이다."

　○ 『맹자집주』에서 말했다. '작作'과 '흥興'은 모두 일어난다는 뜻이다.

　○ 채청이 말했다. '작作과 '흥興은 모두 일어난다는 뜻이다. 두 글자를 통합하여 해석하면 '태殆'와 '개蓋'를 모두 발어사라고 하는 것과 같으나 이 두 글자를 가지고 연독할 수 있는 것은 아니다.【『사서몽인』에 보인다.】

　○ 모기령은 말했다. "지금은 '작作'자에서 구두를 떼고 '흥興'자는 아래로 붙여 읽는다. 다만 한대의 독법은 모두 이와 같지는 않으니, 조기가 '문왕이 일어났다는 말을 듣고(聞文王作興)'을 주석하면서 '흥興'자에서 구두를 떼었고, 소疏에는 '문왕이 흥기했음을 듣고서 말하기를 〈어찌 귀의하지 않으리요?〉라고 하였다.' 하였고, 또 『이소』에는 '여망呂望이 칼을 두드리더니 주문왕을 만나 등용되었네.'라고 하였는데, 왕일王逸의 주에는 '태공이 주紂를 피해 동해의 물가에 살고 있으면서, 문왕이 자흥했다는 소식을 들었다.'라고 하였으니, 바로 『맹자』의 문장을 인용하면서 '흥興'자에서 구두를 한 것이다. 한대 유학자들의 구두법이 후세와 같지 않은 것이 이와 유사한 것이 많다."

○**鋪案** 吾東以'文王作興'爲句, 自與漢合.

《集》曰:"文王發政, 必先鰥寡孤獨, 庶人之老, 皆無凍餒."
○**鋪案** 古者養老有二法, 一是養庶老, 一是養國老.《禮》曰:"春饗孤子, 秋食耆老."【〈郊特牲〉】〈月令〉曰:"仲春養幼少, 存諸孤, 仲秋養衰老, 授几杖." 此通士庶而養之也.《禮》曰:"食三老五更於大學,[23] 天子袒而割牲, 執醬而饋, 執爵而酳, 冕而總干, 所[24]以教諸侯之弟."【見〈祭義〉】此惟國老是養也. 若所謂西伯之善養老, 非是之謂也.

[23) 食三老五更於大學:『예기·문왕세자文王世子』에 보인다. 원문은 "適東序, 釋奠於先老, 遂設三老五更羣老之席位焉."이다.
24) 所:新朝本에는 빠져 있으나《禮記·祭義》에 따라 보충한다.

○ **용안** 우리나라에서는 '문왕작흥文王作興'으로 구두를 떼니, 자연히 한 대의 독법과 합치한다.

* 주자를 비롯한 종래의 경학자들이 대부분 '작作'자에서 구두를 떼어 읽었는데, 모기령은 '문문왕작흥作興'으로 읽었다. 모기령의 설을 십중팔구는 부정하는 다산도 이 구절만은 '작흥作興'을 연음하여 읽은 모기령의 주장을 인용했다.

『맹자집주』에서 말했다. "문왕이 정치를 할 적에, 홀아비 과부, 자식없는 늙은이, 고아 등을 반드시 우선적으로 구제하여, 백성들이 늙은이들은 모두 얼어죽거나 굶어 죽은 자가 없었다."

○ **용안** 옛날의 양로養老에는 두 방법이 있었다. 하나는 보통 백성들의 노인을 봉양하는 법이고, 또 하나는 국가의 노인을 봉양하는 법이다. 『예기』에 "봄에는 고자孤子들을 먹이고 가을엔 기로耆老들을 먹인다."[『예기·교특생郊特牲』]라고 하였고, 『예기·월령』에는 "중춘에는 유소배를 양육하여 모든 고아들을 보존시키고, 중추에는 쇠약한 노인들을 봉양하여 궤장을 하사한다."라고 하였다. 이것은 사士와 서庶를 통틀어 봉양한 것이다. 『예기』에 "태학太學에서 삼로三老·오경五更을 봉양하는 예를 행할 때, 천자가 왼쪽 소매를 벗고 희생을 자르며, 스스로 장醬을 가져가 먹이고, 술잔을 가져가 술을 따라주고, 면류관을 쓰고 방패를 쥐고서 춤을 추어, 제후에게 공경을 가르친다."[『예기·제의祭儀』에 보인다.]라고 하였는데, 이는 국로國老를 우대한 것이다. 이른바 서백이 늙은이를 잘 봉양한다고 한 것은 이런 것을 두고 한 말이 아니다.

文王行王政, 斑白者不負戴於道路, 五十者衣帛, 七十者食肉, 皆所以養老也。此孟子所親口自注者, 見〈盡心下〉篇, 豈膠庠燕饋之謂乎? 王政莫大乎制民田產, 教之樹畜, 導其妻子, 使各奉養。若欲選其耆老, 人人而惠養之, 則不惟力不足, 抑亦惠而不知爲政也。是知分田制產, 本使之養其父母, 孝弟之教, 自然行乎其中。孰謂政教有二致乎?

趙曰: "天以七紀,[25] 故云七年。"
○孫曰: "《書》云五紀, 歲·月·日·星辰·曆數。今云七紀者, 案魯昭公十年《左傳》云'天以七紀', 杜注云'二十八宿, 四七', 是其旨也。"

---

25) 天以七紀: 천이칠기는 하늘이 7개의 별로 기년紀年을 삼는다는 의미로『춘추좌전』소공 10년조에 정鄭나라 비조裨竈가 자산子產에게 한 말에서 비롯되었다.

문왕이 왕정을 행할 적에, 머리가 반쯤 희끗희끗한 자가 도로에서 짐을 지거나 머리에 이지 않고, 쉰 살 먹은 자가 비단옷을 입고, 일흔 살 먹은 자가 고기를 먹었던 것들이 모두 양로한 것이다. 이는 맹자가 자기 입으로 자주自注한 것으로서 「진심 하」 편에 보이니, 어찌 교膠나 상庠에서 잔치에 먹는 음식물을 말한 것이겠는가? 왕정은 백성들의 토지와 생업을 제정하는 것보다 중요한 게 없으니, 뽕나무 심고 가축 기르는 것을 가르쳐, 그 처와 자식들을 인도하여 각기 봉양토록 하는 것이다. 만약 기로耆老를 선발하여 사람마다 은혜를 베풀고 봉양하려고 할 것 같으면 힘이 부족할 뿐 아니라, 또한 은혜롭기는 하되 정치는 모르는 것이다. 이것으로 토지를 나누어주고 생업을 제정하는 것이 그들로 하여금 자기들의 부모를 봉양토록 하도록 하는 데 근본이 된다는 것을 알 수 있다. 효제의 가르침은 그 가운데 저절로 행해질 것이니 누가 정치와 교화에 두 가지 길이 있다고 하겠는가?

* 주석자들의 대부분은 문왕의 정치가 '양로養老'의 문제를 우선적으로 한 것을 중시하여 해석했다. 그러나 다산은 왕정은 백성들의 토지와 생업을 제도적으로 마련해 주는 것보다 중요한 것이 없으므로 문왕의 왕정은 바로 여기에 주력했으며, '양로' 문제는 자연 그 속에 포함되어 저절로 시행된 것이라고 보았다. 다산은 정치가 백성들의 삶을 안정되게 하는데 가장 중요한 것은 토지의 분배와 생업의 마련이라는 점을 분명하게 지적하였다.

조기가 말했다. "하늘은 7로 기紀를 삼는 까닭에 7년이라고 했다."
○ 손석이 말했다. 『서경』에서 오기五紀라고 한 것은 세歲・월月・일日・성신星辰・역수曆數다. 여기서 칠기七紀라고 한 것은 살피건대 노나라 소공 10년의 『좌전』에 '하늘은 칠로 기를 삼는다.'라고 했고, 두예杜預의 주에 '28수宿는 4×7'이라고 하였는데, 이것이 그 의미이다.

○**鏞案**《易》曰'七日來復', 天行也, 此所謂天以七紀也。二十八宿, 何與於是? 況此章所言, 乃《論語》所謂三年有成[26]·七年即戎之類,【〈子路〉篇】豈七紀之故乎?

趙曰:"文王時難故久,【謂七年】衰周時易故速也。【謂五年】上章言大國五年者, 大國地廣人衆, 故五年足以治。"

○**鏞案** 此云七年, 亦據孟子當時而言, 趙注誤。

---

26) 三年有成 : 공자가 위령공에게 자신을 등용하면 1년 만이면 기강이 설 것이고, 3년이면 성공할 것이라고 한 말이다. 『논어·자로子路』에 "子曰: 苟有用我者, 朞月而已, 可也, 三年, 有成."이라고 했다.

○ **용안** 『주역』에 "7일 만에 내복來復한다."라는 것은 하늘의 운행이니, 이것이 이른바 '천이칠기天以七日'라는 것이다. 28수宿가 이것에 무슨 관계가 있는가? 더구나 이 장에서 말한 바는 바로 『논어』의 이른바 "삼년이면 성공을 거둘 수 있고, 칠년이면 전쟁터에 나아가게 할 수 있다."라는 부류이니,[『자로子路』편에 보인다.] 어찌 칠기七紀에서 연유한 것이겠는가?

조기가 말했다. "문왕 때는 시대가 어려웠기 때문에 오래 걸렸고,[7년을 이른다.] 쇠약한 주나라 때는 시대가 쉬웠기 때문에 속히 할 수 있었다.[5년을 이른다.] 윗 장에서 대국은 5년이 걸린다고 말한 것은 대국은 토지가 넓고 인구가 많기 때문에 5년이면 잘 다스릴 수 있다는 것이다."

○ **용안** 여기서 7년이라고 이른 것은 또한 맹자의 당시를 근거로 말한 것이니, 조기의 주는 잘못되었다.

7-14 염구가 계씨의 가신이 되었으나 북을 울리고 성토한다는 장
〔求也爲季氏宰鳴鼓而攻之章〕

* 공자는 노나라 권신인 계씨를 위해 조세를 과다하게 부과한 자신의 제자 염구를 군려軍旅의 법으로 다스릴 것이라고 하는 내용이다. 다산은 이 글에서 "북을 두드려 성토하라(鳴鼓而攻之)'는 것에 대한 재래의 주석에 이의를 제기하면서 염구가 공문십철孔門十哲의 한 사람이 아닐 것이라고 지적한 여러 주장을 비판했다.

孟子曰: "求也爲季氏宰, 無能改於其德, 而賦粟倍他日. 孔子曰: '求非我徒也, 小子鳴鼓而攻之可也.'" 由此觀之, 君不行仁政而富之, 皆棄於孔子者也. 況於爲之强戰? 爭地以戰, 殺人盈野; 爭城以戰, 殺人盈城. 此所謂率土地而食人肉, 罪不容於死. 故善戰者服上刑, 連諸侯者次之, 辟草萊任土地者次之."

《集》曰: "鳴鼓, 聲其罪."

○ **鏞案** 鳴鼓者, 軍旅之事。未聞私室敎人, 鳴鼓以攻其弟子。誠有是也, 復誰肯游於聖門者乎? 〈大司馬〉九伐之法,[27] '賊賢害民則伐之', 【有鍾鼓曰伐】 冉求之罪, 正中害民之律, 故孔子繩之以軍旅之法, 曰'鳴鼓, 可也', 豈眞塡然擧枹, 雷鼓三通,[28] 以伐冉子之室哉?

---

27) 九伐之法 : 구벌지법은 『주례·하관夏官·대사마大司馬』에 보인다. 구벌九伐 조목에 죄악을 징벌하는 아홉 사례를 열거했다. '賊賢害民則伐之'는 그 가운데 하나로 전체의 내용은 다음과 같다. "馮弱犯寡則眚之. 賊賢害民則伐之. 暴內陵外則壇之. 野荒民散則削之. 負固不服則侵之. 賊殺其親則正之. 放弑其君則殘之. 犯令陵政則杜之. 外內亂鳥獸行則滅之."

28) 雷鼓三通 : 뇌고雷鼓는 큰 북의 일종이고, 통通은 한 번 연주하거나 두드리는 것을 말한다. 『초학기初學記』에 "諸生每升講堂, 鳴鼓三通, 橫經捧手, 請問者百人."이라는 용례가 보인다.

맹자가 말했다. "염구가 계씨의 가신이 되어 그의 마음씨와 행실을 고치지 못하고 세금을 부과한 것이 전날보다 배나 되자, 공자가 말하길 '염구는 나의 무리가 아니니, 제자들아 북을 울리고 성토하는 것이 옳을 것이다.'라고 하셨다.

이것을 가지고 본다면, 군주가 인정을 행하지 않는데 군주를 부유하게 하면 모두 공자에게 버림을 받을 것인데, 하물며 군주를 위하여 힘써 싸울 수 있겠는가? 땅을 다투어 싸움에 사람을 죽여 들을 채우고, 성城을 다투어 싸움에 사람을 죽여 성을 가득 채우는 것은 어떻겠는가? 이는 이른바 땅을 위해 인육을 먹는다는 것이니, 죽어도 죄를 용서받지 못할 것이다.

그러므로 전투를 잘하는 자는 극형[上刑]을 받아야 하고, 제후들과 연횡한 자는 다음의 형벌을 받아야 하고, 풀밭과 쑥밭을 개간하여 백성들에게 토지를 맡기는 자는 그다음의 형벌을 받아야 한다."

『맹자집주』에서 말했다. "명고鳴鼓는 그의 죄를 성토하는 것이다."

○ **용안** 명고라는 것은 군려軍旅의 일이다. 개인의 집에서 사람을 가르치다가 북을 울려 그 제자를 성토했다는 얘기는 들어보지 못했다. 참으로 그런 일이 있었다면 다시 누가 성인의 문하에 기꺼이 유학游學하려 하겠는가? 「대사마」 구벌九伐의 법에 "어진 이를 못살게 굴고 백성을 해치면 공벌한다."라고 했는데,{종고鍾鼓가 있는 경우를 벌伐이라고 한다.} 염구의 죄는 바로 "백성을 해친다."라는 율律에 해당하므로, 공자께서 군려의 법으로 다스려 "명고鳴鼓함이 옳다."라고 한 것이니, 어찌 진짜로 둥둥 북채를 들고 뇌고삼통雷鼓三通해서 염구의 집을 공벌했겠는가?

今太學生作過者, 背負大鼓, 群童亂擊, 驅而出之於橋門之外, 名之曰 '此孔子攻冉求之法', 經義不明, 其禍天下如是。【互見《論語說》[29]】

蔡曰:"今文廟十哲, 惟冉求未稱。依孟子所論, 次於上刑, 何乃與閔·路並列? 又子夏·子游輩, 當時嘗欲以事孔子者事有若, 子游輩亦非胸中全無皁白者? 今陞顏子在四配,[30] 乃進子張抑有若, 又不去冉子, 要皆未能帖服萬世士人之心也。"虛齋此說, 實爲萬世之公論。[31]

---

29) 論語說 : 다산은 『논어고금주』의 해당 장에서도 『맹자요의』와 유사한 주장을 제기했다. 『論語古今註』卷5,「先進」. "鳴鼓伐罪, 是軍旅之事。《春秋》之例, 有鍾鼓曰伐, 無鍾鼓曰侵,【見《左傳》】觕者曰侵, 精者曰伐。【《公羊傳》】《周易》之例, 離鼓震鳴則其象爲伐。軍旅之外, 無鳴鼓攻人之法也。故《周禮·大司馬》, 以九伐之法正邦國, 其目曰'賊賢害民則伐之',【有鍾鼓曰伐】'野荒民散則削之'。【削其地】冉求之罪, 犯害民之條, 故孔子繩之以軍旅之法, 曰'其在《周禮》, 正中鳴鼓之律', 非謂小子眞可以援桴擊鼓, 以伐冉子之室也。先儒誤解此文, 今太學生有罪者, 有所謂鳴鼓之法, 令有罪者負鼓, 群謀而伐其鼓, 逐之至于橋門之外, 名之曰此孔子鳴鼓之法。嗟呼!豈不悖哉?愧甚矣。"

30) 四配 : 사배는 공자 사당에 배향하는 네 명의 현자인 안자顏子·증자曾子·자사子思·맹자孟子를 말한다.

31) 虛齋此說, 實爲萬世之公論 : 누구의 말인지 명확하지 않다. 이어지는 다산의 견해는 채청의 입장과는 다르므로 다산의 주장이 아닌 것은 분명하다.

오늘날 태학생으로서 잘못을 저지른 자를 등에 대고 大鼓를 지게 하여, 여러 아동들이 마구 때리게 해서 몰아내 교문橋門 밖으로 쫓아내는 일을 두고 "이게 공자께서 염구를 다스렸던 법이다."라고 이름 붙이는데, 경의經義에 명확하게 하지 않으면 천하에 화가 미치는 것이 이와 같다.【『논어설』에도 함께 보였다.】

* '명고이공지鳴鼓而攻之'에 대해 주자는 북을 울려 그 제자의 죄를 성토하는 것이라고 한데 대해, 다산은 전혀 다른 해석을 하였다. '명고鳴鼓'는 군대에서 하는 일이고 사가에서 하는 일이 아니며 '명고이공지가鳴鼓而攻之可'는 공자께서 염구의 죄는 해민害民의 죄율에 해당하므로 "군대의 법으로서 북을 울려 그 죄를 다스림이 가하다."라고 한 말이라고 해석했다. 다산은 특히 이 대목의 잘못된 해석으로 인해 태학생들이 잘못이 있으면 등에 대고大鼓를 지고 뭇 아동들이 마구 두두려 반교泮橋의 문밖으로 몰아내는 일은 경의經義를 잘못 이해한 데서 비롯된 것이라고 비판했다.

○ 채청이 말했다. "오늘날 문묘의 십철 가운데 염구만은 어울리지 않는다. 맹자가 논한 바에 따르면 상형上刑 다음에 해당하는데, 어떻게 민자건·자로와 더불어 함께하게 할 수 있는가? 또 자하·자유 같은 이들은 당시에 공자를 섬기는 태도로써 유약有若을 섬기려고 한 적이 있었으니, 자유 같은 이는 흉중에 흑백의 분별이 전무했던 자가 아닌가? 지금 안자顔子를 올려 사배四配에 두고 이에 자장을 십철에 올리고 유약을 깎아내리며, 또 염자를 십철에서 빼내지 않았으니, 요컨대 모두 만세토록 사인士人들의 마음을 흡족하게 하지 못한다." 채허재虛齋(채청)의 이 견해는 실로 만세의 공론公論이다.

○**鏞案** 冉子之名, 明載四科,[32] 所謂十哲,[33] 本四科也。至唐陞顔子, 以曾子代之, 其後又陞曾子, 以子張代之。今若以子張·有若, 較量敲推則可也, 安得以聖人一時之誨責, 議去冉子於十哲之目乎？冉子未嘗連諸侯闢草萊, 何以追議其罪曰當服次刑？孔子曰："敎民七年, 可以卽戎。" 又曰："我戰則克。"[34] 孔子未嘗不善戰, 將亦追貶之乎？執孟子一言, 妄議十哲, 謬甚矣。

---

[32] 四科 : 사과는 공자 문하의 제자들을 재능에 따라 공자가 네 분야로 나눈 것이다. 덕행·언어·정사·문학이 그것이다.

[33] 十哲 : 십철은 공자가 지명한 공문사과孔門四科에 속한 10명의 제자들을 말한다. 덕행에는 안연·민자건·염백우·중궁, 언어에는 재아·자공, 정사에는 염유·계로, 문학에는 자유·자하 등이 있다.

[34] 我戰則克 : 공자는 『논어』에서 "子之所愼, 齊戰疾."이라고 했으나, 『예기禮記·예기禮器』에서는 "我戰則克, 祭則受福."이라고 했다. 다산은 『예기·교특생郊特牲』에도 등장하는 이 문장을 원용하여 공자 역시 전쟁에 대해 언급했을 뿐만 아니라 상당히 염두에 두었다는 것을 지적한 것이다.

○ **용안** 염자의 이름은 사과四科에 분명히 기록되어 있으며, 이른바 십철은 사과에 근본을 둔 것이다. 당대唐代에 이르러 안자顏子를 사배四配에 올리고 증자로 대신하게 했으며, 그 뒤에는 다시 증자를 사배에 올리고 자장을 그 자리에 대신했다. 지금 만약 자장과 유약을 비교하여 수정하려 한다면 그럴 수 있겠지만 어떻게 성인이 한때 꾸짖어 가르친 것을 가지고 십철의 명단에서 염구를 빼자고 논할 수 있겠는가? 염자는 제후들과 연합하여 영토를 넓힌 적도 없는데, 어떻게 뒤에 그의 죄를 의논하여 응당 극형에 다음가는 죄에 해당한다고 하는가? 공자는 "백성을 가르쳐 칠년이면 전쟁터에 내보낼 수 있다."라고 하시고, 또 "나는 싸우면 이긴다."라고 하셨다. 공자께서도 선전善戰하지 아니한 적이 없는데, 그렇다면 장차 공자도 뒤에 폄하할 것인가? 맹자의 한마디를 가지고 함부로 십철에 대한 망령되게 논의하는 것은 매우 잘못된 것이다.

7-15 사람에게 있는 것 가운데 눈동자보다 더 좋은 것은 없다는 장
〔存乎人者莫良於眸子章〕

孟子曰:"存乎人者, 莫良於眸子. 眸子不能掩其惡. 胸中正, 則眸子瞭焉; 胸中不正, 則眸子眊焉. 聽其言也, 觀其眸子, 人焉廋哉?"

趙曰:"瞭, 明也。眊者, 蒙蒙目不明之貌。"
○**鏞案** 處心純正者, 其目安靜有神, 黑白分明。其傷於物欲者, 躁擾不定, 神不內守, 看來無淸淨意思。瞭眊之義, 當以言外求之。若徒以明暗而別之, 則離婁·公輸, 其賢於卜子夏·左丘明[35]乎。先儒以貌言之者, 欲令學者求之言外也。

---

35) 離婁·公輸,其賢於卜子夏·左丘明 : 이루離婁와 공수公輸는 모두 시력이 뛰어났던 사람으로 이루는 100보 밖의 털끝을 볼 수 있었고, 공수는 기계를 다루는 장인으로 이름이 높았다. 복자하卜子夏는 공자의 제자인 자하子夏인데 아들을 먼저 잃고 실명했으며, 좌구명左丘明은 『춘추좌전』의 작자로 맹인이라고 알려져 있다.

맹자가 말했다. "사람에게 있는 것 가운데 눈동자보다 더 좋은 것은 없으니, 눈동자는 그의 악惡을 가리지 못한다. 가슴속이 바르면 눈동자가 또렷하고, 가슴속이 바르지 못하면 눈동자가 흐리멍텅하다. 그 사람의 말을 듣고 그 사람의 눈동자를 살펴본다면 사람들이 어떻게 숨기겠는가?"

* 맹자의 신체관을 살펴볼 수 있는 장으로 맹자는 가슴속 생각의 바르고 바르지 않음이 눈동자의 맑고 흐린 차이로 통해 표출되며 그것은 숨길 수 없는 징표라고 단언했다. 맹자에게 눈동자는 마음의 상태를 드러내는 창인 셈이다.

조기가 말했다. "요瞭는 또렷하다는 것이요, 모眸란 흐리멍텅하여 눈동자가 또렷하지 않은 모양이다."

○ **용안** 마음가짐이 순정한 사람은 그 눈동자가 안정되어 정신이 있고, 흑백이 분명하다. 물욕에 상한 사람은 눈동자가 조급하고 흔들리며 안정되지 못하며, 정신이 마음을 지키지 못해 바라봄에 청정한 지취가 없다. 또렷하다거나 흐리멍텅하다는 의미는 마땅히 말 밖에서 그 의미를 찾아야 한다. 만약 한갓 눈이 밝고 어두운 것으로만 구별한다면, 이루離婁와 공수公輸가 복자하卜子夏·좌구명左丘明보다 나을 것이다. 선유가 모습을 가지고 말한 것은, 배우는 이로 하여금 말 밖에서 찾게 하고자 한 것이다.

* 다산은 맹자가 "마음속이 바르면 눈동자가 또렷하고 마음속이 바르지 못하면 눈동자가 흐리멍텅하다."라고 한 말이 마치 눈동자의 모습만을 말한 것으로 오해할 것을 염려하여 언외의 의미를 찾으라고 조언한 것이다.

7-18 군자가 자식을 가르치지 않고 자식을 바꾸어 가르쳤다는 장
〔君子之不敎子易子而敎之章〕

* 이 장은 부자지간의 의리를 상하게 하지 않기 위해서 옛날에는 자기 자식을 직접 가르치지 않고 남의 자식과 서로 바꾸어 가르쳤다고 하는 '역자이교'에 대한 말이다.

公孫丑曰:"君子之不敎子, 何也?"孟子曰:"勢不行也. 敎者必以正; 以正不行, 繼之以怒; 繼之以怒, 則反夷矣. '夫子敎我以正, 夫子未出於正也.' 則是父子相夷也. 父子相夷, 則惡矣. 古者易子而敎之. 父子之間不責善. 責善則離, 離則不祥莫大焉."

趙曰:"一說云, '父子反目相非, 若夷狄也.'"
○孫曰:"一說以夷爲夷狄, 其義皆通."
○**鏞案** 一說謬。

공손추가 물었다. "군자가 아들을 직접 가르치지 않는 것은 무엇 때문입니까?" 맹자가 답했다. "형세가 그리할 수 없기 때문이다. 가르치는 것은 반드시 정도로 해야 하는데, 정도로 가르쳐 되지 않으면 노여움이 뒤따르게 되고, 노여움이 뒤따르면 도리어 마음을 상하게 된다. 자식이 '아버지는 나를 바르게 가르쳐야 하는데, 아버지가 바르게 가르치지 않는구나.'라고 한다면 이는 부자간을 상하는 것이니, 부자간에 서로 상함은 나쁜 것이다. 그래서 옛날에는 자식을 바꾸어 가르쳤던 것이다. 부자간에는 선善을 책하지 않는 법이니, 선을 책하면 정이 떨어지게 된다. 정情이 떨어지면 불상不祥함이 이보다 큰 것이 없다."

조기가 말했다. "일설에는 '아비와 아들이 반목하면 서로 비난하는 것이 이적夷狄과 같다'라고 했다."

○ 손석이 말했다. "일설에 '이夷'를 '이적夷狄'이라고 했는데 그 취지는 모두 통한다."

○ **용안** 일설은 틀렸다.

* 본문에 나오는 '상이相夷'에 대한 해석의 논란이다. 일반적으로는 '이夷'를 "상하게 한다."라고 하는데, 일설에서는 '이적夷狄'이 된다고 다소 강한 의미로 해석했다. 다산은 이를 잘못된 주석이라고 지적했다.

7-19 증자가 증석을 봉양한 것에 대한 장
〔曾子養曾晳章〕

* 증자는 그 부친 증석曾晳을 모실 때에 부모의 의중을 헤아려 봉양했고, 증원曾元은 부친 증자를 모실 때에 그 의중을 헤아려 봉양하지는 않았다. 부모를 모실 때는 증자와 같이 하는 것이 좋다는 것이다.

孟子曰:"事孰爲大? 事親爲大;守孰爲大? 守身爲大. 不失其身而能事其親者, 吾聞之矣. 失其身而能事其親者, 吾未之聞也. 孰不爲事? 事親, 事之本也. 孰不爲守? 守身, 守之本也. 曾子養曾晳, 必有酒肉. 將徹, 必請所與. 問有餘, 必曰'有'. 曾晳死, 曾元養曾子, 必有酒肉. 將徹, 不請所與. 問有餘, 曰'亡矣'. 將以復進也. 此所謂養口體者也. 若曾子, 則可謂養志也. 事親若曾子者, 可也."

《集》曰:"孟子止曰可也."
○**鏞案**《論孟集註》, 凡遇'可也'二字, 皆作微貶之意, 恐不必皆然, 有然者有不然者. 大抵可者, 許辭. 故秦·漢之法, 凡許其施行者, 制曰可. 豈半許半沮之辭乎?'事親若曾子', 亦恐無微意.

맹자가 말했다. "섬기는 일 중에 무엇이 가장 중대한가? 부모를 섬기는 것이 중대하다. 지키는 일 중에 무엇이 가장 중대한가? 자신을 지키는 것이 중대하다. 자신을 잃지 않고서 자기 부모를 잘 섬긴다는 사람은 내가 들었지만 자신을 잃고서 자기 부모를 잘 섬긴다는 사람은 들어보지 못했다. 부모를 섬기는 것은 섬김의 근본이고, 자신을 지키는 것은 지킴의 근본이다.

증자가 증석曾晳을 봉양할 적에 반드시 술과 고기를 두었는데, 밥상을 치울 때는 반드시 '누구에게 주시겠습니까? 하고 청해 물었고, '남은 것이 있느냐?'라고 물으면 반드시 '있습니다.'라고 대답하셨다. 증석이 죽자 증원曾元이 증자曾子를 봉양하였는데, 반드시 술과 고기가 있었다. 그러나 밥상을 치울 때에 '누구에게 주시겠습니까?'라고 청해 묻지 않았고, '남은 것이 있느냐?' 하고 물으면 반드시 '없습니다.'라고 답하였으니, 이는 그 음식을 다시 올리려고 해서였다. 이것은 이른바 '구체口體만을 봉양한다.'라는 것이니, 증자와 같이 해야만 '뜻을 봉양한다.'라고 이를 만하다. 부모를 섬길 때는 증자와 같이 하는 것이 좋을 것이다."

『맹자집주』에서 말했다. "맹자는 다만 '가可하다.'라고만 말했다."

○ **용안** 『논어집주』와 『맹자집주』에서는 '괜찮을 것이다.(可也)'라는 두 글자가 나올 때는 모두 조금 깎아내리는 의미로 해석했는데, 모두가 그런 것은 아닐 것이다. 그런 때도 있고 그렇지 않은 때도 있다, 대체로 '가可'란 인정하는 말이다. 그러므로 진秦·한漢의 법에 무릇 시행을 허락하는 경우에 '가'라고 제도화하는 것이니, 어찌 반은 허락하고 반은 저지하는 말이겠는가? "부모를 섬길 때는 증자와 같이 하는 것이다."라는 구절은 아마도 거기에 깎아내리는 의미의 미묘한 뜻은 없을 것이다.

 * 그 행위의 어떠함을 평가하는 '가可'라는 평가어에 대해 주자는 조금 폄하하는 듯이 해석했지만 다산은 굳이 그렇게까지 해석할 필요는 없다는 것을 지적했다.

7-20 인물에 대해 더불어 잘못을 다 말할 수 없고,
정사를 다 비판할 수 없다는 장〔人不足與適也政不足間也章〕

* 관리의 허물을 일일이 지적할 수 없고 정사의 잘못도 일일이 비판할 수 없다. 오직 덕성을 갖춘 대인이 군주의 마음을 바로잡으면 나라가 안정된다는 논리로 군주 한 사람의 덕성을 함양하여 나라의 안정을 도모하는 유가 특유의 도덕정치관이다.

孟子曰:"人不足與適也, 政不足間也. 惟大人爲能格君心之非. 君仁莫不仁, 君義莫不義, 君正莫不正. 一正君而國定矣."

引證《荀子》云[36]: "孟子三見齊王而不言事. 門人曰, '曷爲三遇齊王而不言事?' 孟子曰, '我先攻其邪心.'"

---

36) 《荀子》云:『순자·대략大略』에 다음과 같은 말이 있다. "孟子三見宣王不言事, 門人曰, '曷爲三遇齊王而不言事?' 子曰, '我先攻其邪心.'"

맹자가 말했다. "인물에 대해 더불어 잘못을 다 말할 수 없고, 정사를 다 비판할 수 없다. 오직 대인만이 능히 군주의 잘못된 마음을 바로잡을 수 있다. 군주가 인仁하면 인하지 않은 사람이 없고, 군주가 의로우면 의롭지 않은 일이 없다. 군주가 바르면 바르지 않은 것이 없게 되니, 군주를 한번 바로잡으면 나라가 안정된다."

인증 『순자』에서 말했다. "맹자가 세 차례나 제나라 왕을 만나보고도 국사國事를 말하지 않았다. 그러자 문인이 '무엇 때문에 세 번이나 제나라 왕을 만나보고도 국사를 얘기하지 않으십니까?'라고 묻자 맹자는 '나는 먼저 그의 사심邪心을 바로잡으려는 것이다.'라고 말했다."

7-21 예상치 못한 칭찬이 있으며, 완전함을 구하다가 비방도 받을 수 있다는 장〔有不虞之譽有求全之毀章〕

孟子曰:"有不虞之譽, 有求全之毀."

趙曰:"若尾生37)本與婦人期, 不度水之卒至, 遂至沒溺而獲守信之譽, 陳不瞻38)將赴君難, 聞金鼓之聲, 失氣而死, 求全其節而反有怯弱之毀."
○《集》曰:"呂氏39)曰, '行不足以致譽而偶得譽, 是謂不虞之譽.' 又曰, '毀譽之言, 未必皆實.'"
○鏞案 趙註大謬, 呂說亦差。余謂要譽而得譽者, 非不虞也, 凡人遇事, 信心直行, 不避毀謗, 反或以此而得譽, 此不虞之譽也。偶誤而得毀者, 非求全之毀也, 必於作過之後, 又從而文過飾非, 以掩其跡, 反或因此而增毀, 此求全之毀也。呂氏謂'毀譽之言, 未必皆實', 恐非本旨.

---

37) 尾生 : 미생은 춘추시대 노나라 사람으로, 여자와 다리 밑에서 만나기로 약속하여 기다리다가 여자가 아직 오지 않았는데 홍수가 들이닥치자 다리 기둥을 안고서 익사했다. 이를 두고 매우 신의가 있는 사람이라는 평가와 융통성이 없는 사람이라는 평가가 상존한다. 관련 내용이 『장자莊子』와 『사기史記·소진열전蘇秦列傳』에 보인다.

38) 陳不瞻 : 진불첨은 춘추시대 제나라 사람으로 임금이 위란에 처했다는 소식을 듣고 달려가던 중에 전투용 북소리를 듣고 기절하여 죽었다. 그를 두고 군주에 대한 절조를 온전히 했다는 칭송과 겁쟁이라는 비판이 있다. 관련 내용이 『설원說苑』에 보인다.

39) 呂氏 : 여씨는 북송의 빼어난 금석학자 여대림呂大臨(1044~1091)을 말한다. 장재張載와 이정二程에게 배워 사량좌謝良佐, 양시楊時 등과 정문사선생程門四先生으로 불린다. 『역장구易章句』를 비롯하여 많은 경전 주석서를 남겼지만, 전해지는 것은 『고고도考古圖』10권뿐이다.

맹자가 말했다. "예상치 못한 칭찬이 있으며, 완전함을 구하다가 받는 비방도 있다."

* 비방을 피하지 않고 곧게 일을 단행하다가 도리어 예상하지 못한 칭찬을 받기도 하고, 온전함을 구하려다가 도리어 비방을 가중하게 되는 일도 있다는 내용이다.

조기가 말했다. "이를테면 미생尾生이 본래 여인과 약속할 때에 강물이 졸지에 밀려올 것은 예상하지 못했었는데 마침내 빠져 죽게 되자 신의를 지켰다는 칭찬을 받았고, 진불첨陳不瞻이 임금의 어려운 상황에 달려가려다가 전투하는 금고의 소리를 듣고는 기절하여 죽음으로써 자기의 절의를 빈 틈없이 하려고 하였으나 도리어 겁약하다는 비판을 받은 것 같은 일이다."

○ 『맹자집주』에서 말했다. "여씨呂氏는 '행실이 칭찬을 받기에는 부족하나 우연히 칭찬을 받는 경우를 불우지예不虞之譽라고 이른다.'라고 했고, 또 '훼예毁譽라는 말은 반드시 모두 참된 것은 아니다.'라고 하였다."

○ **용안** 조기의 주는 매우 잘못되었고, 여씨의 견해도 어긋났다. 내가 생각하기로도 칭찬을 기대하여 칭찬을 받은 것은 '불우不虞'가 아니요, 무릇 사람이 어떤 일을 당해 신심信心으로 곧게 행하여 비방함을 피하지 않았는데 도리어 간혹 이 일로 칭찬을 받기도 하는데 이것이 '불우지예不虞之譽'이다. 우연한 잘못으로 비난을 받는 것은 '구전求全의 훼毁'가 아니다. 반드시 잘못을 저지른 다음에 또 뒤쫓아 잘못을 꾸며서 그 흔적을 감추려다가 도리어 간혹 그로 인해 비난을 더하게 되기도 하는데, 이것이 '구전求全의 훼毁'이다. 여씨가 "훼예毁譽라는 말은 반드시 모두 참된 것이 아니다."라고 한 것은 아마 본지本旨가 아닌 듯하다.

* 다산은 조기와 여대림의 주석을 전적으로 부정하고 자신의 독창적인 해석을 제시했다.

7-22 사람이 말을 함부로 하는 것은 꾸짖을 필요조차 없다는 장
〔人之易其言也無責耳矣章〕

| 孟子曰:"人之易其言也, 無責耳矣."

趙曰:"人之輕易其言, 不得失言之咎責也."【一說, 人之輕易, 不肯諫正君者, 以其不在言責之位者也】

○**鏞案**《集註》從趙之原註, 然趙之兩說, 恐皆未然。余謂人之失德, 未有甚於易言, 趙括⁴⁰⁾以易言敗, 馬謖⁴¹⁾以易言誅, 況於學者乎？人之易其言也, 此是棄物, 於女何誅？故曰'無責耳矣'。孔子曰:"言之不怍, 其爲之也難。"⁴²⁾

---

40) 趙括 : 조괄(?~260)은 전국시대 조나라의 장군이다. 어려서부터 병법을 배워 명망이 있었다. 그런데 병사兵事를 가볍게 말하는 경향이 있어서 아버지 조사趙奢에게 경계를 받았으나, 훗날 조왕趙王이 진나라의 반간反間을 믿고 그를 등용하다가 진나라 장군 백기白起에게 대패했다. 『사기』권81 「염파인상여전廉頗藺相如列傳」에 보인다.
41) 馬謖 : 마속(190~228)은 삼국시대 촉한의 장수이다. 시중 벼슬에 있던 마량馬良의 동생으로 제갈량이 그를 참장參將에 임명했는데, 군계軍計에 대해 논하기를 좋아했다. 제갈량의 북벌에서 위장魏將 장합張郃에 대패하여 철군 뒤에 참수 당했다.
42) 言之不怍, 其爲之也難 : 『논어·헌문憲問』에 "子曰, 其言之不怍, 則爲之也難"이라고 했다.

| 맹자가 말했다. "사람이 말을 함부로 하는 데는 꾸짖을 필요조차 없다."

조기가 말했다. "사람이 말을 경솔하게 하는 것은 실언에 대해 책망을 받지 않기 때문이다."【일설에 "사람이 경솔하게 말하며 임금에게 간언하여 바로잡으려 하지 않은 것은 자기가 말로 간책諫責하는 지위에 있지 않기 때문이다."라고 하였다.】

○ **용안** 『맹자집주』는 조기의 원주原註를 따랐지만, 조기의 두 가지 설은 모두 그렇지 않은 듯싶다. 내가 생각하기로는 사람의 실덕은 말을 경솔히 하는 것보다 심한 것이 없으니, 조괄趙括이 말을 경솔히 하여 싸움에 지고, 마속馬謖이 말을 경솔히 하여 죽음을 당했거늘, 하물며 학자에 있어서랴! 사람이 말을 경솔하게 뱉으면 그는 바로 버려진 물건이니 그에게 벌을 줄 가치나 있을 것인가? 그러므로 "꾸짖을 필요조차 없다."라고 말한 것이다. 공자는 "말하는 것을 부끄러워하지 않으면 그것을 실천하기가 어렵다."라고 하였다.

* 다산은 '무책이의無責耳矣'에 대한 조기의 주와 주자의 주를 모두 부정하고 이 구절을 "꾸짖을 필요조차 없다."라고 해석했다.

7-24 악정자가 자오를 따라 제나라로 갔다는 장
〔樂正子從於子敖之齊章〕

* 맹자가 제나라의 있을 때 제선왕의 신하로서 소인인 왕환王驩(자오子敖)이 노나라로 사신을 다녀올 때에 그를 수행했던 악정자(맹자의 제자)를 모질게 책망한 내용이다. 여기에서 다산은 제자들은 성사聖師에 대해 모두 '부자夫子'라고 부르는 것일 일반적인데 여기에서 '선생'이라고 부른 것은 의심스러운 일이라고 지적했다.

樂正子從於子敖之齊. 樂正子見孟子. 孟子曰: "子亦來見我乎?" 曰: "先生何爲出此言也?" 曰: "子來幾日矣?" 曰: "昔者." 曰: "昔者, 則我出此言也, 不亦宜乎?" 曰: "舍館未定." 曰: "子聞之也, 舍館定, 然後求見長者乎?" 曰: "克有罪."

趙曰: "樂正克, 孟子弟子."
○鏞案 樂正克, 已見於第一篇之末, 趙注疊矣.
○弟子之於聖師, 皆稱夫子, 樂正子於孟子, 忽稱先生可疑.

악정자樂正子가 자오子敖를 따라 제나라로 갔다. 악정자가 맹자를 뵙자, 맹자가 말했다. "자네도 나를 찾아와 보는가?" 악정자는 "선생님께서 어찌해 이런 말씀을 하십니까?" 하였다. "자네가 이곳에 온 지가 며칠이나 되는가?" 하자 "어제입니다." 하고 대답하였다. "어제라면 내가 이런 말을 하는 것이 당연하지 않은가?" 하자, "머무를 관사를 정하지 못해서였습니다." 하였다. "자네는 관사를 정한 뒤에 어른을 찾아본다고 들었는가?" "극克이 죄가 있습니다."

조기가 말했다. "악정극樂正克은 맹자의 제자이다."

○ **용안** 악정극에 대해서는 이미 제1편의 끝에 나왔다. 조기의 주는 중첩이다.

○ 제자는 성사聖師에 대해 모두 '부자夫子'라고 일컫는데, 악정자는 맹자에 대해 난데없이 선생이라고 일컬었으니 의심스럽다.

7-27 인의 실제는 부모를 섬기는 것이고, 의의 실제는 형을 따르는 것이라는 장〔仁之實事親義之實從兄章〕

孟子曰:"仁之實, 事親是也. 義之實, 從兄是也."

朱子曰:"實字有對名而言者, 有對理而言者, 有對華而言者。今這實者, 正是華實之實。悌長忠君, 便是推廣出去, 乃是仁義之華采。"
○乾隆庚戌十月內閣課講。御問曰:"以實字作對華之實, 恐不如作對理之實。蓋仁義只是理耳, 非有事在, 而以事實言之, 則事親從兄, 是也。如此解, 則此實字卽對理而言者, 其義可通。朱子必以華實爲釋者, 何歟? 忠君弟長, 乃是仁義之華采云者, 無或有所未安耶?"臣對曰:"孔・孟言仁義, 皆主行事而言, 不以爲在心之理。且理與實, 不能爲對。臣恐此章所言, 皆名實之實。蓋戰國之時, 假仁義飾禮樂, 專尙詐智, 其所以爲五者之實者, 不過乎繼存・征討・朝聘・燕樂・權謀之智, 而孝弟之道, 幾乎熄矣。

맹자가 말했다. "인仁의 실제는 부모를 섬기는 것이고, 의義의 실제는 형을 따르는 것이다."

* 인의의 실제는 사친종형事親從兄이다. 이것은 곧 효제이다. 다산은 지智·예禮·악樂의 실제도 효제를 알고 효제를 절문節文하고 효제를 즐기는 것이라고 지적했다. 특히 이장에서 주목할 만한 것은 실제[實]에 대한 해석에서 다산은 주자와는 전혀 다르게 파악한다는 점이다.

주자가 말했다. "'실實'자는 명名을 상대해서 말하기도 하고, '이理'에 상대해서 말하기도 하며, '화華'에 상대해서 말하기도 한다. 여기서의 '실'이라는 것은 바로 '화실華實'이라고 말할 때의 '실實'이다. 어른을 공경하고 임금에 충성하는 것은 곧 미루어 확충해 나간 것이니, 바로 인의仁義의 화채華采이다."

○ 건륭 경술1790년 10월 내각의 과강에서 임금이 조문했다. "'실實'자를 '화華'에 대한 '실'로 풀이하는 것은 '이理'에 대한 '실'로 풀이하는 것만 못한 듯하다. 대개 인의는 단지 이치일 따름이지 어떠한 일이 존재하는 것은 아니다. 사실로 말하면 사친事親과 종형從兄이 그것에 해당한다. 이처럼 풀이하면 이 '실'자는 이치에 대해 상대적으로 말한 것이라야 그 의미가 통할 수 있다. 그런데 주자가 하필 '화실華實'로 해석한 것은 무엇 때문일까? 충군忠君·제장弟長이 곧 인의의 화채華采라고 한 것도 혹 타당하지 않은 점이 있는 것은 아닐까?"

내가 대답하였다. "공·맹이 말한 인의는 모두 행사를 위주로 말했고, 마음에 있는 이치로 여긴 것은 아닙니다. 또 '이理'와 '실實'은 상대가 될 수 없습니다. 제가 보기에는 이 장에서 말한 것은 모두 '명실'에서의 실實인 듯합니다. 대개 전국시대에 인의와 예악으로 가식하고 오로지 속이는 지혜만을 중요시하여, 당시 다섯 가지의 '실'을 행한 것들이 '계존繼存', '정토征討', '조빙朝聘', '연락燕樂', '권모權謀'의 지혜에 불과했고, 효제의 도의는 거의 끊어졌던 것입니다.

於是孟子推本堯·舜之道, 以孝弟二者, 爲五者之實。實者, 虛之反, 名之對也。若以爲華實之實, 而又以弟長忠君, 屬之華采, 則義有不合。蓋草木先華而後實, 人則先孝弟而後忠信, 本末不倒乎？必欲以華實立喩, 則今有一種嘉樹, 在庄園裡結實, 這是私家的菓子, 移在禁苑裏結實, 這是公家的菓子。移孝爲忠, 恐只是如此耳。"

이때 맹자가 요·순의 도를 근본에서 미루어 '효·제' 두 가지로써 다섯 가지의 '실實'을 삼은 것이니, '실'이란 '허虛'의 반대 개념이자 '명名'의 상대하는 이름입니다. 만약 '화실華實'의 '실'로 여기고 다시 제장弟長·충군忠君을 화채華采에 해당시키게 되면 의미가 합치되지 않습니다. 일반적으로 초목은 먼저 꽃이 피고 나중에 열매를 맺고 인간은 먼저 효제한 뒤에 충신하니 본말이 전도되지 않겠습니까? 반드시 화실華實로 비유를 하려 한다면, 지금 어떤 좋은 나무 한 종種이 장원庄園 안에 있으면서 열매를 맺으면 이는 곧 사가私家의 과일이고, 옮겨져 금원禁苑 안에 있으면서 열매를 맺으면 이는 곧 공가公家의 과일이니, 효가 옮겨 충이 되는 건 아마 이런 정도가 아닌가 합니다."

* 이 글은 정조와 다산과의 '실實'에 대한 문답이다. 주자가 '실'을 인의의 화실華實또는 화채華采로 보았는데 이 점에 대해 정조도 타당하지 않았고, 특히 다산은 정조가 '실'을 '이理'와 상대해서 말한 것까지도 타당하지 않게 여겼다. 뿐만 아니라 『논어』의 학이편 "효제는 인을 하는 근본일 것이다.(孝弟也者 其爲仁之本與)"에 대한 주석에서는 인의를 도리어 꽃과 열매로 보았다. 측은·수오의 마음이 나무의 뿌리처럼 근본이 되어 안에 있어서 이것이 안에서 발생하여 인의의 꽃과 열매가 이루어진다고 하는 것이 그의 논리이다. 다산은 '실'을 '명名'의 상대적 개념으로 보아 인을 덕목의 총명總名으로 그 실상의 구체적인 내용인 효제를 '실'로 보았다, 이리하여 이 효제의 실천은 통해 인이라는 화실華實이 이루어진다고 하는 입장이다. 이것은 정주학에서 인·의·예·지를 마치 사람의 뱃속에 있는 오장처럼 여기고 행인杏仁·도인桃仁처럼 여기는 것과는 그 관점에서 크게 매우 전환된 것이다.

《集》曰: "義主於敬, 而敬莫先於從兄."

○**鏞案** 從兄未必爲義。孟子蓋以孝弟爲仁義之實, 有似互文。然告子亦以彼長而我長之爲義, 公都子又以敬兄爲義, 而孟子以敬弟敬叔父之說駁正之, 其必當時有從兄爲義之說, 故《集註》亦以敬言之。

○四德[43]或並信爲五, 而此獨並樂爲五, 古者四德本無分排對配如後世也。知斯・節文斯・樂斯, 斯者, 仁義也, 仁義者, 孝弟也。有子曰: "孝弟也者, 其爲仁之本!" 即仁者, 五德之總括也。

《集》曰: "知而弗去, 則見之明而守之固."

○蔡[44]曰: "旣曰'知斯二者', 又曰'弗去'者,《易》曰'貞固, 足以幹事'。'貞固'二字, 朱子云, '知正之所在而固守之, 所謂知而弗去,[45] 是也.'"

【凡屬北方者皆有二, 如五行水土俱旺於子, 五臟腎獨二, 四方玄武獨二。此貞之所以成終而作始, 智之所以知之而又弗去也】

---

43) 四德: 사덕은 인간의 기본적인 덕성인 인의예지仁義禮智를 지칭한다.

44) 蔡: 채모蔡模(1188~1246)는 송대 이종 때의 문신이자 학자이다. 채침蔡沈의 맏아들로 건녕부학교수建寧府學敎授 등을 지내고『논맹집소論孟集疏』,『속근사록續近思錄』등을 저술했다.

45) 知而弗去:『주역周易・건괘乾卦・문언전文言傳』에 대한 해석에서 주자는 정貞에 대해서 "貞者, 生物之成, 實理具備, 隨在各足, 故於時爲冬, 於人則爲智而爲衆事之幹, 幹, 木之身而枝葉所依以立者也."라고 하면서 '貞固者'를 "知正之所在而固守之, 所謂知而弗去者也, 故足以爲事之幹."이라고 설명했다.

『맹자집주』에서 말했다. "의義는 경敬을 위주로 하는데, 경은 형에게 순종하는 것보다 우선하는 것이 없다."

○ **용안** '형에게 순종하는 것'이 반드시 의義가 되지는 않는다. 맹자는 대개 효제로써 인의의 실實을 삼았으니 호문互文인 듯하다. 그러나 고자告子도 상대가 연장자일 때는 내가 그를 어른으로 대우하는 것이 의라고 여겼고, 공도자公都子도 형을 공경하는 것을 의로 여겼으나, 맹자는 아우를 공경하느냐 숙부를 공경하느냐의 설說로 공박하여 바로 잡았다. 그렇다면 필시 당시에 종형從兄을 의로 여긴 견해가 있었던 것이며 그 때문에 『맹자집주』에서도 '경敬'으로 말했을 것이다.

○ 사덕四德은 간혹 '신信'과 아울러 다섯이 되기도 하는데, 여기서는 유독 '낙樂'과 아울러 다섯이 되었으니, 옛날엔 사덕이 본래 후세처럼 분배하여 짝을 맞추는 일이 없었다. '이를 알고, 이를 절문節文하며, 이를 즐기고'의 '이[斯]'는 인의요, 인의는 효제이다. 유자가 "효제라는 것은 인仁을 하는 근본일 것이다."라고 말했으니, 곧 인은 오덕五德의 총괄이다.

『맹자집주』에서 말했다. "알고 여기에서 떠나지 않는다는 것은 보는 것이 밝고 지킴이 건고한 것이다."

○ 채모蔡模가 말했다. "앞에서 '이 두 가지를 알다.(知斯二者)'라고 말하고 또 '떠나지 않는다.(弗去)'라고 말한 것은, 『주역』에 '정고貞固하면 간사幹事하기에 충분하다.'라고 한 부분의 '정고' 두 자에 대해 주자는 '정貞의 소재를 알고 굳긴히 지킴이니, 이른바 시이불거知而不去가 그것이다.'라고 했다."【무릇 북방에 속하는 것은 모두 둘씩 있으니, 오행五行에서는 물·흙이 모두 자子에 기왕寄旺하고, 오장五臟에는 신腎이 유독 둘이고, 사방四方에는 현무玄武가 유독 둘이다. 이것은 정貞이 성종成終하고 작시作始하는 까닭이요, 그것을 알고 또 떠나지 않는 까닭이다.】

○**鏞案** 《易例》以坎爲智, 誠有貞固之義。弗去者, 固也。然腎與玄武之說, 鑿之甚矣。

趙曰:"樂生其中矣, 樂生之至, 安可已也?"
○《集》曰:"油然自生, 如草木之有生意。"
○**鏞案** 〈祭義〉曰'樂自順此生', 恐舊說爲長

引證 〈祭義〉曰:"衆之本敎曰孝。仁者, 仁此者也。禮者, 履此者也。義者, 宜此者也。信者, 信此者也。强者, 强此者也。樂自順此生, 刑自反此作。"
○《大戴禮》曰:"民之本敎曰孝。仁者, 仁此者也。義者, 宜此者也。忠者, 中此者也。信者, 信此者也。禮者, 體此者也。行者, 行此者也。彊者, 彊此者也。樂自順此生, 刑自反此作。"【〈曾子慈孝〉篇】
○**鏞案** 孔子曰:"人而不仁, 如禮何!如樂何!"皆此義也。

○ **용안** 『역례易例』는 감坎을 지智로 삼아서 참으로 정고貞固의 의미가 있다. '불거不去'는 '고固'를 말한다. 그러나 '신腎'과 '현무玄武'의 설은 천착이 심한 것이다.

조기가 말했다. "즐거움이 그 가운데서 생겨나는데, 즐거움 생겨남이 지극해지면 어떻게 그만둘 수 있겠는가?"
○ 『맹자집주』에서 말했다. "유연油然히 저절로 생겨난다는 것은 마치 초목이 생기가 있는 것이다."
○ **용안** 『예기·제의祭儀』에서 "즐거움은 이를 따름으로부터 생겨난다."라고 하였으니, 구설이 더욱 좋은 듯하다.

인증 『예기·제의祭儀』에서 말했다. "모든 행위의 근본교육은 '효'이다. '인仁'이란 이것을 사랑함이요, '예禮'란 이것을 실천함이요, '의義'란 이것을 마땅하게 함이요, '신信'이란 이것을 신뢰하게 함이요, '강强'이란 이것에 힘쓰는 것이다. '낙樂'은 이것을 따름으로부터 생기고, '형刑'은 이것을 어김으로부터 일어난다."
○ 『대대례大戴禮』에서 말했다. "백성의 근본 교육은 '효'이다. '인'이란 이것을 사랑함이요, '의'란 이것을 마땅하게 함이요, '충'이란 이것을 충심으로 함이요, '신'이란 이것을 신뢰하게 함이요, '예'란 이것은 체득함이요, '행行'이란 이것을 실행함이요, '강彊'이란 이것에 힘쓰는 것이다. '낙樂'은 이것을 따름으로부터 생거나고, '형刑'은 이것을 어김으로부터 일어난다."【'증자 자효慈孝'편에 보인다.】
○ **용안** 공자가 "사람이 어질지 못하면 예禮는 무엇하며, 악樂은 무엇할 것인가!"라고 한 것이 모두 이 의미이다.

이루離婁
하下

8-1 순은 저풍에서 태어나 명조에서 별세했다는 장

〔舜生於諸馮卒於鳴條章〕

* 순임금과 문왕은 생몰生沒했던 곳과 도읍했던 곳이 다르고 시대도 다르지만 그들이 중원에 펼치고자 했던 것은 하나같이 성인의 도였다는 것이다. 다산은 '동이東夷'와 '서이西夷'에 대한 여러 학자들의 이견異見을 제시하고 평가했다.

孟子曰:"舜生於諸馮, 遷於負夏, 卒於鳴條, 東夷之人也. 文王生於岐周, 卒於畢郢, 西夷之人也. 地之相去也, 千有餘里. 世之相後也, 天有餘歲. 得志行乎中國, 若合符節. 先聖後聖, 其揆一也."

趙曰:"諸馮·負夏·鳴條, 在東方夷服[1]之地."
○蔡曰:"鳴條在安邑之西, 如何在東方夷服之地？文王生於岐周, 豈舜當時以夷狄地封后稷耶？堯又安肯以女妻夷狄人耶？但以其際西而極東, 故云."【見《蒙引》】
○金曰:"東夷西夷, 俗言東邊西邊."
○鏞案〈禹貢〉'要服',[2] 其三百里夷也. 夷距王都一千八百里, 則凡距王京一千八百里者, 可謂之夷服也. 自舜都而計之, 則岐周夷也, 自周都而計之, 則鳴條夷也. 若以〈大司馬〉九畿之法言之, 則夷服距王京四千里, 鳴條·岐周不可曰夷.

---

1) 夷服: 이복은 9기畿의 하나이다. 9기는 주대周代에 4방 천리를 기내畿內로 하고 그 밖에 각 5백 리마다 기1로 해서 구획한 것으로, 즉 왕기王畿·후기候畿·전기甸畿·남기男畿·채기采畿·위기衛畿·이복夷服·진복鎭服·번복藩服이 있다.
2) 要服: 요복은 5복服의 하나이다. 5복은 전복甸服·후복侯服·수복綏服·요복要服·황복荒服인데, 천자가 직접 통치하는 기내畿內를 전복甸服이라 하고, 5백 리씩 점점 멀어져서 황복荒服에 이르면 2천 5백 리가 되며, 거리에 따라 나라에 바치는 부세 또한 차등이 있게 된다.

맹자가 말했다. "순임금은 저풍諸馮에서 태어나 부하負夏로 옮기셨다가 명조鳴條에서 별세하셨으니, 동이 사람이다. 문왕은 기주岐周에서 태어나 필영畢郢에서 별세하셨으니, 서이西夷의 사람이다. 지역의 거리가 서로 천여 리가 되며, 세대의 서로 이어짐이 천여 년이 되지만, 뜻을 얻어 중국中國에 시행함에 있어서는 부절을 합한 듯이 먼저난 성인과 뒤에 난 성인이 그 법도가 똑같았다."

조기가 말했다. "저풍諸馮·부하負夏·명조鳴條는 동방東方의 이복夷服 지역에 있다."

○ 채청이 말했다. "명조鳴條는 안읍安邑의 서녘에 있는데, 어떻게 동방 이복의 지역에 있을 수 있는가? 문왕은 기주岐周에서 출생하였는데, 어찌 순이 당시에 이적의 땅에 후직后稷을 봉封했을까? 요는 어찌 기꺼이 딸을 이적夷狄의 사람에게 시집보내려 했을까? 다만 그곳이 서녘에서는 동쪽 끝이었으므로 그렇게 말했던 것이다."【『사서몽인四書蒙引』에 보인다.】

○ 김이상이 말했다. "동이·서이는 세속에서 동변東邊·서변西邊이라고 말한다."

○ **용안** 『서경·우공·요복要服』에서는 그 3백 리를 이夷라고 하였다. 이는 왕도와의 거리가 일천팔백 리이니, 무릇 왕경王京과의 거리가 일천팔백 리 되는 곳은 이복夷服이라고 일컬을 수 있다. 순舜 때의 도읍으로부터 계산해 보면 기주岐周도 '이夷'이고, 주대의 도읍에서 계산해보면 명조도 '이夷'이다. 만약 『주례·대사마』의 '구기법九畿法'으로 말한다면 이복夷服은 왕경과의 거리가 4천리이니, 명조·기주를 '이夷'라고 할 수는 없다.

○后稷之子不窋, 棄稷弗務, 自竄戎狄之間, 文王則夷之名不冤。

考異 《史記·六國表》[3]注 : "皇甫謐[4]曰, '孟子稱禹生石紐, 西夷人也。'"【已見前】

---

3) 《史記 六國表》: 사마천이 『사기』를 저술할 때 「진기秦紀」의 기록에 따라 『춘추』를 계승하여, 주나라의 원왕元王에서 시작하여 육국시대의 시사時事를 표로 만드니 모두 270년의 기록이다. 전국시대의 열국들의 흥폐를 볼 수 있는 효과적인 연표이다.
4) 皇甫謐 : 황보밀(215~282)은 후한 말기의 학자이다. 평생 벼슬을 하지 않고, 제자백가에 정통하여 저술에 전념했다. 주요한 저작으로 『제왕세기帝王世紀』, 『고사전高士傳』, 『현안춘추玄晏春秋』 등이 있다.

○ 후직의 아들인 불찰不窋이 직관稷官을 폐기하여 힘쓰지 않고는 스스로 융적戎狄의 가운데로 도망갔으니, 문왕에게는 이夷라고 이름한다고 해도 원통할 것이 없다.

* 다산은 '동이東夷' '서이西夷'를 왕도에서 동서로 가장 변방으로 파악하여 주석한 것을 잘못된 것으로 보았다. 『서경·우공』에 의거하여 오복五服 중 요복要服에 속한 구역으로 왕경王京에서 1800리 되는 곳을 이夷로 보았으며, 이적夷狄의 땅이라고 할 때의 이도 이 구역에 속한 것으로 파악했다.

고이 『사기·육국표六國表』의 주석에서 황보밀皇甫謐이 말했다. "맹자는 우禹임금이 석뉴石紐에서 출생했다고 하였으니 서이西夷 사람이다."라고 하였다.【이미 앞에서 나왔다.】

8-2 자산이 수레로 사람들을 건네주었다는 장
〔子産乘輿濟人章〕

* 춘추시대 정鄭나라의 재상인 자산子産이 정치를 할 때에 자기의 수레를 이용하여 사람들을 건네준 일에 대해 맹자는 정치는 제도적으로 개선을 하는 것이지 개개인들에게 은혜를 베푸는 것은 아니라고 지적했다.

子産聽鄭國之政, 以其乘輿濟人於溱洧. 孟子曰: "惠而不知爲政. 歲十一月徒杠成, 十二月輿梁成, 民未病涉也. 君子平其政, 行辟人可也. 焉得人人而濟之? 故爲政者, 每人而悅之, 日亦不足矣."

趙曰: "溱·洧, 水名."
○《集》曰: "溱·洧, 二水名."
○**鏞案** 乘輿濟人, 當是偶然觸目, 矜而爲之者. 今云'溱·洧, 二水名', 然則子産前過溱水而濟人, 後又過洧水而濟人乎?〈鄭風〉云'溱與洧, 方渙渙兮', 其爲二水則明矣.《水經》[5]曰'洧水出河南 密縣, 至習陽城, 西入於潁', 而溱水遂無所著.【《水經注》[6]: "溱水有二. 一出於桂陽, 注於鬱而入於海, 此嶺南之溱水也. 一出汝南 遊石嶺北青衣山, 此汝南之溱水也." 鄭之溱水無所見】《漢書·地理志》云'溱·洧水在河南', 又《說文》云'溱水在鄭國, 南入于洧', 則子産濟人, 蓋在溱·洧合流之處, 故趙注不言二水.

---

5)《水經》: 『수경』은 중국의 하천과 수계수계를 간략하게 기록한 책이다. 한나라 때 상흠桑欽이 지었다고 전해진다.

6)『水經注』: 『수경주』는 중국 북위北魏 때의 학자 역도원酈道元이 저술한 중국의 하천지河川誌이다. 황하黃河·회하淮河·양자강揚子江 등 1,252개의 중국 각지의 하천을 두루 편력하여, 하천의 계통·유역의 연혁·도읍·경승·전설 등을 기술하였다. 『수경』에 주注를 붙인 것으로 전조망全祖望과 대진戴震 등이 추가로 보정한 본이 있는데, 양수경揚守敬의 『수경주소水經注疏』가 그 결정판이다.

자산子産이 정나라의 정사를 볼 때, 자기가 타는 수레를 가지고 진수溱水와 유수洧水에서 사람들을 건네주었다. 맹자가 말했다. "은혜롭지만 정치를 하는 방법은 모르는 것이다 11월에 도강徒杠을 만들고 12월에 여량輿梁을 만들면 백성들이 강을 건너는 것을 괴로워하지 않을 것이다. 군자가 정치를 잘 한다면 출행出行에 사람들을 벽제辟除도 할 수 있는 것이니, 어찌 사람마다 건네줄 수야 있겠는가? 그러므로 위정자들이 매 사람마다 기쁘게 해주려 한다면 날마다 해도 또한 부족할 것이다."

조기가 말했다. "진溱과 유洧는 강의 이름이다."
○ 『맹자집주』에서 말했다. "진溱과 유洧는 두 강의 이름이다."
○ **용안** 수레로 사람을 건네준 것은 당시에 우연히 눈에 띄어 불쌍히 여겨 한 일이다. 지금 『맹자집주』에서 진溱·유洧는 두 강의 이름이라고 했는데, 그렇다면 자산이 전에 진수溱水를 지나다가 남을 건네주었고, 나중에 다시 유수洧水를 지나다가 남을 건네준 걸까? 『시경·정풍鄭風』에 "진溱과 유洧가 한창 넘실대네."라고 했으니, 진溱과 유洧는 두 강의 이름이 되는 것이 분명하다. 『수경』에 "유수洧水는 하남河南의 밀현密縣에서 나와 습양성習陽城에 이르러 서쪽으로 흘러 영수潁水로 유입된다."라고 하였고, 진수溱水는 어디에도 기록된 바가 없다. [『수경주水經注』에 "진수溱水는 둘이 있다. 하나는 계양桂陽에서 나와 울鬱을 지나 바다로 들어가는데, 이건 영남嶺南의 진수이고, 하나는 여남汝南 유석령遊石嶺 북녘의 청의산青衣山에서 나와 이것은 여남의 진수이다. 정나라의 진수는 보이는 바가 없다."라고 했다.] 『한서·지리지』에 "진수와 유수는 히남에 위치한다."라고 하였고, 또 『설문해자說文解字』에는 "진수溱水는 정나라에 있는데 남쪽으로 흘러 유수洧水로 들어간다."라고 하였으니, 자산이 사람을 건네준 것은 진溱·유洧가 합류하는 지점일 것이다. 그러므로 조기趙岐의 주에서는 두 강이라고 말하지 않았다.

考異 《說苑》, 景差相鄭, 鄭人有冬涉水者, 出而脛寒。後景差過之, 下陪乘而載之, 覆以上衽。叔向聞之曰:"景子爲人國相, 豈不固哉? 吾聞良吏居之, 三月而溝渠脩, 十月而津梁成, 六畜且不濡足, 而況人乎?"
○麟曰:"叔向之時, 鄭無景差。當以《孟子》爲正。"

趙曰:"見人有冬涉者, 仁心不忍。"
○《集》曰:"見人有徒涉者。"
○**鏞案** 以下文觀之, 則冬涉明矣。

* 조기는 진溱과 유洧를 두 강의 이름으로 보지 않았고 주자는 두 강으로 보았다. 이에 대해 다산은 진과 유가 두 강명講明이 됨은 분명하나 자산이 진수溱水를 지나다가 사람들을 건네주고 유수洧水를 지나다가 사람들을 건네준 것이 아니라 『설문해자』에 의거해보면 진수와 유수는 합류하게 되어 있으므로 이 합류하는 지점에서 사람들을 건네주었기 때문에 진유溱洧라고 한 것이라고 하였다.

고이 『설원說苑』에서 말했다. "경강景羌이 정나라의 재상으로 있을 적에 정나라 사람 중에 겨울에 물을 건너는 자가 있었는데, 물에서 나오자 정강이가 얼었다. 뒤에 경강이 그곳을 지나다가 수레에서 내려 태우고 윗옷으로 덮어주었다. 숙향叔向이 그 얘기를 듣고서 말하기를 '경자景子는 재상이 되어서 어찌 그렇게 고지식한가? 내가 듣기로는 어진 관리는 재임한 지 석 달만에 도랑이 정리되고, 열 달이면 나루와 다리가 이루어진다고 하였는데, 그렇게 하면 육축六畜도 다리가 젖지 않거늘 더구나 사람에 있어서랴!'라고 하였다."

○ 왕응린이 말했다. "숙향叔向의 살던 시기에는 정나라에 경강景羌이 없었다. 의당 『맹자』의 내용을 올바르게 여겨야 한다."

조기가 말했다. "겨울에 물을 건너는 자를 보고서 어진 마음에 차마 그냥 두지 못했다."

○ 『맹자집주』에서 말했다. "맨발로 걸어서 물을 건너는 자가 있음을 본 것이다."

○ **용안** 다음의 내용으로 보면, 겨울에 물을 건넜던 것이 분명하다.

8-3 군주가 신하 보기를 수족과 같이 하면 신하가 군주보기를 복심과 같이 한다는 장 [君之視臣如手足臣視君如腹心章]

* 군신관계의 상대성을 말한 것이다. 임금이 신하보기를 자기의 수족같이 여기면 신하도 임금보기를 자기의 배와 심장같이 여기고, 임금이 신하보기를 흙과 티끌같이 여기면 신하도 임금보기를 원수와 같이 여긴다는 내용이다.

孟子告齊宣王曰: "君之視臣如手足; 則臣視君如腹心; 君之視臣如犬馬, 則臣視君如國人; 君之視臣如土芥, 則臣視君如寇讎." 王曰: "禮, 爲舊君有服, 何如斯可爲服矣?"曰: "諫行言聽, 膏澤下於民; 有故而去, 則君使人導之出疆, 又先於其所往; 去三年不反, 然後收其田里. 此之謂三有禮焉. 如此, 則爲之服矣. 今也爲臣. 諫則不行, 言則不聽; 膏澤不下於民; 有故而去, 則君搏執之, 又極之於其所往; 去之日, 遂收其田里. 此之謂寇讎. 寇讎何服之有?"

引證《儀禮·喪服》傳曰: "大夫爲舊君, 何以服齊衰三月也? 大夫去君, 埽其宗廟. 故服齊衰三月, 言與民同也. 何大夫之謂乎? 言其以道去君而猶未絶也."【注云: "三諫不從, 待放於郊. 未絶者, 言爵祿尙有列於朝, 出入有詔於國. 凡畿內之民, 服齊衰三月."】

맹자께서 제선왕에게 아뢰었다. "군주가 신하 보기를 수족과 같이 하면 신하가 군주보기를 배와 심장과 같이 여기고, 군주가 신하 보기를 개와 말처럼 하면 신하가 군주 보기를 국노인路人과 같이 여기고, 군주가 신하 보기를 토개土芥와 같이 하면 신하가 군주보기를 원수와 같이 하는 것입니다." 왕이 말씀하였다. "예에 옛 군주를 위하여 복服이 있으니, 어떠하여야 이 복을 입을 수 있습니까?"

맹자가 말했다. "간언이 행해지고 말이 받아들여져 은택이 백성들에게 내려지고, 연고가 있어 떠나면, 군주가 사람으로 하여금 인도하여 국경을 나가게 하고, 또 그가 가는 곳에 먼저 기별하며, 떠난 지 3년이 되어도 돌아오지 않은 뒤에야 그의 토지와 주택을 환수하니, 이것을 세 번 예가 있다고 이르나니, 이와 같이 하면 그를 위하여 복服을 입어주는 것입니다. 지금엔 신하가 되어 간하면 행하지 않으며, 말하면 들어주지 아니하여, 은택이 백성들에게 내려지지 못하고, 연고가 있어 떠나면, 군주가 그를 속박하며, 또 그가 가는 곳에 궁하게 하고, 떠나는 날에 마침내 그의 토지와 주택을 환수하니, 이것을 원수라고 이르나니, 원수에게 무슨 복服 입는 것이 있겠습니까?"

인증 『의례·상복喪服』의 전傳에서 말했다. "대부가 옛 임금을 위하여 무엇 때문에 자최복齊衰服을 석 달 동안 입는가? 대부는 임금을 떠났다가 임금이 돌아가면 그 종묘에 돌아온다. 그러므로 자최복을 석 달 동안 입는 것은 백성과 같다는 말이다. 왜 대부라고 하였는가? 그가 도로써 임금을 떠나되 아직도 관계가 끊어지지는 않았기 때문이다."【주에 "세 번 간하였는데도 따르지 아니하여 교외郊外에서 추방을 기다린다. '미절未絶'이라는 것은 작록이 아직도 조정의 반열에 있어, 출입할 때 나라에 고함이 있음을 말하는 것이다. 모든 기내畿內의 백성들은 자최복을 석 달 동안 입는다."라고 하였다.】

引證 〈檀弓〉曰:"穆公問於子思曰, '爲舊君反服, 古與?' 子思曰, '古之君子, 進人以禮, 退人以禮。故有舊君反服之禮也。今之君子, 進人若將加諸膝, 退人若將隊諸淵, 毋爲戎首, 不亦善乎? 又何反服之禮之有?'"

顧[7]曰:"爲舊君服者, 必是反其國爲之。"

○**鏞案**《禮》曰:"違諸侯, 之大夫, 不反服。違大夫, 之諸侯, 不反服。"

【〈雜記〉文】顧麟士不知經例, 謬爲此說。

---

7) 顧:고몽린顧夢麟(1585~1653)은 명청 시대의 주자학자이다. 태창 사람으로 자는 인사麟士이다. 고염무顧炎武의 족형으로 명대에 국자감에 들어갔고, 청대에는 은거하여 학문에 몰두했는데, 시학에 특히 조예가 깊었다. 주요한 저술로 『사서설약四書說約』, 『시결설약詩經說約』, 『사서십일경통고四書十一經通考』 등이 있다.

인증 『예기·단궁』에서 말했다. "목공穆公이 자사에게 묻기를 "옛 임금을 위하여 돌아가 상복을 입는 것이 옛날의 법입니까?"라고 하니, 자사가 말하기를 "옛날의 임금은 사람을 등용하는 것도 예로써 하고 사람을 물리치는 것도 예로써 하였습니다. 그러므로 옛 임금을 위해서 돌아가 상복을 입는 예가 있었던 것입니다. 지금의 군자는 사람을 등용할 때는 무릎 위에 얹어 놓을 듯이 하다가는 물리칠 때는 깊은 연못에 떨어뜨리듯이 하니, 침략자의 우두머리가 되지 않는 것만도 큰 다행인데 또 어떻게 옛 임금에게 돌아와 상복을 입는 예가 있겠습니까?"라고 하였다.

고몽린顧夢麟이 말했다. "옛 임금을 위하여 상복 입는 것은 반드시 그 나라에 돌아가서 하는 것이다."

○ **용안** 『예기』에서 "제후를 떠나 다른 나라 대부에게 가서 벼슬할 때는 옛 제후를 위해 돌아가 상복을 입지 못하고, 대부를 떠나 다른 나라 제후에게 가서 벼슬할 때도 옛 대부를 위해 돌아가 상복을 입지 아니한다."【『잡기雜記』의 문장이다.】라고 하였다. 고몽린이 경전의 사례를 알지 못하여 이 말을 잘못하였다.

* 옛 군주를 위해 상복을 입는다는 것에 대해 고몽린은 그 나라로 돌아가 상복을 입는 것이라고 해석했는데 다산은 『예기·잡기』의 문장을 근거로 그러한 해석의 오류를 비판한 것이다.

潘興嗣[8]曰:"聖賢之別如此。"

○**鏞案** 告君之辭, 不嫌剴切。孟子以其告君之故, 其言如此。豈可以此疑孟之非聖乎? 孔·孟大小, 人孰不知, 惟此章不必病也。《汲冢周書》[9]云:"德則民戴, 否則民讎。"梅氏[10]據此, 其作〈太誓〉[11]曰:"撫我則后, 虐我則讎。"又曰:"獨夫受, 乃汝世讎。"又曰:"以爾衆土, 殄殲乃讎。"將武王, 非聖人乎? 今之讀書者, 不病〈太誓〉, 獨病孟子, 孟子其堪乎? 微子謂箕子·比干曰:"小民方興, 相爲敵讎。"又曰:"用乂讎斂, 召敵讎不怠。"將此三仁, 並非聖人乎? 儒者開口, 病孔門諸弟, 病孟子, 惟顔·曾·子思, 纔免譏貶, 亦弊俗也。

---

8) 潘興嗣 : 반흥사(1023~1100)는 북송의 학자로 경사에 정통하고 시문에 밝아 당시 추중되었고, 왕안석王安石·증공曾鞏과도 친교가 있었다. 많은 저술이 있었으나 일실되어『서산문집西山文集』,『시화보유시화補遺』만 전한다.

9)『汲冢周書』:『급총주서』는 급군汲郡의 고총古冢에서 출토된 고문 죽서 가운데 하나이다.『상서』와 비슷한 성격의 책으로 원명이『주서周書』이나, 원본은 산실되고 남은 편들로 구성되었기 때문에『일주서逸周書』라고도 한다. 수당隋唐 이후에『汲冢周書』라고 불렀다.

10) 梅氏 : 매색梅賾을 말한다. 진나라 사람으로『위고문상서』를 지었다. 동진東晉의 원제元帝에게 바친『위고문상서』는「요전」과「순전」에 글자의 출입이 있고, 위작僞作한 것이 25편이다.

11)〈太誓〉:「태서」는『상서尙書』의 편명이다. 무왕이 은나라의 주왕紂王을 칠 때 제후들의 군사들을 모아놓고 맹세한 내용이 수록되어 있다.

반홍사潘興嗣가 말했다. "성인과 현인의 구별됨이 이와 같다."

○ **용안** 임금에게 하는 말은 박절함을 혐의할 것이 없다. 맹자가 임금에게 하는 말이었기 때문에 이와 같이 하였다. 어떻게 이것으로 맹자가 성인이 아니라고 의심할 수 있겠는가? 공맹의 대소를 사람이라면 누가 알지 못하겠는가마는 오직 이 장을 꼭 잘못으로 여길 필요는 없다. 『급총주서汲冢周書』에서 "덕을 베풀면 백성들이 받들고, 그렇지 않으면 원수로 여긴다."라고 하였다. 매색이 여기에 근거하여 「태서泰誓」를 지어 "우리를 어루만져 주면 임금이고, 우리를 학대하면 원수이다."라고 하였고, 또 "독부獨夫인 수受는 바로 너희들의 대대로의 원수이다."라고 하였으며, 또 "너희 뭇 군사들로써 너희들의 원수를 섬멸시키겠다."라고 하였다. 그렇다고 무왕을 두고 성인이 아니라고 하겠는가? 오늘날 책을 읽는 자들이 「태서」는 잘못으로 여기지 아니하고 맹자만은 잘못으로 여기니, 맹자가 감당하려 하겠는가? 미자微子가 기자箕子·비간比干에게 말하기를 "소민小民들이 바야흐로 일어나서 서로 원수로 삼는다."라고 하였고, 또 "윗사람이 다스리는 것이 아랫사람에게서 원수처럼 염취斂聚하니, 원수 부르기를 게을리 하지 않는 것이다."라고 하였으니, 이 세 어진 사람을 두고도 성인이 아니라고 할 것인가. 유자儒子들은 입만 열면 공문제자孔門弟子들을 헐뜯고 맹자를 헐뜯어, 다만 안자·증자·자사만이 겨우 깎아내림을 면하였으니 또한 나쁜 습속이다.

* 반홍사潘興嗣는 맹자의 "신하가 임금보기를 구수仇讎같이 여긴다."라고 한 말을 가지고 공자의 온유돈후溫柔敦厚함에 비해 성인과 현인의 치이가 있다고 해석했다. 다산은 『급총주서汲冢周書』의 사례와 미자微子의 말을 들어 반론을 제기했다.

8-4 죄 없이 사를 죽이면 대부는 그 나라를 떠날 수 있다는 장

〔無罪而殺士則大夫可以去章〕

* 죄 없이 사士를 죽이거나 죄 없이 백성을 죽이면 그 차상위 계층인 대부와 사士는 시세를 헤아려 떠나갈 수 있다는 것이다.

孟子曰: "無罪而殺士, 則大夫可以去; 無罪而戮民, 則士可以徙."

趙曰: "語曰, '鳶鵲蒙害, 仁鳥增逝.'"
○**鏞案** 引喻似不當。

맹자가 말했다. "죄 없이 사士를 죽이면 대부는 그 나라를 떠날 수 있고, 죄 없이 백성을 죽이면 사士는 옮겨갈 수 있다."

조기가 말했다. "속담에 '소리개와 까치가 해를 입으면 봉황도 높이 날아가 버린다.'라고 하였다."
  ○ **용안** 끌어다 비유한 것이 온당치 못한 듯하다.

8-10 중니께서는 너무 심한 것은 하지 않으셨다는 장
〔仲尼不爲已甚者章〕

* 공자의 처세에 대한 맹자의 평론인데 다산은 이를 자연스러운 도에 맞는 행동으로 이해했다.

孟子曰: "仲尼不爲已甚者."

趙曰: "仲尼彈邪以正, 正斯可矣, 故不欲爲已甚泰過也. 孟子所以譏踰墻距門者也."
○《集》曰: "楊氏曰, '聖人所爲, 本分之外, 不加毫末.'"【張南軒[12])曰: "孟子於泄柳·段干木,[13]) 謂已甚, 而擧孔子待陽貨事,[14]) 以爲之準, 此不爲已甚之證也."】

○鏞案 聖人所爲, 雍容中道, 不爲矯激之行, 不出迫切之言. 故孟子美之曰'不爲已甚'. 楊說恐謬. 聖人之止於至善, 豈可曰'不爲已甚'乎? 已甚者, 貶辭.

○孟子親口自言曰: "段干木·泄柳是皆已甚." 趙注有據, 未可改也.
互鄕童子見, 門人惑, 子曰: "與其進也, 不與其退也, 惟何甚?" 子曰: "人而不仁, 疾之已甚, 亂也."【《泰伯》篇】《易》曰: "見惡人, 无咎." 聖人之義, 固如是也.

---

12) 張南軒 : 장식張栻(1133~1180)은 송대 학자이다. 명문가의 후예로 관직은 이부랑吏部郎을 역임했다. 호굉胡宏에게 배우고 주희朱熹와 교유했으며 스승의 학문을 이어 상수학파湖湘學派의 영수가 되었다. 성리학에 정심했고, 경敬과 인仁의 문제에도 식견이 높았다. 주희·여조겸呂祖謙과 동남삼현東南三賢으로 불렸다. 저서로 『남헌역설南軒易說』, 『주사언인洙泗言仁』, 『논어설論語說』, 『맹자설』 등이 있고, 사후에 주희가 『남헌집』을 편찬했다.
13) 泄柳·段干木 : 설류는 노나라의 현인으로 노목공魯穆公이 그를 찾아가 보려 했으나 문을 닫고 들이지 않았고, 단간목은 위나라의 명사로 위문후魏文侯가 그를 찾아오자 담을 넘어 도망쳤다.
14) 孔子待陽貨事 : 양화는 공자가 만나주려 하지 않자 돼지고기를 선물로 주어 공자가 자신의 집으로 감사 인사를 오도록 했다. 이에 대응해 공자는 양화가 없는 틈을 타서 그의 집에 가서 감사 인사를 했다.

맹자가 말했다. "중니께서는 너무 심한 것은 하지 않으셨다."

조기가 말했다. "중니는 잘못된 것을 규탄하여 바로잡았는데, 바르게 되기만 하면 괜찮다고 여겼기 때문에 너무 심하거나 지나친 것은 하려고 하지 않았다. 맹자는 이 때문에 담을 넘어 피하고 문을 닫아 거절하는 것을 기롱하였다."

○ 『맹자집주』에서 말했다. "양시楊時는 '성인의 행동은 본분 이외는 털끝만큼도 더하는 일이 없었다.'라고 했다."【장식張栻이 말하기를 "맹자가 설류泄柳·단간목段干木에 대해서 너무 심하다고 여기고, 공자가 양화陽貨를 응대했던 일을 들어 그것을 표준으로 하였으니, 이것이 너무 심한 짓을 하지 않은 증거이다."라고 하였다.】

○ **용안** 성인의 행동은 자연스럽게 도에 맞아 지나치게 과격한 행위를 하지 않으며, 박절한 말을 하지 않는다. 그래서 맹자는 찬미하며 "너무 심한 짓은 하지 않는다.(不爲已甚)"라고 한 것이다. 양시楊時의 견해는 아마 잘못인 것 같다. 성인의 '지어지선止於至善'을 어떻게 '불위이심不爲已甚'이라고 할 수 있겠는가? '이심已甚'이라는 말은 폄사貶辭이다.

○ 맹자가 직접 입으로 스스로 말하기를 "단간목·설류는 모두 너무 심하다."라고 하였다. 조기의 주석은 근거가 있으니 고칠 수 없다. 호향互鄕의 동자童子가 공자를 뵘에 문인들이 의심하거늘, 공자가 "그 나아오는 것을 인정하고, 그 물러나는 것을 인정하지 않는 것이니, 무엇을 그렇게 심하게 할 것이 있겠느냐?"라고 하였으며, 공자가 말하기를 "남의 어질지 못함을 너무 심하게 미워하면 난亂에 이르게 한다."【『논어·태백』 편에 보인다.】라고 하였고, 『주역』에서 말하기를 "악인惡人을 만나봄에 허물이 없다."라고 하였으니, 성인의 지취는 진실로 이와 같은 것이다.

* 다산은 '불위이심不爲已甚'에 대한 양시楊時의 주석이 맹자의 본의에 맞지 않다고 보고, 공자가 말한 '불위이심'과 관련한 사례를 『논어』와 『주역』의 문장으로 인증하여 맹자가 말한 의도를 설명했다.

8-11 대인은 말은 반드시 신뢰를 주어야 한다는 데만 매이지는 않으며, 행실은 반드시 실천되어야 한다는 데만 매이지 않는다는 장
〔大人者言不必信行不必果章〕

* 말과 행동이 어떠한 선입견이나 자기 언행에 구애되지 않고, 옳은 신념에 따라 처신한다는 것이다. 다산은 이를 시의時宜에 따라 융통성 있게 처신한다는 것으로 이해했다.

孟子曰: "大人者, 言不必信, 行不必果, 惟義所在."

趙曰: "義有不得必信其言, 子爲父隱也。有不能得果行其所欲行者, 若親在不得以其身許友也."
○《集》曰: "必, 猶期也。大人言行, 不先期於信果."
○楊曰: "夫子謂'言必信行必果, 硜硜然小人哉', 故孟子言此."
○鏞案《易》曰: "庸言之信, 庸行之謹." 言信行果, 固大人之所務。但先有所言, 或其事情中變, 義有不合, 則不必膠守前言。將有所行, 或其事情中變, 義有不合, 則不必遂成其行。故陳恒弑其君, 始則沐浴請討, 及其君臣皆不相應, 則孔子亦已之。[15] 孔文子議攻太叔, 始則命駕將行, 及其衛人皆欲復留, 則孔子亦少止。[16] 不必信不必果, 此之謂也.

---

15) 陳恒 … 已之 : 제나라 대부였던 진성자陳成子가 제나라 군주였던 간공簡公을 시해하고 그의 동생인 평공平公을 옹립하여 국정을 농단했다. 이에 공자는 이웃 나라의 일이었음에도 이를 노애공魯哀公에게 고하여 토벌을 청했다. 관련 내용이 『논어·헌문』에 보인다.

16) 孔文子 … 亦少止 : 진나라의 공문자가 봉읍을 깎아버린 위나라 태숙을 치는 일에 대해 공자에게 문의하자, 공자는 수레의 멍에를 매고 위나라를 떠나려 했으나 위나라 사람들의 만류로 잠시 머물렀다. 그러나 얼마 뒤 공자는 노나라의 초빙을 받고 노나라로 돌아온다. 관련 내용이 『춘추좌전』 애공 11년조에 보인다.

맹자가 말했다. "대인은 말은 반드시 신뢰를 주어야 한다는 데만 매이지는 않으며, 행실은 반드시 실천되어야 한다는 데만 매이지 않는다. 오직 의義가 있는 곳을 쫓아 행한다."

조기가 말했다. "의는 반드시 그 말을 믿음이 있게 할 수 없을 때가 있으니, 자식이 부모를 위해 숨기는 경우요, 행하고 싶은 바를 과단성 있게 행할 수 없을 때가 있으니 이를테면 어버이가 살아 계시면 자기 몸을 친구에게 허락하지 못하는 경우이다."

○ 『맹자집주』에서 말했다. "'필必'은 기필期必한다는 것과 같다. 대인의 언행은 신뢰와 과단성을 미리 기필하지는 않는다."

○ 양시가 말했다. "공자는 '말은 반드시 믿음이 있고, 행실은 반드시 과단성을 보고야 마는 것은 융통성 없는 소인이다.'라고 하셨기 때문에 맹자가 이런 말을 한 것이다."

○ **용안** 『주역』에서 "평소의 말을 믿음이 있게 하고 평소의 행동을 삼가라."라고 하였으니, 말을 믿음이 있게 하고 행동을 과단성 있게 하는 것은 참으로 대인이 힘써야 할 바이다. 다만 먼저 말한 것이 있으나 혹 그 사정이 중간에 변해서 의에 맞지 않는 것이 있으면, 꼭 앞에 한 말을 융통성 없게 지킬 필요는 없다. 행하려는 것이 있었으나 혹 그 사정이 중간에 변해서 의의에 맞지 않는 것이 있으면 꼭 그 행하려는 바를 밀고 나갈 필요는 없다. 그러므로 진항陳恒이 자기 임금을 시해했을 때 처음에는 목욕을 하고 토벌을 요청하다가 군신들이 다 호응하지 않자 공자도 또한 그만두었으며, 공문자孔文子가 태숙太叔을 공격할 것을 의논하자, 처음에는 수레 준비를 명하여 떠나려 하다가, 위衛나라 사람들이 모두 도로 머무르기를 원하자, 공자도 또한 잠시 머물렀으니, '불필신不必信'·'불필과不必果'는 이런 것을 두고 하는 말이다.

若於言行之初, 原不期信, 原不期果, 則豈君子之義乎?《禮》曰: "言必慮其所終, 行必稽其所敝."《易》曰: "永終知敝." 皆期乎信期乎果之說也. 以必爲期, 恐非本旨.

○尾生期乎遇梁, 及其水至, 猶守前言, 此之謂言必信也. 陳仲子恥乎食祿, 及其困餓, 猶遂其志,[17] 此之謂行必果也.

---

17) 陳仲子 … 猶遂其志 : 제나라 사람이었던 진중자는 그의 형 진대陳戴가 제나라의 경이 되어 많은 봉록을 받자, 이를 의롭지 않게 여겨 처자를 데리고 초나라의 오릉於陵으로 가서 청렴하게 살았다. 흉년으로 식량이 떨어졌을 때 벌레 먹은 오얏을 세 번 삼키고 나서야 앞을 볼 수 있는 지경에 이르렀지만, 초나라 왕의 재상 청빙을 거절하고 끝까지 은자로 살았다. 관련 내용이 『맹자·등문공』에도 보인다.

만약 말하고 행동하는 처음부터 믿음이 있게 하는 것은 기필하지 않거나 과단성 있게 하는 것을 기필하지 않는다면 어떻게 군자의 도리일 수 있겠는가? 『예기』에 말하기를 "말할 때는 반드시 그 결과를 생각하고, 행동할 때는 반드시 그 폐단을 생각해 봐야 한다."라고 하였고, 『주역』에서도 말하기를 "끝마침을 오래하여 폐해를 안다."라고 하였으니, 모두 '신信'을 기필하고 '과果'를 기필하는 말이다. '필必'을 '기필期必'로 여긴 것은 아마도 맹자의 본뜻이 아닌 듯하다.

○ 미생은 다리 밑에서 만나기로 약속했기 때문에 그 홍수가 밀려와도 오히려 앞에 한 말을 지켰으니, 이것을 '언필신言必信'이라고 할 만하며, 진중자陳仲子는 식록을 부끄럽게 여겨 굶주림에 이르러서도 오히려 그 뜻을 밀고 나갔으니, 이것은 '행필과行必果'라고 할 만 하다.

* 주자와 양시는 '불필신不必信'과 '불필과不必果'의 '필必'자를 '기필期必'이라는 뜻으로 해석했다. 이에 대해 다산은 굳이 그렇게 볼 것이 아니라 '불필不必'의 의미로 해석하면 될 것이라고 이해했다.

8-11 대인은 갓난아이의 마음을 잃지 않은 자라는 장
〔大人者不失其赤子之心章〕

* 맹자는 인품이 훌륭한 대인은 적자赤子(갓난아이)와 같은 순일純一한 마음을 항상 보존하고 있는 사람이라고 평가했다. 이에 대해 조기는 일설로 대인이 되는 것은 갓난아이의 마음을 변치 않고 지켜내는 것이라고 했는데 주자는 이 견해를 채택했다. 다산 역시 갓난아이의 마음을 변치 않는 것이 대인이라고 평가했다.

孟子曰:"大人者, 不失其赤子之心者也."

趙曰:"大人, 謂君。國君視民, 當如赤子, 不失其民心之謂也。一說曰, '赤子, 嬰兒也。少小之子, 專一未變化, 人能不失其赤子時心, 則爲貞正大人也.'"
○案《集注》從一說,[18] 其取捨, 正矣。

---

[18]《集注》從一說:『맹자집주』에서는 관련 내용의 주석을 다음과 같이 제시했다. "赤子之心, 則純一無僞而已. 然大人之所以爲大人, 正以其不爲物誘, 而有以全其純一無僞之本然."

맹자가 말했다. "대인은 적자赤子의 마음을 잃지 않은 자이다."

조기가 말했다. "대인은 임금을 말한다. 임금이 백성을 보기를 마땅히 적자와 같이 해서, 그 민심을 잃지 않는 것을 말한다. 일설에는 '적자는 갓난아이이다. 어린 아이는 그 마음이 전일傳一하여 변하지 않으니, 인간이 갓난아이때에 마음을 잃지 않을 수 있다면 곧고 바른 대인이 될 것이다.'라고 했다."

○ **안** 『맹자집주』에서 조기의 주석 가운데 일설을 따른 것은 그 취사선택을 바른 것이다.

8:13 살아있는 이를 봉양하는 것은 대사에 해당될 수 없다는 장
〔養生者不足以當大事章〕

* 생존한 부모를 봉양하는 것은 일상사로 대사大事에 해당될 수 없고 오직 사후의 장송葬送이 대사에 해당된다는 말이다. 다산은 대사라는 말 자체가 상사喪事에 해당한다고 보았다.

孟子曰:"養生者不足以當大事, 惟送死可以當大事."

《集》曰:"送死則人道之大變."
○**鋪案** 大事, 本喪事之稱. 故古者喪事直稱大事.〈檀弓〉曰:"大事斂用日中."〈文王世子〉曰:"公大事, 以其喪服之精麤爲序."〈樂記〉曰:"先王有大事, 必有禮以哀之."

맹자가 말했다. "살아있는 이를 봉양하는 것은 대사大事에 해당될 수 없고, 오직 죽은 자를 장송葬送하는 것이라야 대사에 해당될 수 있다."

『맹자집주』에서 말했다. "죽은 이를 장송葬送하는 것은 인간이 할 도리로서 큰 변고變故이다."

○ **용안** '대사大事'는 본래 상사喪事를 일컫는 것이다. 그러므로 옛날에는 상사를 바로 대사라고 일컬었던 것이다. 『예기·단궁』에 "대사에서 염斂은 한낮에 한다."라고 하였고, 『예기·문왕세자』에는 "공公의 대사에서는 그 상복의 정추精麤로써 차례를 삼았다."라고 하였으며, 『예기·악기』에서는 "선왕들은 대사가 있으면 반드시 예를 갖추어 슬퍼하였다."라고 하였다.

8-14 군자는 깊이 나아가되 알맞은 방법으로 한다는 장
〔君子深造之以道章〕

* 이 장은 학문에서 자득의 중요성을 강조한 것이다. 조기와 주희의 경우 이 본문을 군자의 학문하는 방법으로 이해했는데 다산은 이것을 『예기·학기』의 용례를 들어 사람을 가르치는 법으로 파악했다.

孟子曰:"君子深造之以道, 欲其自得之也. 自得之, 則居之安; 居之安, 則資之深; 資之深, 則取之左右逢其原, 故君子欲其自得之也.

趙曰:"造, 致也。資, 取也。取之深, 則得其根。"
○《集》曰:"造, 詣也。資, 猶藉也。"
○**鏞案** 此章之解, 自古不明。余謂此君子敎人之法也。〈學記〉曰:"君子開而不達, 道而不牽。"道者, 導也。君子敎人, 循循誘導, 以達深處, 此所謂深造之以道也。深造之法, 道而不牽者, 欲其自得之也。學者於義理, 必自得而後, 安而不動, 不動則自資其所得, 而深固不拔。故觸事觸境, 皆遇其原本, 驗其所得之眞理。此所以必使其自得者也。

맹자가 말했다. "군자가 깊이 나아가게 하되 알맞은 방법으로 하는 것은 자득하려는 것이다. 자득하면 편안하게 거처하고, 거처함에 편안하면 깊이 활용할 수 있고, 깊이 활용하면 좌우에서 취하여 씀에 그 근원을 만나게 된다. 그러므로 군자는 자득하려고 한다."

조기가 말했다. "'조造'는 이르게 한다는 것이요, '자資'는 취한다는 것이다. 취함이 깊으면 그 근원을 터득할 수 있다."

○ 『맹자집주』에서 말했다. "'조造'는 나아간다는 것이요, '자資'는 힘입는다는 것과 같다."

○ **용안** 이 장의 해석은 예로부터 명확하지 않았다. 나는 이것을 군자가 사람을 가르치는 법이라고 생각한다. 『예기·학기學記』에 "군자는 계도하되 통달시켜 주지는 않고, 인도하되 억지로 끌고 가지는 않는다."라고 하였는데, 여기서 '도'는 인도한다는 뜻이다. 군자가 사람을 가르침에 차근차근 이끌어 심오한 경지에 이르게 하는 것이 이른바 "깊이 나아가게 하되 알맞은 방법으로써 한다."라는 것이다. 심오한 경지에 나아가게 하는 방법이 인도만 하고 억지로 끌고 가지 않는 것은 그로 하여금 자득케 하려는 것이다. 배우는 이는 의리에 대해서 반드시 자득한 뒤에야 안정되어 동요하지 않고, 동요되지 아니하면 스스로 그 터득한 바에 힘입어서 깊고 견고하여 뽑히지 않게 될 것이다. 그러므로 어떤 일이나 상황을 만나면 모두 그 근본을 만나게 되어, 그 터득한 진리를 징험할 수 있게 된다. 이것이 반드시 그 자득케 하려는 이유이다.

8-17 말에 실상이 없는 것은 상서롭지 못하다는 장
〔言無實不祥章〕

* 다산은 "나라와 집이 망하는 것이 모두 어진 이를 은폐하는 데서 비롯되는 것이기 때문에 상서롭지 못한 것으로 이보다 큰 것이 없다."라고 이해했다.

| 孟子曰: "言無實不祥. 不祥之實, 蔽賢者當之."

趙曰: "凡言皆有實。孝子之實, 養親是也。善之實, 仁義是也。【祥, 善。當, 直也】不善之實, 蔽賢之人也
○《集》曰: "天下之言, 無有實不祥者, 惟蔽賢, 爲不祥之實."
○**鏞案** 趙註荒,《集》義, 是也。國破家亡, 都由蔽賢, 不祥孰大於是？
【《集》又有一說,[19] 其義恐非】言無實不祥者, 其語法如'予無樂乎爲君', 豈眞人君無他可樂？

引證《晏子春秋》曰: "有賢而不知, 一不祥, 知而不用, 二不祥, 用而不任, 三不祥."
○麟曰: "蓋古有此言也."

---

19)《集》又有一說: 『맹자집주』의 해당 장에 서술된 또 하나의 견해이다. "或曰, 言而無實者不詳, 故蔽賢 爲不祥之實."

맹자가 말했다. "말에 실상이 없다면 상서롭지 못하다. 상서롭지 못한 실제는 어진 이를 은폐하는 것이 이에 해당된다."

조기가 말했다. "무릇 말은 모두 실상이 있으니, 효자의 실상은 부모님을 봉양하는 것이고, 선의 실상은 인의가 이것이다.['상祥'을 선善으로 '당當'을 직直으로 이해한 것이다.] 불선의 실상은 어진 이를 가리는 사람이다."

○ 『맹자집주』에서 말했다. "어떤 이가 말하기를 '천하의 말은 실로 불상不祥한 것이 있지는 않지만 오직 어진 이를 은폐하는 것만은 불상함의 실상이 된다.'라고 하였다."

○ **용안** 조기의 주석은 거칠고 『맹자집주』의 뜻이 옳다. 나라와 집이 망하는 것이 모두 어진 이를 은폐하는 데서 바롯되니, 불상不祥하기로는 이보다 큰 것이 없다.[『맹자집주』에 또 일설이 있는데 아마도 그 뜻은 잘못된 듯하다.] '언무실불상言無實不祥'은 그 어법이 '여무락호위군予無樂乎爲君'과 같다. 어찌 참말로 인군人君이 다른 즐길 만한 것이 없겠는가?

인증 『안자춘추晏子春秋』에서 말했다. "현인이 있는데 알지 못하는 것이 첫 번째 불상不祥이요, 알면서도 등용하지 않는 것이 두 번째 불상이요, 등용하되 맡기지 않는 것이 세 번째 불상이다."

○ 왕응린이 말했다. "대개 옛날에 이 말이 있었다."

8-18 중니께서 자주 물을 일컬으며 '물이여! 물이여!' 하셨다는 장
〔仲尼亟稱於水曰水哉水哉章〕

* 샘이 깊은 물은 마르는 일이 없이 주야로 흘러내려 바다에까지 이른다. 공자는 일찍이 물이 흘러가는 것을 자강불식에 비유하며 칭찬했는데 맹자가 그 뜻을 받아 이를 군자의 수양에 비유하면서 세상에 한때의 명성만을 추구하려는 자들을 경계했다.

徐子曰: "仲尼亟稱於水, 曰: '水哉, 水哉!' 何取於水也?" 孟子曰: "原泉混混, 不舍晝夜. 盈科而後進, 放乎四海, 有本者如是, 是之取爾. 苟爲無本, 七八月之間雨集, 溝澮皆盈; 其涸也, 可立而待也. 故聲聞過情, 君子恥之."

趙曰: "科, 坎。放, 至也."
○鏞案 科者, 斗量也。【字從禾從斗】訓科爲坎, 疎矣。又舍者, 息也。古今注皆不言。○盈科而後進, 是孟子通徹物理語。水之自源至海, 本非通道出路而然, 水注山谷, 旣盈其科, 則水從地勢卑處決出去, 又遇山谷亦然, 以成水路耳。

서자가 물었다. "중니께서 자주 물을 칭찬하며 '물이여! 물이여!' 하셨으니, 무엇 때문에 물에서 취하신 것입니까? 맹자가 답했다. "샘이 깊은 물이 퐁퐁 솟아나 밤낮을 그치지 않고 흘러 용량을 다한 이후에 내려가 사해에 이르나니, 근본이 있는 것은 이와 같다. 이 때문에 취하신 것이다. 만일 근본이 없다면 7, 8월 사이에 빗물이 모여서 도랑이 모두 가득하다고 해도 그 마르는 것은 서서 기다릴 수 있다. 그러므로 명성이 실제보다 지나치는 것을 군자는 부끄러워한다."

조기는 말했다. "'과科'는 구덩이요, '방放'은 이르는 것이다."

○ **용안** '과科'는 말[斗]의 용량이다.[글자가 '화禾'와 '두斗'를 따랐다.] '과科'를 훈고하여 '구덩이[坎]'라고 한 것은 소략하다. 또 '사舍'는 쉰다는 것인데 고금의 주석에서 모두 언급하지 않았다.

○ "과科를 채운 뒤에 나아간다."라는 것은 맹자가 물리에 정통한 말이다. 물이 근원으로부터 바다에 이르는 것은 본래 그 통로로 나와 그렇게 되는 것이 아니다. 물이 산곡으로 흘러들어가서 그 용량을 채우고 나면 물은 지세가 낮은 곳을 따라 터져서 흘러나가고, 또 산곡을 만나면 역시 그렇게 하여 수로水路를 만드는 것이라고 한 것이다.

* 조기와 주자는 모두 '영과이후진盈科而後進'을 해석하면서 '과科'를 웅덩이의 뜻으로 보았는데, 다산은 글자의 형성구조를 분석하여 용량을 채우고 나면 다시 낮은 곳을 따라 흘러가는 것이라고 이해했다. 자의字義에 대한 새로운 해석을 통해 문장의 의미를 규명한 것이다.

8-19 사람이 금수와 다른 점이 몇 가지나 되겠느냐는 장
〔人之所以異於禽獸者幾希章〕

*다산은 사람이 금수와 다른 것은 오직 도심뿐이라고 역설했다. 도심은 형질이 없고 미묘하므로 보통 사람들은 이것을 버리기 쉽지만 군자는 이것을 보존한다는 의미로 이 장을 이해했다.

孟子曰:"人之所以異於禽於獸者幾希, 庶民去之, 君子存之. 舜明於庶物, 察於人倫, 由仁義行, 非行仁義也."

趙曰:"幾希, 無幾也, 知義與不知義之間耳."
○《集》曰:"幾希, 少也. 人物之生, 同得天地之理以爲性, 同得天地之氣以爲形. 其不同者, 獨人於其間, 得形氣之正."
○**鏞案** 幾者, 微也.【《易》曰,[20] "幾者, 動之微."】希, 亦微也.【見《說文》】幾希者, 微眇芒忽, 無幾無何之意也.《荀子》曰[21]: "水火有氣而無生, 草木有生而無知, 禽獸有知而無義, 人有氣有生有知有義." 蓋其受性之品, 凡有四等, 而人與禽獸最相近, 耳聽目視無以異也, 鼻嗅舌舐無以異也, 食色安逸之欲無以異也. 所異者, 惟是一箇道心, 而道心爲物, 無形無質, 至微至忽.【『道經』云,[22] "道心惟微."】若于是從而去之, 則禽獸而已, 將何以自別乎? 此孟子至切之戒, 當拳拳服膺者也.

---

20) 『易』曰:『주역·계사 하』이다.
21) 『荀子』曰:『순자·왕제』이다.
22) 『道經』云:『순자·해폐』에 인용된 『도경』의 언급이다.

맹자가 말했다. "사람이 금수와 다른 점이 몇 가지나 되겠는가! 보통 사람들은 이것을 버려두고, 군자는 이것을 보존한다. 순 임금은 여러 사물에 밝았으며 인륜을 살폈는데, 인의에서 우러나와 행하신 것이지 인의를 행하려 하신 것은 아니었다."

조기가 말했다. "'기희幾希'는 거의 없다는 것이니, 의義를 아는 것과 알지 못하는 차이일 따름이다."

○ 『맹자집주』에서 말했다. "'기희幾希'는 적다는 것이다. 사람과 기타 만물이 생겨날 때 똑같이 천지의 이理를 얻어서 본성을 삼았고, 똑같이 천지의 기氣를 얻어서 형체를 삼았다. 똑같지 않은 것은 홀로 인간만이 그 사이에서 형기形氣의 바름을 얻은 것이다."

○ **용안** '기幾'는 미미하다는 것이다.【『주역』에서 "'기幾는 움직임이 미묘함이다."라고 하였다.】 '희希'도 역시 미미함이다.【『설문해자』에 보인다.】 '기희幾希'는 미묘하고 아득한 것으로 미미함도 없고 얼마 되지도 않는다는 뜻이다. 『순자』에서 "수화水火는 기氣는 있으나 생명이 없고, 초목은 생명은 있으나 지각이 없고, 금수는 지각은 있으나 의로움이 없는데, 인간은 기氣도 있고, 생명도 있고, 지각도 있고, 의로움도 있다."라고 하였다. 대개 그 성性을 부여받는 품등에는 모두 네 등급이 있는데, 인간과 금수가 가장 서로 가까워서, 귀로 듣고 눈으로 보는 것은 차이가 없고, 코로 냄새 맡고 혀로 핥는 것도 차이가 없고, 식색과 안일의 욕망도 차이가 없다. 다른 것은 오직 하나의 도심뿐인데, 도심이라는 것은 형질이 없고 지극히 은미하고 지극히 잠시 있다 사라지니,【『도경』에 "도심은 오직 은미하다."라고 하였다.】 만약 이것을 떠나면 금수일 뿐이니, 무엇으로 스스로를 구별 짓겠는가? 이것은 맹자의 지극히 간절한 경계이니 마땅히 삼가 가슴에 잘 간직해야 할 것이다.

○性理家每以性爲理。故《集注》謂'人物之生, 同得天地之理以[23]爲性', 此所謂本然之性也。本然之性, 無有大小尊卑之差等, 特因所稟形質, 有淸有濁有偏有正。故理寓於氣, 不得不隨而不同。《集注》曰'人於其間, 獨得形氣之正爲小異', 亦此說也。審如是也, 人之所以異於禽獸者, 在於形氣, 不在於性靈。庶民去形氣, 君子存形氣, 豈孟子之本旨乎? 形氣者, 體質也, 與生俱生, 死而後腐焉, 庶民獨安得去之乎? 性理家謂'本然之性之寓於形氣也, 如水之注器, 器圓則水圓, 器方則水方', 是明明把人性獸性打成一物, 特其毛者爲牛, 羽者爲雞, 倮者爲人而已。孟子以犬·牛·人之性, 別其同異, 與告子力戰, 今乃以人性獸性渾而一之, 可乎? 無始自在·輪回轉化之說, 行世旣久, 蘇東坡於〈赤壁賦〉及〈潮州韓文公廟碑〉陰用其說, 而世莫之察, 謂之奇文。宋·元諸先生所言本然之性, 亦無始自在之義。此係古今性道之大關, 不敢不辨。

---

23) 以:新朝本에는 빠져 있다.

○ 성리가性理家들은 매양 성性을 이理라고 여긴다. 그래서 『맹자집주』에서 "사람과 기타 만물이 생겨날 때 똑같이 천지의 이理를 얻어서 본성을 삼았다."라고 말하니, 이것이 이른바 '본연지성'이다. 본연지성은 대소존비의 차등이 없고 다만 품수稟受된 형질에 따라서 청淸·탁濁·편偏·정正이 있다. 그러므로 이理가 기氣에 붙어 기를 따라 같지 않게 되지 않을 수 없다는 것이다. 『맹자집주』에서 "홀로 인간만이 그 사이에서 형기의 바름을 얻은 것"이라고 한 것도 역시 이 주장이다.

분명히 이와 같다면 인간이 금수와 다른 것이 형기에 있는 것이지 성령性靈에 있는 것이 아니다. 보통 사람들은 형기를 버리고 군자만이 형기를 보존한다는 것이 어찌 맹자의 본뜻이겠는가? 형기라는 것은 체질이니 생명과 더불어 같이 살고 죽은 뒤에야 썩는데, 보통 사람만이라고 어떻게 버릴 수 있겠는가? 성리가들이 말하기를 "본연지성이 형기에 붙는 것은 물을 그릇에 담는 것과 같아서. 그릇이 둥글면 물도 둥글게 되고, 그릇이 모나면 물도 모가 난다."라고 하니, 이것은 명백히 사람의 성품과 짐승의 성품을 똑같은 물성으로 만들어버리고, 다만 그 털이 있는 것은 소라고 하고, 날개가 있는 것은 닭이라고 하고, 털이 없는 것은 인간이라고 할 뿐이다. 맹자가 개와 소와 사람의 성품으로써 그 같고 다름을 분별하려고 고자와 힘껏 논쟁하였는데, 이제 다시 사람의 성품과 짐승의 성품을 뭉뚱그려 한 가지로 여기면 되겠는가? '무시자재無始自在', '윤회전화輪回轉化'의 주장이 세상에 행해진 지가 이미 오래됨에, 소식이 「적벽부」 및 「조주한문공묘비음趙州韓文公墓碑陰」에서 그 주장을 사용하였는데도 세인들은 아무도 그러한 것을 살피지도 않고 그것들을 기이한 문장이라고 한다. 송·원의 여러 선생들이 말한 본연지성도 또한 무시자재無始自在의 뜻이다. 이것은 고금의 성도性道에 대한 중요한 문제가 되는 것이기 때문에 감히 분별하지 않을 수 없다.

8-20 우왕은 맛난 술을 싫어하고, 선량한 말을 좋아했다는 장
〔禹惡旨酒而好善言章〕

* 하·은·주 삼대의 제왕인 우·탕·문·무와 주공의 치세법인 덕행을 말한 것이다. 다산은 이 글에서 '시민여상視民如傷'의 해석은 조기의 견해를, '망도이미지견望道而未之見'에 대한 해석은 주자의 해석을 존중했다.

孟子曰:"禹惡旨酒而好善言. 湯執中, 立賢無方. 文王視民如傷, 望道而未之見. 武王不泄邇, 不忘遠. 周公思兼三王, 以施四事; 其有不合者, 仰而思之, 夜以繼日; 幸而得之, 坐以待旦."

趙曰:"視民如傷者, 雍容不動擾也."
○鏞案 趙注有味。吾東鄙諺曰:"吹之恐簸, 握之恐破." 此之謂如傷也。《老子》曰:"治民如烹小鮮."【擾之則盡碎】

趙曰:"殷祿未盡, 尙有賢臣, 道未得至。故望而不敢誅於紂."
○鏞案 陋甚矣。當從《集注》。
○〈表記〉云:"鄕道而行, 中道而廢, 忘身之老也。俛焉日有孳孳, 斃而后已." 文王之望道如此。

引證 伏生《書大傳》云:"周公兼思三王之道, 以施於春秋冬夏."
○麟曰:"其說, 陋矣."

맹자가 말했다. "우왕은 맛난 술을 싫어하고, 선량한 말을 좋아했다. 탕왕은 중용을 견지했고, 어진이를 등용할 때는 미리 정해놓은 것이 없었다. 문왕은 백성 보기를 다칠 듯이 하였으며, 도를 바라보고도 보지 못한 듯이 여겼다. 무왕은 가까운 자를 친압하지 않았고, 먼 자도 잊지 않았다. 주공은 삼대의 왕을 겸하시어 네 왕들이 행한 일을 시행할 것을 생각하되, 부합하지 않는 것이 있으면, 우러러 생각하여 밤으로 날을 이어서, 다행히 터득하면 그대로 앉아 날이 새기를 기다렸다."

조기가 말했다. "백성 보기를 다칠 듯이 하셨다는 것은, 온화하게 하여 동요시키지 않았다는 것이다."

○ **용안** 조기의 주注는 음미할 점이 있다. 우리나라의 속담에 "불면 날릴까 쥐면 터질까."라는 말이 있는데, 이것을 다칠 듯이 했다고 할 만하다. 『노자』도 말하기를 "백성을 다스리는 것은 작은 생선을 끓이듯이 해야 한다."라고 말했다.【건드리면 모두 부서진다.】

조기가 말했다. "은殷의 복록이 아직 다하지 않았고 여전히 현명한 신하도 있어서 도가 아직 이르지 않았다. 그러므로 바라보고도 감히 주紂를 베지 않은 것이다."

○ **용안** 고루함이 매우 심하다. 마땅히 『맹자집주』를 따라야 한다.

○ 『예기·표기表記』에서 공자는 "도를 향해 가다가 중도에 쓰러질지언정 몸이 늙어가는 것도 잊고, 부지런히 날마다 애쓰다가 죽은 뒤에야 그만둔다."라고 하였는데, 문왕이 도를 바란 것이 이와 같았다.

인증 복생伏生의 『서대전書大傳』에는 "주공이 삼왕三王의 도를 아울러 생각하여 봄 가을, 겨울과 여름에 시행했다."라고 했다.

○ 왕응린이 말했다. "그 주장은 고루하다."

8-21 왕자의 자취가 종식됨에 『시』가 없어지고, 『시』가 없어진 뒤에 『춘추』가 나왔다는 장〔迹熄而詩亡春秋作章〕

* 조기의 주석과 주희의 주석과는 물론 종래의 주석과 다산의 주석은 전혀 다르다. 종래의 주석은 본문의 문장을 존중하여 왕도정치의 자취가 종식됨에 시가 없어지고 시가 없어진 뒤에 공자의 『춘추』가 나왔다고 보는 것이 일반적이다. 그러나 다산은 왕적王迹이 종식되고도 많은 시가 나왔으며 시가 없어지지 않았을 때도 『춘추』가 있었으므로, 여기의 글은 그런 뜻에서 맹자가 한 말이 아니고 "왕적이 종식되고 나서는 시가 풍송주포諷誦誅褒의 법이 없어지고, 시가 이런 구실을 하지 못하자 사필을 관장한 사관이 『춘추』를 지어서 주포권징誅褒勸懲을 하였다."라는 뜻에서 한 말이라고 하였다.

孟子曰: "王者之迹熄而詩亡, 詩亡然後春秋作. 晉之乘, 楚之檮杌, 魯之春秋, 一也. 其事則齊桓 晉文, 其文則史. 孔子曰: '其義則丘竊取之矣.'"

趙曰: "王迹止熄, 頌聲不作, 故《詩》亡."
○《集》曰: "《詩》亡, 謂〈黍離〉[24]降爲〈國風〉而〈雅〉亡."

○鏞案 王迹熄而《詩》亡者, 何理?《詩》亡而《春秋》作者, 何義? 其事, 類皆絶不相關, 不可遽解. 況《詩》者〈風〉·〈雅〉·〈頌〉之總名, 如趙注則〈頌〉亡而已, 如《集注》則〈雅〉亡而已. 惟〈雅〉·〈頌〉亡, 則《詩》未全亡, 亦不可解, 況王跡之熄! 朱子以平王東遷當之. 然〈何彼穠矣〉, 明是平王以後之詩,【《詩》云: "平王之孫, 齊侯之子."】則東遷之後,〈南〉猶作矣.〈魯頌〉諸篇, 皆是頌僖公而作, 則東遷之後,〈頌〉猶作矣.

---

24)〈黍離〉:「서리」는『시경·왕풍王風』의 편명이다.

맹자가 말했다. "왕자王者의 자취가 종식됨에 『시』가 없어졌으니, 시가 없어진 뒤에 『춘추』가 나왔다. 진나라의 『승乘』과 초나라의 『도올檮杌』과 노나라의 『춘추』가 똑같은 것이다. 그 일은 제환공·진문공의 일이요, 그 문체는 사관의 문체이다. 공자께서 말씀하시기를 '그 의義는 내가 가만히 취했다.'라고 하셨다."

조기가 말했다. "왕자王者의 자취가 사라지자, 왕을 칭송하는 노래가 지어지지 아니하므로 『시경』이 없어졌다."

○ 『맹자집주』에서 말했다. "『시경』이 없어졌다는 것은 「서리黍離」가 강등되어 국풍이 되면서 아雅가 없어졌다는 것이다."

용안 왕적王迹이 사라지자 『시』가 없어졌다는 것은 무슨 이치이며, 『시』가 없어지자 『춘추』가 지어졌다는 것은 무슨 뜻인가? 그러한 일들이 모두 전혀 상관이 없으니 금방 이해할 수 없다. 하물며 시는 풍·아·송의 총칭인데, 조기의 주석대로라면 송이 없어졌을 뿐이요, 『맹자집주』의 주장대로라면 아가 없어졌을 뿐이다. 아·송만이 없어졌다면 시 전체가 없어진 것은 아니니 또한 이해할 수가 없는데, 하물며 왕적王迹이 사라졌다는 데 있어서는 어떻겠는가? 주자는 평왕平王의 동천東遷을 가지고 이에 해당시켰으나, 그러나 「하피농의何彼穠矣」는 분명히 평왕 이후의 시이니,[『시경』에 "평왕의 손孫과 제후의 자子로다."라고 하였다.] 그렇다면 동천 뒤에도 소남의 시는 여전히 지어졌을 것이다. 노송의 여러 작품들도 모두 희공僖公을 칭송하여 지어졌으니, 동천한 뒤에도 송은 여전히 지어졌던 것이다

劉安成[25]作《詩經時世圖》, 變〈小雅〉三十二篇, 屬於時世未詳之秩, 安知其中無東遷以後之作乎?〈賓之初筵〉·〈抑〉[26]等詩, 明是[27]衛武時作, 〈都人士〉, 明是東遷後作。況幽王諸詩, 雖在東遷之前, 不可曰王跡未熄。《詩》云:"赫赫宗周! 褒姒[28]滅之。"未有宗周旣滅, 而猶不東遷者, 況十三國〈風〉, 都是東遷後作! 由是觀之, 東遷之後, 正風·變風, 〈小雅〉·〈大雅〉, 魯國之〈頌〉, 蔚然其興, 豈惟不亡? 正惟王迹熄, 而《詩》益興矣。《詩》興如此, 而猶云《詩》亡, 豈可通乎? 若云'變風·變雅·列國之〈頌〉, 不足以爲《詩》', 則孔子自言'吾自衛反魯, 然後樂正, 〈雅〉·〈頌〉各得其所', 旣亡之《詩》而自言曰各得其所, 有是理乎? 況《春秋》起於魯隱公元年, 而《詩》三百篇太半是隱公以後之詩, 則《詩》未亡而《春秋》作, 昭不可揜。今之儒者, 有順無違, 曰'《詩》亡而《春秋》作', 尤不可解。

---

25) 劉安成 : 유안성은 원대의 경학자이다. 자는 공근公謹이고, 이름은 근瑾이며, 안성安成은 그의 호號이다. 경사經史에 정통했고, 저술로 『시전통석詩傳通釋』, 『율려성서樂呂成書』 등이 있다.

26) 抑 : 新朝本에는 이 뒤에 '戒'가 있으나 편명인《詩經·抑》에 따라 생략한다.

27) 是 : 新朝本에는 빠져 있다.

28) 褒姒 : 포사는 서주西周의 마지막 왕인 유왕幽王의 애첩이다. 유왕이 그녀의 웃음을 보려고 거짓으로 변방의 봉화를 올리곤 했는데, 실제 견융犬戎의 군대가 침공하였을 때는 한 명의 제후도 오지 않아 서주의 멸망을 재촉했다.

유안성劉安成이 『시경시세도詩經時世圖』를 지었는데 변소아變小雅 32편은 시세時世가 자세하지 않다는 데 소속시켰으니, 어떻게 그 가운데 동천 이후의 작품이 없다고 알겠는가? 「빈지초연賓之初筵」·「억抑」 등의 시는 분명히 위무공衛武公 때의 작품이고, 「도인사都人士」는 분명히 동천 이전에 있었다고 하더라도 왕적이 사라지지 않았다고 말할 수는 없다. 『시경』에 이르기를 "혁혁한 종주宗周여! 포사褒姒가 망하게 하였다."라고 하였으니, 종주가 멸망하고 나서도 동천을 하지 않았다고 믿어지지 않는데, 하물며 13국풍은 모두 동천 이후의 작품임에랴.

이것으로 보건대, 동천 뒤에도 정풍·변풍과 소아·대아와 노국의 송이 무성히 일어났으니, 어찌 없어지지 않았다고 할 뿐이겠는가? 바로 왕적이 사라지자 『시』가 더욱 흥했다고 할 수 있겠다. 『시』가 흥한 것이 이와 같은데 오히려 『시』가 없어졌다고 하면 어찌 통할 수 있겠는가? 만약 변풍과 변아變雅와 열국의 송은 시가 될 수 없다고 한다면, 공자가 스스로 "내가 위衛로부터 노魯에 돌아온 뒤에 악樂이 바르게 되고 아·송이 제자리를 얻었다."라고 하였는데, 이미 『시』가 없어진 것을 두고 각각 제자리를 얻었다고 스스로 말한 것이 되니, 이런 이치가 있겠는가? 더구나 『춘추』는 노 은공隱公 원년에서부터 시작되는데, 『시』 삼백 편은 태반이 은공 이후의 작품이다. 그렇다면 『시』가 없어지지 아니했을 때 『춘추』가 지어진 것은 분명하다. 오늘날 유학자들은 따르기만 하고 의심하지 않으면서 "『시』가 없어지고 『춘추』가 지어졌다."라고 하니 더욱 이해할 수 없다.

○詩之興, 始於虞舜。帝曰, "予欲聞六律·五聲·八音,[29] 在治忽以出納五言, 汝聽。" 五言者, 六詩之五也。風·賦·比·興者, 諷喩之體也, 雅·大雅者, 正言之體也。惟頌之爲體, 稱美先王, 以爲廟樂, 故不在五言之數也。乃五言之體, 唯以美·刺爲主, 專言時政得失, 以導以諫, 而其所重尤在於諫。故或陳前事以美諷之, 或陳時事以刺諷之。其諷喩者謂之風,【分言之, 則有風·賦·比·興之別。】其正言者謂之雅。至於列國之詩, 王人采之, 以編樂府,[30] 上可以諷諫天子, 下可以誅褒諸侯, 詩之用如是也。凡弒逆·淫亂·戕賢·害民, 干天紀·壞人倫, 元惡巨慝, 一以詩發之, 被之管絃, 以誦以諷, 播諸一代, 垂之萬世。爲民上者, 其罪惡一登詩譜, 孝子慈孫, 莫得以洗之。天下之可恐可怖, 如斧如鉞, 未有甚於詩者也。幽王旣滅, 平王旣遷, 王跡永熄, 則雖作詩者不絶, 而其諷誦誅褒之法則亡矣。《詩》不亡乎? 於是掌史之臣, 作爲《春秋》, 以誅以褒以勸以懲, 此所謂《詩》亡而《春秋》作也。

---

29) 八音 : 팔음은 악기 제조에 쓰인 8가지 재료에 따라 나누는 악기 분류법이다. 8가지 재료란 쇠·돌·명주실·대나무·바가지·흙·가죽·나무 등을 말한다.
30) 樂府 : 악부는 중국 고대에 음악을 관장하는 관서의 명칭이다. 민간 가요를 채집하여 민심과 국정의 득실을 살폈다. 후대에는 악부에서 채집한 민요를 본뜬 문학 작품을 지칭하기도 했다.

○ 『시』의 발생은 우순虞舜에서 시작되었다. 순이 말하기를 "내가 육률·오성·팔음을 듣고 다스려짐과 다스려지지 않음을 살펴 오언五言을 출납하려고 하니 네가 들어라."라고 하였다. 오언五言은 육시六詩 가운데 다섯 가지이다. 풍風·부賦·비比·흥興은 풍유諷諭의 체體요, 소아·대아는 정언正言의 체이다. 송頌의 체體만은 선왕을 찬미하여 묘악廟樂으로 하기 때문에, 오언의 수에 들어있지 않다. 그러니 오언의 체는 오직 찬미와 풍자를 주로 하는 것으로, 시정의 득실을 오로지 말하여 인도하기도 하고 간하기도 하는 것인데, 더욱 중시되는 것은 간하는 데 있다. 그러므로 혹 이전 일을 진술하여 찬미함으로써 풍유하기도 하고, 혹 시사를 진술하여 기자譏刺함으로써 풍유하기도 한다. 그 풍유한 것을 '풍'이라고 하고,[나누어 말하면 풍·부·비·흥의 구별이 있다.] 그 정언正言한 것을 '아'라고 한다. 열국의 시에 이르러서는 왕인王人이 채집해서 악부에 편집하여, 위로는 천자를 풍간할 수 있고 아래로는 제후를 꾸짖거나 기릴 수도 있으니, 시의 작용이 이와 같았던 것이다. 윗사람을 죽이는 짓, 음란한 짓, 현인과 백성을 해치는 짓, 천기天紀를 범하고 인륜을 무너뜨리는 짓 등의 큰 악행을 한결같이 시로 드러내서, 그것을 음악에 맞추어 외우고 풍유하고 하여 일대에 전파하고 만세에 드리우니, 윗자리에 있는 자들은 그들의 죄악이 한 번 시보詩譜에 올라가면, 효자자손이라도 그것을 씻어낼 수가 없다. 천하에 있어서 도끼처럼 두려워할 만한 것은 시보다 심한 것이 없었다. 유왕幽王이 죽고 평왕平王이 동천한 뒤에는 왕적王迹이 영원히 사라졌으니, 그 작시자는 끊어지지 아니했다 하더라도 그 풍송주포풍송주포諷誦誅褒의 법은 없어졌던 것이다. 그러니 『시』가 없어진 것이 아니겠는가? 이에 사필史筆을 관장한 신하가 『춘추』를 지어서 벌을 주기도 하고 기리기도 하며, 권장하기도 하고 징계하기도 하니, 이것이 이른바 시가 없어지고 『춘추』가 지어졌다는 것이다.

○孔子之前, 原有《春秋》。故韓宣子聘魯, 觀《易·象》·《春秋》,【昭二年】羊舌肸習于《春秋》, 以傅太子,【魯 襄公之時】楚 士亹教之《春秋》, 以傅太子,【亦魯 襄之時】管子著書, 已說'《春秋》之記',【見《管子·法法》篇】公羊作〈傳〉, 亦言不修之³¹⁾《春秋》,【莊七年】斯皆周史之舊名。何休·韋昭·閔因之等, 俱有論著, 不可誣也。孔子曰'其義則某竊取之矣', 謂古《春秋》之義, 孔子竊取之, 以修《春秋》也。若云孔子之時,《詩》始新亡而《春秋》乃作, 則孔子之前, 明有《春秋》, 已記弑逆之罪,【見《管子》】而屬辭比事之教, 已布列國,【見〈經解〉】惡得云孔子之時《春秋》始作乎?

---

31) 之 : 문맥상 생략되어야 옳은 듯하다.

공자의 앞에 원래 『춘추』가 있었다. 그러므로 한선자韓宣子가 노나라에 빙문하였을 때, 『주역·상전象傳』과 『춘추』를 보았고,[소공昭公 2년조에 보인다.] 양설힐羊舌肸이 『춘추』를 익혀서 태자의 사부가 되었으며,[노 양공襄公 때의 일이다.] 초의 사미士亹가 『춘추』를 가르쳐서 태자의 사부가 되었고,[역시 노 양공 때의 일이다.] 관자가 책을 지으면서 이미 『춘추』의 기록을 말하였으며,[『관자·법법法法』 편에 보인다.] 공양씨가 전을 지으면서 편수하지 못한 『춘추』라고 말하였으니,[장공莊公 7년] 이것들은 모두 주나라 사서史書의 옛 이름이다. 하휴何休·위소韋昭·민인지閔因之 등이 모두 논저가 있어 속일 수가 없다. 공자가 "그 뜻은 내가 취한 것이다."라고 한 것은 옛 『춘추』의 뜻을 공자가 취해서 『춘추』를 필삭한 것을 이름이다. 만약 공자의 시대에 시가 비로소 없어지고 『춘추』가 아예 지어졌다고 한다면, 공자 이전에 분명히 『춘추』가 있어서 이미 시역弑逆의 죄를 기록하였고,[『관자』에 보인다.] 속사屬辭·비사比事의 가르침이 이미 열국列國에 퍼져 있었으니,[『예기·경해』에 보인다.] 어떻게 공자 때에 『춘추』가 비로소 지어졌다고 말할 수 있겠는가?

* 왕적王迹이 사라진 것을 대개 주나라 평왕이 동천한 이후에 두고 있다. 다산은 평왕의 동천 이후에도 많은 시가 나왔으며 공자의 『춘추경』 이전에 원래 『춘추』가 있었음을 고증을 통해 확인하면서 종래의 주석에 반론을 제시했다.

趙曰:"孔子自謂竊取之, 以爲素王也."

○《集》曰:"竊取者, 謙辭."

○蔡曰:"孔子有德無位。故自以爲竊取王者之義."

○鏞案 《春秋》之義, 在於誅襃, 以代《詩》教。故孔子曰:"我竊取古《春秋》誅襃之義, 以修《春秋》." 若云孔子自作而自取之, 則語自不通。孔子嘗曰'竊比於老彭', 豈亦有德無位, 故自稱竊比歟? 趙·蔡之說不可從。

引證 《公羊傳》曰:"《春秋》之信史也。其序則齊桓·晉文, 其會則主會爲之也, 其辭則丘有罪焉爾."【昭十二】

○**鏞案** 此襲《孟子》而小變其說。[32]

---

32) 신조본에는 이 단락의 마지막에 '與猶堂全書 第二集 第五卷【終】'라는 권차 표시가 있다.

조기가 말했다. "공자가 스스로 '저으기 취하였다.(竊取之)'라고 한 것은 소왕素王으로 여겼기 때문이다."

○ 『맹자집주』에서 말했다. "'저으기 취하였다.'라는 것은 겸사이다."

○ 채모蔡模가 말했다. "공자는 덕이 있으나 지위가 없었기 때문에 스스로 왕자王者의 의義를 저으기 취한 것이라고 여겼다."

○ **용안** 『춘추』의 뜻은 꾸짖거나 찬양하는 데 있어서 시교詩敎를 대신한 것이다. 그래서 공자가 "내가 적이 옛날 『춘추』를 꾸짖고 찬양하는 의義를 취하여 『춘추』를 편수했다."라고 말한 것이다. 만약 공자가 스스로 짓고 스스로에게서 취했다고 말한다면, 말이 저절로 통하지 않게 된다. 공자는 일찍이 "노팽老彭에게 저으기 비교하노라."라고 하였으니, 어찌 또한 덕德은 있지만 위位가 없어서 스스로 "저으기 비교한다."라고 했겠는가? 조기와 채모蔡模의 주장을 따라서는 안 된다.

인증 『공양전』에서 말했다. "『춘추』는 신뢰할 만한 사서史書이다. 그 순서는 제환공·진문공의 순서이고, 그 회맹은 회맹을 주도하는 이가 이것을 다스리고, 그 말은 공구가 죄가 있다고 한 것이다."【소공昭公 12년】

○ **용안** 이것은 『맹자』를 답습하여 그 내용을 조금 바꾼 것이다.

8-22 군자의 유택도 오세면 끊긴다는 장 〔君子之澤五世而斬章〕

* 맹자는 사람은 지위의 고하를 막론하고 오세五世 정도가 지나면 그 유택이 끊어지게 된다고 말했다. 여기서 논의의 쟁점은 오세라고 하는 기간인데 다산은 그 정도가 은택이 잊혀지는 자연스러운 기간이라는 점을 지적했다.

孟子曰: "君子之澤五世而斬, 小人之澤五世而斬. 予未得爲孔子徒也, 予私淑諸人也."

趙曰: "大德大凶, 流及後世, 自高祖至玄孫, 善惡之氣乃斷."
○《集》曰: "楊曰, '四世而緦, 服之窮也. 五世祖免, 殺同姓也. 六世, 親屬竭矣.《大傳》文〕 服窮, 則遺澤浸微, 故五世而斬.'"
○蔡曰: "君子小人, 蓋以位言."〔見《蒙引》〕
○鏞案 趙注, 非矣. 大凶之人, 安有遺澤? 若云惡澤亦澤, 則鯀[33]旣殛死, 禹乃嗣興, 郤芮[34]珍絶, 冀缺[35]復用. 先王之法, 父子兄弟, 罪不相及, 春秋之世, 其法猶然. 上坐其父, 下坐其子, 旁及昆弟者, 亡秦之酷虐也. 垂及曾玄, 永世枳廢者, 秦亦不然. 何至五世而乃斬乎?
　君子小人, 以位言也. 賢賢親親之餘澤, 樂樂利利之餘澤, 皆五世而衰. 此物之大數也.

---

33) 鯀 : 新朝本에는 '鰥'으로 되어 있으나 奎章本에 따라 바로잡는다. 곤鯀은 우임금의 아버지로 알려져 있다. 『서경·요전堯典』에 따르면 사흉四凶의 한 사람으로, 순에 의해 우산羽山에서 처형되었다.
34) 郤芮 : 극예는 춘추시대 진나라의 대부大夫이다. 진晉 문공의 공가公家에 불을 질러 문공을 죽이려 하다가 발각되어 처형당했다.
35) 冀缺 : 기결은 극예郤芮의 아들로 본명은 극결郤缺이며 시호는 성자成子이다. 기冀 땅에 살았기 때문에 기결이라고 한다. 구계臼季가 기 땅을 지나다가 그들 부부가 서로를 손님처럼 공경하는 것을 보고 진문공晉文公에게 추천하여 하군대부下軍大夫가 되었다.

맹자가 말했다. "군자의 유택遺澤도 오세五世면 끊기고, 소인의 유택도 오세면 끊긴다. 나는 공자의 문도가 될 수 없어 나는 다른 사람에게서 사숙私淑했다."

조기가 말했다. "대덕이나 대흉은 그 여풍이 후세에까지 유급流及되는데, 고조高祖로부터 현손玄孫에 이르면 선악의 기운도 끊어지게 된다."
○ 『맹자집주』에서 말했다. "양시楊時가 '4세까지 시마복緦麻服을 입으니 복복은 여기에서 다 끝나고, 5세가 되면 단문袒免을 하니 동성同姓으로 강쇄降殺된 것이며, 6세가 되면 친속親屬이 다한다.〖『대전大傳』의 문장이다.〗 복복이 다하면 유택이 점점 희미해지는 까닭으로 '5세가 되면 끊어진다.'라고 했다."
○ 채청이 말했다. "군자·소인은 대개 지위로 말한 것이다."〖『사서몽인』에 보인다.〗
○ **용안** 조기의 주석은 잘못 되었다. 대흉의 사람이 어찌 유택이 있겠는가? 만약 "악택惡澤도 또한 유택遺澤이다."라고 한다면 곤鯀이 이미 죄를 받아 죽으매 우禹가 뒤를 이어 흥기하였고, 극예郤芮가 죄로 죽으매 기결冀缺이 다시 등용되었다. 선왕의 법은 부자·형제에게는 죄가 서로 미치지 않았는데, 춘추시대에도 그 법이 여전하였다. 위로 그 아버지를 연좌시키고, 아래로 그 자식을 연좌시키고, 옆으로 형제에 미치게 한 것은 망한 진나라의 가혹한 학정虐政이다. 아래로 증손·현손에까지 미치게 하며 영세토록 해치고 쓰러뜨리는 것은 진나라도 또한 그렇지 않았다. 어찌 5세世에 이르러서야 끊어지겠는가? 군자·소인은 지위로써 말한 것이다. 어진이를 어질게 여기고 친족을 친애한 그 여택과, 백성의 즐거움을 즐기고 백성의 이로움을 이롭게 여긴 그 여택은 5세 정도가 되면 쇠하게 되나니, 이것이 사물事物의 일반적인 운수이다.

《集》[36]曰: "父子相繼爲一世, 三十年亦爲一世。" 又曰: "孟子之生, 距孔子未百年。"

○**鏞案** 以上注則似高祖玄孫爲五世, 以下注則似百五十年爲五世, 未易定也。子思之門, 別無顯者, 惟子思之子孔白 子上, 見於〈檀弓〉, 於孔子爲四世, 遺澤未絶。孟子或從子上得聞孔子之微言, 故先爲五世之說也與?

---

36) 集: 新朝本에는 '趙'로 되어 있다.

* 조기는 '군자지택君子之澤'과 '소인지택小人之澤'을 대덕인大德人과 대흉인大凶人의 유택으로 보았고, 채청蔡淸은 지위의 고하로 말했다. 다산은 대흉인의 유택이라는 것을 연좌죄의 혐의가 있다는 것으로 비판하고, 군자 소인을 지위로 말한 것이라는 견해는 수용했다.

『맹자집주』에서 말했다. "부자父子가 대를 잇는 것이 1세이니, 30년이 또한 1세가 된다. 맹자가 태어난 것이 공자로부터 100년이 되지 않는다."

○ **용안** 위의 주석을 바탕으로 말하면 고조에서 현손까지를 5세라고 한 것 같고, 아래의 주석으로 말하면 150년을 5세世라고 하는 것 같은데, 쉽게 정할 수 없다. 자사子思의 문하에는 특별히 드러나는 사람이 없고, 오직 자사의 아들 공백자상孔白子上이 『예기·단궁檀弓』에 보이는데, 공자에게는 4세世가 되니 유택遺澤이 아직 끊어지지는 않은 것이다. 맹자가 혹 자상子上으로부터 공자의 미언微言을 들을 수 있었기 때문에 앞에 5세설說을 말한 것인가?

8-24 방몽이 활쏘기를 예에게서 배웠다는 장 〔逢蒙學射於羿章〕

* 맹자는 궁술弓術을 익힌 고인 몇 사람의 행적을 실례로 들어서, 사제 관계나 친구간의 교제에 있어 반드시 그 올바른 사람을 가려서 관계를 맺어야 한다는 점을 강조했다.

逢蒙學射於羿, 盡羿之道, 思天下惟羿爲愈己, 於是殺羿. 孟子曰: "是亦羿有罪焉." 公明儀曰: "宜若無罪焉." 曰: "薄乎云爾, 惡得無罪? 鄭人使子濯孺子侵衛, 衛使庾公之斯追之. 子濯孺子曰: "今日我疾作, 不可以執弓, 吾死矣夫!" 問其僕曰: "追我者誰也?" 其僕曰: "庾公之斯也." 曰: "吾生矣." 其僕曰: "庾公之斯, 衛之善射者也, 夫子曰'吾生', 何謂也?" 曰: "庾公之斯學射於尹公之他, 尹公之他學射於我. 夫尹公之他, 端人也, 其取友必端矣." 庾公之斯至, 曰: "夫子何爲不執弓?" 曰: "今日我疾作, 不可以執弓." 曰: "小人學射於尹公之他, 尹公之他學射於夫子. 我不忍以夫子之道反害夫子. 雖然, 今日之事, 君事也, 我不敢廢." 抽矢扣輪, 去其金, 發乘矢而後反."

考異 襄十四年,《左傳》云: "衛獻公出奔齊。孫氏追之, 敗公徒于河澤。[37] 初, 尹公佗學射於庾公差, 庾公差學射於公孫丁。二子追公,【爲孫氏逐公】公孫丁御公。【爲公御】

---

37) 阿 : 원래 '河'이나 완원이 국자감본과 급고각본 등을 참조하여 '阿'로 교감하였다. 두 글자 모두 틀린 것은 아니지만, 여기서는 신조본과 규장본을 따른다. 아택阿澤은 춘추시대 위나라의 지명으로 '하택河澤'이라고도 한다. 지금의 산동 양곡현 동북쪽으로 운하運河가 경유하는 곳이다.

방몽逢蒙이 활쏘기를 예羿에게서 배워, 예의 기술을 다 배우고 생각하기를 '천하에 오직 예만이 자기보다 낫다.'라고 하여, 예를 죽였다. 맹자가 이를 평하기를 "이 또한 예에게도 책임이 있는 것이다."라고 했다. 공명의는 "마땅히 죄가 없을 듯하다." 하였으나, 맹자가 말씀하셨다. "박할지언정 어찌 죄가 없다 하겠는가. 정나라 사람이 자탁유자子濯孺子로 하여금 위衛나라를 침략하게 하자, 위나라에서는 유공庾公 사斯로 하여금 그를 추격하게 하였다. 자탁유자가 말하기를 '오늘에 나는 병이 나서 활을 잡을 수 없으니, 나는 죽었구나!' 하고, 그 마부에게 묻기를 '나를 추격해오는 자는 누구인가?' 하자, 그 마부는 '유공의 사입니다.' 하고 대답하였다. 자탁유자가 말하기를 '나는 살았구나!' 하니, 그 마부가 말하기를 '유공의 사는 위나라에서도 활쏘기를 잘하는 자인데, 부자께서 '내가 살았다' 하신 것은 무슨 말씀입니까?'라고 하자, 그가 대답하기를 '유공의 사는 활쏘기를 윤공尹公 타他에게서 배웠고, 윤공의 타는 활쏘기를 나에게서 배웠으니, 윤공의 타는 단정한 사람이라, 벗을 취함에 반드시 단정할 것이다.'라고 하였다. 유공의 사가 도착하여 이르기를 '부자께서 어찌하여 활을 잡지 않습니까?' 하고, 묻자, 자탁유자는 '오늘에 나는 병이 나서 활을 잡을 수가 없네.'라고 대답하였다. 유공의 사가 말하기를 '소인은 활쏘기를 윤공의 타에게서 배웠고, 윤공의 타는 활쏘기를 부자께 배웠으니, 나는 차마 부자의 도로 도리어 부자를 해칠 수 없습니다. 그러나 오늘의 일은 국가의 일이니, 제가 감히 그만둘 수 없습니다.'라고 말하고는, 화살을 뽑아 수레바퀴에 두들겨 살촉을 빼버리고, 네 개의 화살을 발사한 뒤에 돌아갔다."

고이 『좌전·양공襄公』14년에서 말했다. "위 헌공獻公이 제나라로 달아나매, 손문자孫文子가 추격하여 헌공의 무리를 아택阿澤에서 패배시켰다. 그 전에 윤공타尹公佗는 활쏘기를 유공차庾公差에게서 배웠고, 유공차는 활쏘기를 공손정公孫丁에게서 배웠다. 윤공타와 유공차가 헌공을 추격하는데【손문자孫文子를 위하여 공을 추격했다.】공손정은 헌공의 말을 몰고 있었다.【헌공獻公을 위하여 말을 몰았다.】

子魚【庾公差】曰, '射爲背師, 不射爲戮. 射爲禮乎?' 射兩靷而還.
尹公佗曰, '子爲師, 我則遠矣.' 乃反之.【佗不從丁學, 故言遠. 始與公差俱退, 悔而獨還射丁】公孫丁授公轡, 而射之貫臂.【貫佗臂】"

○孔疏曰: "孟子所言, 其姓名與此略同, 行義與此正反, 不應一人之身, 有此二行. 孟子辯士之說, 或當假爲之辭, 此《傳》應是實也."

○毛曰: "孟子時, 策書未出, 而傳聞互異, 故言如此. 趙岐避讎, 在安丘複壁中, 註《孟子》.[38] 其腹笥未備, 或詳或略, 自可見諒. 若《集註》則不應有是矣. 今案《春秋傳》, 則公孫丁·庾公差·尹公佗, 是師弟子三輩, 其間同異, 亦不甚遠. 祇[39]《春秋傳》是甯[40]殖·孫林父以臣逐君事, 與列國相侵不等, 孟子引此, 證師弟子弑逆, 或恐大義輕重, 較難比擬."

---

38) 趙岐避讎, 在安丘複壁中, 註『孟子』: 조기는 당시 가족을 몰살한 경조윤京兆尹이었던 당현唐玹을 피해 이름을 바꾸고 유랑 생활을 했다. 그러던 중에 안구安丘(지금의 산동성山東省 안구현安丘縣) 사람 손숭孫嵩의 도움을 받아 목숨을 부지했고, 맹자에 대한 주석도 그때 완성했다. 손숭은 자신의 집에 복벽複壁을 만들어 당현이 죽을 때까지 조기를 그곳에 기거하도록 했다.

39) 祇: 新朝本에는 '祇'로 되어 있다.

40) 甯: 新朝本에는 '寧'으로 되어 있다.

자어子魚【유공차庾公差】가 '활을 쏘면 스승을 배신하는 것이 되고, 쏘지 않으면 죽게 된다. 쏘는 것이 예일진저!' 하고 수레의 멍에 쪽에 쏘고 돌아갔다. 윤공타는 '당신에게는 스승이나 나에게는 인연이 멀다.'라고 말하고 이에 다시 돌이켜 추격하니【윤공타尹公佗는 공손정公孫丁에게서 활쏘기를 배우지 아니한 까닭으로 '멀다'라고 말했다. 처음에는 유공차庾公差와 함께 물러났다가 후회하고 홀로 돌아가 공손정公孫丁을 쏜 것이다.】 공손정이 헌공에게 고삐를 맡기고 쏘아 팔뚝을 꿰었다."【윤공타의 팔뚝을 관통시킨 것이다.】

○ 공영달이 『춘추정의·소』에서 말했다. "맹자가 말한 그 성명이 이것과 대략 같은데, 행위는 이것과 정반대이니, 응당 한 사람의 몸에 이 두 행동이 있지 아니할 것이다. 맹자가 변사變事의 설을 따르다가 말을 만든 것이 아닌가 싶고, 이 『좌전』의 말이 응당 사실일 것이다."

○ 모기령이 말했다. "맹자 때는 간책簡冊들이 아직 나오지 않았고, 전문傳聞은 서로 다른 까닭으로 말이 이와 같았던 것이다. 조기가 원수를 피하여 안구安丘의 복벽腹壁 가운데 있으면서 『맹자』에 주를 내었다. 그 학문의 축적이 미비하여 더러는 자세하고 더러는 소략한 것을 스스로 살펴 알 수 있다. 『맹자집주』라면 응당 이런 일이 있지 아니할 것이다. 지금 『춘추전』을 살펴보면, 공손정과 유공차와 윤공타는 곧 스승과 제자 사이이니, 세 사람의 사이가 『춘추전』과 『맹자』에서의 차이도 또한 그다지 크지 아니하다. 다만 『춘추전』은 영식寧殖과 손임보孫林父가 신하로써 임금을 축출한 사건이어서 열국이 서로 침탈한 것과는 다른데, 맹자가 이것을 인용하여 스승과 제자 사이의 시역弑逆에 증거를 댔으니, 혹 대의의 경중을 분명하게 경주기는 어려울 듯하다."

* 『맹자』의 이 장의 내용과 그 이야기의 줄거리는 다르지만 『좌전·양공襄公14년』 양공에 보면 역시 궁술을 중심으로 전개된 한 사건이 기록되어 있다. 여기에 등장하는 인물들과 맹자에서 소개된 인물은 그 인물의 인명과 행위에 다소 차이가 있다. 다산은 모기령의 설명을 인용하여 대개의 내용에 동의를 표명했다.

8-25 서자도 불결한 것을 뒤집어쓰고 있으면, 사람들이 모두 코를 막고 지나간다는 장[西子蒙不潔人皆掩鼻章]

* 문장과 학식이 순수하고 아름다운 사람이라 하더라도 한 번 더러운 행동을 범하면 사람들이 모두 천하게 여겨 싫어하고, 그 반면에 추행을 일삼던 사람도 허물을 뉘우쳐 스스로 새로워지면 하늘을 섬길 수 있다. 타고난 것이 아닌 노력하는 행위의 결과를 중시한 발언이다.

孟子曰:"西子蒙不潔, 則人皆掩鼻而過之. 雖有惡人, 齊戒沐浴, 則可以祀上帝."

趙曰:"以不潔汙巾帽, 而蒙其頭面."
○**鏞案** 文章學識純美之人, 一犯醜穢之行, 人皆賤惡之, 西子所以喩, 是也.【揚雄·王維·趙孟頫, 皆不免此目.】[41]

趙曰:"惡人, 醜類者也。面雖醜, 而自治潔精."
○《集》曰:"惡人, 醜貌者也."
○**鏞案** 好貌曰好人, 美貌曰美人, 則惡人者, 惡貌者也。殺盜淫妄, 無所不爲, 而悔過自新, 則可以事天。惡貌, 所以比醜行也。

---

41) 揚雄·王維·趙孟頫, 皆不免此目 : 세 사람은 모두 당대의 학자들로 글로 명성이 높은 사람들이지만, 모두 순유醇儒로 평가받지는 못했다. 양웅은 왕위를 찬탈한 왕망에게 부역했고, 왕유는 불교의 습성이 적지 않았으며, 조맹부는 이민족이 세운 원의 조정에 출사했다는 비판을 받았다.

맹자가 말했다. "서자西子도 불결한 것을 뒤집어쓰고 있으면, 사람들이 모두 코를 막고 지나간다. 비록 추악한 사람도 재계하고 목욕하면 상제에게 제사지낼 수 있다."

조기가 말했다. "불결한 것으로 건모巾帽를 괴롭혀서 그 머리에 쓰는 것이다."

○ **용안** 문장과 학식이 순미純美한 사람이라도 한 번 더러운 행동을 범하면 사람들이 다 천하게 여기고 싫어한다. 서자西子는 이것을 비유한 것이다.【양웅揚雄과 왕유王維와 조맹부趙孟頫가 다 이러한 지적을 면하지 못하였다.】

○ 조기가 말했다. "악인이란 못생긴 사람이다. 얼굴은 비록 추하더라도 스스로 정결하게 가꾸면 상제의 제사를 모실 수 있다."
○ 『맹자집주』에서 말했다. "악인이란 추악한 외모를 지닌 사람이다."
○ **용안** 좋은 모습을 지닌 사람을 호인好人이라고 하고 아름다운 모습을 지닌 사람을 미인이라고 한다면 악인은 추악한 모습을 지닌 사람이다. 죽이고 도둑질하고 음한하고 망령된 행동을 마구 하다가도, 허물을 뉘우쳐 스스로 새로워지면 하늘을 섬길 수 있다. 추악한 모습이라는 것은 더러운 행실을 비유한 것이다.

* 본문의 악인惡人에 대해 조기와 주자는 모두 순미純美한 사람에 비유한 서자西子를 외모가 아름다운 미인으로만 보고, 이에 대조적으로 악인을 외모가 추한 사람으로 해석했다. 그런데 다산은 글자 그대로 외모가 아니라 나쁘고 더러운 행동을 하는 사람으로 보았다.

引證 賈誼《新書》曰:"夫以西施之美, 而蒙不潔, 則過之者, 莫不睨而掩鼻。"

考異《管子·小稱》篇云:"毛嬙·西施, 天下之美婦人也。"
○毛曰:"此在吳·越以前西子之名。"
○鏞案《管子》明係後人增衍, 眞僞相雜, 故誤用西施。毛說, 非矣。

인증 가의賈誼가 『신서新書』에서 말했다. "대저 서시西施의 아름다움으로도 깨끗하지 못한 것을 뒤집어쓴다면, 지나가는 사람들이 모두 눈을 흘기고 코를 가릴 것이다."

고이 『관자·소칭小稱』에서 말했다. "모장毛嬙과 서시西施는 천하에서 가장 아름다운 부인이다."
○ 모기령이 말했다. "이는 오나라와 월나라 이전에 살았던 서자西子의 이름이다."
○ **용안** 『관자』는 분명 후인에 의해 더해지고 부연된 것으로 진실과 거짓이 서로 섞였다. 그래서 서시西施를 잘못 인용한 것이니, 모기령의 설은 잘못되었다.

8-26 천하에 성에 대해 말하는 것은 천 년 뒤의 동지도 알 수 있을 것이라는 장 〔天下之言性也千歲之日至章〕

* 이 장에 대한 해석은 이설이 많다. 다산의 해석에 따르면 다음과 같다. 세상에서 일반적으로 사람의 성性을 논할 때는 이미 그러한 자취가 토대가 되어야 하고, 이미 그러한 자취라는 것은 무리 없이 순조롭게 도출되는 것이 중요하다. 이것은 비단 사람의 성을 아는 것에만 그러한 것이 아니라 저 하늘과 성신星辰 같은 것도 그것이 고원한 곳에 있지만 그 이미 그러했던 자취를 포착하여 그 이치를 알면 천년 후의 별자리도 확연하게 알게 되는 법이다.

孟子曰: "天下之言性也, 則故而已矣. 故者以利爲本. 所惡於智者, 爲其鑿也. 如智者若禹之行水也, 則無惡於智矣. 禹之行水也, 行其所無事也. 如智者亦行其所無事, 則智亦大矣. 天之高也, 星辰之遠也, 苟求其故, 千歲之日至, 可坐而致也."

《集》曰: "性者, 人物所得以生之理也. 故者, 其已然之跡. 利, 猶順也."
【《荀子·性惡》篇云: "善言天者, 必有徵於人." ○董仲舒曰: "善言天者, 必有徵於人. 天道無形而難知, 人事有迹而易見."】
○程子曰: "此章, 專爲智而發."【朱子云: "若用小智, 鑿以自私, 則害於性, 而反爲不智."】
○鏞案 此章主於論性之法而言.《中庸》人之性·物之性, 旣並言之,《孟子》論人性, 兼言犬牛之性.《集注》並擧人物, 以是也.《孟子》曰: "盡其心者, 知其性." 此云智者, 知性之智也. 欲知人物之性, 而不以順利爲本, 必欲穿鑿牽强如告子之爲, 則君子惡之.

맹자가 말했다. "천하에 성性을 말함은 고故일 뿐이니, 고라는 것은 순리를 근본으로 삼는다. 지혜로움을 미워하는 까닭은 천착하기 때문이니, 만일 지혜로운 자가 우왕禹王이 물을 흘러가게 하듯이 한다면 지혜를 미워할 까닭이 없을 것이다. 우왕이 물을 흘러가게 하신 것은 그 무사無事한 바를 행하신 것이니, 만일 지혜로운 자가 또한 무사한 바를 행한다면 지혜가 또한 클 것이다. 하늘이 높이 있으며 성신星辰이 멀리 있으나, 만일 그 이미 지난 고故를 찾는다면 천세의 동지도 가만히 앉아서도 알 수 있는 것이다."

『맹자집주』에서 말했다. "'성性'이라는 것은 사람과 만물이 얻어 살아가게 되는 이치이고, '고故'라는 것은 그 이미 그러한 자취이다. '이利'는 순순과 같다."【『순자·성악』 편에서는 "천의 일을 잘 말하는 자는 반드시 이것을 인사에 징험함이 있다."라고 하였다. ○ 동중서는 "천天의 일을 잘 말하는 사람은 반드시 이것은 인사에 징험함이 있다. 천도는 형체가 없어 알기 어렵고, 인사는 자취가 있어 보기 쉽다."라고 했다.】

○ 정이程頤가 말했다. "이 장은 오로지 지혜를 위하여 말한 것이다."【주자朱子는 "만약 작은 지혜를 부려 천착해서 스스로 사사롭게 한다면, 본성本性을 해치고 도리어 지혜롭지 않게 된다."라고 했다.】

○ **용안** 이 장은 성性을 논하는 법을 위주로 말했다. 『중용』은 사람의 본성과 만물의 본성을 이미 아울러 말하였고, 『맹자』는 사람의 성품을 논하면서 개와 소의 성품을 겸하여 말하였다. 『맹자집주』에서 사람과 만물을 다 거론한 것은 이 때문이다. 『맹자』에 "그 마음을 다하는 사람은 그 성性을 안다."라고 하였는데, 여기에서 지知란 성性을 아는 지이다. 사람과 만물의 성을 알고자 하면서 순리로 근본을 삼지 않고, 반드시 고자가 하듯 견강부회하면 군자는 싫어할 것이다.

欲知人物之性者, 但執已然之跡, 以驗其差與不差, 則斯可以論性矣。
天與星辰, 高遠之物也, 而執其跡而驗其差, 千歲之躔次昭然。【日至者,
冬至也。朞三百六十, 起於冬至, 故推曆者必以日至爲本也】況人物之性, 至卑至邇,
執其跡而驗其差, 何患不知? 此章重在言性。程子謂爲智而發, 恐不
然也。

○利者, 通利也, 順利也。【讀之如醫家'利水道'之利】赤子匍匐將入井, 必發
惻隱之心者, 故也。孩提之童, 莫不知愛其親者, 故也。戕賊人, 不得
爲仁義者, 故也。水無有不下, 人無有不善者, 故也。論其故者, 以通
利順利爲務, 則可以知性矣。

陸象山[42]曰:"此故字, 卽《莊子》'去智與故'之故。"
○毛曰:"故原有訓智者。如雜卦'隨无故也', 是無智計, 而《淮南·原道
訓》'不設智故', 謂不用機智穿鑿之意, 正與全文言智相合。"

---

42) 陸象山 : 육구연陸九淵(1139~1192)은 남송의 관리이자 사상가이다. 자는 자정子靜, 호는
존재存齋·상산옹象山翁, 무주撫州 금계金溪 사람이다. 정호와 정이의 학문을 계승했으
며, 주희와는 논쟁하면서 변론을 벌였다. 저서에 『상산집象山集』이 있다.

사람과 만물의 성을 알고자 하는 자는, 다만 이미 그러한 자취만을 잡아서 그 차이가 있나 없나를 확인하면 성을 논할 수 있다. 천天과 성신星辰은 고원한 곳에 있는 것인데, 그 자취를 잡아서 그 차이를 확인하면 천년 후의 별자리도 확연해 질 것이다.【일지日至라는 것은 동지冬至이다. 1년 360일은 동지에서 시작되는 까닭으로, 역력曆을 추정推定하는 사람은 반드시 일지日至로써 근본을 삼는다.】하물며 사람과 만물의 성성은 지극히 낮고 지극히 가까워, 그 자취를 잡고 그 차이를 확인하면 무슨 문제인들 알지 못하겠는가? 이 장의 중점은 성성을 말하는 데 있다. 정자程子가 "지혜를 위하여 말했다."라고 한 것은 아마도 그렇지 않은 듯하다.

○ 이利라는 것은 통리通利이며 순리順利이다.【읽을 때 의가醫家의 이利, 수도水道의 이利와 같이 읽는다.】어린 아이가 기어서 우물에 들어가려 하면 측은한 마음이 일어나는 것이 '고故'이다. 아이들은 모두 어버이를 사랑할 줄 아는 것이 '고'이다. 물이 아래로 내려가지 아니함이 없고 사람이 착하지 아니함이 없는 것이 '고'이다. 그 '고'를 논하는 자가 통리 또는 순리로써 힘쓴다면 성을 알 수 있을 것이다.

* 정자와 주자가 모두 이 장에서 말하는 지知를 사람의 지라고 한 데 반해 다산은 여기에서 말한 지라는 것은 성성을 아는 지에 불과한 것이며, 이 장의 중점은 사람의 성성을 논하는 법을 말한 것에 있다고 단언하였다. 그것은 그의 '고故'와 '이利'의 해석을 통해 그 주장을 분명히 하였다.

○ 육구연이 말했다. "여기의 '고故'는 곧 『장자』의 '지智와 고故를 버린다.'라고 할 때의 '고故'이다." ◯ 모기령이 말했다. '고故'는 원래 '지智'로 해석되는 것이 있다. 『주역·잡괘』에 "'수隨'는 '고故'가 없다."라는 것과 같은 것이니, 이것은 지계智計가 없다는 것이며, 『회남자·원도훈原道訓』에는 "지고智故를 부리지 않는다."라고 하였는데, 이것은 기지機智와 천착을 쓰지 않는 뜻을 말함이니, 바로 전문全文에 지혜를 말한 것과 서로 부합된다.

【字書, 故字作已然解。然未有于'已然'下, 添'之跡'二字者, 跡是何物】

○**鏞案** 故者, 巧也。故《荀子·王霸》篇曰'不敬舊法, 而好詐故',【註云: "巧, 故[43)]也。"】《淮南子》云'懷機械巧故之心', 故之爲巧, 非無古據。至於此章 必不然矣。星辰之遠, 苟求其巧, 自不成說。星辰之遠, 苟求其智計,【毛以故爲智計】尤不近理。凡已然之跡謂之故。故《易》曰'知幽明之故', 又曰'感而遂通天下之故'。而漢時專設一官, 使之掌故, 叔孫通'皆襲秦故', 皆已然之跡也。執已然之跡, 以達其所以然。故已然曰故, 所以然亦曰故, 其義得相通也。

趙曰: "千歲日至之日, 可坐致。"
○**鏞案** 朱子以日至爲冬至, 與趙合也。

---

43) 故, 巧: 新朝本·奎章本에는 모두 '巧故'로 되어 있으나 의미가 통하도록 바로잡는다.『康熙字典』의 '故'에 『荀子·王霸篇』의 이 본문과 함께 '故, 巧也.'라는 주석이 제시되어 있다.

【『자서字書』에 '고故'자가 '이연已然'으로 풀이되어 있다. 그러나 '이연' 아래에 '지적之跡' 두 자를 첨가한 것이 없으니 '적跡'은 도대체 무엇인가?】

○ **용안** 고故는 교巧이다. 그래서 『순자·왕패』 편에 "옛 법을 공경하지 아니하고 사고詐故를 좋아한다."라고 했고,【주註에 '고故는 교巧다'라고 했다.】 『회남자』에 "기계機械 교고巧故의 마음을 품는다."라고 하였으니, 고故가 교巧가 됨은 고전에도 근거가 없지 않다. 그러나 이 장에서는 반드시 그렇지는 않다. "성신星辰의 먼 것이라도 진실로 그 교巧를 구한다."라고 하면 스스로 말이 되지 않는다. "성신이 멀리 있으나 만약 그 지계智計를 구한다면"【모기령은 '고故'를 지계智計라고 했다.】이라고 하면 더욱 이치에 가깝지 아니하다. 무릇 이미 그러한 자취를 고故라고 한다. 그런 까닭으로 『주역』에서 "유명幽明의 고故를 안다."라고 하고, 또 "감응해서 드디어 천하의 고故에 통한다."라고 하였다. 한나라 때는 한 관청을 설치하여 장고를 관장하게 하였고 숙손통은 모두 진나라의 장고를 물려받았으니 모두 이미 그러한 자취이다. 이미 그러한 자취를 가지고서 그 소이연에 통달하는 까닭으로, 이미 그러한 것을 '고故'라고 하고, 소이연도 또한 '고故'라고 하니, 그 뜻이 서로 통하게 되는 것이다.

○ 조기가 말했다. "천세 뒤의 일지日至의 날을 앉아서 알아낼 수 있다."

○ **용안** 주자는 일지를 동지冬至로 여겼으니 조기와 부합된다.

8-28 군자가 일반인과 다른 것은
마음을 보존하기 때문이라는 장 〔君子所以異於人者以[44]其存心章〕

* 덕이 있는 군자가 보통 사람과 다른 점은 그 본심을 보존하여 상실하지 않는 데 있다. 그래서 항상 자기반성의 성찰을 게을리 하지 않는다.

孟子曰: "君子所以異於人者, 以其存心也. 君子以仁存心, 以禮存心. 仁者愛人, 有禮者敬人. 愛人者人恆愛之, 敬人者人恆敬之. 有人於此, 其待我以橫逆, 則君子必自反也. 我必不仁也, 必無禮也, 此物奚宜至哉? 其自反而仁矣, 自反而有禮矣, 其橫逆由是也, 君子必自反也. 我必不忠. 自反而忠矣, 其橫逆由是也, 君子曰: "此亦妄人也已矣. 如此則與禽獸奚擇哉? 於禽獸又何難焉? 是故君子有終身之憂, 無一朝之患也. 乃若所憂則有之. 舜人也, 我亦人也. 舜爲法於天下, 可傳於後世, 我由未免爲鄉人也, 是則可憂也. 憂之如何? 如舜而已矣. 若夫君子所患則亡矣. 非仁無爲也, 非禮無行也. 如有一朝之患, 則君子不患矣."

趙曰: "存, 在也。君子之在心者, 仁與禮也。"
○《集》曰: "以仁禮存心, 言以是存於心而不忘也。"
○鏞案 存心, 有古今之異。古之所謂存心者, 心[45]將亡而保之也, 今之所謂存心者, 心有工而不忘也。

---

44) 以: 新朝本에는 빠져 있으나 『맹자·이루 하』에 따라 보충한다.
45) 心: 新朝本에는 빠져 있다.

맹자가 말했다. "군자가 일반인과 다른 것은 그 마음을 두기 때문이니, 군자는 인仁을 마음에 두며, 예禮를 마음에 둔다. 인한 자는 남을 사랑하고, 예가 있는 자는 남을 공경한다. 남을 사랑하는 자는 남이 항상 사랑해주고, 남을 공경하는 자는 남이 항상 공경해준다.

여기에 어떤 사람이 있는데, 자신을 대하기를 횡역橫逆으로써 하면, 군자는 반드시 스스로 돌이켜서 '내가 반드시 인하지 못하며 내가 반드시 예가 없는가 보다. 이러한 일이 어찌 이를 수 있겠는가?'라고 한다. 그 스스로 돌이켜 인하였으며 스스로 돌이켜 예가 있었는데도 그 횡역이 전과 같으면, 군자는 반드시 스스로 돌이켜 '내가 반드시 충忠하지 못한가보다?'라고 한다. 스스로 돌이켜 성실하였으되 그 횡역이 전과 같으면, 군자는 말하기를 '이 또한 망인妄人일 뿐이다.'라고 하니, 이와 같다면 금수와 어찌 구별되겠는가? 금수에게 또 무엇을 꾸짖을 것이 있겠는가? 이렇기 때문에 군자는 종신토록 하는 근심은 있어도, 하루아침의 걱정은 없는 것이다. 근심하는 바로 말하면 있으니, 순 임금도 사람이며 나도 또한 사람인데, 순임금은 천하에 모범이 되어서 후세에 전할 만하시거늘, 나는 아직도 향인鄕人이 됨을 면치 못하였으니, 이는 근심할 만한 일이다. 근심하면 어찌하겠는가? 순임금과 같이 할 뿐이다. 군자의 걱정하는 바는 없으니, 인이 아니면 하지 않으며, 예가 아니면 행하지 않는다. 만일 하루아침의 걱정이 있다 하더라도 군자는 걱정하지 않는다."

○ 조기가 말했다. "존存은 둔다는 것이다. 군자가 마음에 두는 것은 인과 예이다."

○ 『맹자집주』에서 말했다. "인과 예를 마음에 둔나는 섯은 이것을 마음속에 두어 잊지 않음을 말하는 것이다."

○ **용안** 존심存心은 옛날과 지금이 차이가 있다. 옛날의 존심이라는 것은 마음이 장차 없어지려는 것을 보전하려는 것이며, 지금의 존심이라는 것은 마음에 공부가 있어서 잊지 않는 것이다.

上篇曰:"人之所以異於禽獸者幾希, 君子存之, 小人去之。"凡所謂存心者, 皆存幾希之謂也。又其上章曰:"大人者, 不失其赤子之心者。"此存幾希者也。下篇曰:"朝晝之所爲, 梏亡其夜氣。"此亡幾希者也。幾希者, 道心也。道心猶有存者, 則人也, 道心無攸存者, 則禽獸也, 道心全存而不亡, 則聖人也。存與不存, 所爭只是此物。欲存此物, 則凡事親·事長·事君·交友·牧民·敎人之際, 勉行其忠信, 無一毫欺詐不誠之差, 然後方可曰不失也。存者, 保其將亡之意。【讀之如'齊 桓存衛'之存】後世所云靜存默存者, 無思無慮, 不言不笑, 瞑目凝心, 專觀未發前氣象, 使本體虛明洞澈, 一塵不染, 以求活潑潑地。此古今之異也。

상편에 "사람으로서 짐승과 다른 것이 얼마 되지 않으니, 군자는 이것을 보전하고 소인은 이것을 버린다."라고 하였는데, 무릇 존심이라는 것은 모두 얼마 되지 않는 것을 보전함을 말한다. 또 그 윗 장에 "대인이란 그 어린 아이의 마음을 잃지 않는 사람이다."라고 하였으니, 이것은 얼마 되지 않는 것을 보전한 사람이다. 하편에 "낮에 하는 활동이 그 야기夜氣를 없앤다."라고 하였으니, 이것은 얼마 되지 않는 것을 없애버린 것이다. 얼마 되지 않는 것은 도심이니, 도심이 그래도 보전됨이 있는 자는 사람이고, 도심이 보전됨이 없는 자는 짐승이며, 도심이 온전히 보전되어 없어지지 않으면 성인이다. 보전하였거나 보전하지 못하였거나 간에 다투는 바는 다만 이 도심이다. 이 도심을 보전하고자 하면 무릇 어버이를 섬기고, 어른을 섬기며, 임금을 섬기고, 친구와 사귀며, 백성을 다스리고 사람을 가르칠 때 그 마음을 다하고 성실하게 함을 힘써 행하여, 한 털끝만큼이라도 속이거나 정성스럽지 못함이 없게 된 뒤에라야 바야흐로 잃지 않았다고 말할 수 있는 것이다. 보전한다는 것은 그 없어지려고 하는 것을 보전한다는 뜻이다.【읽을 때 "제 환공이 위衛를 보존하였다."라고 할 때의 '보존存'으로 읽어야 한다.】후세에 말하는 정존靜存·묵존默存이라는 것은 생각함도 없고, 말도 하지 않고, 웃지도 않고, 눈을 감고 마음을 모아, 오로지 발發하기 전의 기상氣象을 보아 본체로 하여금 허명하고 통철하여 한 티끌도 물들지 않게 해서 생동감 넘치는 경지를 구하는 것이니, 이것이 옛날과 지금의 다른 점이다.

* 맹자가 말한 '존심存心'의 본뜻이 "장차 없어지려는 본심을 보전하는 것"뿐인데, 성리학에서는 불교의 영향을 받아 존심의 '존存'을 '정존'·'묵존'의 '존'과 같은 뜻으로 보았다. 다산은 이에 반론을 제기하며 원의를 회복하려고 했다.

8-29 우왕과 직이 세 번 자기 집 문 앞을 지나갔다는 장
〔禹稷三過其門章〕

* 우禹와 직稷은 나라에 도가 있는 평세平世를 만나 나가서 구민救民에 전력했고, 안회는 나라에 도가 없는 난세를 만나 물러서서 안빈낙도했다. 처지가 다르면 다르게 대처하는 것이 바른 도라는 것이 맹자의 생각이다. 집안의 싸움과 집 밖의 싸움에 대응하는 옷차림의 차이에 대한 용인도 그것을 강조하는 것이다.

禹·稷當平世, 三過其門而不入, 孔子賢之. 顔子當亂世, 居於陋巷. 一簞食, 一瓢飮. 人不堪其憂, 顔子不改其樂, 孔子賢之. 孟子曰: "禹·稷·顔回同道. 禹思天下有溺者, 由己溺之也; 稷思天下有飢者, 由己飢之也, 是以如是其急也. 禹·稷·顔子易地則皆然. 今有同室之人鬪者, 救之, 雖被髮纓冠而救之, 可也. 鄕鄰有鬪者, 被髮纓冠而往救之, 則惑也, 雖閉戶可也."

饒[46]曰: "禹三過其門, 稷是帶說."
○**鏞案** 〈皐陶謨〉, 禹·稷敍功, 首尾一貫。濬畎澮是稷所掌, 禹其獨勞乎? 又曰 '曁稷播', 是禹不但治水而已。禹·稷是同功一體之人。三過其門, 自合並說, 必有古史可據, 而孟子言之也。饒說未允。
○陋者, 孤僻之意。巷, 里中塗也。

---

46) 饒 : 요로饒魯(1193~1264)는 남송의 저명한 이학자이고 쌍봉선생雙峯先生으로 널리 알려져 있다. 함양을 위주로 하는 그의 학문은 당시 많은 학자들의 호응을 얻어서 주요한 서원의 원장을 역임했다. 저서로 『오경강의五經講義』, 『어맹기문語孟紀聞』, 『서명도西銘圖』 등이 있다.

우왕禹王과 후직后稷이 평화로울 때 세 번 자기 집 문 앞을 지나면서도 들어가지 않은 것을 두고 공자는 어질게 여겼다. 안자顔子가 난세에 누추한 골목에서 거처하며 한 그릇의 밥과 한 그릇의 음료로 사는 것을 다른 사람들은 그 근심을 감당하지 못하는데, 안자는 그 즐거움을 변치 않았는데 이를 두고도 공자는 어질게 여겼다. 맹자가 말했다. "우왕과 후직과 안회는 동일한 도이다. 우왕은 천하에 물이 빠진 자가 있으면 마치 자신이 그를 빠뜨린 것과 같이 여겼으며, 후직은 천하에 굶주리는 자가 있으면 마치 자신이 그를 굶주리게 한 것처럼 여겼으니, 이 때문에 이 같이 급히 하신 것이다. 우왕과 후직과 안자가 처지를 바꾸었더라도 모두 그러했을 것이다. 이제 한 방에 같이 있는 사람이 싸우는 자가 있으면 이를 말리되, 비록 머리를 그대로 풀어 흩뜨리고 갓 끈만 매고 가서 말리더라도 괜찮은 것이다. 향리와 이웃에 싸우는 자가 있으면 머리를 풀어 흩뜨리고 갓끈만 매고 가서 말린다면 미혹한 것이니, 비록 문을 닫더라도 괜찮은 것이다."

○ 요로饒魯가 말했다. "우禹는 세 번 자기 집 문 앞을 지났지만 직稷은 곁들여 한 말이다."

○ **용안** 『서경·고요모』에 우와 직의 공을 서술한 것이 수미首尾가 일관되어 있다. 도랑을 깊게 판 것은 직이 담당한 것이니 우가 혼자만 애썼겠는가? 또 말하기를 "직과 함께 파종했다."라고 하였으니, 이는 우도 치수만 한 것은 아니다. 우와 직은 공을 같이 하고 한 몸과 같은 사람이다. "자기 집 문 앞을 세 번 지나갔다."라는 것은 저절로 합하여 아울러 말한 것이니, 반드시 고사古史에 근거할 만한 것이 있어서 맹자가 말한 것이다. 요로의 설은 받아들이기 어렵다.

○ 누陋는 외따로 떨어진 궁벽한 곳이고, 항巷은 마을 가운데 길이다.

8-33 제나라 사람 중에 아내와 첩을 두고 집에 사는 자가 있다는 절
〔齊人有一妻一妾節〕

* 이 장은 구차한 방법으로 호위호식하는 사람들에 대한 풍자로 널리 알려져 후대에는 연극이나 문학작품으로도 번안된 내용이다. 일화의 내용이 매우 핍진하면서도 그 메시지가 날카롭다. 다산은 이 장에서 종래의 주석가들이 대개 이 장을 위의 '저자왈儲子曰'이라고 하는 장과 구분하여 두 장으로 나누었고, 두 장으로 나누려고 하니 '제인유일처일첩齊人有一妻一妾'이라는 말로 시작되는 어구 앞에 '맹자왈'이 있어야 하는데 이것을 궐문으로 처리한 데 대해, 다산은 이 절과 위의 '저자왈儲子曰'이라고 하는 장을 합하여 한 장으로 해야 한다고 하였다.

齊人有一妻一妾而處室者, 其良人出, 則必饜酒肉而後反. 其妻問所與飲食者, 則盡富貴也. 其妻告其妾曰:"良人出, 則必饜酒肉而後反; 問其與飲食者, 盡富貴也, 而未嘗有顯者來, 吾將瞯良人之所之也." 蚤起, 施從良人之所之, 徧國中無與立談者. 卒之東郭墦閒, 之祭者, 乞其餘; 不足, 又顧而之他, 此其爲饜足之道也. 其妻歸, 告其妾曰: "良人者, 所仰望而終身也. 今若此." 與其妾訕其良人, 而相泣於中庭. 而良人未之知也, 施施從外來, 驕其妻妾. 由君子觀之, 則人之所以求富貴利達者, 其妻妾不羞也, 而不相泣者, 幾希矣.

孫曰:"此章言小人苟得, 妻妾猶羞也. 孟子記此, 以譏時人苟貪富貴而驕人者也."
○《集》曰:"章首當有'孟子曰'字, 闕文也."

제나라 사람 중에 한 아내와 한 첩을 두고 집에 사는 자가 있었는데, 그 남편이 밖으로 나가면 반드시 술과 고기를 배불리 먹은 뒤에 돌아오곤 하였다. 그 아내가 남편에게 누구와 더불어 음식을 먹었는가를 물어보면 모두 부귀한 사람이었다. 그 아내가 첩에게 말하기를 "남편이 외출하면 반드시 술과 고기를 배불리 드신 뒤에 돌아오기에 내 누구와 더불어 음식을 먹었는가를 물어보니, 모두 부귀한 사람이었다. 그런데도 일찍이 현달한 자가 찾아오는 일이 없으니, 내 장차 남편이 가는 곳을 엿보겠다." 하고는 아침 일찍 일어나 남편이 가는 곳을 미행하여 따라가 보니, 온 장안을 두루 배회하되, 더불어 서서 말하는 자는 없었다. 그는 마침내 동쪽 성곽의 무덤 사이의 제사하는 자에게 가서 남은 음식을 빌어먹고, 거기에서 부족하면 또 돌아보고 딴 곳으로 가니, 이것이 술과 고기를 배불리 얻어먹는 방법이었다. 그 아내가 돌아와서 첩에게 말하기를 "남편이란 우러러 바라보면서 일생을 마쳐야 할 사람인데, 지금 이 모양이다." 하고는 첩과 더불어 남편을 원망하며 서로 뜰 가운데서 울고 있었는데, 남편은 그것을 알지 못하고는 의기양양하게 밖으로부터 와서 처첩에게 교만하게 굴었다.

　군자의 입장에서 본다면, 지금 사람 중에 부귀와 영달을 구하는 자들은 그 처첩들이 그것을 보면 부끄러워하여 서로 울지 않을 자가 별로 없을 것이다.

○ 손석이 말했다. "이 장은 소인이 구차하게 얻는 것을 처첩이 오히려 부끄러워함을 말한 것이다. 맹자가 이것을 기록하여 당시 사람들이 구차하게 부귀를 탐하고 사람들에게 교만을 부리는 것을 기롱한 것이다."

○ 『맹자집주』에서 말했다. "장의 첫머리에 '맹자왈'자가 있어야 하는데 글이 빠졌다.

○吳程曰: "因儲子有'瞷夫子'之語, 遂發'瞷良人'一段。言小人陰爲陽揜則可瞷, 君子言行如一, 何瞷之有? 恐是一章, 非闕文也。"【見《通考》】

○鏞案 兩'瞷'字相照, 當與上節合爲一章。孟子自言'我不求富貴利達, 冥冥之行, 無以異乎昭昭之行, 瞷我將何爲哉'。

○ 오정吳程이 말했다. "저자儲子를 통해서 '선생님을 엿본다.'라는 말을 하게 되었고, 드디어 남편을 엿본다는 일단의 말을 꺼내게 되었던 것이다. 소인은 몰래 하고 겉으로 가리니 엿볼 수 있으나, 군자의 언행은 한결같으니 엿볼 것이 무엇이 있겠는가? 아마도 이 한 장은 궐문은 아닐 것이다."【『문헌통고』에 보인다.】

○ **용안** '엿본다[瞷]'는 글자가 서로 조응하니, 위의 구절과 합하여 한 장으로 삼아야 한다. 맹자가 스스로 말하기를 "나는 부귀와 영달을 구하지 않는다. 드러나지 않는 행동이 밖에 드러나는 행동과 다름이 없는데, 나를 엿보아 장차 무엇을 할 것인가?"라고 한 것이다.

만장萬章
상上

9-1 순이 밭에 가서 하늘을 향해 부르짖으며 우신 이유에 대해 만장이 질문한 장〔萬章問舜往于田號泣于旻天章〕

* 맹자는 이 장에서 순이 밭에 가서 하늘을 향해 부르짖으며 우신 이유가 원망하고 사모했기 때문이라고 말했다. 이에 대해 다산은 이 장에서 맹자 '원망하고 사모한다(怨慕)'는 말에 대한 제가의 주석이 오류를 범하고 있음을 제기하고 있다. 제가들은 자신을 원망하되 부모를 사모한다고 주석하고 있지만, 다산은 부모를 원망하고 사모하는 것임을 밝히고 있다.

萬章問曰: "舜往于田, 號泣于旻天, 何爲其號泣也?" 孟子曰: "怨慕也." 萬章曰: "父母愛之, 喜而不忘; 父母惡之, 勞而不怨. 然則舜怨乎?" 曰: "長息問於公明高[1]曰: '舜往于田, 則吾旣得聞命矣, 號泣于旻天于父母, 則吾不知也.' 公明高曰: '是非爾所知也.' 夫公明高'以孝子之心爲不若是恝, 我竭力耕田, 共爲子職而已矣, 父母之不我愛, 於我何哉?' 帝使其子九男二女, 百官·牛羊·倉廩備, 以事舜於畎畝之中, 天下之士, 多就之者. 帝將胥天下而遷之焉, 爲不順於父母, 如窮人無所歸. 天下之士悅之, 人之所欲也, 而不足以解憂; 好色, 人之所欲, 妻帝之二女, 而不足以解憂; 富, 人之所欲, 富有天下, 而不足以解憂; 貴, 人之所欲, 貴爲天子, 而不足以解憂. 人悅之·好色·富貴, 無足以解憂者, 惟順於父母, 可以解憂. 人少則慕父母, 知好色則慕少艾, 有妻子則慕妻子, 仕則慕君, 不得於君則熱中. 大孝終身慕父母, 五十而慕者, 予於大舜見之矣."

---

1) 長息問於公明高: 『맹자집주』에 따르면, 장식長息은 공명고公明高의 제자이고, 공명고는 증자曾子의 제자이다.

만장이 물었다. "순舜께서 밭에 가서 하늘을 향해 부르짖으며 우셨으니, 무엇 때문에 그가 부르짖으며 우신 것입니까?" 맹자가 답했다. "원망함과 사모함때문이다." 만장이 물었다. "부모가 아끼시면 기뻐하여 잊지 않고, 부모가 미워하시면 노력하되 원망하지 않아야 합니다. 그렇다면 순은 원망하신 것입니까?" 맹자가 답했다. "장식長息이 공명고公明高에게 묻기를 '순이 밭에 간 것은 제가 이미 가르침을 받은 것이지만, 하늘과 부모에게 부르짖으며 우셨다는 것은 제가 알지 못하는 바입니다.'라고 하자, 공명고가 말하기를 '이는 네가 알 수 있는 것이 아니다.'라고 하였다. 무릇 공명고는 '효자의 마음은 이처럼 아무렇지 않을 수 없으니, 나는 힘을 다해 밭을 갈아 공손히 자식으로서의 직분을 행할 따름이다. 부모가 나를 아끼시지 않음이 나와 무슨 상관이겠는가?'라고 여긴 것이다. 요堯임금께서 자식인 9남 2녀로 백관百官과 우양牛羊과 창고를 갖추어 놓게 하고는 순舜을 밭 가운데서 섬기게 하시니, 천하의 선비들 가운데 순을 찾아오는 이가 많았다. 요임금께서 장차 천하를 살펴보고 제위帝位를 물려주려고 하셨는데, 순은 부모와의 관계가 순탄치 못했으므로 곤궁한 사람이 돌아갈 곳이 없는 것과 같았다. 천하의 선비가 자신을 기꺼이 따름은 사람들이 바라는 것인데도 근심을 풀기에 부족하였고, 아름다운 여색은 사람들이 바라는 것인데도 요임금의 두 딸을 아내로 삼으셨으나 근심을 풀기에 부족하였고, 부유함은 사람들이 바라는 것인데도 천하를 소유할 만큼 부유하였으나 근심을 풀기에 부족하였고, 고귀함은 사람들이 바라는 것인데도 천자天子가 될 만큼 고귀하였으나 근심을 풀기에 부족하였다. 사람들이 자신을 기꺼이 따르고, 아름다운 부인을 맞이하고, 부유하고 고귀한 이가 되었으나, 이것들이 근심을 풀기에 부족하였던 것은 부모와의 관계가 순탄해야 근심을 풀 수 있기 때문이다. 사람은 어렸을 때 부모를 사모하다가 아름다운 여색을 알게 되면 아리따운 여인을 사모하고, 처자妻子를 두게 되면 처자를 사모하고, 벼슬길에 나아가 서는 군주를 사모하고, 군주에게 신임을 얻지 못하게 되면 가슴 속에 열병이 나게 되는 법이다. 대효大孝는 종신토록 부모를 사모하니, 50세가 되어서도 부모를 사모한 이를 나는 대순大舜에게서 보았느니라."

趙曰:"舜自怨遭父母見惡之厄而思慕也."

○《集》曰:"怨己之不得其親而思慕也."

○**鏞案** 孟子言"舜怨其父母", 故萬章誦《禮經》四句,[2] 以證父母之不可怨, 而孟子又引公明高之言, 以證父母亦有可怨之道. 上下文理, 不可揜諱, 乃先儒嫌其言有傷於事體, 強云'自怨'. 誠若自怨, 舜之事毫無可疑, 師弟二人, 羅縷問難, 作何意味? 不可解也.

---

2)《禮經》四句:『예경禮經』의 네 구절.『예기·제의祭義』에 "父母愛之, 喜而不忘; 父母惡之, 勞而不怨."이라는 말이 보인다.

조기가 말했다. "순은 부모에게 미움을 받는 액운을 만난 것을 스스로 원망하면서도 부모를 사모했던 것이다."

○ 『맹자집주』에서 말했다. "자신이 부모의 마음에 들지 못함을 원망하면서도 부모를 사모한 것이다."

○ **용안** 맹자가 "순이 그 부모를 원망했다."라고 말했기 때문에 만장이 『예경禮經』의 네 구절을 암송하여 부모를 원망해서는 안 됨을 증명했고, 맹자가 또 공명고의 말을 인용하여 부모 역시 원망할 만한 도리가 있음을 증명했다. 이는 상하의 글의 이치로 가릴 수가 없는데도 곧바로 선유들이 그 말에 일의 대체를 손상시킬 잘못이 있게 할까봐 억지로 "스스로를 원망했다.(自怨)"라고 한 것이다. 진실로 스스로를 원망했다면 순의 일은 조금도 의심할 만한 것이 없는데도, 스승과 제자 두 사람이 상세하게 캐물은 것은 무슨 의미가 있는 것일까? 이해할 수가 없다.

○此章, 當與下篇公孫丑所問〈小弁〉之義, 並列而參觀。彼章明云: "〈小弁〉之怨, 親親也。親親, 仁也。" 孟子旣以怨爲仁, 則舜之怨父母, 亦必有說矣。瞽瞍[3]日以殺舜爲事, 舜且恝然而莫之愁, 曰'我恭爲子職而已, 父母之不我愛, 於我何與哉', 則舜冷心硬腸, 視父母如路人者也。故號泣于旻天, 怨之慕之, 天理也。幽王嬖褒姒廢宜臼,[4] 宜臼方且恝然而莫之愁, 曰'我無過失也, 父母之不我愛, 於我何與哉', 則宜臼冷心硬腸, 視父母如路人者也。故垂涕泣而道之, 不似越人之關弓然者,[5] 天理也。孝子之怨父母, 乃其至誠惻怛, 徹天徹地之仁, 夫豈以事體爲嫌哉?【義詳余〈原怨〉[6]】

---

3) 瞍 : 신조본에는 '叟'로 되어 있으나 인명이므로 바로잡는다.
4) 宜臼 : 의구는 주평왕周平王의 이름으로, 유왕幽王의 아들이다.
5) 越人之關弓然者 : 『맹자·고자 하』에 나오는 말이다. 어떤 사람이 있었는데, 월나라 사람이 활을 당겨 다른 사람을 맞추려고 하면 웃으면서 말렸지만, 자기 형이 다른 사람을 맞추려고 하면 울면서 말렸다는 내용이다.
6) 原怨 : 『茶山詩文集·原怨』을 말한다. 다산은 이 글에서 부모가 자식을 사랑하지 않는다고 원망하면 되겠냐고 하면서도, 자식이 효도를 다하고 있는데도 부모가 사랑하지 않기를 마치 고수가 순을 대하듯이 한다면 원망하는 것이 옳다고 하였다.(父不慈, 子怨之可乎? 曰未可也. 子盡其孝, 而父不慈, 如瞽瞍之於虞舜, 怨之可也.)

○ 이 장은 마땅히 하편에서 공손추가 『시경·소반小弁』의 의미에 대해서 물은 것과 함께 놓고 참고하여 살펴보아야 한다. 그 장에서 분명히 "「소반」의 원망함은 친친親親이다. 친친은 인仁이다."라고 했다. 맹자가 이미 원망을 인이라고 생각했다면, 순이 부모를 원망했던 것도 역시 반드시 설명이 있을 것이다. 고수는 날마다 순을 죽이는 것을 일로 여겼는데, 순 역시 아무렇지도 않은 듯 근심하지 않고 말하기를 "나는 공손히 자식으로서의 직분을 행할 뿐이다. 부모가 나를 아끼시지 않음이 내게 무슨 죄가 있어서인가?"라고 했다면, 이는 순이 차갑고 딱딱한 심장을 지니고 있어 부모를 길 가는 사람 보듯 한 것이다. 그러므로 하늘에 부르짖으며 슬퍼했던 것이니, 원망하고 사모하는 것은 천리이다. 유왕幽王이 포사褒姒를 총애하고 의구宜臼를 폐위했을 때, 의구는 그대로 아무렇지도 않은 듯 근심하지 않으면서 말하기를 "나는 잘못이 없다. 부모가 나를 아끼시지 않는 것이 내게 무슨 죄가 있어서인가?"라고 했다면, 이는 의구가 차갑고 딱딱한 심장을 지니고는 부모를 길 가는 사람 보듯 한 것이다. 그러므로 눈물을 흘리고 호소하면서 길을 가는 것이 "월나라 사람이 활을 당길 때"와 같지 않은 것은 천리이다. 효자가 부모를 원망하는 것은 바로 지성측달至誠惻怛한 것으로 하늘과 땅을 관통하는 인仁이니, 무릇 사체事體를 혐의로 삼을 수 있겠는가?[의미는 나의 「원원原怨」이라는 글에 상세하게 보인다.]

趙曰:"於我之身, 獨有何罪哉?"

○《集》曰:"於我何哉?', 自責不知己有何罪耳, 非怨父母也."

○**鏞案** '我竭力'以下二十二字,[7] 乃'憝'字之注脚。子之於父母, 若云 "我但盡在我之道而已, 彼之不慈干我甚事云爾", 則豈非大不孝乎? 子之於父母, 寧怨無憝, 此舜之所以怨慕也。嗚呼! 至矣。

○'父子不相見, 兄弟妻子離散'十一字,[8] 是'極'字之注脚。'諫於其君而不聽, 則怒悻悻然, 見於其面, 去則窮日之力而後宿'二十五字',[9] 是'小丈夫'之注脚。《孟子》多此文法。

---

7) 我竭力'以下二十二字 : '我竭力耕田, 共爲子職而已矣, 父母之不我愛, 於我何哉'를 말한다.
8) 父子不相見兄弟妻子離散十一字 : 『맹자·양혜왕 상』에 나오는 말이다.
9) 諫於其君而不聽, 則怒悻悻然見於其面, 去則窮日之力而後宿二十五字 : 『맹자·공손추 하』에 나오는 말이다.

조기趙岐가 말했다. "나의 몸에 도대체 어떤 죄가 있어서인가?"

○ 『맹자집주』에서 말했다. "'내게 무슨 죄가 있어서인가?'라는 것은 자기에게 무슨 죄가 있는지 알지 못하는 것을 자책하는 것일 뿐 부모를 원망하는 것이 아니다."

○ **용안** '我竭力' 이하 22자는 곧 '恝'자의 주각注脚이다. 자식이 부모에 대해서 만약 "나는 단지 내게 있는 도리를 다할 뿐이다. 저(부모)가 나를 아끼지 않는 것이 내게 무슨 일이겠는가?"라고 한다면, 어찌 크게 불효하는 것이 아니겠는가? 자식이 부모에 대해서 차라리 원망할지언정 아무렇지 않은 듯할 수 없으니, 이것이 순이 원망하고 사모한 이유이다. 아! 지극하다.

○ '父子不相見兄弟妻子離散' 11자는 '極'자의 주각注脚이며, '諫於其君而不聽, 則怒悻悻然, 見於其面, 去則窮日之力而後宿' 25자는 '小丈夫'의 주각이다. 『맹자』에는 이러한 문법이 많다.

* 조기와 주희를 비롯한 많은 주석가가 '원모怨慕'를 부모의 마음을 얻지 못한 자신을 원망하면서 어버이를 사모한다는 뜻으로 해석한 데 대해, 다산은 순舜이 만약 스스로를 원망하였다면 밭에 나가 일을 하다가 하늘에 호소하여 울부짖지 않았을 뿐만 아니라, 사제간인 맹자와 만장이 이렇게 상세하게 문답할 필요도 없었을 것이라고 하면서, 스스로를 원망한 것이 아니라 어버이를 원망하고 사모한 것이라고 하였다. 다산은 부모를 원망하는 것이 효孝를 손상시키지 않는 것임을 『맹자·고자 하』 제3장에 나오는 맹자의 말로 증명한다. 거기에 보면, 맹자가 "『시경·소반』 편에서 부모를 원망하는 것은 친친親親이니, 친친은 인仁이다."라고 했고, "부모의 과실이 큰데도 원망하지 않는다면 이는 더욱 관계가 소원해지는 것이다."라고 했다. 다산은 맹자의 이러한 말들을 들어 '원모怨慕'를 부모를 원망하고 사모하는 것이라고 하였다.

그리고 '어아하재於我何哉'라는 말에 대해서도 주희는 "내게 무슨 죄가 있어서인가?"라고 해석하여 자기를 원망하면서 자책하는 것이라고 하였는데, 다산은 "나와 무슨 상관이 있겠는가?"라고 해석하고, 이 말은 '위불약시괄爲不若是恝'이라는 말 가운데 '恝'자의 주석이라고 하였다.

趙曰:"孟子時,《尙書》凡百二十篇,《逸書》有〈舜典〉之敍, 亡失其文. 孟子諸所言舜事, 皆〈堯典〉及《逸書》所載."

○**鏞案** 今人但以〈堯典〉之下半認作〈舜典〉, 觀此註, 宜別求〈舜典〉.

【詳見余《梅氏尙書平》】乾隆庚戌十月閣課, 御問曰:"同姓之百世不通婚, 於禮則然, 而堯以女妻之. 按,《帝王世紀》[10]舜乃堯之至親也. 以至親而舉以[11]爲壻, 得無嫌於百世不通婚之禮耶?"

臣對曰:"臣於帝王世繫, 竊有疑焉. 顓[12]·嚳[13]及二帝[14]三王[15]之系, 必皆以黃帝爲所自出, 此已可疑.

---

10) 帝王世紀 : 『제왕세기』는 진晉나라의 황보밀皇甫謐이 지은 책을 말한다.

11) 以 : 新朝本에는 빠져 있다.

12) 顓 : 전욱顓頊을 말한다. 그는 중국 고대의 제왕으로 황제의 손자이며, 고양씨高陽氏라고 부른다.

13) 嚳 : 제곡帝嚳을 말한다. 그는 중국 고대의 제왕으로 황제의 증손이며, 요임금의 아버지로 고신씨高辛氏라고 부른다.

14) 二帝 : 요임금과 순임금을 말한다.

15) 三王 : 하나라의 우왕, 은나라의 탕왕, 주나라의 문왕을 말한다.

조기가 말했다. "맹자 때는 『상서』가 모두 120편이었고, 『일서逸書』에 「순전」의 글[敍]이 있었으나 그 글을 잃어버렸다. 맹자가 순의 일을 말한 곳들은 모두 「순전」 및 『일서』에 기재되어 있는 것들이다."

○ **용안** 오늘날의 사람들은 다만 「요전」의 아래쪽 반을 「순전」이라고 여기고 있으나, 이 주를 보면, 마땅히 별도로 「순전」을 찾아야 한다.[나의 『매씨상서평』을 상세히 보라.] 건륭 경술(1790년) 10월 규장각 월과月課에서 임금께서 물었다. "동성同姓이 백세 동안 통혼하지 않는 것은 예에 비추어보면 그러한데도, 요는 딸을 순의 아내로 들였다. 살펴보건대, 『제왕세기』에서 순은 곧 요의 지친이다. 지친을 데려다가 사위로 삼은 것은 백세 동안 통혼하지 않는 예에 혐의가 없는 것인가?" 내가 대답했다. "저는 제왕의 계보[世繫]에 대해 조금 의심이 있습니다. 전욱顓頊과 제곡帝嚳 및 이제二帝와 삼왕三王의 계보系譜 모두가 황제黃帝로부터 나온 것으로 여기지만, 이것은 의심스러운 부분입니다.

今詳舜系, 於黃帝爲八代, 而堯·禹·稷·契, 皆於黃帝爲玄孫。禹與稷·契, 皆爲玄孫, 而舜獨爲八代, 於理未妥。由是觀之, 舜之爲軒苗裔, 堯之與舜同姓, 俱未可知。且古者錫姓, 未必皆從祖姓。史稱有子幾人, 其得姓者幾人。堯姓曰伊耆氏, 舜姓曰姚氏, 本自不同, 恐無不相婚之義。況《禮·大傳》曰'庶姓[16]別於上, 昏姻可以通乎?' 曰'繫之以姓而弗別, 雖[17]百世, 而婚姻不通者, 周道然也.' 註曰'高祖爲庶姓.' 據此, 則五世而同姓殺, 昏姻可通。百世不婚之法, 自周始也。堯·舜之庶姓旣別, 而周法未起, 則恐無不相婚之義。又按, 唐 孔氏曰, '五帝以前, 不限同姓。三王以來, 文家異姓爲昏, 質家同姓爲昏.'[18] 三王之世, 尙有質家之事, 則五帝以前, 遑可論乎?"

---

16) 庶姓 : 서성은 현손玄孫의 아들, 즉 오대손부터는 본성本姓에 대해 각각 서성庶姓으로서 성姓을 달리하고 복복이 끝난다.
17) 雖 : 新朝本에는 '離'로 되어 있다.
18) 문가文家는 이성異姓으로 … 동성同姓으로 혼인하였다 : 문질文質이라 할 때, 문文을 숭상하는 왕조를 문가文家라고 하고, 질質을 숭상하는 왕조를 질가質家라고 한다. 은殷나라는 질질을 숭상하였고, 주周나라는 문文을 숭상했다.

이제 순의 계보를 자세히 살펴보면, 황제에게 8대가 되며, 요堯·우禹·직 稷·설契은 모두 황제에게 현손玄孫이 됩니다. 우禹는 직稷·설契과 더불어 모두 현손이 되는데, 순舜만이 유독 8대가 된다는 것은 이치에 맞지 않습 니다. 이를 통해 보면, 순이 헌원軒轅(황제의 이름)의 후예가 된다거나, 요가 순과 동성이라는 것은 모두 알 수 없습니다. 게다가 옛날 성姓을 하사할 때, 반드시 모두가 조상의 성을 따른 것도 아니었습니다. 사서史書에 일컫기를 '아들이 몇 명 있었는데, 그 가운데 성을 얻은 자가 몇 명이다.'라고 하였고, 요의 성은 이기씨伊耆氏라고 했고, 순의 성은 요씨姚氏라고 하여 본래 같지 않았으니, 서로 혼인하지 못할 명분은 없을 듯합니다. 하물며 『예기대전禮 記大傳』에서 말하기를 '서성庶姓은 위에서부터 구분되니, 통혼할 수가 있겠 는가?'라고 하였고, '성姓으로 이어져 구별되지 않으니, 백세라고 하더라도 통혼할 수 없는 것은 주周나라의 법도가 그러하다.'라고 하였으며, 그 주註 에서 이르기를 '고조高祖가 서성庶姓이 된다.'라고 하였으니, 이를 근거로 한다면, 5세가 되면 동성이 감쇄되어 통혼할 수 있게 됩니다. 백세토록 통혼 하지 않는 법은 주나라에서부터 시작된 것입니다. 요와 순의 서성庶姓은 이 미 구분되었고, 주나라의 법은 아직 생기기 이전이니, 서로 통혼하지 않는 명분은 없을 듯합니다. 또 살펴보건대, 당唐의 공영달孔穎達은 '오제五帝 이 전에는 동성을 제한하지 않았다. 삼왕三王 이후로 문가文家는 이성異姓으 로 혼인하고 질가質家는 동성同姓으로 혼인하였다.'라고 했습니다. 삼왕의 시대에도 여전히 질가의 혼사가 있었으니, 오제 이전을 서둘러 의론할 것이 있겠습니까?"

9-2 순이 부모에게 아뢰지 않고 아내를 얻은 것과 아버지 고수가 순을 살해하려고 창고를 손질하게 하고 우물을 파게 한 것에 대해 만장이 질문한 장 〔萬章曰[19]舜不告而娶完廩浚井章〕

* 맹자는 이 장에서 순이 부모에게 아뢰지 않고 아내를 얻은 것과 아버지 고수와 이복동생 상이 순을 살해하기로 음모하였지만, 순은 그래도 효우孝友를 저버리지 않았다는 것을 이야기하고 있다. 이에 대해 다산은 이 글은 맹자가 직접 쓴 것이 아니라 신빙성이 없다고 주장했다.

萬章問曰:"《詩》云'娶妻如之何? 必告父母', 信斯言也, 宜莫如舜, 舜之不告而娶, 何也?"孟子曰:"告則不得娶. 男女居室, 人之大倫也, 如告則廢人之大倫, 以懟父母. 是以不告也."萬章曰:"舜之不告而娶, 則吾旣得聞命矣, 帝之妻舜而不告, 何也?"曰:"帝亦知告焉則不得妻也."萬章曰:"父母使舜完廩, 捐階, 瞽瞍焚廩, 使浚井, 出, 從而揜之. 象曰'謨蓋都君, 咸我績, 牛羊父母, 倉廩父母, 干戈朕, 琴朕, 弤朕, 二嫂使治朕棲.'象往入舜宮, 舜在牀琴. 象曰'鬱陶思君爾', 忸怩, 舜曰'惟玆臣庶, 汝其于予治.'不識舜不知象之將殺己與?"曰:"奚而不知也? 象憂亦憂, 象喜亦喜."曰:"然則舜僞喜者與?"曰:"否. 昔者有饋生魚於鄭子産. 子産使校人[20]畜之池, 校人烹之, 反命曰'始舍之圉圉焉, 少則洋洋焉, 攸然而逝.'

---

19) 曰: 新朝本에는 '問'으로 되어 있으나 『맹자·만장 상』에 따라 바로잡는다.
20) 校人: 교인은 중국 고대에 연못을 관리하는 사람을 말한다.

만장이 물었다. "『시경』에서 '아내를 얻으려면 어떻게 해야 하는가? 반드시 부모에게 아뢰어야 한다.'라고 하였으니, 진실로 이 말대로라면, 의당 순과 같은 분은 없을 듯합니다. 순이 부모에게 아뢰지 않고 아내를 얻은 것은 어째서입니까?" 맹자가 답했다. "부모에게 아뢰었다면 아내를 얻을 수 없었을 것이다. 남녀가 혼인하여 한 방에 거처한다는 것은 사람의 큰 윤리[大倫]이니, 만일 부모에게 아뢰었다면, 사람의 큰 윤리를 폐지하여 부모를 원망하였을 것이다. 이 때문에 아뢰지 않은 것이다."

만장이 물었다. "순이 부모에게 아뢰지 않고 아내를 얻은 것은 제가 이미 가르침을 들었지만, 요임금[帝]이 순에게 딸을 시집보내면서도 그 부모에게 알리지 않은 것은 어째서입니까?" 맹자가 답했다. "요임금 역시 알리면 순이 아내를 얻지 못함을 아셨기 때문이다."

만장이 물었다. "전설에 의하면 순의 부모가 순에게 창고를 손질하게하고는 사다리를 치운 다음 고수瞽瞍가 창고에 불을 질렀으며, 순에게 우물을 파게하고는 순이 나오려 하자 좇아가서 흙을 덮었다고 합니다. 상象이 '도군都君을 생매장시킬 것을 꾀한 것은 모두 나의 공적이니, 소와 양은 부모의 것이요 창고 또한 부모의 것이다. 그러나 방패와 창은 나의 것이요, 거문고는 나의 것이요, 활은 나의 것이요, 두 형수는 나의 침상을 다스리게 하겠다.'라고 하였습니다. 상이 가서 순의 집에 들어가 보니, 순이 평상에서 거문고를 타고 있었습니다. 상象이 '울적하여 도군이 그리웠습니다.'라고 말하고 부끄러워하자, 순이 말하기를 '이 여러 신하들을, 너는 내게 와서 다스리라.' 했다고 합니다. 잘 모르겠지만, 순은 상이 자신을 죽이려고 한 것을 알지 못한 것입니까?" 맹자가 답했다. "어찌 알지 못했겠는가? 상이 근심하면 순 또한 근심하였으며, 상이 기뻐하면 순 역시 기뻐하신 것이다."

만장이 물었다. "그렇다면 순이 거짓으로 기뻐한 것입니까?" 맹자가 답했다. "아니다. 옛날 살아있는 물고기를 정나라 자산에게 선물한 사람이 있었다. 자산이 교인校人을 시켜 그것을 연못에서 기르게 하였는데, 교인은 그것을 삶아 먹고는 복명[反命]하기를 '처음 고기를 연못에 놓아주자 비틀비틀하더니, 조금 있다가는 생기가 돌며 유유히 가더이다.'라고 하였다.

子産曰'得其所哉, 得其所哉!' 校人出曰'孰謂子産智? 予旣烹而食之', 曰『得其所哉, 得其所哉!』故君子可欺以其方, 難罔以非其道, 彼以愛兄之道來, 故誠信而喜之, 奚僞焉?"

趙曰:"都, 於也。君, 舜也。"
○《集》曰:"舜所居三年成都, 故謂之都君。"
○**鏞案** 舜之初薦也, 已云'克諧以孝, 烝烝乂不格姦', 則[21]瞽瞍底豫, 已在二女釐降之前矣。'不告而娶', 原屬荒唐。況《孟子》所云'完廩浚井·謨蓋都君'之事, 却在嬪虞之後, 是瞽瞍旣已底豫, 而又復謀殺也。有是理哉? 苟如是也, 其可曰'克諧'乎? 大抵〈帝典〉可信也。凡有乖於可信之經文者, 悉不可信。

---

21) 則: 新朝本에는 '見'으로 되어 있다.

자산이 말하기를 '살 곳을 얻었구나, 살 곳을 얻었구나!'라고 하였다. 교인이 밖으로 나와 말하기를 '누가 자산을 지혜롭다고 하는가? 내가 이미 물고기를 삶아먹었는데, 〈자산은 살 곳을 얻었구나, 살 곳을 얻었구나!〉라고 했다.'라고 했다. 그러므로 군자는 방도方道(합리적인 방법)로 속일 수는 있지만, 방도가 아닌 터무니없는 것으로 속이기는 어려운 것이다. 상은 형을 아끼는 도리로써 왔기 때문에 순이 진실로 믿고서 기뻐한 것이니, 어찌 거짓이었겠는가?'

조기가 말했다. "'도都'는 '오於'를 말하고, '군君'은 '순舜'을 말한 것이다."[22]

○ 『맹자집주』에서 말했다. "순이 3년을 거주하는 동안 도읍을 이루었기 때문에 '도군都君'이라고 한 것이다."

○ **용안** 순이 처음 천거되었을 때 이미 "능히 효로써 화해하게 하였으며 점점 잘 다스려 간악함에 이르지 않을 수 있게 했다."[23] 하니, 고수瞽瞍가 즐거워한 것[底豫]은 이미 두 딸을 순에게 시집보내기 이전에 있었던 일이다. "아뢰지 않고 아내를 얻었다.(不告而娶)"라는 것은 원래 황당한 일에 속한다. 하물며 『맹자』에서 말한 "창고를 손질하게 하고 우물을 파게 한 것 및 도군을 덮어버릴 꾀를 냈던 일"은 도리어 두 딸이 순에게 시집 온 뒤에 있었으니, 이는 고수가 이미 기뻐했으면서 또 다시 순을 살해하려고 도모한 것이다. 세상에 이런 이치가 있겠는가? 진실로 이와 같다면 "능히 화해했다.(克諧)"라고 말할 수 있겠는가? 대저 『상서·제전帝典(堯典)』은 믿을 만한 글이다. 무릇 믿을 만한 경문에 어긋남이 있게 하는 것은 모두 믿어서는 안 된다.

---

22) 도都는 오於 … 말한 것이다 : 오於는 감탄사고 군君은 순舜을 가리키는 말이니, "아, 순이여!"라는 의미일 것이다.
23) 능히 효로써 … 하지 않았습니다 : 『서경·요전堯典』 참조.

趙曰:"愕然反辭曰'我鬱陶'。"

○孫曰:"我氣閉積思憶君, 故來。"

○《集》曰:"'鬱陶', 思之甚, 氣不得伸也。"

○毛曰:"趙[24]岐注引〈檀弓〉'人喜斯陶', 以'陶'作'喜'解。此與'象喜亦喜'正合, 然未得其義。及觀《爾雅》[25]'鬱陶, 喜也', 而郭璞[26]注直引《孟子》'鬱陶思君'爲證, 始知喜是正義。唯張揖[27]《廣雅》[28]曰'喜也, 憂也', 則又兼憂喜二意爲言, 故後有'喜極未伸'之解。大抵喜愛不能舒, 結而爲思。故《楚詞》'豈不鬱陶而思君兮?', 曹植詩'鬱陶思君未敢言', 皆以鬱陶連思君爲詞, 而謝靈運[29]詩'嚶鳴已悅豫, 幽居猶鬱陶', 則直以[30]悅豫鬱陶並出, 所謂'見則喜, 不見則鬱'也。"

---

24) 趙: 新朝本에는 빠져 있다.

25) 爾雅:『이아』는 13경의 하나로, 문자에 대한 설명서이다. 작자는 주공이라고 전해져 왔으나, 오늘날에는 이를 부정하고 있다.

26) 郭璞: 곽박은 진晉나라 문희聞喜 사람으로, 자字는 경순景純이다. 박학고재로 사부辭賦에 능하였다.『이아』·『산해경』·『초사』등에 주석을 달았으며,『동림洞林』·『신림新林』·『복운卜韻』등의 저서가 있다.

27) 長揖: 장읍은 후위後魏 때의 사람으로, 자字는 치양稚讓이다. 박사博士를 지냈으며, 저서로『광아廣雅』가 있다.

28) 廣雅:『광아』는 후위의 장읍이 지은 책인데,『이아』·『삼창三倉』·『설문』·『방언方言』등을 모아 증보한 것으로 10권이다.

29) 謝靈運: 사령운은 남송 사람이다. 사현謝玄의 손자로 강락후康樂侯를 습작襲爵하였기에 강락康樂이라고도 불리며, 산수 문학의 풍조를 수립해서 도연명과 함께 칭송된다.

30) 以: 新朝本에는 빠져 있다.

* 다산은 『상서 요전堯典』을 근거로 『맹자』의 이 글은 시기도 맞지 않을 뿐만 아니라, 사리도 맞지 않음을 증명했다. 『맹자』의 저작자에 대해 이 책의 서문에서 "『맹자』 7편이 어찌 모두 맹자의 친필親筆이겠는가?"라고 말한 것과 같이, 다산은 이 글도 맹자의 글이 아님을 단정하고 있다.

조기가 말했다. "깜짝 놀라서[愕然] 말을 돌리기[反辭]를 '내 마음이 울도鬱陶하였다.'라고 하였다."

○ 손석이 말했다. "나의 기운이 막히도록 군주를 생각했기 때문에 온[來] 것이다."

○ 『맹자집주』에서 말했다. "'울도鬱陶'는 그리워하는 마음이 깊어 기氣를 펴지 못한 것이다."

○ 모기령이 말했다. "조기의 주는 『예기·단궁』편의 '사람이 기뻐하면 이에 도陶해진다.'라는 말을 인용하여 '도陶'를 '희喜(즐거움)'로 해석한 것이다. 이는 '상이 기뻐하면 순 또한 기뻐했다.'라는 말과 정확히 합치하지만, 그 의미를 알 수가 없다. 『이아爾雅』를 보면 '울도鬱陶는 희喜이다.' 했고, 곽박郭璞의 주注에서는 『맹자』의 '울도사군鬱陶思君'을 직접 인용하여 증거로 삼고 있으니, 비로소 희喜가 올바른 의미임을 알 수 있다. 오직 장읍長揖의 『광아廣雅』에서는 '희喜는 우憂(근심)이다.'라고 하니, 또한 우憂와 희喜의 두 가지 의미를 겸해서 말한 것이다. 그러므로 뒤에 '기쁨이 지극하지만 펴지 못한다.'라는 해석이 있는 것이다. 대저 기쁨[喜]과 아낌[愛]을 펴지 못하면, 맺혀서 그리워하게 된다. 그러므로 『초사』에 '어찌 울도해서 그대를 그리워하지 않았으리오?'라고 하였고, 조식曹植의 시에 '울도하여 그대를 그리워하였으나 감히 말하지 못하였네.'라고 하였으니, 모두 울도를 사군思君에 이어서 말을 만든 것이며, 사령운謝靈運의 시에 '새 울음소리 즐거우니 그윽한 거처도 오히려 울도하도다.'라고 하여, 직접 즐겁다는 말을 울도라는 말과 함께 표출하였으니, 이른바 '만나면 기쁘고, 만나지 못하면 우울하다.'라는 것이다.

今朱子注曰'思之甚, 而氣不得伸', 則不識喜字, 反添氣字."【或曰: "陶是燒瓦室, 火氣難達, 故曰氣不伸", 則又誤矣。鬱陶音姚, 陶瓦音桃。】

○**鏞案** 趙岐本無此注, 不知毛氏何故叫嚷。

趙曰: "念此臣衆, 汝故助我治事。"
○《集》曰: "舜見其來而喜, 使之治其臣庶。"
○**鏞案** 趙注不知何說。若如《集》義, 則舜受堯之九男百官, 私自授象, 不合事理。"子噲不得與人燕, 子之不得受燕於子噲",[31] 衰周天子之命, 尚不敢慢, 況於帝堯乎? 此章恐非孟子親筆。

---

31) 子噲不得與人燕, 子之不得受燕於子噲:『맹자·공손추 하』 참조.

지금 주자의 주에서는 '그리워함이 깊어 기를 펴지 못한 것이다.'라고 하였으니, 희喜자를 알지 못하면서 도리어 기氣자를 첨가하고 만 것이다."【어떤 이는 "도陶는 기와를 굽는 굴에 화기火氣가 통하지 않는 것이다. 그러므로 '기를 펴지 못한다.'라고 한 것이다." 했으니, 이 또한 잘못이다. 鬱陶('울요'라고 읽음)의 陶는 음音이 요姚이고, 陶瓦('도와'라고 읽음)의 음은 도桃이다.】

○ **용안** 조기에게는 본래 이러한 주가 없는데, 모기령이 무엇 때문에 이렇게 시끄럽게 하는지 모르겠다.

* 다산은 모기령의 설에 대해 거부감이 많다. 『맹자』의 이 장에 대한 조기의 주석에는 이런 말이 전혀 없기 때문에 다산은 모기령의 주석에 대해 부정한 것이다.

조기가 말했다. "이 신하와 백성을 염려하여 너는 우선 나를 도와 정사를 다스려라."

○ 『맹자집주』에서 말했다. "순은 상象이 오는 것을 보고 기뻐하여 그로 하여금 신하와 백성을 다스리게 했다."

○ **용안** 조기의 주는 무슨 말인지 모르겠다. 만약 『맹자집주』의 의미와 같다면, 순이 요의 9명의 아들과 백관을 받아서 그들을 사사로이 상象에게 준 것이니 사리에 부합하지 않는다. "자쾌子噲도 타인에게 연燕나라를 줄 수 없으며, 자지子之도 자쾌에게 연나라를 받을 수 없다."라고 했다. 쇠락한 주나라 천자의 명령이라도 여전히 감히 소홀하게 할 수 없는데, 하물며 요 임금의 명령은 어떠했겠는가? 이 장은 아마도 맹자의 친필이 아닌 듯하다.

* 이것은 본문에 나오는 '舜曰惟妓臣庶汝其于予治'에 대한 조기와 주희의 주석에 대해 다산이 그 반론으로 내용 자체가 사리에 맞지 않음을 말한 것이다. 그러므로 이 글은 맹자의 저술로 보기에는 거리가 있다는 입장을 밝힌 것이다.

9-3 상이 날마다 순을 살해하려고 했지만, 순은 천자가 된 뒤에 오히려 그를 유비라는 땅에 봉해준 것에 대해 질문하는 장

〔象日以殺舜爲事封之有庳章〕

* 맹자는 이 장에서 평소에 형인 순을 살해하려고 음모를 꾸몄던 상象을, 천자가 된 뒤에 그를 죽이지 않고 유비有庳라는 땅에 봉해준 것에 대해 형제간의 도리는 친애를 중심으로 해야 하는 점을 들어 설명하였다. 이에 다산은 유비라는 지명에 대해 고증하면서 맹자의 말이 신빙성이 없다는 점을 제시하고 있다.

萬章問曰: "象日以殺舜爲事, 立爲天子則放之, 何也?" 孟子曰: "封之也, 或曰'放'焉." 萬章曰: "舜流共工于幽州; 放驩兜于崇山; 殺三苗[32] 于三危; 殛鯀于羽山, 四罪而天下咸服, 誅不仁也. 象至不仁, 封之有庳, 有庳之人, 奚罪焉? 仁人固如是乎? 在他人則誅之, 在弟則封之?" 曰: "仁人之於弟也, 不藏怒焉, 不宿怨焉, 親愛之而已矣. 親之欲其貴也, 愛之欲其富也. 封之有庳, 富貴之也, 身爲天子, 弟爲匹夫, 可謂親愛之乎?" "敢問. 或曰'放'者, 何謂也?" 曰: "象不得有爲於其國, 天子使吏治其國而納其貢稅焉, 故謂之'放'. 豈得暴彼民哉? 雖然, 欲常常而見之, 故源源而來, '不及貢, 以政接于有庳', 此之謂也."

---

32) 三苗: 삼묘는 중국 변방의 나라로, 공영달은 진운씨縉雲氏의 후예라고 설명한다.

만장이 물었다. "상象이 날마다 순을 살해할 것을 일삼았는데, 순이 즉위하여 천자가 되어서는 그를 추방한 것은 어째서입니까?" 맹자가 답했다. "그를 봉해주었는데, 어떤 이가 '추방했다.'라고 한 것이다."

만장이 물었다. "순이 공공共工을 유주幽州로 유배를 보내고[流], 환두驩兜를 숭산崇山으로 추방하고[放], 삼묘三苗의 군주를 삼위三危에서 살해하고[殺], 곤鯀을 우산羽山에서 사형에 처했습니다[殛]. 네 사람에게 벌을 주자 천하가 모두 복종한 것은 불인한 이들을 주벌했기 때문입니다. 그런데 상은 지극히 불인했는데도 그를 유비有庳에 봉했으니, 유비의 백성들은 무슨 죄입니까? 인한 사람도 진실로 이와 같습니까? 타인은 주벌하면서도 아우라고 해서 봉해줍니까?" 맹자가 답했다. "인한 사람은 아우에 대해 분노를 감추지 않고 원망을 묵혀두지 않으며, 그를 친애할 뿐이다. 가까이한다면 그가 존귀해지기를 바라고, 아낀다면 그가 부유해지기를 바란다. 그를 유비에 봉한 것은 그가 부귀해지고 존귀해지게 한 것이니, 자신은 천자가 되었는데도 아우는 필부라면, 아우를 친애했다고 할 수 있겠는가?"

만장이 물었다. "감히 묻겠습니다. 어떤 이가 '추방했다[放]'라고 하는 것은 무엇을 말한 것입니까?" 맹자가 답했다. "상이 그 나라에서 큰일을 할 수 없게 하고, 천자가 관리로 하여금 그 나라를 다스리게 하여 세금[貢稅]만 바치게 했던 것이다. 그러므로 '추방했다.'라고 한 것이니, 어찌 저 백성들에게 폭정을 행할 수 있었겠는가? 그러나 항상 그를 만나보고자 하셨기 때문에 끊임없이 오게 하셨으니, '조공朝貢할 때가 되지 않았는데도, 정사를 이유로 유비에서 접견했다.'라고 하는 것이 이것을 말한 것이다."

《集》曰:"今道州 鼻亭, 卽有庳之地, 未知是否。"【《漢書》顏師古注云:"有庳在零陵, 今鼻亭, 是也。"】

○**鏞案**《史記·南越列[33]傳》云:"越侯二人出零陵。"《後漢書·東平王蒼傳》:"昔象封有鼻。"注云:"有鼻, 國名, 在今永州 營道縣北。"故《蠻司》[34]諸記並云"交趾國有象祠"。總之, 有庳者, 百越蓁荒之地也。舜旣以愛弟之意封象, 何乃封於此地? 此地距冀州不下萬里, 又何得常常欲見, 使之源源而來乎? 總不可曉。

趙曰:"'常常'以下, 皆《尙書》逸篇之辭。"
○《集》曰:"蓋古書之辭。"
○**鏞案** '不及貢'以下, 似逸篇之文。

---

33) 列: 新朝本에는 '王'으로 되어 있으나 편명篇名이므로 바로잡는다.
34) 蠻司:『만사』는 모기령의『만사합지蠻司合志』인 것으로 보인다.

『맹자집주』에서 말했다. "지금의 도주道州 비정鼻亭이 곧 유비有庳 땅이라고는 하나, 옳은지는 알 수가 없다."【『한서』 안사고顔師古의 주에 "유비有庳는 영릉零陵에 있으니, 오늘날의 비정鼻亭이 그곳이다."라고 했다.】

○ **용안** 『사기·남월열전南越列傳』에서 "월후越侯 두 사람이 영릉零陵을 나왔다."라고 했고, 『후한서·동평왕창전東平王蒼傳』에서 "옛날 상象이 유비有鼻에 봉해졌다."라고 했으며, 그 주에서 "유비는 나라 명칭[國名]이니, 오늘날 영주永州 영도현營道縣 북쪽에 있다."라고 했다. 그러므로 『만사蠻司』의 여러 기록에 모두 "교지국交趾國에 상象의 사당이 있다."라고 하였다. 이를 총괄해보면, 유비有庳는 백월百越의 거친 땅이다. 순이 이미 아우를 아끼는 뜻으로 상을 봉했다면, 어떻게 이러한 지역에 봉했겠는가? 이 땅은 기주冀州와의 거리가 만리가 넘으니, 또 어떻게 항상 보고 싶으면 그로 하여금 자주 오게 할 수 있었겠는가? 모두 이해할 수가 없다.

조기가 말했다. "'상상常常' 이하의 글은 모두 『상서』의 일편逸篇(일실된 편)의 말이다."

○ 『맹자집주』에서 말했다. "고서古書의 말인 듯하다."

○ **용안** '불급공不及貢' 이하의 글이 일편逸篇의 글인 듯하다.

9-4 함구몽이 덕이 성대한 선비는 군주가 신하로 삼을 수 없다는 것에 대해 질문한 장 〔咸丘蒙問盛德之士君不得而臣章〕

* 맹자는 이 장에서 제자인 함구몽이 순이 요임금으로부터 양위를 받아 천자가 되어서 그 아버지 고수와 요에게 신하로서 와서 절하게 하였다고 전해지는 말이 있는데, 이것이 사실이냐고 묻는 것에 대해, 이를 제나라 동쪽의 야인들의 말로 치부하면서 옳지 않은 말이라고 비난한다. 이에 대해 다산은 이 글은 현행하는 『상서』중 매색의 위작에 해당하는 위고문僞古文으로 믿을 만한 것이 아닌데, 매색의 위고문의 견해에 모기령이 동조하면서 『맹자』를 해석하고 있다고 비판한다.

咸丘蒙問曰: "語云'盛德之士, 君不得而臣, 父不得而子. 舜南面而立, 堯帥諸侯, 北面而朝之, 瞽瞍亦北面而朝之, 舜見瞽瞍, 其容有蹙', 孔子曰'於斯時也, 天下殆哉岌岌乎?'不識此語誠然乎哉?"孟子曰: "否. 此非君子之言, 齊東野人之語也. 堯老而舜攝也. 〈堯典〉曰: '二十有八載, 放勳乃徂落, 百姓如喪考妣三年, 四海遏密八音.'孔子曰: '天無二日, 民無二王', 舜旣爲天子矣, 又帥天下諸侯, 以爲堯三年喪, 是二天子矣." 咸丘蒙曰: "舜之不臣堯, 則吾旣得聞命矣, 《詩》云'普天之下, 莫非王土, 率土之濱, 莫非王臣.'而舜旣爲天子矣, 敢問瞽瞍之非臣, 如何?"曰: "是《詩》也, 非是之謂也. 勞於王事而不得養父母也, 曰'此莫非王事, 我獨賢勞也.'故說《詩》者不以文害辭, 不以辭害志, 以意逆志, 是爲得之. 如以辭而已矣, 〈雲漢〉[35]之詩曰'周餘黎民, 靡有孑遺', 信斯言也, 是周無遺民也. 孝子之至, 莫大乎尊親, 尊親之至, 莫大乎以天下養. 爲天子父, 尊之至也, 以天下養, 養之至也."

---

35) 雲漢: 운한은 『시경·대아』의 편명이다.

함구몽咸丘蒙이 물었다. "옛말에 '덕이 성대한 선비는 군주가 신하로 삼을 수 없고, 아비가 자식으로 삼을 수 없다. 순이 남면하고 서 계시자, 요가 제후를 거느리고 북면하여 조회하였으며, 고수瞽瞍 역시 북면하여 조회하니, 순이 고수를 보고 불안하여 위축됨이 있었다.'라고 하였는데, 공자가 '이때에 천하가 매우 위태로웠다.'라고 하셨다고 하니, 잘 모르겠으나 이 말이 진실로 사실입니까?" 맹자가 답했다. "아니다. 이는 군자의 말이 아니요, 제나라 동쪽 야인의 말이다. 요임금이 연로하시자 순이 섭정한 것이다. 「요전」에서 '28년 만에 방훈放勳(요임금)이 마침내 별세하시니, 백성들은 자신의 고비考妣(돌아가신 부모를 일컬음)를 잃은 듯 3년을 슬퍼했고, 사해에서는 팔음八音을 연주하는 것을 그쳤다.'라고 했다. 공자께서는 '하늘에는 두 태양이 없고 백성에게는 두 임금이 없다.'라고 하셨으니, 순이 이미 천자가 되시고, 또 천하의 제후를 거느리고서 요를 위해 삼년상을 치렀다면, 이는 천자를 둘로 여긴 것이다."

함구몽이 물었다. "순이 요를 신하로 대하지 않은 것은 제가 이미 가르침을 들었습니다만, 『시경』에 '온 하늘 아래가 왕의 땅이 아님이 없으며, 온 영토 안에 왕의 신하가 아님이 없다.'라고 했습니다. 순이 이미 천자가 되셨으니, 감히 묻건대 고수를 신하로 여기지 않으신 것은 어째서입니까?" 맹자가 답했다. "이 『시경』의 내용은 그것을 말한 것이 아니다. 왕의 일[王事]에 수고하다가 부모를 봉양할 수가 없어서, '이는 왕의 일이 아닌 것이 없는데, 나 홀로 어질다하여 수고하는구나!'라고 한 것이다. 그러므로 『시경』의 내용을 해설하는 이들은 글자[文]로 말[辭]을 해치지 않아야 하고, 말로 시인의 뜻[志]을 해치지 않아야 하며, 독자의 뜻[意]으로 시인의 뜻을 맞추어야 한다. 이래야 『시경』의 본래 의미를 얻을 수가 있다. 만일 말만 가지고 해석한다면, 「운한雲漢」의 시에 '주周나라의 남은 백성[黎民]이 혈유孑遺(잔존한 백성)가 없다.'라고 했으니, 진실로 이 말대로라면 이것은 주나라에 남아 있는 백성이 없다는 것이다. 효자의 지극함은 어버이를 존귀하게 여기는 것보다 큰 것이 없고, 어버이를 존귀하게 여김의 지극함은 천하로 봉양하는 것보다 큰 것이 없다. 고수는 천자의 아버지가 되었으니, 존귀함의 지극함이요, 순은 천하로 봉양하였으니, 봉양의 지극함이다.

《詩》曰'永言孝思, 孝思維則', 此之謂也. 《書》曰'祗載見瞽瞍, 夔夔齊栗, 瞽瞍亦允若', 是爲'父不得而子'也."

《集》曰:"〈堯典〉,〈虞書〉篇名。今此文乃見於〈舜典〉, 蓋古《書》二篇, 或合爲一。"
○毛曰:"伏生《尙書》, 原只〈堯典〉一篇。以舊別有〈舜典〉, 而其時已亡。故東晉 梅賾獻《尙書孔傳》, 亦無〈舜典〉。至齊 建武年, 吳興 姚方興, 於大航頭得孔氏傳古文, 始分〈堯典〉爲二. 以'愼徽五典'至末, 謂之〈舜典〉, 而加二十八字于其中, 此僞書也。故漢 光武時張純[36]奏'宜遵唐 堯之典「二月巡守」', 至章帝時, 陳寵[37]奏言'唐 堯著典,「眚災肆赦」', 皆是〈舜典〉文, 而冠以〈堯典〉之名。卽《前漢·王莽傳》所引'十有二州', 皆稱〈堯典〉, 西晉 武帝初, 幽州秀才張髦上疏, 引'肆類于上帝'諸文, 亦稱〈堯典〉, 自僞書一出, 而群然改從, 則是古書一篇, 而今誤分之, 非古書二篇, 而今誤合之也。

---

36) 張純 : 장순은 후한 때 사람으로, 자字는 백인伯仁이고 시호諡號는 절절이다. 벼슬은 대사공大司空에 이르렀다.
37) 陳寵 : 진총은 후한 때 사람으로, 자字는 소공昭公이다. 경서經書에 통달하였다고 한다.

『시경』에서 '효도하는 마음을 길이 생각하기에 효도하는 마음이 법칙이 될 만하다.'라고 했으니, 이것을 말한 것이다. 『상서』에서 '순이 공경히 섬겨 고수를 알현하되, 공경하고 두려워하시자 고수 또한 믿고 따랐다.'라고 했으니, 이것이 '아비는 그를 자식으로 생각할 수 없다.'라는 것이다."

『맹자집주』에서 말했다. "「요전」은 「우서虞書」의 편명이다. 지금은 이 글이 「순전」에 보이니, 대개 옛날에는 『상서』 2편이 합해져 1편이었던 듯하다."

○ 모기령이 말했다. "복생伏生의 『상서』에는 원래 「요전」 1편이었을 뿐이다. 옛날에는 별도로 「순전」이 있었는데, 복생 당시에 이미 망실되었다. 그러므로 동진東晉의 매색梅賾이 『상서공안국전尙書孔安國傳』을 바칠 때에도 역시 「순전」은 없었을 것이다. 제나라 건무建武 연간에 이르러 오흥吳興 사람인 요방흥姚方興이 대항두大航頭에서 공씨(공안국)가 전한 고문을 얻어 비로소 「요전」을 나누어 둘이 되게 한 것이다. '신휘오전愼徽五典'으로부터 끝까지를 「순전」이라고 하고 그 가운데 28글자를 추가하였으니, 이는 위서이다. 그러므로 한나라 광무 때에 장순張純이 『상서·요전』의 〈2월에 순수循守한다(二月巡守)〉는 것을 따르는 것이 마땅하다.'라고 상주上奏했고, 장제 때에 이르러 진총陳寵이 「요전」에 '모르고 저지른 죄는 용서한다.(眚災肆赦)'라고 상주했는데, 이는 모두 「순전」의 글이지만 「요전」이란 이름으로 글의 첫머리에 둔 것이다. 곧 『전한서·왕망전王莽傳』에서 인용한 '십유이주十有二州'를 모두 「요전」이라고 칭하고, 서진西晉 무제武帝 초에 유주幽州의 수재 장모張髦의 상소에서 '사류우상제肆類于上帝' 등 여러 글을 인용한 것 역시 「요전」이라고 칭했으니, 위서僞書가 한 번 출현하자 떼거리로 따라서 고친 것이다. 그렇다면 이는 『고문상서』에서는 1편이었는데, 지금은 잘못 나눈 것이요, 『고문상서』에서는 2편이었는데, 지금 잘못 합한 것이 아니다.

蓋'二十八載'以前, 是古〈堯典〉, '月正元日'以後, 是古〈舜典〉, 則二十八字僞可驗矣。若朱子竟疑《古文》爲僞。"

○鏞案 毛氏爲梅氏作《冤詞》以詬朱子, 而其心則知其不然。故此說左右牽纏, 不成倫理, 誠可咍也。孔壁眞本, 鄭玄[38]所註, 亦止〈堯典〉一篇, 而今但云'伏氏本只有〈堯典〉', 其詐一也。梅氏獻《尙書》, 猶闕〈舜典〉一篇者, 謂'愼徽五典'以下, 僞《孔傳》缺也, 豈經缺乎? 其詐二也。〈堯典〉中分, 原是梅賾之所爲, 而今云'姚方興始分爲二', 其詐三也。毛氏前於《冤詞》, 力護二十八字, 詐引王肅[39]註·范甯[40]註·阮孝緖[41]《七錄》及王延壽[42]〈靈光殿賦〉·王粲[43]〈七釋〉諸文, 以證二十八字眞的無僞。今忽斷之曰'二十八字僞書', 何其德之不恒乎? 其詐四也。今旣斷之曰'古書一篇, 誤分爲二', 而隨復言之曰'二十八載'以前, 是古〈堯典〉, '月正元日'以下, 是古〈舜典〉, 雖欲不謂之狂言妄說, 不可得矣。其詐五也。毛於《梅書》, 明知其僞, 而特緣心術, 必欲與朱子背馳, 手執贗物, 口飾《冤詞》, 其言之決裂橫出, 每每如此。

---

38) 鄭玄 : 정현은 후한 고밀高密 사람으로, 자字가 강성康成이다. 마융馬融에게 배웠으며 『모시毛詩』와 삼례서三禮書 등에 주석을 달았다.

39) 王肅 : 왕숙은 위진 시대의 학자이고 진晉 무제武帝의 외조부이다. 정현의 학설에 반대하여 『성증론聖證論』·『공자가어』·『고문상서공광국전古文尙書孔宏國傳』 등을 지었다.

40) 范甯 : 범녕은 진晉나라 사람으로. 자字는 무자武子이다. 『춘추곡량전집해春秋穀梁傳集解』 등을 저술했다.

41) 阮孝緖 : 완효서는 양梁나라 위씨尉氏 사람으로, 자字는 사종士宗이고 시호諡號는 문정처사文貞處士이다. 13세에 오경에 두루 통하였고, 20세가 된 뒤로는 방 한 칸에 들어앉아 문 밖 출입을 하지 않았다. 『칠록산번七錄刪繁』 등 181권의 저술이 있다.

42) 王延壽 : 왕연수는 후한後漢 때의 사람이다. 젊었을 때 노魯나라에 여행을 갔다가 「영광전부靈光殿賦」를 지었다.

43) 王粲 : 왕찬은 삼국시대 위魏나라 고평高平 사람으로, 자字는 중선仲宣이다. 건안칠자建安七子의 한 사람으로 박학다식했다.

대개 '이십팔재二十八載' 이전이 옛「요전」이며, '월정원일月正元日' 이후가 옛「순전」이니, 28글자가 위작임을 증험할 수 있다. 주자 같은 이도 마침내『고문상서』를 위작이라고 의심하였다."

○ **용안** 모기령이 매색을 위해『고문상서원사古文尙書冤詞』를 지어 주자를 비방하였으나, 그 마음은 그렇지 않음을 알고 있었다. 그러므로 이 설명은 이것저것을 끌어다 얽어놓은 것이어서 논리적이지 못하니, 진실로 우스운 일이다. 공자의 옛집 벽[孔壁]에서 나온 진본眞本을 정현이 주한 것도 역시 다만「요전」1편뿐이었는데, 지금 단지 "복생의 판본에는 단지「요전」1편만이 있다."라고 말하니, 그것이 첫 번째 거짓이다. 매색이『상서』를 받칠 때에도 여전히「순전」1편이 빠져있었던 것도 '신휘오전愼徽五典' 이하에 위서僞書인『공안국전』이 빠진 것이지, 어찌 경문이 빠졌겠는가? 그것이 두 번째 거짓이다.「요전」을 둘로 나눈 것은 원래 매색이 한 것인데, 지금 "요방흥이 비로소 나누어 둘이 되게 하였다."라고 하니, 그것이 세 번째 거짓이다. 모기령이『원사冤詞』앞에 28글자를 극력 옹호하고, 왕숙王肅의 주註, 범녕范甯의 주註, 완효서阮孝緒의『칠록七錄』및 왕연수王延壽의「영광전부靈光殿賦」, 왕찬王粲의「칠석七釋」등 여러 글을 거짓으로 인용하고는 28글자가 진실로 거짓이 아니라고 증명하면서 지금은 홀연히 이를 단정하여 28글자가 위서라고 말하니, 어찌하여 그 덕德이 한결같지 않은 것인가? 그것이 네 번째 거짓이다. 지금 단정하면서 "옛『상서尙書』1편은 잘못 나누어 둘이 되었다."라고 했으면서, 이어서 다시 '이십팔재二十八載' 이전은 옛「요전」이고, '월정원일月正元日' 이하는 옛「순전」이라고 하니, 아무리 미친 말과 망령된 설명이라고 하지 않으려고 해도 그럴 수기 없다. 그것이 다섯 번째 거짓이다. 모기령이 매색의『상서』에 대해서 그것이 위작임을 확연히 알고 있으면서도, 그 심술이 반드시 주자와 배치되고자 하였기에 안물贋物(위조해 만든 물건)을 잡고 있으면서도 입으로는『원사』를 꾸몄으니, 그 말이 조리가 없고 막 튀어나오는 것이 매번 이와 같다.

【朱子言僞處, 毛說其眞, 朱子勉從處, 毛發[44]其僞】

○孔壁《古文尙書》其二十九篇, 與伏生本同, 其十六篇文字, 古奧絶無師說。其篇目簿領備載孔穎達《尙書正義》。古之〈舜典〉入於十六篇中, 今之〈舜典〉乃〈堯典〉之下半, 梅氏之所僞分也。並見《書說》,[45] 今不疊述。

趙曰: "《書》,《尙書》逸篇。【'夔夔齊栗'節。】 舜旣爲天子, 敬事嚴父, 戰栗以見瞽瞍。"
○《集》曰: "《書·大禹謨》篇。"
○鏞案 梅氏〈大禹謨〉, 以"號泣旻[46]天"·"祗載見瞽瞍", 合作一事, 此乃僞案之鐵堅者。舜旣踐天子之位, 載天子之旗, 猶復夔夔齊栗, 恭執子道, 不敢以富貴驕於父, 此舜之所以爲大孝, 而瞽瞍之所以亦允若也。若於耕稼之日, 躬荷耒耜, 還自田疇, 彈淚飮泣, 以見頑嚚之父, 則雖非孝子, 亦莫不戰戰栗栗, 豈足爲至行? 瞽瞍亦豈有允若之理?

---

44) 發: 신조본에는 '廢'로 되어 있다.
45) 書說:『서설』은 다산의『상서고훈』과『매씨서평』을 말한다.
46) 旻: 新朝本에는 '昊'로 되어 있다.

【주자가 위작임을 말한 곳은 모기령이 진본이라고 하고, 주자가 힘써 따른 곳은 모기령이 위작이라고 말했다.】

○ 공자의 옛집 벽에서 나온 『고문상서』 29편은 복생의 판본과 동일하며, 16편의 문자는 오래되고 사설師說이 전혀 없다. 그 편목의 기록은 공영달의 『상서정의』에 잘 기재되어 있다. 옛날의 「순전」은 16편에 들어가 있고, 지금의 「순전」은 바로 「요전」의 하반부이니, 매색이 거짓으로 나눈 것이다. 모두 『서설書說』에 보이니, 여기에서는 반복해서 기술하지 않는다.

 * 모기령은 『고문상서원사古文尚書冤詞』를 저술하여 매색의 『위고문상서僞古文尚書』가 진본임을 꾸미기 위해 원래의 「요전」을 「요전」과 「순전」으로 구분한 것에 대해 구구하게 설명하였는데, 다산은 모기령이 주장한 논리에 5가지 모순이 있다고 지적함으로써 반격을 가했다.

조기가 말했다. "『서書』는 『상서』 가운데 일실된 편이다.【'기기제율夔夔齊栗'의 절목이다.】 순이 천자가 되고서도 공경히 엄부嚴父를 섬겼기에 두려워하면서 고수瞽瞍를 뵈었다."

○ 『맹자집주』에서 말했다. "『상서·대우모』 편이다."

○ **용안** 매색의 「대우모」에서는 "하늘을 향해 울부짖었다.(號泣旻天)"라는 것과 "공경히 섬겨 고수를 뵈었다.(祗載見瞽瞍)"라는 것을 합하여 하나의 일로 만들었으니, 이것이 바로 거짓으로 결정한 것임이 분명하다는 증거이다. 순이 이미 천자의 자리에 오르고 천자의 깃발을 세우고서도, 여전히 다시 공경하고 두려워하여 공손히 자식의 도리를 실천하였으며, 감히 부귀로 아버지에게 교만하게 굴지 않았으니, 이것이 순이 대효라고 불리는 이유이며, 고수 또한 믿고 따르게 된 이유이기도 하다. 만약 농사짓던 시절에 몸소 쟁기를 지니고 밭에서 돌아와서는 눈물을 흘리고 울면서 완악하고 도리에 어두운 아버지를 뵈었다면, 비록 효자가 아니더라도 또한 누구나 두려워 떨었을 것이니, 어찌 지극한 행동이 될 수 있겠으며, 고수 역시 어찌 믿고 따르는 이치가 있었겠는가?

號泣旻天, 耕歷山時事也, 齊栗見父, 踐帝位後事也. 謬取三十年前事, 合於三十年後事, 非僞而何?

趙曰:"'祗', 敬; '載', 事也."【《集注》同.】
○**鏞案**《史記》曰:"堯崩, 舜踐帝位, 載天子旗, 往朝父瞽瞍, 夔夔惟謹, 如子道." '載'者, 載旗也.【《曲禮》曰:"載靑旌."〈月令〉曰:"載靑旂."】

하늘을 향해 울부짖은 것은 역산歷山에서 밭갈 때의 일이며, 공경하고 두려워하여 아버지를 뵌 것은 제위에 오른 뒤의 일이다. 30년 전의 일을 잘못 취하여 30년 후의 일에 합했으니, 거짓이 아니면 무엇이겠는가?

* 본문에 나오는 '書曰祇載見瞽瞍夔夔齊栗'에 대한 주석이다. 다산은 매색이 『맹자』에 나오는 본문의 글과 『상서』에 나오는 "순이 하늘을 향해 울부짖었다."라는 글을 합쳐 같은 시기의 것으로 보고 위고문의 하나인「대우모」편을 만들었다는 것을 지적하고 있다.

조기가 말했다. "'지祇'는 공경한다[敬]는 뜻이며, '재載'는 섬긴다[事]는 뜻이다."【『맹자집주』도 같다.】

○ **용안** 『사기』에서 "요임금이 붕어하시자 순이 제위에 올라 천자의 깃발을 세우고는, 가서 아버지 고수를 뵙고 공경하고 삼가기를 자식의 도리대로 하였다."라고 했다. '재載'는 깃발을 세우는 것[載旗]이다.【『예기·곡례』편에서 "청정青旌을 세운다."라고 했고, 「월령」에서 "청기青旂를 세운다."라고 했다.】

9-5 요임금이 천하를 순에게 주었다는 것의 사실 여부와 순이 요임금의 아들을 피해 남하의 남쪽으로 갔다는 것에 대해 만장이 질문한 장 〔萬章曰堯以天下與舜舜避堯之子於南河之南章〕

* 맹자는 이 장에서 요임금이 천하를 순에게 주었다는 것은 사실이 아니라 하늘이 준 것이라는 것과, 요가 죽자 천자의 자리를 요의 아들 단주에게 돌아가게 하기 위해 순이 남하의 남쪽으로 피했지만 천하 사람들이 단주에게로 귀순하지 않고 순에게 몰려왔다는 내용을 설명하고 있다. 이것은 유가의 덕 있는 사람이 정사를 집행한다는 유덕자집정有德者執政의 정치적 천명사상의 한 단면을 보여주고 있는 것이다. 이에 대해 다산은 이 장 또한 『상서·요전』과 비교해볼 때, 맹자 자신이 집필한 것이 아니라고 했다.

萬章曰: "堯以天下與舜, 有諸?" 孟子曰: "否. 天子不能以天下與人." "然則舜有天下也, 孰與之?" 曰: "天與之." "'天與之'者, 諄諄然命之乎?" 曰: "否. 天不言. 以行與事示之而已矣." 曰: "'以行與事示之'者, 如之何?" 曰: "天子能薦人於天, 不能使天與之天下, 諸侯能薦人於天子, 不能使天子與之諸侯, 大夫能薦人於諸侯, 不能使諸侯與之大夫. 昔者, 堯薦舜於天, 而天受之, 暴之於民, 而民受之. 故曰'天不言, 以行與事示之而已矣.'" 曰: "敢問. 薦之於天, 而天受之, 暴之於民, 而民受之, 如何?" 曰: "使之主祭, 而百神享之, 是天受之, 使之主事, 而事治, 百姓安之, 是民受之也. 天與之, 人與之, 故曰'天子不能以天下與人.' 舜相堯二十有八載, 非人之所能爲也, 天也. 堯崩, 三年之喪畢, 舜避堯之子於南河之南, 天下諸侯朝覲者, 不之堯之子而之舜, 訟獄者, 不之堯之子而之舜, 謳歌者, 不謳歌堯之子而謳歌舜, 故曰'天'也.

만장이 물었다. "요임금이 천하를 순에게 주셨다고 하는데, 그런 일이 있었습니까?" 맹자가 답했다. "아니다. 천자라도 천하를 다른 사람에게 줄 수는 없다." 만장이 물었다. "그렇다면 순이 천하를 소유한 것은 누가 그에게 준 것입니까?" 맹자가 답했다. "하늘이 주신 것이다." 만장이 물었다. "'하늘이 주셨다'는 것은 자세히 말씀하여 명령한 것입니까?" 맹자가 답했다. "아니다. 하늘은 말씀하시지 않는다. 행실[行]과 일[事]로 보여주실 뿐이다."

만장이 물었다. "'행실과 일로 보여주신다.'라는 것은 어떤 것입니까?" 맹자가 답했다. "천자가 하늘에 사람을 천거할 수는 있지만, 하늘로 하여금 그에게 천하를 주게 할 수는 없으며, 제후가 천자에게 사람을 천거할 수는 있지만, 천자로 하여금 그에게 제후를 주게 할 수는 없으며, 대부가 제후에게 사람을 천거할 수는 있지만, 제후로 하여금 그에게 대부를 주게 할 수는 없다. 옛날 요임금이 하늘에 순을 천거했는데, 하늘이 그것을 받아주시고, 백성들에게 드러냄에 백성들이 받아주었다. 그러므로 '하늘은 말씀하시지 않는다. 행실과 일로 보여주실 뿐이다.'라고 말한 것이다."

만장이 물었다. "감히 묻겠습니다. 하늘에 그를 천거함에 하늘이 받아주시고, 백성들에게 드러냄에 백성들이 받아주었다는 것은 어떤 것입니까?" 맹자가 답했다. "순으로 하여금 제사를 주관하게 했는데, 온갖 신들이 흠향하였으니, 이것이 하늘이 받아주었다는 것이고, 그에게 일을 주관하게 했는데, 일이 잘 다스려져 백성들이 안정되었으니, 이것이 백성들이 받아주었다는 것이다. 하늘이 인정하고 사람이 인정하였기 때문에 '천자가 천하를 다른 사람에게 줄 수 없다.'라고 말한 것이다. 순이 요임금을 28년 동안 도우셨는데, 이것은 인력으로 할 수 있는 것이 아니고 하늘이 그렇게 한 것이다. 요임금이 붕어하시자, 삼년상을 마치고는 순이 요의 아들을 피해 남하南河의 남쪽으로 가셨는데, 천하의 제후로서 조회하는 자들이 요임금의 아들에게로 가지 않고 순에게 갔으며, 옥사를 송사하는 사람들이 요임금의 아들에게 가지 않고 순에게 갔으며, 덕을 노래하는 자들이 요임금의 아들을 노래하지 않고 순을 노래하였기 때문에 '하늘이 그렇게 한 것이다.'라고 말한 것이다.

夫然後之中國, 踐天子位焉. 而居堯之宮, 逼堯之子, 是簒也, 非天與也.〈太誓〉曰'天視自我民視, 天聽自我民聽', 此之謂也."

趙曰: "南河之南, 遠地南夷也。"
○裵駰[47]云: "南河之南, 九河之最南者, 是知爲南夷也。"
○《集》曰: "南河, 在冀州必南。"
○**鏞案** 趙氏拘於'中國'二字, 訓之曰'南夷', 迂拙甚矣。河其在南乎?
○**殷** 高宗以前, 嗣天子諒闇三年, 百官聽於冢宰。然改元卽位, 必在王崩之明年, 何至三年喪畢而後, 乃議立嗣天子哉? 舜側陋三十載, 徵庸三十載, 在位五十載, 明有定數, 載於〈堯典〉。今考經文, 言可績三載, 攝政二十八載, 以當三十之數。【三載, 考績之年, 堯乃讓位。故[48]實不過三十年。】

---

47) 裵駰: 배인은 남조南朝 송宋나라 사람으로 자字는 용구龍駒이다.『사기집해史記集解』를 저술했다.
48) 故: 新朝本에는 '古'로 되어 있다.

무릇 그런 뒤에야 중국에 가서 천자의 지위에 오르셨던 것이다. 만약 요임금의 궁에 거처하면서 요임금의 아들을 핍박했다면, 이는 찬탈이지 하늘이 인정한 것이 아니다. 『상서·태서泰誓』에서 '하늘이 살피심은 우리 백성들이 살피는 데서부터 시작되며, 하늘이 들으심은 우리 백성들이 듣는 데서부터 시작된다.'라고 했으니, 이것을 말하는 것이다."

조기가 말했다. "남하南河의 남쪽은 먼 땅으로 남쪽 오랑캐[南夷]이다."
○ 배인裵駰이 말했다. "남하의 남쪽은 구하九河의 가장 남쪽이니, 이곳이 남쪽 오랑캐임을 알겠다."
○ 『맹자집주』에서 말했다. "남하南河는 기주冀州에 있으니, 반드시 남쪽이다."
○ **용안** 조기는 '중국中國'이라는 두 글자에 구애되어 이를 '남쪽 오랑캐[南夷]'라고 풀이했으니, 우활하고 졸렬함이 심하다. 하河가 남쪽에 있다는 것인가?
○ 은나라 고종高宗 이전에는 천자를 계승하는 이가 거상하는 3년 동안[諒闇三年] 백관이 총재의 결재를 받아 정사를 처리했다. 그러나 연호를 고쳐 즉위하는 것은 반드시 왕이 붕어한 다음 해에 있었으니, 어떻게 삼년상이 끝난 뒤에 천자의 후사를 세우는 것을 의논했겠는가? 순이 한미寒微하게 지낸 것이 30년이요, 불려가서 쓰인 것이 30년이요, 재위에 있었던 것이 50년인 것은 분명히 정해진 햇수로 「요전」에 기재되어 있다. 이제 경문을 고구해보니, 순의 말이 공적을 이룬 것이 3년이 되었다고 했고, 섭정한 것이 28년이 되었다고 했으니, 이것이 30년이라는 햇수에 들어맞는다.【3년은 공적을 고과考課한 해인데, 요가 이때 양위하였다. 그러므로 실제로는 30년을 넘지 않는다.】

服喪三年, 避位一年, 其亦無隙可揷矣。舜攝政二十有八載, 旣受終文祖矣, 旣巡守方岳矣。至是避位南河, 以讓丹朱, 則詐僞不誠, 莫此爲甚。《孟子》此章與〈堯典〉不合。以此推之, 則下章所言禹·益之事, 亦恐不然。余故曰: "《孟子》非皆孟子之親筆。"

상복을 입었던 3년과 제위를 피한 1년은 또한 그 사이에 낄 틈이 없다. 순이 섭정한지 28년이 되었을 때는 이미 문조文祖(요임금 시조의 묘)에서 제위를 받았으며, 이미 사악四岳을 순수巡守했다. 이에 이르러 제위를 피하여 남하南河로 가서 단주丹朱(요임금의 아들)에게 양보하였다면, 거짓되고 진실하지 못한 것이 이것보다 심한 것은 없었을 것이다. 『맹자』의 이 장은 「요전」과 부합하지 않는다. 이를 미루어본다면, 다음 장에서 말한 우禹와 익益의 일도 아마 그렇지는 않은 듯하다. 나는 그러므로 "『맹자』는 모두가 맹자가 친히 집필한 것은 아니다."라고 말한 것이다.

* 다산은 이 장에 나오는 글 중에 "요가 죽자 삼년상을 마치고, 순이 요의 아들을 피하여 남하南河의 남쪽으로 가 있다가 중국中國(도성)에 와서 천자의 자리에 올랐다."라고 하는 내용을 『상서·요전』과 비교 검토해볼 때 전혀 사실에 맞지 않는다고 생각하여, 이 장 역시 맹자 자신의 서술이 아님을 고증하였다.

9-6 우왕 때에 이르러 덕이 쇠해져 현자에게 제위를 물려주지 않고 세습하게 되었는지에 대해 만장이 질문한 장

[萬章問至禹德衰不傳於賢章]

* 맹자는 이 장에서 당우唐虞 시대는 왕위가 선양제였고, 하은주 시대는 왕위가 세습제였으나, 그 귀취는 모두 천명에 의해 결정된다는 것을 말하고 있다. 이에 대해 다산은 이 장에 나오는 글에 "우禹가 죽자 삼년상을 마치고, 익益이 우의 아들을 피하여 기산箕山의 북쪽에 가 있었다."라고 하는 것도 위의 장과 마찬가지로 사실에 부합하지 않는다고 하여, 이 장 역시 맹자 자신의 서술이 아님을 말하고 있다.

萬章問曰:"人有言'至於禹而德衰, 不傳於賢, 而傳於子', 有諸?"孟子曰:"否. 不然也. 天與賢則與賢, 天與子則與子. 昔者, 舜薦禹於天, 十有七年, 舜崩, 三年之喪畢, 禹避舜之子於陽城, 天下之民從之, 若堯崩之後, 不從堯之子而從舜也. 禹薦益於天, 七年, 禹崩, 三年之喪畢, 益避禹之子於箕山之陰. 朝覲訟獄者不之益而之啓, 曰'吾君之子也.' 謳歌者不謳歌益而謳歌啓, 曰'吾君之子也.' 丹朱之不肖, 舜之子亦不肖. 舜之相堯, 禹之相舜也, 歷年多, 施澤於民久. 啓賢, 能敬承繼禹之道. 益之相禹也, 歷年少, 施澤於民未久, 舜·禹·益相去久遠, 其子之賢不肖, 皆天也, 非人之所能爲也. 莫之爲而爲者, 天也, 莫之致而至者, 命也. 匹夫而有天下者, 德必若舜禹, 而又有天子薦之者, 故仲尼不有天下. 繼世以有天下, 天之所廢, 必若桀紂者也, 故益·伊尹·周公不有天下. 伊尹相湯以王於天下, 湯崩, 太丁未立, 外丙二年, 仲壬四年.

만장이 물었다. "사람들의 말에 '우왕禹王 때에 이르러 덕이 쇠해져서 현자에게 제위를 물려주지 않고 아들에게 물려주었다.'라고 하니, 그런 일이 있었습니까?" 맹자가 답했다. "아니다. 그렇지 않다. 하늘이 현자에게 주고자 하면 현자에게 주고, 하늘이 아들에게 주고자 하면 아들에게 주는 것이다. 옛날 순임금이 우禹를 하늘에 천거한 지 17년 만에 순임금이 붕어하시자, 삼년상을 마치고 우가 순임금의 아들을 피해 양성陽城으로 갔는데, 천하의 백성들이 그를 따라오기를 요임금이 붕어한 뒤에 요임금의 아들을 따르지 않고 순을 따른 듯이 했다. 우임금이 익益을 하늘에 천거한지 7년 만에 우임금이 붕어하시자, 삼년상을 마치고 익이 우임금의 아들을 피해 기산箕山의 북쪽으로 갔는데, 조회하고 옥사를 송사하는 이들이 익에게 가지 않고 계啓에게 가며 말하기를 '우리 임금의 아들이다.'라고 했다. 노래하는 자들이 익을 노래하지 않고 계를 노래하면서 말하기를 '우리 임금의 아들이다.'라고 했다.

단주丹朱가 불초不肖했는데, 순舜의 아들 또한 불초했다. 순이 요를 도운 것과 우가 순을 도운 것은 지나온 햇수가 많아서 백성들에게 은택을 베푼 지가 오래되었고, 계啓는 어질어 능히 우禹의 도를 공경히 계승하였다. 익益이 우를 도운 것은 지나온 햇수가 적어서 백성에게 은택을 베푼 지가 오래되지 못했으니, 순·우·익의 시대가 서로 오래되고 먼 것 및 그들의 아들들이 어질고 불초한 것은 모두 다 하늘이 그렇게 한 것[天]이지 인력으로 할 수 있는 것이 아니다. 그렇게 함이 없는데도 그렇게 하는 것은 천天이요, 이르게 함이 없는데도 이르는 것은 명命이다.

필부로 천하를 소유한 이는 덕이 반드시 요와 순 같고, 또 천하가 천거해줌이 있어야 한다. 그러므로 중니가 천하를 소유하지 못한 것이다. 세대를 이어 천하를 소유할 적에 하늘이 폐해버리는 것은 반드시 걸桀과 주紂 같은 자들이다. 그러므로 익益·이윤伊尹·주공周公이 천하를 소유하지 못한 것이다. 이윤이 탕湯임금을 도와 천하에서 임금 노릇하게 하였는데, 탕임금이 붕어하시자 태정太丁은 즉위하지 못하고 죽었고, 외병外丙은 2년, 중임仲壬은 4년을 재위에 있었다.

太甲顚覆湯之典刑, 伊尹放之於桐三年, 太甲悔過, 自怨自艾, 於桐處
仁遷義三年, 以聽伊尹之訓己也, 復歸于亳. 周公之不有天下, 猶益之
於夏, 伊尹之於殷也. 孔子曰:'唐虞禪, 夏后·殷·周繼, 其義一也.'"

趙曰:"太丁, 湯之太子, 未立而薨. 外丙立二年, 仲壬立四年, 皆太丁
之弟也."
○程子曰:"湯崩時, 外丙方二歲, 仲壬方四歲. 惟太甲差長, 故立之也."
○朱子曰:"二說, 未知孰是."
○鏞案 太丁·外丙·仲壬三兄弟, 序次年數, 俱載〈殷本紀〉·《竹書紀年》·
《帝王世紀》諸書, 鑿鑿可徵. 而程子乃云'湯崩之時, 外丙二歲, 仲任
四歲', 世未有其兄二歲, 而其弟已四歲者. 若云'外丙是弟, 而孟子自
最幼者而逆數之', 則又益難通. 何者? 太甲年旣最長, 則自是殷王元
子, 序次當立, 外丙·仲壬之等, 何必歷數? 梅賾僞造《孔傳》, 謬云'湯沒
而太甲嗣立'.[49] 程子據此而爲言耳.

[49) 탕임금이 죽자 태갑이 후사로 즉위했다 :『상서·이훈伊訓·공안국전尙書孔安國傳』에 "湯
崩踰月, 太甲卽位."라는 문구가 보인다

태갑太甲이 탕임금의 전형典刑(국법國法을 말함)을 전복顚覆시키므로 이윤이 그를 동桐땅에 3년 동안 유폐시키니, 태갑이 자신의 잘못을 뉘우쳐 스스로를 원망하고 스스로를 다스려 동땅에서 인仁에 처하고 의義를 옮기기를 3년 동안 하고 나서 이윤이 자기를 훈계한 것을 따라서 다시 박읍亳邑으로 돌아왔다. 주공周公이 천하를 소유하지 못한 것은 익益이 하夏나라에 있어서와 이윤이 은殷나라에 있어서와 같다. 공자가 말했다. '당唐과 우虞는 선양했고, 하은주는 계승했으니, 그 의리는 동일하다.'"

조기가 말했다. "태정太丁은 탕湯임금의 태자인데, 제위에 오르지 못하고 죽었다. 외병外丙은 2년 동안 재위했고, 중임仲壬은 4년 동안 재위했으니, 모두 태정의 아우이다."

○ 정자가 말했다. "탕임금이 붕어할 때 외병은 겨우 2살이었고, 중임은 겨우 4살이었다. 태갑의 나이가 조금 많았기 때문에 그를 세운 것이다."

○ 주자가 말했다. "두 가지 설 가운데 어느 것이 옳은지 모르겠다."

○ **용안** 태정·외병·중임 삼형제의 차서와 나이는 모두 『사기·은본기』·『죽서기년竹書紀年』·『제왕세기』 등 여러 책에 기재되어 있어 다 징험할 수가 있다. 그런데 정자는 '탕임금이 붕어할 때 외병은 2살이고, 중임은 4살이다.'라고 했으니, 세상이 형이 2살이고 아우가 4살인 경우는 없다. 만약 '외병이 아우라면, 맹자가 가장 어린 사람으로부터 거꾸로 헤아린 것이다.'라고 한다면 더욱 이해하기 어렵다. 어째서인가? 태갑의 나이가 가장 많았다면, 저절로 은왕殷王의 원자가 되니, 차서로 보아 마땅히 즉위해야 하는데, 외병과 중임 등을 어째서 반드시 하나하나 헤아렸겠는가? 매색이 위조한 『공안국전』에 '탕임금이 죽자 태갑이 후사로 즉위했다.'라고 잘못 말했으니, 정자는 이에 근거하여 말했을 뿐이다.

○顧麟士曰: "司馬公《稽古錄》50)·《世史51)類編》, 薛52)仲常53)《人物考》, 蔡淸《蒙引》, 與程說同."【鏞謂諸公, 皆信梅氏〈伊訓〉爲眞古文, 故皆以太甲直繼成湯。】

引證 〈殷本紀〉云: "湯崩, 太子太丁未立而卒。迺立太丁之弟外丙。外丙卽位三年崩, 立外丙之弟仲壬。仲壬卽位四年崩, 伊尹立太丁之子太甲."

○孫曰: "《史記》云'外丙卽位三年', 今《孟子》云'外丙二年', 蓋《史記》不稽之過也."

---

50) 稽古錄:『계고록』은 송나라 사마광이 지은 책이다. 모두 20권으로, 복희伏羲에서부터 송나라 영종英宗 때까지의 일을 기록하였다.
51) 史 : 신조본에는 '吏'로 되어 있다.
52) 薛 : 신조본에는 '薜'로 되어 있으나 인명이므로 바로잡는다.
53) 薛仲常 : 설중상은 명나라 때 사람으로 자字는 중상仲常이고 명名은 응기應旂이다. 저서로『송원자치통감宋元資治通鑑』·『고정연원록考亭淵源錄』·『사서인물고四書人物考』등이 있다.

* 다산은 본문에 나오는 은나라의 태정太丁·외병外丙·중임仲壬·태갑太甲의 왕위 계승 관계에 대한 정자와 주자의 주석에 반론을 제기하고, 특히 정자가 태갑의 즉위에 대해 논한 것은 매색梅賾의 위고문僞古文에 근거한 것이라고 하여 혹평하였다.

○ 고린사顧麟士가 말했다. "사마온공司馬溫公의 『계고록稽古錄』과 『세사유편世史類編』, 설중상薛仲常의 『인물고人物考』, 채청蔡淸의 『몽인蒙引』에는 정자程子의 설과 같게 되어 있다."【내가 생각하기에 여기에 있는 여러 사람들은 모두 매색의 「이훈伊訓」을 진고문眞古文이라고 믿었기 때문에 모두 태갑太甲이 곧바로 성탕成湯을 계승했다고 여긴 것이다.】

인증 『사기·은본기』에서 말했다. "탕임금이 붕어하자 태자인 태정은 즉위하지 못하고 죽었다. 이에 태정의 아우인 외병을 세웠다. 외병이 즉위한 지 3년 만에 붕어하자 외병의 아우인 중임을 세웠다. 중임이 즉위한 지 4년 만에 붕어하자 이윤이 태정의 아들인 태갑을 세웠다."
○ 손석이 말했다. "『사기』에서 '외병은 3년 동안 즉위하였다.'라고 했는데, 여기 『맹자』에서는 '외병이 2년 동안 즉위하였다.'라고 했으니, 이는 대개 『사기』가 『맹자』를 살펴보지 못한 잘못이다."

9-7 이윤이 탕임금에게 요리를 장기로 등용되기를
요구했는지를 만장이 질문한 장 〔萬章問伊尹以割烹要湯章〕

* 맹자는 이 장에서 만장이 탕임금의 상신相臣인 이윤이 처음 탕에게 등용될 때 요리하는 일을 장기로 하여 등용을 요구했다는 옛 말이 있는데, 그것이 사실이냐고 물은 데에 대해, 그것은 사실무근이라고 답변하였다. 이윤은 요와 순의 도의 실천자로서 탕의 초빙에 의해 등용된 것이지, 요리사로서 탕을 설득하여 등용되었다는 말은 듣지 못했다고 하는 것이다. 여기에서 다산은 '걸桀과 명조鳴條의 관계'에 대해서 다루고 있다.

萬章問曰: "人有言'伊尹以割烹要湯', 有諸?" 孟子曰: "否. 不然. 伊尹耕於有莘之野而樂堯舜之道焉, 非其義也, 非其道也, 祿之以天下, 弗顧也, 繫馬千駟, 弗視也. 非其義也, 非其道也, 一介 不以與人, 一介 不以取諸人. 湯使人以幣聘之, 囂囂然曰'我何以湯之聘幣爲哉? 我豈若處畎畝之中, 由是以樂堯舜之道哉!' 湯三使往聘之, 旣而, 幡然改曰'與我處畎畝之中, 由是以樂堯舜之道, 吾豈若使是君, 爲堯舜之君哉? 吾豈若使是民, 爲堯舜之民哉? 吾豈若於吾身, 親見之哉? 天之生此民也, 使先知覺後知, 使先覺覺後覺也. 予天民之先覺者也, 予將以斯道覺斯民也, 非予覺之而誰也? 思'天下之民, 匹夫匹婦, 有不被堯舜之澤者, 若己推而內之溝中', 其自任以天下之重如此. 故就湯而說之, 以伐夏救民. 吾未聞枉己而正人者也, 況辱己以正天下者乎? 聖人之行不同也, 或遠或近, 或去或不去, 歸潔其身而已矣.

만장이 물었다. "사람들의 말에 '이윤伊尹이 고기를 요리함으로써 탕임금에게 등용되기를 요구했다.'라고 하는데, 이러한 일이 있습니까?" 맹자가 답했다. "아니다. 그렇지 않다. 이윤은 유신有莘의 들판에서 밭을 갈면서 요순의 도를 좋아하였다. 이윤은 그들의 의義가 아니고, 그들의 도가 아니라면, 천하로 녹을 주더라도 돌아보지 않았을 것이고, 말 4,000마리[千駟]를 매어놓아도 돌보지 않았을 것이다. 또 그들의 의가 아니고 그들의 도가 아니라면, 지푸라기 하나라도 남에게 주지 않았을 것이며, 지푸라기 하나도 남에게서 취하지 않았을 것이다. 탕임금이 사람을 시켜 폐백을 가지고 가서 이윤을 초빙하자, 욕심 없이 '내가 탕임금이 초빙하는 폐백으로 무엇을 하겠는가? 내가 어찌 밭도랑 한 가운데 있으면서 이대로 요순의 도를 즐기는 것만 하겠는가?'라고 하였다. 탕임금이 세 번 사람을 보내 초빙하자, 이윽고 생각을 바꿔 '내가 밭도랑 한 가운데 있으면서 이대로 요순의 도를 즐기는 것이, 내 어찌 이 군주로 하여금 요순과 같은 군주가 되게 하는 것만 할 것이며, 내 어찌 이 백성들로 하여금 요순의 백성이 되게 하는 것만 할 것이며, 내 어찌 내 몸에 직접 이것을 보는 것만 하겠는가? 하늘이 이 백성을 내심은 먼저 알게 된 이[先知]로 하여금 뒤늦게 알게 된 이[後知]를 깨우치며, 먼저 깨달은 이[先覺]로 하여금 뒤늦게 깨달은 이[後覺]를 깨우치게 한 것이다. 나는 하늘이 낸 백성 중에 먼저 깨달은 사람이니, 내가 장차 이 도로써 이 백성들을 깨우칠 것이니, 내가 이들을 깨우치지 않으면, 그 누가 이들을 깨우치겠는가?'라고 했다. 이윤은 '천하의 백성들 중에 필부匹夫와 필부匹婦라도 요순의 은택을 입지 못하는 이가 있다면, 마치 자신이 그를 밀쳐 도랑 가운데로 들어가게 한 것'과 같다고 생각했으니, 그가 천하의 무거운 책임을 자임함이 이와 같았다. 그러므로 탕임금에게 나아가 그를 설득하여 하나라를 징벌하여 백성들을 구제한 것이다. 나는 자신을 굽혀서 남을 바로잡았다는 이를 들어보지 못했으니, 하물며 자신을 욕되게 하고서 천하를 바로잡았다는 이들은 어떻겠는가? 성인의 행동은 동일하지 않는데, 어떤 이는 멀리 은둔하고 어떤 이는 가까이 군주를 모시며, 어떤 이는 떠나기도 하고 어떤 이는 떠나가지 않지만, 그 귀결은 그 몸을 깨끗이 하는 것일 뿐이다.

吾聞其以堯舜之道要湯, 未聞以割烹也.〈伊訓〉曰'天誅造攻, 自牧宮, 朕載自亳.'"

《集》曰:"今《書》, '牧宮'作'鳴條'."
○**鏞案** 桀之戰於鳴條, 其文在《書·序》,【〈湯誓·序〉】桀之走於鳴條, 其文在《史記》.【〈夏本紀〉】桀於鳴條, 非曰無文. 但鳴條, 非桀造罪之地也. 此又梅氏僞案, 詳見《書說》, 今不疊述.

나는 요순의 도로써 탕임금에게 등용되기를 구했다는 말은 들어봤지만, 요리를 함으로써 등용되기를 구했다는 말은 들어보지 못했다.『상서·이훈伊訓』에서 말했다. '하늘의 토벌이 처음 목궁牧宮에서부터 내린 것은 내(伊尹)가 박읍亳邑에 있을 때에 시작한 것이다.'"

『맹자집주』에서 말했다. "지금의『상서』에는 '목궁牧宮'이 '명조鳴條'로 되어 있다."

○ **용안** 걸桀이 명조鳴條에서 싸웠다는 것에 관한 글이『상서·서序』에 있으며,【『탕서湯誓 서序』이다.】 걸이 명조로 달아났다는 것에 관한 글이『사기史記』에 기재되어 있다.【「하본기夏本紀」이다.】 걸이 명조와 관계된 것에 대한 기록이 없다고 말하는 것은 아니다. 다만 명조는 걸이 죄를 지은 땅이 아니다. 이 또한 매색의 위작으로『서설書說』에 상세히 보이니, 여기에서는 반복해서 기술하지 않는다.

* 여기에서 다산은 매색이『맹자』의 이 장에 나오는『상서·이훈伊訓』의 글을 절취하여 위고문의「이훈」편을 위작했다는 것을 증명하고 있다.

9-9 맹자에게 백리해가 진나라에 스스로 팔려가서 다섯 장의 양 가죽을 받고 소를 먹여 진목공에게 등용되기를 요구했다는 일을 만장이 질문한 장 〔萬章問百里奚自鬻於秦五羊之皮章〕

* 맹자는 이 장에서 만장이 현자로 알려진 백리해가 희생犧牲을 기르는 일을 하면서 진목공秦穆公에게 등용되기를 구하였다는 말이 있는데, 그것이 사실이냐고 물은 데 대해, 그것이 사실무근이라고 하였다. 백리해는 지자智者이며 현자인데, 그런 비열한 행동을 하였을 리가 없다고 단정한 것이다. 이 장에서 다산은 '오고五股'에 대한 설명을 통해, 조기의 주와 『맹자집주』의 해석을 따르면 되지, 모기령이 오독한 내용을 따라서는 안 된다는 점을 주장하고 있다.

萬章問曰:"或曰'百里奚, 自鬻於秦養牲者, 五羊之皮, 食牛, 以要秦穆公.' 信乎?"孟子曰:"否. 不然. 好事者爲之也. 百里奚, 虞人也. 晉人以垂棘之璧與屈産之乘, 假道於虞, 以伐虢, 宮之奇諫, 百里奚不諫. 知虞公之不可諫而去之秦, 年已七十矣. 曾不知以食牛, 干秦穆公之爲汚也, 可謂智乎? 不可諫而不諫, 可謂不智乎? 知虞公之將亡而先去之, 不可謂不智也. 時擧於秦, 知穆公之可與有行也而相之, 可謂不智乎? 相秦而顯其君於天下, 可傳於後世, 不賢而能之乎? 自鬻以成其君, 鄕黨自好者不爲, 而謂賢者爲之乎?

趙曰:"人言百里奚自賣五羖羊皮, 爲人養牛, 以是而要秦繆之相."
○《集》曰:"人言其自賣於秦養牲者之家, 得五羊之皮, 而爲之食牛, 因以干秦繆[54]公也."

---

54) 繆:『孟子集註 · 萬章 上』에는 '穆'으로 되어 있다.

만장이 물었다. "어떤 사람이 '백리해가 진秦나라에서 희생을 기르는 자에게 스스로 팔려가서 다섯 장의 양가죽을 받고 소를 먹여 진목공에게 등용되기를 구했다.'라고 합니다. 믿을 만한 이야기입니까?" 맹자가 답했다. "아니다. 그렇지 않다. 일을 만들어내기를 좋아하는 자들이 지어낸 말이다. 백리해는 우虞나라 사람이다. 진晉나라 사람이 수극垂棘에서 나온 벽옥璧玉과 굴屈땅에서 생산된 네 필의 말을 가지고 우나라에 길을 빌려 괵虢나라를 정벌하려고 하자, 궁지기宮之奇는 이것을 간언했고, 백리해는 간언하지 않았다. 백리해는 우공虞公이 간언할 필요가 없는 인물임을 알고는 떠나 진秦나라로 가니, 이때 나이가 70세였다. 일찍이 소를 먹이는 것으로 진목공에게 등용되기를 구하는 것이 더러운 일이라는 것을 몰랐다면, 그를 지혜롭다고 할 수 있겠는가? 간언할 필요가 없는 인물이기에 간언하지 않았으니, 지혜롭지 않다고 할 수 있겠는가? 우공이 장차 멸망할 줄 알고 먼저 그곳을 떠난 것이니, 지혜롭지 않다고 할 수 없다. 당시 진晉나라에 등용되어 진목공이 도를 함께 행할 만한 인물임을 알고 그를 도왔으니, 지혜롭지 않다고 할 수 있겠는가? 진秦나라를 도와 그 군주를 천하에 드러내어 후세에 전할 만하게 했으니, 어질지 않고서 그렇게 할 수 있었겠는가? 스스로 팔려가서 군주를 현자로 만드는 것은 향당에 자기 지조를 아끼는 이들도 하지 않는데, 하물며 현자가 그런 짓을 했다고 할 수 있겠는가?"

조기가 말했다. "사람들이 말하기를 '백리해가 스스로 다섯 마리의 양가죽에 자신을 팔아 남을 위해 소를 기르면서, 이것으로 진목공의 재상이 되기를 구했다.'라고 하였다."

○ 『맹자집주』에서 말했다. "사람들이 말하기를 '그는 진秦나라에서 희생을 기르는 자의 집에 다섯 마리의 양가죽을 받고서 자신을 팔아 소를 먹이면서, 그것을 통해 진목공에게 벼슬을 구했다.'라고 했다."

○毛曰:"趙岐謂'奚自賣五羖羊皮, 爲人養牛'. 賣己物以養人牛, 貧而不吝, 可以爲要譽之具. 然百里奚舊稱五羖大夫, 其人全以此得名, 是必有一五羊實事. 流傳人間, 乃言人人殊. 如〈扊扅之歌〉[55]曰'百里奚新娶我兮, 五羊皮', 是聘物也. 又曰'西入秦五羊皮', 則攜作客貲者也.《史記》,'百里奚亡秦走宛, 楚鄙人執之. 繆公以五羊之皮贖之歸秦.'是又贖奚物也. 其不可憑如此. 趙氏去古未遠, 或有師承."

○**鏞案** 趙注·《集注》, 其旨實同, 毛氏誤讀趙注, 爲貧而不吝. 若如毛說, 是養牲者, 買百里奚五羊皮也, 而百里奚以其錢就他家而食牛也. 夫羊皮爲物, 本是養牲者之所得. 有養牲者, 不出其貨, 又取他人所鬻, 有是理乎? 食牛, 亦養牲家之事, 舍此適彼, 抑何益乎? 眞不通矣.

---

55) 염이扊扅의 노래: 백리해의 아내가 지었다는 거문고 곡명이다.

○ 모기령이 말했다. "조기는 '백리해가 스스로 다섯 마리의 양가죽을 팔아 남을 위해 소를 길렀다.'라고 했다. 자기 물건을 팔아 다른 사람의 소를 길렀으니, 가난하지만 인색하지 않은 것으로 명예를 구하는 도구로 삼을 수 있다. 그러나 백리해는 전부터 '오고대부五羖大夫'라고 일컬어졌으니, 그 사람이 순전히 이것으로 이름을 얻게 된 데는 반드시 다섯 마리의 양과 관련된 한 가지 실제 사건이 있었을 것이다. 그런데 그것이 세상에 전파되어 사람마다 말이 달라진 것이다. 예컨대, 염이扊扅의 노래에 '백리해가 나에게 새로 장가를 들 적에 다섯 마리의 양가죽을 선물했네.'라고 했으니, 이것은 장가들 때의 예물이다. 또 '서쪽으로 진秦나라에 들어갈 때, 다섯 마리의 양가죽을 가져갔네.'라고 했으니, 이것은 객이 가지고 간 재물이다. 그리고 『사기』에 '백리해가 진秦나라를 도망쳐 완宛땅으로 달아났는데, 초楚나라 변경 사람이 그를 붙잡았다. 그러자 진목공이 다섯 마리의 양가죽으로 그의 죄를 면해주고 진나라로 돌아오게 했다.'라고 했으니, 이것은 또 백리해의 죄를 면해주는 데 사용한 물건이다. 증빙할 수 없는 것이 이와 같다. 조기는 옛날과 거리가 멀지 않으니, 혹 사승이 있었을 것이다."

○ **용안** 조기의 주와 『맹자집주』는 그 뜻이 실제로 같은데, 모기령이 조기의 주를 오독하여 "가난하지만 인색하지 않다.(爲貧而不吝)"라고 말했다. 만약 모기령의 설명과 같다면, 이 희생을 기르는 자가 백리해에게 다섯 마리의 양가죽을 산 것이 되고 마는데, 백리해는 그 돈을 가지고 다른 사람의 집에 가서 소를 먹인 것이 된다. 양가죽이란 본래 희생을 기르는 자가 얻을 수 있는 것이다. 희생을 기르는 자가 자신의 재물을 팔지 않고 다른 사람이 파는 것을 취한 것이니, 이럴 수 있겠는가? 소를 먹이는 것도 희생을 기르는 집의 일인데, 내 것을 버리고 그쪽으로 가는 것이 무슨 이익이 되겠는가?

總之, 五殺之說, 孟子旣辨之明確, 他書紛紛, 又不足述。

총괄하건대, 오고五羖의 설은 『맹자』에 분별해놓은 것이 분명하니, 다른 글은 분분하여 기술할 만한 것이 못된다.

* 모기령이 조기의 주注인 '百里奚自賣五羖羊皮, 爲人養牛'의 구절을 잘못 해석하여 "백리해가 스스로 다섯 마리의 양가죽을 팔아 남을 위해 소를 길렀다."라고 한 데 대해, 다산은 "스스로 다섯 마리의 양가죽에 몸을 팔았다."라는 것이지 "스스로 다섯 마리의 양가죽을 팔았다."라는 것이 아님을 밝힌 것이다.

만장萬章
하下

10-1 백이가 눈으로는 나쁜 빛을 보지 않았다는 등의
내용에 대한 장 〔伯夷目不視惡色章〕

* 맹자는 이 장에서 고대의 현인인 백이伯夷·이윤伊尹·유하혜柳下惠의 행적과 그 인품을 이야기한 다음, 집대성자로서의 공자의 성인상에 대해 말하고 있다. 여기에서 다산은 '완頑'자에 대한 훈고 및 음악에 대해 자세하게 훈고하고 고증하고 있다.

孟子曰: "伯夷, 目不視惡色, 耳不聽惡聲, 非其君不事, 非其民不使. 治則進, 亂則退, 橫政之所出, 橫民之所止, 不忍居也. 思與鄕人處, 如以朝衣朝冠坐於塗炭也. 當紂之時, 居北海之濱, 以待天下之淸也, 故聞伯夷之風者, 頑夫廉, 懦夫有立志. 伊尹曰'何事非君, 何使非民?', 治亦進, 亂亦進, 曰'天之生斯民也, 使先知覺後知, 使先覺覺後覺, 予天民之先覺者也, 予將以此道覺此民也.' 思天下之民, 匹夫匹婦, 有不與被堯舜之澤者, 若己推而內之溝中, 其自任以天下之重也. 柳下惠, 不羞汚君, 不辭小官, 進不隱賢, 必以其道, 遺佚而不怨, 阨窮而不憫. 與鄕人處, 由由然不忍去也, '爾爲爾, 我爲我, 雖袒裼裸裎於我側, 爾焉能浼我哉?' 故聞柳下惠之風者, 鄙夫寬, 薄夫敦. 孔子之去齊, 接淅而行, 去魯, 曰'遲遲, 吾行也!' 去父母國之道也. 可以速則速, 可以久則久, 可以處則處, 可以仕則仕, 孔子也."

맹자가 말했다. "백이伯夷는 눈으로는 나쁜 빛을 보지 않았고, 귀로는 나쁜 소리를 듣지 않았으며, 섬길 만한 군주가 아니면 섬기지 않았고, 부릴 만한 백성이 아니면 부리지 아니하였다. 세상이 다스려지면 나아가고 혼란하면 물러나서 나쁜 정사가 나오는 곳과 나쁜 백성이 거주하는 곳에는 차마 거처하지 않았다. 마을 사람들[鄕人]과 거처하는 것을 마치 조복朝服과 조관朝冠을 갖추고 도탄에 앉은 것처럼 생각하였다. 주왕紂王의 때를 당해 북해의 물가에서 살면서 천하가 깨끗해지기를 기다렸다. 그러므로 백이의 풍도를 들은 자들은 완악한 지아비도 청렴해지고, 나약한 지아비도 뜻을 세움이 있게 되었다."

이윤伊尹은 '어떤 사람을 섬긴들 군주가 아니겠으며, 어떤 사람을 부린들 백성이 아니겠는가?'라고 말하면서, 세상이 다스려져도 나아가고 혼란해도 나아가서 말하기를, '하늘이 이 백성을 낸 것은 먼저 안 사람[先知]으로 하여금 뒤늦게 안 사람[後知]을 깨우쳐주며, 먼저 깨달은 사람[先覺]으로 하여금 뒤늦게 깨달을 사람[後覺]을 깨우치게 한 것이니, 나는 하늘이 낸 백성 중에 먼저 깨달은 자이니, 내 장차 이 도로써 이 백성을 깨우치겠다.'라고 했다. 천하의 백성 중에 필부匹夫와 필부匹婦라도 요순의 혜택을 입지 못한 자가 있으면, 마치 자신이 그들을 도랑 가운데로 밀어 몰아넣은 것과 같이 생각했으니, 이는 그가 천하의 무거운 책무를 자임한 것이다.

유하혜柳下惠는 더러운 군주를 부끄러워하지 않았고, 낮은 벼슬을 사양하지 않았으며, 나아가면 어짊을 숨기지 아니하여 반드시 그 도리대로 했고, 벼슬길에서 낙마하게 되어도 원망하지 않고, 곤궁을 당해도 걱정하지 않았다. 향인들과 더불어 살면서도 유유하게 차마 떠나지 못해서 말하기를 '너는 너이고 나는 나이니, 비록 내 옆에서 옷을 걷고 벗는다고 한들 네가 어찌 나를 더럽힐 수 있겠는가?'라고 했다. 그러므로 유하혜의 풍도를 들은 자들은 비루한 지아비가 너그러워졌으며, 인심이 얄팍한 지아비가 후해졌다.

공자께서 제나라를 떠나실 적에는 쌀을 담갔다가 가지고 떠나셨고, 노나라를 떠나실 적에는 '더디고 더디구나, 내 걸음이여!'라고 말씀하셨으니, 이는 부모의 나라를 떠나는 도리이다. 속히 떠날 만하면 속히 떠났고, 오래 머물만하면 오래 머물렀으며, 은둔할 만하면 은둔했고, 벼슬할 만하면 벼슬했던 것이 공자이시다."

孟子曰:"伯夷, 聖之淸者也, 伊尹, 聖之任者也, 柳下惠, 聖之和者也, 孔子, 聖之時者也. 孔子之謂'集大成', '集大成'也者, 金聲而玉振之也. 金聲也者, 始條理也, 玉振之也者, 終條理也. 始條理者, 智之事也, 終條理者, 聖之事也. 智譬則巧也, 聖譬則力也. 由射於百步之外也. 其至, 爾力也, 其中, 非爾力也."

趙曰:"頑貪之夫, 更思廉潔。"
○《集》曰:"頑者, 無知覺, 廉者, 有分辨。"
○**鏞案** '頑'當與'完'·'刓'等字通看. 凡物之圓圇無稜角者謂之'完', 物之磨滅無方隅者謂之'刓'. '頑'者兼有此義, 故石之不甈不雕者謂之'頑石'. '頑夫'者, 貪汙無恥, 圓轉沒楞之人也, '廉者', 圭角銛[1]銳, 觚稜方直, 劌劌乎其峭截者也. '頑'猶'圓'也, '廉'猶'方'也, 如是看皦然.
○'懦'之一字, 亦非但柔弱之意. '懦'者, '心'·'需'也. '需'者, '須'也. 凡遇一事, 姑息姑徐, 今日明日, 荏苒濡渃, 無所建立, 此懦夫之行也. 《春秋傳》曰:"需者, 事之賊。"

---

1) 銛:新朝本에는'鉛'으로 되어 있다.

맹자가 말했다. "백이는 성인 가운데 맑으신[淸] 분이요, 이윤은 성인 가운데 자임한[任] 분이요, 유하혜는 성인 가운데 화목한[和] 분이요, 공자는 성인 가운데 시중한[時] 분이시다. 공자를 '집대성'이라고 하니, '집대성'은 음악을 연주할 때 금金으로 소리를 퍼뜨리고, 옥玉으로 일으키는 것이다. 금으로 소리를 퍼뜨리는 것은 조리條理를 시작함이요, 옥으로 일으키는 것은 조리를 끝냄이니, 조리를 시작하는 것은 지智의 일이요, 조리를 끝내는 것은 성聖의 일이다. 지智를 비유하자면, 공교함[巧]이요, 성聖을 비유하자면 힘[力]이다. 이는 백보 밖에서 활을 쏘는 것과 같으니, 화살이 과녁에 도달하는 것은 네 힘이지만, 과녁에 명중하는 것은 네 힘이 아니다."

조기가 말했다. "완악하고 탐욕스런 사람이 다시 청렴하고 결백할 것을 생각한다."

○ 『맹자집주』에서 말했다. "완악한 이는 지각이 없지만, 청렴한 이는 분변이 있다."

○ **용안** '완頑'은 '완完'과 '완刓' 등의 글자와 함께 보아야 한다. 무릇 물건 중에 둥글둥글하여 모서리가 없는 것을 '완完'이라고 하고, 물건 중에 닳아서 모난 구석이 없는 것을 '완刓'이라고 한다. '완頑'은 이 두 가지 뜻을 겸하고 있다. 그러므로 돌 가운데 깎거나 다듬지 않은 것을 '완석頑石'이라고 한다. '완부頑夫'는 탐욕스럽고 수치심이 없으면서 둥글둥글 모가 나지 않은 사람이고, '염자廉者'는 규각圭角이 예리하고 모서리가 날카로우면서 모가 난 사람이다. '완頑'은 '원圓'과 같고 '염廉'은 '방方'과 같으니, 이와 같이 보면 분명하다.

○ '나懦'란 글자도 유약柔弱하다는 뜻만 있는 것이 아니다. '나懦'는 '심心'과 '수需'가 합해진 글자이고, '수需'는 기다린다[須]는 뜻이다. 무릇 한 가지 일을 만나 쉬엄쉬엄하고 느릿느릿하여 오늘도 내일도 미적거리면서 지체하고 완성함이 없는 것, 이것이 바로 나부懦夫(게으른 사람)의 행실이다. 『춘추전』에서 "기다리는 것[需者]은 일의 적賊이다."라고 했다.

引證《漢·王吉傳》:"孟子云: '聞伯夷之風者, 貪夫廉, 懦夫有立志.'"
○《晉書·羊祜傳》曰: "貪夫反廉, 懦夫立志, 雖夷·惠之操, 無以尙也."
○《南史·任昉傳》曰: "昉[2]能使貪夫不取, 懦夫有立志."
○毛曰: "頑'字, 古皆是'貪'字."

趙曰: "'振', 揚[3]也, 如金音之有殺, 振揚[4]玉音, 終始如一也."【又云: "'始條理'者, 金從草[5]可治之."】
○《集》曰: "'聲', 宣也.【如'聲罪'之'聲'】'振', 收也. 先擊鎛鍾, 以宣其聲, 俟其旣闋而後, 擊特磬, 以收其韻."【如'振河海而不洩'之'振'】

---

2) 昉 : 임방任昉을 말한다. 그는 남조南朝 양梁나라 박창博昌 사람이다. 자字는 언승彦昇이고, 시호는 경敬이다. 신안新安 태수太守를 지냈다. 저서로는 『문장연기文章緣起』와 『술이기述異記』 등이 있다. 『남사南史』 권59 참조.
3) 揚 : 신조본에는 '揚'으로 되어 있으나 『맹자주소·만장 하』에 따라 바로잡는다.
4) 揚 : 신조본에는 '揚'으로 되어 있다.
5) 草 : 문맥상 '革'이 되어야 한다.

인증 『한서·왕길전王吉傳』에서 말했다. "맹자가 말했다. '백이의 풍도를 들은 사람들은 완악한 지아비도 청렴해졌고, 나약한 자도 뜻을 세움이 있게 되었다.'"

○ 『진서晉書·양호전羊祜傳』에서 말했다. "탐욕스런 사람도 청렴한 데로 돌아가고, 나약한 사람도 뜻을 세우니, 백이나 유하혜의 지조도 이보다 나을 수는 없다."

○ 『남사南史·임방전任昉傳』에서 말했다. "임방任昉은 탐욕스러운 사람으로 하여금 욕심을 내지 않게 하고, 나약한 사람으로 하여금 뜻을 세우게 했다."

○ 모기령이 말했다. "완頑'이란 글자는 옛날 모두 '탐貪'자의 뜻으로 썼다."

조기가 말했다. "'진振'은 일으킨다[揚]는 뜻이니, 마치 금음金音이 사그라지면 옥음玉音을 일으켜 시작과 끝을 한결같이 하는 것과 같다."[또 말했다. "'시조리始條理'는 금金이 혁革을 쫓아가야 다스릴 수 있다는 뜻이다."]

○ 『맹자집주』에서 말했다. "'성聲'은 퍼뜨리는 것[宣]이고,['성죄聲罪(죄를 성토함)'라고 할 때의 '성聲'자와 같다.] '진振'은 거두어들이는 것[收]이다. 먼저 종鐘을 쳐서 그 소리를 퍼뜨리고, 그것이 끝나기를 기다린 뒤에 특경特磬을 쳐서 그 소리[韻]를 거두어들이는 것이다."['진하해이불설振河海而不洩(하해를 거두어도 새지 않음)'[6]의 '진振'과 같다.]

---

6) 하해河海를 거두어도 새지 않음 : 『중용中庸』에 보인다.

○**鏞案** '聲'者, 宣也; '振'者, 擧也。凡樂一章之內, 各有二節。其始也, 鍾師[7]擊鍾以聲之, 則歌聲乃發, 絲竹隨動, 起之以宮。【宮·商·角·徵·羽, 各以本音爲本宮】五音繁會, 文理一周, 音調衰歇, 此之謂'始條理'也。於是磬師[8]擊磬以振之,【'振'者, 擧也, 有衰而復興之意】則歌聲再起, 絲竹隨動, 起之以宮。五音繁會, 文理再周, 音調乃闋, 此之謂'終條理'也。【若以'振'爲'牧',[9] 則與'夔擊[10]鳴球拊瑟'之語不相合】始終旣具, 乃稱一章。'章'者, '音'·'十'也。《說文》云: "樂竟爲一章, 從音從十。" 五聲再周, 厥音非十乎? 然且詩歌爲物, 有被之管絃, 無被之金石, 無被之土木。所謂'條理', 卽絲竹之曲折文理, 金玉二聲, 不過興動振起, 以之領調而已。

---

7) 鍾師 : 종사는 주周나라 관명官名으로『주례·춘관春官·종사鍾師』에 '鍾師掌金奏'라는 말이 보인다.
8) 磬師 : 경사는 주周나라 관명官名으로『주례·춘관·경사磬師』에 '磬師掌教擊磬擊編鍾'이라는 말이 보인다.
9) 牧 : 문맥상 '收'가 되어야 한다.
10) 擊 : 신조본에는 빠져 있으나『書經·益稷謨』에 따라 보충한다.

○ **용안** '성聲'은 퍼뜨리는 것이고, '진振'은 일으키는 것이다. 모든 음악은 1개의 장章 안에 각각 2개의 절節이 있다. 그 처음에 종사鍾師가 종을 쳐서 소리를 내면 노랫소리가 곧 일어나고, 사絲(현악기)와 죽竹(관악기)이 그것을 따라 움직여서 궁宮의 음을 일으킨다.【궁宮·상商·각角·치徵·우羽는 각각 본음本音이 본궁本宮(궁성宮聲을 위주로 구성한 음악)이 된다.】 그래서 오음五音이 뒤섞인 상태에서 문리文理가 한 번 돌게 되면 음조音調가 쇠퇴하여 다하게 되니, 이것을 '시조리始條理'라고 한다. 이어 경사磬師가 경쇠를 쳐서 다시 일으키면,【'진振'이란 일으킨다는 뜻으로, 소리가 쇠하였다가 다시 일어난다는 뜻이다.】 노랫소리가 다시 일어나고, 사와 죽이 따라 움직여서 궁을 일으킨다. 오음이 뒤섞인 상태에서 문리가 다시 한 번 돌면, 음조가 끝나게 되니, 이것을 '종조리終條理'라고 한다.【만약 '진振'이 '수收(수렴)'의 뜻이라면, "기蘷[11]가 명구鳴球를 치고 비파를 탔다."[12]라는 말과 서로 합치되지 않는다.】 시작과 끝이 갖추어져야 1장一章이라고 칭한다. '장章'이란 음音이 10개[十]라는 말이다.【『설문說文』에서 말했다. "음악이 끝나는 것이 1장이다. 장章이라는 글자는 음音자와 십十자가 합한 글자이다."】 오성五聲이 2번 돌게 되니, 그 음이 10개가 아니겠는가? 그러나 시가詩歌라는 것은 관악기나 현악기로 연주하는 것이지, 금金·석石·토土·목木 등의 악기로 연주하는 것이 아니다. 이른바 '조리條理'는 곧 현악기와 관악기의 곡절과 문리이며, 금과 옥의 두 소리는 일으켜 움직여서 곡조를 이끌어나가는 데 불과할 뿐이다.

---

11) 기蘷 : 순임금 때 음악을 맡아보던 관원을 말한다. 『서경書經·순전舜典』에 '제왈기명여악帝曰蘷命汝典樂'이라는 말이 보인다.
12) 기蘷가 명구鳴球를 치고 비파를 탔다 : 『서경·익직益稷』에 보인다. 명구鳴球는 소리를 내는 옥경玉磬이다.

故 伶州鳩[13]之言曰: "金石以動之, 絲竹以行之, 革木以節之." 明金石之用, 不過興動, 革木之用, 不過節拍,[14] 而細微曲折, 都在於絲竹而已. 故夔之言曰'戛擊鳴球, 搏拊[15]琴瑟以詠, 而祖考來格', 謂終條理, 玉振之後, 神人乃和也.

○奏樂之法, 擊柷以始之, 擽敔以止之. '玉以收樂', 在古無文. '玉振者, 旣衰而復興也, 衰而復興, 故得有條理.【終條理】若遂收止, 則豈復有條理乎? 玉振之解, 當從趙注. 但'金從革'一句, 謬.

---

13) 伶州鳩: 영주구는 주周나라 때 사람으로 이름이 구鳩이다.
14) 拍: 新朝本에는 '抇'으로 되어 있다.
15) 搏拊: 新朝本에는 빠져 있으나 『書經·益稷謨』에 따라 보충한다.

그러므로 영주구伶州鳩의 말에 "금金과 목木으로 움직이고, 사絲와 죽竹으로 가다가, 혁革과 목木으로 조절한다."라고 한 것이다. 금과 석을 쓰는 것은 소리를 일으키는 데 불과하고, 혁革과 목木을 쓰는 것은 박자를 조절하는 데 불과하며, 미세한 곡절은 모두 사와 죽에 달려 있음이 분명하다. 그러므로 기虁가 "명구鳴球를 두드리고 거문고와 비파를 타면서 노래하니, 조고祖考가 이르렀다."라고 한 것이다. 종조리終條理는 옥玉으로 일으킨 뒤에 신神(귀신)과 인人(인간)이 화합하는 것을 말한 것이다.

○ 음악을 연주하는 법은 축柷을 두드려 시작하고 어敔를 쳐서 그친다. "옥玉으로 음악을 거두어들인다."라는 것은 고전古典에 명문明文(기록된 문구)이 없다. '옥진玉振'이란 음악이 쇠한 뒤에 다시 일어나는 것이니, 쇠했다가 다시 일어나므로 조리가 있게 된다.【종조리終條理를 말한다.】 만약 마침내 거두어 그친다면, 어찌 다시 조리가 있을 수 있겠는가? '옥진'의 풀이는 조기의 주를 따라야 한다. 다만 '금金이 혁革을 따른다.(金從革)'는 한 구절은 잘못되었다.

* 이것은 다산이 '金聲而玉振之'와 '始條理終條理'에 대해 주석한 부분이다. 그는 『악서고존樂書孤存』이란 저술을 낼 정도로 고악古樂에 깊은 조예가 있었다. 그러므로 주자의 이 구절에 대한 주석이 잘못되었음을 고악의 본질을 토대로 구체적으로 설명했다. 종사鍾師가 처음 종을 쳐서 소리를 퍼뜨리면 오음五音이 뒤섞인 상태에서 조화를 이루어 한 차례 돌게 되면, 음조音調가 쇠퇴하여 1절節이 다하게 된다고 하여 이것을 '시조리始條理'라고 하였고, 경사磬師가 경쇠를 쳐서 다시 소리를 일으키면, 또 오음이 뒤섞인 상태에서 조화를 이루어 한 차례 돌게 되었다가 음조가 끝나 다시 1절이 다하게 된다고 하여 이것을 '종조리終條理'라고 했다.

《集》曰: "始之終之, 猶孔子之知無不盡, 德無不全謂."

○**鏞案** 樂有金聲·玉振二節, 以爲始終, 學有致知[16]·成聖[17]二節, 以爲始終.【程子云: "致知, 智之事也."】孟子但執其'始終'二字, 吐出'智聖'[18]一段, 又執'智聖'二字, 吐出'巧力'[19]二字, 一層一剝, 一轉一兌欠.[20] 讀此章者, 但當活看, 不可穿鑿. 今若以金聲爲巧, 玉振爲力, 則隔了三四重, 已不可以分排對勘, 苟欲强通, 失本旨矣.

○智之事, 如《大學》之'知止', 聖之事, 如《大學》之'能得', 智之事, 如《中庸》之'擇善', 聖之事, 如《中庸》之'固執'. 智之事, 如'惟精', 聖之事, 如'惟一'. 於此始終之間, 孝弟·忠信·禮樂·文物, 粲然該備, 有本有末, 此之謂'集大成'也. 若於金聲之中, 往求智巧, 又於玉振之中, 往求聖力, 則是所謂'舟之旣遷, 以刻求劍者'也.【此章文勢, 如風水家所云'移步幻形'】

---

16) 치지致知:『대학』에 보인다.
17) 成聖:『순자·대략』에 보인다.
18) 智聖:『맹자』의 "始條理者, 智之事也. 終條理者, 聖之事也."를 말한다.
19) 巧力:『맹자』의 "智, 譬則巧也; 聖, 譬則力也, 由射於百步之外也, 其至, 爾力也, 其中, 非爾力也."를 말한다.
20) 兌欠: 문맥상 '欻'가 되어야 옳은 듯하다.

『맹자집주』에서 말했다. "시작하고 끝맺는다는 것은 공자의 앎이 투철하지 않음이 없고, 덕이 완전하지 아니함이 없다는 것과 같다는 말이다."

○ **용안** 음악에는 금성金聲과 옥진玉振이라는 2절節이 있어 시작과 끝이 되고, 학문에는 치지致知와 성성成聖이라는 두 절이 있어 시작과 끝이 된다.【정자가 말했다. "치지致知는 지智의 일이다."】 맹자는 단지 '시종始終'이라는 두 글자를 잡고서 '지성智聖'이란 한 단락을 드러냈고, 또 '지성智聖'이라는 두 글자를 잡고서 '교력巧力'이라는 두 글자를 드러냈으니, 한 층을 오르려다가 한 층을 떨어뜨리게 되었고, 한 바퀴를 나가다려다가 한 바퀴를 물러나게 한 격이다. 이 문장을 읽는 자는 다만 융통성 있게 보아야지 천착해서는 안 된다. 지금 만약 '금성金聲'을 '교巧'로 여기고, '옥진玉振'을 '역力'으로 여긴다면, 삼중사중으로 막히게 되어 분배하여 대조할 수조차 없게 되니, 구차하게 억지로 통하게 한다면, 본래의 뜻을 잃게 될 것이다.

○ 지智의 일은 『대학』의 '지지知止'와 같고, 성聖의 일은 『대학』의 '능득能得'과 같으며, 지의 일은 『중용』의 '택선擇善'과 같고, 성의 일은 『중용』의 '고집固執'과 같으며, 지의 일은 '유정惟精'과 같고, 성의 일은 '유일惟一'과 같다.[21] 이처럼 처음과 끝 사이에 효제孝悌·충신忠信·예악禮樂·문물文物이 찬란하게 갖추어져 본말本末이 있게 되니, 이것을 '집대성集大成'이라고 한다. 만약 금성金聲에서 지智와 교巧를 구하려 하고, 또 옥진玉振에서 성聖과 역力을 구하려 한다면, 이는 이른바 "배는 이미 옮겨갔는데, 뱃머리의 표시로 칼을 찾는 격(舟之既遷以刻求劍)"인 셈이다.【이 장의 문세文勢는 마치 풍수가風水家가 말하는 "걸음을 옮길 때마다 환형幻形이 발생한다.(移步幻形)"라는 것과 같다.】

---

21) 지智의 일은 … 같은 것이다 : 『서경·대우모』에 나오는 "人心惟危, 道心惟微, 惟精惟一, 允執厥中"이라는 글을 다산은 매색이 『도경』의 글을 절취하여 위작한 것이라고 하였다.

○又此'集大成'以下, 只是贊美孔子所成之德, 大於三子而已。若謂'三子獨奏一音, 孔子合奏八音',【見《集注》】'三子有力而無巧, 孔子以巧而能中',【見《大全》】則皆非本旨。伯夷·柳惠, 或可曰偏奏一音, 如伊尹者, 惡得云八音不具乎? '集大成'以下, 不必與三子比照。所宜較者, 惟其所成有大小而已。

引證《漢書·兒寬傳》云: "惟天子建中和之極, 兼總條貫, 金聲而玉振之。"

○ 또 이 '집대성集大成' 이하의 문장은 다만 공자가 이룬 덕이 세 사람[22]보다 크다는 것을 찬미한 것일 뿐이다. 만약 "이 세 사람은 1음一音을 독주獨奏한 이들이고, 공자는 8음八音을 합주合奏했다."라거나[『맹자집주』에 보인다.] "세 사람은 힘[力]은 있지만 교巧가 없었고, 공자는 교巧로 하면서도 중도中道에 맞게 했다."[『성리대전性理大全』에 보인다.]라고 한다면, 모두가 본래의 뜻이 아니다. 백이와 유하혜에 대해서는 혹 1음一音에 치우쳐 연주했다고 할 수 있지만, 이윤伊尹과 같은 사람에 대해 어떻게 8음八音을 갖추지 못했다고 할 수 있겠는가? '집대성集大成' 이하는 반드시 이 세 사람과 비교하고 대조할 필요가 없다. 비교할 것은 오직 그들이 이룬 바가 큰 것인지 작은 것인지 일뿐이다.

* 본문에 나오는 '집대성集大成' 이하의 글에 대해 주자가 너무 천착해서 해석한 데 대해 다산은 반론을 제기하면서, 이 글은 다만 공자가 이룬 덕이 세 사람보다 크다는 것을 찬미한 것일 뿐이니, 반드시 세 사람과 비교하고 대조할 필요가 없으며, 이 글을 읽을 때는 융통성 있게 보아야 한다고 했다.

인증 『한서·예관전兒寬傳』에서 말했다. "오직 천자만이 중화中和의 표준[極]을 세우고 겸하여 조리條理를 총괄하여 금金을 쳐서 소리를 퍼뜨리고 옥玉을 쳐서 소리를 일으킨다."

---

22) 세 사람: 백이伯夷·이윤伊尹·유하혜柳下惠를 말한다.

10-2 북궁의가 주왕조의 작록제도에 대해 질문한 장
〔北宮錡問周室班爵祿章〕

* 맹자는 이 장에서 북궁의가 주왕조의 작록제도에 대해 한 질문에, 주왕조는 작질爵秩의 고하에 따라 전록田祿의 많고 적음이 제도화되어 있었다는 내용을 상술하고 있다. 이 장 말미에 경자耕者인 농민의 토지제도까지 언급한 것을 보면, 이것을 맹자의 이상적인 왕도정치의 구상으로도 볼 수 있다. 이 장에서 다산은 조기를 비롯한 여러 주석가들이 맹자가 말한 주왕조의 작록제도에 의문을 제기한 것에 대해, 『주례』 자체가 시행된 적이 없는 저술이고, 수많은 전적이 소멸되었기 때문에 단정적으로 비판해서는 안 됨을 역설하고 있다.

北宮錡問曰: "周室班爵祿也, 如之何?" 孟子曰: "其詳不可得而聞也. 諸侯惡其害己也, 而皆去其籍, 然而軻也嘗聞其略也. 天子一位, 公一位, 侯一位, 伯一位, 子男同一位, 凡五等也. 君一位, 卿一位, 大夫一位, 上士一位, 中士一位, 下士一位, 凡六等. 天子之制, 地方千里, 公侯皆方百里, 伯七十里, 子男五十里, 凡四等. 不能五十里, 不達於天子, 附於諸侯, 曰'附庸'. 天子之卿受地視侯, 大夫受地視伯, 元士受地視子男. 大國地方百里, 君十卿祿, 卿祿四大夫, 大夫倍上士, 上士倍中士, 中士倍下士, 下士與庶人在官者同祿, 祿足以代其耕也. 次國地方七十里, 君十卿祿, 卿祿三大夫, 大夫倍上士, 上士倍中士, 中士倍下士, 下士與庶人在官者同祿, 祿足以代其耕也. 小國地方五十里, 君十卿祿, 卿祿二大夫, 大夫倍上士, 上士倍中士, 中士倍下士, 下士與庶人在官者同祿, 祿足以代其耕也. 耕者之所獲, 一夫百畝, 百畝之糞, 上農夫食九人, 上次食八人, 中食七人, 中次食六人, 下食五人, 庶人在官者其祿以是爲差."

북궁의北宮錡가 물었다. "주나라 왕실에서 작록爵祿을 배열하는 것은 어떠했습니까?" 맹자가 답했다. "그 상세한 내용은 내가 들은 바가 없다. 제후들이 자신들에게 해가 되는 것을 싫어하여 그 전적을 모두 없애버렸기 때문이다. 그러나 내가 일찍이 그 대략을 들은 것은 있다. 천자가 일위一位요, 공이 일위요, 후侯가 일위요, 백伯이 일위요, 자子와 남男이 동일한 일위이니, 모두 5등급이다. 군君이 일위요, 경卿이 일위요, 대부大夫가 일위요, 상사上士가 일위요, 중사中士가 일위요, 하사下士가 일위니, 모두 6등급이다.

　천자의 제도는 전지田地가 사방 1,000리요, 공과 후는 모두 사방 100리요, 자와 남은 50리니, 모두 4등급이다. 50리가 못 되는 나라는 천자에게 직접 통하지 못해 제후에게 붙으니, 이를 '부용附庸'이라고 한다. 천자의 경卿은 후侯에 비견하여 전지를 받고, 대부는 백伯에 비견하여 전지를 받으며, 원사元士는 자와 남에 비견하여 전지를 받는다. 대국(제후국)은 전지가 사방 100리니, 군주는 경이 받는 녹의 10배를 받고, 경의 녹은 대부의 4배를 받고, 대부는 상사의 배를 받고, 상사는 중사의 배를 받고, 중사는 하사의 배를 받고, 하사와 서인 가운데 관직에 있는 자는 녹이 같으니, 녹이 충분히 경작하는 수입을 대신할 만하였다.

　그다음에 해당하는 나라는 전지가 사방 70리니, 군주는 경이 받는 녹의 10배를 받고, 경의 녹은 대부의 3배를 받고, 대부는 상사의 배를 받고, 상사는 중사의 배를 받고, 중사는 하사의 배를 받고, 하사와 서인 가운데 관직에 있는 자는 녹이 같으니, 녹이 충분히 경작하는 수입을 대신할 만하였다. 작은 나라는 전지가 사방 50리니, 군주는 경이 받는 녹의 10배를 받고, 경의 녹은 대부의 2배를 받고, 대부는 상사의 배를 받고, 상사는 중사의 배를 받고, 중사는 하사의 배를 받고, 하사와 서인 가운데 관직에 있는 이는 녹이 같으니, 녹이 충분히 경작하는 수입을 대신할 만하였다. 경작하는 자의 소득은 일부一夫가 100무畝를 받는데, 100무를 가꿈에 상농부는 9명을 먹일 수가 있고, 상농부의 다음은 8명을 먹일 수가 있고, 중농부는 7명을 먹일 수 있고, 중농부의 다음은 6명을 먹일 수가 있고, 하농부는 5명을 먹일 수가 있다. 서인 가운데 관직에 있는 자는 그 녹을 이를 근거로 차등하였다."

趙曰: "今《周禮》司祿之官無其職, 是則諸侯皆去之."
○**鏞案** 今《周禮·地官》有司祿, 中士四人, 下士八人, 但有序官, 而職掌則闕, 趙所言者此也. 古者簡篇龐重, 不如後世雕摝之輕便. 故四代典章, 隨皆消滅. 已自孔子之時, 杞·宋無徵, 未必皆諸侯之所去也. 況於孟子之時乎?

趙曰: "今考之《禮記·王制》則合."
○《集》曰: "此章之說與《禮記·王制》不同."
○趙慮曰: "《周禮·大司徒》云'諸公之地方五百里, 諸侯方四百里', 而孟子言'公侯[23]皆方百里'. 《周禮》言'諸伯地方三百里, 子二百里, 男百里', 而孟子言'伯七十里, 子·男五十里'. 如〈小司徒〉云'上地家七人', 而孟子言'上地農夫食九人, 上次食八人', 《周禮》言'中地家六人', 而孟子言'中食七人, 中次食六人', 此不與《周禮》同也."

---

23) 侯: 신조본에는 빠져 있다.

조기가 말했다. "지금 『주례』의 사록司綠이란 관위官位에는 그 직분이 없으니, 이는 제후들이 모두 없애버렸기 때문이다."

○ **용안** 지금 『주례·지관』에 사록이 있는데, 중사中士 네 사람과 하사下士 여덟 사람으로 구성되어 있다. 다만 관위官位의 서열만 있고 관장하는 업무는 빠져 있으니, 조기가 말한 것이 바로 이것이다. 옛날 죽간을 엮어 만든 책은 거칠고 무거워서 후대에 목판에 새겨 찍어낸 책처럼 가볍고 편리하지 못했다. 그러므로 사대四代(우·하·상·주를 말함)의 전장典章이 그로 인해 모두 소멸되었다. 이미 공자 때부터 기杞와 송宋에서 문헌을 징험할 수 없었으니,[24] 제후들이 모든 것을 없애버린 것은 아닐 것이다. 하물며 맹자의 시대에는 어떠했겠는가?

조기가 말했다. "지금 『예기·왕제王制』를 고구해보면 내용이 부합한다."

○ 『맹자집주』에서 말했다. "이 장의 설명은 『예기·왕제』와 동일하지 않다."

○ 조덕趙悳이 말했다. "『주례·대사도』에서는 '모든 공의 전지는 사방 500리 이고, 모든 후侯는 사방 400리이다.'라고 했는데, 맹자는 '공과 후는 모두 사방 100리이다.'라고 하였다. 『주례』에서는 '모든 백伯은 전지가 사방 300리이고, 자子는 200리이고, 남男은 100리이다.'라고 했는데, 맹자는 '백伯은 70리이고, 자子와 남男은 50리이다.'라고 했다. 『주례·소사도小司徒』와 같은 경우에는 '상지上地의 집은 일곱 사람이다.'라고 했는데, 맹자는 '상지의 농부는 아홉 사람을 먹일 수 있고, 상차上次의 농부는 여덟 사람을 먹일 수 있다.'라고 했다. 『주례』에서는 '중지中地의 집은 일곱 사람을 먹일 수 있고, 중차中次의 집은 여섯 사람을 먹일 수 있다.'라고 했으니, 이것이 『주례』와 같지 않은 것이다.

---

24) 이미 공자 때부터 … 징험할 수 없었으니 : 『논어論語·팔일八佾』에 보인다.

〈王制〉言'公·侯·伯·子·男, 凡五等', 而孟子以天子一位·公一位·侯一位·伯一位·子男同一位爲五等.〈王制〉言'諸侯之上[25]大夫卿·下大夫·上士·中士·下士, 凡五等', 而孟子則自君一位至下士一位, 凡六等.〈王制〉主於分田制祿, 而孟子主於制地分祿.〈王制〉言'天子之三公田視公侯, 天子之卿視伯, 大夫視子·男, 元士視附庸', 而孟子則言'天子之卿受地視侯, 元士受地視子男', 不與〈王制〉同也."【見《通考》】

○鏞案《孟子》之制, 上公不過百里. 然管仲對楚使曰: "太公所履, 北至無棣,[26] 南至穆陵,[27] 西至河而東至海", 不但方百里而已.〈明堂位〉稱"成王封伯禽于魯 曲阜之地方七百里", 則又不但《周禮》而已. 此是特例, 不可拘也.《周禮》原是未及施行之法.【如九畿之法[28]】孟子之時, 典籍散滅, 傳聞各殊, 不必與《周禮》相合, 況於〈王制〉乎? 爲國家者, 通執諸文, 權其中而立制, 斯可矣. 何必以數目之不合指之爲煨燼之棄物乎?

---

25) 上: 신조본에는 '士'로 되어 있다.
26) 無棣: 무체는 춘추시대의 제읍齊邑으로 지금의 산동성山東省 양신현陽信縣 동북단에 있다.
27) 穆陵: 목릉은 산동성 임구현臨朐縣 남단 지역으로, 무체와 목릉은 모두 제나라 남북으로 걸친 국경 지역이다.
28) 九畿之法: 구기지법은 옛 왕성 밖으로 5천 리 안을 한정하여 매 5백 리마다 하나의 기畿를 두는 방식이다. 모두 후侯·전甸·남男·채采·위衛·만蠻·이夷·진鎭·번蕃 등의 9기九畿가 있다.

『예기·왕제』에서는 '공公·후侯·백伯·자子·남男으로 모두 5등급이다.'라고 했는데, 맹자는 천자 일위一位·공 일위·후 일위·백 일위·자와 남 일위라는 것으로 5등급을 삼았다. 『예기·왕제』에서는 '제후의 상대부인 경卿·하대부下大夫·상사上士·중사中士·하사下士로 모두 5등급이다.'라고 했는데, 맹자는 군君 일위로부터 하사下士 일위에 이르기까지 모두 6등급이라고 했다. 『예기·왕제』에서는 전지를 나누어 녹을 제정하는 것을 위주로 했는데, 맹자는 전지를 제정하여 녹을 나누는 것을 위주로 했다. 『예기·왕제』에서는 '천자의 삼공에 해당하는 전지는 공과 후에 견주고, 천자의 경은 백에게 견주고, 대부는 자와 남에게 견주고, 원사는 부용에 견준다.'라고 했는데, 맹자는 '천자의 경이 받는 전지는 후에 견주고, 원사가 받는 전지는 자와 남에게 견준다.'라고 했으니 『예기·왕제』와 같지 않다."【『문헌통고文獻通考』에 보인다.】

○ **용안** 『맹자』의 제도에 상공의 전지는 100리에 지나지 않는다. 그러나 관중管仲이 초楚나라 사신에게 대답하기를 "태공이 밝은 땅은 북쪽으로 무체無棣에 이르렀고, 남쪽으로 목릉穆陵에 이르렀으며, 서쪽으로 하수河水에 이르렀고, 동쪽으로 바다에 이르렀다."라고 했으니, 사방 100리뿐 만이 아니다. 『예기·명당위』에서 "성왕成王이 백금伯禽을 노나라 곡부曲阜 사방 700리에 봉해주었다."라고 했으니, 또한 『주례』에 보이는 규모뿐만이 아니다. 그러나 이는 특별한 사례[特例]이니, 여기에 구애되어서는 안 된다. 『주례』는 원래 시행되지 않은 법이다.【구기九畿의 법과 같은 것이다.】 맹자 시대에도 전적이 흩어지고 없어져 전해 듣는 것이 각각 달라 반드시 『주례』와 부합하지 않았는데, 하물며 『예기·왕제』는 어떠했겠는가? 국가를 다스리는 자들은 문서를 모두 가지고 있으면서 그것들의 중도中道를 저울질하여 제도를 수립해야 될 것이다. 어떻게 몇 조목이 맞지 않는다는 이유로 그것들을 타고 남은 잿더미 속에 버려진 물건으로 여길 필요가 있겠는가?

毛曰: "《孟子》'天子之地方千里, 諸侯皆方百里', 其'地'字〈王制〉改作'田'字, 田卽地也。但地有山林·川澤·城郭·宮室·陂池·涂巷種種, 而田則無有。故田較之地, 則每里減三分之一。是地有千里者, 田未必有千里矣。今旣云班祿, 則祿出于田, 當紀實數。焉得以三分減一之地, 而强名千里? 漢後儒者所[29]以不能無紛紛也。不知孟子所云'地'字亦只是'田'字。"

○**鏞案**《詩》云'錫山土田',[30] 其錫田之法, 必以幾畝爲度, 故山土竝列也。《春秋傳》凡大夫'訟田', 不云'訟地', 明封國之法, 當實計其田。若但以輿地爲準, 而荒山不食之地, 苟充其數, 則受者寃矣。

---

29) 所: 신조본에는 빠져 있다.
30) 『시경·대아·강한江漢』에 보인다.

* 맹자가 말한 주왕조의 작록제도에 대해서는 조기를 비롯한 여러 주석가들이 봉토의 리수里數가 『주례』나 『예기』등에 기록되어 있는 것과 일치하지 않음을 지적하는 등 논란이 많다. 이에 대해 다산은 맹자 시대에는 이미 전적이 산일된 것이 많았고, 전해들은 것도 일정치 않아서 『주례』나 『예기』 등에 부합되지 않는 부분도 많다고 생각하였다. 다산이 『주례』라는 전적에 나오는 제도가 실제로 시행되었던 것이 아니라고 하는 대목이 주목해야 할 부분이다.

    모기령이 말했다. "『맹자』에서는 '천자의 땅은 사방 1,000리이고, 제후는 사방 100리이다.'라고 했는데, 여기에서의 '지地'자가 『예기·왕제』에는 '전田'자로 고쳐져 있으니, 전田은 곧 지地이다. 다만 지地에는 산림山林·천택川澤·성곽城郭·궁실宮室·피지陂池·도항涂巷 등 여러 가지가 있고, 전田에는 그런 것이 없다. 그러므로 전을 지에 비교할 때는 1리里마다 ⅓을 감해야 한다. 그러니 지地 1,000리를 가진 것이 반드시 전田 1,000리를 가진 것은 아니다. 지금 반록班祿을 말했는데, 녹은 전田에서 나오는 것이니, 반드시 실수를 기록해야 한다. 어찌하여 ⅓을 감한 땅으로써 억지로 천리라고 이름을 붙였단 말인가? 한나라 이후 유자들이 이 때문에 분분한 이견이 없을 수 없었던 것이다. 알지 못하겠으나, 맹자가 말한 '지地'자는 역시 '전田'자일 것이다."

    ○ **용안** 『시경』에서 "산과 토전土田을 하사한다."라고 하였는데, 전田을 하사하는 법은 반드시 몇 무畝로써 법도를 삼기 때문에 산山과 토土를 함께 열거한 것이다. 『춘추전』에 대부들이 '송전訟田'한다고 했지 '송지訟地'한다고는 말하지 않았으니, 나라를 봉해주는 법에는 당연히 그 전田을 실수로 계산했던 것이 분명하다. 만약 전체의 땅으로 기준을 삼아서 황폐한 산의 붙여 붙여먹을 수 없는 땅으로 구차하게 그 실수만을 채운다면, 받는 자가 원망할 것이다.

引證《左傳》成三年, 晉 荀庚來聘, 衛 孫良夫來聘, 公問諸臧宣叔[31]曰: "中行伯之於晉也, 其位在三,【下卿居第三】孫子之於衛也, 位爲上卿。將誰先?" 對曰: "次國之上卿, 當大國之中, 中當其下, 下當其上大夫,【降一等】小國之上卿, 當大國之下卿, 中當其上大夫, 下當其下大夫,【降大國二等】上下如是, 古之制也。"

○昭二十三年, 叔孫婼[32)33)]如晉。晉人使與邾大夫坐,【對訟也】叔孫曰: "列國之卿, 當小國之君, 固周制也。"

○**鏞案** 此皆爵秩之班也。田祿之多少, 一視爵秩之高下, 則周室班祿之法, 亦當以此而求之也。

---

31) 臧宣叔: 장선숙은 노나라 성공成公 때의 장손허臧孫許를 말한다. 문중文中의 아들로 시호가 선숙宣叔이다.

32) 婼: 신조본에는 '諸'으로 되어 있다.

33) 叔孫婼: 숙손야는 춘추시대 노나라 사람이다. 숙손표叔孫豹의 서자庶子이고, 시호는 소자昭子이다.

인증 『좌전』 성공成公 3년조에 진晉나라 순경荀庚과 위衛나라 손양부孫良夫가 와서 빙문聘問하자, 성공이 장선숙臧宣叔에게 물었다. "중항백中行伯(순경)은 진나라에서 그 지위가 세 번째이고,【하경下卿이 세 번째에 해당된다.】 손자孫子(손양부)는 위나라에서 그 지위가 상경上卿이 되니, 누구를 먼저 접대해야 하겠는가?" 장선숙이 대답했다. "차국의 상경은 대국의 중경에 해당되고, 중경은 하경에 해당되고, 하경은 상대부에 해당됩니다.【한 등급씩 강등한다.】 소국의 상경은 대국의 하경에 해당되고, 중경은 상대부에 해당되고, 하경은 하대부에 해당되니【대국보다 두 등급 강등한다.】 지위의 상하가 이와 같은 것이 옛날의 제도입니다."

○ 소공昭公 23년조에 숙손야叔孫婼가 진晉나라에 갔다. 진나라 사람이 그로 하여금 주邾의 대부와 마주 앉게[對坐] 하니【송사에 대좌하게 한 것이다.】 숙손야가 말했다. "열국(제후국)의 경은 소국의 군에 해당하는 것이 본래 주나라의 제도이다."

○ **용안** 이것은 모두 작질의 반열이다. 전록의 많고 적은 것은 한결같이 작질의 높고 낮음에 비견되니, 주나라에서 작록을 반열한 법도 마땅히 이것을 가지고 구해야 한다.

10-3 만장이 벗의 도리에 대해 묻자 맹자가 맹헌자와 비혜공의 사례를 들어 답해준 장 〔萬章問友孟獻子費惠公章〕

* 맹자는 이 장에서 교우交友하는 방법에 관한 만장의 질문에 우도友道라는 것은 권세와 부귀 같은 것을 의식하고 이를 매개로 하여 이루어져서는 안 되고, 덕을 중심으로 이루어져야 하며, 이런 가운데도 신분질서와 도덕질서가 병행해야 한다고 대답했다. 이 장에서 다산은 비費땅을 역사적이고 지리적으로 검토한 후, 의심나는 것은 그대로 두어야 함을 제시했다.

萬章問曰: "敢問友?" 孟子曰: "不挾長, 不挾貴, 不挾兄弟而友. 友也者, 友其德也, 不可以有挾也. 孟獻子, 百乘之家也. 有友五人焉, 樂正裘·牧仲, 其三人則予忘之矣. 獻子之與此五人者友也, 無獻子之家者也. 此五人者, 亦有獻子之家, 則不與之友矣. 非惟百乘之家爲然也. 雖小國之君, 亦有之, 費惠公曰 '吾於子思則師之矣, 吾於顏般則友之矣. 王順長息則事我者也.' 非惟小國之君爲然也, 雖大國之君, 亦有之, 晉平公之於亥唐也, 入云則入, 坐云則坐, 食云則食, 雖疏食菜羹, 未嘗不飽, 蓋不敢不飽也. 然終於此而已矣, 弗與共天位也, 弗與治天職也, 弗與食天祿也, 士之尊賢者也, 非王公之尊賢也. 舜尙見帝, 帝館甥于貳室, 亦饗舜, 迭爲賓主, 是天子而友匹夫也. 用下敬上, 謂之貴貴, 用上敬下, 謂之尊賢, 貴貴·尊賢, 其義一也."

만장이 물었다. "감히 벗에 대해 묻겠습니다." 맹자가 답했다. "나이가 많음을 믿지 않고 귀함을 믿지 않고, 형제간을 믿지 않고 벗해야 한다. 벗하는 것은 그 덕을 벗하는 것이니 믿는 구석이 있어서는 안 된다. 맹헌자孟獻子는 백승百乘의 집안이었다. 벗 다섯 명이 있었는데, 악정구樂正裘와 목중牧仲이요, 나머지 세 사람은 내 그들의 이름을 잊었다. 맹헌자가 이 다섯 사람과 벗한 것은 그들이 맹헌자의 집안을 의식함이 없었기 때문이다. 이 다섯 사람들 또한 맹헌자의 집안을 의식하고 있었다면, 맹헌자는 이들과 벗하지 않았을 것이다.

비단 백승百乘의 집안만이 그러한 것이 아니다. 비록 소국의 군주 중에도 또한 그러한 경우가 있었으니, 비혜공費惠公이 말하기를 '내가 자사子思는 스승으로 섬겼고, 안반顔般은 벗으로 대했고, 왕순王順과 장식長息은 나를 섬기는 자이다.'라고 했다. 비단 소국의 군주만이 그러한 것이 아니다. 비록 대국의 군주 중에도 또한 그러한 경우가 있었으니, 진평공晉平公이 해당亥唐이 들어오라고 말하면 들어가고, 앉으라고 말하면 앉고, 먹으라고 말하면 먹었다. 비록 거친 밥과 나물국이라도 일찍이 배불리 먹지 않은 적이 없었으니, 이는 감히 배불리 먹지 않을 수 없었던 것이다. 그러나 여기에 그쳤을 뿐이었고, 해당과 더불어 천위天位를 함께하지 않았으며, 그와 더불어 천직天職을 다스리지 않았으며, 그와 더불어 천록天祿을 먹지 않았으니, 이는 사士가 현자를 높이는 것이요, 왕공王公이 현자를 높이는 것이 아니다. 순이 요임금을 우러러 뵈었는데, 요임금이 사위인 순을 이실貳室(별실別室을 말함)에 머물게 하시고, 순에게 음식을 대접하여 번갈아 빈주賓主가 되셨으니, 이는 천자로서 필부와 벗한 것이다. 아랫사람으로서 윗사람을 공경함을 귀귀貴貴(귀한 이를 귀하게 여김)라고 하고, 윗사람으로서 아랫사람을 공경함을 존현(어진 이를 높임)이라고 하니, 귀귀와 존현은 그 의미가 동일하다."

《集》曰:"惠公, 費邑之君。"

○麟曰:"春秋時, 費爲魯 季氏之邑。《史記·楚世家》有鄒·費·郯·邳, 蓋戰國時以邑爲國, 意者魯 季氏之僭歟。"

○顧炎武[34]曰:"春秋時有兩費。其一見《左傳》成公十三年, 晉侯使呂相絶秦曰, '殄滅我費滑。'注, '滑國都於費, 今緱氏縣。'襄公十八年, '楚 蔿子馮·公子格率銳師, 侵費滑。'蓋本一地, 秦滅之而後屬鄭耳。其一僖公元年, '公賜季友 汶陽之田費。'《齊乘》,[35] 費城在費縣西北二十里, 古之伯國。姬姓, 懿公之孫, 後爲季氏邑。在子思時, 滑國之費, 其亡已久, 若季氏不得稱公。又楚人對頃襄王'手有鄒·費·郯·邳',[36] 意者亦如孟嘗君[37]之稱薛公邪。"

○毛曰:"劉向《說苑》謂'魯人攻鄸, 曾子辭于鄸君', 鄸卽費也。是在曾子時, 費早稱君, 不必惠公矣。"

---

34) 顧炎武 : 고염무(1613~1673)는 소주부蘇州府 곤산昆山 사람으로 자는 충청忠清, 영인寧人이다. 황종희黃宗羲·왕부지王夫之와 더불어 명말청초明末清初의 삼대유三大儒로 불렸다. 문천상文天祥의 제자인 왕염오王炎午가 지닌 사람됨을 흠모하여 이름을 염무炎武로 삼았다. 국가전제國家典制, 군읍장고郡邑掌故, 천문의상天文儀象, 하조河漕, 병농兵農 및 경사백가經史百家, 음운훈고학音韻訓詁學 등을 연구했다. 저서로 『일지록日知錄』, 『음학오서音學五書』, 『고음표古音表』, 『역음易音』, 『시본음詩本音』, 『당운정唐韻正』, 『음론音論』, 『금석문자기金石文字記』, 『천하군국이병서天下郡國利病書』 등이 있다.

35) 齊乘 :『제승』은 원元나라 우흠于欽의 저술이다.

36) 추鄒·비費·담郯·비邳가 수중에 있다 :『사기·초세가』에 보인다.

37) 孟嘗君 : 맹상군은 전문田文을 말한다. 전국시대 제齊나라의 귀족이다. 아버지 전영田嬰의 봉작을 습작하여 설薛에 봉해졌으며, 문하門下에 식객食客 수천 명을 두었다고 한다.

『맹자집주』에서 말했다. "혜공惠公은 비읍費邑의 군주이다."

○ 왕응린이 말했다. "춘추 시대에 비費 땅은 노나라 계씨季氏의 읍이었다. 『사기·초세가』에 추鄒·비費·담郯·비邳라는 나라가 있다고 했는데, 이는 대체로 전국 시대에 '읍邑'을 '국國'으로 생각했기 때문이다. 아마도 노나라 계씨가 참칭僭稱한 것인 듯하다."

○ 고염무가 말했다. "춘추 시대에는 두 곳에 비읍費邑이 있었다. 그중에 하나는 『좌전·성공成公』 13년조의 '진후晉侯가 여상呂相으로 하여금 진秦나라와 관계를 끊기를 상주上奏하면서 '그들이 우리의 비활費滑을 섬멸했다.' 라고 한 대목이 보이는데, 그 주에서 '활국滑國은 비費에 도읍했으니, 지금의 후씨현緱氏縣이다.'라고 했다. 또 양공襄公 18년조에 '초나라 위자풍蔿子馮과 공자격公子格이 날랜 군사를 거느리고 비활을 침략했다.'라고 했으니, 본래 한 지역으로 진秦이 그 나라를 섬멸한 뒤에 정鄭나라에 복속되었던 곳이다. 또 하나는 『좌전·희공僖公』 원년조의 '공이 계우季友에게 문양汶陽의 땅과 비읍費邑을 내려주었다.'라고 한 곳에 보인다. 『제승齊乘』에 보면 비성費城은 비현費縣 서북쪽 20리 지점에 있는데, 옛날의 백국伯國이다. 백국은 희성姬姓의 나라로 의공懿公의 손자가 봉해졌던 나라인데, 뒤에 계씨의 읍이 되었다. 자사子思 시대에는 활국의 비읍이 망한 지 벌써 오래되었으니, 계씨처럼 공公이라고 일컬을 수 없었다. 또한 초나라 사람이 초나라 경양왕頃襄王에게 대답하기를 '수중에 추鄒·비費·담郯·비邳가 있다.'라고 했으니, 아마도 맹상군孟嘗君을 설공薛公이라고 칭한 것과 같은 듯하다."

○ 모기령이 말했다. "유향의 『설원』에서 '노나라 사람들이 비鄪를 침공하자, 증자가 비군鄪君에게 하직했다.'라고 했으니, 비鄪는 곧 비費를 말한다. 이는 증자 때의 일이니, 비費나라에서는 일찍부터 군君이라고 칭했지, 반드시 혜공 때에 와서야 칭한 것은 아니다.

又《呂氏春秋》有云'以滕·費則勞, 以鄒·魯則逸', 豈有季氏一邑, 居然與鄒·魯·滕稱四國者? 則或別有一小國如顓臾[38]·邦·極, 參列東方, 未可知也。況夫子墮費在定十二年, 與哀·悼相去不遠。既已墮之, 而毀其城, 夷其宮, 收其甲兵, 焉得曾子居鄪, 而卽有鄪國君臣主客周旋之事? 其非季氏邑, 又鑿鑿可知也。"【《姓譜》有瑯琊 費氏, 梁相費君, 是季氏之後。然祇以食邑爲氏, 如趙衰氏亚, 展禽氏柳下】

○鏞案 費之跡不見《春秋》, 且當闕疑。

引證〈晉語〉, 趙簡子曰:"魯 孟獻子有鬪臣五人, 我無一, 何也?"

---

38) 臾:新朝本에는 '曳'로 되어 있다.

또한 『여씨춘추』에서 '등나라나 비費나라로서 하면 수고롭고, 추나라나 노나라로서 하면 편안하다.'라고 했으니, 어찌 계씨의 한 읍으로서 버젓이 추나라·노나라·등나라와 함께 4국이라고 칭할 수 있었겠는가? 아마도 전유顓臾·시邿·극極처럼 조그만 나라가 별도로 있어 동방의 한쪽을 차지하고 있었는지는 알 수 없는 일이다. 더구나 공자가 비읍을 허물어버린 사건이 정공定公 12년에 있었으니, 애공哀公·도공悼公과의 시간적 거리가 멀지 않다. 이미 비읍을 없앤 뒤에 성과 궁궐을 허물고 무기를 거두어들였는데, 어떻게 증자가 비鄪에 부임하여 비나라의 군신과 주객이 주선하는 일이 있을 수 있었겠는가? 그곳이 계씨의 읍이 아니었던 것을 또한 분명히 알 수 있다."【『성보姓譜』에 낭야비씨瑯琊費氏가 있는데, 양梁나라 정승인 비군費君이 바로 계씨의 후손이다. 그러나 그것은 단지 식읍食邑으로 씨氏를 삼은 것일 뿐이니, 마치 조사趙衰가 병幷을 씨氏로 하고, 전금展禽이 유하柳下를 씨로 한 것과 같다.】

○ **용안** 비費나라의 흔적이 『춘추』에 보이지 않으니, 우선 의심나는 것은 그대로 두어야 한다.

* 비혜공費惠公에 대해 주자는 비읍費邑의 군주라고 했고, 왕응린은 노나라 계씨가 읍邑을 국國으로 참칭僭稱한 것이라고 했으며, 고염무는 계씨의 후손을 공公이라고 일컬을 수 있어서 비혜공이라고 했다. 모기령은 비가 비읍이 아닌 소국으로 혜공 이전부터 일찍이 군君이라고 칭해졌다고 했다. 이에 대해 다산은 공公이라고 했을 때는 나라國에 해당하는데, 비국費國에 대한 것은 『춘추』에 보이지 않으니, 너무 천착하지 말라는 뜻에서, 『논어』에 나오는 "의심나는 것에는 말하지 않고 그대로 놓아둔다."라는 말을 상기시키면서 제가諸家의 주석을 마땅치 않게 여겼다.

인증 『국어·진어晉語』에서 조간자趙簡子가 말했다. "노나라 맹헌자는 어려움을 막아주는 신하 다섯이 있었는데, 내게는 한 사람도 없으니 어떻게 된 일인가?"

10-4 만장이 맹자에게 교제를 하는 마음가짐과 공자가 엽교를 행한 것에 대해 질문한 장 [萬章問交際孔子獵較章]

* 맹자는 이 장에서 의리에 부합하고 예로써 대접하는 것을 교제의 방법으로 제시하고 있으며, 사냥을 마친 뒤에 획득물을 비교하는 엽교를 공자가 어기지 않은 것은 예를 점차적으로 바로잡는 방법임을 제시하였다. 이에 대해 다산은 조기가 말한 사냥을 할 때 서로 각축하여 짐승을 잡아가지고 제사지내는 엽각이 아니라, 장일이 말한 사냥을 해서 잡은 것의 많고 적음을 비교하는 엽교의 견해가 옳다고 제시하였다. 그런데 여기에는 분명하지 않은 부분과 이해하기 어려운 부분도 많기에, 다산은 이 부분 또한 의심나는 것은 의심나는 것으로 두어야 할 필요가 있다는 것도 함께 언급하고 있다.

萬章問曰:"敢問. 交際何心也?"孟子曰:"恭也."曰:"卻之卻之爲不恭, 何哉?"曰:"尊者賜之, 曰'其所取之者, 義乎不義乎?'而後受之, 以是爲不恭, 故弗卻也."曰:"請無以辭卻之, 以心卻之, 曰'其取諸民之不義也', 而以他辭無受, 不可乎?"曰:"其交也以道, 其接也以禮, 斯孔子受之矣."萬章曰:"今有禦人於國門之外者, 其交也以道, 其餽也以禮, 斯可受禦與?"曰:"不可.〈康誥〉曰'殺越人于貨, 閔不畏死, 凡民罔不譈', 是不待教而誅者也. 殷受夏, 周受殷, 所不辭也, 於今爲烈, 如之何其受之?"曰:"今之諸侯取之於民也, 猶禦也, 苟善其禮·際矣, 斯君子受之, 敢問. 何說也?"曰:"子以爲有王者作, 將比今之諸侯而誅之乎? 其教之不改而後誅之乎? 夫謂非其有而取之者, 盜也, 充類至義之盡也. 孔子之仕於魯也, 魯人獵較, 孔子亦獵較, 獵較猶可, 而況受其賜乎?"曰:"然則孔子之仕也, 非事道與?"曰:"事道也.""事道, 奚獵較也?"

만장이 물었다. "감히 여쭙겠습니다. 교제는 무슨 마음으로 합니까?" 맹자가 답했다. "공손함[恭]이다." 만장이 물었다. "예물을 물리치는 것을 공손하지 않다고 하는데, 어째서입니까?" 맹자가 답했다. "존귀한 자가 물건을 주면 받는 자가 '취할 바의 것이 의인지 불의인지를 생각한 뒤에 의라면 받는다. 이를 공손하지 않다고 한다. 그러므로 물리치지 않는 것이다." 만장이 물었다. "청컨대 말로써 물리치지 말고 마음속으로 물리치기를 '그가 백성에게서 취한 것이 의롭지가 못하다.'라고 하고는 다른 말로 받지 않는 것은 불가합니까?" 맹자가 답했다. "그 사귐을 도로써 하고 그 접대를 예로써 하면, 이는 공자께서도 받으셨다."

만장이 물었다. "이제 도성의 문[國門] 밖에서 사람을 저지하여 강도짓을 하는 이가 있는데, 그 사귐을 도로써 하고 그 사례를 예로써 한다면, 강도질한 물건을 받을 수 있습니까?" 맹자가 답했다. "불가하다. 『서경 강고』에서 '사람을 죽여 쓰러뜨리고 재화를 취하고 완강하여 죽음을 두려워하지 않는 자를 모든 사람이 원망하지 않는 이가 없다.'라고 했으니, 이는 가르치기를 기다리지 않고 죽일 자이다. 이 법을 은나라는 하나라에게서 전수받았고, 주나라는 은나라에게서 전수받아 사양하지 않았으며, 지금에도 밝게 빛나고 있으니, 어떻게 그것을 받을 수 있겠는가?" 만장이 물었다. "지금의 제후들이 백성들에게 취함은 강도질한 것과 같은데, '진실로 그 예와 그 교제를 잘하면 이는 군자도 받는다.'라고 하시니, 감히 여쭙겠습니다. 무슨 말씀입니까?" 맹자가 답했다. "그대가 생각하기에 왕자가 일어나면, 장차 지금의 제후들을 연합하여 죽이겠는가? 그들을 가르쳐도 고치지 않은 뒤에 죽이겠는가? 자신의 소유가 아닌데 취하는 자를 도둑이라고 말하는 것은 종류를 미루어 의를 지극히 함을 말한 것이다. 공자께서 노나라에서 벼슬하실 적에 노나라 사람들이 엽교[獵較]를 하사 공사 역시 엽교를 하셨다. 엽교하는 것도 괜찮은데, 하물며 주는 것을 받는 것은 어떻겠는가?"

만장이 물었다. "그렇다면 공자께서 벼슬하신 것은 도를 일삼으신 것이 아닙니까?" 맹자가 답했다. "도를 일삼으신 것이다." 만장이 물었다. "도를 일삼으셨는데, 어찌하여 엽교를 하셨습니까?"

曰:"孔子先簿正祭器, 不以四方之食供簿正."曰:"奚不去也?"曰: "爲之兆也, 兆足以行矣, 而不行而後去. 是以未嘗有所終三年淹也. 孔子有見行可之仕, 有際可之仕, 有公養之仕. 於季桓子, 見行可之仕 也, 於衛靈公, 際可之仕也, 於衛孝公, 公養之仕也."

○趙曰:"三代相傳以此法, 不須辭問也. 於今爲烈烈明法,[39] 如之 何[40]受其饋也."
○或曰:"義在可受, 則三代受人之天下而不辭. 今禦人者, 乃爲暴烈, 不義如此, 如何而可受其饋乎?"【'烈', 如〈詩序〉所謂'厲王之烈'者, 暴虐之意】
○《集》曰:"'商受'至'爲烈'十四字, 語意不倫, 必有斷簡或闕文."
○鏞案 趙註明白, 恐無可疑. 滕人說喪禮曰'吾有所受', 法之相傳, 謂 之'受'也.

---

39) 於今爲烈烈明法:『맹자』본문에 나오는 "殷受夏, 周受殷, 所不辭, 於今爲烈."을 주석한 것 이다.
40) 何 : 新朝本에는 이 뒤에 '其'가 있으나『맹자주소孟子注疏·만장 하』에 따라 생략한다.

맹자가 답했다. "공자께서 먼저 문서로 제기祭器를 바르게 하여 사방四方의 귀한 음식으로 부서簿書(재물의 출납을 기록한 장부)를 통해 바로잡은 제기를 공급하지 않게 하신 것이다." 만장이 물었다. "어찌하여 떠나지 않으셨습니까?" 맹자가 답했다. "도를 행할 조짐을 보신 것이니, 조짐이 도를 행하기에 충분하셨는데도 도가 행해지지 않은 뒤에야 떠나신 것이다. 이 때문에 일찍이 3년을 마치도록 머문 곳이 없으셨던 것이다. 공자께서 도를 행함이 가능한 것을 보시고 벼슬하신 경우도 있었고, 교제하는 이가 있어 벼슬한 경우도 있었으며, 공양公養으로 하신 벼슬도 있었으니, 계환자季桓子의 경우에는 도를 행함이 가능한 것을 보신 벼슬이었고, 위령공衛靈公의 경우에는 교제를 보신 벼슬이었으며, 위효공衛孝公의 경우에는 공양으로 하신 벼슬이었다."

○ 조기가 말했다. "삼대三代가 이 법을 서로 전해왔으니, 말로 질문할 필요는 없다. 지금에도 심히 밝은 법이 되어 있으니, 어떻게 그 예물을 받을 수 있겠는가?"

○ 어떤 이가 말했다. "의리상 받을 만한 경우에는 삼대도 남의 천하를 받으면서 사양하지 않았다. 지금 길가는 사람을 막고 물건을 빼앗는 것은 포악한 짓이다. 의롭지 못한 것이 이와 같은데, 어떻게 그런 자가 주는 것을 받을 수 있겠는가?"【'열烈'은 「시서詩序」에서 말한 '여왕지열厲王之烈'과 같은 것으로 '포악하다[暴虐]'는 뜻이다.】

○ 『맹자집주』에서 말했다. "'상수商受'로부터 '위열爲烈'까지의 14글자는 어의語意가 고르지 못하니, 반드시 죽간이 떨어져나갔거나 궐문이 있을 것이다."

○ **용안** 조기의 주석이 명백하여 의심할 만한 것이 없는 듯하다. 등나라 사람이 상례喪禮에 대해 말하기를 "우리는 물려받은 것이 있다."라고 했으니, 법이 서로 전해지는 것을 '수受'라고 한다.

斷獄之法, 必有爰辭。《周禮·大司寇》云 '立於肺石,[41] 士聽其辭', 〈小司寇〉聽獄之法, 一曰 '辭聽', 〈呂刑〉所謂 '明淸于獄之單辭·兩辭',[42] 皆辭也。惟禦人之賊, 不受其辭, 直行斬殺, 此所謂 '三代相傳所不辭' 也。恐未必有斷簡闕文。

趙曰: "獵較者, 田獵相較奪禽獸, 得之以祭, 時俗所尙, 以爲吉祥。孔子不違而從之, 所以小同於世也。"
○張曰: "獵而較所獲之多少。"
○《集》曰: "二說, 未知孰是。"
○蔡曰: "依趙氏則較在方獵之時,【'較', 音'角', 角逐也】依張氏則較在旣獵之後。【'較', 音'敎', 比較也】"

---

41) 肺石 : 폐석은 중국 고대에 조정의 문 밖에 있던 적석赤石으로, 백성들에게 불평이 있으면 적석을 쳐서 원망을 하소연했는데, 돌의 모양이 심장肺과 같다고 해서 폐석이라고 하였다. 『주례·추관·대사구』에 보인다.
42) 단사單辭와 양사兩辭 : 단사는 소송 중에 대질이나 증거 없이 한쪽에서 발언하는 말을 뜻하고, 양사는 양측의 말을 뜻한다.

옥사를 판결하는 법에는 반드시 그들이 진술하는 말[爰辭]이 있다. 『주례·대사구大司寇』에서 "폐석肺石에 서서 옥관獄官이 그들의 말을 듣는다."라고 한 것과 「소사구小司寇」에서 "재판을 하는 법에 첫째가 말을 듣는 것이다."라고 한 것과 『서경·여형呂刑』에서 말한 "옥의 단사單辭와 양사兩辭를 밝고 깨끗하게 한다."라고 한 것들이 모두 사辭이다. 오직 길가는 사람을 막고 해친 도적에 대해서는 그들의 말을 듣지 않고 곧바로 참살斬殺(목 베어 죽임)을 행하니, 이것이 이른바 "삼대에 서로 전하면서 말로 하지 않은 것"이다. 반드시 죽간이 떨어져나갔거나 궐문이 있는 것은 아닌 듯하다.

* 은殷이 하夏에서 전수받고 주周가 은에서 전수받은 것은 말로 하지 않았으니, 지금에도 심히 밝은 법이다.(殷受夏, 周受殷, 所不辭, 於今爲烈.)"라는 구절을 주자가 궐문이거나 연문이라고 하여 해석하지 않은 데 대해, 다산은 조기의 주석에 동의하면서 주자의 설을 부정했다.

조기가 말했다. "'엽각獵較'이란 사냥을 할 때 서로 각축角逐하여 금수를 잡아가지고 제사를 지내는 것인데, 시속에서 숭상하여 길상吉祥으로 여겼다. 공자가 그것을 어기지 않고 따른 것은 세속과 조금 같이 하고자 한 것이다."
○ 장일張鎰이 말했다. "사냥해서 잡은 것의 많고 적음을 비교한 것이다."
○ 『맹자집주』에서 말했다. "두 가지 설 가운데 어느 것이 옳은지 모르겠다."
○ 채청이 말했다. "조기의 설을 따르면 한창 사냥할 때 각축하는 것이요, [較은 음이 '각'으로 각축하는 것이다.] 장씨의 설을 따르면 사냥을 마친 뒤에 비교하는 것이다.[較는 음이 '교'로 비교하는 것이다.]"

○**鏞案** 攫奪禽獸, 歸祭祖考, 鄕人之所不爲也, 而孔子爲之乎? 至於旣獵, 而較其多寡, 此是田獵之本法。故《春秋傳》, 臧僖伯之言曰: "春蒐·夏苗·秋獮·冬狩, 歸而飮, 至以數軍實。"【隱五年】'數軍實'者, 正是較計其所獲多寡。"楚國之討軍實",【宣十二】"齊社之觀軍實",【襄卄四】皆是此禮。此禮旣行, 乃行頒禽,【見〈祭義〉】此豈魯人之弊俗乎? 張說亦不通矣。《周禮》蒐畋之法, "旣進旣獲, 大獸公之, 小獸私之",[43] 當其時也, 或有比較之法, 謂之獵較, 今不可考。然田獵之禮, 春蒐以祭社, 夏苗以享礿, 秋獮以祀祊, 冬狩以享烝,[44] 孔子欲復此禮, 以正祭典。若以獵較之故, 而不行蒐獮之禮, 則古禮不可復。此其所以黽勉而從俗者也。

---

43) 旣進旣獲, 大獸公之, 小獸私之:『주례·하관·대사마』에 보인다.
44) 春蒐以祭社, 夏苗以享礿, 秋獮以祀祊, 冬狩以享烝:『주례·하관·대사마』에 보인다.

○ **용안** 금수를 다투어 잡아가지고 돌아가서 조고祖考에게 제사지내는 짓은 향인鄕人들도 하지 않는 일인데, 공자가 그런 일을 했겠는가? 사냥을 마친 뒤에 많고 적음을 비교하는 것, 이것이 바로 사냥하는 본래의 법이다. 그러므로 『춘추전』의 장희백臧僖伯의 말에 "봄사냥[春蒐]·여름사냥[夏苗]·가을사냥[秋獮]·겨울사냥[冬狩]을 하고 돌아와서 종묘에 고하고 군사들에게 술자리를 베풀어 군실君實을 헤아린다."라고 한 것이다.【은공隱公 5년조이다.】 "군실을 헤아린다."라는 것이 바로 잡은 바의 많고 적음을 비교하는 것이다. "초나라에서 군실을 다스린다."【선공宣公 12년조이다.】는 것이나, "제나라에서 사社(토지신)에 제사하고 군실을 모아놓고 구경시켰다."【양공襄公 24년조이다.】라는 것들이 모두 이런 예들이다. 이 예를 행한 뒤에 잡은 짐승을 50세가 넘은 사람에게 나누어주는데,【『예기·제의祭義』에 보인다.】 이것이 어찌 노나라 사람들의 타락한 풍속이겠는가? 장씨의 설도 역시 통하지 않는다. 『주례』의 사냥하는 법에 "사냥을 나가서 짐승을 잡은 뒤에 큰 짐승은 국가에 보내고 작은 짐승은 자기가 갖는다."라고 되어 있으니, 당시에 혹 비교하는 법이 있어 그것을 엽교獵較라고 한 듯한데, 지금은 고증할 수가 없다. 그러나 사냥하는 예에 "봄사냥을 해서 사社제사를 지내고, 여름사냥을 해서 약約제사를 지내고, 가을사냥을 해서 방祊제사를 지내고, 겨울사냥을 해서 증烝제사를 지낸다."라고 하니, 공자가 이 예를 회복해서 제전祭典을 바로잡고자 하신 것이다. 만약 엽각하는 것이라고 해서 봄·여름·가을·겨울의 사냥하는 예를 행하지 않았다면, 고례를 회복할 수 없었을 것이다. 이 점이 바로 공자가 부지런히 힘쓰며 세속의 풍속을 따른 이유이다.

* 獵較에 대한 주석이다. 조기는 사냥하면서 서로 다투어 짐승을 잡는 것이기 때문에 '엽각'이라고 해야 한다고 하고, 장씨는 사냥하여 잡은 것을 비교하는 것이기 때문에 '엽교'라고 해야 한다고 하고, 주자는 어느 것이 옳은지 모르겠다고 했다. 다산은 공자가 고례古禮를 회복해서 제전祭典을 바로잡고자 하는데 그것의 의도가 있기 때문에 엽교와 같은 사소한 세속의 풍속을 잠시 따른 것이라고 한 것이다.

趙曰: "孔子仕於衰世, 不可卒暴改戾。故以漸正之。先爲簿書,[45] 以正其宗廟祭祀之器。卽其舊禮, 取備於國中, 不以四方珍食供其所簿正之器。度珍食難常有, 乏[46]絶則爲不敬, 故獵較以祭也。"

○**鏞案** 此註老實詳明, 無一毫遺憾, 朱子無故而刪之也。原夫國君之禮, 其四時正祭, 皆用太牢, 而太牢九鼎, 必有鮮腊鮮獸,【見《儀禮》】皆野獸之肉也。先王之禮, 粢盛則必夫人親舂, 鮮腊則必國君親獵, 不敢以四方沽市之物祭其先君。孔子欲復蒐獮之古禮, 以正大體, 其小節姑且從俗。所以爲獵較也, 旣不能沛然行之, 故萬章疑而問之曰: "孔子旣不得沛然行道, 何爲不去也?"

---

45) 簿書: 부서는 제사 지낼 때 제물을 담는 그릇의 숫자를 획정해놓은 책이다.
46) 乏: 新朝本에는 '之'로 되어 있으나 『맹자주소孟子注疏·만장 하』에 따라 바로잡는다.

조기가 말했다. "공자는 쇠퇴한 세상에 벼슬하면서 잘못된 것을 갑자기 바꿀 수 없었다. 그러므로 점진적으로 그것을 바로잡은 것이다. 먼저 부서簿書를 만들어서 종묘제사의 그릇수를 바로잡았다. 그것이 구례舊禮에 있어서는 나라 안에서 마련할 수 있는 것만을 취했고, 사방에서 나는 진귀한 음식으로 장부에 획정해 놓은 그릇수를 채우지 않았다. 진귀한 음식은 항상 마련하기 어려운 것임을 헤아린 것이니, 부족하거나 없어지면 불경하게 되기 때문에 엽각을 해서 제사를 지낸 것이다."

○ **용안** 조기의 주가 노련하고 충실하며 자세하고 분명하여 조금도 유감이 없다. 그런데 주자는 아무 이유 없이 이 대목을 삭제해버렸다. 국군國君의 예를 살펴보면, 사계절의 정제正祭는 모두 태뢰太牢를 쓰는데, 태뢰의 구정九鼎에는 반드시 신선한 포와 짐승이 있으니,【『의례儀禮』에 보인다.】 모두 야생 짐승의 고기이다. 선왕의 예에 제삿밥을 지을 때는 반드시 임금의 부인이 직접 방아를 찧어서 마련하고, 신선한 포는 반드시 국군國君이 친히 사냥을 해서 마련하여 감히 사방에서 사들인 물건으로 자기 선군先君에게 제사를 지내지는 않았다. 공자가 사계절에 사냥하는 고례古禮를 회복해 대체大體를 바르게 하고자 하였기에 소소한 절차는 잠시 시속을 따른 것이다. 엽교를 행한 것은 성대하게 도를 행할 수 없었기 때문이다. 그러므로 만장이 의심하여 "공자께서도 성대하게 도를 행할 수 없었는데, 어찌하여 떠나지 않았습니까?"라고 물은 것이다.

* '先簿正祭器'에 대해, 조기는 공자가 문서의 장부를 만들어서 종묘제사의 그릇수를 바로잡아 놓은 것이라고 하고, 주자는 이 대목의 주석을 삭제해버리고 '미상未詳(자세하지 않음)'이라고만 하였다. 이에 대해 다산은 조기의 주석에 전적으로 동의하면서 주자의 주석이 미흡하다고 하였다.

趙曰:"'兆', 始也。孔子每仕, 常爲之正本造始, 欲以次治之, 而不見用, 占其事始而退, 足以行之, 而君不行也, 然後則孔子去矣。"【《集》義同】

○**鏞案** 此注亦好。孫曰:"《史記》諸家於衛國並無孝公。今按《史記》, 亦衛靈公也。據《春秋年表》云, '衛靈公卽位三十八年, 孔子來, 祿之.' 又按《孔子世家》云'孔子適衛, 衛靈公問孔子「居魯得祿幾何?」對曰「奉粟六萬」, 衛人亦致粟六萬, 是則孔子於衛靈公有公養之仕也。"
○《集》曰:"衛孝公,《春秋》·《史記》皆無之, 疑出公輒[47]也。"
○毛曰:"《集註》疑是出公, 此最可信。夫子哀八年反衛, 正値出公。子貢所云'爲衛君',[48] 子路所云'衛君待子爲政',[49] 正在此時。公子般師·公子起, 皆隨立隨出, 不立廟諡, 則孝公一諡, 必是出公。"

---

47) 出公輒: 출공첩은 춘추시대 위나라 영공의 손자이며 괴외蒯聵의 아들이다.
48) 爲衛君:『논어論語·술이述而』에 보인다.
49) 衛君待子爲政:『논어論語·자로子路』에 보인다.

조기가 말했다. "'조兆'는 시초란 뜻이다. 공자가 벼슬을 할 때마다 항상 근본을 바르게 하고 시초에 나아가 차례로 다스리고자 하였다. 그러나 등용되지 못하면 그 일의 시초만 예시하고는 물러났다. 그것을 충분히 행할 만한데도 임금이 실행하지 않은 뒤에야 공자가 떠난 것이다."【『맹자집주』의 뜻도 같다.】

○ **용안** 이 주注도 역시 좋다. 손석이 말했다. "『사기』의 여러 세가에는 위衛나라에 대한 기록에 모두 효공孝公이 없다. 지금 『사기』를 살펴보건대, 역시 위衛나라 영공靈公이다. 『춘추연표』에 의거하면 '위나라 영공이 즉위한 지 38년에 공자가 위나라에 오자 그에게 녹을 주었다.'라고 하였고, 또 「공자세가」를 살펴보면 '공자가 위나라로 가자, 위나라 영공이 묻기를 '공자께서 노나라에 있을 적에 녹을 얼마나 받으셨습니까?'라고 하니, 공자가 대답하기를 '곡식 6만 섬을 받았습니다.'라고 했다. 위나라 사람 역시 곡식 6만 섬을 주었으니, 이것이 바로 공자가 위나라 영공에게 어진 이를 예우하는 공양公養의 벼슬이 있었다는 것이다."

○ 『맹자집주』에서 말했다. "위衛나라 효공孝公은 『춘추』와 『사기』에 모두 없으니, 아마도 출공첩出公輒인 듯하다."

○ 모기령이 말했다. 『맹자집주』에서 출공인 듯하다고 했으니, 이것이 가장 믿을 만하다. 공자가 노나라 애공 8년에 위衛나라로 갔는데, 그때가 바로 출공이 집정할 때였다. 자공이 '선생님은 위나라 군주를 도울 것입니까?'라고 한 것과 자로가 '위나라 군주가 선생님을 기다려 정치를 하려고 합니다.'라고 한 것이 바로 이때이다. 공자公子 반사般師와 공자公子 기起는 모두 즉위하자마자 바로 쫓겨나 묘호와 시호를 받지 못했으니, 효공이란 시호는 반드시 출공의 시호일 것이다.

但拒父而反諡曰孝, 似乎譏之。然衛拒戚師, 原是拒晉, 不是拒父。故晉師旣去, 太子云'入保', 而卽安于戚。越十二年, 未嘗一拒太子, 而反爲太子所逐, 是爭國在莊公, 不在出公也。出公奔四年, 必待莊公死, 公子起又奔, 而後入國, 是未嘗于父子間有所爭也。故衛人皆爲出公, 而子路·子貢·高柴輩亦同時仕衛, 而夫子不使之去。意者孝公之諡, 衛人表微也。"

○**鏞案** 滕 定公·滕 文公皆與《世本》·《史記》不合。出公之爲孝公, 亦此類也。然出公不能正名, 得罪倫紀, 孔子無委質爲臣之理。且當闕疑。

다만 그가 아비가 돌아오는 것을 막았는데, 도리어 '효'라고 시호를 한 것은 그를 기롱한 것인 듯하다. 그러나 위나라가 척戚 땅의 군사를 막은 것은 원래 진晉나라를 막은 것이지, 자기 아비를 막은 것은 아니다. 그러므로 진나라 군사가 물러간 뒤에 태자太子(괴외를 말함)가 '들어가 몸을 보전하겠다.'라고 했고 곧 척 땅에 안착하였다. 그 뒤 12년이 지나도록 출공이 태자를 한 번도 막지 않았고 도리어 태자에 의해 쫓겨났다. 이는 나라를 다툰 것이 장공莊公(太子)를 말함에게 있었지, 출공에게 있지 않았다는 것이다. 출공은 달아나 4년 동안 장공이 죽기를 기다렸고, 공자公子 기起 또한 달아났다가 나중에 위나라로 들어왔으니, 이는 일찍이 부자간에 다툰 적이 없었던 것이다. 그러므로 위나라 사람들이 모두 출공을 위했고, 자로·자공·고시高柴 등이 또한 동시에 위나라에서 벼슬을 했으며, 공자도 그들로 하여금 떠나게 하지 않았다. 생각하건대, 효공이란 시호는 위나라 사람들이 그들의 숨은 뜻을 드러낸 것인 듯하다."

○ **용안** 등滕나라 정공定公과 등나라 문공文公의 일은 모두 『세본世本』과 『사기史記』와 부합하지 않는다. 출공이 효공이 된 것도 이런 부류일 것이다. 그러나 출공은 명분을 바르게 하지 못해 윤기倫紀에 죄를 얻었으니, 공자가 폐백을 바치고 신하가 되었을 리가 없다. 우선 의심나는 것은 그대로 두어야 한다.

* 이것은 "위나라 효공에게는 공자가 어진 이를 예우하는 공양公養의 벼슬이 있었다.(於衛孝公, 公養之仕也.)"라는 구절에 대한 논란이다. 손석은 위나라 영공을 효공으로 착각한 것이라고 하고, 주자와 모기령은 위나라 출공첩이라고 한 데 대해, 다산은 정확한 고증을 할 수 없을 때는 궐의闕疑의 태도를 취해야 한다고 하였다.

10-6 선비가 제후에게 의탁하지 않는 이유와 자사가 목공의 대접을 받으려 하지 않은 이유에 대해 만장이 맹자에게 질문한 장

〔萬章曰士不託諸侯繆公子思章〕

＊맹자는 이 장에서 선비가 일정한 직책 없이 군주에게 녹을 얻어먹는 것이 예가 아니라는 것과 군주가 현자에 대해 예우를 어떻게 해야 하는가에 대한 도리를 말하고 있다. 현자인 자사에 대한 예우를 제대로 하지 못한 노나라 목공繆公의 일이 기록되어 있다. 여기에서 다산은 목공이 부끄럽게 여겼다고 주석을 단 주자를 비판하고, 목공이 한스럽게 여겼다는 조기의 설이 타당함을 주장했다.

萬章曰: "士之不託諸侯, 何也?" 孟子曰: "不敢也. 諸侯失國而後, 託於諸侯, 禮也; 士之託於諸侯, 非禮也." 萬章曰: "君餽之粟則受之乎?" 曰: "受之." "受之何義也?" 曰: "君之於氓也, 固周之." 曰: "周之則受, 賜之則不受, 何也?" 曰: "不敢也." 曰: "敢問其不敢, 何也?" 曰: "抱關擊柝者, 皆有常職, 以食於上, 無常職而賜於上者, 以爲不恭也." 曰: "君餽之則受之, 不識, 可常繼乎?" 曰: "繆公之於子思也, 亟問, 亟餽鼎肉, 子思不悅, 於卒也, 摽使者, 出諸大門之外, 北面稽首再拜而不受, 曰'今而後, 知君之犬馬畜伋.' 盖自是臺無餽也, 悅賢不能擧, 又不能養也, 可謂悅賢乎?" 曰: "敢問, 國君欲養君子, 如何斯可謂養矣?" 曰: "以君命將之, 再拜稽首而受, 其後廩人繼粟, 庖人繼肉, 不以君命將之.

만장이 물었다. "선비가 제후에게 의탁하지 않는 것은 어째서입니까?" 맹자가 답했다. "감히 하지 못하는 것이다. 제후가 나라를 잃은 뒤에 제후에게 의탁하는 것은 예지만, 사士가 제후에게 의탁하는 것은 예가 아니다." 만장이 물었다. "군주가 곡식을 주면 그것을 받습니까?" 맹자가 답했다. "받는다." 만장이 물었다. "받는 것은 무슨 의입니까?" 맹자가 답했다. "군주는 백성에 대해 진실로 구휼해주어야 한다." 만장이 물었다. "구휼해주면 받고 하사해주면 받지 않는 것은 어째서입니까?" 맹자가 답했다. "감히 하지 못하는 것이다." 만장이 물었다. "감히 여쭙겠습니다. 감히 하지 못하는 것은 어째서입니까?" 맹자가 답했다. "관문關門을 안고 목탁木鐸을 치는 자[50]에게는 모두 일정한 직책이 있어서 윗사람에게 녹을 먹는다. 일정한 직책이 없으면서 윗사람에게 하사받는 것을 공손하지 못하다고 하는 것이다."

만장이 물었다. "군주가 구휼해주면 받겠다고 하시니, 알지 못하겠습니다만, 항상 계속할 수 있습니까?" 맹자가 답했다. "목공繆公이 자사子思에게 자주 문안하고 자주 삶은 고기를 주자, 자사께서 기뻐하지 않으셨다. 마지막에는 손을 저어 사자使者를 대문 밖으로 내보내시고, 북면北面하여 머리를 조아려 두 번 절하고[再拜] 받지 않으시고, '지금에서야 군주께서 개와 말로 나를 기르고 있다는 것을 알았다.'라고 하셨다. 이 뒤로부터는 하인들이 물건을 갖다 주는 것이 없었으니, 현자賢者를 좋아하나 등용하지 못하고 또 기르지도 못한다면 현자를 좋아한다고 말할 수 있겠는가?" 만장이 말했다. "감히 여쭙겠습니다. 국군國君이 군자君子를 기르고자 하면 어떻게 해야 기른다고 할 수 있습니까?" 맹자가 답했다. "군주의 명령으로 물건을 가져오면 재배하고 머리를 조아리며 받으니, 그 뒤에는 늠인廩人(양식을 관리하는 관원)이 계속해서 곡식을 대주며 포인庖人(음식을 만드는 관원)이 계속해서 고기를 대주어서 군주의 명령으로 갖다 주지 않아야 한다.

---

50) 관문關門을 안고 목탁木鐸을 치는 자 : 관문을 드나드는 사람들을 감찰하고, 밤에 목탁을 두드리면서 경비를 서는 이들을 말한다.

子思以爲鼎肉, 使己僕僕爾亟拜也, 非養君子之道也, 堯之於舜也, 使其子九男事之, 二, 女焉, 百官·牛羊·倉廩備, 以養舜於畎畝之中, 後擧而加諸上位, 故曰'王公之尊賢者也'."

趙曰: "從是之後, 臺不持饋來, 繆公[51]慍也."【慍, 恨也】
○《集》曰: "繆公愧悟, 自此不復令臺來致饋."
○鏞案 誠若愧悟, 則旣不臺饋, 又不庖廩, 有是理乎? 趙說似長.

---

51) 公:新朝本에는 빠져 있다.

자사는 '삶은 고기를 보내 와서 자기로 하여금 번거롭게 자주 절하게 하니, 군자를 기르는 예가 아니다.'라고 여기신 것이다. 요堯임금은 순舜에게 아홉 명의 아들로 하여금 섬기게 했고, 두 딸을 시집보냈으며, 백관百官과 우양牛羊과 창름倉廩(곡식을 저장하는 창고)을 갖추어 밭두둑[畎畝] 가운데서 봉양케 하셨는데, 그 뒤에 등용했다가 윗자리에 올려놓으셨다. 그러므로 '왕공王公이 현자賢者를 높인 것이다.'라고 말하는 것이다."

조기가 말했다. "이 뒤로부터 대臺(심부름하는 말단 관리)가 음식을 가지고 오지 않았으니, 목공繆公이 한스럽게 여긴 것이다."【'온慍'은 한스럽게 여긴 것이다.】

○ 『맹자집주』에서 말했다. "목공이 부끄럽게 여겨[愧悟] 이 뒤로부터 다시는 대臺로 하여금 음식을 가져다주지 않게 했다."

○ **용안** 참으로 부끄러워했다면[愧悟] 대臺가 음식을 갖다 주지도 않았을 것이고, 고기와 쌀도 대주지 않았을 것이니, 이런 이치가 있겠는가? 조기의 설이 나은 듯하다.

10-7 선비가 제후를 만나보지 않는 이유와 제경공이 우인을 부른 이유에 대해 만장이 맹자에게 질문한 장

〔萬章曰不見諸侯齊景公招虞人章〕

* 맹자는 이 장에서 제후가 아는 것이 많고 현량한 사람을 만나려면 이에 걸맞는 예를 갖추어야 함을 언급하면서 두 가지 사례를 제시하고 있다. 그 하나는 노나라 목공과 자사에 관한 것이며, 다른 하나는 제나라 경공과 우인에 관한 것이다. 이 두 사례에서 맹자는 걸맞는 예가 아니면 움직이지 않는다는 비례부동의 심지心志를 보여주고 있다. 여기에서 다산은 제경공이 우인을 부른 사실을 『좌전』을 통해 고증하면서, 이때는 제효공 때의 일이므로 이 글 역시 맹자의 친필이 아님을 주장하고 있다.

萬章曰: "敢問. 不見諸侯, 何義也?" 孟子曰: "在國曰'市井之臣', 在野曰'草莽之臣', 皆謂庶人. 庶人不傳質爲臣, 不敢見於諸侯, 禮也." 萬章曰: "庶人召之役則往役, 君欲見之, 召之則不往見之, 何也?" 曰: "往役, 義也, 往見, 不義也. 且君之欲見之也, 何爲也哉?" 曰: "爲其多聞也, 爲其賢也." 曰: "爲其多聞也, 則天子不召師, 而況諸侯乎? 爲其賢也, 則吾未聞欲見賢而召之也. 繆公亟見於子思曰'古千乘之國, 以友士, 何如?' 子思不悅曰'古之人有言曰'事之云乎, 豈曰友之云乎?' 子思之不悅也, 豈不曰'以位則子君也, 我臣也, 何敢與君友也? 以德則子事我者也, 奚可以與我友?' 千乘之君, 求與之友, 而不可得也, 而況可召與? 齊景公田, 招虞人以旌, 不至, 將殺之. '志士, 不忘在溝壑, 勇士, 不忘喪其元', 孔子奚取焉? 取非其招不往也."

만장이 물었다. "감히 여쭙겠습니다. 사士가 제후諸侯를 만나보지 않는 것은 무슨 의義입니까?" 맹자가 답했다. "국도國都에 있는 자를 '시정市井의 신하'라고 하고, 초야에 있는 자를 '초망草莽의 신하'라고 하는데, 이들을 모두 서인庶人이라고 부른다. 서인이 폐백을 올려 신하가 되지 않았다면, 감히 제후를 만나보지 않는 것이 예이다." 만장이 물었다. "서인이 군주가 불러 부역을 시키면 가서 부역을 하는데, 군주가 자신을 만나보고자 하여 부르면 가서 만나 보지 않는 것은 어째서입니까?" 맹자가 답했다. "가서 부역하는 것은 의義요, 가서 만나 보는 것은 불의이기 때문이다. 그런데 군주가 그를 만나보고자 하는 것은 어째서인가?" 만장이 말했다. "보고 들은 것이 많고 어질기 때문입니다." 맹자가 말했다. "보고 들은 것이 많기 때문이라면, 천자도 스승을 부르지 못하는데, 하물며 제후는 어떻겠는가? 어질기 때문이라면, 나는 현자를 만나보고자 하면서 불렀다는 것은 들어보지 못했다. 노魯나라 목공繆公이 자주 자사子思를 뵙고 말하기를 '옛날 천승千乘의 국군國君이 사士를 벗하였는데, 어떻습니까?'라고 하자, 자사께서 언짢아하며 말씀하시기를, '옛사람의 말에 '섬겼다고 할지언정 어떻게 벗했다고 하겠는가?'라고 했으니, 자사께서 언짢아하신 까닭은 어찌 '지위로 보면 그대는 군주이고 나는 신하인데, 어떻게 감히 군주와 벗할 수 있으며, 덕으로 보면 그대는 나를 섬기는 자인데, 어떻게 감히 나와 더불어 벗할 수 있겠는가?'라고 생각하신 것이 아니겠는가? 천승의 군주가 그와 벗하기를 구해도 될 수 없는 일인데, 하물며 함부로 부를 수 있겠는가?

제경공齊景公이 사냥할 적에 우인虞人(산택山澤과 원유苑囿를 관리하는 관원)을 정旌으로 불렀는데, 오지 않자 죽이려고 했다. 공자께서 우인을 칭찬하시면서 '지사志士는 시신이 도랑에 버려짐을 잊지 않고, 용사勇士는 싸우다가 자기 머리를 잃을 것을 잊지 않는다.'라고 하셨으니, 공자께서는 무엇을 취하신 것이겠는가? 자신의 신분에 맞는 부름이 아니면 가지 않음을 취하신 것이다."

曰:"敢問. 招虞人何以?"曰:"以皮冠, 庶人以旃, 士以旂, 大夫以旌. 以大夫之招 招虞人, 虞人死不敢往, 以士之招招庶人, 庶人豈敢往哉? 況乎以不賢人之招招賢人乎? 欲見賢人而不以其道, 猶欲其入而閉之門也. 夫義, 路也; 禮, 門也. 惟君子能由是路, 出入是門也,《詩》云:'周道如底, 其直如矢, 君子所履, 小人所視.'"萬章曰:"孔子君命召, 不俟駕而行, 然則 孔子非與?"曰:"孔子當仕有官職, 而以其官召之也.

考異《左傳》: "僖[52)]二十年冬, 齊侯田于沛, 招虞人以弓, 不進, 公使執之. 辭曰'昔我先君之田也, 旌以招大夫, 弓以招士, 皮冠以招虞人. 臣不見皮冠, 故不敢進', 乃舍之."

○**鏞案** 魯 僖公二十年, 卽齊 孝公之三年也. 孝公時有此事, 至景公時又有此事, 恐無是理. 大抵《孟子》說古事, 與群經一往不合, 衛 孝公恐亦此類. 豈皆孟子之親筆乎?

---

52) 僖:『춘추좌전』희공 20年에는 제후가 패沛에서 사냥했다는 기록이 없고, 소공昭公 20년에만 있다. 소공 20년은 제경공 때이다.

만장이 물었다. "감히 여쭙겠습니다. 우인을 부를 때는 무엇을 사용합니까?" 맹자가 답했다. "피관皮冠을 사용하는데, 서인庶人은 전旃을 사용하고, 사는 기旂를 사용하고, 대부는 정旌을 사용한다. 대부를 부르는 것으로 우인을 불렀으니, 우인은 죽어도 감히 가지 않은 것이다. 사를 부르는 것으로 서인을 불렀다면, 서인이 어찌 감히 갈 수 있겠는가? 하물며 어질지 못한 사람을 부르는 것으로 어진 이를 부르는 데는 어떻게 하겠는가? 현인賢人을 만나보고자 하면서, 현인을 만나보는 도리로 하지 않는다면, 이는 마치 문으로 들어가고자 하면서 문을 닫는 것과 같은 셈이다. 의義는 사람이 걸어가야 할 길이요, 예禮는 사람이 출입하는 문이니, 오직 군자만이 능히 이 길을 따르며 이 문으로 출입한다. 『시경』에 이르기를 '큰 길[周道]의 평탄함이 화살과 같이 곧도다. 군자가 밟는 곳이요 소인이 우러러보는 곳이다.'라고 했다." 만장이 물었다. "공자께서는 군주가 명하여 부르면 말에 멍에하기를 기다리지 않고 가셨습니다. 그렇다면 공자께서 잘못하신 것입니까?" 맹자가 답했다 "공자께서는 마침 벼슬길에 나아가 맡은 관직이 있었는데, 그 관직으로 불렀기 때문이다."

고이 『좌전左傳』에서 말했다. "희공 20년 겨울 제후가 패沛 땅에서 사냥을 할 때 궁弓으로 우인虞人을 불렀는데, 우인이 나아오지 않자 희공이 체포하게 했다. 그러자 우인이 말하기를 '옛날 우리 선군께서 사냥하실 때는 정旌으로 대부를 부르고, 궁으로 사士를 부르고, 피관皮冠으로 우인을 불렀습니다. 신은 피관을 보지 못했기 때문에 감히 나아가지 않은 것입니다.'라고 하니, 이에 풀어주었다."

○ **용안** 노나라 희공 20년은 곧 제나라 효공 3년이다. 효공 때에 이런 일이 있었는데 경공景公 때에 이르러 또 이런 일이 있었으니, 아마도 이럴 리는 없을 듯하다. 대체로 『맹자』에서 고사를 말한 것이 다른 경전과 간혹 합치되지 않는 것도 있으니, 위나라 효공도 아마 이런 부류일 것이다. 사정이 이러하니 『맹자』가 어떻게 모두 맹자의 친필이겠는가?

10-8 한 고을의 선사라야 한 고을의 선사를 벗할 수 있다는 말의 숨은 뜻을 살펴 볼 수 있는 장 〔一鄕之善士斯友一鄕之善士章〕

* 맹자는 이 장에서 만장에게 한 고을이고 한 나라이고를 막론하고 사람은 반드시 덕이 같은 뒤에라야 서로 벗이 될 수 있다는 것을 말하여 선사善士가 될 것을 권장하고 있다. 또 사람은 자기 발전을 위해 당대의 사람들과 벗하는 것에 만족하지 말고, 『시경』이나 『서경』 등의 고전을 통해 거기에 나오는 인물과 그 당시의 세태 및 인정 등을 정확히 변별하는 공부가 있어야 함을 말해주었다. 이 장에서 다산은 『시경』이나 『서경』 등의 경전을 읽는 것은 고인의 고하를 알지 못할까 염려했기 때문에 당세를 논하여 구별한 것이라는 조기의 주장을 근거 있는 것이라고 말하면서, 『맹자집주』에서 '행사지적行事之迹'이라는 네 글자를 첨부한 것을 비판하고 있다.

孟子謂萬章曰: "一鄕之善士, 斯友一鄕之善士, 一國之善士, 斯友一國之善士, 天下之善士, 斯友天下之善士. 以友天下之善士爲未足, 又尙論古之人, 頌其詩, 讀其書, 不知其人, 可乎? 是以論其世也, 是尙友也."

趙曰: "'鄕', 一鄕之善者. '國', 一國之善者."
○《集》曰: "言己之善, 蓋於一鄕, 然後能盡友一鄕之善士, 隨其高下, 以爲廣狹也."
○林曰: "若云所友亦是善蓋一鄕者, 則注'隨其廣狹'說不去. 當是凡士之在一鄕者, 皆爲所友." ○《紹聞編》[53]曰: "上'善士'以本身地位言, 下'善士'以一鄕同類言. 要看得活, 非謂必善蓋一鄕而後方可取友."

---

53) 紹聞編: 『소문편』은 다산 자신의 저술인 듯하다.

맹자가 만장에게 말했다. "한 고을의 선사善士라야 한 고을의 선사를 벗할 수 있고, 한 나라의 선사라야 한 나라의 선사를 벗할 수 있으며, 천하의 선사라야 천하의 선사를 벗할 수 있다. 천하의 선사를 벗하는 것으로는 만족하지 못해 또다시 위로 올라가서 옛사람을 논하니, 그의 시詩를 외우고 그의 글[書]을 읽으면서도 그의 사람됨을 알지 못하면 되겠는가? 그러므로 그 당세當世를 논하는 것이니, 이는 위로 올라가서 벗하는 것[尙友]이다."

조기가 말했다. "'향鄕'은 한 고을의 선한 사람이고, '국國'은 한 나라의 선한 사람이다."
○ 『맹자집주』에서 말했다. "자기의 선이 한 고을을 덮은 뒤에라야 한 고을의 선한 선비와 모두 벗할 수 있으니, 그 선의 높고 낮음에 따라 넓혀지기도 좁혀지기도 한 것을 말한 것이다."
○ 임지기林之奇가 말했다. "만약 벗하는 상대방도 역시 한 고을을 덮을 만한 선한 사람이어야 한다고 말하면, 그 주注에 '그 선의 높고 낮음에 따라 그 벗함이 넓혀지기도 하고 좁아지기도 한다.'라는 설은 통하지 않는다. 이 글은 응당 한 고을에 있는 모든 선비들 모두가 벗하는 대상이 되어야 한다는 말이다."
○ 『소문편紹聞編』에서 말했다. "위의 '선사善士'는 본인 자신의 지위로 말한 것이고, 아래의 '선사'는 한 고을의 동류로 말한 것이다. 융통성 있게 보아야지, 반드시 선이 한 고을을 덮은 뒤에라야 벗을 취할 수 있다는 것을 말한 것은 아니다."

○庚戌十月閣課, 御問曰: "'友'字指彼來友我之意耶, 抑指我去友彼之意耶? 上句所謂'一鄕', 下句所謂'一鄕', 其義同歟, 異歟? 旣曰'善士', 又曰'善士', 兩'善'字或有造詣大小之可言者歟?《集註》中'盡友'云云, 謂凡庸之士在一鄕者, 我皆可以爲友耶, 抑謂我之善蓋於一鄕, 則善之所在, 自然氣味相投, 與之契合耶? '廣狹'云云, 就'善'字上指大小者耶, 或作人之衆寡看爲可耶?"

臣對曰: "此章有兩般義, 須一刀分劈, 各爲一說, 然後從其理勝之說, 方可分曉。朱子之說若曰'道義超絶, 然後方能廣取良友。'或者之說若曰'地醜德齊, 然後方可得與爲友。'其語意大綱不過如此。如朱子之說, 則必也通一鄕第一善士, 然後方能盡友擧一鄕許多善士, 又必通一國第一善士, 然後方能盡友擧一國許多善士, 天下亦然。如是看, 則上之'一鄕'似豎說, 下之'一鄕'似橫說, 上之'善士'造詣大, 下之'善士'造詣小。此一說也。

○ 경술년 10월 각과에서 문답했다.

임금께서 물었다. "'우友'자는 저 사람이 와서 나를 벗한다는 뜻인가, 아니면 내가 가서 그를 벗한다는 뜻인가? 윗구절의 이른바 '일향一鄕'과 아랫구절의 이른바 '일향一鄕'은 그 뜻이 같은 것인가, 다른 것인가? 이미 '선사善士'라고 하고서 또 '선사'라고 하였으니, 두 '선善'자에는 조예造詣(달성 정도)의 대소를 말할 만한 것이 있는 것인가? 『맹자집주』에서 '한 고을의 선비를 모두 벗할 수 있다.'라고 한 것은 한 고을에 있는 평범한 선비 모두를 내가 다 벗할 수 있다는 것인가, 아니면 나의 선이 한 고을을 덮으면 선이 있는 곳에는 자연히 기미氣味가 서로 투합되어 그들과 계합될 수 있다는 것인가? 또 『맹자집주』에서 '광협廣狹' 운운한 것은 '선'이란 글자에 나아가 크고 작은 것을 가리킨 것인가, 아니면 사람의 많고 적음으로 보는 것이 옳은가?"

나는 다음과 같이 답했다. "이 장은 두 가지 뜻이 있으니, 모름지기 한 칼로 자른 듯이 나누어 각각 하나의 설을 만든 뒤에 이치가 나은 쪽을 따라가야 분명히 알 수 있게 됩니다. 주자의 설은 '도의가 월등한 뒤에야 널리 좋은 벗을 취할 수 있다.'라고 말한 듯하고, 혹자의 설은 '지위는 낮지만 덕이 같은 뒤라면 더불어 벗이 될 수 있다.'라고 말한 듯하니, 그 어의語意의 대강이 이와 같은 데 불과합니다. 주자의 설대로라면, 반드시 한 고을에서 제일가는 선사로 통한 뒤에야 한 고을의 허다한 선사와 모두 벗할 수 있고, 또 반드시 한 나라의 제일가는 선사로 통한 뒤에야 한 나라의 허다한 선사를 모두 벗할 수 있으며, 천하의 선사도 역시 그렇습니다. 이와 같이 본다면 위의 '일향一鄕'은 수설竪說인 듯하고, 아래의 '일향一鄕'은 횡설橫說인 듯하며, 위의 '선사善士'는 조예가 크고 아래의 '선사善士'는 조예가 작은 것이 됩니다. 이것이 한 가지 설입니다.

如或者之說, 則己之德足爲一鄕中善士, 然後方得友一鄕中善士之與己同德者。推而至於一國天下, 皆得以友其同德之士, 猶言聖人能知聖人也。如是看, 則上下一鄕無異義之可言, 上下善士無造詣之大小。此一說也。今按, 舊說亦與《集注》異趣。臣以爲人必同德而後爲友。故孔子亦嘗曰'無友不如己者'。蓋彼善於我, 則彼不願友我, 我善於彼, 則我不願友彼, 必也. 我去友彼, 彼來友我, 鍼磁相引, 氣味相投, 然後方可爲友, 此友之所以難得也。廣狹之義, 恐當以衆寡看矣。"

趙曰: "頌《詩》讀《書》者, 猶恐未知古人高下, 故論其世以別之也。在三皇之世爲上, 在五帝之世爲次, 在三王之世爲下。"
○《集》曰: "'論其世', 論其當世行事之迹也。"【又云: "旣觀其言, 又考其行。"】

혹자의 설과 같다면, 자기의 덕이 한 고을 중에서 선사가 되기에 충분한 뒤에야 자기와 덕이 같은 한 고을의 선사를 얻을 수 있다는 것이 됩니다. 이런 식으로 미루어 나간다면 한 나라나 천하에 이르러서도 모두 자기와 덕이 같은 선비를 벗할 수 있으니, 성인이라야 능히 성인을 알 수 있다고 말하는 것과 같습니다. 이와 같이 본다면 위아래의 일향은 말한 만한 다른 뜻이 없고, 위아래의 선사도 조예의 대소가 없습니다. 이것이 한 가지 설입니다. 지금 살펴보건대, 구설도 『맹자집주』와 취지가 다릅니다. 저의 소견으로는 사람은 반드시 덕이 같은 뒤에야 벗이 될 수 있다고 생각합니다. 그러므로 공자도 일찍이 '자기와 같지 않은 사람을 벗하지 말라.'[54) 했으니, 대체로 그가 나보다 어질면 그는 나와 벗하기를 원치 않을 것이고, 내가 그보다 어질면 내가 그와 벗하기를 원치 않을 것은 분명합니다. 내가 가서 그와 벗하고 그가 와서 나와 벗하여 허물을 바로잡아주면서 서로 이끌어주고 기미氣味가 서로 투합한 뒤에야 바야흐로 벗이 될 수 있으니, 이 점이 벗을 얻기 어려운 까닭입니다. 광협廣狹의 뜻은 아마도 사람의 많고 적음으로 보아야 마땅할 듯합니다."

조기가 말했다. "『시경』을 읊조리고 『서경』을 읽는 자들이 오히려 고인의 고하를 알지 못할까 염려했기 때문에 그 당세를 논하여 구별한 것이다. 삼황三皇의 세상에서 살던 사람들은 상上이 되고, 오제五帝의 세상에서 살던 사람들은 그다음이 되고, 삼왕三王의 세상에서 살던 사람들은 하下가 된다."
  ○『맹자집주』에서 말했다. "논기세論其世'는 그 당시 행사의 자취를 논한 것이다."[또 말했다. "그 말을 살펴본 뒤에 또 그 행실을 살펴본다."]

---

54) 자기와 같지 … 벗하지 말라 : 『논어·학이』에 보인다.

○**鏞案** '行事之迹'四字, 非添出乎? '世'一字無以含此意思。恐趙注不可删也。頌其《詩》, 不知其人, 人所不堪, 故子夏作〈詩序〉。〈詩序〉旣逸, 大毛公[55]·小毛公[56]·衛敬仲[57]之等, 又旁蒐典籍, 以作〈小序〉。〈小序〉未善, 朱子又參以己意, 以作大旨, 以考其時世。若劉安成者, 專作《時世圖》,[58] 文·武·成·康·幽·厲·宣·平, 皆歷歷區別, 辨其先後, 此非所謂'論其世'乎? 讀其《書》, 不知其人, 人所不堪, 故孔子作百篇之〈序〉, 以別時世。伏生[59]作《書大傳》, 馬融[60]·鄭玄注〈書序〉, 皆於時世, 明目致詳, 梅仲眞變亂時世。孔穎達作《尙書正義》, 太康失國之前後·太甲嗣位之年月, 皆毫分縷析, 猶恐差誤, 此非所謂'論其世'乎? 世次分別, 亦係王政。

---

55) 大毛公: 대모공은 묘형毛亨을 말한다. 그는 전한前漢 때 사람으로 노魯의 고문시경학, 즉 모시학毛詩學의 개창자로『모시고훈전毛詩詁訓傳』을 지어 모장毛萇에게 전수했다.
56) 小毛公: 소모공은 모장毛萇을 말한다. 그는 모형毛亨으로부터 모시학毛詩學을 전수받았다. 모형毛亨을 대모공大毛公이라고 하고, 모장毛萇을 소모공小毛公이라 불렀다.
57) 衛敬仲: 위경중은 위굉衛宏을 말한다. 그는 후한後漢 때의 경학자經學者로 자字가 경중敬仲이다. 저서로『모시서毛詩序』와『고문상서훈지古文尙書訓旨』등이 있다.
58) 時世圖: 시세도는『시경』의 각 편이 지어진 시대를 도표화한 것으로 유안성이 지었다. 원래의 명칭은『시경시세도詩經時世圖』이다.
59) 伏生: 복생은 한나라 제남濟南 사람으로, 이름은 승勝이고 자字는 자천子淺이다. 한문제漢文帝 때 일실된『상서』가운데 29편을 전수해주었다.
60) 馬融: 마융은 후한 때의 학자로 자는 계장季長이다. 삼경과 삼례를 비롯한 많은 책에 주석을 내었다.

○ **용안** 주자의 '행사지적行事之迹' 네 글자는 덧붙여진 말이 아니겠는가? '세世'라는 한 글자에는 이런 뜻이 포함되어 있지 않다. 아마도 조기의 주를 없애서는 안 될 듯하다. 『시경』의 시를 읊조리면서도 그 사람이 어떤 사람인지 알지 못하면 사람들이 그 궁금함을 견딜 수 없기 때문에 자하가 「시서詩序」를 지은 것이다. 「시서」가 없어진 뒤에 대모공大毛公(毛亨)·소모공小毛公(毛萇)·위경중衛敬仲(衛宏) 등이 또 전적을 주워 모아 「소서小序」를 지었다. 「소서」가 좋지 않자, 주자가 또 자기의 뜻으로 참작해서 「대지大旨」를 지어 그 시세時世를 상고하였다. 유안성劉安成 같은 사람은 『시세도時世圖』를 만들어 문왕·무왕·성왕·강왕·유왕·여왕·선왕·평왕 등을 모두 일일이 구별하여 그들의 선후를 분별했으니, 이것이 이른바 "그 시세를 논했다."라는 것이 아니겠는가? 『서경』의 글을 읽고서도 그 사람이 어떤 사람인지 알지 못하면 사람들이 그 궁금함을 견딜 수 없기 때문에, 공자가 100편의 「서서」[61]를 지어서 시세를 구별한 것이다. 복생이 『서대전』을 짓고, 마융과 정현이 「서서」에 주를 달았는데, 모두 시세에 대해 조목을 밝히고 자세하게 풀이한 것이다. 그런데 매중진梅仲眞(梅賾)이 이 시세를 바꾸어 어지럽혀 놓았다. 그러자 공영달이 『상서정의』를 지어 태강太康이 나라를 잃은 전후와 태갑太甲이 왕위를 이은 연월을 모두 자세하게 분석해 놓으면서도 오히려 잘못이 있을까 염려했으니, 이것이 이른바 "그 시세를 논했다."라는 것이 아니겠는가? 세차世次의 분별도 역시 왕정과 관계된 것이다.

---

61) 100편의 「서서」: 『시경』 각 편 앞에 있는 「소서小序」를 말한다.

故周公爲國, 專立小史一官, 掌邦國之志, 奠繫世辨昭穆。又立瞽矇⁶²⁾ 一官, 使之諷誦世繫, 杜子春⁶³⁾以《帝繫》⁶⁴⁾·《世本》之屬當之。《帝繫》者, 天子之時世也,《世本》者, 諸侯·大夫之時世也。時世爲物, 其關係如此。故《國語》: "申叔時⁶⁵⁾曰'敎之《春秋》, 爲之聳善, 敎之世, 爲之昭德。'"【見〈楚語〉】誦其《詩》, 讀其《書》, 而漫其時世者, 後世之弊習也。趙註其可沒乎?

引證《尸子》引孔子曰: "誦《詩》讀《書》, 與古人居。"
○《金樓子》曰: "曾生謂'誦《詩》讀《書》, 與古人居, 讀《書》誦《詩》, 與古人期'。"
○麟曰: "斯言亦有所本。"

---

62) 瞽矇: 고몽은 주나라 관직의 이름으로 춘관에 속하며 악가樂歌를 관장한다.
63) 杜子春: 두자춘은 후한 때의 인물로 유흠에게서 『주례』를 전수받아 정중鄭衆과 가규賈逵에게 전해주었다.
64) 帝繫: 『제계帝繫』는 제왕의 혈통에 대한 세계를 기록해놓은 것이다.
65) 申叔時: 신숙시는 춘추시대 초나라의 대부이다.

그러므로 주공이 나라를 다스릴 때 소사小史라는 하나의 관직을 별도로 두어 나라의 기록을 관장해서 계세繫世(세계世系를 기록한 것)를 정하고 소목昭穆(종묘에 신주를 모시는 차례)을 분변하도록 한 것이다. 또 고몽瞽矇이란 하나의 관직을 두어 그로 하여금 세계世繫를 풍송諷誦하도록 했는데, 두자춘杜子春은 『제계帝繫』와 『세본世本』 등이 여기에 해당한다고 했다. 『제계』는 천자의 시세時世이고, 『세본』은 제후나 대부의 시세이다. 시세란 것은 그 관계됨이 이와 같다. 그러므로 『국어』에서 말했다. "신숙시申叔時가 말하기를 '『춘추』를 가르치는 것은 그를 위해 선을 북돋우는 것이고, 세世를 가르치는 것은 그를 위해 덕을 밝히는 것이다.'라고 했다."【『국어·초어楚語』에 보인다.】 『시경』을 읊조리고 『서경』을 읽고서도 그 시세時世를 소홀히 여기는 것은 후세의 폐습弊習이다. 조기의 주를 없앨 수 있겠는가?

* '논기세論其世'에 관해 주자가 주석을 하면서 원문 그대로 해석해서 "그 당시의 시세時世를 상고하여 변별하는 것이다."라고 하지 않고, '논기당세행사지적論其當世行事之迹'이라고 하여 '행사지적行事之迹' 네 글자를 덧붙인 것에 대한 다산의 반론이다.

인증 『시자尸子』에서 공자의 말을 인용하여 말했다. "『시경』을 읊조리고 『서경』을 읽는 것은 고인古人과 더불어 사는 것이다."
○ 『금루자金樓子』에서 말했다. "증생曾生이 말했다. '『시경』을 읊조리고 『서경』을 읽는 것은 고인과 더불어 사는 것이고, 『서경』을 읽고 『시경』을 읊조리는 것은 고인과 더불어 기약하는 것이다.'"
○ 왕응린이 말했다. "이 말 또한 근본 한 바가 있을 것이다."

고자告子
상上

11-1 고자가 성은 기류와 같다고 한 장 〔告子曰性猶杞柳也章〕

* 이 장에서 고자와 맹자는 자기의 성론을 정의하고 상대편의 주장을 논박하였다. 맹자는 인의의 실현 근거를 인간의 본래적 성향에 있다고 보았고, 고자는 인간의 성에는 정해진 방향성이 없다고 여겼다. 다산은 맹자의 견해를 지지한다. 그는 윤리적 이상이 인간의 본성에 있다고 한 주자의 해석에 동의하지 않고, 인간은 선을 향한 경향성을 가지고 있으나 실현의 결과로 그 윤리성이 획득된다고 보았다.

告子曰: "性猶杞柳也, 義猶桮棬[1]也; 以人性爲仁義, 猶以杞柳爲桮棬." 孟子曰: "子能順杞柳之性而以爲桮棬乎? 將戕賊杞柳而後以爲桮棬也, 如將戕賊杞柳而以爲桮棬, 則亦將戕賊人以爲仁義與? 率天下之人而禍仁義者, 必子之言夫!"

趙曰: "告, 姓也, 子, 男子之通稱也。名不害。兼治儒·墨之道者, 嘗學於孟子, 而不能純徹性命之理。"
○孫曰: "告子名不害者, 〈盡心〉篇有浩生不害, 疑爲告子姓告, 名不害, 以浩生爲字。趙注又云, '浩生姓, 名不害。' 又爲二人。其他經傳, 未詳其[2]人。"
○《集》曰: "告子名不害。"【見上'不動心'章】
○麟曰: "《文選》註引《墨子》曰, '二三子復於子墨子曰, 「告子 勝仁。」 子墨子曰, 「未必然也。告子爲仁, 猶跂以爲長, 隱以爲廣, 不可久也。」' 勝, 蓋告子之名, 豈卽《孟子》所謂告子歟?"

---
1) 桮棬: 배권은 나무를 구부려 만든 술잔을 말한다.
2) 其: 『맹자정의』에는 '甚'으로 되어 있다.

고자가 말했다. "성性은 기류杞柳(고리버들)와 같고 의義는 배권桮棬(나무를 구부려 만든 술잔)과 같다. 사람의 성으로 인의를 행하는 것은 기류를 가지고 배권을 만드는 것과 같다."

맹자가 말했다. "그대는 기류의 성性을 따르면서 배권을 만들 수 있는가? 기류를 해친 뒤에 배권을 만들 텐데, 기류를 해쳐서 배권을 만드는 것이 사람을 해쳐서 인의를 행하는 것과 같다는 말인가? 천하의 사람을 이끌어서 인의에 화를 입히는 것은 틀림없이 그대의 말일 것이다!"

조기가 말했다. "'고告'는 성이고, '자子'는 남자의 공통된 호칭이다. 이름은 '불해不害'이며 유가와 묵가의 도를 아울러 익힌 자이다. 일찍이 맹자에게 배웠으나 성명性命의 이치를 온전히 이해하지는 못하였다."

○ 손석이 말했다. "고자의 이름이 불해라고 하는 까닭은 「진심 하」에 호생불해浩生不害라는 사람이 나오기 때문에 고자의 성은 고이고 이름은 불해이며 호생浩生을 자字로 의심한 것이다. 그런데 조기는 주를 달아서 또한 '호생은 성이고, 이름이 불해이다.'라고 하였으니, 또한 다른 사람으로 여긴 것이다. 다른 경전에는 그 사람에 대해 상세히 기록하지 않았다."

○ 『맹자집주』에서 말했다. "고자의 이름은 불해이다."【위의 '부동심'장에 보인다.】

○ 왕응린이 말했다. "『문선』의 주에는 『묵자』가 이렇게 인용되어 있다. '제자들이 묵자에게 〈고자 승勝은 인仁합니다.〉라고 하자, 묵자가 답하기를 〈반드시 그렇지는 않다. 고자가 인을 행하는 것은 발돋움을 하고서 크다고 하거나 누워서 넓다고 말하는 것과 같아서, 오랫동안 하지 못한다.〉라고 하였다.' '승'은 고자의 이름인 듯하나, 어찌 곧 『맹자』에 나온 고자이겠는가?"

○鏞案 趙氏於告子則曰'學於孟子', 於浩生則曰'齊人'而已, 明作二人, 則告子名不害, 或有他據. 不必以浩生之故, 名曰不害也. 然《墨子》旣有明文, 趙注宜刊.

《集》曰: "告子言人性本無仁義."
○鏞案 告子曰'以人性爲仁義', 孟子曰'戕賊人以爲仁義歟', 兩箇爲字, 最宜明目. 爲仁者, 行仁也, 爲義者, 行義也. 行之爲之而後, 仁義之名立焉. 若云人性之中, 本有仁義, 則兩箇爲字, 不可解也.
○性者, 吾心之所好也. 告子曰: "人性不好仁義, 必待撟揉而後可以爲之." 若云所稟之天理, 則又惡能生心於撟揉乎?

○ **용안** 조기는 고자에 대해서는 "맹자에게 배웠다."라고 했고, 호생에 대해서는 "제나라 사람이다."라고만 하였으니, 분명히 다른 사람으로 적은 것이다. 고자의 이름이 불해라고 하는 것에는 어쩌면 다른 근거가 있을 것이다. 꼭 호생이기 때문에 이름을 불해라고 한 것은 아니다. 그러나 『묵자』에 이미 분명한 기록이 있으니, 조기의 주는 없애야 한다.

『맹자집주』에서 말했다. "고자는 '사람의 성에는 본래 인의가 없다.'라고 하였다.

○ **용안** 고자는 "사람의 성으로 인의를 행하는 것"이라고 하였고, 맹자는 "사람을 해치면서 인의를 행하는가?"라고 하였다. 여기서 두 개의 '위爲'자가 가장 분명한 대목인데, 위인은 인을 행하는 것이고, 위의는 의를 행하는 것이다. 이것을 행한 뒤에 인의의 이름이 성립된다. 만약 사람의 성 속에 본래 인의가 있다고 한다면, 두 개의 '위'자는 해석할 수 없다.

○ 성이란 내 마음이 좋아하는 바이다. 고자는 "사람의 성은 인의를 좋아하지 아니하니, 반드시 바로잡기를 기다린 뒤에야 인의를 행할 수 있다."라고 하였다. 만약 하늘로부터 품부 받은 천리라고 한다면, 또한 어찌하여 바로잡는 데서 그런 마음이 생길 수 있겠는가?

11-2 고자가 성은 단수와 같다고 한 장 〔告子曰性猶湍水章〕

* 이 장에서는 고자와 맹자가 물의 비유를 들어 성性의 선천적 결정성에 대한 입장을 제시하였다. 다산은 성이 선하다고 한 맹자의 설을 지지하였다.

告子曰:"性猶湍水也, 決諸東方則東流, 決諸西方則西流. 人性之無分於善不善也, 猶水之無分於東西也." 孟子曰:"水信無分於東西, 無分於上下乎? 人性之善也, 猶水之就下也. 人無有不善, 水無有不下. 今夫水, 搏而躍之, 可使過顙; 激而行之, 可使在山. 是豈水之性哉? 其勢則然也. 人之可使爲不善, 其性亦猶是也."

《集》曰:"性本善, 故順之而無不善, 本無惡, 故反之而後爲惡."
○**鏞案** 凡人每行一善事, 卽其心悠然浩然, 沛然無滯, 如水之順流而逝, 人每行一惡事, 卽其心欿然椒然, 慘然不暢, 如水之壅遏不通, 斯可以知性矣. 人蓋有涕泣而盜人貨者, 人蓋有涕泣而淫於色者. 其所自慰自解之言, 不過曰'吾迫不得已'. 夫旣曰'迫不得已', 則水之遇搏而躍, 以至過顙也. 水之過顙, 非迫不得已乎? 孟子搏躍之說, 毫不爽實, 而今人認之爲强爲好言, 不亦謬乎?

고자가 말했다. "성性은 단수湍水(여울물)와 같아서 동쪽으로 터주면 동쪽으로 흐르고, 서쪽으로 터주면 서쪽으로 흐른다. 인성人性 선과 불선의 구분이 없는 것은 물에 동서의 구분이 없는 것과 같다." 맹자가 말했다. "물은 진실로 동서의 구분이 없지만, 상하의 구분도 없는가? 인성의 선함은 물이 아래로 내려가는 것과 같으니, 사람은 선하지 않은 이가 없고 물은 아래로 흐르지 않는 것이 없다. 지금 저 물을 쳐서 튀어 오르게 하면 이마를 지나게 할 수 있고, 세차게 흘러가게 하면 산에 있게도 할 수 있지만, 이것이 어찌 물의 성이겠는가? 그 세勢가 그런 것이다. 선하지 않은 짓을 사람에게 하게 만드는 것은 그 성이 또한 이와 같은 경우이다."

『맹자집주』에서 말했다. "성은 본래 선하므로 그것에 따르면 선하지 않음이 없고, 본래 악함이 없으므로 그것을 거스른 뒤에야 악하게 된다."

○ **용안** 무릇 사람은 착한 일 하나를 할 때마다 그 마음이 태연하고 넓고 성대하여 막힘이 없기가 마치 물이 아래로 흘러가는 것 같고, 악한 일 하나를 할 때마다 그 마음이 근심스럽고 부끄럽고 참담하여 위축되기가 마치 물이 막혀 흐르지 못하는 것 같으니, 여기에서 성을 알 수 있다. 사람들 중에는 눈물을 흘리면서 남의 재물을 훔치는 자도 있고, 눈물을 흘리면서 여색에 빠져드는 자도 있을 것이다. 그런데 그들이 스스로 마음을 달래거나 변명하는 말은 '나는 절박하여 어쩔 수 없었다.'라고 하는 데 불과하다. 이미 '절박하여 어쩔 수 없었다.'라고 한다면, 이는 물이 튀겨져서 이마를 지나게 되는 것과 같다. 물이 이마를 지나는 것은 절박하여 어쩔 수 없는 것이 아닌가? 물을 쳐서 튀어오르게 하는 것으로 설명한 맹자의 말은 털끝만큼도 사실과 어긋나지 않는데, 요즘 사람들은 억지로 좋은 말을 지어냈다고 오인하니, 또한 잘못이 아니겠는가?

* 다산은 인성人性이 착한 것을 변호하고, 맹자의 '박이약지博而約之'에 관한 후인들의 논란에 대해 일축해버렸다.

11-3 고자가 생을 성이라고 하고 개와 말과 사람의 성에 대해 말한 장 〔告子曰生之謂性犬牛人之性章〕

*이 장은 고자가 성性을 인간과 동물의 생물학적 자연성으로 본 데 대해 맹자가 인간의 성과 동물의 성은 구분된다고 주장한 내용이다. 다산은 주자가 사용한 '본연지성'이라는 개념을 비판하고 기질氣質의 성만 가진 동물과 달리 인간은 도의道意의 성과 기질의 성을 함께 가졌다는 점에서 인간의 성과 동물의 성을 구분하였다.

告子曰: "生之謂性." 孟子曰, "生之謂性也, 猶白之謂白與?" 曰: "然." "白羽之白也, 猶白雪之白, 白雪之白猶白玉之白歟?" 曰: "然." "然則犬之性猶牛之性, 牛之性猶人之性歟?"

《集》曰: "性者, 理[3]也, 生者, 氣[4]也. 性, 形而上也, 氣, 形而下也. <u>告子不知性之爲理, 而以所謂氣者當之.</u>"

○庚戌十月閣課, 御問曰: "犬·牛·人之性, 是本然之性歟, 是氣質之性歟? 以率性[5]之性論之, 犬率犬之性, 牛率牛之性, 人率人之性, 各率其性之自然, 則犬·牛·人之性, 似本然之性. 以'猶'字與'歟'字觀之, 是言不同也. 犬不能爲牛之性, 牛不能爲犬之性, 犬牛不能爲人之性, 則犬·牛·人之性, 似氣質之性. 此當作何邊看歟? 說者曰, '<u>孟子論性不論氣</u>. 未嘗言氣質之性, 何獨於此言氣質之性? 此則恐未然. 孟子言性善, 雖不兼氣說, 如云'<u>動心忍性</u>'[6]之性·'<u>四肢安佚性也</u>'[7]之類, 何嘗不言氣質之性歟?

---

3) 理:『맹자집주』에는 '人之所得於天之理'로 되어 있다.
4) 氣:『맹자집주』에는 '人之所得於天之氣'로 되어 있다.
5) 率性:『중용』 경1장의 '성을 따르는 것이 도(率性之謂道)'에서 온 말로, 하늘이 품부한 성을 따른다는 의미이다.
6) 動心忍性:『맹자·고자 하』에 보인다.
7) 四肢之於安佚也性也:『맹자·진심 하』에 보인다.

고자가 말했다. "생을 성이라 한다." 맹자께서 말씀하셨다. "생을 성이라 함은 흰색을 흰색이라고 이르는 것과 같은 것인가?" 고자가 말했다. "그러하다." 맹자께서 말씀하셨다. "그렇다면 흰 깃[白羽]의 흼이 흰 눈의 흼과 같으며, 흰 눈의 흼이 백옥의 흼과 같은 것인가?" 고자가 말했다. "그러하다." 맹자께서 말씀하셨다. "그렇다면 개의 성이 소의 성과 같으며, 소의 성이 사람의 성과 같단 말인가?"

『맹자집주』에서 말했다. "성性은 이理이고 생生은 기氣이다. 성은 형이상이고 기는 형이하이다. 고자는 성이 이라는 것을 알지 못하여 이른바 기라는 것을 성에 해당시켰다."

○ 경술년 10월 각과에서 임금께서 물으셨다. "개·소·사람의 성은 본연本然의 성인가, 기질의 성인가? '솔성率性'의 성으로 논하자면, 개는 개의 성을 따르고 소는 소의 성을 따르고 사람은 사람의 성을 따라서, 각각 그 성의 저절로 그러함[自然]을 따르니, 개·소·사람의 성은 본연의 성인 듯하다. 그러나 맹자께서 '같단 말인가?'라고 하신 것을 보면, 같지 않다는 말씀이다. 개는 소의 성이 될 수 없고, 소는 개의 성이 될 수 없고, 개와 소는 사람의 성이 될 수 없으니 개·소·사람의 성은 기질의 성인 듯하다. 이것을 어느 쪽으로 보아야 하겠는가? 어떤 해설자는 '맹자는 성만 논하고 기는 논하지 않았다.'라고 하는데, 맹자가 기질의 성을 말한 적이 없다면 무엇 때문에 유독 여기에서만 기질의 성을 말했겠는가? 이는 아마도 그렇지 않은 듯하다. 맹자가 성선을 말할 적에 기를 겸하여 말하지는 않았지만, 예를 들어 '마음을 분발시키고 성을 절제하여 참게 한다.(動心忍性)'와 '사지四肢가 편안함[安佚]에 있어서는 성性이다.'라는 등의 말을 했으니, 어찌 기질의 성을 말한 적이 없겠는가?

或曰, '孟子只道性善。況方斥告子之認氣爲性, 當以本然之性言之, 不當又以氣質之性告之。以是知犬·牛·人之性, 非氣質之性。' 此說何如?" 臣對曰: "人之性, 只是一部人性, 犬·牛之性, 只是一部禽獸性。蓋人性者, 合道義·氣質二者而爲一性者也, 禽獸性者, 純是氣質之性而已。今論人性, 人恒有二志相反而並發者。有餽而將非義也, 則欲受而兼欲不受焉, 有患而將成仁也, 則欲避而兼欲不避焉。夫欲受與欲避者, 是氣質之欲也, 其欲不受而不避者, 是道義之欲也。犬與牛也, 投之以食, 欲食焉而已, 怵之以刃, 欲避焉而已, 可見其單有氣質之性也。且人之於善惡, 皆能自作, 以其能自主張也, 禽獸之於善惡, 不能自作, 以其爲不得不然也。人遇盜, 或聲而逐之, 或計而擒之, 犬遇盜, 能吠而聲之, 不能不吠而計之, 可見其能皆定能也。夫人性之於禽獸性, 若是懸絶, 而告子只就其生覺運動之同處, 便謂之一性, 豈不謬乎?

혹자는 말하기를 '맹자는 성선만을 말하였다. 더구나 고자가 기를 성으로 인식한 것을 배척하였으니, 마땅히 본연의 성으로써 말해야지 기질의 성으로 말하는 것은 부당하다. 그러므로 개·소·사람의 성이 기질의 성이 아니라는 것을 알 수 있다.'라고 하였으니, 이러한 설은 어떠한가?"

나는 다음과 같이 대답하였다. "사람의 성은 성의 한 부류인 인성이고, 개·소의 성은 성의 한 부류인 금수성일 뿐입니다. 대개 사람의 성은 도의와 기질 두 가지가 합하여 하나의 성이 된 것이고, 금수의 성은 순전히 기질의 성일뿐입니다. 지금 사람의 성을 논해 보건대, 사람에게는 항상 두 가지 의지가 상반되면서도 함께 일어나는 경우가 있습니다. 누가 준 선물이 의롭지 않을 경우에는 받고 싶기도 하지만 받지 않으려는 마음이 함께 일어나고, 환난에 처해 인仁을 이루어야 할 경우 피하고도 싶지만 피하지 않으려는 마음이 아울러 일어납니다. 선물을 받으려 하는 것과 환난을 피하려 하는 것은 기질이 하고자 하는 것이고, 선물을 받지 않으려는 것과 환난을 피하지 않으려는 것은 도의가 하고자 하는 것입니다. 개와 소는 먹이를 던져주면 먹고자 할 따름이고, 칼날로써 겁을 주면 피하고자 할 따름이니, 개와 소에게는 단지 기질의 성만 있음을 알 수 있습니다. 또 사람은 선악에 대해 모두 스스로 할 수 있어서 스스로의 뜻대로 처리할 수 있지만, 금수는 선악에 대해 스스로 할 수 없어서, 그 행동이 그렇지 않을 수 없게 된다. 사람은 도둑을 만나면 소리쳐 물리치기도 하고 꾀를 내어 사로잡기도 하지만, 개는 도둑을 만나면 짖어 소리를 낼 수는 있지만, 짖지 않고 꾀를 낼 수는 없으니, 그 능력이 모두 정해진 능력임을 알 수 있습니다. 사람의 성과 금수의 성이 이와 같이 현격하게 다른데도, 고자는 다만 그 생각과 운동이 같다는 점에만 나아가 하나의 성이라고 말하였으니, 어찌 잘못된 것이 아니겠습니까?

臣以爲犬·牛·人之性, 同謂之氣質之性, 則是貶人類也, 同謂之道義之性, 則是進禽獸也, 二說俱有病痛。臣謂人性卽人性, 犬·牛之性卽禽獸性。至論本然之性, 人之合道義·氣質而爲一性者, 是本然也, 禽獸之單有氣質之性, 亦本然也。何必與氣質對言之乎?"

○庚戌課講, 今二十有五年矣, 一問一對, 怳如隔晨。顧其所對, 不能稱所問, 撫卷流涕, 何嗟及矣! 今詳御問之意, 蓋云'朱子原謂本然之性, 卽人與禽獸之所同得, 若論本然之性, 則犬·牛·人之性, 實無毫髮差殊, 而孟子駁告子, 謂犬·牛·人之性不可相猶,【猶, 如也】卽孟子所言, 明是氣質之性。乃朱子於此, 譏告子之知氣不知理, 知生不知性, 反以告子所言, 爲氣質之性。誠爲難破之疑案。'故下問如此。嗚呼! 聖人在上, 作之君, 作之師, 下與文學之士, 講論性道之精蘊, 而其所對乃反模糊而不白, 豈不恨哉? 伏惟本然氣質之說, 不見六經, 不見四書。

내가 생각건대, 개·소·사람의 성을 똑같이 기질의 성이라고 한다면 이는 인류를 깎아내리는 것이고, 똑같이 도의의 성이라고 한다면 이는 금수를 끌어올리는 것이 되니, 두 가지 설에 모두 병통이 있습니다. 제 소견으로는 사람의 성은 곧 사람의 성이고, 개·소의 성은 곧 금수의 성입니다. 본연의 성을 논함에 있어서 사람은 도의와 기질을 합하여 하나의 성이 된 것이 본연이고, 금수는 기질의 성만 있는 것이 또한 본연입니다. 어찌 반드시 기질과 짝 맞추어 말할 필요가 있겠습니까?"

○ 경술년에 있었던 과강이 벌써 25년이나 되었지만, 일문일답한 것이 어제의 일처럼 또렷하다. 돌아보건대, 대답한 바가 질문하신 바에 꼭 맞지 않았으니, 책을 어루만지고 눈물을 흘리면서 탄식을 한들 어찌 미칠 수 있으랴. 지금 임금께서 질문하신 뜻을 상고해 보건대, 대체로 주자는 본래 본연의 성은 사람과 금수가 똑같이 얻은 것이라 하였으니, 만약 본연의 성을 논한다면 개·소·사람의 성은 실로 털끝만큼도 차이가 없다. 그런데 맹자는 고자의 말을 반박하여 개·소·사람의 성은 서로 같을 수 없다고 했으니,【유猶는 같다는 뜻이다.】곧 맹자가 말한 바는 분명히 기질의 성이다. 그런데 주자는 이 점에 대해 고자는 기氣만 알고 이理는 몰랐으며, 생生만 알고 성性은 몰랐다고 기롱하였으니, 도리어 고자가 말한 성을 기질의 성이라고 여긴 것이다. 이 점이 참으로 깨뜨리기 어려운 의문점이다. 그래서 그렇게 하문하신 것이다. 아, 성인 같은 분이 위에 있으면서 임금이 되고 스승이 되어, 아래로 문학하는 선비와 성性과 도道의 정수를 강론하였는데, 대답한 것이 도리어 모호하고 명백하지 않았으니, 어찌 한스러운 일이 아니겠는가? 삼가 생각건대, 본연과 기질의 설은 육경과 사서에 보이지 않는다.

然朱子《中庸》之註曰:"天以陰陽五行, 化生萬物, 氣以成形, 理[8]亦賦焉。"此所謂本然之性, 謂賦生之初, 其理本然, 此所謂人物同得也。然臣獨以爲本然之性, 原各不同。人則樂善恥惡, 修身向道, 其本然也; 犬則守夜吠盜, 食穢蹤禽, 其本然也; 牛則服軛任重, 食芻齝觸, 其本然也。各受天命, 不能移易。牛不能强爲人之所爲, 人不能强爲犬之所爲, 非以其形體不同, 不能相通也, 乃其所賦之理, 原自不同。故禽獸之中, 其異族同形, 而其性不同者, 不可勝數。狼與犬同形, 而其性不能相通, 雉與鷄同形, 而其性不能相通, 天賦之命, 原自不同故也。諸先生之言曰:"理無大小, 氣有淸濁。本然之性之寓於氣質也, 如水之寓器, 器圓則水圓, 器方則水方。"此臣之所未曉也。

---

[8] 理:『중용장구』에는 이 앞에 '而'가 더 있다.

그러나 주자는 『중용』의 주에 "하늘이 음양오행으로써 만물을 화생化生함에, 기氣로써 형체를 이루고 이理 또한 부여해 주었다." 하였으니, 이것이 이른바 본연의 성이다. 생명을 부여해 주는 시초에 그 이치가 '본래 그렇다[本然]'는 것이니, 이것이 이른바 사람과 동물이 함께 얻었다는 것이다. 그러나 내가 생각해 보건대, 본래 그러한 성은 원래 각각 다르다. 사람은 선을 좋아하고 악을 부끄럽게 여기며 자신을 수양하여 도를 지향하고자 하는 것이 그 본연이다. 개는 밤을 지키며 도둑을 보면 짖고 똥을 먹으며 새를 쫓는 것이 그 본연이다. 소는 멍에를 차고 무거운 짐을 나르며, 풀을 먹고 새김질하며 뿔로 떠받는 것이 그 본연이다. 각각 받은 천명은 바꿀 수 없다. 소가 억지로 사람이 하는 바를 할 수 없고, 사람이 억지로 개가 하는 바를 할 수 없는 것은, 그 형체가 같지 않아 서로 통할 수 없기 때문이 아니고, 곧 그들이 품부 받은 이치가 원래 스스로 같지 않기 때문이다. 그러므로 금수 가운데도 형체는 같지만 종족을 달리하여 성품이 같지 않은 경우가 무수히 많다. 이리와 개가 형체는 같지만 성품이 서로 통할 수 없고, 꿩과 닭은 형체는 같지만 성품이 서로 통할 수 없으니, 하늘로부터 품부 받은 명命이 원래 스스로 같지 않기 때문이다. 여러 선생들의 말씀에 "이理에는 크고 작음이 없지만 기氣에는 맑고 탁함이 있다. 본연의 성이 기질에 붙어 있음은 마치 물이 그릇에 담겨 있는 것과 같아서, 그릇이 둥글면 물도 둥글게 되고, 그릇이 네모나면 물도 네모나게 된다."라고 했다. 이 점이 내가 아직 깨닫지 못한 바이다.

圓器之水飮之, 可以解渴, 方器之水飮之, 亦可以解渴, 爲其性本同也。今也人不能蹤禽吠盜, 牛不能讀書窮理, 若其本同, 何若是不相通也? 人物之不能同性也, 審矣。大抵人之所以知覺運動, 趨於食色者, 與禽獸毫無所異, 惟其道心所發, 無形無質, 靈明通慧者, 寓於氣質, 以爲主宰。故粤自上古, 已有人心道心之說。人心者, 氣質之所發也, 道心者, 道義之所發也。人則可有此二心, 若禽獸者, 本所受者氣質之性而已。除此一性之外, 又安有超形之性, 寓於其體乎? 氣質之性, 卽其本然也, 然則孟子所言者, 道義之性也,【人之所獨有】告子所言者, 氣質之性也,【人物所同得】朱子之言, 自與孟子不合而已。孟子之時, 本無本然之說, 豈可執後出之謬名, 欲以解先聖之微言乎? 氣質之性, 明明人物同得, 而先儒謂之各殊, 道義之性, 明明吾人獨得, 而先儒謂之同得, 此臣之所深惑也。

둥근 그릇의 물을 마셔도 갈증을 해소할 수 있고, 네모진 그릇의 물을 마셔도 갈증을 해소할 수 있으니, 그 성性은 본래 같다. 그런데, 사람이 새를 쫓고 도둑을 향해 짖을 수 없으며, 소가 책을 읽고 이치를 궁구할 수 없다. 근본이 같다면 어째서 이렇게 서로 통하지 않는 것인가? 사람과 동물은 성性은 같을 수 없음이 분명하다. 대체로 사람이 지각하고 운동하며 식색食色을 추구하는 것은 금수와 조금도 다를 바 없지만, 오직 도심이 발하는 데는 형체도 바탕[質]도 없는 영명靈明하고 통혜通慧한 것이 기질에 붙어 주재主宰한다. 그러므로 이미 상고 시대로부터 인심도심설이 있어왔다. 인심은 기질이 발한 것이고, 도심은 도의가 발한 것이다. 사람은 이 두 가지 마음을 가질 수 있지만 금수의 경우에는 본래 받은 것이 기질의 성일뿐이다. 이 하나의 성을 제외하고 또 어찌 형체를 초월한 성이 금수의 몸에 깃들어 있을 수 있겠는가? 기질의 성이 곧 그 본연이다. 그렇다면 맹자가 말한 바는 도의의 성이고[사람만이 지니고 있는 것이다.] 고자가 말한 바는 기질의 성이니[사람과 동물이 다 같이 받은 것이다.] 주자의 말은 본디 맹자의 말과 합치되지 않는다. 맹자의 시대에는 본래 본연의 설이 없었는데, 어찌 후세에 나온 잘못된 명칭을 가지고 선성先聖의 은미한 말을 풀이하고자 하는가? 기질의 성은 분명히 사람과 동물이 함께 얻은 것인데 선유들은 각각 다르다고 말하였고, 도의의 성은 분명히 우리 사람들만 얻은 것인데 선유들은 다 같이 얻은 것이라고 하였다. 이 점이 나는 아주 의아하다.

* 이것은 다산이 1790년 10월 과강課講에서 본연지성과 기질지성에 대해 정조와 서로 문답한 것과, 25년 뒤 유배지인 강진에서 『맹자요의』를 저술하면서 25년 전 정조에게 답변한 내용을 보충하여 여기에 수록해 놓은 것이다. 내용은 모두 주자를 중심으로 한 성리학자들의 성론性論에 대한 다산의 변론이다. 그는 '본연지성'이라 할 때 '본연'이란 그 말 자체가 맹자 시대에는 없었던 말로 잘못 붙여진 명칭이라 하고, 주자가 사람과 동물의 성性에 있어 이理는 같고 기氣만 다르다고 한 것도 말이 안된다고 하면서, 도의의 성과 기질의 성을 합한 것이 사람의 본래의 성이며 기질의 성만 있는 것이 동물의 본래의 성이라는 것을 엄격히 구분했다.

《集》曰:"以氣言之, 則知覺運動, 人與物若不異也, 以理言之, 則仁義禮智,[9] 豈物之所得而全哉?"

○胡曰:"《大學》·《中庸》或[10]問皆以爲人物之生, 理同而氣異, 此[11]則以爲氣同而理異, 何也? 朱子嘗曰, '論萬物一原, 則理同而氣異, 觀萬物之異[12]體, 則氣猶相近, 而理絶不同.'【節】理[13]同而氣異, 是從人物有生之初說, 氣同而理異, 是從人物有生之後說. 朱子之說, 精矣."

○**鏞案** 萬物一原, 悉稟天命, 苟以是而謂之理同, 則誰曰不可? 但先正之言, 每云'理無大小, 亦無貴賤, 特以形氣有正有偏, 得其正者, 理卽周備, 得其偏者, 理有梏蔽.' 至云'本然之性, 人物皆同, 而氣質之性, 差有殊焉', 斯則品級遂同, 豈唯一原之謂哉?

---

9) 智:『맹자집주』에는 이 다음에 '之稟'이 더 있다.
10) 或:『사서통四書通』에는 이 앞에 '首章'이 더 있다.
11) 此:『사서통』에는 이 앞에 '而'가 더 있다.
12) 異:『사서통』에는 '一'로 되어 있다.
13) 理:『사서통』에는 이 앞에 "氣之異者, 粹駁之不齊 … 人與物又不能不異矣."가 더 있는데 여기서는 생략되었다.

『맹자집주』에서 말했다. "기氣로써 말하면 지각하고 운동하는 것은 사람과 동물이 다르지 않은 듯하나, 이理로써 말하면 인·의·예·지가 어찌 동물이 얻어 온전히 할 수 있는 것이겠는가?"

○ 호병문이 말했다. "『대학혹문』과 『중용혹문』에서 모두 '사람과 동물은 타고난 이理는 같지만 기氣는 다르다.'라고 하였는데, 여기서는 '기는 같지만 이는 다르다.'라고 하였으니, 어째서인가? 주자는 일찍이 '만물이 한 근원임을 논하면 이理는 같지만 기氣는 다르고, 만물이 다른 형체를 가졌음을 본다면 기는 오히려 서로 가깝지만 이는 전혀 같지 않다.'[구두한다]라고 하였다. 이는 같지만 기는 다르다는 것은 사람과 동물이 태어난 시초를 두고 말한 것이고, 기는 같지만 이는 다르다는 것은 사람과 동물이 태어난 뒤를 두고 말한 것이니, 주자의 설명이 정밀하다."

○ **용안** 만물은 근원이 하나이며 모두 천명을 받은 것이니, 만약에 그렇기 때문에 이理는 같다고 말하면 누가 안 된다고 하겠는가? 다만 선대의 어진이의 말에 매양 "이理에는 대소도 없고 귀천도 없으며, 다만 형기에 바른 것[正]과 치우친 것[偏]이 있을 뿐이어서 바른 것을 얻은 자는 이理가 두루 갖추어지고, 치우친 것을 얻은 자는 이理가 구애되고 가려짐이 있다."라고 하고, 심지어 "본연의 성은 사람과 동물이 모두 같지만 기질의 성은 차이가 있어 나뉜다."라고 하였다. 이는 품급이 두루 같다는 말이니, 어찌 오직 한 가지 근원을 두고 한 말이겠는가?

梁惠王命孟子爲賓師, 命太子申伐齊, 命鴻鴈麋鹿居沼上。其受梁王之命, 孟·申鴈鹿固無異焉。若以其同受王命, 而遂謂所受無貴賤, 則非其實矣。齊威王賜群臣酒, 其一人以爵, 其一人以觶, 其一人以散。[14] 於是爵受者得一升, 觶受者得三升, 散受者得五升。理同氣異者, 謂酒無二味, 而唯以器小[15]之故。虎狼得三升, 蜂蠆得一升, 此所謂梏於形氣之偏塞, 而無以充其本體之全者也。試觀虎狼蜂蠆之性, 其果與吾人之性, 同是一物乎? 人所受者, 酒也, 虎狼蜂蠆之所受者, 穢汁敗漿之不可近口者也, 惡得云理同而氣異乎?

---

14) 齊威王賜群臣酒 … 其一人以散: 작爵·치觶·산散은 모두 술잔으로, 『설문해자』에는 "한 되들이 잔은 작爵, 두 되들이 잔은 고觚, 서 되들이 잔은 치觶, 너 되들이 잔은 각角, 닷 되들이 잔은 산散이라 한다."라고 되어 있다.

15) 小: 문맥상 이 앞에 '大'가 보충되어야 옳은 듯하다.

양혜왕이 맹자에게 명하여 빈사로 삼고, 태자 신申에게 명하여 제나라를 정벌하게 하였으며, 기러기와 사슴에게 명하여 연못가에서 살게 하였다. 그들이 양혜왕의 명을 받았다는 점에서 맹자나 태자 신이나 기러기와 사슴이 참으로 다를 바 없다. 만약 똑같이 왕명을 받았다고 해서 마침내 받은 바에 귀천이 없다고 한다면 그것은 실정實情이 아니다. 제 위왕이 군신에게 술을 내려줄 때, 한 사람에게는 작爵에다 주고, 한 사람에게는 치觶에다 주고, 한 사람에게는 산散에다 주었다. 이에 작으로 받은 자는 한 되를 얻고, 치로 받은 자는 세 되를 얻고, 산으로 받은 자는 다섯 되를 얻었다. 이理는 같지만 기氣가 다르다는 것은 술에 두 가지 맛이 없지만 오직 그릇의 크고 작음 때문에 얻는 것이 다르다는 것과 같다. 그러므로 호랑이와 이리는 세 되를 얻고, 벌과 개미는 한 되를 얻으니, 이것이 이른바 형기의 치우치고 막힘에 구애되어 본체의 온전함을 채울 수 없다는 것이다. 시험삼아 호랑이·이리·벌·개미의 성을 관찰해 보면, 과연 우리 인간의 성과 동일한 것이겠는가? 사람이 받은 것은 술이고, 호랑이·이리·벌·개미가 받은 것은 더러운 찌꺼기와 부패한 국물로 입에 댈 수 없는 것이니, 어찌 이는 같지만 기는 다르다고 할 수 있겠는가?

* 주자가 사람과 동물에 있어 이理는 같지만 기氣는 다르다고 한 것과 기는 같지만 이는 다르다고 한 것을 호병문이 변호한 데 대해, 다산은 그 논리의 비합리성을 구체적으로 지적하여 이에 그 반론을 펴놓았다.

11-6 성에는 선도 없고 불선도 없다고 한 고자의 말을 가지고 공도자가 질문한 장 〔公都子曰告子曰性無善無不善章〕

* 이 장에서는 공도자가 성론에 대한 여러 이설異說에 대해 질문하자 맹자가 사단四端과 인의예지仁義禮智로 성선설을 설명하였다. 다산은 인의예지를 인간의 본성이라고 본 주자의 해석을 비판하고, 인간이 측은·수오·사양·시비의 마음을 실현해야 인의예지라는 결과를 얻는다고 주장하였다.

公都子曰:"告子曰, '性無善無不善也.' 或曰: '性可以爲善, 可以爲不善; 是故文武興, 則民好善; 幽厲興, 則民好暴.' 或曰: '有性善, 有性不善; 是故以堯爲君而有象; 以瞽瞍爲父而有舜; 以紂爲兄之子, 且以爲君, 而有微子啓·王子比干.' 今曰'性善', 然則彼皆非與?" 孟子曰: "乃若其情, 則可以爲善矣, 乃所謂善也. 若夫爲不善, 非才其罪也. 惻隱之心, 人皆有之; 羞惡之心, 人皆有之; 恭敬之心, 人皆有之; 是非之心, 人皆有之. 惻隱之心, 仁也; 羞惡之心, 義也; 恭敬之心, 禮也; 是非之心, 智也. 仁義禮智, 非由外鑠我也, 我固有之也, 弗思耳矣. 故曰: '求則得之, 舍則失之.' 或相倍蓰而無算者, 不能盡其才者也. 《詩》曰, '天生蒸民, 有物有則. 民之秉夷, 好是懿德.' 孔子曰: '爲此詩者, 其知道乎! 故有物必有則; 民之秉彛也, 故好是懿德.'"

《集》曰: "近世蘇氏·胡氏之說, 蓋如此."【蘇東坡·胡文正·胡五峰16)之說, 並見《大全》】

---

16) 胡五峰: 호굉胡宏(1106-1161)은 송대의 학자로, 자는 중인中仁이다. 호안국胡安國의 아들이며 장식張栻의 스승이다. 벼슬에는 나가지 않고 고향에서 제자들을 길렀다. 호상학파湖湘學派의 개창자로『지언知言』,『역외전易外傳』등의 저술이 있다.

공도자公都子가 물었다. "고자가 말하기를 '성은 선함도 없고 불선함도 없다.'라고 하고, 혹자는 말하기를 '성은 선을 할 수도 있으며, 불선을 할 수도 있으니, 이러므로 문왕과 무왕이 일어나면 백성들이 선을 좋아하고, 유왕幽王과 여왕厲王이 일어나면 백성들이 포악함을 좋아한다.'라고 하며, 혹자는 말하기를 '성이 선한 이도 있고, 성이 불선한 이도 있다. 그러므로 요堯가 군주였는데도 상象이 있었으며, 고수瞽瞍가 아버지인데도 순舜이 있었으며, 주왕紂王이 형의 아들이면서 또 군주가 되었는데도 미자微子 계啓와 왕자王子 비간比干이 있었다.'라고 합니다. 지금 성이 선하다고 말씀하시는데, 그렇다면 저들은 모두 틀린 것입니까?" 맹자께서 말씀하였다. "그 실정實情으로 말하면 선하다고 할 수 있으니, 이것이 내가 말하는 선하다는 것이다. 불선을 저지르는 것은 타고난 재질의 죄가 아니다. 측은지심을 사람마다 다 가지고 있으며, 수오지심을 사람마다 다 가지고 있으며, 공경지심을 사람마다 다 가지고 있으며, 시비지심을 사람마다 다 가지고 있으니, 측은지심은 인이요, 수오지심은 의요, 공경지심은 예요, 시비지심은 지이다. 인·의·예·지가 밖으로부터 나를 녹여서 들어오는 것이 아니고, 나에게 고유한 것이지만 사람들이 생각하지 못할 뿐이다. 그러므로 말하기를 '구하면 얻고, 버리면 잃는다.'라고 하는 것이니, 혹은 선악의 거리가 서로 여러 갑절이나 되어 계산할 수 없이 벌어지는 것은 그 재질을 다하지 못했기 때문이다. 『시경』에 이르기를 '하늘이 여러 백성을 내시니, 사물이 있으면 법이 있다. 백성들은 마음에 떳떳한 성性을 가지고 있으니, 이 아름다운 덕을 좋아한다.'라고 하였는데, 공자孔子께서 말씀하시기를 '이 시詩를 지은 사람은 그 도道를 알 것이다! 그러므로 사물이 있으면 반드시 법이 있고, 백성들은 떳떳한 성性을 가지고 있으니, 그러므로 이 아름다운 덕을 좋아한다.'라고 하셨나."

『맹자집주』에서 말했다. "근세의 소씨와 호씨의 설이 대체로 이와 같다."
【소식蘇軾, 호안국胡安國, 호굉胡宏의 설은 모두 『주자대전』에 보인다.】

○**鏞案** 蘇說, 非矣。堯·舜曰:"允執其中。"[17]《中庸》曰:"喜怒哀樂之未發, 謂之中。"一則聖人用力以執持也, 一則君子用力以推致也。【見余《中庸說》[18]】曷嘗以人性名之曰中乎? 劉康公[19]曰:"民受天地之中以生。"【見《國語》】[20] 此謂得天地中和之氣也。《禮》曰:"升中于天。"[21] 此謂王者升其中誠也。謂性爲中, 其有據乎? 謂性爲一, 尤無文矣。且喜怒哀樂旣發, 有中節有不中節。其中節者, 歸於善, 其不中節者, 歸於惡。方其未發也, 固不可謂之善矣。【此非《中庸》本旨。姑順諸儒之說而言之】樂善恥惡, 旣發無不中節者。故手方穿窬, 而其心未嘗不恥惡, 口方詬罵, 而其心未嘗不樂善, 惡得不謂之純善乎? 情動由乎人, 故可善可惡, 性好受於天, 故有善無惡, 豈可一例論乎? 穿窬之盜, 負其贓而歸, 諄諄然語其子曰:"今日之事, 迫不得已。"非性善之驗乎?

---

17) 允執其中:『서경·대우모』와『논어·요왈』편에 보인다.
18) 《中庸說》: 다산의『중용강의보』를 말한다. 이 내용에 대해서는『중용강의보中庸講義補』의 '喜怒哀樂未發節'에 자세하다. 다산은 미발과 이발이 누구에게나 있지만, 미발일 때 中이고 이발일 때 和인 경지는 일반적인 사람이 가질 수 없다고 보았다. 그는 치중화致中和란 공부해서 도달해야 하는 경지로 보고 신독愼獨하는 군자의 일이라고 하였으며, 미발시의 중中은 성인의 공부가 지극해진 경지(聖人之極功)라고 하였다.
19) 劉康公: 주나라 때의 제후국 유劉나라의 군주이다. 성은 희姬이고, 이름은 계자季子이다. 동주東周 경왕頃王의 아들이자 광왕匡王·정왕定王의 아우로, 왕계자王季子라고도 불린다.
20) 見《國語》: "民受天地之中以生"은『국어』에는 보이지 않고,『좌전』성공 13년조에 보인다.
21) 升中于天:『예기·예기禮器』에 보인다.

○ **용안** 소식의 설은 잘못되었다. 요와 순은 "진실로 그 중中을 잡아라."라고 하였고, 『중용』에는 "희로애락이 아직 발현되지 않은 것을 중이라고 한다."라고 되어 있는데, 하나는 성인이 힘써 잡아 지키는 것이고, 하나는 군자가 힘써 미루어 이룩하는 것이다.【나의 『중용설』에 보인다.】 언제 사람의 성性을 중이라 이름 한 적이 있었던가? 유강공劉康公은 "백성은 천지의 중을 받아 태어난다."라고 하였는데,【『국어』에 보인다.】 이는 천지의 중화中和의 기를 얻었다는 말이다. 『예기』에 "하늘에 중을 올린다."라고 되어 있는데, 이는 왕이 그 마음속의 정성精誠을 올린다는 말이다. 성을 중이라고 말하는 데 무슨 근거가 있는가? 성이 하나—라고 하는 데는 더구나 뚜렷한 기록이 없다. 또 희노애락이 발한 뒤에는 절도에 맞는 것도 있고, 절도에 맞지 않는 것도 있다. 절도에 맞는 것은 선으로 귀착될 것이고, 절도에 맞지 않는 것은 악으로 귀착될 것이다. 아직 발하지 않았을 때는 물론 선이라고 말할 수 없다.【이것은 『중용』의 본지가 아니다. 일단 제유諸儒의 설에 따라 말해본다.】 선을 즐기고 악을 부끄러워하면 발한 뒤에 절도에 맞지 않는 것이 없다. 그러므로 손이 한창 도둑질을 하는데도 그 마음은 일찍이 악을 부끄러워하지 않음이 없고, 입이 한창 욕설을 하는데도 그 마음은 일찍이 선을 즐기지 않음이 없으니, 어찌 그것을 순선純善이라고 하지 않을 수 있겠는가? 정의 움직임은 사람에게서 말미암기 때문에 선할 수도 있고 악할 수도 있으나, 성의 기호는 하늘에서 받기 때문에 선은 있지만 악은 없으니, 어찌 한 가지 예로만 논할 수 있겠는가? 도둑질을 한 도둑이 장물을 가지고 돌아와서 자기 아들에게 곡진하게 말하기를 "절박하여 어쩔 수가 없었다."라고 하니, 성선의 징험이 아닌가?

姦夫淫婦, 昵昵然相與語曰[22]: "吾曹之事, 獲罪於天." 非性善之驗乎? 其旣發而無不中節如此, 烏得以未發爲中乎?

○胡文正之說[23]亦非矣。善惡必對, 則天地間無純善之物乎。謂堯善, 則堯其兼有惡乎? 謂雪白, 則雪其兼有黑乎? 本然之性, 不知何物, 善惡黑白, 不可名言乎? 孟子明云'人性之善,[24] 猶水之就下',[25] 今誣之曰'好個性', 可乎? 余觀佛書, 其千言萬語, 皆贊歎心體之美好, 吾家無此法也。

○胡五峰之說亦非矣。粹然天地之心, 道義全具, 非吾所謂性也。性者, 心所好也。故曰'民之秉彛, 好是懿德'.[26] 論性者, 宜以好惡言。

---

22) 曰: 신조본에는 빠져 있다.
23) 胡文正之說: 호안국은 성은 선하다고 말할 수 없다고 보았다. 그가 보기에, 본연지성에는 상대되는 것이 없는데 선하다고 해버리면 곧 상대되는 것으로서의 악이 상정되기 때문이다. 따라서 그는 맹자가 성지선性之善을 말한 것은 성의 선함을 말한 것이 아니라 찬탄의 말일 뿐이며, "좋은 성이로다!(好箇性)"라고 말하는 것이니 불가에서 "좋도다!(善哉)"라고 하는 것과 같다고 풀이하였다.
24) 善: 『맹자』에는 이 뒤에 '也'가 더 있다.
25) 下: 『맹자』에는 이 뒤에 '也'가 더 있다.
26) 民之秉彛, 好是懿德: 『시경·대아·증민』과 『맹자·고자 상』에 보인다.

간부姦夫와 음부가淫婦가 다정스레 서로 말하기를 "우리가 하는 일은 하늘에서 벌을 받을 것이다."라고 하니, 성선의 징험이 아닌가? 발한 뒤에는 절도에 맞지 않음이 없는 것이 이와 같으니, 어찌 미발未發을 중中이라고 할 수 있겠는가?

○ 호안국의 설도 잘못되었다. 선과 악을 기필코 대립시키면 이 세상에 순선한 사물은 없을 것이다. 요임금이 선하다고 말하면 요임금이 어찌 악을 겸하고 있겠으며, 눈이 희다고 말하면 눈이 어찌 검은색을 겸하고 있겠는가? 본연의 성이 어떤 것인지 모른다고 선악과 흑백을 표현할 수 없겠는가? 맹자가 분명히 말하기를 "인성의 선은 물이 아래로 내려가는 것과 같다."라고 하였는데, 지금 그것을 속여서 "좋은 성이로다."라고 한다면 옳은가? 내가 불교 서적을 보니, 천언만어가 모두 심체의 아름답고 좋은 점을 찬탄하였으나, 우리 유가에는 이런 법이 없다.

○ 호굉의 설도 잘못되었다. 순수한 천지의 마음은 도의가 온전히 갖추어진 것이지만, 나의 이른바 성은 아니다. 성은 마음이 좋아하는 바이다. 그러므로 "백성들은 떳떳한 성을 가지고 있으니, 그러므로 이 아름다운 덕을 좋아한다."라고 하였으니, 성을 논하는 자는 좋아함과 싫어하는 것으로써 말해야 한다.

* 주자는 이 대목의 주註에서 소식과 호안국, 호굉 부자의 성설性說을 고자의 성무선무불선설性無善無不善說과 비슷하다고 하였다. 이에 대해 다산은 소식 등의 설을 비판하고 성은 결국 마음이 좋아하는 바인 '기호嗜好'로 보아야 한다고 주장했다.

《集》曰:"韓子三²⁷⁾品之說, 蓋如此."

○鏞案 孔子曰:"性相近也, 習相遠也。惟上智與下愚不移。"²⁸⁾ 韓子誤讀此文, 爲三品之說也。孔子之言, 蓋云堯·舜·桀·紂, 性皆相近, 習於善人, 則爲善, 習於惡人, 則爲惡, 惟智明者, 雖與惡人相習, 不爲所移, 愚暗者, 雖與善人相習, 不爲所移也。原夫智愚之名, 起於謀身之工拙, 若所謂臧武仲²⁹⁾之智·甯武子³⁰⁾之愚, 豈性品高下之名乎? 若云性品原有智愚之定級, 則甯武子愚於亂而智於治, 百里奚愚於虞而智於秦, 其游移活動, 善變善遷如此, 何以謂之惟智愚不移乎? 上智下愚之非性品, 明矣。韓子諸人, 乃以性相近, 爲中人之性, 以上智下愚, 爲堯·桀之別名, 雜引左氏浮夸之說, 以證其義, 曰上智生而善, 下愚生而惡。此其說有足以毒天下而禍萬世, 不但爲洪水猛獸而已。生而聰慧者, 將自傲自聖, 不懼其陷於罪惡, 生而魯鈍者, 將自暴自棄, 不思其勉於遷改。今之學者, 以聖爲天, 決意自畫, 皆此說禍之也。

---

27) 三:『맹자집주』에는 이 앞에 '性有'가 더 있다.
28) 性相近也 … 下愚不移:『논어·양화』에 보인다.
29) 臧武仲 : 장문중은 춘추시대 노나라의 대부로 성은 희姬, 씨는 장손臧孫(혹은 장臧)이고, 이름이 흘紇이며, 시호가 무중武仲이다. 아버지 장선숙臧宣叔의 관작을 세습하여 사구司寇를 지냈다. 어려서 궁에서 자라면서 선공宣公의 총애를 받았고, 장성해서는 계책을 잘 써서 지혜로운 사람으로 크게 이름이 났다. 삼환三桓의 승계 문제에 개입했다가 권신들의 미움을 사서 제나라로 망명하는 등 불우한 만년을 보냈다.
30) 甯武子 : 영무자는 춘추시대 위衛나라의 대부로 이름은 유兪, 시호가 무자武子이다. 위나라 성공成公이 전쟁의 틈바구니에서 자리를 빼앗기고 목숨이 위태로워졌을 때도 그에게 우직하게 충성을 바쳤다. 공자는 『논어·공야장』에서 그에 대해 "나라에 도가 있으면 지혜로웠고, 나라에 도가 없으면 어리석었다. 그 지혜로움은 미칠 수 있어도 그 어리석음에는 미칠 수가 없다.(邦有道則知, 邦無道則愚, 其知可及也, 其愚不可及也.)"라고 평하였다.

『맹자집주』에서 말했다. "한유韓愈의 성삼품설性三品說이 대체로 이와 같다."

○ **용안** 공자는 "성은 서로 가깝고 습관은 서로 멀다. 오직 상지上智와 하우下愚는 변화시킬 수 없다."라고 하였는데, 한유가 이 문장을 잘못 읽고서 삼품설을 만들었다. 공자의 말은 대체로 '요순이나 걸주의 성性은 모두 서로 가깝더라도 선한 사람의 습성을 익히면 선하게 되고 악한 사람의 습성을 익히면 악하게 된다. 오직 지혜롭고 총명한 자는 아무리 악인과 서로 익숙히 지내더라도 변화되지 않으며, 어리석고 혼매한 자는 아무리 선한 사람과 서로 익숙히 지내더라도 변화되지 않는다.'는 뜻이다. 원래 저 지혜롭다거나 어리석다고 하는 말은 자신을 도모해 나가는 것을 잘하고 못하는 데서 생기는 명칭으로 이른바 장무중臧武仲의 지혜와 영무자甯武子의 어리석음과 같은 것이니, 이것이 어찌 성품의 높고 낮음에 대한 명칭이겠는가? 만약 성품에 지혜로움과 어리석음이 정해진 등급이 원래 있다고 한다면, 영무자는 난세에는 어리석었으나 치세에는 지혜로웠고, 백리해百里奚는 우虞나라에서는 어리석었으나 진秦나라에서는 지혜로웠으니, 옮겨가거나 활동함에 있어 잘 변천하는 것이 이와 같은데 무엇을 가지고 지혜로운 자와 어리석은 자는 바뀌지 않는다고 말할 수 있겠는가? 그러니 상지上智와 하우下愚는 성품이 아닌 것이 분명하다. 한유와 다른 여러 사람들은 성이 서로 가깝다는 것으로 중인中人의 성을 삼고, 상지와 하우로 요堯와 걸桀의 별명을 삼고는, 좌씨左氏의 근거 없고 과장된 말을 섞어서 인용하여 그 뜻을 증거로 삼아, "상지는 태어나면서부터 선하고, 하우는 태어나면서 악하다."라고 하였다. 그 설이 천하에 해독을 끼치고 만세에 화를 입히기에 충분하니, 해를 끼치는 것은 홍수와 맹수보다 더하다. 태어나면서부터 총명하고 지혜로운 사람은 스스로 오만하고 잘난 체하여 죄악에 빠지는 것을 두려워하지 않게 될 것이고, 태어나면서부터 어리석은 사람은 자포자기하여 개과천선改過遷善에 힘쓸 생각을 하지 않게 될 것이다. 오늘날 배우는 사람들은 성인은 하늘이 내는 것이라고 여기고 자신의 한계를 굳게 정하는데, 모두 이 설이 그 사람들에게 화를 입힌 것이다.

○兩'或曰'之節,[31] 其上節, 韓子所謂中品之性也, 其下節, 韓子所謂上品下品也。然則三品之說, 已經孟子勘破, 後人宜不敢再言。

趙曰:"若, 順也。性與情相爲表裏。性善勝情, 情則從之。能[32]順此情,[33] 使之善者, 眞所謂善也。"
○《集》曰:"乃若, 發語辭。情者, 性之動也。"
○鏞案 乃若之義, 當從《集註》。
○情者, 眞也, 實也。讀之當如'得其情'之情,【《論語》云:"得其情, 則哀矜而勿喜。"】[34] 非性情之情也。孟子之意, 若曰:"幽·厲興, 則民好暴, 誠有此理。舜之弟有象, 比干之兄子有紂, 誠有此事。然此皆陷溺而然, 若其情眞, 則亦皆有可以爲善之性, 非其性本然也。天命之性, 其材本善, 彼從幽·厲, 而逆舜·干者, 非性之罪也。"

---

31) 兩'或曰'之節 : '혹왈'이라는 두 구절은 『맹자·고자 상』의 경문인 "或曰: '性可以爲善, 可以爲不善; 是故文武興, 則民好善; 幽厲興, 則民好暴.'"과 "或曰: '有性善, 有性不善; 是故以堯爲君而有象; 以瞽瞍爲父而有舜; 以紂爲兄之子, 且以爲君, 而有微子啓·王子比干.' 今曰'性善', 然則彼皆非與."를 가리킨다.
32) 能 : 『맹자주소·고자 상』에는 이 앞에 "《孝經》云'此哀戚之情', 情從性也."가 더 있다.
33) 情 : 新朝本에는 '性'으로 되어 있으나 『맹자주소·고자 상』에 따라 바로잡는다.
34) 得其情, 則哀矜而勿喜 : 『논어·자장』에 보인다.

○ '혹왈'이란 두 절에 있어, 윗절은 한유의 이른바 중품의 설을 말한 것이고, 아랫절은 한유의 이른바 상품과 하품을 말한 것이다. 그렇다면 삼품설은 맹자가 이미 간파하였으므로, 후인들은 재론하지 말아야 한다.

* 다산은 인간의 선천적 차별성을 규정한 한유의 성상품설을 비판하였다. 그가 보기에 성상품설은 역사적 사례에 비추어 볼 때 근거가 빈약할 뿐만 아니라, 사람들이 스스로 선을 실천하여 인격적 고양을 추구하는 데 해가 된다. 다산은 오히려 인간의 본성은 차별적이지 않으며, 실천에 따라 바뀔 수 있다는 후천적 변화 가능성을 강조하였다.

조기가 말했다. "'약若'은 '순順(순응하다)'의 뜻이다. 성과 정은 서로 표리가 된다. 성의 선함이 정을 이기게 되면 정은 성을 따르게 된다. 능히 이 정에 순응하여 선하게 하는 것이 진실로 이른바 선이다."

○ 『맹자집주』에서 말했다. "'내약乃若'은 발어사이다. 정情은 성性이 동動한 것이다."

○ **용안** '내약乃若'의 뜻은 『맹자집주』를 따라야 한다.

○ 정은 진眞이요 실實이다. 읽을 때 "그 정을 알았다."라고 할 때의 정과 같이 보아야 하니,[『논어』에 "그들의 실정을 안다면 그들이 죄에 빠진 것을 애처롭게 여겨야지 그들의 죄를 적발한 것을 기쁘게 여기지 말아야 한다."라고 되어 있다.] 성정性情의 정이 아니다. 맹자의 생각은 이랬을 것이다. "유왕幽王과 여왕厲王이 일어나면 백성이 포악함을 좋아하니, 참으로 이러한 이치가 있다. 순임금의 아우에 상象이 있고, 비간比干의 형의 아들에 주紂가 있으니 참으로 이런 일이 있다. 그러나 이것은 모두 물욕에 빠져 그런 것이지, 그 실정의 참모습은 또한 모두 선을 행할 수 있는 성이 있으니 그 성이 본래 그런 것은 아니다. 천명天命의 성은 재질이 본래 선하다. 저들이 유왕과 여왕을 따르고, 순임금과 비간을 거역한 것은 성性의 죄가 아니다."

趙曰: "仁義禮智, 人皆有其端, 懷之於[35]內."

○《集》曰: "前篇[36]言'是四者, 爲仁義禮智之端', 而此不言端者, 彼欲其擴而充之, 此直因用以著其本體。故言有不同耳."

○**鏞案** '非由外鑠我'者, 謂推我在內之四心, 以成在外之四德, 非挽在外之四德, 以發在內之四心也。卽此惻隱之心, 便可得仁, 卽此羞惡之心, 便可得義, 此人性本善之明驗也。故特去端字, 使之卽此心而求仁, 卽此心而求義, 其言更加直截, 更加徑快。若其仁義禮智之名, 必成於行事之後。赤子入井, 惻隱而不往救, 則不可原其心而曰仁也。簞食嘑蹴, 羞惡而不棄去, 則不可原其心而曰義也。大賓臨門, 恭敬而不迎拜, 則不可原其心而曰禮也。善人被讒, 是非而不辨明, 則不可原其心而曰智也。

---

35) 於: 新朝本에는 빠져 있으나 『맹자주소·고자 상』에 따라 보충한다
36) 前篇: 『맹자·공손추 상』을 가리킨다.

조기가 말했다. "인의예지는 사람에게 모두 그 단수端首가 있어 마음속에 품고 있다."

○ 『맹자집주』에서 말했다. "전편前篇에 '이 네 가지는 인의예지의 단서가 된다.'라고 하였는데, 여기서는 단서를 말하지 않았다. 저기서는 그것을 확충하고자 하였고, 여기서는 다만 용用을 통하여 그 본체를 드러냈을 뿐이다. 그러므로 말씀하신 것이 다르다."

○ **용안** "밖으로부터 나를 녹여들어오는 것이 아니다.(非由外鑠我)"라는 것은 나의 안에 있는 측은·수오·사양·시비의 사심四心을 미루어 밖에 있는 인의예지의 사덕四德을 이루는 것을 말한 것이지, 밖에 있는 사덕을 끌어당겨 안에 있는 사심을 발하게 하는 것은 아니다. 이 측은지심에 나아가면 바로 인을 얻을 수 있고, 이 수오지심에 나아가면 바로 의를 얻을 수 있으니, 이것이 바로 인간의 성이 본래 선하다는 분명한 증거이다. 그러므로 특별히 '단端'자를 없애고 사람들에게 이 마음에 나아가 인을 구하게 하고, 이 마음에 나아가 의를 구하게 하였으니, 그 말이 훨씬 곧고 훨씬 명쾌하다. 인의예지라는 이름과 같은 것은 반드시 일을 행한 뒤에 이루어지는 것이다. 어린아이가 우물에 들어가려 할 때 측은히 여기더라도 가서 아이를 구제하지 않으면, 그 마음을 더듬어보아도 인仁하다고 할 수 없으며, 한 그릇의 밥을 멸시하거나 발로 차면서 줄 때 부끄럽고 미워하더라도 그 밥을 버리지 않는다면, 그 마음을 더듬어보아도 의롭다고 할 수 없으며, 큰 손님이 문앞에 왔을 때 공경하더라도 손님을 맞이하여 절하지 않으면, 그 마음을 더듬어보아도 예禮가 있다고 할 수 없으며, 선한 사람이 참소를 당했을 때 시비是非를 따지더라도 시비를 변별하여 밝히지 못하면, 그 마음을 더듬어보아도 지혜롭다고 할 수 없다.

是知四心者, 人性之所固有也, 四德者, 四心之所擴充也。未及擴充, 則仁義禮智之名, 終不可立矣。然而孟子於此章, 直以四心爲四德者, 惻隱之心旣發, 未有不往救也, 羞惡之心旣發, 未有不棄去也, 恭敬之心旣發, 未有不迎拜也, 是非之心旣發, 未有不辨明也。此人性本善之明驗。故孟子以四德黏著於四心, 與前篇不同。雖然, 仁義禮智竟成於行事之後, 若以爲在心之理, 則又非本旨。

《集》曰:"恭者, 敬之發於外者也; 敬者, 恭之主於中者也。"
○**鏞案** 恭字從心, 猶近心德。敬者, 有所向之名。敬天·敬君·敬兄·敬長·敬賓·敬事, 皆有所嚮, 而後敬之名立焉。

여기서 사심四心은 인성人性에 고유한 것이며, 사덕四德은 사심을 확충한 것임을 알 수 있다. 확충하는 데 이르지 못하면 인의예지라는 이름은 끝내 성립될 수 없다. 그런데 맹자가 이 장에서 곧바로 사심을 사덕이라고 한 것은, 측은지심이 발했으면 여지없이 가서 구하고, 수오지심이 발했으면 여지없이 의롭지 않은 것을 버리며, 공경지심이 발했으면 여지없이 맞이하여 절하고, 시비지심이 발했으면 여지없이 시비를 분명하게 분별하기 때문이다. 이것이 바로 인성이 본래 선하다는 분명한 징험이다. 그러므로 맹자는 전편과 달리 사덕을 사심에 붙인 것이다. 그렇지만, 인의예지는 일을 행한 뒤에 성립되는 것인데도 만약 마음속에 있는 이치라고 여긴다면 또한 본래의 뜻이 아니다.

* 다산은 측은지심·수오지심·사양지심·시비지심이 본래 인성에 있는 네 가지 마음이라고 보고, 인의예지는 행사를 통해 얻는 네 가지 덕으로 보고 있다. 그가 "인의예지의 이름은 실천 뒤에 이루어지는 것이다. 그러므로 남을 사랑한 뒤에 인이라 하고 남을 사랑하기 전에는 인의 이름이 성립되지 않는다."(『맹자요의·공손추 상』)라고 한 것은 사심이 마음속에 있고 행사를 통해 얻은 것이 사덕이란 것을 말해주는 것이다. 이는 주자를 비롯한 송유들이 인의예지를 인성에 내재한 것으로 본 것과 대비하면 사유의 큰 전회라고 할 수 있다.

『맹자집주』에서 말했다. "공恭은 경敬을 겉으로 드러낸 것이고, 경은 공을 마음속에 주관하고 있는 것이다."

○ **용안** '공'자는 심心을 따르니 심덕을 가까이 하는 것과 같고, '경'자는 향하는 바가 있는 이름이다. 경천敬天, 경군敬君, 경형敬兄, 경장敬長, 경빈敬賓, 경사敬事가 모두 향하는 바가 있은 뒤에 경敬의 이름이 성립된다.

唯坤之六二曰'敬以直內',[37] 程子主敬之說, 蓋本於此。然程子〈四勿箴〉曰'發禁躁妄, 內斯靜專', 此所謂'敬以直內'也。

《集》曰:"人之情, 無不好此懿德。"
○鏞案 詩人·孔子論性, 專主好惡而言, 於此可驗。

程子曰:"禀之淸者爲賢, 禀之濁者爲愚。"
○鏞案 人之善惡, 不係氣禀之淸濁。周勃[38]·石奮[39] 氣質大抵濁, 王莽·曹操,[40] 氣質大抵淸, 商 受有才力之稱, 宋 襄有渾厚之氣, 豈必淸者爲賢, 濁者爲惡? 舜之璿璣玉衡,[41] 非聰慧者不能, 而號泣旻天, 底豫頑嚚, 不係乎聰明才識。今閭巷卑微之民, 椎鹵如牛, 而能成孝子之行者不可勝數。婦人淸歌妙舞, 辯慧機警者, 鮮不爲淫, 而黃首黑面, 恂愁陋劣者, 多辦烈女之節。善惡之不係乎淸濁也如此。

---

37) 敬以直內:『주역·곤괘·문언』에 나온다.
38) 周勃 : 주발은 중국 전한前漢의 건국과 안정에 공헌한 명신이다. 젊어서는 누에를 치고, 남의 장례에 피리를 불어주면서 생계를 유지하다가, 유방이 거병하자 참여하였다. 진나라 군대를 여러 차례 격파하였으며, 항우의 군대에 맞서 전공을 세움으로써 한나라 건국 뒤 강후絳侯에 봉해졌다. 한신韓信과 진희陳豨 및 노관盧綰이 일으킨 여러 반란을 진압하였으며, 한고조 사후에는 여씨呂氏 일족을 평정하였다.
39) 石奮 : 석분은 중국 전한前漢의 관리로, 근면하고 공손한 성품으로 한나라 고조부터 경제景帝 때까지 중용되었다. 경제 때 구경九卿의 반열에 올랐는데, 이때 아들 네 형제가 모두 일 년에 2천 석을 받는 고관이 되어 만석군萬石君으로 불렸다.
40) 曹操 : 중국 후한 말기의 사람으로 문무를 겸비한 정치가이다. 황건적 토벌에 두각을 나타냈고, 동탁을 토벌하여 중국 북부 지역을 장악하였다. 유비와 손권의 연합군에게 패하였으나, 위촉오 삼국의 경쟁에서는 최종 승리자가 되었다. 후한 헌제獻帝(재위 189~220) 때 승상丞相을 지냈으며, 위왕魏王으로 봉해졌다. 위魏나라 건국의 기초를 닦았고, 아들인 조비曹丕가 위나라 황제의 지위에 오른 뒤에는 무황제武皇帝로 추존되었다.
41) 璿璣玉衡 : 고대의 천문 관측 기구이다.

오직 『주역』 곤괘坤卦 육이효六二爻에만 "경敬으로써 안을 곧게 한다."라고 되어 있는데, 정자의 주경설主敬說은 이 구절에 뿌리를 둔 것이다. 그러나 정자의 「사물잠」에는 "말을 할 때는 조급하고 경망함을 금해야 마음이 고요하고 전일해진다."라고 되어 있으니, 이것이 "경으로써 안을 곧게 한다."라는 말이다

『맹자집주』에서 말했다. "사람의 정은 이 아름다운 덕을 좋아하지 아니함이 없다."
 ○ **용안** 시인과 공자가 성을 논할 때, 오로지 좋아함과 싫어함을 주로 하여 말했음을 여기서 징험할 수 있다.
 정자가 말했다. "타고난 기품이 맑은 자는 어진 사람이 되고, 타고난 기품이 흐린 자는 어리석은 사람이 된다."
 ○ **용안** 사람의 선과 악은 기품의 청탁淸濁과 관계되지 않는다. 주발周勃과 석분石奮은 기질이 대체로 탁했고, 왕망王莽과 조조曹操는 기질이 대체로 청淸하며, 상商나라 임금 수受는 재력才力으로 일컬어진 적이 있었고, 송宋나라 양공襄公은 혼후渾厚한 기질이 있으니, 어찌 반드시 기질이 맑은 자가 현인이 되고 흐린 자가 악인이 되겠는가? 순임금의 선기옥형璿璣玉衡은 총명하고 지혜로운 자가 아니면 잘 다룰 수 없는 것이지만, 하늘을 향해 소리 높여 울면서도 완악한 아버지가 기뻐하도록 한 것은 총명과 재식에 관계된 것이 아니다. 지금 여항閭巷의 미천한 백성들 중에 소처럼 노둔하면서도 능히 효자의 덕행을 이룬 자가 헤아릴 수 없이 많다. 또 부인들 중에 맑은 소리로 노래를 잘 하고, 기묘한 동작으로 춤을 잘 추고, 구변 있고 지혜로우며 기민한 여자치고 음란하지 않은 사람이 드물지만, 누레진 머리에 검은 얼굴을 한 어리석고 비루한 여자들 중에 열녀의 절개를 지킨 사람이 많다. 선악이 타고난 기의 청탁과 무관無關하기가 이와 같다.

程子曰:"論性不論氣, 不備, 論氣不論性, 不明, 二之則不是."
○朱子曰:"孟子之言性善者, 前聖所未發, 此言又孟子所未發."
○陳北溪[42]曰:"只論大本而不及氣稟, 則所論有欠缺未備."
○陳潛室曰:"孔子說氣質之性, 孟子說本然之性."
○**鏞案** 論性不論氣者, 病孟子也。然若使孟子平日與門人, 平說心性之理, 則氣質邊事, 或當並論。今所言者, 皆因告子而發。告子全執氣質之慾, 指爲性命, 孟子之心如遇火, 救火不得不用水, 豈得抱薪以救火乎? 其專擧道義之本性, 勢固然矣。大抵氣質之慾, 雖人之所固有, 而萬不可名之曰人性。何也? 物之品有四等, 荀子曰:"水火有氣而無生, 艸木有生而無知, 禽獸有知而無義。人有氣·有生·有知·有義。"斯其所以爲尊品也。

---

42) 陳北溪: 진순陳淳(1159~1253)은 중국 남송南宋의 학자로, 자는 안경安卿, 호는 북계北溪이다. 벼슬은 천주泉州 안계현安溪縣 주부主簿를 지냈다. 황간黃榦과 함께 주자의 고제高弟로 알려졌고, 주자의 이론을 계승하였다. 저술로는 『북계자의北溪字義』가 있다.

정자가 말했다. "성性만 논하고 기氣를 논하지 않으면 갖추어지지 않고, 기만 논하고 성을 논하지 않으면 분명하지 않으니, 둘로 나누는 것은 옳지 않다."

○ 주자가 말했다. "맹자가 성선을 말한 것은 옛 성인들이 미처 분명하게 말하지 못했던 것이고, 정자의 이 말은 또한 맹자가 미처 분명하게 말하지 못했던 것이다."

○ 진순이 말했다. "다만 큰 근본만을 논하고 기품에 대해 언급하지 않으면, 논한 것에 결함이 생겨 미비하게 된다."

○ 진식이 말했다. "공자는 기질의 성을 말했고, 맹자는 본연의 성을 말했다."

○ **용안** 성은 논하고 기는 논하지 않았다고 하는 것은 맹자를 헐뜯는 말이다. 그러나 만약 맹자가 평상시에 제자들과 심성의 이치를 공평히 말하였다면, 기질에 관한 일은 어쩌면 함께 논했을 것이다. 그런데 지금 말한 것은 모두 고자 때문에 한 말이다. 고자가 오로지 기질의 욕망을 가리켜 성명性命이라고 하자, 맹자의 마음은 마치 불을 만난 것 같아졌던 것이다. 불을 끄려면 물을 퍼부어야 하는 것이지, 어떻게 땔나무를 안고서 불을 끌 수 있겠는가? 맹자가 오로지 도의의 본성만을 거론한 것은 형세가 참으로 그러하였다. 대체로 기질의 욕망은 사람이 본래 가지고 있는 것이지만, 절대로 그것을 인성人性이라고 이름 붙일 수 없다. 어째서인가? 물건의 품성에는 네 등급이 있다. 순자荀子는 "물과 불에는 기氣는 있지만, 생명이 없고, 풀과 나무에는 생명은 있지만 지각이 없고, 금수는 지각은 있지만 의가 없다. 사람은 기·생명·지각·의를 모두 갖추고 있다."라고 하였으니, 이것이 바로 사람이 존귀한 품류가 되는 까닭이다.

今論艸木之身, 明有形質, 亦有生活。然必以生活言之者, 生活貴於形質也。又論禽獸之身, 明有生活, 亦有動覺。然必以動覺言之者, 動覺貴於生活也。人身雖有動覺, 乃於動覺之上, 又有道義之心爲之主宰, 則論人性者, 主於道義可乎, 兼言動覺可乎? 論艸木者, 單言生活之性, 不可曰未備, 論禽獸者, 單言動覺之性, 不可曰未備, 論人者單言道義之性, 何以謂之未備也? 美公輸者, 必言其手巧, 而贊孔子者, 不言其多能鄙事者, 以其道德在鄙事之上, 有足掩之也。人性原有道義, 有足以掩氣質之慾, 惡得以不論氣, 爲未備乎?

○又所謂孔子說氣質之性者, 是又誣孔子也。孔子罕言性命, 而家庭嫡傳, 發於《中庸》, 則《中庸》言性, 是本孔子之論。將謂天命之性·率性之道, 皆氣質之性乎? 若云'性相近'一語, 是乃氣質之性, 則上智下愚, 本非性品之名,【義見上】烏得執此爲孔子說氣質之左證乎?

지금 풀과 나무의 몸체를 논할 때 분명히 형질形質도 있고 생활生活도 있으나, 반드시 생활로 말하는 것은 생활이 형질보다 귀하기 때문이다. 또 금수를 논할 때, 분명히 생활이 있고, 동각動覺도 있으나, 반드시 동각을 말하는 것은 동각이 생활보다 귀하기 때문이다. 사람의 몸이 동각을 가지고 있으나, 동각 위에 또 도의의 마음이 있어서 주재를 하니, 사람의 성을 논하는 자가 도의를 주로 하는 것이 옳겠는가, 동각을 아울러 말하는 것이 옳겠는가? 풀과 나무를 논하는 자가 단지 생활의 성만 말하더라도 갖추어지지 않았다고 할 수 없고, 금수를 논하는 자가 단지 동각의 성만 말하더라도 갖추어지지 않았다고 할 수 없으니, 사람을 논하는 자가 단지 도의의 성만 말하였다고 해서 어떻게 갖추지 않았다고 말하겠는가? 공수公輸를 찬미하는 자는 반드시 그의 손재주를 말하지만, 공자를 찬미하는 자는 공자가 비루한 일에 재능이 많았던 것을 말하지 않으니, 이는 도덕이 비루한 일 위에 있어서 그것을 덮기에 충분하기 때문이다. 사람의 성에는 원래 도의가 있어 기질의 욕망을 덮어버릴 수 있으니, 어찌 기를 논하지 않은 것을 가지고 미비하다고 할 수 있겠는가?

○ 또 이른바 공자가 기질의 성만 말했다고 하는 것도 공자를 헐뜯는 말이다. 공자는 성명性命에 대해 드물게 말했고 집안에서만 전승되다가 『중용』에 드러났다. 『중용』에서 말한 성性은 공자의 이론에 근본한 것이니, 천명지성·솔성지도를 모두 기질의 성이라고 할 수 있는가? 만약 '성상근性相近'이라는 한마디 말이 곧 기질지성이라면 상지上智·하우下愚는 본래 성품의 명칭이 아니니[뜻이 위에 보인다.] 어찌 이것을 가지고 공자가 기질지성을 말했다는 증거로 삼을 수 있겠는가?

率也者, 循也。唯性本善, 故循之順之, 可以適道。若性之爲物, 本兼善惡, 則烏得率性以爲道乎?《中庸》言性, 亦不兼氣質, 不兼善惡, 何獨以孟子之言, 爲未備乎?

'솔率'이란 따른다는 뜻이다. 성품이 본래 착하기 때문에 따르고 순응하면 도에 나아갈 수 있다. 만약 성이 본래 선과 악을 겸하고 있다면 어찌 성을 따르는 것으로 도를 삼을 수 있겠는가? 『중용』에서 성을 말할 때도 기질을 겸하지 않고 선악을 겸하지도 않았는데, 어찌 유독 맹자가 한 말만 갖추어지지 않았다고 하겠는가?

* 공자는 기질의 성만 논하고 맹자는 본연의 성만 논했다고 본 정주학자들의 입장에 대한 다산의 반론이다. 인간에게만 있는 도의의 마음이 인간의 특징이기 때문에 맹자는 도의를 가지고 말한 것이니, 기를 논하지 않았다는 이유로 맹자의 성론性論이 갖추어지지 못했다고 할 수 없다는 주장이다. 또한 공자는 그의 성론이 『중용』의 "천명을 일러 성이라고 하고, 성을 따르는 것을 도라고 한다."(天命之謂性, 率性之謂道)에 잘 나타나 있으므로, 공자는 기질의 성만 논했다는 정주학적 입장 역시 비판하였다.

11-7 풍년에는 자제들이 의뢰함이 많다는 것과
   모맥과 역아에 대한 장 〔富歲子弟多賴麰麥易牙章〕

* 이 장에서 맹자는 성인도 인간이라는 점에서 일반적인 사람과 마찬가지라고 하면서, 어려운 상황 혹은 조건을 극복할 수 있는 선한 본성을 모든 사람이 갖추고 있음을 강조하였다. 다산은 맹자의 성선설의 내적 합리성을 강조하고, 송대의 주석가들이 본연지성과 기질시성을 병립시키면서 선·불선의 원인이 기질지성에 있다고 보충한 해설을 비판하였다. 그는 선악의 문제에 있어 기질의 결정성을 강하게 부정하고, 형기와 습속, 외물과 같은 조건을 인간이 극복할 수 있다고 주장하였다. 이를 위해 성性을 리理와 호환 가능한 것으로 해석한 주자학적 설명에 어원적 근거가 없다는 점을 지적하고, 동물들과 달리 인간이라면 누구나 가진 선을 좋아하는 마음을 선의 근거로 제시하였다.

孟子曰:"富歲, 子弟多賴; 凶歲, 子弟多暴, 非天之降才爾殊也, 其所以陷溺其心者然也. 今夫麰麥, 播種而耰之, 其地同, 樹之時又同, 浡然而生, 至於日至之時, 皆熟矣. 雖有不同, 則地有肥磽, 雨露之養·人事之不齊也. 故凡同類者, 擧相似也, 何獨至於人而疑之? 聖人, 與我同類者. 故龍子曰: '不知足而爲屨, 我知其不爲蕢也.' 屨之相似, 天下之足同也. 口之於味, 有同耆也; 易牙先得我口之所耆者也. 如使口之於味也, 其性與人殊, 若犬馬之與我不同類也, 則天下何耆皆從易牙之於味也? 至於味, 天下期於易牙, 是天下之口相似也. 惟耳亦然. 至於聲, 天下期於師曠, 是天下之耳相似也. 惟目亦然. 至於子都, 天下莫不知其姣也. 不知子都之姣者, 無目者也. 故曰, 口之於味也, 有同耆焉; 耳之於聲也, 有同聽焉; 目之於色也, 有同美焉. 至於心, 獨無所同然乎? 心之所同然者何也? 謂理也, 義也. 聖人先得我心之所同然耳. 故理義之悅我心, 猶芻豢之悅我口."

맹자께서 말씀하셨다. "풍년에는 자제들이 대부분 선해지고, 흉년에는 자제들이 대부분 포악해지니, 하늘이 재질을 내린 것이 그처럼 다른 것이 아니라, 그 마음을 빠뜨리는 것이 그렇게 만드는 것이다. 지금 보리를 파종하고 씨앗을 덮되, 그 땅이 똑같으며 심는 시기가 똑같으면, 싹이 터서 하지가 되면 모두 익는다. 비록 똑같지 않음이 있더라도, 이는 땅에 비옥하고 척박함이 있고, 비와 이슬의 길러줌과 사람이 가꾸는 일이 똑같지 않기 때문이다. 그러므로 무릇 종류가 같은 것은 대부분 서로 같으니, 어찌 유독 사람에 대해서만 의심을 하겠는가. 성인도 나와 같은 종류의 사람이다. 그러므로 용자龍子가 말하기를 '발의 크기를 알지 못하고 신을 만들더라도 나는 그 신이 삼태기가 되지 않을 것을 안다.'라고 하였으니, 신이 서로 비슷함은 천하의 발이 같기 때문이다. 입이 맛에 있어서 같은 것을 즐기니, 역아易牙는 먼저 우리 입이 즐기는 것을 알았다. 가령 입이 맛에 있어서 그 성이 남과 다르기가 마치 개와 말이 우리와 같은 류가 아닌 것처럼 다르다면, 천하가 어찌 맛을 즐기기를 모두 역아가 조리한 맛을 따라서 즐기겠는가. 맛에 이르러서는 천하가 역아가 되기를 기약하니, 이것은 천하의 입이 서로 같기 때문이다. 귀도 또한 그러하니, 소리에 이르러서는 천하가 사광師曠이 되기를 기약하니, 이것은 천하의 귀가 서로 같기 때문이다. 눈도 또한 그러하니, 자도子都에 이르러서는 천하가 그 아름다움을 알지 못하는 이가 없으니, 자도의 아름다움을 알지 못하는 자는 눈이 없는 자이다. 그러므로 말하기를 '입이 맛에 있어서 똑같이 즐김이 있으며, 귀가 소리에 있어서 똑같이 들음이 있으며, 눈이 색에 있어서 똑같이 아름답게 여김이 있다.'라고 하는 것이니, 마음에 이르러서만 유독 똑같이 옳게 여기는 바가 없겠는가? 마음에 똑같이 옳게 여긴다는 것은 어떤 것인가? 이理와 의義를 말한다. 성인은 우리 마음에 똑같이 옳게 여기는 바를 먼저 아셨다. 그러므로 이理·의義가 우리 마음에 기쁨은 추환芻豢(가축)이 우리 입에 좋음과 같은 것이다."

趙曰: "賴, 善。暴, 惡也。"

○《集》曰: "賴, 藉也。"

○**鏞案**《史記·高祖本紀》云: "大人常以臣無賴。" 晉灼[43]曰: "賴, 利也。或曰江·淮之間, 謂小兒狡猾爲無賴",[44] 則趙氏之訓賴爲善, 必有師承, 不可改也。若訓之爲藉, 則不能與暴爲對, 而無以爲性善之證, 趙註恐不可改。

○此節富[45]歲·凶歲, 亦是設諭, 不是直說。蓋云人性本善, 其或所行不善者, 必由陷溺。陷溺之法, 或以財利, 或以酒色, 而大抵多由於培養。故繼之以麰麥之喩。孟子論性, 以不善歸之於陷溺, 宋儒論性, 以不善歸之於氣質。陷溺由己, 其救有術, 氣質由天, 其脫無路, 人孰不自暴自棄, 甘自歸於下流之賤乎? 天之賦予, 原自不均, 或予之以純美純淸之氣質, 使之爲堯爲舜, 或予之以純惡純濁之氣質, 使之爲桀爲跖, 天之不公, 胡至是也?

---

43) 晉灼: 진작은 중국 서진의 학자로 관직은 상서랑을 지냈다. 『한서』를 주석하여 『한서집주』를 남겼다. 음운에 대해 훈고한 저술 『한서음의』도 지었으나 전하지 않는다.
44) 晉灼曰 … 爲無賴: 『사기집해』의 원문은 다음과 같다. "晉灼曰: 賴, 利也. 無利於家也. 或曰江淮之閒謂小兒多詐狡猾爲無賴."
45) 富: 新朝本에는 '當'으로 되어 있다.

조기가 말했다. "뢰賴는 선善이며 '포暴'는 악惡이다."

○ 『맹자집주』에서 말했다. "뢰'는 의뢰함이다."

○ **용안** 『사기·고조본기』에 "대인(부군父君)은 항상 신을 무뢰無賴하다고 여겼다."라고 되어 있는데, 진작晉灼은 "뢰賴는 이로움이다. … 혹자는 양자강과 회수淮水 사이에서는 어린이가 교활한 것을 무뢰하다고 한다."라고 하였다. 따라서 조기가 '뢰賴'를 선善이라고 훈해한 데는 반드시 전해들은 바가 있었을 것이니, 고치는 것은 옳지 않다. 만약 이를 의뢰한다는 뜻으로 풀이한다면 포악해진다[暴]와 대對가 되지 못하며 성선의 증거로 삼을 수 없다. 조기의 주는 고쳐서는 안 될 것이다.

○ 이 절의 풍년과 흉년도 비유적으로 말한 것이지 직설적으로 말한 것은 아니다. 대체로 사람의 성품은 본래 선하나 간혹 불선을 행하는 것은 마음을 빠뜨렸기 때문이라고 말한 것이다. 마음을 빠뜨리는 법은 재물과 이익 때문이거나 술과 여자 때문인데, 대개 배양培養하는 데서 연유함이 많다. 그러므로 보리에 대한 비유를 이어서 말한 것이다. 맹자는 성을 논하면서 불선을 자기 마음을 빠뜨리는 것에 돌렸는데, 송대의 학자들은 성을 논하면서 불선한 것은 기질에다 돌렸다. 마음을 빠뜨리는 것은 자신에게 비롯되어 구할 방법이 있지만, 기질은 하늘에서 비롯되어 벗어날 길이 없으니, 사람이 누군들 자포자기하여 스스로 하류의 비천한 데로 돌아가는 것을 감수하지 않겠는가? 하늘이 부여해 준 것이 원래 고르지 못하여 어떤 사람에게는 순수하게 아름답고 깨끗한 기질을 주어 요순처럼 되게 하기도 하고, 어떤 사람에게는 순전히 악하고 탁한 기질을 주어 걸이나 도척처럼 되게 하기도 한다면, 하늘의 불공평함이 어찌 이리도 심하단 말인가?

夫所謂堯·舜者, 吾不知其爲善, 適其所得者淸氣也, 而所謂桀·跖者, 吾不知其爲惡, 適其所得者濁氣也. 旣予之以淸氣, 又歸之以聖人之名, 何厚於堯·舜乎? 旣予之以濁氣, 又加[46]之以惡人之名, 何薄於桀·跖乎? 使桀·跖而死而有知也, 則將日號泣于旻天, 以愬其冤枉矣.
○陷溺之術, 或以形氣之私慾, 或以習俗之薰染, 或以外物之引誘. 以此之故, 良心陷溺, 至於大惡, 何得以氣質爲諉乎? 堯·舜·周·孔, 未嘗無數者之害, 而明於利害, 察於祥殃, 故能克去其害, 而不爲所陷溺, 所以爲上智也. 豊年子弟多賴, 而猶或有亡賴者, 堯子丹朱之類也. 凶年子弟多暴, 而猶或有不暴者, 瞽子虞舜之類也. 其隨衆而賴暴者, 習相遠之凡人也. 此一節引喩切當, 不可作直說看.

---

46) 加:新朝本에는 '如'로 되어 있다.

이른바 요순이 선을 행한 것이 단지 얻은 바가 깨끗한 기운 때문인지 나는 모르겠으며, 이른바 걸과 도척이 악을 행한 것이 단지 얻은 바가 탁한 기운 때문인지 나는 모르겠다. 이미 그들에게 깨끗한 기질을 주었으면서, 또 성인이라는 명칭도 주었다면 요순에게는 어찌하여 후하며, 이미 그들에게 탁한 기운을 주고 나서 또 악인의 이름을 더하였다면, 걸과 도척에게는 어찌하여 박하게 하는가? 만약 걸과 도척이 죽어서 이 사실을 안다면 날마다 하늘을 보고 울부짖으며 그 원통함을 호소할 것이다.

　○ 자신을 빠뜨리는 것은 형기의 사욕 때문이거나 습속의 오염 때문이거나, 외물의 유혹 때문이다. 이 때문에 양심이 없어져 큰 악에 이르게 되니, 어찌 기질의 탓으로만 돌릴 수 있겠는가? 요·순·주공·공자도 몇 차례의 위해危害가 없지 않았지만, 이해利害에 밝고 길상吉祥과 재앙을 잘 살폈기 때문에, 그 해로움을 잘 극복하여 자신을 빠뜨리지 않고 상지上智가 된 것이다. 풍년에는 자제 중에 선한 자가 많으나 그래도 혹 선하지 않은 자도 있으니, 요의 아들 단주丹朱와 같은 사람이다. 흉년에는 자제 중에 포악한 자가 많으니, 그래도 혹 포악하지 않은 자가 있으니, 고수의 아들 순과 같은 사람이다. 무리를 따라 선하기도 하고 악하기도 한 것은 습관이 서로 먼 범인凡人이다. 이 한 절은 인용하고 비유한 것이 적절하니 직설적인 말로 보아서는 안 된다.

《集》曰: "日至之時, 謂當成熟之期."

○**鏞案** 日至之時, 謂夏至也。麥之登場, 雖在芒種, 必至夏至, 方得爛熟。況小麥登場, 原在夏至。〈月令〉雖云'孟夏登麥', 不必拘也。

陳曰: "雨露之異, 勤惰之不齊, 以譬養其心與陷溺其心有不同也."[47]
○**鏞案** 此所謂性相近也, 習相遠也。文王之子爲周公, 始皇之子爲胡亥, 此地有肥磽也。學於孔子則爲顏淵, 學於后羿則爲逢蒙,[48] 此雨露之不齊也。舜之徒鷄鳴而起, 孳孳爲善, 跖之徒鷄鳴而起, 孳孳爲利, 此人事之不齊也。性本相近, 習以相遠, 非是之爲乎?

---

47) 雨露之 … 不同也: 『사서대전』의 원문은 다음과 같다. "雨露有有無之異, 人事有勤惰之不齊故耳, 以譬降才同, 而養其心與陷溺其心有不同也."
48) 學於后羿則爲逢蒙: 후예后羿는 중국 하나라 때 인물로 활을 잘 쏘았다. 방몽逢蒙을 제자로 두었는데, 천하제일의 활솜씨를 가지려던 방몽에게 살해당했다.

『맹자집주』에서 말했다. "'일지지시日至之時'는 성숙하는 시기를 만났다는 말이다."

○ **용안** '일지지시'는 하지夏至를 말한다. 보리가 나오는 시기는 망종芒種 때이지만, 반드시 하지가 되어야 바야흐로 완전히 익는다. 더구나 소맥小麥의 수확 시기는 원래 하지 때이다. 『예기·월령』에는 "초여름(孟夏: 음력4월)에 보리가 나온다."라고 하였지만, 꼭 구애될 필요는 없다.

진사개陣師凱가 말했다. "비와 이슬의 내림이 다른 것과 사람의 돌봄에 부지런하고 게으른 것이 같지 않다는 것을 가지고 마음을 기르는 것과 마음을 빠뜨리는 것이 다름을 비유하였다."

○ **용안** 이것은 이른바 성품은 서로 가까우나 습성이 서로 멀다는 것이다. 문왕의 아들은 주공이 되고 진시황의 아들은 호해가 되었으니, 이것이 땅에 비옥하고 척박함이 있는 것이고, 공자에게 배우면 안연이 되고 후예后羿에게 배우면 방몽逢蒙이 되니, 이것은 비와 이슬의 적셔줌이 고르지 못하다는 것이다. 순임금의 무리는 닭이 울면 일어나 부지런히 선을 행하고, 도척의 무리는 닭이 울면 일어나 부지런히 이익만을 위하였으니, 이것이 바로 사람의 일삼는 것이 같지 않다는 것이다. 성품은 본디 서로 가까우나 습성에 따라 서로 멀게 되기 때문에 이와 같이 되는 것이 아니겠는가?

趙曰: "理者, 得道之理."

○《集》曰: "程子曰, '在物爲理, 處物爲義, 體用之謂也.'"

○**鏞案** 理字之義, 因可講也. 理者, 本是玉石之脈理.【徐鉉云】治玉者, 察其脈理, 故遂復假借, 以治爲理.【字從玉】《淮南子》云'璧襲無理',【《覽冥訓》】〈內則〉云'薄切之, 必絶其理',【肉理也】《內經》云'腠理受風', 《漢書》云'縱理入口',【《周勃傳》】《唐書》云'木理皆斜',【《太完紀》】皆是脈理之理. 而《中庸》云'文理密察', 〈樂記〉云'樂通倫理', 《易傳》云'俯察地理', 《孟子》云'始條理, 終條理', 仍亦脈理之義也. 〈大雅〉云'乃疆[49]乃理', 《左傳》云'疆[50]理天下',【成二年】《易傳》云'和順道德, 而理於義', 《漢書》云'燮理陰陽',【丙吉傳】《漢書》云'政平訟理',【《循吏傳》】此皆治理之理也.

---

49) 疆: 新朝本에는 '彊'으로 되어 있다.
50) 疆: 新朝本에는 '彊'으로 되어 있다.

조기가 말했다. "리理는 도道의 리理를 얻는 것이다."

○ 『맹자집주』에서 말했다. "정자가 말했다. '사물 속에 있는 것을 리理라 하고, 사물에 대처하는 것을 의義라 하니 체體와 용用을 말한 것이다.'"

○ **용안** 리理자의 뜻을 여기 이 말에 따라서 강구해볼 만하다. 리理라는 것은 본디 옥석玉石의 결[脈理]이니【서현徐鉉이 말하였다.】 옥을 다듬는 자는 그 결을 살핀다. 그러므로 마침내 다시 가차하여 다스리는 것을 리理라 한 것이다.【글자는 '옥玉'을 따른다.】 『회남자』에 "벽璧을 겹쳐두어 결[理]이 없어졌다."【『남명훈』에 나온다.】라고 하였고, 『예기·내칙』에 "얇게 자를 때는 반드시 그 결[理]을 끊어야 한다."【여기서의 리理는 살의 결이다.】라고 하였으며, 『황제내경』에 "살결[滕理]이 바람을 받는다." 하였고, 『한서』에 "〈코 아래〉 세로로 결[理]이 있어 입으로 들어간다."라고 하였으며,【『주발전』에 나온다.】 『당서』에 "나뭇결[木理]이 모두 비스듬하다."【『태종본기』에 보인다.】라고 하였으니, 이는 모두 맥리[脈理]라는 뜻의 리理이다. 『중용』에 "문리文理를 정밀하게 살핀다."라고 하였고, 『예기·악기』에 "악惡은 윤리倫理에 통한다."라고 하였으며, 『역전』에 "아래로 지리를 살핀다."라고 하였고, 『맹자』에 "조리條理를 시작하고, 조리를 마친다."라고 하였으니, 이 역시 맥리의 뜻이다. 『시경·대아』에 "영토를 구획하고 다스린다."라고 하였고, 『좌전』에 "천하를 구획하여 다스린다."【성공 2년조에 보인다.】라고 하였으며, 『역전』에 "도덕에 화순하여 의義로 다스린다."라고 하였고, 『한서』에 "음양을 섭리한다."【『병길전丙吉傳』에 보인다.】라고 하였으며, 『한서』에 "정사가 공평하여 송사가 잘 다스려진다."【『순리전循吏傳』에 보인다.】라고 하였으니, 이는 치리治理의 리理이다.

治理者, 莫如獄, 故獄官謂之理.〈月令〉云'命理察',《剏氏族譜》云'皐陶爲大理',〈循吏傳〉云'李離爲晉 文公之理', 皆獄官也. 曷嘗以無形者爲理, 有質者爲氣, 天命之性爲理, 七情之發爲氣乎?《易》曰'黃中通理', 又曰'易簡, 而天下之理得矣',〈樂記〉云'天理滅矣',《易》曰'窮理盡性, 以至於命',《易》曰'順性命之理',【並說卦】靜究字義, 皆脈理·治理·法理之假借爲文者,【法理卽獄理】直以性爲理, 有古據乎?

○此云理義者, 天理也, 道義也. 合於天理者, 無非善事, 成於道義者, 無非善行. 善事·善行, 人心之所悅也. 悅我心者, 悅衆人之心, 非悅聖人之心也. 作一善事, 盜賊亦且愉快, 修一善行, 淫婦莫不忻樂.

치리는 옥사獄事를 다스리는 것만 한 것이 없기 때문에 옥관을 이관理官이라고 한다. 『예기·월령』에 "이관에게 명령하여 상처 난 데를 살피게 한다."라고 하였고, 『씨족보氏族譜』에 "고요皐陶가 대리관大理官이 되었다."라고 하였으며, 「순리전」에 "이리李離가 진 문공晉文公의 이관이 되었다."라고 하였으니 모두 옥관이다. 어찌 일찍이 형체가 없는 것을 리理라고 하고 형체가 있는 것을 기氣라고 하며, 천명天命의 성性을 리理라고 하고 칠정七情이 발한 것을 기氣라고 하겠는가?

『주역』에 "가운데 있는 중덕中德이 리理에 통한다."라고 하였고, 또 "건곤乾坤의 도는 쉽고 간단해서 천하의 이법理法이 얻어진다."라고 하였으며, 『예기·악기樂記』에 "천리가 민멸되었다."라고 하였고, 『주역』에 "이치를 궁구하고 성품을 다하여 천명에 이른다."라고 하였으며, 또 "성명의 리理에 순응한다."【둘 다 「설괘說卦」에 보인다.】라고 하였다. 가만히 글자의 뜻을 궁구해 보면, 모두 맥리·치리·법리의 뜻을 가차해서 만든 글자이니【법리는 곧 옥리獄理이다.】 곧바로 성性을 리理라고 하는 것이 고전에 근거가 있는가?

○ 여기서 리理와 의義라고 한 것은 천리天理와 도의道義를 말한다. 천리에 합치한 것은 선사善事 아닌 것이 없고, 도의에서 이루어진 것은 선행善行이 아닌 것이 없다. 선사와 선행은 사람의 마음이 기뻐하는 것이다. 내 마음을 기쁘게 하는 것은 여러 사람들의 마음을 기쁘게 하는 것이지, 성인의 마음을 기쁘게 하는 것은 아니다. 한 가지 선한 일을 하는 것은 도적도 유쾌해하고, 한 가지 선행을 닦는 것은 음부淫婦도 모두 기뻐하고 즐거워한다.

理義之悅我心, 非是之謂乎? 此心之同所悅, 如口舌之同所嗜, 耳目之同所好. 擧天下林林蔥蔥, 夷狄·蠻羌·奸淫·竊盜·下愚之人, 其受天命之性旣同, 則其悅理好義, 愧罪恥惡, 亦皆毫髮不差可知. 性善之理, 若是其確, 而諸先生方且以形氣之私慾, 命之爲性, 同聲詆斥, 直云'孟子之說不如程子', 一則曰有未備, 一則曰有虧欠, 一則曰不細密, 琢之斲之, 不少顧藉. 觀其定論, 謂必雙擧理氣, 兼言善惡, 而後乃爲全備, 乃爲周密. 此與揚雄之說, 毫髮有差乎? 然則[51]聖賢之統, 胡不歸之於揚雄乎? 夫氣質之慾, 人與獸不殊, 其所異者, 惟此理義之性. 而又於是建立本然一名, 乃云'本然之性, 人物同得'. 然則人仍禽獸, 禽獸仍人, 其復有[52]靈頑貴賤之別矣? 此係聖道之大段, 不敢不辨.

---

51) 則: 신조본에는 빠져 있다.
52) 有: 신조본에는 '羅'로 되어 있다.

그러니 리理와 의義가 우리 마음을 기쁘게 한다는 것이 이를 두고 한 말이 아니겠는가? 이는 마음이 같이 좋아하는 바이니, 마치 입과 혀가 같이 좋아하는 것이나, 귀와 눈이 같이 좋아하는 것과 같다. 온 천하의 사람들 가운데 오랑캐, 간사한 사람, 음탕한 사람, 도둑, 어리석은 사람들도 천명의 성을 받았다는 점은 이미 같으니, 리理를 즐거워하고 의義를 좋아하며, 죄와 악을 부끄러워하는 것도 모두 조금도 차이가 없음을 알 수 있다. 성선性善의 이치가 이와 같이 확실한데, 여러 선생들은 바야흐로 형기의 사욕을 성性이라고 명명하고서 한 목소리로 배척하며, 다만 "맹자의 설이 정자程子의 설보다 못하다."라고 한다. 그리하여 한편에서는 미비하다고 하고, 한편에서는 빠진 것이 있다고 하고, 한편에서는 세밀하지 못하다고 하면서, 맹자의 설을 쪼아내고 깎아내며 조금도 중요하게 여기지 않는다. 그들이 말하는 정론定論을 살펴보건대, 반드시 리理와 기氣를 양쪽에 들고 선과 악을 겸하여 말한 뒤에야 완전히 갖추어지고 주밀하다고 한다. 이것이 양웅揚雄의 설과 조금이라도 차이가 있는가? 그렇다면 성현의 도통이 왜 양웅에게 돌아가지 않았는가? 기질의 욕심은 사람과 짐승이 다르지 않으나, 다른 것은 오직 이理·의義의 성性일 뿐이다. 그런데 여기에다 또 본연이라는 하나의 이름을 세워놓고 말하기를 "본연의 성은 사람과 동물이 다 같이 얻은 것이다."라고 한다. 그렇다면 사람이 곧 금수이고 금수가 곧 사람이니 어찌 다시 신령스럽고 완악하고 귀하고 천하다는 구별이 있겠는가? 이는 성도聖道의 대단大段에 관계된 것이니, 감히 분별하지 않을 수 없다.

11-8 우산의 나무가 일찍이 아름다웠다는 장 〔牛山之木嘗美矣章〕

* 이 장은 우산의 나무에 비유하여 인간의 성선이 수양을 통해 회복될 수 있다는 내용이다. 다산은 정좌를 통한 함양이 아니라 인의의 구체적 실천이야말로 본성의 회복을 위한 공부법이라고 보았다.

孟子曰:"牛山之木嘗美矣, 以其郊於大國也, 斧斤伐之, 可以爲美乎? 是其日夜之所息, 雨露之所潤, 非無萌蘖之生焉, 牛羊又從而牧之, 是以若彼濯濯也. 人見其濯濯也, 以爲未嘗有材焉, 此豈山之性也哉? 雖存乎人者, 豈無仁義之心哉? 其所以放其良心者, 亦猶斧斤之於木也, 旦旦而伐之, 可以爲美乎? 其日夜之所息, 平旦之氣, 其好惡與人相近也者幾希, 則其旦晝之所爲, 有梏亡之矣. 梏之反覆, 則其夜氣不足以存; 夜氣不足以存, 則其違禽獸不遠矣. 人見其禽獸也, 而以爲未嘗有才焉者, 是豈人之情也哉? 故苟得其養, 無物不長; 苟失其養, 無物不消. 孔子曰: '操則存, 舍則亡; 出入無時, 莫知其鄕.' 惟心之謂與?"

趙曰:"鄕猶里, 以喩居[53]也."
○《集》曰:"出入無定時, 亦無定處[54]."
○**鋪案** 其鄕,《集註》無所訓, 疑與舊說同. 余謂鄕當讀作嚮.〈曲禮〉席南鄕·席東鄕, 皆作鄕.

---

53) 居: 新朝本에는 '君'으로 되어 있다.
54) 處: 新朝本에는 '體'로 되어 있으나 『맹자집주』에 따라 수정하였다.

맹자께서 말씀하였다. "우산의 나무가 아름다웠는데, 큰 수도의 교외에 있기 때문에 도끼와 자귀로 나무를 베어가니, 아름답게 될 수 있겠는가? 이는 낮과 밤이 길러주고 비와 이슬이 적셔 주기 때문에 싹이 나오기는 하지만 소와 양을 또 계속 방목하므로, 이 때문에 저렇게 민둥하게 되었다. 사람들은 우산의 민둥함을 보고서 훌륭한 재목이 있은 적이 없다고 여기는데, 이것이 어찌 산의 성性이겠는가? 비록 사람에게 보존된 것인들 어찌 인의의 마음이 없겠는가? 그의 양심을 잃어버리는 과정이 또한 도끼와 자귀가 나무에 대해서 아침마다 베어 가는 것과 같으니, 이렇게 하고서도 아름답게 될 수 있겠는가. 밤에 길러주는 것과 평온한 아침의 맑은 기운에도 그 좋아하고 미워함이 남들과 서로 가까운 것이 얼마 되지 않는데, 낮에 하는 소행이 이 길러준 기운을 얽어매니[梏亡], 얽어매기를 반복하면 야기夜氣가 충분히 보존될 수 없고, 야기가 보존될 수 없으면 금수와 거리가 멀지 않게 된다. 사람들은 그 금수 같은 행실만 보고서 훌륭한 재질이 있은 적이 없다고 여기니, 이것이 어찌 사람의 실정實情이겠는가? 그러므로 만일 그 기름을 잘 얻으면 모든 물건이 다 잘 자라고, 만일 그 기름을 잃으면 어떤 물건이건 다 사라진다. 공자께서 '잡으면 보존되고 놓으면 잃어서, 나가고 들어옴이 정한 때가 없으며, 그 방향을 알 수 없다.'라고 하신 것은 오직 사람의 마음을 두고 말씀하신 것이다."

조기가 말했다. "향鄕은 리里와 같으니, 자기가 사는 곳에 비유한 것이다."
○ 『맹자집주』에서 말했다. "출입에 일정한 때가 없고, 또한 일정한 곳이 없다."
○ **용안** '기향其鄕'은 『맹자집주』에서 풀이한 것이 없으니, 아마도 구설과 같은 듯하다. 내가 보기에는 '향鄕'을 향嚮(방향)으로 읽어야 한다. 『예기·곡례』에 "자리를 남향으로 한다. 자리를 동향으로 한다."라고 하였는데, 모두 향鄕으로 썼다.

《集》曰:"操之則在此, 舍之則失去。"【朱子云:"亡不是無。只是走作逐物去了。"】
○鏞案 前篇曰:"人之所以異於禽獸者幾希, 庶民去之, 君子存之。"又曰:"君子所以異於人者, 以其存心。"【並〈離婁〉】存者, 保存也, 亡者, 喪亡也。若如《集註》之義, 存者, 留住也, 亡者, 逃去也。《易》曰:"知進退存亡。"〈傳〉曰:"國之所以廢興存亡。"皆以保存爲存, 喪亡爲亡, 未有以留住爲存, 逃去爲亡也。後世之所謂靜存·默存·存養·存持, 固亦修道者之善事。然孔子所謂'操則存, 舍則亡', 必非此說。孔子之所謂操存者, 欲於應事接物之時, 强恕行仁, 言必忠信, 行必篤敬, 勿循私欲, 一聽道心, 非欲瞑目端坐, 收視息聽, 回光反照, 以爲涵養之功也。涵養之功, 非曰不善, 但非孔子操存之遺法也。人之休養, 在於夜氣, 旣朝旣晝, 則所急在於行事。

『맹자집주』에서 말했다. "그것을 잡으면 여기에 있고, 놓으면 잃어버린다."【주자는 "망亡은 없는 것이 아니다. 다만 달아나 어떤 대상을 따라 가버리는 것이다."라고 했다.】

○ **용안** 앞 편에는 "사람이 금수와 다른 것이 얼마 안 되니, 서민은 그것을 버리고 군자는 그것을 보존한다."로 되어 있고, 또 "군자가 보통 사람들과 다른 이유는 본마음을 보존하고 있기 때문이다."로 되어 있으니,【모두 이루편이다.】 존存이란 보존하는 것이고, 망亡이란 잃어버리는 것이다. 만약 『맹자집주』의 뜻과 같다면 존存이란 머물러 있는 것이고, 망亡이란 달아나는 것이다. 『주역』에 "진퇴와 존망을 안다."[55] 하였는데, 『전傳』에 "수도가 홍폐존망興廢存亡하는 것이다." 하였으니, 모두 '보존'을 '존存'이라고 하였고, 도망가는 것을 망亡이라고 한 것은 없다. 후세의 이른바 정존靜存·묵존默存·존양存養·존지存持는 참으로 도를 닦는 사람의 착한 일이지만, 공자가 말한 "잡으면 보존되고 놓으면 잃어버린다."라는 것이 꼭 이런 말은 아니다. 공자가 말한 "잡으면 보존된다."라는 것은, 일을 응대하고 사물을 접할 때 서恕에 힘써 인仁을 행하고, 말은 반드시 충신스럽게 하고 행실은 반드시 독경篤敬하게 하여, 사욕을 따르지 않고 한결같이 도심을 듣고자 하는 것이지, 눈을 감고 단정히 앉아서 보지도 듣지도 않으면서 회광반조回光反照하는 것으로 함양의 공부를 삼고자 하는 것은 아니다. 함양의 공부가 좋지 않다는 말이 아니고, 다만 그것이 공자의 "잡으면 보존된다."라고 하는 수양의 유법遺法은 아니라는 것이다. 사람의 휴양休養은 야기夜氣에 있으나, 아침이 되고 대낮이 되면 행사하는 데 급급함이 있게 된다.

---

55) 진퇴와 존망을 안다 : 『주역·건괘·문언』에 보인다.

仕者朝於君, 牧者莅於民, 子省其父, 婦省其姑, 農作其田, 商列其貨, 賓至而將命, 師起而問業, 奚暇爲靜存之工哉? 於此百忙之中, 默坐若泥塑之人, 則君以爲不敬, 民以爲不勤, 父母舅姑嗔其怠慢, 農虞工商失其機會, 弟子賓客損其歡心, 計非深入山林, 結茅菴而坐蒲團者, 不能爲此。故古之所謂學者, 入而事其父兄, 出而事其長上, 千乘之國治其財賦, 大理之司片言折獄, 宗廟會同, 端章甫以爲相, 軍旅之事, 揮戈矛以潰師。【樊遲·冉有事】今之所56)謂學者, 淸平之世, 遯入山林, 山巾野服, 默坐靜存, 君召不赴, 民困不救。其注官而任職也, 授之以軍旅·賓客·財賦·訟獄之任, 則大臣彈之以非禮, 言官擊之以慢賢。惟經筵侍講之職, 指爲當窠。朝廷待之以道士, 都民望之爲異人, 位至卿相, 猶稱山林。

---

56) 所:新朝本에는 빠져 있다.

벼슬하는 사람은 임금에게 조회하고, 목민관은 백성에게 임하고, 자식은 아버지에게 문안하고, 며느리는 시어머니에게 문안하고, 농부는 밭을 가꾸고, 상인은 물건을 늘어놓고, 빈객이 오면 명을 받들고, 스승이 나오면 학업을 물어야 하니, 어느 겨를에 정존靜存의 공부를 하겠는가? 이처럼 여러모로 바쁜 가운데 소상塑像처럼 묵좌默坐하고 있는 사람은 임금이 공경하지 못하다고 여기고, 일반인들은 부지런하지 못하다고 여기고, 부모와 시부모는 태만한 것을 꾸짖고, 농부·산지기·공인工人·상인은 기회를 놓치면, 제자와 빈객은 환심을 잃게 되니, 산림에 깊숙이 들어가 띠집을 짓고 부들자리를 깔고 앉아 있을 계획을 한 사람이 아니라면 이렇게 할 수는 없다. 그러므로 옛날의 이른바 배우는 이는 집에 들어가서는 부형을 섬기고, 밖에 나가서는 어른과 윗사람을 섬기며, 천승千乘의 나라에서는 재화財貨와 공부貢賦를 다스리고, 법관이 되어서는 한마디 말로 옥사를 판결하며, 종묘의 제사와 제후의 회동 때는 현단복玄端服과 장보관章甫冠 차림으로 임금을 도우며, 군사의 일에는 창과 방패를 휘둘러 적을 궤멸시키는 것이다.〔번지樊遲와 염유冉有가 한 일이다.〕 오늘날 이른바 배우는 이는 깨끗하고 평화로운 세상에 산속으로 숨어들어, 은인隱人의 복장을 하고 묵좌정존默坐靜存의 공부로, 임금이 불러도 나아가지 않고, 백성이 곤궁해도 구원하지 않는다. 관직에 주의注擬하여 직임을 맡김에 있어 군대·빈객 접대·재부財賦·옥송獄訟의 직책에 제수되면, 대신은 그것이 예가 아니라고 탄핵하고, 언관言官은 어진 사람을 업신여긴다고 공격한다. 오직 경연에서 시강하는 직책에 대해서만 마땅한 자리라고 지적한다. 조정에서는 그를 도사道士로 우대하고, 도성의 백성은 그를 선망하여 이인異人이라고 생각하며, 지위가 공경과 재상에 이르러도 오히려 산림山林이라고 칭한다.

苟究其故, 蓋其學術, 大與古異。古學用力在行事, 而以行事爲治心, 今學用力在養心, 而以養心至廢事故也。欲獨善其身者, 今學亦好, 欲兼濟天下者, 古學乃可。此又不可以不知也。

○小註稱: "范淳夫女子讀《孟子》曰, '孟子誤矣。心豈有出入?' 伊川聞之曰, '此女雖不識孟子, 却識心。'" 今按, 出入無時, 非孟子之言, 乃孔子之言。孔子謂'心有出入', 范淳夫之女謂'心無出入', 程子斷之曰'范淳夫之女, 却識心', 是謂孔子不識心也。若云此女天資高妙, 心體湛然, 心無出入, 故所言如此,【見小註】則孔子天資卑下, 心體躁擾, 心常出入, 故所言如彼乎? 諸先生嗜學太過, 或因講學, 戲弄如此。

그 까닭을 궁구해보니, 대체로 학술이 옛날과 크게 다르기 때문이다. 옛날의 학문은 힘쓰는 것이 일을 행하는 데 있어서 일을 행하는 것으로 마음을 다스렸는데, 오늘날의 학문은 힘쓰는 것이 마음을 기르는 데 있어서 마음을 기르다가 일까지 그만두게 된다. 혼자 제 자신만 선하게 하고자 하는 사람은 오늘날의 학문으로도 좋겠지만, 천하를 아울러 구제하고자 하는 사람은 옛날의 학문이라야 할 수 있다. 이점을 꼭 알아야 한다.

 ○ 소주에서는 이런 구절이 있다. "범순부의 딸이 『맹자』를 읽고 말하기를 '맹자가 틀렸다. 마음에 어찌 출입이 있겠는가?'라고 하였는데, 정이천이 이 말을 듣고 말하기를 '이 여자는 맹자는 알지 못하였지만 도리어 마음은 알았구나!'라고 하였다." 지금 살펴보건대, 출입에 때가 없다는 말은 맹자의 말이 아니고 공자의 말이다. 공자는 "마음에 출입이 있다."라고 하였는데, 범순부의 딸은 "마음은 출입이 없다."라고 한 것이다. 정자는 이것을 단정하여 "범순부의 딸이 도리어 마음을 알았다."라고 하였으니, 이는 공자가 마음을 알지 못했다는 말이다. 만약 이 여자가 타고난 자품이 높고 훌륭하며 심체가 담박하여 마음이 출입이 없기 때문에 이와 같이 말했다고 한다면,[소주小註에 보인다.] 공자는 타고난 자품이 낮고 심체가 조급하고 흔들려 마음이 항상 출입하기 때문에 그렇게 말한 것인가? 여러 선생들이 학문을 좋아하는 것이 너무 지나쳐서 혹 강학을 통해 희롱한 것이 이와 같을 것이다.

11-10 물고기도 내가 원하는 것이고 곰 발바닥도 내가 원한다는 장
〔魚我所欲熊掌亦我所欲章〕

* 이 장에서 다산은 내용을 두 대목으로 나누어서 보았는데, 목숨을 버리고서도 의를 취하는 인간의 선한 본성을 보여주는 사례와 본심을 잃어버리게 되는 원인을 제시하고 이를 경계하는 것으로 나누었다.

孟子曰: "魚, 我所欲也, 熊掌亦我所欲也; 二者不可得兼, 舍魚而取熊掌者也. 生亦我所欲也, 義亦我所欲也; 二者不可得兼, 舍生而取義者也. 生亦我所欲, 所欲有甚於生者, 故不爲苟得也; 死亦我所惡, 所惡有甚於死者, 故患有所不辟也. 如使人之所欲莫甚於生, 則凡可以得生者, 何不用也? 使人之所惡莫甚於死者, 則凡可以辟患者, 何不爲也? 由是則生而有不用也, 由是則可以辟患而有不爲也, 是故所欲有甚於生者, 所惡有甚於死者. 非獨賢者有是心也, 人皆有之, 賢者能勿喪耳. 一簞食, 一豆羹, 得之則生, 弗得則死, 嘑爾而與之, 行道之人弗受; 蹴爾而與之, 乞人不屑也. 萬鍾則不辯禮義而受之. 萬鍾於我何加焉? 爲宮室之美·妻妾之奉·所識窮乏者得我與? 鄕爲身死而不受, 今爲宮室之美爲之; 鄕爲身死而不受, 今爲妻妾之奉爲之; 鄕爲身死而不受, 今爲所識窮乏者得我而爲之, 是亦不可以已乎? 此之謂失其本心."

孫曰: "由此言之, 則生而有不用也."

맹자께서 말씀하였다. "물고기도 내가 원하는 것이고, 웅장(곰 발바닥)도 내가 원하는 것이지만, 이 두 가지를 모두 얻을 수 없다면 물고기를 버리고 웅장을 취하겠다. 삶도 내가 원하는 것이고, 의도 내가 원하는 것이지만, 이 두 가지를 겸하여 얻을 수 없다면 삶을 버리고 의를 취하겠다. 삶도 내가 원하는 것이지만, 삶보다 더 원하는 것이 있다. 그러므로 삶을 구차히 얻으려고 하지 않는 것이다. 죽음도 내가 싫어하는 것이지만, 죽음보다 더 싫어하는 것이 있다. 그러므로 환난을 피하지 않는 경우가 있는 것이다. 가령 사람들이 삶보다 더 원하는 것이 없다면 삶을 얻을 수 있는 온갖 방법을 어찌 쓰지 않겠으며, 가령 사람들이 죽음보다 더 미워하는 것이 없다면 환난을 피할 수 있는 온갖 방법을 어찌 쓰지 않겠는가. 이 때문에 살 수 있는데도 그 방법을 쓰지 않는 경우가 있으며, 이 때문에 화를 피할 수 있는데도 하지 않는 경우가 있는 것이다. 이러므로 삶보다 더 원하는 것이 있으며, 죽음보다 더 미워하는 것이 있다. 어진 사람만 이러한 마음을 가지고 있는 것이 아니라, 사람마다 다 가지고 있건만, 어진 사람은 이것을 잃지 않을 수 있을 뿐이다.
　한 그릇의 밥이나 한 그릇의 국을 얻으면 살고 얻지 못하면 죽는 지경이라도, 혀를 차고 꾸짖으면서 주면 떠돌이라도 받지 않으며, 발로 밟고 차듯이 주면 걸인도 좋게 여기지 않는다. 만종의 녹은 예의를 분별하지 않고 받으면, 만종의 녹이 나에게 무슨 보탬이 있겠는가. 궁실의 아름다움과 처첩의 받듦과 알고 지내는 궁핍한 자가 나를 고맙게 여김을 위해서일 것이다. 지난번에 자신을 위해서는 죽어도 받지 않다가, 이제 궁실의 아름다움을 위해서 그 짓을 하며, 지난번에 자신을 위해서는 죽어도 받지 않다가, 이제 처첩의 받듦을 위하여 그 짓을 하며, 지난번에 자신을 위해서는 죽어도 받지 않다가, 이제 알고 지내는 궁핍한 자가 나를 고맙게 여김을 위하여 그 짓을 하니, 이 또한 그만둘 수 없는가. 이것을 일러 '그 본심을 잃었다.'라고 하는 것이다."

　손석이 말했다. "이로 말미암아 말한다면, 살 수 있는데도 그 방법을 쓰지 않음이 없다."

○《集》曰: "由其必有秉彛之良心, 是以能舍生取義如此."【輔云: "由是'之'是', 蓋指秉彛之良心."】
○吾東諺解, '由是'絶句, 又'由是'絶句。
○**鏞案** '由是則生, 由是則可以辟患', 猶言'如是則生, 如是則可以辟患'。由生路則生, 由辟患之路則辟患, 而人有舍之而不由者, 爲其禮義之可欲, 甚於欲生, 而非禮不義之可惡, 甚於惡死也。秉彛良心, 孟子之所不言, 今以'由是'二字, 謂由秉彛之良心者, 恐無連絡處。

《集》曰: "三者, 身外之物."
○**鏞案** 此章當分二節看。'熊魚'以下, 乃性善之確證。'一簞食'以下, 乃失心之至戒。上下節不宜通動。
○萬乘之君·千金之富, 其眞切所須, 亦一簞食·一豆羹而已。此夢最難覺。

○ 『맹자집주』에서 말했다. "반드시 떳떳한 성품의 양심(秉彝之良心)을 가지고 있기 때문에 삶을 버리고 의를 취함이 이와 같다."【보광이 말했다. "'유시由是'의 '시是'는 대개 떳떳한 성품의 양심을 가리킨다."】 우리나라의 『맹자언해』에서는 '유시由是'에서 구句를 끊었고, 또 '유시'에서 구를 끊었다.

○ **용안** "이것을 말미암으면 살고, 이것을 말미암으면 환난을 피할 수 있다."라는 것은 "이와 같이 하면 살고, 이와 같이 하면 환난을 피할 수 있다."라고 말하는 것과 같다. 사는 길을 말미암으면 살고 환난을 피하는 길을 말미암으면 환난을 피할 수 있지만, 사람이 이 길을 버리고 말미암지 않는 것은 예의를 지키려는 마음이 살고자 하는 것보다 심하고 비례와 불의를 미워하는 것이 죽음을 싫어하는 것보다 심하기 때문이다. "떳떳한 성품의 양심"이란 것은 맹자가 말한 것이 아닌데, 지금 이 '유시由是' 두 글자를 "떳떳한 성품의 양심을 말미암는다."라고 한 것은 아마도 연관이 없을 듯하다.

『맹자집주』에서 말했다. "세 가지는 몸 밖의 일이다."

○ **용안** 이 장은 두 절로 나누어 보아야 한다. '웅어熊魚' 이하는 성선에 대한 확실한 증거이며, '일단사一簞食' 이하는 마음을 잃어버리는 것에 대한 지극한 경계이다. 상하 두 절을 합쳐서 보지 않아야 한다.

○ 만승의 임금과 천금의 부자도 참으로 절실히 필요로 하는 것은 또한 한 그릇의 밥과 한 그릇의 국일 뿐이다. 이는 꿈에도 가장 깨닫기 어려운 것이다.

11-11 인은 마음의 덕이고 의는 마음의 길이라고 한 장
〔仁人心也義人路也章〕

* 이 장에서 인과 의를 심성에 내재한 것으로 본 정주학적 해석에 대해 다산은 그 해석의 관념성을 비판하면서 인을 사람과 사람의 관계로 해석하고 만물을 낳는 이치라는 신비적 해석을 배격하였다.

孟子曰: "仁, 人心也; 義, 人路也. 舍其路而弗由, 放其心而不知求, 哀哉! 人有雞犬放, 則知求之; 有放心而不知求. 學問之道無他, 求其放心而已矣."

《集》曰: "仁者, 心之德。程子所謂'心如穀種, 仁則其生之性', 是也。"
○鏞案 '仁, 人心也', 註之曰'仁者, 心之德', 則'義, 人路也', 註之曰'義者, 路之德', 然後其例均正。若云義不是路之德, 則便知仁亦非心之德。此是則彼非, 彼是則此非, 必不敢兩從者也。余謂心者, 吾人神明之所宅也。神明以心爲宅, 以爲安居。此云'仁, 人心也'者, 猶言'仁, 人宅也'。'仁者, 人之安宅, 義者, 人之正路',57) 固亦孟子之所言, 此章彼章, 豈得異解乎? 仁者, 二人也。事親孝爲仁, 子與父二人也, 事君忠爲仁, 臣與君二人也, 牧民慈爲仁, 牧與民二人也。人與人, 盡其分, 乃得爲仁。故曰'强恕而行, 求仁莫近焉'。

---

57) 仁者 … 人之正路:『맹자·이루 상』에 보인다.

맹자께서 말씀하였다. "인은 사람의 마음이고, 의는 사람의 길이다. 그 길을 버리고 따르지 않으며, 그 마음을 잃어버리고 찾을 줄을 모르니, 슬프도다. 닭과 개가 도망가면 찾을 줄을 아는 사람이 있는데, 마음을 잃고서는 찾을 줄을 모르는 사람들이 있다. 학문하는 방법은 다름 아니라 그 잃어버린 마음을 찾는 것일 뿐이다."

『맹자집주』에서 말했다. "인仁이란 마음의 덕이니, 정자는 이른바 '마음은 곡식의 씨와 같고, 인은 그 싹터 나오는 성이다.'라고 한 것이 이것이다."

○ **용안** 주자가 "인仁은 사람의 마음이다."를 주석하면서 "인이란 마음의 덕이다."라고 하였으니, "의는 사람의 길이다."를 주석하면서도 "의란 길의 덕이다."라고 한 뒤에야 그 예가 똑같이 바르게 된다. 만약 의가 길의 덕이 아니라고 한다면, 곧 인도 마음의 덕이 아님을 알 수 있다. 이것이 옳으면 저것이 그르고, 저것이 옳으면 이것이 그르니, 감히 둘 다를 따르지는 못하게 되어 있다. 내가 생각건대, 마음이란 우리 인간의 신명神明의 집이다. 신명은 마음을 집으로 삼아서 편안히 머무른다. 여기에 "인仁은 사람의 마음이다."라고 한 것은 "인仁은 사람의 집이다."라고 말한 것과 같다. "인仁이란 사람의 편안한 집이고, 의란 사람의 바른 길이다."라는 것도 역시 맹자가 한 말이니, 이 장과 저 장을 어찌 다르게 풀이할 수 있겠는가? 인이란 두 사람이다. 어버이를 섬길 때는 효가 인이 되니 자식과 아버지가 두 사람이며, 임금을 섬길 때는 충이 인이 되니 신하와 임금이 두 사람이며, 백성을 길러주는 데는 자애가 인이 되니 목민관과 백성이 두 사람이다. 사람과 사람이 그 직분을 극진히 하면 곧 인을 할 수 있다. 그러므로 "서恕를 힘써 행하면 인仁을 구하기가 이보다 더 가까운 것이 없다."라고 한 것이다.

在心之理, 安得爲仁乎? 唯德亦然, 直心所行, 斯謂之德。故《大學》以孝弟慈爲明德,《論語》以讓國爲至德。實行旣著, 乃稱爲德, 心體之湛然虛明者, 安有德乎? 心本無德, 況於仁乎?

○桃仁·杏仁, 謂之仁者,《易例》仁義禮智, 配於震兌離坎, 而說卦方位, 又以東西南北, 配於震兌離坎, 故先儒遂以仁德爲東方生物之德, 而桃仁·杏仁之謂之仁, 亦此義也。《易例》之取物象, 不可爲典。龍羊雉豕, 亦配於震兌離坎, 其將曰仁爲龍·義爲羊·禮爲雉·智爲豕乎? 仁, 非生物之理, 以此求仁, 必無以見仁迹矣。

마음에 있는 이치가 어찌 인이 될 수 있겠는가? 덕도 그러하니 마음을 곧게 하여 행하는 것을 덕이라고 한다. 그러므로 『대학』에서는 효·제·자를 명덕으로 삼고, 『논어』에서는 나라를 사양하는 것을 지덕으로 삼은 것이다. 실행하여 드러난 뒤에야 덕이라고 일컬을 수 있으니, 심체의 담박하고 허명虛明한 것에 어찌 덕이 있겠는가? 마음에 본래 덕이 없는데, 하물며 인仁에 있어서이겠는가?

○ 복숭아와 살구씨를 인仁이라고 하는 것은 『역례易例』에 인仁·의義·예禮·지智를 진震·태兌·이離·감坎에 배열하고, 설괘說卦 방위에도 동서남북에 진태이감을 배열하였기 때문에 선유가 인덕仁德을 동쪽의 만물을 낳는 덕으로 삼은 것인데, 복숭아와 살구씨를 인이라고 하는 것도 이런 뜻이다. 『역례』에서 물상物象을 취한 것인데 본받을 것은 못된다. 용·양·꿩·돼지도 진·태·이·감에 배열하였으니, 인은 용이 되고 의는 양이 되고 예는 꿩이 되고 지는 돼지가 된다고 말할 수 있겠는가? 인은 만물을 낳는 이치가 아니므로, 이로써 인을 구하면 틀림없이 인의 자취를 못 보게 될 것이다.

11-13 공나무·파나무·오동나무·재나무를
사람들이 생장시키려고 한다는 장 〔拱把之桐梓人苟欲生之章〕

* 이 장에서 나무를 기르는 것을 알면서 자신을 기르는 것에 소홀하다는 맹자의 설에 대해 다산은 자신이란 신체가 아니라 영명한 마음을 나타낸다고 보았다.

孟子曰:"拱把之桐梓, 人苟欲生之, 皆知所以養之者. 至於身, 而不知所以養之者, 豈愛身不若桐梓哉? 弗思甚也."

陳曰:"非徒養其口體血氣之身."
○鏞案 身者, 靈明之體也, 知此身者, 或鮮矣.

맹자께서 말씀하셨다. "공拱·파把의 오동梧桐나무와 재梓나무를 사람들이 생장시키고자 한다면 모두 이것을 기르는 방법을 한다. 그러나 사람들은 자신에 이르러서는 자신을 기르는 방법을 알지 못하니, 어찌 자신을 사랑함이 오동梧桐나무와 재梓나무만 못해서이겠는가? 생각하지 않음이 심한 것이다."

진사개가 말했다. "단지 구체와 혈기의 몸을 기르는 것만이 아니다."
○ **용안** 자신이란 영명한 체[靈明之體]인데, 이 자신을 아는 자가 드물다.

11-14 사람은 자기 몸에 사랑하는 바를 겸하며 몸에는 귀천과 대소가 있다는 장

〔人之於身也兼所愛體有貴賤有小大[58]章〕

孟子曰: "人之於身也, 兼所愛, 兼所愛, 則兼所養也. 無尺寸之膚不愛焉, 則無尺寸之膚不養也. 所以考其善不善者, 豈有他哉? 於己取之而已矣. 體有貴賤, 有小大. 無以小害大, 無以賤害貴. 養其小者爲小人, 養其大者爲大人. 今有場師, 舍其梧檟, 養其樲棘, 則爲賤場師焉. 養其一指而失其肩背, 而不知也, 則爲狼疾人也. 飮食之人, 則人賤之矣, 爲其養小以失大也. 飮食之人無有失也, 則口腹豈適爲尺寸之膚哉?"

趙曰: "小, 口腹也, 大, 心志也。頭頸, 貴者也, 指拇, 賤者也."
○《集》曰: "賤而小者, 口腹也, 貴而大者, 心志也."
○鏞案 當從《集注》. 但心者, 五臟[59]之一, 志者, 心之所之, 皆不足以爲[60]大體. 蓋此靈明之體, 雖寓於形氣之中, 粹然不與形氣相雜, 豈可以有形之心臟,[61] 指之爲大體乎? 佛家謂之法身, 道家謂之谷神, 總不如孟子名之曰大體, 又或名之曰貴體也.

---

58) 小大 : 新朝本·奎章本에는 '大小'로 되어 있으나 『맹자·고자 상』에 따라 바로잡는다.
59) 臟 : 新朝本에는 '贜'으로 되어 있다.
60) 爲 : 新朝本에는 '外'로 되어 있다.
61) 臟 : 新朝本에는 '贜'으로 되어 있다.

맹자께서 말씀하셨다. "사람이 몸에 대해서 모두 사랑하는데, 모두 사랑하면 모두 기른다. 한 자나 한 치의 살이라도 사랑하지 않음이 없다면, 한 자와 한 치의 살이라도 기르지 않음이 없을 것이다. 잘 기르고 잘못 기름을 상고하는 것이 어찌 다른 것이 있겠는가? 자기에게서 취할 뿐이다. 몸에는 귀천이 있으며 소대가 있으니, 작은 것을 가지고 큰 것을 해치지 말며, 천한 것을 가지고 귀한 것을 해치지 말아야 한다. 작은 것을 기르는 자는 소인이 되고, 큰 것을 기르는 자는 대인이 된다. 지금 원예사가 오동나무와 가래나무를 버리고 가시나무를 기른다면 값어치 없는 원예사가 되는 것이다. 그 한 손가락만을 기르고, 그 어깨와 등을 잃으면서도 모른다면, 이는 분별력 없는 사람이 되는 것이다. 음식을 밝히는 사람을 사람들이 천히 여기나니, 작은 것을 기르고 큰 것을 잃기 때문이다. 음식을 밝히는 사람이 잃음이 없다면 구복口腹이 어찌 다만 한 자나 한 치의 살이 될 뿐이겠는가?"

조기가 말했다. "작은 것이 구복口腹이고, 큰 것이 심지心志이다. 머리와 목은 귀한 것이며, 손가락은 천한 것이다."

○ 『맹자집주』에서 말했다. "천하고 작은 것은 구복이고, 귀하고 큰 것은 심지이다."

○ **용안** 주자를 따르는 것이 마땅하다. 다만 심心은 오장 가운데 하나이며, 지志는 마음이 지향하는 바이니, 모두 대체가 될 수 없다. 대개 생각건대, 이 영명한 대체[靈明之體]는 형기 가운데 깃들어 있다 하더라도, 순수하여 형기와 서로 섞이지 않는데, 어찌 형체가 있는 심장을 가리켜 대체라고 할 수 있겠는가? 불가에서는 이를 법신法身이라고 말하고, 도가에서는 이를 곡신谷神이라고 하나, 모두 맹자가 대체라고 이름을 붙인 것이나 귀체貴體라고 이름을 붙인 것보다 못하다.

蔡曰:"賤而小者, 耳目手足之類皆是, 朱子專以口腹爲小體。"【見《蒙引》】

○**鏞案** 飮食, 由口而入腹, 其精氣, 由五臟[62]以達百體。此所以古注·今注, 皆以口腹言也。然不若以全身爲小體。

---

62) 臟: 新朝本에는 '臓'으로 되어 있다.

채청이 말했다. "천하고 작은 것은 귀·눈·손·발의 부류가 모두 이런 것들인데, 주자는 오직 구복口腹만을 소체라고 하였다."【『사서몽인』에 보인다.】

○ **용안** 음식은 입으로부터 배로 들어가고, 그 정기는 오장으로부터 온몸에 이르게 된다. 이것이 바로 고주·금주에서 모두 구복으로 말을 하게 된 이유이다. 그러나 전신을 소체라고 하는 것보다는 못하다.

11-15 대체를 따르기도 하고 소체를 따르기도 한다는 것에 대해 공도자가 물은 장 〔公都子問或從其大體或從其小體章〕

* 공도자의 질문에 대하여 맹자는 사람이 대인이 되고 소인이 되는 이유는 대체를 따르는가 소체를 따르는가에 달렸다고 설명하였다. 주자가 이에 대해 소체를 눈과 귀라는 구체적 신체 기관이라고 본 데 대해 다산은 눈과 귀의 역할 역시 마음에 달려 있는 것이라는 점에서 소체를 기관에 한정하지 않고 기관의 통한 감각과 인지의 문제로 이해하였다.

公都子問曰: "鈞是人也, 或爲大人, 或爲小人, 何也." 孟子曰: "從其大體爲大人, 從其小體爲小人." 曰: "鈞是人也, 或從其大體, 或從其小體, 何也?" 曰: "耳目之官不思, 而蔽於物, 物交物, 則引之而已矣, 心之官則思, 思則得之, 不思則不得也. 此天之所與我者. 先立乎其大者, 則其小者不能奪也. 此爲大人而已矣."

趙曰: "大體, 心思禮義, 小體, 縱恣[63]情慾."
○《集》曰: "大體, 心也, 小體, 耳目之類也."
○鏞案 大體者, 無形之靈明也, 小體者, 有形之軀殼也. 從其大體者, 率性者也, 從其小體者, 循欲者也. 道心常欲養大, 而人心常欲養小. 樂天知命, 則培養道心矣, 克己復禮, 則制伏人心矣. 此善惡之判也.
○耳目, 非以小體言也. 物與我之相接, 其門路在於耳目. 耳收聲而納之於心, 目收色而納之於心, 是其職耳. 耳目但修其職分而已, 顧何嘗使此心强從其所納哉?

---

[63] 恣: 新朝本에는 '志'로 되어 있으나 『맹자주소孟子注疏·고자 하』에 따라 바로잡는다.

공도자가 물었다. "똑같이 사람인데, 혹은 대인이 되며, 혹은 소인이 되는 것은 어째서입니까?" 맹자께서 말씀하셨다. "그 대체를 따르는 사람은 대인이 되고, 그 소체를 따르는 사람은 소인이 되는 것이다." 공도자가 물었다. "똑같이 사람인데, 혹은 그 대체를 따르며 혹은 그 소체를 따름은 어째서입니까?" 맹자께서 말씀하셨다. "귀와 눈의 기능[官]은 생각하지 못하여 물건에 가려지는데, 물건이 물건과 사귀면 거기에 끌려갈 뿐이다. 마음의 기능은 생각할 수 있으니, 생각하면 얻고 생각하지 못하면 얻지 못한다. 이것은 하늘이 우리 인간에게 부여해 주신 것이니, 먼저 그 대체를 세우면 그 소체가 빼앗지 못할 것이다. 이것이 대인이 되는 이유일 뿐이다."

조기가 말했다. "대체는 마음이 예의를 생각하는 것이고, 소체는 정욕에 따라 멋대로 하는 것이다."

『맹자집주』에서 말했다. "대체는 마음이고, 소체는 귀와 눈의 유이다."

○ **용안** 대체는 형체가 없는 영명한 것이며, 소체는 형체가 있는 몸뚱이다. "대체를 따른다."라는 것은 본성을 따르는 것이며, "소체를 따른다."라는 것은 욕심을 따르는 것이다. 도심은 항상 대체를 기르고자 하지만, 인심은 항상 소체를 기르고자 한다. 천명을 즐거워하고 알면 도심을 배양하게 되고, 자신의 사욕을 극복하고 예로 돌아가면 인심을 제재할 수 있으니, 여기에서 선과 악이 판가름 나는 것이다.

○ 귀와 눈은 소체로서 말한 것이 아니다. 사물과 내가 서로 접촉할 때, 문로는 귀와 눈에 달려 있다. 귀는 소리를 들어서 마음에 넣어주고, 눈은 빛깔을 보고서 마음에 넣어주니 이것이 귀와 눈의 직분이다. 귀와 눈은 다만 그 직분을 수행할 뿐이니, 어찌 이 마음으로 하여금 넣어주는 것을 억지로 따르게 한 적이 있었던가?

其所納利於大體, 則從之者爲從大體, 違之者爲從小體, 其所納利於
小體, 則從之者爲從小體, 違之者爲從大體, 如斯而已。其能或從而或
違者, 以心官之能思也。苟一思之, 必不可從小而違大, 養小而害大。
苟不思之, 必至陷溺其心, 而失其從違之正。心之能思, 豈非幸歟? 於
是乎讚美之曰'此天之所以予我者'。

넣어주는 것이 대체에 이로울 경우 그것을 따르는 것은 대체로 따르는 것이 되고 그것을 어기는 것은 소체를 따르는 것이 되며, 넣어주는 것이 소체에 이로울 경우, 그것을 따르는 것은 소체를 따르는 것이 되고, 그것을 어기는 것은 대체를 따르는 것이 되니, 이와 같을 뿐이다. 따르기도 하고 어기기도 하는 것은 심관心官이 능히 생각하기 때문이다.

만일 한결같이 생각하면 반드시 소체를 따르고 대체를 어겨 소체를 기르고 대체를 해치게 할 수 없으며, 만일 생각하지 않으면 반드시 그 마음을 사욕에 빠지게 하여 따르고 어기는 것의 바른 것을 잃게 되니, 마음이 능히 생각할 수 있는 것이 어지 다행한 일이 아니겠는가? 그래서 이것을 찬미하여 "이것이야말로 하늘이 나에게 준 것이다."라고 말한 것이다.

11-16 천작이 있고 인작이 있다고 한 장 〔有天爵者有人爵者章〕

* 이 장은 천작인 인간의 덕성을 인작인 벼슬보다 중요하다고 강조한 것이다.

孟子曰: "有天爵者, 有人爵者. 仁義忠信, 樂善不倦, 此天爵也; 公卿大夫, 此人爵也. 古之人修其天爵, 而人爵從之. 今之人修其天爵, 以要人爵; 旣得人爵, 而棄其天爵, 則惑之甚者也, 終亦必亡而已矣."

《集》曰: "天爵者, 德義可尊, 自然之貴也."
○**鏞案** 人爵, 以位之高下爲品級, 天爵, 以德之高下爲品級. 不肖而得人爵者有之矣, 不肖而得天爵者未之有也.

맹자께서 말씀하셨다. "천작天爵이 있으며, 인작人爵이 있으니, 인의와 충신을 행하고 선을 즐거워하며 게을리 하지 않음이 이 천작이요, 공경과 대부는 이 인작이다. 옛 사람은 그 천작을 닦음에 인작이 뒤따랐다. 지금 사람들은 천작을 닦아서 인작을 요구하고, 이미 인작을 얻고서는 천작을 버리니, 이것은 의혹됨이 심한 것이다. 끝내는 틀림없이 인작마저 잃을 뿐이다."

『맹자집주』에서 말했다. "천작은 덕의로서 높일 만한 것이니 자연의 존귀함이다."

○ **용안** 인작은 지위의 높고 낮은 것으로 등급을 삼은 것이며, 천작은 덕의 높고 낮은 것으로 등급을 삼은 것이니, 불초한 사람으로서 인작을 얻는 자는 있지만, 불초한 사람으로서 천작을 얻는 자는 아직까지 없었다.

11-17 귀하고자 하는 것은 사람의 똑같은 마음이라는 장

〔欲貴者人之同心章〕

* 이 장에서 맹자는 귀한 인작을 추구하는 것이 사람들의 공동된 지향이라는 점을 설명하였다. 주자가 양良을 본연의 선으로 설명한 데 대해 다산은 양전良田, 양마良馬, 양지良知, 양능良能과 같은 질적인 좋음으로 풀이한다.

孟子曰: "欲貴者, 人之同心也. 人人有貴於己者, 弗思耳矣. 人之所貴者, 非良貴也. 趙孟[64]之所貴, 趙孟能賤之. 《詩》云: '旣醉以酒, 旣飽以德.'[65] 言飽乎仁義也, 所以不願人之膏粱之味也; 令聞廣譽施於身, 所以不願人之文繡也."

《集》曰: "良者, 本然之善也."
○**鏞案** 不糞而肥, 謂之良田, 不馴而驟, 謂之良馬。不敎而知, 謂之良知, 不學而能, 謂之良能。

---

(64) 조맹趙孟: 춘추시대 진晉나라의 대부인 조돈趙盾(?~B.C. 601)이다. 맹孟은 그의 자이다. 양공襄公 때 국정을 장악하여 작록을 내리고 거두었다.
(65) 旣醉以酒, 旣飽以德:『시경·대아·기취旣醉』에 보인다.

맹자께서 말씀하셨다. "귀하고자 함은 사람의 똑같은 마음이니, 사람마다 자기에게 귀함이 있건마는, 생각하지 않아서 모를 뿐이다. 남이 귀하게 해준 것은 양귀良貴가 아니니, 조맹趙孟이 구하게 해준 것을 조맹이 능히 천하게 할 수 있다. 『시경』에 이르기를 '이미 술로 취하고 이미 덕으로 충족했다.'라고 하였으니, 인의에 충족함을 말한 것이다. 이 때문에 남의 고량지미를 원하지 않는 것이며, 좋은 명성과 넓은 명예가 몸에 베풀어져 있다. 이 때문에 남의 문수文繡를 원하지 않는 것이다."

『맹자집주』에서 말했다. "양이란 본연의 선이다."

○ **용안** 거름을 하지 않아도 비옥한 것을 양전이라고 하고 길들이지 않아도 빠른 것은 양마라고 한다. 가르치지 않아도 아는 것을 양지라고 하며, 배우지 않아도 능숙한 것을 양능이라고 한다.

11-18 인이 불인을 이김은 물이 불을 이김과 같다는 장

[仁之勝不仁也猶水勝火章]

* 이 장에서 다산은 주자가 인과 불인을 천리와 인욕으로 읽은 데 대하여 인은 천리가 아니라 사람이 실천을 통해 도달하는 덕이라고 설명하였다.

孟子曰:"仁之勝不仁也, 猶水勝火. 今之爲仁者, 猶以一杯水救一車薪之火也; 不熄, 則謂之水不勝火, 此又與於不仁之甚者也, 亦終必亡而已矣."

朱子曰:"以理言之, 則正之勝邪, 天理之勝人欲, 甚易."【見《大全》】
○蔡曰:"梁惠王以能行小惠, 而訝其民之不加多於鄰國, 是正所謂不熄則謂之水不勝火者也."
○鏞案 仁非天理, 乃是人德. 孔子曰:"克己復禮爲仁." 明人欲[66]旣克, 然後乃得[67]爲仁. 若於未克之前, 先有在心之仁, 與人欲[68]而相勝, 則是旣仁之後, 猶與私慾相戰. 仁之爲物, 仍是善惡未定之品, 豈可通乎? 下篇曰:"以至仁伐至不仁, 何其血之流杵也?"【〈盡心下〉】原是武王伐紂之說. 湯之勝桀, 武王之勝紂, 其不猶於水勝火乎? 蔡說極是.

---

66) 欲: 新朝本에는 '慾'으로 되어 있다.
67) 得: 新朝本에는 빠져 있다.
68) 欲: 新朝本에는 '慾'으로 되어 있다.

맹자께서 말씀하였다. "인仁이 불인을 이김은 물이 불을 이김과 같으니, 지금에 인仁을 해하는 자들은 한 잔의 물로 한 수레에 가득 실은 섶의 불을 끄는 것과 같다. 그리하여 불이 꺼지지 않으면 물이 불을 이기지 못한다고 말하니, 이는 또 불인을 돕기를 심히 하는 것이다."

『맹자집주』에서 말했다. "이로 말하면 정이 사를 이기고, 천리가 인욕을 이기는 것이 매우 쉽다."【『주자대전朱子大全』에 보인다.】

○ 채청이 말했다. "양혜왕이 조그만 은혜를 베풀고서 자기 나라 백성들이 이웃 나라보다 더 많아지지 않는 것을 의아하게 생각하였으니, 이것이 바로 이른바 불이 꺼지지 않으면 물이 불을 이기지 못한다고 하는 것이다."

○ **용안** 인은 천리가 아니고 바로 인덕이다. 공자가 "사욕을 극복하고 예로 돌아가는 것이 인이 된다."라고 한 것은 인욕이 극복된 뒤에야 인이 될 수 있다는 것을 밝힌 것이다. 만약 아직 인욕을 극복하기도 전에 먼저 마음에 존재하는 인이 있어서 인욕과 서로 싸워 이긴다면, 이는 인을 한 뒤에도 오히려 사욕과 서로 싸우게 될 것이다. 그렇다면 인이란 것은 선악이 정해지기 전의 것이 되니, 어찌 통할 수 있겠는가? 하편에 "지극한 인으로 지극히 불인한 자를 쳤으니, 어찌 그 피가 절굿공이를 떠다니게 했겠는가?"【『진심하盡心下』에 보인다.】라고 했다. 이는 원래 무왕이 주를 쳤을 때의 이야기이다. 탕이 걸을 이긴 것이나 무왕이 주를 이긴 것이, 물이 불을 이기는 것과 같지 않은가? 채씨의 설이 지극히 옳다.

11-19 오곡이 익지 못하면 피만도 못하다는 장

〔五穀不熟不如荑稗章〕

* 이 장에서 맹자는 오곡을 인에 비유하여 실익이 없는 다른 곡식보다 오곡 기르는 데 집중해야 한다고 설명하였다. 다산은 인을 익숙하게 하지 못하면 다른 도를 닦아 성공하는 것보다 못하다고 본 주자의 해석을 비판하고 이 대목을 왕정을 행함에 있어 노력의 중요성을 강조한 것으로 읽었다.

孟子曰:"五穀者, 種之美者也; 苟爲不熟, 不如荑稗. 夫仁, 亦在乎熟之而已矣."

《集》曰:"爲仁不熟, 則反不如爲他道之有成."
○蔡曰:"朱子一日擧此章, 誨諸生曰, '和尙問[69]話, 只是一言兩句, 荑稗之熟者也. 儒者明經, 若通徹了, 不用費辭, 亦一言兩句, 其理便明. 否則却是'五穀不熟, 不如荑稗.'"
○鏞案 此亦承上章以仁政而言. 行王政而未熟, 則反不如管仲·子産之等猶有小成也. 若以道理而言之, 則道一而已, 仁雖未熟, 其將焉往? 君子望道而行, 中道而廢, 仁雖未熟, 誰能出不由戶? 故曰'朝聞道, 夕死可矣'. 朱子乃云'仁而未熟, 反不如他道之有成', 恐非本旨.

---

69) 問: 新朝本에는 '聞'으로 되어 있으나 『사서몽인·고자장구 상』에 따라 바로잡는다.

맹자께서 말씀하였다. "오곡五穀은 종자의 아름다운 것이지만, 만일 익지 못하면 피만도 못하니, 인仁 또한 그것을 익숙히 함에 달려 있을 뿐이다."

『맹자집주』에서 말했다. "인을 행하되 익숙하게 하지 못하면, 도리어 다른 도를 하여 성공함이 있는 것만 못하다."

○ 채청이 말했다. "주자가 하루는 이 장을 거론하면서 제자들에게 가르치며 말했다. '화상들의 문화는 단지 한 마디나 두 구절 뿐이니, 마치 피가 익은 것과 같다. 유자들이 경전에 밝아 막힘이 없이 두루 통한다면, 쓸데없는 말을 하지 않고 한 마디나 두 구에 그 이치가 바로 밝게 드러날 것이다. 그렇지 못하면 도리어 오곡이 익지 못하면 피만도 못하다고 하는 것이 되고 만다.'"

○ **용안** 이 또한 윗 장을 이어 인정으로 말한 것이다. 인정을 행하되 익숙하게 하지 않으면 도리어 관중과 자산 등이 오히려 작게 이룩함에 있는 것만 못하다는 것이다. 만약 도리로써 말한다면 도는 하나일 따름이니, 인이 비록 익숙하지 않더라도 그것이 어디로 가겠는가? 군자는 도를 바라보며 행하다가 중도에 쓰러지니, 인이 비록 익숙하지 않더라도 누가 문을 거치지 않고 나갈 수 있겠는가? 그러므로 "아침에 도를 들으면 저녁에 죽더라도 괜찮다."라고 한 것이다. 주자가 "인을 하되 익숙하지 않으면 도리어 다른 도에 성공함이 있는 것만 못하다."라고 한 것은 아마도 본뜻이 아닌듯하다.

고자告子
하下

12-1 임나라 사람이 옥려자에게 예와 밥, 색과 예의 경중을 물은 장〔任人問屋廬子食色禮章〕

* 이 장에서 다산은 예와 음식, 색과 예의 경중은 다른 기준에 따라 단순 비교에 그칠 것이 아니라 그 각각의 특성을 고려하여 제대로 비교하는 것이 중요하다고 지적했다. 권權에 대한 다산의 논리가 잘 드러난 장이다.

任人有問屋廬子曰:"禮與食孰重?"曰:"禮重.""色與禮孰重?"曰: "禮重.""以禮食, 則飢而死; 不以禮食, 則得食, 必以禮乎? 親迎, 則不得妻; 不親迎, 則得妻, 必親迎乎?"屋廬子不能對, 明日之鄒以告孟子. 孟子曰:"於答是也, 何有? 不揣其本, 而齊其末, 方寸之木可使高於岑樓. 金重於羽者, 豈謂一鉤金與一輿羽之謂哉? 取食之重者與禮之輕者而比之, 奚翅食重? 取色之重者與禮之輕者而比之, 奚翅色重? 往應之曰:'紾兄之臂而奪之食, 則得食; 不紾, 則不得食, 則將紾之乎? 踰東家牆而摟其處子, 則得妻; 不摟, 則不得妻, 則將摟之乎?'"

趙曰:"岑樓, 山之銳嶺者."
○《集》曰:"岑樓, 樓之高銳似山者."
○鏞案 王延壽[1]〈靈光殿賦〉曰:"嵌岑離樓." 趙說似非.

---

1) 王延壽: 왕연수는 후한의 문학가이다. 산동성 곡부에 있는 영광전靈光殿을 보고 「영광전부靈光殿賦」를 지었는데, 당대의 석학 채옹도 이것을 보고 자신의 작품을 불태워버렸을 정도로 그 문학적 성취가 탁월했다고 한다. 영광전은 전한前漢 경제景帝의 아들로 노왕魯王이었던 공왕恭王이 세운 전각이다.

임나라 사람이 옥려자에게 물었다. "예와 음식 중에 어느 것이 중합니까?" 옥려자가 말했다. "예가 중하다." 임나라 사람이 물었다. "색과 예 중에 어느 것이 중합니까?" 하니, 옥려자가 말했다. "예가 중하다." 임나라 사람이 물었다. "예에 따라 먹자면 굶어서 죽고, 예에 따르지 않고 먹자면 먹을 수 있는데도 반드시 예에 따라야 합니까? 친영례를 따르면 처를 얻지 못하고, 친영례를 따르지 않으면 처를 얻는데도 반드시 친영례를 해야 합니까?"

옥려자가 대답을 못하자 다음 날 추로 가서 맹자에게 고했다.

맹자가 말했다. "이에 답하는 것이 뭐가 어렵겠는가? 근본을 생각하지 않고 말단만 생각하면 짧은 나무도 높은 누각보다 높게 할 수 있다. 쇠가 깃털보다 가벼운 것이 어찌 쇠 걸이 하나와 한 수레의 깃털을 말하는 것이겠는가? 먹을 것을 취하는 것에서도 중요한 것과 예의 가벼운 것을 비교하자면 어찌 먹는 것이 중할 뿐이겠는가? 색의 중요한 것과 예의 가벼운 것을 비교하자면 어찌 색이 중할 뿐이겠는가? 가서 답하기를 '형의 팔을 비틀어 빼앗아 먹자면 먹을 수 있고 비틀지 않으면 먹을 수 없다. 그렇다면 형의 팔을 비틀겠는가? 동쪽의 이웃집 담을 넘어 처자를 끌고 오면 처를 얻고 끌고 오지 않으면 처를 얻지 못한다. 그렇다면 끌고 오겠는가?'"

조기가 말했다. "'잠루'는 산의 뾰족한 고개이다."

○ 『맹자집주』에서 말했다. "'잠루'는 누각의 높고 뾰족함이 산과 같은 것이다."

○ **용안** 왕연수의 「연광전부」에서는 "높디높은 이궁의 누각"이라고 했으니 조기의 설이 그른 듯하다.

○庚戌十月閣課, 御問曰: "此章, 可見聖人折衷義利於內外輕重之際也。大抵不識性, 則但知食色之爲性, 而不識義之由內。不節慾, 則但知甘食悅色之當欲, 不知禮之爲重。以是聖人有言曰 '可與立而後可與權',[2] 此之謂也。學者工不到極處, 亦可與議權之一字耶?" 臣對曰: "取食色之重者與禮之輕者而比之, 取禮之重者與食色之輕者而比之, 均非權衡之道。必以禮與食色, 平其事情而較之, 然後乃見其眞輕重焉。紾臂·踰墻之喩, 蓋孟子急於曉人而權設之也。此與《魯論》 '去兵去食' 之說[3] 相類, 可見古人平日講磨, 多在乎內外輕重之分也。噫! 食色之於人賤矣。觀夫微蟲小豸, 莫不有食色之能, 可見其本分最賤。耳目手足, 一其職而兩其司, 至於食色, 兩其職而一其司。洪勻[4] 賦予之初, 已有所權其輕重者歟? 學者雖工未到極處, 庶乎權然後知也。"

---

2) 可與立而後可與權: 『논어·자한』에는 다음과 같이 되어 있다. "子曰: 可與共學, 未可與適道; 可與適道, 未可與立; 可與立, 未可與權."

3) 去兵去食之說: 『논어·안연』에는 다음과 같이 되어 있다. 子貢問政. 子曰: "足食·足兵·民信之矣." 子貢曰: "必不得已而去, 於斯三者何先?" 曰: "去兵." 子貢曰: "必不得已而去, 於斯二者何先?" 曰: "去食, 自古皆有死, 民無信不立."

4) 勻: 新朝本에는 '句'로 되어 있다.

○ 경술년 10월 각과에서 임금이 물었다. "이 장에서 성인이 내외와 경중에 즈음에서 의와 이를 잘 저울질한 것을 볼 수 있다. 대체로 성을 알지 못하면 단지 식색이 성이 되는 줄만 알지, 의가 마음에 연유되는 줄은 모르고, 욕심을 절제하지 못하면 단지 맛있는 음식과 눈을 기쁘게 해주는 채색의 욕구에 맞는다는 것만 알지, 예가 중하다는 것을 모른다. 그러므로 성인의 말에 '함께 설 만한 뒤에야 함께 권도를 행할 수 있다.'라고 한 것이 이것을 말한 것이다. 배우는 사람들이 공부가 지극한 경지에 이르지 않으면 또한 '권權'이란 한 글자에 대해 의논할 수가 있겠는가?"

나는 다음과 같이 대답하였다. "식색의 중한 것과 예의 가벼운 것을 취해 비유하는 것은 모두 다 권형의 도가 아닙니다. 반드시 예와 식색을 가지고 그 사정을 공평하게 하여 비교한 뒤에야 참으로 가볍고 무거운 것을 알 수가 있습니다. 팔을 비틀거나 담장을 뛰어넘는 비유는 대체로 맹자가 다른 사람들을 깨우치는 데 급급하여 임시로 설정한 것입니다. 이는 『노론』의 '군대를 버리고 양식을 버리라는 말씀'과 서로 비슷하니, 고인이 평소에 강구하고 연마하는 것이 대부분 내외 경중의 구분에 있다는 것을 알 수 있습니다. 아! 식색은 사람에게 있어 천한 것입니다. 저 조그만 벌레들만 보더라도 식색의 본능이 없지 않으니, 그 본분이 가장 천하다는 것을 알 수 있습니다. 귀·눈·손·발은 맡은 일은 하나지만 그 기관은 둘입니다. 그러나 식색에 있어서는 맡은 일은 둘이지만 그 기관은 하나입니다. 조물주가 부여해준 시초에 이미 경중을 달아보는 바가 있었겠습니까? 배우는 이가 비록 공부가 지극한 경지에 이르지 못했더라도 달아본 뒤에는 거의 알 수가 있습니다."

12-2 사람이 모두 요순이 될 수 있다고 하는 말에 대해 조교가 물은 장 〔曹交問人皆可以爲[5]堯舜章〕

* 사람이 요순이 될 수 있는 요소에 대한 논의에서 다산은 그 기질의 문제가 아니라 진지한 실천의 문제임을 역설했다. 꽃이 아니라 열매를 가지고 논해야 한다는 것은 최종적인 결실 곧 실천을 강조한 것이다.

曹交問曰: "人皆可以爲堯舜, 有諸?" 孟子曰: "然." "交聞文王十尺, 湯九尺, 今交九尺四寸以長, 食粟而已, 何如則可?" 曰: "奚有於是? 亦爲之而已矣. 有人於此, 力不能勝一匹雛, 則爲無力人矣. 今日擧百鈞, 則爲有力人矣. 然則擧烏獲之任, 是亦爲烏獲而已矣. 夫人豈以不勝爲患哉? 弗爲耳. 徐行後長者謂之弟, 疾行先長者謂之不弟. 夫徐行者, 豈人所不能哉? 所不爲也. 堯舜之道, 孝弟而已矣. 子服堯之服, 誦堯之言, 行堯之行, 是堯而已矣. 子服桀之服, 誦桀之言, 行桀之行, 是桀而已矣." 曰: "交得見於鄒君, 可以假館, 願留而受業於門." 曰: "夫道若大路然, 豈難知哉? 人病不求耳. 子歸而求之, 有餘師."

趙曰: "曹交, 曹君之弟."
○麟曰: "《左傳》哀公八年, 宋滅曹, 至孟子時, 曹亡久矣。曹交, 蓋以國爲氏者."
《集》曰: "陳氏[6]曰, '堯·舜人倫之至, 亦率是性而已.'"

---

5) 爲: 신조본에는 '撝'로 되어 있으나 『맹자·고자 하』에 따라 바로잡는다.
6) 진씨: 송宋나라 때의 진양陳暘으로, 자字는 진지晉之이다. 예부시랑 등을 역임하였다.

조교曹交가 물었다. "사람은 다 요순이 될 수 있다 하니, 그러한 것이 있습니까?" 맹자께서 말씀하셨다. "그러하다."

"제가 들으니, 문왕은 키가 10척이요, 탕임금은 9척이라 하는데 지금 저는 9척 4촌이 되지만, 곡식만 먹을 뿐이니, 어찌하면 좋습니까?" 맹자께서 말씀하였다. "어찌 이에 상관이 있겠는가? 또한 그것을 할 뿐이다. 여기에 어떤 사람이 있는데, 힘이 한 마리 오리새끼를 이길 수 없다고 한다면 힘이 없는 사람이 될 것이요, 이제 백균百鈞을 든다고 한다면 힘이 있는 사람이 될 것이다. 그렇다면 오확烏獲이 들던 짐을 든다면 이 또한 오확이 될 뿐이니, 사람이 어찌 이기지 못함을 걱정하는가? 자기가 하지 않을 뿐인 것이다. 천천히 걸어서 장자보다 뒤에 감을 '공경한다.'라고 하고, 빨리 걸어서 장자보다 앞서 감을 '공경하지 않는다.'라고 하니, 천천히 걸어가는 것이 어찌 사람들이 능히 할 수 없는 바이겠는가? 자기가 하지 않는 것이니, 요순의 도는 효제일 뿐이다. 그대가 요임금이 입던 옷을 입으며, 요임금의 말씀을 외우며, 요임금의 행실을 행한다면 이 요임금일 뿐이요, 그대가 걸왕이 입던 옷을 입으며, 걸왕의 말을 외우며, 걸왕의 행실을 행한다면 이 걸왕일 뿐이다."

조교가 말하였다. "제가 추鄒나라 군주를 뵈면 관사를 빌릴 수 있을 것이니, 여기에 머물면서 문하에서 수업하기를 원합니다." 맹자께서 말씀하셨다. "도는 대로와 같으니, 어찌 알기 어렵겠는가. 사람들이 구하지 않는 것이 병일뿐이니, 그대가 돌아가 찾는다면 남은 스승이 있을 것이다."

조기가 말했다. "조교는 조曹나라 임금의 아우이다."

○ 왕응린이 말했다. 『춘추좌전』 애공 8년조에 '송宋이 조曹를 멸망시켰다.'라고 하였으니, 맹자 때는 조나라가 망한 지 오래 되었다. 조교는 나라로 성씨를 삼은 자일 것이다."

『맹자집주』에서 말했다. "진씨가 말했다. '요순은 인륜의 지극한 경지이지만 또한 본성을 따랐을 뿐이다.'"

○**鏞案** 先儒於此, 不言氣質之性, 不知何故。氣質淸濁, 誠亦有萬不齊, 安得人人悉如堯·舜, 而無高下之差乎? 余謂'舜之所以爲舜, 其在於璿璣玉衡乎? 則洛下閎[7]·鮮于妄人[8]·虞喜[9]·錢樂之[10]等, 皆足以爲是也'。舜之所以爲舜, 其在於巡守方岳詢事考言乎? 漢 宣帝循名責實, 郡縣多良吏, 未嘗非此意也。然則舜之所以爲舜, 乃是號泣旻天·底豫頑嚚一事而已。雖氣質渾濁, 耳目聾盲, 顧不得爲是乎? 讀書窮理, 握算推曆, 精義入神, 以至協和萬邦, 於變時雍, 固非氣質渾濁者所能爲者。惟是堯·舜之所以爲堯·舜, 全不在是, 故曰人皆可爲也。天地間原有善惡二類, 不歸於惡, 則必歸於善。彼氣質渾濁而敦行孝弟者, 將歸於惡乎, 抑歸於善乎? 苟謂之歸於善, 則堯·舜雖聖, 亦不過爲善一邊人耳。人皆可爲堯·舜, 豈毫髮過差之言乎? 聖人之德, 亦有華有實, 凡論性而語及堯·舜者, 宜論其實, 不宜論其華。

---

[7] 洛下閎 : 낙하굉은 중국 전한前漢 시대의 낭중閬中(사천四川의 지명) 사람으로, 자는 장공長公이다. 천문과 지리에 밝고 역수曆數에 능하여, 혼천의渾天儀를 제작하고 『태초력太初曆』을 만들었다.

[8] 鮮于妄人 : 선우망인은 중국 전한 시대의 사람으로 생애는 자세하지 않다. 낙하굉洛下閎·경수창耿壽昌과 함께 혼천의를 만들었다.

[9] 虞喜 : 우희는 중국 동진東晉의 회계會稽 여요餘姚 사람으로 자는 중녕仲寧이다. 천문역산의 대가로 관측을 통해 세차운동을 발견하였다. 『논어우씨찬주論語虞氏贊注』, 『찬정현주贊鄭玄注』, 『주관박난周官駁難』 등 많은 저서를 남겼다.

[10] 錢樂之 : 전악지는 중국 남조송 사람이다. 천문 역산에 밝아 소혼천의小渾天儀를 제작하였고 율력을 정비하였다. 태사령太史令을 지냈다.

○ **용안** 선유들이 여기에서 기질지성을 말하지 않은 것은 무슨 까닭인지 모르겠다. 기질의 청탁은 참으로 가지런하지 않은데, 어찌 사람마다 모두 요순처럼 되어 고하의 차등이 없을 수 있겠는가? 내가 생각하건대, 순이 순이 된 이유가 선기옥형에 있다면 낙하굉·선우망인·우희·전낙지 등도 모두 이런 것들을 만들 수 있었다. 순이 순이 된 이유가 사방의 제후를 순수하여 일을 묻고 말을 고과한 데에 있겠는가? 한 선제가 명문에 따라 일을 책임지우자 군현에 양리가 많아졌으니, 이 뜻 아닌 것이 없다. 그렇다면 순이 순이 된 이유는 바로 하늘을 부르며 울부짖고 완악한 부모를 기쁘게 한 한 가지 일에 있을 따름이니, 비록 기질이 혼탁하고 이목이 멀었다 할지라도 도리어 이런 일을 할 수 없겠는가? 독서를 하여 이치를 궁구하고 산대를 잡고 역수를 추리해 정밀한 뜻이 신의 경지에 들어가고 만방을 협화하여 백성들이 감화되어 화목해지는 데 이르는 것은 본디 기질이 혼탁한 자가 할 수 있는 일이 아니다. 요순이 요순이 된 이유는 전혀 이런 데에 있는 것이 아니다. 그러므로 사람은 모두 그렇게 될 수 있다고 말한 것이다. 천지 사이에는 원래 선과 악 두 종류가 있는데, 악으로 돌아가지 아니하면 반드시 선으로 돌아간다. 저 기질은 혼탁하지만 효제를 독실하게 행하는 자가 악으로 돌아가겠는가, 아니면 선으로 돌아가겠는가? 선으로 돌아간다고 한다면, 요순이 비록 성인이긴 하지만, 또한 선을 행한 한 사람에 불과할 뿐이니, 사람은 모두 요순이 될 수 있다는 것이 어찌 털끝만큼이라도 잘못된 말이겠는가? 성인의 덕에는 꽃도 있고 열매도 있으니, 성을 논하면서 말이 요순에 이르게 되면 그 열매를 논해야지, 꽃을 논해서는 안 된다.

12-3 고자가 소반은 소인의 시라고 말한 장 〔高子曰小弁小人之詩章〕

公孫丑問曰: "高子曰: '〈小弁〉,¹¹⁾ 小人之詩也." 孟子曰: "何以言之?" 曰: "怨." 曰: "固哉! 高叟之爲詩也! 有人於此, 越人關弓而射之, 則己談笑而道之, 無他, 疏之也. 其兄關弓而射之, 則己垂涕泣而道之, 無他, 戚之也. 〈小弁〉之怨, 親親也. 親親, 仁也. 固矣夫, 高叟之爲詩也!" 曰: "〈凱風〉¹²⁾何以不怨?" 曰: "〈凱風〉, 親之過小者也, 〈小弁〉, 親之過大者也. 親之過大而不怨, 是愈疏也, 親之過小而怨, 是不可磯也. 愈疏, 不孝也, 不可磯, 亦不孝也. 孔子曰: '舜其至孝矣, 五十而慕.'"

趙曰: "〈小弁〉, 伯奇之詩也."
○孫曰: "〈小弁〉詩注云, '幽王嬖褒姒, 而放宜臼, 將殺之.' 以此推之, 則伯奇, 宜臼也."
○毛曰: "趙註作伯奇事, 是《韓詩》.¹³⁾ 朱注作宜臼事, 是《毛詩》."¹⁴⁾
○鋪案 西京《詩》學, 多主齊¹⁵⁾·魯¹⁶⁾·韓, 今人偏主毛學, 一聞齊·魯·韓之說, 可驚可愕, 多此類也.

---

11) 〈小弁〉: 『시경·소아·소반小弁』이다.
12) 〈凱風〉: 『시경·국풍·개풍凱風』이다.
13) 《韓詩》: 연燕나라의 한영韓嬰이 전한 『시경』이다. 남송 때 없어지고 지금은 『외전外傳』(10권)만 남아 있다.
14) 《毛詩》: 한의 모형毛亨·모장毛萇 등에 의해 전해진 『시경』이다. 오늘날 통용되는 것이다.
15) 齊 : 《齊詩》를 말한다. 제나라 사람 원고생轅固生에 의해 전해진 『시경』이다. 위魏나라 때 없어졌다.
16) 魯 : 《魯詩》를 말한다. 노나라 사람 신배申培에 의해 전해진 『시경』이다. 서진西晉 때 없어졌다.

공손추가 물었다. "고자高子가 말하기를 「소반小弁」은 소인의 시이다.'라고 하였습니다." 맹자께서 말씀하셨다. "무엇을 가지고 말하는가?" "원망하기 때문입니다." 맹자께서 말씀하셨다. "고루하다, 고수의 시를 해석함이여! 여기에 사람이 있으니, 월나라 사람이 활을 당겨 쏘려하거든 자기가 말하고 웃으면서 타이르는 것은 다름이 아니라 월나라 사람을 소원히 여기기 때문이요, 그 형이 활을 당겨 쏘려하거든, 자기가 눈물을 떨구며 타이름은 다름이 아니라 형을 친척으로 여기기 때문이다. 「소반」의 원망은 어버이를 친히 한 것이다. 어버이를 친히 함은 인이니, 고루하다, 고수의 시를 해석함이여!" 공손추가 물었다. "「개풍凱風」은 어찌하여 원망하지 않았습니까?" 맹자께서 말씀하셨다. "「개풍」은 어버이의 과실이 작은 것이요, 「소반」은 어버이의 과실이 큰 것이니, 어버이의 과실이 큰데도 원망하지 않는다면 이는 더욱 소원해지는 것이요, 어버이의 과실이 작은데도 원망한다면 이는 기磯할 수 없는 것이니, 더욱 소원함도 불효요, 기磯할 수 없음도 또한 불효이다. 공자께서 말씀하시기를 '순임금은 그 지극한 효이실 것이다. 50세까지 사모했다.'라고 하셨다."

○ 조기가 말했다. "「소반」은 백기의 시이다."

○ 손석이 말했다. "「소반」 시의 주에서 '유왕이 포사를 총애해 의구를 축출하여 죽이려 하였다.'라고 했으니, 이로써 미루어 본다면 백기는 의구이다."

○ 모기령이 말했다. "조기의 주에 백기의 일이라고 한 것은 『한시』이며, 주자의 주에 의구의 일이라고 한 것은 모시이다.

○ **용안** 전한의 시경학詩經學은 대부분 『제시』·『노시』·『한시』를 주로 했는데, 오늘날 사람들은 모시학만을 주로 하여 한 번 『제시』·『노시』·『한시』의 설을 듣게 되면 소스라치게 놀라게 되니 이런 비슷한 일이 많다.

趙曰:"〈凱風〉'莫慰母心', 母心不悅也."

○《集》曰:"衛有七子之母, 不能安其室."

○毛曰:"齊·魯·韓三家, 以〈凱風〉爲母責子詩。予向取其說, 以說〈國風〉, 旣讀《孟子》, 則尤與'不可磯', 幷幽王逐子·尹吉甫[17]殺子義合。彼皆殘害其子, 故過大, 此但責子過情, 故過小。若不安室, 則過不小矣。況儗必以倫, 母不安室與父不愛子, 何足比儗? 且《詩》有'劬勞'·'勞苦'諸字, 不安則有之矣, 勞則未也."

○**鏞案** 誠若有七子而改嫁, 安得曰親之過小乎?《後漢書·東平王蒼傳》:"賜光烈皇后遺衣一篋, 以慰〈凱風〉之思." 又〈章帝[18]八王傳〉: "遣諸王就國, 詔曰, '弱冠相育, 常有〈凱風〉之哀.'"〈凱風〉若是'不安其室'之詩, 則恐不當引用如是。衛宏之〈序〉出於東京, 西京儒者皆未之見, 故趙注無淫奔之說。

---

17) 尹吉甫: 윤길보(B.C. 852~B.C. 775)는 중국 서주西周 시대의 사람인 혜백길보兮伯吉父이다. 선왕宣王 때 대신으로 험윤獫狁의 침략에 맞서 그들을 축출하였고, 남회이南淮夷를 정벌하였다. 아들이 둘이었는데, 후처의 말을 듣고 전처 소생의 서장자庶長子 백기伯奇를 쫓아냈다. 부모에게 버림받은 백기가 애통한 마음을 표현한 시가 '소반小弁'이다.

18) 帝: 新朝本에는 빠져 있으나 편명篇名인 『한서漢書·장제팔왕전章帝八王傳』에 따라 보충한다.

조기가 말했다. "『시경·개풍』에 '어머니의 마음을 위로하지 못하는가?'라고 하는 것은 어머니의 마음이 기쁘지 않은 것이다."

○ 『맹자집주』에서 말했다. "위나라에 아들 일곱을 둔 어머니가 있었는데, 집안에서 편안하게 있지 못했다."

○ 모기령이 말했다. "제·노·한 삼가의 시에서는 「개풍」을 어머니가 자식을 꾸짖는 시라고 하였다. 나도 전에는 그것을 취하여 국풍을 해석했는데, 『맹자』를 읽어보고 나니 더욱 '불가기'라는 말이 유왕이 자식을 쫓아낸 일이나 윤길보가 자식을 죽인 일과 뜻이 합치된다. 그것들은 모두 자식을 해친 것이므로 잘못이 크고, 이것은 단지 자식을 꾸짖는 것이 실정에 지나친 것이므로 잘못이 작다. 만약 집안에서 편안하게 있지 못하였다면 잘못이 작지 않다. 더구나 비교할 적에는 반드시 같은 부류끼리 해야 하니, 어머니가 집안에서 편안하게 있지 못한 것과 아버지가 자식을 사랑하지 않는 것이 어찌 비교할 수 있는 점이 있겠는가? 또 시에 '구로劬勞', '노고勞苦' 등의 글자가 있는데, 편치 못한 면은 있지만 수고한 점은 없다."

○ **용안** 참으로 일곱 아들을 두고서 개가했다면 어찌 부모의 잘못이 작다고 말할 수 있겠는가? 『후한서·동평왕창』에 "광령황후의 유의 한 상자를 하사하여 「개풍」의 시에서처럼 효자가 어머니를 생각하는 마음을 위로하였다."라고 하였고, 또 「장제팔왕전」에 "여러 왕들을 보내 나라에 취임하게 하면서 조서를 내리기를 '약관들끼리 서로 기르며 항상 「개풍」의 슬픔을 간직하라.'라고 하였다." 하였으니, 「개풍」이 만약 그 어머니가 집안에서 편안하게 있지 못한 시라면 아마도 이처럼 인용하지는 않았을 듯하다. 위굉의 서문은 동한 때 나온 것이니, 서한의 유자들은 모두 보지 못한 것이다. 그러므로 조기의 주에는 음분의 설이 없다.

趙曰: "磯, 激也."

○《集》曰: "磯, 水激石也."

○朱子曰: "水中不可容一激石。一有激石, 則叫號而遽怒矣."

○蔡曰: "'怒者, 水乎, 石乎?' 曰, '非石怒, 乃水怒也.'"

○林曰: "注當云激水石."

○顧曰: "石喩母, 水喩子."

○鏞案 磯者, 機也。機者, 激發之物, 不可磯者, 言其性悍毒, 不可小有激觸也。【義詳余〈原怨〉】

《集》曰: "舜有怨慕."

○蔡曰: "五十而慕, 此解作怨慕, 亦借解耳。其實舜三十登庸, 已不格姦而允若矣, 何至五十而有怨乎? 其怨乃在往于田之日也."

○鏞案 三十徵庸之後, 猶有浚井塗廩, 故象曰'謨蓋都君'。若據《孟子》, 則五十亦當有怨慕。然與〈堯典〉不合。【已見前】

조기가 말했다. "'기磯'는 격랑이다."

○ 『맹자집주』에서 말했다. "'기磯'는 물이 돌에 부딪히는 것이다."

○ 주자가 말했다. "물속에는 부딪히는 돌 하나도 용납하지 않는다. 하나라도 부딪히는 돌이 있으면 소리를 내며 갑자기 노하게 된다."

○ 채청蔡淸이 말했다. "노하는 것은 물인가, 돌인가? 돌이 노하는 것이 아니라 물이 노하는 것이다."

○ 임지기가 말했다. "주에 '물에 부딪히는 돌'이라고 해야 한다."

○ 고몽린이 말했다. "돌은 어머니에 비유한 것이고 물은 자식에 비유한 것이다."

○ **용안** '기磯'라는 것은 기機이다. 기機는 격발하는 물건이니, '불가기'라는 것은 그 성질이 사납고 독살스러워 조금도 건드릴 수 없다는 것을 말한다.【나의 「원원原怨」에 상세한 뜻이 있다.】

『맹자집주』에서 말했다. "순임금은 원망하고 사모함이 있었다."

○ 채청이 말했다. "쉰에도 사모했다는 것을 여기에서 '원망하고 사모했다.'라고 해석한 것은 또한 빌려와서 풀이한 것이다. 기실 순이 서른에 등용되었는데, 이미 부모를 간악에 이르지 않게 하고 믿고 따르게 하였으니, 어찌 쉰에 이르도록 원망함이 있었겠는가? 그 원망은 바로 밭에 나가 농사짓던 날에 있었던 일이다."

○ **용안** 서른에 불려 등용된 뒤에도 오히려 우물을 파고 창고를 수리하였으므로, 상이 "꾀하여 도군을 묻어버렸다."라고 한 것이다. 만약 『맹자』에 근거하다면 쉰에도 당연히 원망하고 사모함이 있었을 것이다. 그러나 「요전」과 맞지 않는다.【이미 앞에 나왔다.】

12-6 순우곤이 명성과 실질을 먼저 하는 사람에 대해 말한 장
〔淳于髡曰先名實者爲人章〕

* 다산은 명실론에서 이름에 따라 실상을 있게 하는 것이라고 강조하여 구체적 실제에서의 명실상부한 행위를 강조했다. 적어도 도덕적 명성과 명예를 논하는 것이 명에 대한 논의는 아니라고 생각했다.

淳于髡曰: "先名實者, 爲人也; 後名實者, 自爲也. 夫子在三卿之中, 名實未加於上下而去之, 仁者固如此乎?" 孟子曰: "居下位, 不以賢事不肖者, 伯夷也; 五就湯, 五就桀者, 伊尹也; 不惡汙君, 不辭小官者, 柳下惠也. 三者不同道, 其趨一也. 一者何也? 曰: 仁也. 君子亦仁而已矣, 何必同?" 曰: "魯繆公之時, 公儀子[19]爲政, 子柳·子思爲臣, 魯之削也滋甚, 若是乎, 賢者之無益於國也!" 曰: "虞不用百里奚而亡, 秦穆公用之而覇. 不用賢則亡, 削何可得與?" 曰: "昔者王豹處於淇, 而河西善謳; 緜駒處於高唐, 而齊右善歌; 華周·杞梁之妻善哭其夫而變國俗. 有諸內, 必形諸外. 爲其事而無其功者, 髡未嘗覩之也. 是故無賢者也, 有則髡必識之." 曰: "孔子爲魯司寇, 不用, 從而祭, 燔肉不至, 不稅冕而行. 不知者以爲爲肉也, 其知者以爲爲無禮也. 乃孔子則欲以微罪行, 不欲爲苟去. 君子之所爲, 衆人固不識也."

---

19) 公儀子 : 춘추시대 노(魯)나라의 재상인 공의휴(公儀休)를 말한다. 청렴함으로 이름이 났는데, 봉록을 받으면서 백성들과 이익을 다투는 것은 옳지 않다고 여겨, 집에서 짜던 베틀을 불태워버린 일화가 전한다.

순우곤이 말했다. "명성과 실질을 먼저 하는 자는 인민을 위하는 것이요, 명과 실을 뒤로 하는 자는 자신을 위하는 것이니, 부자께서 삼경의 가운데에 계셨으나, 명과 실이 상하에 가해지지 못하고 떠나셨으니, 인자도 진실로 이와 같습니까?" 맹자께서 말씀하셨다. "낮은 지위에 거하여 어짊으로써 어질지 못한 이를 섬기지 않은 자는 백이였고, 다섯 번 탕왕을 찾아가며 다섯 번 걸왕을 찾아간 자는 이윤이었고, 더러운 군주를 싫어하지 않으며, 작은 관직을 사양하지 않은 자는 유하혜였으니, 이 세 분들은 길은 같지 않았으나, 그 나아감은 똑같았으니, 똑같다는 것은 무엇인가? 인이다. 군자는 또한 인할 뿐이니, 어찌 굳이 같을 것이 있겠는가?" 순우곤이 말했다. "노나라 목공繆公의 때는 공의자公儀子가 정사를 하였고, 자류子柳와 자사子思가 신하가 되었으되, 노나라의 침삭侵削됨이 더욱 심하였으니, 이와 같이 현자가 나라에 유익함이 없습니다." 맹자께서 말씀하셨다. "우虞나라는 백리해를 쓰지 않아 망하였고, 진목공秦穆公은 그를 등용하여 패자가 되었으니, 현인을 쓰지 않으면 나라가 망하니, 침삭됨을 어찌 얻을 수 있겠는가." 순우곤이 말했다. "옛적에 왕표王豹가 기수淇水가에 처함에 하서河西지방이 동요를 잘하였고, 면구綿駒가 고당高唐에 처함에 제나라 서쪽 지방이 노래를 잘 불렀고, 화주華周와 기량杞梁의 아내가 그 남편의 상喪에 곡哭을 잘하자, 나라의 풍속이 변했습니다. 안에 가지고 있으면 반드시 밖에 나타나는 것이니, 그러한 일을 하고서 그러한 공효가 없는 자를 제가 일찍이 보지 못했습니다. 이러므로 이 세상에는 현자가 없는 것이니, 있다면 제가 반드시 알 것입니다." 맹자께서 말씀하셨다. "공자께서 노나라의 사구司寇가 되셨는데, 그 말씀이 쓰이지 않고, 따라서 제사함에 제사고기가 이르지 않자, 면류관을 벗지 않고 떠나시니, 공자를 알지 못하는 자들은 고기 때문에 떠났다고 하고, 공자를 아는 자들은 무례하기 때문이라고 하였다. 그러나 공자께서는 하찮은 죄로써 구실을 삼아 떠나고자 하여, 구차히 떠나려고 하지 않으신 것이니, 군자가 하는 바를 중인衆人들은 진실로 알지 못하는 것이다."

趙曰: "名者, 有道德之名, 實者, 治國惠民之功實也."

○《集》曰: "名, 聲譽也。實, 事功也."

○**鏞案** 名實者, 循名而責實也。爲冢宰, 則修冢宰之實, 以副其名, 爲司徒, 則修司徒之實, 以副其名, 此之謂名實也。大國三卿, 卽司徒·司馬·司空。孟子在齊, 必居一於是也。居此位, 不修其職, 非所以先名實也。名, 豈道德之聲譽乎?

○名實之義, 詳見余《論語說》。[20] 【〈子路[21]〉第三章】

---

20)『論語說』:『논어고금주論語古今註』를 말한다.
21) 路 : 新朝本에는 '駱'으로 되어 있다.

조기가 말했다. "'명名'이란 도덕이 있다는 명성이고, '실實'이란 나라를 다스려 백성에게 은혜를 베푸는 공적의 실상이다."

○ 『맹자집주』에서 말했다. "'명名'은 명성과 영예이고, '실實'은 사공事功이다."

○ **용안** 명실이란 이름을 따라 그 실상이 있게 하는 것이다. 총재가 되면 총재의 실을 닦아서 그 이름에 부응하고, 사도가 되면 사도의 실을 닦아서 그 이름에 부응하니 이것을 명실이라고 한다. 대국의 삼경은 곧 사도·사마·사공이다. 맹자가 제나라에 있을 적에 반드시 이 중 한 자리에 있었을 것이다. 이 지위에 있으면서 그 직분을 닦지 아니한 것은 명실을 앞세워 먼저 한 것이 아니다. 명이 어찌 도덕의 명성과 영예이겠는가?

○ 명실의 뜻은 나의 『논어설』에 상세히 나타나 있다.【『자로』 제3장에 보인다.】

12-7 오패는 삼왕의 죄인이라는 장 〔五霸三王之罪人章〕

孟子曰: "五霸者, 三王之罪人也; 今之諸侯, 五霸之罪人也; 今之大夫, 今之諸侯之罪人也. 天子適諸侯曰巡狩, 諸侯朝於天子曰述職. 春省耕而補不足, 秋省斂而助不給. 入其疆, 土地辟, 田野治, 養老尊賢, 俊傑在位, 則有慶, 慶以地. 入其疆, 土地荒蕪, 遺老失賢, 掊克在位, 則有讓. 一不朝, 則貶其爵; 再不朝, 則削其地; 三不朝, 則六師移之. 是故天子討而不伐, 諸侯伐而不討. 五霸者, 摟諸侯以伐諸侯者也, 故曰, 五霸者, 三王之罪人也. 五霸, 桓公爲盛. 葵丘之會, 諸侯束牲載書而不歃血. 初命曰, 誅不孝, 無易樹子, 無以妾爲妻. 再命曰, 尊賢育才, 以彰有德. 三命曰, 敬老慈幼, 無忘賓旅. 四命曰, 士無世官, 官事無攝, 取士必得, 無專殺大夫. 五命曰, 無曲防, 無遏糴, 無有封而不告. 曰, 凡我同盟之人, 旣盟之後, 言歸于好. 今之諸侯皆犯此五禁, 故曰, 今之諸侯, 五霸之罪人也."

考異 《鹽鐵論》引《孟子》云: "今之士, 今之大夫, 皆罪人也."
○麟曰: "與今本不同."
趙曰: "仕爲大臣, 不得世官, 賢臣乃得世祿."
○孫曰: "魯有臧孫氏·仲孫氏·叔孫氏·季孫氏, 晉有狐氏·趙氏·荀氏·邰氏·欒氏·范氏, 齊有高氏·國氏·崔氏, 衛有甯氏·孫氏, 皆世官之類也."
○**鏞案** 世祿者, 賜族賜邑, 使之世奉其祀, 所謂胙之土而命之氏也.

맹자께서 말씀하였다. "오패五霸는 삼왕三王의 죄인이요, 지금의 제후들은 오패의 죄인이요, 지금의 대부들은 지금 제후의 죄인이다. 천자가 제후국에 가는 것을 순수巡狩라 하고, 제후가 천자에게 조회가는 것을 술직述職이라 한다. 봄에는 교외에 나가 경작하는 상태를 살펴 부족한 자를 보조해주고, 가을에는 수확하는 상태를 살펴 부족한 자를 보조해준다. 그 경내에 들어감에 토지가 잘 개척되었고, 전야田野가 잘 다스려졌으며, 노인을 봉양하고 어진이를 높이고, 준걸스러운 자가 지위에 있으면 상이 있으니, 상은 땅으로 준다. 그 경내에 들어감에 토지가 황폐하고, 노인을 버리고 어진이를 잃으며, 부극하는 자들이 지위에 있으면 꾸짖음이 있다. 한 번 조회오지 않으면 그 관작을 폄貶하고, 두 번 조회오지 않으면 그 땅을 떼어내며, 세 번 조회오지 않으면 육군六軍을 동원하여 군주를 바꿔놓는다. 그러므로 천자는 죄를 성토만 하고 정벌하지 않으며, 제후는 정벌하기만 하고, 성토하지 않는다. 그런데 오패는 제후를 이끌어 제후를 정벌하였다. 그러므로 내가 오패는 삼왕의 죄인이라고 말하는 것이다."

　고이 『염철론』에서 『맹자』를 인용하여 말했다. "지금의 사와 지금의 대부는 모두 죄인이다."

　○ 왕응린이 말했다. "지금의 판본과 같지 않다."

　조기가 말했다. "벼슬을 하여 대신이 되어도 벼슬자리를 세습할 수 없고 현신이라야 세록을 얻는다."

　○ 손석이 말했다. "노나라에는 장손씨·중손씨·숙손씨·계손씨가 있었고, 진나라에는 호씨·조씨·순씨·극씨·난씨·범씨가 있었으며, 제나라에는 고씨·국씨·최씨가 있었고, 위나라에는 영씨·손씨가 있었으니 모두 세관의 유이다."

　○ **용안** 세록이라는 것은 종족을 주고 고을을 주어 대대로 그 제사를 받들게 하는 것이니, 이른바 "토지를 봉해주고 씨를 내려준다."라는 것이다.

【隱八年】世官者, 司徒之子爲司徒, 司馬之子爲司馬, 梅氏所謂官人以世也。世祿者, 先王之美法, 世官者, 亂世之壞法也。《左傳》曰:"官有世功, 則有官族。"【隱八年】故晉有士氏, 宋有司城氏, 魯有樂正氏。

趙曰:"無敢違王法, 以己意設防禁。"
○孫曰:"曲防, 障其水以專利。"
○《集》曰:"曲爲隄防, 壅泉激水, 以專小利病鄰國也。"
○**鏞案** 壅泉出《穀梁傳》。

考異《穀梁傳》僖九年, 諸侯盟於葵丘。葵丘之會, 陳牲[22]而不殺, 匱書加於牲上, 一明天子之禁曰:"毋[23]壅泉,【專水利】毋訖糴,【訖, 止也】毋易樹子, 毋以妾爲妻, 毋以[24]婦人與國事。"
○**鏞案** 據此, 則齊桓公之時[25]已有水田矣。

---

22) 牲:新朝本에는'性'으로 되어 있다.
23) 毋:新朝本에는'母'로 되어 있다. 이 문장의'毋'는'毋易樹子'를 제외하고 모두 이와 같다.
24) 以:新朝本에는 빠져 있다.
25) 時:新朝本에는 빠져 있다.

【『춘주좌전』 은공 8년조이다.】 세관이란 사도의 아들이 사도가 되고 사마의 아들이 사마가 되는 것이니, 매색이 이른바 "사람에게 대대로 벼슬을 내려준다."라는 것이다. 세록은 선왕의 아름다운 법이지만, 세관은 난세의 무너진 법이다. 『좌전』에 "어떤 관직에 대대로 공이 있으면 그 관직을 족명으로 함이 있다."라고 하였다.【『춘주좌전』 은공 8년조이다.】 그러므로 진나라에는 사씨가 있고, 송나라에는 사성씨가 있으며, 노나라에는 악정씨가 있었던 것이다.

조기가 말했다. "감히 왕법을 어기고 자기 마음대로 막고 금하는 법을 만들지 말아야 한다."

○ 손석이 말했다. "'곡방'은 물을 막아서 이로움을 독차지하는 것이다."

○ 『맹자집주』에서 말했다. "물길을 구부려서 제방을 만들고 물을 막아서 물을 역류하게 하여 작은 이로움을 독차지함으로써 이웃 나라에 피해를 끼치는 것이다."

○ **용안** 물을 막은 일은 『곡량전』에 나온다.

고이 『곡량전』 희공 9년에 제후들이 규구에서 회맹하였다. 규구의 회맹에서 희생을 진열하고 죽이기 전에, 상자에 든 맹세문을 희생 위에다 올려놓고 천자의 금법을 한번 밝혀 "물을 막지 말라,【수리水利를 독차지하는 것이다.】 곡물을 수입해 가는 것을 막지 말라,【흘訖은 지止이다.】 세자로 세운 아들을 바꾸지 말라, 첩을 처로 삼지 말라, 부인을 국사에 참여시키지 말라."라고 하였다.

○ **용안** 이에 근거하면, 제 환공 때 이미 수전이 있었다.

12-8 노나라가 신자를 장군으로 삼으려고 했다는 장
〔魯欲使愼子爲將軍章〕

* 이 장에서 맹자가 주장한 핵심은 인정과 올바른 용인으로 정치를 해야 한다는 것인데, 그 과정에서 천자와 제후가 차지하는 땅의 크기에 대한 논의가 있다. 다산은 『맹자』의 기록과 『주례』가 서로 부합하지 않는다는 점을 지적했다. 대개 다산은 그럴 경우 『맹자』보다는 『주례』를 지지했는데, 이 점에서 다산이 『맹자』를 이해하는 문헌학적 시각을 파악할 수 있다. 또한 다산은 『주례』가 주공이 만든 것이지만 시행된 것은 아니었다는 주장을 제시하여 주례에 대한 인식의 단면을 제기하기도 했다.

魯欲使愼子, 爲將軍. 孟子曰: "不敎民而用之, 謂之殃民. 殃民者, 不容於堯舜之世. 一戰勝齊, 遂有南陽, 然且不可." 愼子勃然不悅曰: "此則滑釐所不識也." 曰: "吾明告子. 天子之地方千里; 不千里, 不足以待諸侯. 諸侯之地方百里; 不百里, 不足以守宗廟之典籍. 周公之封於魯, 爲方百里也; 地非不足, 而儉於百里. 太公之封於齊也, 亦爲方百里也; 地非不足也, 而儉於百里. 今魯方百里者五, 子以爲有王者作, 則魯在所損乎, 在所益乎? 徒取諸彼以與此, 然且仁者不爲, 況於殺人以求之乎? 君子之事君也, 務引其君以當道, 志於仁而已."

引證《論語》, 子曰: "善人敎民七年, 亦可以卽戎矣." 子曰: "以不敎民戰, 是謂棄之."
《集》曰: "二公封國, 不過百里."
○鏞案 孟子分土之法, 與《周禮》不合. 今疏理如左.

노나라가 신자愼子로 장군을 삼고자 하였다. 맹자께서 말씀하셨다. "백성을 가르치지 않고 전쟁에 쓰는 것을 백성에게 재앙을 입힌다고 이르니, 백성에게 재앙을 입히는 자는 요순의 세상에는 용납되지 못하였다. 한 번 싸워 제나라를 이겨서 마침내 남양南陽을 소유한다 하더라도 이것도 불가하다." 신자愼子가 발연勃然히 기뻐하지 않으며 말하였다. "이것은 제가 알지 못하는 바입니다." 맹자께서 말씀하셨다. "내 분명히 그대에게 말하겠다. 천자의 땅은 사방 천리이니, 천리가 못되면 제후를 대접할 수 없고, 제후의 땅은 사방 백리이니, 백리가 못되면 종묘宗廟의 전적典籍을 지킬 수 없다. 주공을 노나라에 봉할 적에 사방 백리였으니, 땅이 부족하지 않았으되 백리에 제한하였고, 태공太公을 제나라에 봉할 적에 또한 사방 백리百里였으니, 땅이 부족하지 않았으되, 백리에 제한하였다. 지금 노나라는 사방 백리되는 것이 다섯이니, 그대가 생각하건대, 왕자가 나온다면 노나라는 덜어내야 할 쪽에 있겠는가? 보태주어야 할 쪽에 있겠는가? 한갓 저기에서 취하여 여기에 준다 하더라도 이것도 인자仁者는 하지 않는데, 하물며 사람을 죽이면서 구한단 말인가? 군자가 군주를 섬김은 그 군주를 이끌어 도에 합하게 하여 인仁에 뜻하게 하기를 힘쓸 뿐이다."

인증 『논어·자로』에는 이렇게 되어 있다. "공자가 말했다. '선한 사람이 백성을 7년 동안 가르치면 전쟁터에 내보낼 수 없다.' 공자가 말했다. '가르치지 않은 백성으로 전쟁을 하면 백성을 버리는 것이다.'"

『논어집주』에서 말했다. "주공과 태공은 봉해준 나라가 100리에 불과하였다."

○ **용안** 맹자가 땅을 나눈 방식은 『주례』와 부합하지 않는다. 지금 소상히 밝힌 것은 다음과 같다.

考異《周禮·大司徒》, 凡建邦國, 諸公之地, 封疆方五百里, 其食者半。諸侯之地, 封疆方四百里, 其食者參之一。諸伯之地, 封疆方三百里, 其食者參之一。諸子之地, 封疆方二百里, 其食者四之一。諸男之地, 封疆方百里, 其食者四之一。

○鄭司農曰:"其食者半, 公所食租稅, 得其半耳。其半皆附庸小國也, 屬天子[26]。參之一者亦然。故〈魯頌〉曰, '錫之山川, 土地附庸, 奄有龜·蒙, 遂荒大東, 至於海邦。'《論語》曰, '季氏將伐顓臾, 孔子曰,「先王以爲東蒙主, 且[27]在邦域之中, 是社稷之臣。」' 此非七十里所能容。然則方五百里·四百里, 合於〈魯頌〉·《論語》之言。"

○**鏞案**〈明堂位〉曰:"成王封周公於曲阜, 地方七百里。"魯是侯爵, 雖以《周禮》例之, 所當得不過四百里,【魯本侯職】雖以《孟子》證之, 所加廣不過二百里有餘。【方百里者五, 則開方得二百里, 又方百里者一】

---

26) 子: 新朝本에는 '下'로 되어 있다.
27) 且: 新朝本에는 '旦'으로 되어 있다.

고이 『주례·대사도』에서는 무릇 나라를 세울 때 여러 공의 봉지는 사방 500리에 식록이 반이고, 여러 후의 봉지는 사방 400리에 식록이 1/3이며, 여러 백의 봉지는 사방 300리에 식록이 1/3이고, 여러 자의 봉지는 사방 200리에 식록이 1/4이며, 여러 남의 봉지는 사방 100리에 식록이 1/4이다.

○ 정중이 말했다. "식록이 반이라는 것은 공이 먹는 조세가 그 반을 얻을 뿐이라는 것이니, 그 나머지 반은 모두 부용 소국의 몫이다. 천하의 1/3에 속한다는 것도 또한 그렇다. 그러므로 『시경·노송魯頌·비궁閟宮』에 '산천과 토지와 부용을 준다 … 귀산과 목산을 차지하여 드디어 극동을 덮어 바다에 가까운 나라에까지 이르렀다.'라고 하였으며, 『논어·계씨』에 '계씨가 전유를 치려고 하자 공자가 말하기를 〈선왕이 동몽산의 제주로 삼았고, 또 우리나라 안에 있으니 이는 사직의 신하이다.〉 하였다.'라고 했으니, 이는 70리로 수용할 수 있는 바가 아니다. 그렇다면 사방 500리나 400리라는 것이 「노송」이나 『논어』의 말과 합치된다."

○ **용안** 『예기·명당위』에서 말했다. "성왕이 주공을 곡부에 봉했는데, 땅이 사방 700리였다."라고 하였다. 노나라는 후작이었으니, 비록 『주례』의 예대로 얻는다 해도 400리에 지나지 않고,【노魯는 본디 후직侯職이다.】 비록 『맹자』로 증명해 더 넓히다 하더라도 200리 남짓에 불과하다.【사방 100리인 것이 다섯이면 정방형으로 계산하여 사방 200리에 사방 100리인 것이 하나 더 있게 된다.】

〈明堂位〉夸張之言, 固不足據, 而〈魯頌〉·《論語》之文, 必非七十里所可容。又管仲對楚使曰:"太公所履, 東至于[28]海, 西至于河, 南至于穆陵, 北至于無棣。"雖其疆域未詳, 若但七十里而止, 則其言必不如此。要之, 周公·太公, 有大勳勞, 當以別論。《孟子》謂周公·太公, 皆不過百里, 恐與諸文不合。
○《周禮[29]》雖周公所作, 當時實未及施行。故〈大司馬〉九畿之法, 亦以洛邑爲王都, 而九畿四出, 此豈施行之法乎?〈大司徒〉分土之法, 亦只如此, 其所施行, 當如《孟子》之言。

趙曰:"今魯乃五百里。"
○鏞案 孟子曰'方百里者五', 開方不得過二百里[30]有餘, 趙注誤。

---

28) 于:新朝本에는 '干'으로 되어 있다. 이 문장의 '于'는 모두 이와 같다.
29) 禮:新朝本에는 '體'로 되어 있다.
30) 里:新朝本에는 빠져 있다.

「명당위」의 과장된 말은 참으로 증거삼기에 부족하고, 「노송」이나 『논어』의 글도 반드시 70리로는 수용할 수가 없다. 또 관중이 초나라 사신에게 말하기를 "태공이 밟은 곳이 동쪽으로는 바다까지, 서쪽으로는 하수까지, 남쪽으로는 목릉까지, 북쪽으로는 무체까지 이르렀다."라고 하였으니, 그 강역이 상세하지는 않지만 단지 70리에 그쳤다면 그의 말이 반드시 이와 같지는 않았을 것이다. 요컨대 주공과 태공은 커다란 공훈이 있었으므로 별도로 논해야 할 것이다. 『맹자』에서 주공과 태공이 모두 100리에 불과했다고 말한 것은 아마도 다른 글과 맞지 않는 듯하다.

○ 『주례』는 주공이 만든 것이지만 당시에 실제로 시행되지 못했다. 그러므로 대사마의 구기의 법에도 낙읍으로 왕도를 삼고 구기가 네 번이나 나오니, 이것이 어찌 시행한 법이겠는가? 대사도의 분토법도 단지 이와 같을 뿐이다. 그 시행한 바는 마땅히 『맹자』의 말과 같아야 한다.

조기가 말했다. "지금 노나라는 사방 500리이다."

○ **용안** 맹자가 "사방 100리인 것이 다섯이다."라고 한 것에 대해 장방형으로 계산하면 사방 200리 남짓에 불과하니 조기의 주는 잘못이다.

12-9 지금 군주를 섬기는 자들은 걸왕을 부유하게 하고 걸왕을 도와주는 자라는 장 〔今之事君者富桀輔桀章〕

* 맹자는 부국강병을 위해 군주를 섬기는 자들에 대한 비판을 제기하고 있는데, 다산은 그 내용이 『염철론』에서 인용하고 있는 것과 차이가 있음을 지적했다.

孟子曰:"今之事君者曰, '我能爲君辟土地, 充府庫.' 今之所謂良臣, 古之所謂民賊也. 君不鄕道, 不志於仁, 而求富之, 是富桀也. '我能爲君約與國, 戰必克.' 今之所謂良臣, 古之所謂民賊也. 君不鄕道, 不志於仁, 而求爲之強戰, 是輔桀也. 由今之道, 無變今之俗, 雖與之天下, 不能一朝居也."

考異《鹽鐵論》引《孟子》曰:"居今之朝, 不易其俗, 而成千乘之勢, 不能一朝居也."

맹자께서 말씀하셨다. "지금 군주를 섬기는 자들이 말하기를 '내 능히 군주를 위하여 토지를 개간하며, 부고府庫를 충실히 할 수 있다.'라고 하니, 지금의 이른바 훌륭한 신하요, 옛날의 이른바 백성의 적賊이라는 것이다. 군주가 도를 향하지 않아 인에 뜻을 두지 않는데도 그를 부하게 하기를 구하니, 이것은 걸왕을 부하게 하는 것이다. '내 능히 군주를 위하여 여국與國과 맹약하여 전쟁을 하면 반드시 승리한다.'라고 하니, 지금의 이른바 훌륭한 신하요, 옛날의 이른바 백성의 적賊이라는 것이다. 군주가 도를 향하지 않아 인에 뜻을 두지 않는데도 그를 위하여 억지로 전쟁을 하기를 구하니, 이것은 걸왕을 도와주는 것이다. 지금의 도를 따라 지금의 풍속을 바꿈이 없다면, 비록 천하를 준다 하더라도 하루아침도 차지할 수 없을 것이다."

고이 『염철론』에서 『맹자』를 인용해서 말했다. "오늘날 조정에 있으면서 풍속을 바꾸지 못하면 천승의 형세를 이루더라도 하루아침도 그 자리에 있을 수 없을 것이다."

12-10 백규가 조세의 20분의 1을 취한다고 하자 작은 맥국이 되는 것에 불과하다는 장

〔白圭曰吾欲二十而取一大貉小貉章〕

* 맹자는 1/20세는 야만의 나라에서나 가능할 것이라면서 적정한 조세의 기준으로 1/10세를 지지하는 의견을 제시했다. 다산은 맥국貉國의 위치에 대해 비정하고, 세금의 종류에 대해 변정했다.

白圭曰:"吾欲二十而取一, 何如?" 孟子曰:"子之道, 貉道也. 萬室之國, 一人陶, 則可乎?" 曰:"不可, 器不足用也." 曰:"夫貉, 五穀不生, 惟黍生之, 無城郭·宮室·宗廟·祭祀之禮, 無諸侯幣帛饔飧, 無百官有司, 故二十取一而足也. 今居中國, 去人倫, 無君子, 如之何其可也? 陶以寡, 且不可以爲國, 況無君子乎? 欲輕之於堯舜之道者, 大貉小貉也; 欲重之於堯舜之道者, 大桀小桀也."

趙曰:"貉在北方, 其氣寒, 不生五穀."
○**鏞案** 吾東之人, 謬以今春川爲貉國, 春川豈不生五穀乎? 濊貉者, 今盛京之北開原縣, 卽其本地也. 詳見余《疆域考》,[31] 今略之。

孫曰:"《周禮·載師》云, '凡任地, 近郊十一, 遠郊二十而三, 甸·稍·縣·都皆不過十二, 漆林之征二十而五.' 彼謂王畿之內所共多, 故賦稅重."
○**鏞案** 〈載師〉所言, 豈田稅乎? 蒙然矣。蒙昧如此, 何以說經?

---

31) 疆域考:『아방강역고我邦疆域考』를 말한다.

백규白圭가 말하였다. "나는 조세로 20분의 1을 취하고자 하는데 어떻습니까?" 맹자께서 말씀하셨다. "그대의 방법은 오랑캐의 도이다. 만실의 나라에 한 사람이 질그릇을 구우면 되겠는가?" 백규가 말하였다. "불가하니, 그릇을 충분히 쓸 수 없습니다." 맹자께서 말씀하셨다. "맥국貉國은 오곡이 자라지 않고, 오직 기장만이 자라니, 성곽과 궁실과 종묘와 제사의 예가 없으며, 제후들과 폐백을 교환하고 음식을 대접하는 일이 없으며, 백관과 유사가 없다. 그러므로 20분의 1만 취하여도 족한 것이다. 지금 중국에 거주하면서 인륜을 버리며 군자가 없다면 어찌 옳겠는가? 질그릇이 너무 적더라도 나라를 다스릴 수 없는데, 하물며 군자가 없음에랴! 세금을 요순의 도보다 경감하고자 하는 자는 큰 맥국貉國에 작은 맥국이요, 요순의 도보다 무겁게 하고자 하는 자는 큰 걸왕에 작은 걸왕이다."

조기가 말했다. "맥은 북방에 있는데, 그 기후가 차서 오곡이 자라지 않는다."

○ **용안** 우리 동국의 사람들은 지금의 추천을 맥국이라고 잘못 인식하고 있는데, 춘천이 어찌 오곡이 자라지 않는단 말인가? 예맥이란 지금 성경盛京(심양瀋陽의 북쪽인 개원현開原縣)이 그 본래의 땅이다. 나의 『강역고』에 상세히 나타나 있으니 여기서는 생략한다.

손석이 말했다. "『주례·재사』에 '임지가 근교일 경우에는 1/10이고, 원교일 경우에는 3/20이며, 전甸·초稍·현縣·도都는 모두 2/10에 불과하고, 힘써 농사를 짓지 않는 지역의 세금은 5/20이다.'라고 하였는데, 『맹자』에서는 왕기 안은 지공支供하는 바가 많기 때문에 부세가 무겁다고 하였다."

○ **용안** 『주례·재사』에서 말한 것이 어찌 전세이겠는가? 몽매하다. 몽매하기가 이와 같은데 어찌 경을 해설한단 말인가?

考異 《公羊傳》曰:"古者, 什一而藉。什一者, 天下之中正也。多乎什一, <u>大桀·小桀</u>, 寡乎什一, <u>大貉·小貉</u>, 什一行而天下頌聲作矣。"

고이 『춘추공양전』에서 말했다. "옛날에는 1/10의 세금만 받았는데 자藉법을 썼다. 1/10이라는 것은 천하의 중정이다. 1/10보다 많으면 대걸에 대해 소걸이 되고, 1/10보다 적으면 대맥에 대해 소맥이 되니, 1/10의 세금만 받으면 천하에 칭송하는 소리가 일어나게 된다.

12-15 순임금은 견묘의 가운데에서 발신하였고, 부열은 판축의 사이에서 등용되었다고 한 장 〔舜發於畎畝之中傅32)說擧於版築之間章〕

* 과거의 현자들이 논두렁이나 공사장에서 등용되었다는 내용에 대해, 모기령은 자세한 사실을 근거로 논증했다. 다산은 그 내용을 다시 길게 인용하면서 인증했다. 다산이 모기령의 예학이나 잘못된 주석에 대해서는 통렬한 비판을 제시하면서도 그 해박한 해설에 대해서는 종종 인가하는 장면을 확인할 수 있다.

孟子曰:"舜發於畎畝之中, 傅說擧於版築之間, 膠鬲擧於魚鹽之中, 管夷吾擧於士, 孫叔敖33)擧於海, 百里奚擧於市. 故天將降大任於是人也, 必先苦其心志, 勞其筋骨, 餓其體膚, 空乏其身, 行拂亂其所爲, 所以動心忍性, 曾益其所不能. 人恒過, 然後能改, 困於心, 衡於慮, 而後作, 徵於色, 發於聲, 而後喩. 入則無法家拂士, 出則無敵國外患者, 國恒亡. 然後知生於憂患而死於安樂也."

趙曰:"孫叔敖隱處, 耕於海濱."
○毛曰:"孫叔敖, 非楚公族。杜預·服虔34)註《左傳》, 誤以蔿艾獵與蔿敖, 合三人爲一人, 最是可笑. 孫叔本蓼國處士, 楚 莊王滅蓼而後, 用虞丘之薦擧以爲相, 並非蔿氏. 其誤以蔿敖爲孫叔者, 以敖名相同, 且同見于邲之戰. 而又誤爲艾獵者, 以宣十一年艾獵城沂是令尹, 十二年孫叔戰邲亦是令尹, 兩年一官, 必是一人. 而實則邲之戰, 孫叔爲令尹帥師, 蔿敖爲太宰, 僅典軍政, 兩官兩事.

---

32) 傅 : 新朝本에는 '傳'으로 되어 있으나, 奎章本에 따라 바로잡는다.
33) 孫叔敖 : 손숙오는 춘추시대 초나라 사람으로, 초장왕楚莊王에게 기용되어 영윤令尹이 되었다.
34) 服虔 : 복건은 중국 동한 때의 사람으로, 자는 자신子慎이고, 본명은 중중 혹은 기祇였는데, 뒤에 건虔으로 개명하였다. 상서시랑尚書侍郎, 구강태수九江太守 등을 지냈다. 고문경학의 입장에서 저술한 『춘추좌씨전해春秋左氏傳解誼』가 있다.

맹자께서 말씀하셨다. "순임금은 농사를 짓다가 기용되었고, 부열傅說은 담장을 쌓다가 등용되었으며, 교격膠鬲은 어물과 소금을 팔다가 등용되었고, 관중은 사관士官에게 갇혔다가 등용되었으며, 손숙오孫叔敖는 바닷가에서 등용되었고, 백리해百里奚는 자신을 팔아서 등용되었다. 그러므로 하늘이 장차 큰 임무를 이 사람에게 내리려 하실 적에는 반드시 먼저 그 심지를 괴롭게 하고, 그 근골筋骨을 수고롭게 하며, 그 몸과 살을 굶주리게 하고, 그 사람을 공핍空乏하게 하며, 행함에 그 하는 바에 어려움와 장애가 있게 하니, 이것은 마음을 분발시키고 하고 싶은 것을 참도록 하여 그 능하지 못한 바를 증익해 주고자 해서이다. 사람은 항상 과실이 있은 뒤에야 고칠 수 있고, 마음을 고단하게 하고 생각에 걸리는 것이 있은 뒤에 분발하며, 불만이 얼굴빛에 나타나고 음성으로 나온 뒤에 깨닫는 것이다. 국내에 법도있는 집안과 보필하는 선비가 없고, 국외에 적국과 외환이 없는 자는 나라가 항상 멸망한다. 그런 뒤에 사람은 우환이 있으면 살고 안락하면 죽는다는 것을 알 수 있다."

조기가 말했다. "손숙오는 바닷가에 은거하면서 농사를 지었다."

○ 모기령이 말했다. "손숙오는 초나라 공족이 아니다. 두예와 복건이 『춘추좌전』에 주를 낼 때, 잘못하여 위애렵·위오·손숙오 세 사람을 모두 한 사람으로 여겼으니, 가장 우스운 일이다. 손숙오는 본디 육국의 처사인데, 초 장왕이 육국을 멸방시킨 뒤에 우구의 천거를 받아들여 재상으로 삼았으니, 위씨가 아니다. 위오를 손숙오라고 잘못 생각한 것은 '오'라는 이름이 서로 같고, 또 필의 전투에 함께 보이기 때문이다. 그리고 또 애렵이라고 잘못 생각한 것은 선공 11년에 애렵이 기 땅에 성을 쌓았는데 당시 영윤이었고, 12년에 손숙오가 필 땅에서 싸웠는데 당시 영윤이었으므로, 두 해에 걸쳐 한 벼슬이라 필시 한 사람이라고 생각한 때문이다. 그런데 실제로는 필의 싸움에서 손숙오는 영윤으로 군사를 통솔하였고, 위오는 태재로 겨우 군정을 맡고 있었으니, 두 벼슬에 두 가지 일이었다.

然且蒍敖典軍政, 指前時入鄭言, 不指邲戰。故有謂蒍敖此時不在軍者。其以叔爲敖, 本屬誣妄。卽使孫叔是蒍敖, 當亦不是蒍艾獵。何則? 蒍敖與蒍艾獵, 又非一人也。若艾獵本司馬蒍賈之子, 而艾獵之子馮又爲司馬, 直是世卿。此與孫叔薦舉爲相, 幷其子貧賤負薪, 楚莊感優孟之言, 而始封食邑, 全不合也。故孟子特加擧字, 編諸伏處之列。校之《荀子》·《呂覽》·《史記》以及劉向之《說苑》·《新序》·《列女傳》, 歷有明據。特諸書稱'期思之鄙人', 期思本蓼國。與蓼相近, 而後入于蓼, 故封蓼。寢丘, 其在《西漢·地理志》名寢縣, 在《東漢·郡國志》名固始。侯國去海數千里, 並非海濱, 乃曰'擧於海', 何也?"

趙曰: "百里奚亡虞適秦, 隱於都市。"
○毛曰: "百里奚, 自鬻于秦養牲者, 以要秦 繆公, 此是謬言。故孟子不許。

더구나 위오가 군정을 맡은 것은 그전 정나라에 들어갔을 때를 가리켜 말한 것이지, 필의 싸움을 가리킨 것은 아니다. 그러므로 위오는 이때 군중에 없었다고 말하는 자가 있는 것이다. 손숙오를 위오라고 하는 것은 본디 무망에 속하는 것이다. 가령 손숙오를 위오라고 하더라도 또한 위애렵은 아니다. 어째서 그런가? 위오와 위애렵은 한 사람이 아니기 때문이다. 만약 애렵이 본래 사마였던 위가의 아들이라면 애렵의 아들인 풍도 사마가 되었을 것이니, 바로 이는 세경이다. 그렇다면 이 사실은 손숙오가 천거에 의해 재상이 되었다는 것이, 그 자식이 빈천하여 땔감을 지고 다니다가 초장왕이 우맹의 말에 감동되어 비로소 식읍을 봉해주었다는 것과는 전혀 맞지 않는다. 그러므로 맹자가 특별히 '거'자를 더하여 숨어 있던 사람들 속에 편입시킨 것이다. 『순자』・『여람』・『사기』 및 유향의 『설원』과 『신서』・『열녀전』 등을 살펴보면, 하나하나 명백한 근거가 있다. 특히 여러 책에서 '기사의 천한 사람'이라고 일컬었는데, '기사'는 본디 육국이다. 기사는 육과 서로 가까이 있었는데, 뒷날 육에 편입되었기 때문에 육에 봉한 것이다. 침구는 『한서・지리지』에 '침현'이라고 하였고, 『후한서・군국지』에는 '고시'라고 하였다. 바다에서 수천 리 떨어진 제후국으로 바닷가에 있던 나라가 아니니 '바닷가에서 등용되었다.'라고 한 것은 무엇 때문인가?"

조기가 말했다. "백리해는 우나라에서 달아나 진나라로 가서 도읍의 저자에 은거했다."

○ 모기령이 말했다. "백리해가 진나라의 희생을 기르는 사람에게 자신을 팔아 진 목공에게 등용되기를 구하였다고 하는 것은 잘못된 말이다. 그러므로 맹자가 인정하지 않은 것이다.

然《莊子》云, '百里奚飯牛, 而牛肥.' 是養牲也。《國語》, '周王子頹好牛, 奚少時以養牛之術干之.' 是以養牲干進也。惟五羊之皮, 則實爲秦 繆贖奚之物。〈秦紀〉, '晉 獻滅虞, 以奚媵于秦, 而奚逃楚鄙。秦 繆以五羖羊皮贖之, 而擧以爲相.' 故當時稱五羖大夫, 以爲此五羖羊皮所贖官也。然而非擧于市也。或曰, 《國策》曰, '擧之牛口之下.' 以養牲言, 不以贖奚言.' 然而亦非擧于市。何則? 田宅豢畜, 市販畜, 奚雖飯牛, 顧未嘗販牛也。市, 何也?"

○**鏞案** 市, 謂自鬻也, 非市井之市。

그러나 『장자』에 '백리해가 소를 먹이자 소가 살이 쪘다.'라고 하였으니, 이것이 희생을 길렀다는 것이다. 『국어』에 '주왕 자퇴가 소를 좋아하자, 백리해가 젊은 시절 소치는 기술로 벼슬을 구하였다.'라고 하였으니, 이것이 희생을 기르는 것으로 등용되기를 구한 것이다. 다섯 마리 양가죽은 실제로 진 목공이 백리해를 위해 속죄해 준 물건이다. 『사기·진본기』에 '진나라 헌공이 우나라를 멸망시키고 백리해를 진나라 목공 부인의 잉신으로 보내자 백리해가 초나라의 시골로 달아났다. 이에 목공이 다섯 마리 양가죽으로 그를 속죄시켜 주고 등용하여 정승으로 삼았다.'라고 하였다. 그러므로 당시에 '오고대부'라고 칭한 것은 다섯 마리 양가죽으로 그를 속죄시킨 관원이기 때문이다. 그러니 시장에서 등용된 것은 아니다. 혹자는 말하기를 '『전국책』에 소를 먹이던 미천한 데서 등용되었다고 했으니, 이는 희생을 기르는 것으로 말한 것이지 백리해를 속량시켜준 것은 아니다.'라고 하는데, 그래도 역시 시장에서 등용한 것은 아니다. 어째서 그런가? 전택에서는 가축을 기르고 시장에서는 가축을 파니, 백리해가 소를 먹이기는 했지만 소를 판적은 없기 때문이다. '시市'란 무엇이겠는가?"

○ **용안** '시'란 자신을 팔았다는 말이지, '시정市井'의 '시'는 아니다.

진심盡心
상上

13-1 그 마음을 다하는 자는 그 본성을 알 수 있다는 장

〔盡其心者知其性章〕

* 이 장은 맹자가 인간의 도덕적 마음과 본성 그리고 만물의 보편적 근거로서의 천을 하나로 통합하는 대목으로, 이후 성리학에서 인간의 마음과 본성이 근원적인 세계와 어떻게 관계맺고 있는지, 그리하여 인간은 어떻게 자신을 닦아 나가야 하는지에 관해 이론적 토대가 된 대목이다. 본래 성리학에서는 '성' 자체를 이리로 보아 이치를 궁구하는 과정이 곧 자신의 본성을 아는 결과로 이어진다고 해석해왔지만 다산은 여기서 성과 이를 하나로 보는 성리학의 이론 체계를 벗어나 '성'을 '선을 즐거워하고 악을 부끄러워하는' 경향이라고 해석함으로써 성리학의 이기론을 벗어나는 이론적 발판을 마련한다.

孟子曰: "盡其心者, 知其性也。知其性, 則知天矣. 存其心, 養其性, 所以事天也. 殀壽不貳, 修身以俟之, 所以立命也."

趙曰, "人能盡極其心, 以思行善, 則可謂知其性矣."
○《集》曰, "不窮理, 則有所蔽, 而無以盡乎此心之量."
○又曰, "以『大學』之序言之, 知性則物格[1]之謂, 盡心則知至之謂也."
○鏞案 讀書, 宜明本書之例. 梁 惠王謂孟子曰, "寡人之於國也, 盡心焉已矣." 孟子謂齊 宣王曰, "盡心力而爲之, 後必有災." 三箇盡心, 理應同釋. 彼盡心爲竭心, 此盡心爲充量, 必不然也. 趙註亦有病. 余謂竭心·力以率性, 則可[2]以知其性矣. 『易[3]』曰, "窮理盡性, 以至於命."

---

1) 物格: 新朝本·奎章本에는 '格物'로 되어 있으나 『맹자집주·진심 상』에 따라 바로잡는다.
2) 可: 新朝本에는 '何'로 되어 있으나 奎章本에 따라 바로잡는다.
3) 易: 新朝本에는 '旨'로 되어 있으나 奎章本에 따라 바로잡는다.

맹자가 말했다. "그 마음[心]을 다하는 자는 성性을 알 수 있으며 그 성을 알면 하늘[天]을 알 수 있다. 마음을 보존하고 성을 기르는 것은[存心養性] 하늘을 섬기는 것이요, 요절하거나 장수하는 것에 두 마음을 두지 않고 몸을 닦고 천명天命을 기다리는 것은 명命을 세우는 것이다."

조기가 말했다. "사람이 자기 마음을 온전히 다할 수 있어 선을 행하고자 생각한다면 성을 안다고 할 수 있다."

○ 『맹자집주』에서 말했다. "이치를 궁구하지 않으면 가려진 바가 있어서 이 마음의 도량을 다할 수 없다."

○ 또 말했다. "『대학』에서의 순서로 말한다면 '지성知性'은 '물격物格'을 이른 것이고, '진심盡心'은 '지지知至'를 이른 것이다."

○ **용안** 글을 읽을 때는 마땅히 그 책의 용례에 밝아야 한다. 양나라 혜왕이 맹자에게 "과인은 나라에 대해 나의 마음을 다할 뿐이다."라고 하였고, 맹자는 제나라 선왕에게 "마음을 다해 힘써서 행하더라도 뒤에 반드시 재앙이 있을 것이다."라고 했는데, 세 곳의 '진심盡心'은 이치상 마땅히 동일하게 해석해야 한다. 저기서는 '진심'을 '갈심竭心'이라고 하고, 여기서는 '진심'을 '충량充量'이라고 하는데, 반드시 그렇지는 않을 것이다. 조기의 주 역시 병통이 있다. 나는 마음을 다하고[竭心] 힘써 성을 따르면[力以率性] 그 성을 알 수 있다고 생각한다. 『주역』에서도 "이치를 궁구하고 성을 극진히 하여 명에 이른다."라고 하였다.

○「表記」曰, "鄕道而行, 中道而廢, 忘身之老也, 不知年數之不足也。[4] 俛焉日[5]有孳孳, 斃而后已。" 此之謂盡心。盡心者, 行也, 行則必知, 知則必行, 互發而交修者也。○至於『大學』之格物·致知, 所格者, '物有本·末'之物, 所致者, '知所先·后'之知。身與物爲本·末, 修與治爲先·後。此與知性·知天之論, 原不相干。且所謂知性者, 欲知吾性之能樂善恥惡, 一念之萌, 察其善·惡, 以率以修, 以達天德也。若以理爲性, 以窮理爲知性, 以知理之所從[6]出爲知天, 遂以知理之所從出爲盡心, 則吾人一生事業, 惟[7]有窮理一事而已, 窮理將何用矣? 夫以理爲性, 則凡天下之物, 水火·土石·草木·禽獸之理, 皆性也, 畢生窮此理, 而知此性。仍於事親·敬長·忠君·牧民·禮樂·形政·軍旅·財賦實踐實用之學, 不無多少[8]缺欠, 知性知天, 無或近於高遠而無實乎? 先聖之學, 斷不如此。

---

4) 也:新朝本에는 '世'로 되어 있으나 奎章本에 따라 바로잡는다.
5) 日:新朝本에는 '曰'로 되어 있으나 奎章本에 따라 바로잡는다.
6) 從:新朝本에는 '徙'로 되어 있으나 奎章本에 따라 바로잡는다.
7) 惟:新朝本에는 '推'로 되어 있으나 奎章本에 따라 바로잡는다.
8) 少:新朝本에는 '小'로 되어 있으나 奎章本에 따라 바로잡는다.

○ 『예기·표기表記』에 "도를 향해 가다가 중도에서 그만 둘 때는 몸이 늙는 것을 잊고 연수年數가 부족한 것을 알지 못한다. 부지런하게 날마다 힘써야 하니 죽은 뒤에야 그만둔다."라고 하였는데, 이는 '진심'을 말한 것이다. 진심이란 '행行'이니 행하면 반드시 알고, 알면 반드시 행하게 되어 (지와 행이) 서로 계발하면서 함께 닦는 것이다. ○ 『대학』의 '격물치지'에서 나아가는 바[所格者]는 '물에 본말이 있다[物有本末]'의 물이고, 지극한 바[所致者]는 '지에 선후가 있다[知所先后]'의 지이다. '수신'의 신과 '격물'의 물이 본말이 되고, '수신'의 수와 '치국'의 치가 선후가 된다. 이것과 지성, 지천의 논의는 본래 상관이 없다. 또한 이른바 지성이라는 것은 나의 성이 본래 선을 즐거워하고 악을 부끄러워할 수 있는데 하나의 생각이 싹틀 때 그것의 선악을 살펴 성을 따르고 성을 닦아서 천덕天德에 이르고자 하는 것이다. 만약 '이理'를 '성'이라 보아 '궁리'를 '지성'이라고 여기고, 이리가 유래한 바[所從出]에 대해 아는 것을 '지천'으로 보아 마침내 이理의 유래한 바를 아는 것을 진심이라고 여긴다면 우리 인간들의 일생의 사업은 오직 궁리 한 가지 일만 있을 따름이니, 장차 궁리를 어디다 쓰겠는가? 이理를 성으로 여기면 천하 만물 즉 수화·토석·초목·금수의 이理도 모두 성이니, 필생토록 이 이理를 궁구하여야 이 성에 대해 알 것이다. 그렇다면 사친事親·경장敬長·충군忠君·목민牧民·예악禮樂·형정形政·군려軍旅·재부財賦 같은 실천·실용의 학문에서 많은 결함이 생기게 될 것인데, 그렇다면 '지성'이나 '지천'이 고원한 데 가까워 실질이 없는 것이 아니겠는가? 옛 성인들의 학문은 결코 이와 같지 않다.

○庚戌十月閣課, 御問曰, "『集註』曰, '以『大學』之序言之, 知性則物格之謂, 盡心則知至之謂.' 此以窮理功效言也。孟子之言盡心, 不言工夫, 而只言功效, 何歟? 胡雲峰以爲'盡心無工夫, 知性有工夫'. 知是積累用工, 盡是大段見功。是以知性·盡心, 爲兩時事, 『蒙引』非之, 是矣。然未有無工夫而有功效, 知字·盡字, 皆主功效說, 而包工夫在其中。如是看似好, 未知何如。" 臣對曰, "臣按, 『語類』曰, '某前以盡心謂如知至, 今思之, 恐當作誠意說.' 又曰, '後來仔細看, 如誠意字模樣.' 又曰, '盡心者, 卽『大學』誠意之事也.' 且程子曰, '盡心然後知性.' 朱子非之。然於觀心說, 則曰, '盡其心, 而可以知性知天.' 又於『語類』曰, '盡心二字, 伊川最說得完全.' 此皆後來定論也。從『集註』, 則盡心後於知性而爲功效, 從後論, 則盡心先於知性而爲[9]工夫矣。臣謂此章, 卽知然後行, 行然後知之意也。首一節, 是先言'如是用工, 則其功效必如是', 此行然後知也。

---

9) 爲: 新朝本에는 빠져 있으나 奎章本에 따라 보충한다.

○ 경술년 10월 각과에서 임금께서 말씀하셨다. "『맹자집주』에 '『대학』에서의 순서로 말한다면 지성은 물격物格을 말한 것이며, 진심은 지지知至를 말한 것이다.'라고 하였는데, 이것은 궁리의 공효를 말한 것이다. 맹자는 진심을 말했지 공부를 말하지 않았는데, 단지 공효만 말한 것은 어째서인가? 호병문은 '진심은 공부가 없고 지성은 공부가 있다. 지知는 공부를 누적하는 것이고, 진盡은 크게 공효를 드러내는 것이다.'라고 하였다. 그러므로 지성과 진심을 두 가지 일로 여긴 것을 『몽인蒙引』에서 그르다고 하였는데 이는 옳다. 그러나 공부가 없는데 공효가 있을 수는 없으니, '지'자나 '진'자는 모두 공효설을 주로 하면서도 공부가 그 속에 포함되어 있는 것이다. 이렇게 보는 것이 좋을 듯한데, 어떨지 모르겠다."

내가 대답했다. "제가 살펴보건대, 『주자어류』에 '내가 전에는 진심을 지지와 같다고 생각하였는데, 지금 생각하니 마땅히 성의설이 되어야 할 것 같다.'라고 하였고, 또 '뒤에 자세히 살펴보니 성의와 같은 뜻이다.'라고 했으며, 또 '진심이라는 것은 바로 『대학』의 성의의 일이다.'라고 하였습니다. 또 정자가 '마음을 극진히 한 뒤에 성을 안다.'라고 한 것에 대해 주자가 그르다고 하였습니다. 그러나 관심설에서는 '그 마음을 극진히 하여야 성을 알고 천을 알 수 있다.'라고 하였으며, 또 『주자어류』에서는 '진심 두 글자는 이천의 설이 가장 완전하다.'라고 하였는데, 이것들은 모두 후일의 정론입니다. 『맹자집주』를 따르면 진심은 지성보다 뒤에 오니 공효가 되고, 뒤에 논한 것을 따르면 진심은 지성보다 앞에 오니 공부가 됩니다. 제가 생각하건대, 이 장은 곧 안 뒤에 실천하고 실천한 뒤에 안다는 뜻입니다. 첫 한 절은 이와 같이 공부를 하며 그 공효가 반드시 이와 같다는 것을 말한 것으로 이는 실천한 뒤에 안다는 것입니다.

次一節, 是旣知功效如是, 則其用工當如是, 此知然後行也。故知性則養性, 養性則知性, 知天則事天, 事天則知天。比如人先知彼處有好地方, 然後方起身走去了, 到頭方知這處果是好地方。如是看, 似得之。至如胡說·『蒙引』之或是或非, 有不必論者矣。"

《集》曰, "存謂操而不舍, 養謂順而無害。"
○**鋪案** 孟子操存之法, 保存其將亡, 後世操存之法, 住存其將去, 其差雖若毫釐, 其違[10]乃至尋丈。孟子所謂存心者, 每於行事之時, 去私而循命, 棄惡而從善, 以存此幾希將亡之一點道心, 此所謂保存也。

---

10) 違: 新朝本에는 '達'로 되어 있으나 奎章本에 따라 바로잡는다.

다음 한 절은 공효가 이와 같은 줄 알았으면 그 공부도 이와 같이 해야 한다는 것으로 이는 안 뒤에 행한다는 것입니다. 그러므로 성을 알면 성을 기르고 성을 기르면 성을 알게 되며, 천을 알면 천을 섬기고 천을 섬기면 천을 알게 되는 것입니다. 비유하자면 사람이 저곳에 좋은 지방이 있다는 것을 먼저 안 뒤에 바야흐로 몸을 일으켜 달려가 그곳의 어귀에 이르러서 바야흐로 그곳이 과연 좋은 지방이라는 것을 알게 되는 것과 같은 것입니다. 이와 같이 보면 그 뜻을 터득할 수 있을 것 같습니다. 호병문의 설과 『몽인』의 설 가운데 어느 것이 옳고 어느 것이 그른지는 논할 필요가 없을 것 같습니다."

* 이 대목에서 다산은 성性을 이理로 보아 '물격'을 지성으로, '진심'으로 지지로 간주한 주희의 이론에 대해 비판하며 진심은 지지 즉 지적인 추구가 아니라 행行 즉 실천의 문제라고 주장한다. 나아가 다산은 이理를 성으로 여겨 궁리를 지성이라고 간주한다면 평생 이理를 궁구해도 성에 대해 제대로 알 수 없을 것이며 그럴 경우 실천적이고 실용적인 학문은 폐기되기 쉬울 것이라며 성과 이를 연결시키는 주희의 입장을 반대한다. 지성이나 지천은 형이상학적인 이理를 궁구하는 고원한 것이 아니라 궁극적으로 공부 혹은 실천을 의미한다는 것이다.

『맹자집주』에서 말했다. "'존存'은 잡고 버리지 않는다는 말이며, '양養'은 순응하여 해가 없다는 말이다."

○ **용안** 맹자의 조존법은 없어지려는 것을 보존하는 것이고 후세의 조존법은 떠나가려는 것을 머물게 하는 것이니, 그 차이는 비록 털끝만 하지만 어긋난 것은 한 장丈이 된다. 맹자의 이른바 '존심存心'이라는 것은 매번 일을 행할 때 사욕을 버리고 천명을 따르며 악을 버리고 선을 좇아서 이 미미하여 장차 없어지려는 한 점 도심道心을 보존하는 것이니, 이는 이른바 보존保存이다

後世之所謂存心者, 每於靜坐之時, 收視而主敬, 凝神而息慮, 以存此躁擾不定之人心, 此所謂住存也。住存之工, 固亦甚好。但與孟子所言者不同耳。養性亦然。孟子之所謂養性者, 今日行一善事, 明日行一善事, 集義積善, 以養其樂善恥惡之性, 使浩然之氣, 充然不餒也。後世之所謂養性者, 瞑目塑形, 專觀未發前氣象, 以求活潑潑地, 此所謂涵養也。涵養自亦甚好, 但非孟子之意。故朱子論存心曰, "存得父子之心, 存得君臣之心。"【見小注】斯可知也。後儒以古之存養爲動存·動養, 以今之存養爲靜存·靜養。余謂二者皆善, 但古無主靜之說, 惟有'學而思, 思而學'諸語。

후세의 이른바 '존심'이라는 것은 매번 정좌를 할 때 시선을 거두고 경을 주로하며, 정신을 모으고 생각을 중지하여 이 조급하고 안정되지 않은 마음을 보존하는 것이니, 이는 이른바 주존住存이다.

주존의 공부도 본래 또한 매우 좋지만 맹자가 말한 것과는 같지 않다. '양성養性'도 마찬가지이다. 맹자의 이른바 양성이란 오늘 한 가지 착한 일을 행하고, 내일 한 가지 착한 일을 행하여, 의를 모으고 선을 쌓아 선을 즐거워하고 악을 부끄럽게 여기는 본성을 길러, 호연지기로 하여금 가득 차 주리지 않도록 하는 것이다. 후세의 이른바 양성이란 눈을 감고 흙으로 빚은 불상[塑像]처럼 앉아서, 오로지 마음이 발하기 이전[未發]의 기상을 살펴 활발발活潑潑한 경지를 구하는 것이니, 이것이 이른바 함양이다. 함양도 본래 매우 좋은 것이지만 맹자의 뜻은 아니다. 그러므로 주자는 존심을 논하면서 "부자 사이의 친애하는 마음을 보존하고, 군신 사이의 의로운 마음을 보존한다."[소주에 보인다.]라고 하였으니 이로써 알 수 있다. 후세의 유자들은 옛날의 존양을 동존動存·동양動養으로 여기고, 오늘날의 존양을 정존靜存·정양靜養으로 여긴다. 내가 생각건대, 두 가지 다 모두 좋지만 옛날에는 주정설이 없었고 오직 "배우며 생각하고 생각하며 배운다."라는 등의 말만 있었다.

* 여기서 다산은 주자학에서 말하는 존심과 양성은 다만 마음을 고요히 보존하려는 내향적인 주존 공부에 지나지 않는다고 비판하며 진정한 존심의 방법은 장차 없어지려는 도심道心을 구체적인 실천 속에서 유지하고 지키는 보존의 방법이라고 주장한다.

趙曰, "雖見前人或殀或壽, 終無二心."
○朱子曰, "不以死生爲吾心之欣戚."【見小注】
○鏞案 凡世間之事, 期短則心急, 故其用功疾, 期遠則心緩,[11] 故其用功徐. 惟君子立命之法, 不問殀・壽, 俛焉日有孳孳, 常修以俟之."
○立者, 廢之反. 委君命於草莽者, 謂之廢命, 立命者, 不廢所受之天命也.【王憑麟云, "命不可委, 故孟子言立命."】

程子曰, "心也・性也・天也, 一理也. 自理而言, 謂之天, 自稟受而言, 謂之性, 自存諸人而言, 謂之心."
○鏞案 後世之學, 都把天地萬物無形者・有形者・靈明者・頑蠢者, 竝歸之於一理, 無復大小・主客, 所謂始於一理, 中散爲萬殊, 末復合於一理也. 此與趙州萬法歸一之說, 毫髮不差. 蓋有宋諸先生, 初年多溺於禪學, 及其回來之後, 猶於性理之說, 不無因循. 故每曰, "佛氏彌近理, 而大亂眞."

---

11) 緩: 新朝本에는 '綏'로 되어 있으나 奎章本에 따라 바로잡는다.

조기가 말했다. "이전 사람들 중에 요절한 이도 있고 장수한 이도 있었지만 결국 마음이 둘로 나뉘지 않았다."

○ 주자가 말했다. "생사를 내 마음의 기쁨과 슬픔으로 삼지 않는다."【소주에 보인다.】

○ **용안** 세상의 일이란 기한이 짧으면 마음이 급해지므로 공력을 들이는 것이 빠르고, 기한이 멀면 마음이 느긋해지므로 공력을 들이는 것을 천천히 한다. 오직 군자만이 명을 세우는 방법에 있어 요절과 장수를 불문하고 부지런히 날마다 힘써 항상 자신을 닦아 명을 기다린다.

○ '입立'이란 '폐廢'의 반대이다. 군명을 지푸라기보다 가볍게 버리는 것을 폐명이라고 하니, 입명이란 받은 바의 천명을 버리지 않는 것이다.【왕응린은 "명은 버릴 수 없기 때문에 맹자가 입명이라고 말하였다."라고 하였다.】

정자가 말하였다. "심과 성과 천은 하나의 이치이다. 이치로 말하면 천이라고 하고, 품부 받은 것으로 말하면 성이라 하고, 사람에게 보존된 것으로 말하면 심이라 한다."

○ **용안** 후세의 학문에서는 천지 만물 가운데 형체가 없는 것, 형체가 있는 것, 영명한 것, 어리석고 미련한 것들을 모두 하나의 이理에 귀속시켜 다시 대소와 주객의 구분을 두지 않으니, 이른바 하나의 이치에서 시작하여 중간에 흩어져 만 가지 다른 것이 되었다가 끝에는 다시 하나의 이치에 합해진다는 것이다. 이는 조주의 '만법귀일설'과 조금도 차이가 없다. 대체로 송나라 여러 선생들은 초년에 대부분 선학에 빠졌는데 유학으로 되돌아온 뒤에 오히려 성리설에 대해서는 인습하지 않는 바가 없었다. 그러므로 항상 "불교는 이치에 극히 가까우나 크게 진리를 어지럽힌다."라고 한 것이다.

夫旣曰'彌近理', 則其中猶有所取, 可知也。子思著『中庸』, 明云, "天命之謂性。" 孟子曰, "盡其心者, 知其性。" 今乃以心·性·天三者, 總謂之一理, 則毛氏所謂'理命之謂理', 不是佁語, 而孟子亦當曰, "盡其理者, 知其理也, 知其理, 則知理矣。" 束萬殊而歸一, 復成混沌, 則凡天下之事, 不可思議, 不可分別。惟有棲心冥漠, 寂然不動, 爲無上妙法而已, 斯豈洙·泗之舊觀哉? 夫理者何物? 理無愛憎, 理無喜怒, 空空漠漠, 無名無體, 而謂'吾人禀於此而受性', 亦難乎其爲道矣。[12]

張子曰, "由[13]太虛, 有天之名, 由氣化, 有道之名, 合虛與氣, 有性之名, 合性與知覺, 有心之名。"【朱子曰, 氣化者, 那陰陽造化, 水·火·金·木·土, 皆是。太虛, 便是「太極圖」面上一圓圈。】

---

12) 後世之學 … 亦難乎其爲道矣 : 이理에 관한 다산의 견해가 드러난 매우 중요한 구절이다. 다산은 여기서 심과 성과 천을 모두 이理로 보고, 더 나아가 형체가 있거나 없거나 영명하거나 아니거나 차등을 두지 않고 모두 이理에 귀속시키는 성리학의 이기론을 비판하면서 하늘의 주재자로 인격적인 '상제'를 앞세우고 있다. 다산은 이理가 애증이나 희노 같은 인격적 측면이 없이 다만 텅 비고 막막한 추상적 원리일 뿐이라는 입장에서 이理를 곧 인간의 성으로 볼 수 없다고 주장한다.

13) 由 : 新朝本에는 '有'로 되어 있으나 奎章本에 따라 바로잡는다.

이미 "극히 이치에 가깝다."라고 했으니 그 가운데서 오히려 취한 바가 있음을 알 수 있다. 자사가 『중용』을 저술하면서 분명히 "하늘이 명한 것을 성이라 한다."라고 밝혔고, 맹자가 "그 마음을 극진히 하는 자는 그 성을 안다."라고 하였는데, 지금 심·성·천 3가지를 모두 하나의 이理라고 하면, 모기령이 이른바 "리가 명한 것을 리라 한다."라는 것도 지나친 말이 아닐 것이며, 맹자 또한 마땅히 "그 리를 극진히 하는 자는 그 리를 알고, 그 리를 알면 리를 안다."라고 해야 할 것이다. 만 가지로 다른 것을 묶어서 하나의 리에 귀속시켰다가 다시 뒤섞어 혼돈을 이루게 되면 천하의 일은 논할 수도, 분별할 수도 없게 될 것이다. (그들은) 오직 마음을 아득히 멀고 먼 곳에 머물게 하고 적연부동을 최고의 묘법으로 여길 뿐이니 이것이 어찌 공맹의 옛 견해이겠는가? 리란 어떤 것인가? 리에는 애증도 없고 희로도 없으며, 텅 비고 막막하여 이름도 없고 형체도 없는데 "우리들이 이로부터 품부되어 성을 받았다."라고 한다면 도가 되기에 곤란할 것이다.

장재가 말했다. "태허에서 비롯되어 천의 명칭이 있게 되었고, 기화에서 비롯되어 도의 명칭이 있게 되었으며, 허와 기를 합하여 성의 명칭이 있게 되었고, 성과 지각을 합하여 성의 명칭이 있게 되었고, 성과 지각을 합하여 심의 명칭이 있게 되었다."【주자가 말했다. "기화란 저 음양의 조화이니 수·화·금·목·토가 모두 이것이다. 태허는 곧 「태극도」의 한 둥근 권역이다."】

○鋪案 天之主宰, 爲上帝。其謂之天者, 猶國君之稱國, 不敢斥言之意也。彼蒼蒼有形之天, 在吾人不過爲屋宇帡幪, 其品級不過與土地·水·火平爲一等, 豈吾人性道之本乎?「大極圖」上一圓圈, 不見『六經』。是有靈之物乎, 抑無知之物乎, 將空空蕩蕩, 不可思議乎? 凡天下無靈[14]之物, 不能爲主宰。故一家之長, 昏愚不慧, 則家中萬事不理, 一縣之長, 昏愚不慧, 則縣中萬事不理。況以空蕩蕩之太虛[15]一理, 爲天地萬物主宰根本, 天地間事, 其有濟乎?『詩』云, "明明在下,[16] 赫赫在上。"『詩』云, "蕩蕩上帝, 下民之辟。"『詩』云, "昊天上帝, 則不我遺。"『詩』云, "天之牖民, 如壎如篪。"『詩』云, "昊天曰明, 及爾出王, 昊天曰旦,[17] 及爾游衍。"『詩』云, "畏天之威, 于時保之。"『詩』云, "敬天之怒, 無敢戲豫。"先聖言天, 若彼其眞切分明, 今之言天, 若是其渺芒恍忽, 豈可知耶?

---

14) 靈 : 新朝本에는 '形'으로 되어 있으나 奎章本에 따라 바로잡는다.
15) 虛 : 新朝本에는 '極'으로 되어 있으나 奎章本에 따라 바로잡는다.
16) 下 : 新朝本·奎章本에는 '上'으로 되어 있으나 『詩經·大雅·大明』에 따라 바로잡는다.
17) 旦 : 新朝本에는 '只'로 되어 있으나 『詩經·大雅·板』에 따라 바로잡는다.

○ **용안** 하늘의 주재자는 상제上帝이다. 이를 일러 천天이라고 하는 것은 국군國君을 단지 국國이라고 칭하는 것과 같으니, 이것은 감히 이름을 부르지 않는다는 의미이다. 저 푸르고 푸른 유형의 하늘은 우리 인간에게 집의 지붕이나 장막에 불과하며 그 품급品級은 토지수화土地水火와 같은 등급에 지나지 않으니 어찌 우리 사람들의 성性과 도道의 근본이겠는가? 「태극도」의 한 둥근 권역(이라는 표현)은 육경에 보이지 않는다. 이는 영이 있는 물건인가, 아니면 아무런 지각도 없는 물건인가, 텅 비어 아득하여 사량할 수 없는 것인가? 천하의 영이 없는 물건은 주재가 될 수 없다. 그러므로 한 집안의 어른이 어둡고 어리석어 지혜롭지 못하면 집안의 만사가 다스려지지 않고, 한 고을의 어른이 어둡고 어리석어 지혜롭지 못하면 그 고을의 만사가 다스려지지 않는다. 그런데 하물며 텅 비어 아득한 태허의 한 이理를 천지만물을 주재하는 근본으로 삼는다면 천지 사이의 일이 이루어질 수 있겠는가? 『시경』에 "밝고 밝은 덕이 아래에 있으면, 빛나고 빛나는 명이 위에 있다."라고 하였고, "광대한 상제는 아래 백성들의 임금이다."라고 하였으며, "하늘의 상제가 나를 남겨두지 않으신다."라고 하였고, "하늘이 백성을 깨우쳐주는 것이 나발과 같고 피리와 같다."라고 하였으며, "하늘을 밝다고 하니 어딜 나가든 함께하시고, 하늘은 환하다고 노닐 적에도 살펴보신다."라고 하였고, "하늘의 위엄을 두려워하여 이에 그 나라를 보존한다."라고 하였으며, "하늘의 노함을 공경하여 감히 놀며 즐기지 말라."라고 하였다. 옛 성인들이 하늘에 대해 말한 것이 저와 같이 진절眞切하고 분명한데, 오늘날 사람들이 하늘에 대해 말한 것은 이처럼 아득하고 황망하니, 어찌 알 수 있겠는가?

道者人所由也, 自生至死曰道。自生至死曰道, 猶自楚至秦曰道。『中庸』曰, "道也者, 不可須臾離。" 如自楚至秦者, 其身在道, 不可須臾離也。道不遠人若此, 而張子以氣化爲道。夫陰陽造化・金木水火土之變動, 非吾身之所得由, 則豈吾道乎? 若云一陰一陽之謂道, 本之『易傳』, 則是言天道, 不是人道, 是言易道, 不是天道, 豈可以吾人率性之道, 歸之於一陰一陽乎?

○心者, 吾人大體之借名也, 性者, 心之所嗜好也。虛氣知覺, 亦恐欠分曉。

도란 사람이 말미암는 바이니, 나면서부터 죽음에 이르기까지를 도라고 한다. 나면서부터 죽음에 이르기까지를 도라고 하는 것은 초나라에서 진나라에 이르는 것을 길이라고 하는 것과 같다. 『중용』에 "도란 잠시도 떠날 수 없는 것이다."라고 하였으니, 이것은 마치 초나라에서 진나라까지 가는 자가 잠시도 길을 벗어날 수 없는 것과 같다. 도가 이와 같이 사람에게서 멀지 않은데 장자張子는 기화氣化를 도로 여겼다. 저 음양의 조화와 금·목·수·화·토의 변동은 내 몸이 말미암을 수 있는 바가 아닌데 어찌 우리의 도가 되겠는가? 일음일양을 도라고 하는 것은 『역전』에 근본한 것이다. 이는 천도를 말한 것이지 인도를 말한 것이 아니며, 역도를 말한 것이지 천도를 말한 것이 아니니 어찌 우리 인간의 솔성지도를 일음일양의 도에 귀속시킬 수 있겠는가?

○ 심心은 우리 인간의 대체大體의 차명借名이고, 성性은 마음이 기호嗜好하는 바이다. 텅 빈 기와 지각은 또한 아마도 분명하게 밝히기 어려울 것이다.

* 이 구절은 다산이 인격성이 없음을 근거로 리의 주재성을 부정함으로써 성리학의 이론 체계를 넘어서는 대목이다. 비인격성을 근거로 만물에 대한 리의 주재성을 부정하는 다산의 독특한 이론은 리를 실체가 아닌 속성에 지나지 않는다고 주장한 서학서 『천주실의』의 이론과 유사하다. 더 나아가 다산은 성을 리로 간주하는 성리학과 달리 '좋아하고 싫어함'이라는 기호로 해석함으로써 전통적인 '성즉리' 개념 역시 부정한다.

13-2 무엇이든 명 아님이 없으니, 명을 아는 이는 위험한 담 밑에 서지 않는다는 장〔莫非命也不立乎巖牆之下章〕

* 올바른 명에 관해 주희와 다산의 견해차가 드러나는 구절이다. 주희가 도를 다하는 것을 수신의 도를 다하는 것으로 여긴 반면 다산은 수명을 다하는 것으로 여긴다. 이러한 전제에서 공자가 사마환퇴에 의해 죽임을 당하였다고 가정할 경우 주희는 공자가 자신의 명을 다하였다고 보아 정명이라고 간주하지만 다산은 자신의 수명대로 산 것이 아니므로 정명이 아니라고 간주한다.

孟子曰: "莫非命也, 順受其正. 是故知命者, 不立乎巖牆之下. 盡其道而死者, 正命也. 桎梏死者, 非正命也."

趙曰, "盡修身之道, 以壽終者, 得正命也."
○孫曰, "陷於刑獄, 爲桎梏而死."
○朱子曰, "使文王死於羑里,[18] 孔子死於桓魋,[19] 卻[20]是正命."
○鏞案 自生至死曰道, 盡其道而死者, 謂盡其天年而死也. 死於巖牆, 死於桎梏, 皆不以天年死, 故非正命也. 或死於雷震, 或死於虎狼, 亦非正命, 當與巖牆・桎梏同論.【若云巖牆桎梏, 是自作之孼, 雷虎, 非自作之孼, 則比干[21]剖心, 亦自作之孼.】若使文王死於羑里, 孔子死於桓魋, 則比之巖牆・桎梏, 尤非正命. 朱子蓋以盡其道, 謂盡修身之道, 故其言如此.

---

[18] 使文王死於羑里 : 은殷나라 말기에 서쪽 제후국이었던 주周나라의 문왕이 선정을 베풀어서 민심이 문왕에게 기울자, 은의 마지막 왕이자 폭군인 주왕紂王이 문왕을 두려워하여 그를 유리에 가두었다.
[19] 孔子死於桓魋 : 공자는 조나라를 떠나 송나라로 들어가던 중에 송나라 사마인 환퇴에게 위협을 받은 적이 있다.
[20] 卻 : 新朝本에는 '郤'으로 되어 있으나 奎章本에 따라 바로잡는다.
[21] 비간의 심장이 도려진 것 : 비간은 은나라 주왕紂王의 숙부로, 달기妲己에게 빠져 광폭해진 주왕에게 올바른 정치를 하라고 간언하다가 죽임을 당했다. 주왕은 성인聖人의 심장은 구멍이 일곱 개라는 말을 확인하겠다는 명분으로 비간의 심장을 도려내었다고 한다.

맹자가 말했다. "무엇이든 명命 아님이 없으나 그중에서 바른 것을 순수히 받아들여야 한다. 그러므로 명을 아는 자는 위험한 담 밑에 서지 않는다. 자기의 도리를 다하고 죽는 것은 바른 명이지만, 죄를 지어 형벌을 받고 죽는 것은 바른 명이 아니다."

조기가 말했다. "수신修身의 도를 다하여 명대로 사는 것이 정명을 얻는 것이다."

○ 손석이 말했다. "형옥에 빠지고 질곡으로 인해 죽는 것이다."

○ 주자가 말했다. "가령 문왕이 유리羑里에서 죽고, 공자가 환퇴에 의해 죽었다고 하더라도 이는 도리어 정명이 된다."

○ **용안** 나면서부터 죽음에 이르기까지를 도라고 하니, 그 도를 다하여 죽는다는 것은 타고난 수명을 다하여 죽는 것을 말한다. 담이 무너져 죽거나 형틀에 묶여 죽는 것은 모두 타고난 수명을 다하여 죽는 것이 아니므로 정명이 아니다. 벼락에 맞아 죽거나 호랑이에 물려 죽는 것도 역시 정명이 아니니, 이는 담장 아래에 있다가 죽거나 형틀에 묶여 죽는 것과 같이 논해야 한다.[만약 담장 아래 서 있다가 죽거나 형틀에 묶여 죽는 것은 스스로 만든 재앙이라 하고, 벼락에 맞아 죽거나 호랑이에게 물려 죽는 것은 스스로 만든 재앙이 아니라고 한다면, 비간의 심장이 도려진 것도 스스로 만든 재앙이다.] 만약 문왕이 유리에서 죽고, 공자가 환퇴에 의해 죽었다고 한다면, 이는 위험한 담장이나 형틀에 묶여 죽는 것과 비교해 볼 때, 더욱 정명이 아니다. 주자는 대체로 그 도를 다하는 것을 수신의 도를 다하는 것으로 여겼기 때문에 이와 같이 말한 것이다.

○總之, 邵公之壽・顔淵之夭・比干之誤死・盜跖之倖逭, 莫非命也. 同立巖牆之下, 而一壓一免者有之, 同犯桎梏之罪, 而一誅一脫者有之, 莫非命也. 有正命焉, 有特命焉, 故君子愼之.

引證 文十三年,『左傳』云, "邾文公卜遷于繹. 史曰, '利於民而不利於君.' 邾子曰, '苟利於民, 孤之利也.' 遂遷于繹. 五月, 邾 文公卒. 君子曰, '知命.'"

○**鏞案** 巖牆有可死之理, 故以不立爲知命, 繹邑無可死之理, 故以遂遷爲知命. 察乎此, 則知所以知命矣.

○ 총괄하건대 소공의 장수, 안연의 요절, 비간의 억울한 죽음, 도척의 요행한 도망은 명이 아닌 것이 없다. 위험한 담장 아래 함께 서 있다가 한 사람은 압사하고 한 사람은 죽음을 면하는 경우도 있고, 함께 형틀에 묶이는 죄를 범했다가 한 사람은 벌을 받아 죽고 한 사람은 죄에서 벗어나는 수도 있으니, 모두 명 아닌 것이 없다. 정명도 있고 특명도 있기 때문에 군자는 이를 신중히 한다.

인증 문왕 13년을 『좌전』에서는 이렇게 말했다. "주邾문공이 역繹 땅으로 천도하기 위해 점을 쳤는데, 태사가 말하기를 '백성에게는 이로우나 임금에게는 이롭지 않다.'라고 하니, 주문공이 '진실로 백성에게 이로우면 그것이 곧 나의 이로움이다.'라고 하고, 마침내 역 땅으로 천도하였다. 5월에 주문공이 죽자, 군자들이 '그는 명을 안다.'라고 하였다."

○ **용안** 담장 밑은 죽을 만한 있는 이치가 있기 때문에 그곳에 서지 않는 것을 명을 안다고 여긴 것이고, 도읍의 천도는 죽을 만한 이치가 없기 때문에 마침내 천도한 것을 명을 안다고 여긴 것이다. 이 점을 잘 살펴보면, 명을 안다는 것에 대해 알 수 있다.

13-4 만물이 모두 나에게 갖추어져 있으니 서를 힘써 행하면 인을 구함이 이보다 가까울 수 없다는 장
〔萬物皆備於我强恕而行求仁莫近章〕

* 만물의 이치가 모두 나에게 갖추어져 있다는 맹자의 말을 만물의 리理가 나의 성에 갖추어져 있다는 의미로 해석하는 주희에 대해 다산은 만물의 이치는 각각 만물 개체에 갖추어져 있을 뿐 나의 성에 모든 이치가 갖추어져 있는 것은 아니라고 반박한다.

孟子曰: "萬物皆備於我矣. 反身而誠, 樂莫大焉. 强恕而行, 求仁莫近焉."

趙曰, "物, 事也."
○《集》曰, "此言理之本然也。大小當然之理, 無一不具於性分之內."
○程復心曰, "一物之中, 莫不有萬物之理."【見《通考》】
○**鏞案** 萬物, 不必如是作廣大之言。天地萬物之理, 各在萬物身上, 安得皆備於我? 犬有犬之理, 牛有牛之理, 此明明我之所無者, 安得强爲大談曰'皆備於我'乎?
○此章乃一貫忠恕之說。我好色, 便知民亦好色, 我好貨, 便知民亦好貨, 我好安逸, 知民之亦好安逸, 我惡賤侮, 知民之亦惡賤侮。路欲先行, 門欲先入, 階欲先登, 席欲先坐, 冬欲先溫, 夏欲先凉, 飢欲先食, 渴欲先飮。

맹자가 말했다. "만물이 모두 나에게 갖추어져 있으니, 자신을 돌이켜보아 성실하면 즐거움이 이보다 더 클 수 없고, (자신을 미루어) 남에게 미치는 서恕를 힘써서 행하면 인仁을 구함에 이보다 더 가까운 방법은 없다."

조기가 말했다. "물物이란 일[事]이다."

○ 『맹자집주』에서 말했다. "이것은 리의 본연을 말한 것이다. 대소의 당연한 이치가 어느 한 가지도 성의 분수 안에 갖추어져 있지 않은 것이 없다."

○ 정복심이 말했다. "하나의 사물 가운데 만물의 이치가 없는 것은 없다."【『문헌통고』에 보인다.】

○ **용안** 만물에 대해 반드시 이와 같이 광대한 말을 지어낼 필요가 없다. 천지 만물의 이치는 각각 만물 자신에게 있는 것이니, 어찌 모두 나에게 갖추어져 있겠는가? 개에게는 개의 이치가 있고, 소에게는 소의 이치가 있는 것으로, 이는 명백히 나에게 없는 것인데, 어찌 억지로 큰소리를 치며 모두 나에게 갖추어져 있다고 할 수 있겠는가?

○ 이 장은 곧 '일관충서一貫忠恕'의 설에 대한 것이다. 내가 여색을 좋아하면 곧 백성들도 여색을 좋아한다는 것을 알고, 내가 재화를 좋아하면 곧 백성들도 재화를 좋아한다는 것을 알며, 내가 편암함을 좋아하면 곧 백성들도 좋아한다는 것을 알고, 내가 비천하고 모욕당하는 것을 싫어하면 곧 백성들도 비천하고 모욕당하는 것을 싫어한다는 것을 안다. 길에서는 먼저 가고 싶어 하고, 문에서는 먼저 들어가고 싶어 하며, 계단에서는 먼저 오르고 싶어 하고, 자리에서는 먼저 앉고 싶어 하고, 겨울에는 먼저 따뜻하고 싶어 하고, 여름에는 먼저 시원하고 싶어 하고, 굶주릴 때는 먼저 먹고 싶어하며, 갈증이 날 때는 먼저 마시고 싶어 한다.

日用常行萬事萬物之情之慾, 皆備於我, 不必問其情察其色, 而後知人之與我同也。於是所惡於上, 無以使下, 所惡於下, 無以事上, 所惡於前, 無以先後, 所惡於後, 無以從前, 所惡於左, 無以交於右, 所惡於右, 無以交於左, 其法例如是也。故所求乎子以事父, 所求乎臣以事君, 所求乎前後者, 徐行後長, 所求乎左右者, 坐不橫肱。此孔子所謂一貫, 謂萬物紛錯, 我以一恕字貫之也。孔·孟之學, 其眞切卑近如此, 而先儒於孔子一貫之說·孟子萬物之解, 皆言之太廣, 釋之太闊,[22] 通天地萬物之理, 而無一不具於方寸之中。浩浩蕩蕩, 靡有涯岸, 使後學茫然不知入頭著手之處, 豈不恨哉? ○反身而誠者, 忠也。我之所以施於人者, 反求諸己, 無一不忠, 則樂莫大焉。○仁者, 二人也。父子二人也, 君臣二人也, 民牧二人也。曩所謂萬物不出人倫之外, 故結之曰, "强恕而行, 求仁莫近焉。"

蔡曰, "反身而誠者, 夫子之一貫也, 强恕而行者, 曾子所謂忠恕也。"
【見《蒙引》】
○**鏞案** 蔡說最令人開眼。[23] 但一貫卽忠恕, 忠恕卽一貫, 蔡氏分而二之, 猶有一重障礙。

---

22) 闊 : 新朝本에는 '閣'으로 되어 있으나 奎章本에 따라 바로잡는다.
23) 眼 : 新朝本에는 '眠'으로 되어 있으나 奎章本에 따라 바로잡는다.

날마다 쓰고 항상 행하는 만사·만물에 대한 감정과 욕망이 모두 나에게 갖추어져 있으므로 꼭 그 사정을 묻고 안색을 살핀 뒤에야 남들이 나와 같다는 사실을 알게 되는 것은 아니다. 이에 윗사람에게 싫었던 것으로 아랫사람을 부리지 말며, 아랫사람에게 싫었던 것으로 윗사람을 섬기지 말며, 앞사람에게 싫었던 것으로 뒷사람에게 먼저 하지 말며, 뒷사람에게 싫었던 것으로 앞사람에게 따르지 말며, 왼쪽 사람에게 싫었던 것으로 오른쪽 사람과 사귀지 말며, 오른쪽 사람에게 싫었던 것으로 왼쪽 사람과 사귀지 말아야 하니, 그 법례가 이와 같다. ○ 자신을 돌이켜보아 성실한 것이 충이다. 내가 남에게 베풀 때 자신에게 돌이켜 구해 어느 하나도 충실하지 않음이 없다면 즐거움이 이보다 큰 것이 없을 것이다. ○ 인이란 두 사람이다. 부자도 두 사람이고, 군신도 두 사람이고, 백성과 목민관도 두 사람이다. 옛날에 이른바 만물은 인륜의 밖을 벗어나지 않는 것이라고 했으므로 이를 결론지어 "힘써 서를 행한다면 인을 구하는 것이 이보다 가까운 것이 없다."라고 한 것이다.

채청이 말했다. "자신을 돌이켜보아 성실하다는 것은 공자의 일관이고, 힘써 서를 실천한다는 것은 증자의 이른바 충서이다."【『사서몽인』에 보인다.】

○ **용안** 채청의 설이 가장 사람의 눈을 뜨게 한다. 다만 일관이 충서고 충서가 곧 일관인데, 채씨는 나누어 둘로 만들었으니, 오히려 하나의 중대한 장애가 있다.

13-5 행하면서도 밝게 알지 못하며 익숙하면서도 살피지 못한다는 것에 관한 장 〔行之而不著焉習矣而不察焉章〕

孟子曰:"行之而不著焉, 習矣而不察焉, 終身由之而不知其道者, 衆也."

《集》曰, "著者, 知之明."
○**鏞案** 著者, 表顯之也. 表顯前事者, 謂之著書, 表顯位次者, 謂之著位."
○手之握·足之行·目之視·耳之聽·心之思, 以至日月之運行·水火之升降·四時之變·萬物之用, 皆終身由之, 而不知其道者也.

맹자가 말했다. "행하고 있으면서도 왜 그렇게 해야 하는지 밝게 알지 못하고, 습관적으로 익숙하게 하고 있으면서도 그 이유를 알지 못한다. 그리하여 종신토록 행하면서도 그 도道를 모르는 자가 많은 것이다."

『맹자집주』에서 말했다. "'저著'라는 것은 아는 것이 밝은 것이다."
  ○ **용안** 저라는 것은 드러내는 것이다. 이전에 있었던 일을 밝게 드러내는 것을 저서著書라고 하고, 위차를 드러내는 것을 저위著位라고 한다.
  ○ 손이 잡고, 발이 가고, 눈이 보고, 귀가 듣고, 마음이 생각하는 것으로부터 일월의 운행과 수화의 승강과 사시의 변화와 만물의 작용에 이르기까지 모두 종신토록 이를 말미암으면서도 그 도를 알지 못하는 것이다.

13-7 부끄러움이 사람에게는 큰일이라는 장 〔恥之於人大矣章〕

孟子曰:"恥之於人大矣. 爲機變之巧者, 無所用恥焉. 不恥不若人, 何若人有?"

趙曰, "不恥不如古之聖賢, 何有於[24]聖賢之名?"
○孫曰, "『春秋傳』云, '隰朋【齊大夫】常愧恥不若黃帝之爲人.'"
○《集》曰, "但無恥一事不如人, 則事事不如人矣."【又或說與趙注合】
○鏞案 人皆能無恥, 而吾獨不能無恥, 則當曰, "不恥不若人." 今以不恥爲惡事, 而病其不若人, 有是理乎? 且無恥非不恥, 當從或說.

---

[24] 於:『맹자주소孟子注疏·진심 상』에는 '有'로 되어 있다.

맹자가 말했다. "사람에게 부끄러움은 큰일이다. 교묘하게 남을 속이는 자는 부끄러움을 쓸 바가 없다. 부끄러워하지 않음이 남과 같지 않다면 무엇이 남과 같겠는가?

조기가 말했다. "옛 성현과 같지 못함을 부끄러워하지 않는다면 어찌 성현이라는 이름이 있겠는가?"
○ 손석이 말했다. "『춘추전』에서 '습붕【제나라 대부이다】은 항상 황제의 사람됨과 같지 않음을 부끄러워했다.'라고 했다."
○ 『맹자집주』에서 말했다. "부끄러움이 없다는 한 가지 일에서 남과 같이 못하다면 모든 일에서 남과 같지 못할 것이다."【또 (『맹자집주』의) 혹자의 설과 조기의 주가 합치된다.】
○ **용안** 다른 사람은 부끄러움이 없는데, 나만 유독 부끄러움이 없을 수 없다면 의당 "부끄러워하지 않는 것이 남과 같지 못하다."라고 해야 하겠지만, 지금 부끄러워하지 않는 것을 나쁜 일로 여기고 남과 같지 못함을 결점으로 여기니, 이러한 이치가 있겠는가? 또 부끄러움이 없다는 것은 부끄러워하지 않는다는 것이 아니니, 『맹자집주』의 혹자의 설을 따라야 한다.

13-12 백성을 편안하게 하는 도로 백성을 부리는 것과 살리는 도로 백성을 죽이는 것에 관한 장
〔以佚道使民以生道殺民章〕

孟子曰: "以佚道使民, 雖勞不怨; 以生道殺民, 雖死不怨殺者."

趙曰, "若亟其乘屋之類."
○《集》曰, "程子曰, '播穀乘屋之類.'"
○鏞案 佚道使民, 當是一勞久佚[25]之事。播穀乘屋, 年年復起, 何必爲佚道乎? 濬畎澮修疆域, 則一勞而久佚也, 繕城郭治道徑, 則一勞而久佚也。

---

[25] 佚: 新朝本·奎章本에는 '役'으로 되어 있으나 문맥에 따라 바로잡는다.

맹자가 말했다. "편안하게 하는 방법으로 백성을 부리면 백성들이 비록 수고스럽다 해도 원망하지 않으며, 살리는 방법으로 백성을 죽이면 백성들이 비록 죽더라도 죽인 자를 원망하지 않는다."

조기가 말했다. "'급히 지붕을 이는 것'과 같은 부류이다."
○ 『맹자집주』에서 말했다. "정자가 말했다. '곡식을 파종하고 지붕을 이는 것과 같은 부류이다.'"

○ **용안** 편안하게 하는 방법으로 백성을 부린다는 것은 한 번 수고롭게 하여 오랫동안 편안하게 하는 것을 말한다. 곡식을 뿌리고 지붕을 이는 것은 해마다 하는 일이니, 어찌 반드시 편안하게 하는 방법이 되겠는가? 도랑을 파고 구역의 경계를 정리하는 것이 곧 한 번 수고롭게 하여 오랫동안 편안하게 하는 것이며, 성곽을 보수하고 도로를 닦는 것이 한 번 수고롭게 하고 오랫동안 편안하게 하는 것이다.

13-13 패자의 백성들은 즐거워하고
　　　왕자의 백성들은 만족한다는 장〔霸者之民驩虞如王者之民皡皡如章〕

孟子曰: 霸者之民, 驩虞如也, 王者之民, 皡皡如也. 殺之而不怨, 利之而不庸, 民日遷善而不知爲之者. 夫君子所過者化, 所存者神, 上下與天地同流, 豈曰小補之哉?

趙曰, "王者, 道大, 法天浩浩."
○《集》曰, "皡皡, 廣大自得之貌."
○**鏞案** 皡與昊通, 又與顥通, 又與皓·皞通. 其云廣大者, 昊·顥之義也. 然其字從白, 終是潔白無垢之意. 今人稱堯·舜之民熙熙皡皡, 熙熙者, 光明也. 帝王之治, 萬法具擧, 光明昭朗, 無復纖芥之障礙. 故其民熙熙皡皡然也.【季札26)觀樂27)曰, "廣哉熙熙." 老子曰, "天下熙熙, 皆爲利來." 又曰, "衆人熙熙, 如登春臺." 熙熙者, 廣也, 明也.】

---

26) 季札 : 춘추시대 오吳나라 출신의 정치가이자 외교가이다.
27) 季札觀樂 : 계찰이 노魯나라에 가서 주周나라 음악을 듣고서 주나라가 천자 노릇을 하게 된 까닭을 알았다고 한다.

맹자가 말했다. "패업을 이룬 자의 백성들은 떠들썩하게 즐거워하고, 왕업을 이룬 자의 백성들은 스스로 만족해한다. 죽여도 원망하지 않으며, 이롭게 해주어도 군주의 공으로 여기지 않는다. 그러므로 백성들이 날로 선한 바로 옮겨가면서도 누가 그렇게 만드는지 알지 못한다. 군자가 지나는 곳은 교화되며, 마음에 보존하는 바는 신묘해진다. 그러므로 위아래로 천지와 함께 흐르니, 어찌 작은 도움이라고 하겠는가?"

조기가 말했다. "왕 노릇하는 자는 도가 크고 드넓은 하늘을 본받는다."

○ 『맹자집주』에서 말했다. "'호호'는 넓고 커서 스스로 만족해하는 모양이다."

○ **용안** '호皥'는 호昊와 통하고 호顥와도 통하며, 또 호皓나 호皞와 통한다. 광대하다는 것은 호昊나 호顥의 뜻이다. 그러나 글자가 백白을 따랐으니 결국 결백하여 티가 없다는 뜻이다. 지금 사람들이 "요순시대의 백성들을 희희호호熙熙皥皥하다."라고 일컫는데, 희희라는 것은 빛나고 밝다는 뜻이다. 제왕의 정치는 만법이 모두 갖추어져 빛나고 밝으니 다시 티끌만큼도 장애도 없다. 그러므로 그 백성들이 밝고 깨끗한 것이다.【계찰이 주악을 듣고 말하기를 "넓도다, 희희함이여!"라고 하였고, 노자가 말하기를 "천하가 희희하니 모두 이롭게 되리라!"라고 하였으며, 또 말하기를 "많은 사람들이 희희하여 마치 춘대에 오른 것 같다."라고 하였으니, 희희라는 것은 넓다는 것이요, 밝다는 것이다.】

趙曰, "聖人如天, 過此世, 能化之, 存在此國, 其化如神."
○《集》曰, "所過者化, 如舜之耕歷山, 所存者神, 如孔子之立斯立."
○鏞案 立斯立, 行斯行, 亦是過化。余謂所存者神, 謂不出戶而知天下, 其知如神。

조기가 말했다. "성인은 하늘과 같아서 이 세상을 지나면 능히 교화시킬 수 있고, 나라에 있을 때는 그 교화가 신과 같다."

○ 『맹자집주』에서 말했다. "지나가는 곳마다 교화된다."라는 것은 마치 순임금이 역산에서 밭을 갈 때와 같고, "보존하고 있으면 신묘해진다."라는 것은 마치 공자가 백성을 세워주면 이에 (백성들이) 선다는 것과 같다.

○ **용안** 백성을 세워주면 이에 서고, 인도하면 이에 행한다는 것 역시 지나는 곳마다 교화된다는 말이다. 그러나 나는 '소존자신所存者神'이 집을 나가지 않고도 천하를 아는 것이 신과 같다는 뜻이라고 생각한다.

13-16 요임금이 깊은 산중에 거하며 나무와 돌과 함께 하시고 시슴과 멧돼지와 함께 노닐었다는 장

〔舜居深山之中與木石居與鹿豕游章〕

孟子曰: "舜之居深山之中, 與木石居, 與鹿豕遊, 其所以異於深山之野人者幾希, 及其聞一善言, 見一善行, 若決江河, 沛然莫之能禦也."

趙曰, "聞人一善言, 則從之, 見人一善行, 則識之."
○《集》曰, "一有感觸, 則其應甚速."
○**鏞案** 此蓋舜樂善之説。然先鋪'深山鹿豕'一段, 與'聞善·見善', 不相起伏, 及其以下, 似有闕文。【'及其'下, 似有'徵庸'節】

맹자가 말했다. "순임금이 깊은 산중에 거하실 때 나무나 바위, 사슴이나 멧돼지와 함께 하셨는데 깊은 산중에 사는 야인과 거의 다를 바가 없었다. 그러나 한 마디 선한 말을 듣고 한 가지 선한 행실을 하는 데 있어서는 양자강과 황하가 세차게 흘러가듯 패연하여 이를 막을 자가 없었다."

조기가 말했다. "다른 사람의 한마디 선한 말을 들으면 그것을 따르고, 다른 사람의 한 가지 선한 행실을 보면 그것을 기억한다."
○ 『맹자집주』에서 말했다. "한 번 감촉하면 그 응함이 매우 빠르다."
○ **용안** 이는 대체로 순임금이 선을 즐긴 일에 관한 것이다. 그러나 먼저 거론한 '심산·녹시' 대목과 '문선·견선' 대목은 서로 기복이 없지만, '급기' 아래에 아마도 빠진 문장이 있는 것 같다.【'급기' 아래에 '불러 등용하는' 절이 있는 듯하다.】

13-17 하지 말아야 할 것을 하지 않고,
   하고자 하지 않아야 할 것을 하려 하지 말아야 한다는 장
   〔無爲其所不爲無欲其所不欲章〕

孟子曰, "無爲其所不爲, 無欲其所不欲, 如此而已矣."

趙曰, "無使人欲己之所不欲者."
○《集》曰, "所謂擴充其羞惡之心."
○**鏞案** 趙說大謬. '使人'二字, 非添出乎?
○人恒有二志相反, 而一時並發者, 此乃人·鬼之關, 善·惡之幾. 人心·道心之交戰, 義勝·欲勝之判決, 人能於是乎猛省而力克之, 則近道矣. 所不爲·所不欲, 是發於道心, 是天理也, 爲之·欲之, 是發於人心, 是私欲也. 無爲·無欲, 是克制人心, 而聽命於道心, 是所謂克己而復禮也. 此一章, 乃孔·顔·曾·思相傳密付之要旨也. 故結之曰, "如此而已矣." 旣云'如此而已', 則道無外是也. 嗚呼, 至矣.

맹자가 말했다. "하지 말아야 할 일을 하지 말고, 하고자 하지 말아야 할 바를 하고자 하지 말아야 하니 이와 같이 할 뿐이다."

조기가 말했다. "다른 이에게 내가 하고자 하지 않는 것을 시키지 않는다."

○ 『맹자집주』에서 말했다. "이른바 수오지심을 확충하는 것이다."

○ **용안** 조기의 설이 크게 잘못되었다. '사인使人' 두 자는 덧붙인 것이 아니겠는가?

○ 사람에게는 항상 두 개의 상반된 뜻이 일시에 같이 발하게 되니, 이것이 곧 사람과 귀신의 관계이며 선과 악의 기미이다. 인심과 도심이 교전할 때 의가 이기는가 욕이 이기는가의 판결에서 사람이 이에 대해 맹렬히 반성하여 힘써 극복하면 도에 가깝게 된다. 하지 말아야 하는 것과 하고자 하지 말아야 하는 것이 도심에서 발하면 이것이 바로 천리이고, 하는 것과 하고자 하는 것이 인심에서 발하면 이는 사욕이다. 하지 말아야 할 것을 하지 않고, 하고자 말아야 할 것을 하고자 하지 않는 것은 인심을 잘 제어하여 도심의 명령을 듣는 것이니 이것이 이른바 자기의 사욕을 이겨 예로 돌아간다는 것이다. 이 한 장은 공자·안회·증자·자사가 서로 전하고 은밀히 부탁한 요지이다. 그러므로 결론지어서 "이와 같을 뿐이다."라고 한 것이다. 이미 "이와 같을 뿐이다."라고 했으니, 도가 여기에서 벗어나지 않는다. 아, 지극하도다.

13-18 사람들 가운데 덕과 지혜와 방법을 가진 자 및
외로운 신하와 서자에 관한 장〔人之有德慧術知者孤臣孼子章〕

孟子曰, "人之有德慧術知者, 恒存乎疢疾. 獨孤臣孼子, 其操心也危, 其慮患也深, 故達."

趙曰, "疢疾之人, 又力學故能成德."
○《集》曰, "有疢病, 則能動心忍性, 增益其所不能."
○蔡曰, "德慧·術知, 恒在疢疾中來. 存, 訓在."【見《蒙引》】
○**鏞案** 此解恐不然. 人之所遇, 莫非命也, 而賢知之人, 所遇多奇險者, 天以是鍛鍊其德, 使之有所增益也. 大舜號泣于田間, 文王拘囚乎羑里, 伯奇[28]見放, 屈原流竄, 皆以其有德慧之故, 遭此疢疾也. 何以然也? 獨孤臣孼子, 其操心也危, 其慮患也深, 故達.【下節所以明上節之義】

---

28) 伯奇 : 백기는 주周나라의 어진 재상 윤길보尹吉甫의 아들로, 계모에게 모함을 받아 추방당했다.

맹자가 말했다. "사람들 가운데 덕망과 지혜, 기술과 지식을 가진 자는 항상 어려움이 있기 마련이다. 그중에서도 유독 군주에게 외면당한 신하나 서자들은 늘 마음가짐이 위태롭지만 근심과 걱정이 깊기 때문에 통달할 수 있다.

조기가 말했다. "어려움 속에 있는 자는 또한 힘써 배우기 때문에 덕을 이룰 수 있다."

○ 『맹자집주』에서 말했다. "어려움이 있으면 마음을 분발하고 성질을 참아 능하지 못한 바를 더욱 증진시킨다."

○ 채청이 말했다. "덕과 지혜, 기술과 지식은 어려움 가운데서 오는 것이다. '존'은 '재'로 풀이된다."【『사서몽인』에 보인다.】

○ **용안** 이 해석은 아마도 그렇지 않은 듯하다. 사람이 만나는 바 가운데 명命이 아닌 것이 없다. 현명하고 지혜로운 사람이 기이하고 험한 일을 많이 만나게 되는 것은 하늘이 그의 덕을 단련시켜 그로 하여금 더욱 증진시키려는 것이다. 위대한 순이 밭에 나아가 울부짖고, 문왕이 유리에서 구금되었고, 백기가 추방을 당하고, 굴원이 귀양을 간 것이 모두 덕과 지혜가 있었기 때문에 이러한 어려운 환란을 만난 것이다. 어째서 그런가? 외로운 신하와 서자는 마음가짐을 조심하고, 우환을 염려함이 깊기 때문에 통달하게 된 것이다.【아랫절은 윗절의 뜻을 밝힌 것이다.】

孫曰,"孤臣, 不得於其君者也, 孼子, 不得於其親者也。"
○《集》曰,"孤臣, 遠臣, 孼子, 庶子。"
○**鏞案** 孼子, 恐非庶子之謂。孼, 罪也。『史』云, "修法令, 愼庶孼。" 庶孼, 猶言庶獄29)也。故曰愼也。此云孼子, 明是<u>大舜</u>・<u>伯奇</u>之類。若云庶子, 則父母於庶子, 鍾愛無別, 何謂不得於親乎?

---

29) 庶獄 : 옥사에 관한 일을 말한다.

손석이 말했다. "외로운 신하는 인정해줄 임금을 얻지 못한 자요, 서자는 사랑해줄 부모를 얻지 못한 자이다."

○ 『맹자집주』에서 말했다. "고신은 원신이요, 얼자는 서자이다."

○ **용안** 얼자는 아마도 서자를 말하는 것이 아닐 것이다. 얼은 죄의 뜻이다. 『사기』에 "법령을 닦고 서얼을 삼간다."라고 하였으니, 서얼은 서옥을 말하는 것과 같다. 그러므로 삼간다고 말한 것이다. 여기에서 '얼자'라고 하는 것도 분명히 대순과 백기와 같은 부류이다. 만약 서자라고 한다면 부모가 서자에게도 차별없이 사랑을 주는데, 어찌 어버이에게 사랑을 받지 못했다고 할 수 있겠는가?

13-21 땅을 넓히고 백성을 늘리는 것은 군자가 바라는 것이라는 것과 군자의 본성은 얼굴에 환히 드러나고 등에 가득하다는 장

〔廣土衆民君子欲之睟面盎背章〕

* 이 장은 다산이 '성은 기호'라는 자신의 주장의 근거로 삼는 구절이다. 다산은 이 구절에 나오는 욕欲, 낙樂, 성性을 군자가 바라는 바의 세 층위로 해석함으로써 성이 기호라는 자신의 주장을 입증하고자 했다.

孟子曰: "廣土衆民, 君子欲之, 所樂不存焉. 中天下而立, 定四海之民, 君子樂之, 所性不存焉. 君子所性, 雖大行不加焉, 雖窮居不損焉, 分定故也. 君子所性, 仁義禮智根於心. 其生色也, 睟然見於面, 盎於背, 施於四體, 四體不言而喩."

《集》曰, "分者, 所得於天之全體."【朱子云, "雖達而爲堯·舜在上, 亦不是加添些子, 若窮而爲孔·孟在下, 亦不是減少些子."】

○林曰, "周人百畝而徹, 是每分田百畝, 唐人八爲口分, 是每分田八十畝, 均田之初已定矣."

○鏞案 若云'稟命之初, 其分已定', 則君子小人, 孰不分定? 分定者, 正是自家心中, 稱量義理, 自定其分也. 君子之道, 達不離道, 窮不失義. 禹·稷以過門, 行其所性, 顏回以陋巷, 行其所性. 皆其自己心中, 分量素定故也. 若論天分, 奚但君子已哉?

맹자가 말했다. "땅을 넓히고 백성을 늘리는 것은 군자가 바라는 바이지만 즐거워하는 바는 그에 있지 않다. 천하 한가운데에 서서 온 천하 백성을 안정시키는 것은 군자가 즐거워하는 바이지만 본성本性으로 여기는 것은 그에 있지 않다. 군자의 본성은 비록 (도가) 세상에 크게 행해지더라도 더 늘어나지 않고, 비록 곤궁하게 지내더라도 더 줄어들지 않으니, 분수가 정해져 있기 때문이다. 군자의 본성은 인의예지가 마음속에 뿌리박고 있어서 그것이 겉으로 드러날 때 그 얼굴에 환히 나타나고 등에 가득하며 사지四肢에 퍼져서 굳이 말하지 않아도 사지가 스스로 알게 되는 것이다."

『맹자집주』에서 말했다. "'분分'이란 하늘 전체에서 얻은 바이다."【주자가 말했다. "비록 영달하여 요순처럼 윗자리에 있다고 하더라도 조금도 더할 것이 없고, 궁하여 공맹처럼 아랫자리에 있다 하더라도 조금도 감소할 것이 없다."】

○ 임지기가 말했다. "주나라 사람은 100묘로 철법을 사용했는데, 이는 호구마다 밭 100묘씩을 그 몫의 분수로 한 것이며, 당나라 사람은 호구를 여덟으로 나누었는데 이는 호구마다 밭 80묘씩을 그 몫의 분수로 한 것으로, 균전을 시작한 초기에 이미 정해진 것이다."

○ **용안** 만약 "사람이 명을 받은 초기부터 그 분수가 이미 정해진다."라고 한다면, 군자와 소인도 어찌 분수가 정해지는 것이 아니겠는가? 분수가 정해진다는 것은 바로 자기의 마음속에 의리를 헤아려 스스로 그 분수를 정하는 것이다. 군자의 도는 영달하더라도 도를 떠나지 않고 곤궁하더라도 의를 잃지 않는다. 우와 후직이 자기 집 앞을 지나면서도 들르지 않은 것도 본성대로 행한 것이며, 안회가 누추한 거리에서 산 것도 본성대로 한 것이다. 이는 모두 자기의 마음속에 분수를 본래 정해놓았기 때문이다. 만약 하늘에서 받은 분수라고 한다면 어찌 군자뿐이겠는가?

附論 余嘗以性爲心之嗜好, 人皆疑之, 今其證在此矣。欲・樂・性三字, 孟子分作三層, 最淺者, 欲也, 其次, 樂也, 其最深而遂爲本人之癖好者, 性也。君子所性, 猶言君子所嗜好也。但嗜好猶淺, 而性則自然之名也。若云性非嗜好之類, 則'所性'二字, 不能成文。欲・樂・性三字, 旣爲同類, 則性者, 嗜好也。

부론 내가 일찍이 성을 마음의 기호라고 했더니 사람들이 모두 그것을 의심하였는데, 지금 그 증거가 여기에 있다. 욕·락·성 세 글자를 맹자는 세 층으로 나누었는데, 가장 얕은 것이 욕이고, 그다음이 낙이며, 가장 깊어서 드디어 본인이 각별히 좋아하게 되는 것이 성이다. '군자의 본성'이라는 것은 군자가 기호하는 것이라고 말하는 것과 같다. 다만 기호는 오히려 얕으며 성은 자연의 명칭이다. 만약 성이 기호의 부류가 아니라면 '소성' 두 글자로는 글이 성립하지 않는다. 욕·락·성 세 글자는 이미 같은 부류이니 곧 성은 기호이다.

13-22 백이가 주왕을 피해 북해의 바닷가에 살았던 일에 관한 장
〔伯夷辟紂居北海之濱章〕

孟子曰:"伯夷辟紂, 居北海之濱, 聞文王作興, 曰:'盍歸乎來! 吾聞西伯善養老者.'太公辟紂, 居東海之濱, 聞文王作興, 曰:'盍歸乎來! 吾聞西伯善養老者.'天下有善養老, 則仁人以爲己歸矣. 五畝之宅, 樹牆下以桑, 匹婦蠶之, 則老者足以衣帛矣. 五母雞, 二母彘, 無失其時, 老者足以無失肉矣. 百畝之田, 匹夫耕之, 八口之家足以無飢矣. 所謂西伯善養老者, 制其田里, 敎之樹畜, 導其妻子, 使養其老. 五十非帛不煖, 七十非肉不飽. 不煖不飽, 謂之凍餒. 文王之民, 無凍餒之老者, 此之謂也."

趙曰, "非家賜而人益之." ○輔曰, "若無孟子此說, 則人將謂文王之養老, 只如後世尊養三老·五更之『禮』文而已."

○鏞案 二老非自以其老, 往就文王之養也. 善養老, 王政也. "吾聞西伯行王政, 盍歸乎來?"【已見前.】

맹자가 말했다. "백이伯夷가 폭군 주왕紂王을 피하여 북해北海 물가에 살다가, 문왕文王께서 세상에 나오셨다는 말을 듣고는 '어찌 돌아가지 않겠는가? 내가 들으니 문왕은 노인을 잘 봉양한다고 했다.'라고 하였다. 태공太公이 주왕을 피해 동해東海 물가에 살다가, 문왕께서 세상에 나오셨다는 말을 듣고는 '어찌 돌아가지 않겠는가? 내가 들으니 문왕은 노인을 잘 봉양한다고 했다.'라고 하였다. 만일 천하에 노인을 잘 봉양하는 자가 있으면, 인한 자들이 자기가 돌아갈 곳으로 삼을 것이다. 5묘畝의 집 담장 아래에 뽕나무를 심고 지어미 한 사람이 누에를 치면 늙은이가 비단옷을 충분히 입을 수 있으며, 다섯 마리의 암탉과 두 마리의 암퇘지를 기르되 새끼 칠 때를 놓치지 않게 하면 늙은이가 고기를 충분히 먹을 수 있으며, 100묘 되는 토지를 지아비 한 사람이 경작하면 여덟 식구 집안이 굶주리지 않을 수 있다.

이른바 '문왕이 노인을 잘 봉양한다.'라는 것은 토지와 집터를 제정해주어 심고 기르는 법을 가르치며, 그 처자식을 인도하여 그 노인을 봉양하게 한 것이다. 50세에는 비단옷이 아니면 따뜻하지 않고, 70세에는 고기가 아니면 배부르지 않으니, 따뜻하지 않고 배부르지 않은 것을 춥고 배고프다고 이른다. 문왕의 백성 중에는 춥고 배고픈 노인이 없었다는 것은 이를 말한 것이다."

조기가 말했다. "집마다 하사하고, 사람마다 보태주는 것이 아니다."

○ 보광이 말했다. "만약 맹자의 이 설이 없었다면 사람들은 문왕이 노인을 봉양한 것이 단지 후세의 삼로오경을 높이고 봉양했다는 『예기』의 글과 같은 것일 뿐이라고 생각했을 것이다."

○ **용안** 두 노인은 자신이 늙었다고 여겨 문왕의 봉양을 얻기 위해 나아간 것이 아니다. 노인을 잘 공양하는 것이 왕도정치이다. 이는 "내가 서백이 왕도정치를 행한다는 것을 들었는데 어찌 돌아가지 않겠는가?"라는 말이다.【이미 앞에 보인다.】

13-24 공자가 동산에 올라 노나라를 작게 여기시고
태산에 올라 천하를 작게 여기셨다는 장
〔孔子登東山小魯登泰山小天下章〕

孟子曰:"孔子登東山而小魯, 登太山而小天下. 故觀於海者難爲水, 遊於聖人之門者難爲言. 觀水有術, 必觀其瀾. 日月有明, 容光必照焉. 流水之爲物也, 不盈科不行; 君子之志於道也, 不成章不達."

趙曰, "容光, 小隙也."
○**鏞案** 容光, 意當時俗言。日月之穿照, 如今牕隙者, 謂之容光。如『詩』之言'容刀',30) 『禮』之言'容臭',31)【詳見余《小學補箋》】凡有間而容物者, 謂之容某。若無俗言, 則不宜臨文硬用如是也。
○不成章者, 以袞服九章32)喩之也。山, 一章也, 龍, 一章也, 華蟲,33) 一章也。

---

30) 容刀: 용도는『시경·위풍衛風·하광河廣』에 나오는 말로 작은 칼을 넣는 칼집이다.
31) 容臭: 용취는『예기·내칙內則』에 나오는 말로 향물香物을 넣는 주머니를 말한다.
32) 九章: 구장은 용龍·산山·꿩[華蟲]·화火·동물이 그려진 술잔을 상의에, 해초[藻]·쌀알[粉米]·보黼·불黻을 치마에 수놓는 것을 말한다.
33) 華蟲: 정본에는 '華, 蟲'으로 되어 있으나 본래 한 단어이므로 교감하였다.

맹자가 말했다. "공자께서 노나라 동산東山에 올라가셔서 노나라를 작다고 여기셨고, 태산太山에 올라가셔서 천하를 작다고 여기셨다. 그러므로 바다를 구경한 자에게는 다른 물이 큰 물로 보이기 어렵고, 성인의 문하에서 공부한 자에게는 다른 말이 훌륭한 말로 여겨지기 어렵다. 물을 구경하는 데 방법이 있으니, 반드시 그 여울목을 보아야 한다. 해와 달은 밝음이 있으니, 빛이 용납하는 곳이면 반드시 비춘다. 흐르는 물은 웅덩이를 채우지 않으면 흘러가지 않는다. 군자가 도道에 뜻을 둘 때 한 단계가 이루어지지 않으면 통달할 수 없다."

조기가 말했다. "'용광'은 작은 틈이다."

○ **용안** '용광'은 생각건대, 당시의 속어일 것이다. 햇빛과 달빛이 뚫고 들어와 마치 오늘날 창문 틈 같은 데로 비추는 것을 용광이라고 한다. 이는 『시경』의 용도나 『예기』의 용취와 같은 것이다.[나의 『소학보전小學補箋』에 상세히 보인다.] 틈이 있어 물건을 용납하는 것을 용모라고 한다. 만약 속어가 없었다면 마땅히 글을 쓸 때 이와 같이 어색하지 않았을 것이다.

○ 단계를 이루지 못한다는 것은 곤복의 구장으로 비유한 것이니, 산이 한 단계이고, 용이 한 단계이고, 꿩이 한 단계이다.

13-25 닭이 울면 일어나 부지런히 선을 행하는 것에 관한 장
〔鷄鳴而起孶孶爲善章〕

孟子曰:"雞鳴而起, 孶孶爲善者, 舜之徒也. 雞鳴而起, 孶孶爲利者, 蹠之徒也. 欲知舜與蹠之分, 無他, 利與善之閒也."

《集》曰,"或問,'鷄鳴而起, 若未接[34]物, 如何爲善?' 程子曰,'只主於敬, 便是爲善.'"
○鏞案 此章作兩股說, 只是我日斯征, 爾月斯邁之意。鷄鳴二字, 原不必拘泥。【鷄鳴而起, 只是形容其著急】 況事親者, 鷄鳴而起, 咸盥漱櫛縰[35]總, 以適父母之所, 事君者, 鷄鳴而起, 沐浴搢笏, 習容觀玉聲, 揖私朝, 登車以適君所。[36] 何暇瞑目危坐, 以事主敬之工哉? 此惟父母旣沒, 又不事君者, 方得爲之。

趙曰,"蹠, 盜蹠也."
○孫曰,"李奇《漢書》傳云,'盜蹠, 乃是秦之大盜也.'"
○鏞案〈伯夷傳〉,"盜跖日殺不辜, 肝人之肉."[37] 張守節[38]《正義》曰,"蹠者, 黃帝時大盜之名。以柳下惠弟爲天下大盜, 故世放古謂之盜跖."

---

34) 接: 新朝本에는 '按'으로 되어 있으나 奎章本에 따라 바로잡는다.
35) 縰: 新朝本에는 '縱'으로 되어 있으나 奎章本에 따라 바로잡는다.
36) 況事親者 … 登車以適君所:『예기·옥조玉藻』에 보인다.
37) 盜跖日殺不辜, 肝人之肉:『사기·백이전』에 보인다.
38) 張守節: 장수절은『사기정의史記正義』을 저술한 당나라 때의 학자이다.

맹자가 말했다. "닭이 울면 일어나서 부지런히 선善을 행하는 자는 순임금의 무리이고, 닭이 울면 일어나서 부지런히 이익을 추구하는 자는 도척盜跖의 무리이다. 순임금과 도척의 구분을 알고자 한다면 다른 것이 없다. 이익을 추구하는가, 선을 행하는가 하는 차이이다."

『맹자집주』에서 말했다. "어떤 이가 묻기를 '새벽닭이 울 때 일어나서 만약 아직 사물을 접하지 않았다면 어떻게 선을 행할 수 있습니까?' 하니, 정자가 말하기를 '오직 경을 주로 하면 곧 선이 된다.'라고 하였다."

○ **용안** 이 장은 두 갈래 설로 이루어졌으니, 다만 나는 날마다 나아가고 너는 달마다 힘쓴다는 뜻이다. '계명' 두 글자에 대해서는 본래 구애될 필요가 없다.[닭이 울면 일어난다는 것은 단지 매우 급한 것을 나타낼 뿐이다.] 더구나 어버이를 섬기는 자는 닭이 울면 일어나 모두 세수하고 이를 닦고 머리를 빗고 쪽을 지고 비녀를 꽂고서 부모의 처소에 나아가야 하며, 임금을 섬기는 자는 닭이 울면 일어나 목욕하고 홀을 꽂고 용모를 단정히 하고 패옥의 소리를 살피고 가묘에 읍하고서 수레를 타고 임금의 처소에 나아가야 하는데, 어느 겨를에 눈을 감고 꿇어앉아 경을 위주로 하는 공부를 일삼겠는가? 이는 부모가 돌아가신 뒤거나 임금을 섬기지 않는 자라야 할 수 있는 것이다.

조기가 말했다. "'척'은 도척이다."

○ 손석이 말했다. "『후한서』의 이기에 대한 기록에서 '도척은 진나라 대도이다.'라고 하였다."

○ **용안** 『사기·백이전』에서 "도척은 매일 죄없는 사람을 죽여 인육을 회쳐 먹었다."라고 하였고, 장수절의 『정의』에서 "척이란 황제 때 대도의 이름이다. 유하혜의 아우로 천하의 대도가 되었기 때문에 세상에서 옛날을 따라 도척이라 한다."라고 하였다.

13-26 양주가 천하를 위해 한 터럭을 뽑지 않고
묵자가 정수리를 갈아 발꿈치에 이르더라도 하지 않겠다는 장
〔楊[39]子拔一毛而不爲墨子摩[40]頂放踵章〕

* 맹자는 양주와 묵적을 배척했고 주자 역시 양주와 묵적을 이단으로 평가했지만 다산은 두 사람 모두 중도를 잡지 못했을 뿐 양주는 의에 가깝고 묵자는 인에 가깝다고 봄으로써 양자의 의의를 인정한다.

孟子曰:"楊子取爲我, 拔一毛而利天下, 不爲也. 墨子兼愛, 摩頂放踵利天下, 爲之. 子莫執中, 執中爲近之, 執中無權, 猶執一也. 所惡執一者, 爲其賊道也, 擧一而廢百也."

引證《列子·楊朱》篇, 楊子曰, "伯成子高不以一毫利物, 舍國而隱, 大禹不以一身自利, 一體偏枯. 古之人, 損一毫利天下不與也, 悉天下奉一身不取也. 人人不損一毫, 人人不利天下, 天下治矣." 禽子問楊朱曰, "去子體之一毛, 以濟一世, 汝爲之乎?" 楊子曰, "世固非一毛之所濟." 禽子曰, "假濟, 爲之乎?" 楊子弗聽.
○鏞案 拔毛摩頂, 皆是假設形容之辭. 淺學誤讀此文, 以楊朱爲吝人, 以墨翟爲狂客, 大謬也. 君子之學, 不出二者. 一曰修己, 二曰治人. 修己者, 所以善我也, 治人者, 所以愛人也. 善我爲義, 愛人爲仁, 仁·義相用, 不可偏廢.

---

39) 楊: 新朝本에는 '揚'으로 되어 있다.
40) 摩: 新朝本에는 '磨'로 되어 있으나 『맹자·진심 상』에 따라 바로잡는다.

맹자가 말했다. "양주楊朱는 위아爲我를 주장하여 자기의 털 하나를 뽑아서 천하를 이롭게 할 수 있다 하더라도 하지 않았다. 묵자墨子는 겸애兼愛를 주장하여 자기의 정수리를 갈아 발꿈치까지 이르더라도 천하를 이롭게 할 수 있다면 그렇게 하였다. (노나라의 현자) 자막子莫은 그 중간을 잡았으니, 중간을 잡는 것이 도에 가까우나, 중간을 잡기만 하고 권도를 행하지 못하면 한쪽을 고집하는 것과 같다. 한쪽을 고집하는 것을 미워하는 까닭은 도를 해치기 때문이니, 하나만 시행되고 나머지는 모두 버려진다."

인증 『열자·양주』에서 양자가 말했다. "백성자고는 한 터럭으로 남을 이롭게 하는 일도 하지 않으며 나라를 버리고 은거했고 위대한 우임금은 한 몸으로 백가지 이익을 취하지 않아 반신불수가 되었다. 옛날 사람은 한 터럭을 희생하여 천하를 이롭게 한다 해도 참여하지 않았고, 천하를 들어 제 한 몸을 받드는 일도 취하지 않았다. 사람마다 한 터럭을 손해 보지 않고 사람마다 천하를 이롭게 여기지 않으면 천하는 잘 다스려질 것이다." 금자가 양주에게 물었다. "그대 몸의 한 터럭을 뽑아서 세상을 구제할 수 있다면 하겠는가?" 양자가 말했다. "세상은 한 터럭으로 구제할 수 있는 것이 아니다." 금자가 말했다. "가령 구제할 수 있다면 하겠는가?" 양자가 듣지 않았다.

○ **용안** 한 터럭을 뽑고 정수리를 간다는 것은 가설로 형용한 말이다. 학문이 얕은 자들이 이 문장을 잘못 읽어 양주를 인색한 사람으로 여기고 묵적을 광객으로 여기니 크게 잘못이다. 군자의 학문은 두 가지를 벗어나지 않는다. 첫 번째는 수기이고, 두 번째는 치인이다. 수기란 자신을 선하게 하는 것이고, 치인이란 남을 사랑하는 것이다. 자신을 선하게 하는 것은 의가 되고 남을 사랑하는 것은 인이 되니, 인과 의는 서로 쓰이는 것이니 어느 한쪽도 폐할 수 없다.

二者, 各執其一, 不知變通, 是其謬也。拔一毛者, 謂微損己善也, 豈利析秋毫之謂乎? 楊子待客, 必殺鷄爲黍, 欣然無惜矣。楊朱之道, 禹·稷之時而顔回之守也, 墨子之道, 顔回之世而禹·稷之行也。其罪如斯而已, 豈有他哉?

考異 《文選》注引《孟子》, 曰, "墨子兼愛, 摩頂致於踵。趙岐曰, '致至也。'"
○麟曰, "今本作放踵。"【注無'致至也'三字】

《集》曰, "程子曰, '一廳則中央爲中, 一家則堂爲中。'"
○鏞案 堯·舜之世, 禹·稷其中也, 魯·衛之世, 顔回其中也。

두 개 중에서 각각 그 하나만을 잡는 것은 변통을 알지 못하는 것이니, 이는 잘못이다. 한 터럭을 뽑는다는 것은 자기의 선을 조금 희생한다는 것이니, 이것이 터럭 하나까지 이로움을 따지는 것이겠는가? 양주가 손님을 접대할 때 반드시 닭을 잡고 밥을 지어 대접해 흔쾌히 아낌이 없었을 것이다. 양주의 도는 우와 후직의 시대에 안회의 지킴을 행한 것이고, 묵자의 도는 안회의 시대에 우와 후직의 행동을 한 것이다. 그들의 죄가 이와 같을 뿐이니 어찌 다른 것이 있겠는가?

고이 『문선文選』의 주에서 『맹자』를 인용하여 말했다. "묵자는 겸애하여 정수리를 갈아 발꿈치에 이르게 하였다. 조기의 주에 '치致는 이른다는 뜻이다.'라고 하였다."

○ 왕응린이 말했다. "지금 책에는 '방종'으로 되어 있다."【주에는 '致至也'라는 세 글자가 없다.】

『맹자집주』에서 말했다. "정자가 말했다. '한 대청에서는 중앙이 중이 되고, 한 집에서는 당이 중이 된다.'"

○ **용안** 요·순의 시대에는 우·후직이 중이 되고, 노·위의 시대에는 안회가 중이 된다.

13-27 굶주린 자는 먹을 것을 달게 여기고 목마른 자는 마실 것을 달게 여긴다는 장

〔飢者甘食渴者甘飮章〕

孟子曰:"飢者甘食, 渴者甘飮, 是未得飮食之正也, 飢渴害之也. 豈惟口腹有飢渴之害? 人心亦皆有害. 人能無以飢渴之害爲心害, 則不及人不爲憂矣."

趙曰, "爲利欲所害, 亦猶飢渴."
○《集》曰, "人心爲貧賤所害."
○**鏞案** 只這飢渴, 亦能爲⁴¹⁾心害, 不必一轉作利欲貧賤說.
○有形之體, 享有形之物, 無形之體, 享無形之物. 餲食·餒魚·粃糠·糟粕, 口腹之所享也, 嘑爾·蹴爾·嗟來䬺肉, 心靈之所享也. 不義·無禮, 苟⁴²⁾以饑渴而受之焉, 則雖玉鬻珍羞, 皆爲心害. 推此以往, 則不義·無禮之富貴, 亦必受之. 然孟子所言人心之害, 非指富貴言.

---

41) 爲:新朝本에는 '爲爲'로 되어 있으나 奎章本에 따라 바로잡는다.
42) 苟:新朝本에는 '荀'으로 되어 있으나 奎章本에 따라 바로잡는다.

맹자가 말했다. "굶주린 자는 어떤 것이든 달게 먹고 목마른 자는 어떤 것이든 달게 마신다. 이는 음식의 올바른 맛을 알지 못하는 것으로, 굶주림과 목마름이 해쳤기 때문이다. 어찌 오직 입과 배에만 굶주림과 목마름으로 인한 해가 있겠는가? 사람의 마음에도 굶주림과 목마름으로 인한 해가 있다. 사람이 굶주림과 목마름으로 인한 해가 마음을 해치지 않게 할 수 있다면, 남에게 미치지 못함을 걱정하지 않을 것이다."

조기가 말했다. "이욕에 의해 해를 입는 것은 또한 기갈에 의해 해를 입는 것과 같다."

○ 『맹자집주』에서 말했다. "인심은 가난함과 천함에 의해 해를 입는다."

○ **용안** 저 기갈만으로도 마음의 해가 될 수 있으니, 반드시 이욕·빈천의 설로 전환할 필요가 없다.

○ 유형의 체는 유형의 물을 향유하고, 무형의 체는 무형의 물을 향유한다. 쉰 밥, 썩은 고기, 쭉정이와 겨, 술지게미 등은 모두 구복의 소관이고, 기분 나쁘게 부르거나 발로 차며 주는 음식과 산 거위를 선물로 받았다고 탄식하는 것은 모두 심령心靈이 향유하는 바이다. 의롭지 못하고 무례한데도 구차하게 굶주림과 목마름 때문에 음식을 받는다면, 진귀한 음식일지라도 모두 마음의 해가 될 것이다. 이로 미루면 의롭지 못하고 무례한 부귀도 반드시 받을 것이다. 그러나 맹자가 말하는 인심의 해로움은 부귀를 가리켜 말한 것이 아니다.

13-3 요순은 본성대로 하셨고 탕무는 몸소 실천하셨다는 장
〔堯舜性之湯武身之章〕

孟子曰:"堯舜, 性之也; 湯武, 身之也; 五霸, 假之也. 久假而不歸, 惡知其非有也."

趙曰, "久而不歸, 安知其不眞有也?"
○孫曰, "楊[43]子曰, '假儒衣書服而讀之, 三月不歸, 孰曰非儒也?' 亦同其旨."
○《集》曰, "舊說'久假不歸, 卽爲眞有', 則誤矣."
○鏞案 舊說無卽'爲眞有'之說。汪氏[44]但見『集註』, 盛斥舊說, 寃矣。

---

43) 楊 : 新朝本·奎章本에는 '揚'으로 되어 있으나 『맹자주소孟子注疏·진심 상』에 따라 바로 잡는다.
44) 汪氏 : 왕씨는 송대의 유학자 왕식汪拭을 말한다.

맹자가 말했다. "요임금과 순임금께서는 타고난 본성대로 하셨고, 탕왕湯王과 무왕武王께서는 몸으로 실천하셨고, 오패五霸는 빌려와서 가장하였다. 오랫동안 빌리기만 하고 본성으로) 돌아가지 않았으니, 어찌 그것이 자기가 실제로 가진 것이 아님을 알 수 있었겠는가?"

조기가 말했다. "오래되었는데도 되돌아가지 않으면 어찌 진실로 소유한 것이 아님을 알겠는가?"

○ 손석이 말했다. "양자가 '유자의 옷을 빌려입고 유자의 책을 빌려 읽으며 석 달 동안 돌아가지 않으면, 누가 유자가 아니라고 하겠는가?'라고 한 것도 역시 그 취지와 같다."

○ 『맹자집주』에서 말했다. "구설에 '오랫동안 빌려 쓰며 돌려주지 않으면 참으로 자기의 소유가 된다.'라고 한 것은 잘못이다."

○ **용안** 구설에 "참으로 자기 것이 된다."라는 설은 없다. 왕씨가 『맹자집주』만 보고 구설을 배척하니, 억울한 일이다.

13-55 순이 천자이고 고요가 법관인데 고수가 살인을 했다는 가정을 도응이 질문한 장 〔桃應問舜爲天子皐陶爲士瞽瞍殺人章〕

* 이 장에서 다산은 『맹자』 전체가 맹자의 저술은 아니며 특히 이 장은 맹자의 말이 아니라고 주장한다. 또한 다산은 신하인 고요의 입장에서 임금의 아버지인 고수에게 법을 집행할 수 없었다고 본다. 고수가 사람을 죽였는데 처벌받지 않고 순임금이 왕위를 버리고 떠난다면 법은 실행되지 않고 임금만 왕위를 버린 셈이 되기 때문이다.

桃應問曰: "舜爲天子, 皐陶爲士, 瞽瞍殺人, 則如之何?" 孟子曰: "執之而已矣." "然則舜不禁與?" 曰: "夫舜惡得而禁之? 夫有所受之也." "然則舜如之何?" 曰: "舜視棄天下, 猶棄敝蹝也. 竊負而逃, 遵海濱而處, 終身訢然, 樂而忘天下."

《集》曰, "設此問, 以觀聖人用心之所極."
○余昔有疑於此章, 爲之作辨, 其辭曰, "愚竊嘗論, 《孟子》七篇, 雜出門人之所記述, 而非皆孟子之筆也. 故其稱齊·梁之君, 皆書其諡, 而論伯夷·伊尹·柳下惠及伯夷·太公辟紂之事, 重見疊出, 其非一人之筆, 審矣. 故其云孟子之言者, 多不能無疑. 若皐陶之執瞽瞍是已. 天下莫大於君父. 枉法之與逼君而使之去, 其罪孰重? 枉法之與聽父之繫于獄, 其難孰甚? 爲人臣而執吾君之父, 曰, '汝殺人, 當死.' 天下無此法也.

도응桃應이 물었다. "순임금께서 천자가 되시고, 고요皐陶가 사士가 되었는데 순임금의 아버지 고수瞽瞍가 사람을 죽였다면 어떻게 했겠습니까?" 맹자께서 말씀하셨다. "고요는 (법法대로) 집행했을 것이다." 도응이 물었다. "그렇다면 순임금께서는 막지 않으셨겠습니까?" 맹자께서 말씀하셨다. "순임금께서 어떻게 막을 수 있겠는가? 고요의 법은 전수받은 바가 있으니, 비록 천자의 명령이라도 폐할 수 없다." 도응이 물었다. "그렇다면 순임금께서는 어떻게 하셨겠습니까?" 맹자께서 말씀하셨다. "순임금께서는 천하를 버리는 것을 마치 헌신짝을 버리듯이 여기시고 몰래 아버지를 업고 도망하여 바닷가에 살면서 종신토록 흔연히 즐거워하면서 천하를 잊으셨을 것이다."

『맹자집주』에서 말했다. "이 질문을 가정하여 성인의 지극한 마음씀을 보고자 한 것이다."

○ 내가 예전에 이 장에 대해 의심이 있어 이를 분별하기 위한 글을 지었는데, 그 내용은 다음과 같다. "내가 전에 가만히 따져보았는데, 『맹자』 7편에는 문인들이 기술한 것이 뒤섞여 나오니, 모두 맹자가 직접 지은 것은 아니다. 그러므로 제나라와 양나라의 군주를 칭할 때는 모두 시호를 썼고, 백이·이윤·유하혜를 논한 것과 백이·태공이 주를 피한 일이 중복해서 나온다. 따라서 한 사람이 저술하지 않은 것이 분명하다. 그러므로 맹자의 말이라고 한 것 중에도 의심하지 않을 수 없는 것이 많다. 예를 들어 고요가 고수에게 법을 집행한다는 것과 같은 것이다. 천하에 임금과 아버지보다 더 큰 것이 없다. 법을 굽히는 것과 임금을 핍박하여 떠나게 하는 것 가운데 어느 것이 더 죄가 무겁겠는가? 법을 굽히는 것과 임금의 아버지를 감옥에 가두어 재판하는 것 가운데 어느 것이 더 어렵겠는가? 남의 신하가 되어 임금의 아버지에게 법을 집행하면서 '너는 사람을 죽였으니 죽어야 한다.'라고 한다면, 천하에 이런 법은 없다.

其君一朝去其位, 方且恬然而不往追, 曰, '爾去矣。吾不能屈吾法也。' 任其終身而莫之反, 天下無此義也。身爲天子, 而聽其臣之執吾父, 繫于理, 曰, '法也, 吾且奈何哉?' 乘夜微服而踰其牆, 破其扃, 行竊盜之事, 而僅以脫其命, 天下無此事也。或者曰, '皐陶旣執, 舜烏得而竊之?' 張南軒曰, '旣執於前, 而使伸其竊負之義於後, 是乃天理時中之義。' 審如是也, 皐陶未始有執法必伸之意, 而惟舜去之爲悅也。瞽瞍則殺人而不死矣, 舜則去矣, 法不能行而惟君之去位, 彼此俱無當矣。且舜旣將去其位, 是匹夫也。匹夫而盜士師之囚, 不犯法乎? 將以前日之爲天子歟? 一下堂則匹夫也, 而不忘前日之爲天子, 是不知分也。皐陶知舜之來竊也, 而爲之疏其垣墉, 緩其桎梏, 不放不牢, 羈縻而待其至, 陽爲不之覺者而縱之, 是詐也。天子則下替矣, 匹夫則犯法矣, 士師則詐不以實。一擧而三失畢具, 天下無此事也。

임금이 하루아침에 갑자기 지위를 버리고 떠날 때 기뻐만 하고 뒤쫓아 가지 않으면서 '너는 떠나가라, 나는 나의 법을 굽힐 수 없다.'라고 하여, 죽을 때까지 내버려두고 돌아오게 하지 않는다면 천하에 이런 의리는 없다. 자신이 천자인데 신하가 자기의 아버지에 대해 법을 집행하여 감옥에 가두었다는 소식을 듣고 '법일 뿐이니 내가 어쩌겠는가?'라고 하고, 밤을 타 변장을 하고서 담을 뛰어넘어 빗장을 부순 뒤 몰래 도둑질하듯 아버지를 빼내어 겨우 그 생명을 건지게 한다면 천하에 이런 일은 없다. 어떤 이가 말하기를 '고요가 법을 집행한다면 순임금이 어떻게 그 아버지를 빼내올 수 있겠는가?'라고 하니, 장남헌이 말하기를 '고요가 이미 앞에서 법을 집행하고 뒤에서 순임금이 아버지를 몰래 업고 도망치는 의리를 펼치게 한 것이니, 이것이 곧 천리 시중의 뜻이다.'라고 하였다. 참으로 이와 같다면 고요는 애초부터 반드시 법의 집행을 실현할 뜻이 없고 오직 순임금만이 왕위를 버리고 떠나는 것을 기뻐한 셈이다. 고수는 사람을 죽였는데도 죽지 않고, 순임금은 왕위를 버리고 떠나버리면 법은 실행되지 않고 임금만이 왕위를 버린 것이 되니, 피차 모두 온당치 못하다. 또 순임금이 이미 장차 왕위를 버리고자 했다면 이는 필부로서 한 일이다. 필부로서 옥에 갇힌 죄수를 빼돌리는 것은 법을 범한 것이 아니겠는가? 전일에 천자였기 때문에 이렇게 할 수 있는 것인가? 한 번 당에서 내려가면 필부가 되는데 전날 천자였던 것을 잊지 못한다면 이는 분수를 알지 못하는 것이다. 고요는 순임금이 몰래 오는 것을 알고서 그를 위해 담장을 엉성하게 하고 질곡을 느슨하게 하여 놓아주지도 가두지도 않은 상태에서 잡아두기만 하고 그가 오기를 기다리다 겉으로는 깨닫지 못한 척하고 놓아준다면 이는 속이는 것이다. 천자로서는 자리에서 내려와 지위가 바뀌었고, 필부로서는 법을 범하였고, 옥관으로서는 속이고 실정대로 하지 않았다. 한 번에 세 가지 잘못이 모두 갖추어졌으니, 천하에 이런 일은 없다.

且皐陶何法哉? 瞽瞍嘗欲殺舜, 姑舍是, 謨蓋都君者, 象也。舜以天命得脫, 而象則弑其兄者也, 皐陶之爲士也, 盍執焉? 執之, 誠不得封之有痺。盍爭焉? 縱弑其兄, 今天子者之象而莫之敢執, 聽其錫土田爲公侯而安焉。執殺一凡民之瞽瞍, 而係于理, 寧舜之去其位, 而莫之少撓, 皐陶何法焉? 何厚於象如此, 而薄瞽瞍如彼哉? 曰, '舜爲天子, 皐陶爲士, 瞽瞍殺人, 則如之何?' 曰, '不敢執。'"

또한 고요의 법은 어떠한 법인가? 고수가 일찍이 순을 죽이고자 한 것은 잠시 제쳐두고라도, 우물에 흙을 덮어 도군을 죽이려고 꾀한 자는 상이다. 순은 천명으로 모면하게 되었으나 상은 그 형을 죽이려고 한 자인데 고요가 옥관이 되어서 어찌 법을 집행하지 않았는가? 비록 집행하였다 하더라도 그를 유비 땅에 봉해줄 수 없다. 봉해주었다면 어찌 간하지 않았겠는가? 비록 그 형을 죽이려고 하였지만 당시 천자의 동생인 상이었으므로 집행하지 못하고, 그에게 토지를 주어 공후로 삼는 것을 듣고 그대로 따랐던 것이다. 한 일반 백성을 죽인 고수에게 법을 집행하여 옥에 연루시키느니 차라리 순 임금이 왕위를 버리고 떠나가도 조금도 흔들리지 않는다면 고요의 법은 어떠한 법인가? 어찌 상에게는 이와 같이 후하게 하고, 고수에게는 저와 같이 박하게 하겠는가? 그러니 '순이 천자가 되고 고요가 옥관이 되었는데, 고수가 사람을 죽였다면 어떻게 하겠는가?'라고 한다면 '감히 법을 집행하지 못한다.'라고 대답해야 할 것이다."

13-36 맹자가 범 땅에서 제나라로 가면서 제선왕의 아들을 보고 거처가 기운을 움직이고 봉양함이 몸을 바꾼다고 감탄한 장

〔自范之齊見齊宣王之子居移氣養移體章〕

孟子自范之齊, 望見齊王之子. 喟然歎曰:"居移氣, 養移體, 大哉居乎! 夫非盡人之子與?"孟子曰:"王子宮室・車馬・衣服多與人同, 而王子若彼者, 其居使之然也; 況居天下之廣居者乎? 魯君之宋, 呼於垤澤之門. 守者曰:'此非吾君也, 何其聲之似我君也?'此無他, 居相似也."

趙曰, "居廣居, 謂行仁・義."
○**鏞案** 廣居者, 仁也。趙注[45) 荒."
○孟子說浩然之氣・說夜氣・說眸子[46)・說睟面盎背・說居移氣養移體, 皆心廣體胖之意, 誠以神・形妙合, 故養其身以旺其形也。君子盡於是致意焉?

考異《鹽鐵論》引《孟子》, 曰, "王子與人同, 而如彼者, 居使然也."
○麟曰, "與今本不同."

---

45) 注: 新朝本에는 '法'으로 되어 있으나 奎章本에 따라 바로잡는다.
46) 說眸子: 『맹자・이루 상』에 "사람에게 있는 것 중에 눈동자보다 진실한 것이 없으니, 눈동자는 그 악을 감추지 못한다. 가슴속이 바르면 눈동자가 또렷하고 가슴속이 바르지 못하면 눈동자가 흐릿하니, 그 사람의 말을 들어 보고 그 눈동자를 살펴본다면 어떻게 실정을 속일 수 있겠는가.(存乎人者莫良於眸子, 眸子不能掩其惡, 胸中正則眸子瞭焉, 胸中不正則眸子眊焉, 聽其言也, 觀其眸子, 人焉廋哉.)"라는 말이 나온다.

맹자가 범范 땅에서 제나라로 가서 제나라 임금의 아들을 보고 감탄하였다. "거처가 사람의 기상을 움직이고 봉양이 몸을 바꿔놓으니, 크구나, 거처의 중함이여! 그 역시 똑같이 사람의 자식이 아니겠는가? 왕자王子의 궁실宮室과 거마車馬와 의복이 대부분 남과 같은데, 왕자가 저와 같은 것은 그의 거처가 그렇게 만든 것이니, 하물며 천하의 넓은 집인 인仁에 거처하는 자에 있어서랴? 노나라 임금이 송宋나라에 가서 질택垤澤이라는 성문에서 호령하자 문을 지키는 자가 말하기를 '우리 임금이 아닌데, 어쩌면 그렇게 음성이 우리 임금과 닮았는가?'라고 하였으니, 이는 다름이 아니라 거처하는 자리가 서로 비슷하기 때문이다."

조기가 말했다. "광거에 거한다는 것은 인·의를 행한다는 말이다."
○ **용안** '광거'란 인이니, 조기의 주는 거칠다.
○ 맹자의 호연지기설·야기설·모자설·수면앙배설·거이기양이체설 등은 모두 심광체반의 뜻이니, 진실로 신과 형이 신묘하게 합해 있기 때문에 신을 길러 형체를 왕성하게 한다. 군자가 어찌 이에 뜻을 극진히 하지 않겠는가?

고이 『염철론』에서 『맹자』를 인용하여 말했다. "왕자도 다른 사람과 같으니, 왕자가 저와 같은 것은 거처가 그렇게 만든 것이다."
○ 왕응린이 말했다. "오늘날의 『맹자』와 같지 않다."

13-37 먹이기만 하고 사랑하지 않는다면 돼지로 교제하는 것이며 공경하지 않으면 짐승으로 기르는 것과 같다는 장

〔食而弗愛豕交之愛而弗敬獸畜之章〕

孟子曰:"食而弗愛, 豕交之也; 愛而不敬, 獸畜之也. 恭敬者, 幣之未將者也. 恭敬而無實, 君子不可虛拘."

孫曰, "恭敬而無幣帛之實, 君子不可以虛拘。必以恭敬爲之本, 幣帛爲之末。"
○《集》曰, "當時諸侯, 以幣帛爲恭敬。"
○蔡曰, "恭敬之心生於內, 此恭敬之實也。"
○**鏞案** 交際凡有三等。食而不愛, 一等也, 愛而弗敬, 一等也, 敬而無實, 又一等也。無實者, 謂諫則弗行, 言則弗聽, 語之以先王之道而莫之爲也。如是, 則君子不可虛執留也。

맹자가 말했다. "먹이기만 하고 사랑하지 않는다면 돼지로 교제하는 것이고, 사랑하기만 하고 공경恭敬하지 않는다면 짐승으로 기르는 것이다. 공경하는 마음은 폐백을 받들기 이전에 이미 있는 것이다. 폐백을 갖추어 공경하되 실제로 공경하는 마음이 없으면 군자는 거기에 헛되이 얽매이지 않는다."

손석이 말했다. "공경하기만 하고 폐백의 실질이 없으면 군자는 헛되이 거기에 얽매이지 않는다. 반드시 공경으로 근본을 삼고 폐백으로 말단을 삼아야 한다."

○ 『맹자집주』에서 말했다. "당시 제후들은 폐백을 공경으로 여겼다."

○ 채청이 말했다. "공경하는 마음은 안에서 생기니 이것이 공경의 실질이다."

○ **용안** 교제에는 세 등급이 있다. 먹이기만 하고 사랑하지 않는 것이 한 등급이고, 사랑하기만 하고 공경하지 않는 것이 한 등급이며, 공경하기만 하고 실질이 없는 것이 한 등급이다. 실질이 없다는 것은 간해도 행하지 않고, 말해도 듣지 않고, 선왕의 도로써 타일러도 행하지 않는 것을 말한다. 이와 같다면 군자는 쓸데없이 그곳에 머물기를 고집하지 않는다.

13-38 형과 색이 천성이라는 장 [形色天性也章]

孟子曰: "形色, 天性也; 惟聖人, 然後可以踐形."

趙曰, "形謂君子體貌尊嚴也, 色謂婦人妖麗之容."
○《集》曰, "人之有形有色, 無不各有自然之理."
○**鏞案** 形者, 身形也, 色者, 顏色也, 性者, 天命也. 人之形·色, 於萬物之中, 最爲尊貴, 斯亦天命也. 惟聖人爲能踐履, 不負此形.

맹자가 말했다. "사람의 형체形體와 용모容貌는 천성天性이니, 오직 성인聖人이 되고난 후라야 타고난 형체와 용모대로 실천할 수 있다."

조기가 말했다. "형은 군자의 체모가 존엄한 것이고, 색은 부인의 요염하고 고운 용모를 말한다."

○ 『맹자집주』에서 말했다. "사람의 형과 색은 각각 자연의 이치가 있지 않음이 없다."

○ **용안** 형이란 몸의 형체이고, 색이란 안색이며, 성이란 천명이다. 만물 가운데 사람의 형색이 가장 존귀하니, 이것이 또한 천명이다. 성인만이 잘 실천하여 이 형을 저버리지 않는다.

13-39 제선왕이 상기를 단축하고자 하자 공손추가 기년상에 대해 언급한 장 [齊宣王欲短喪公孫丑曰爲朞之喪章]

齊宣王欲短喪. 公孫丑曰: "爲朞之喪, 猶愈於已乎?" 孟子曰: "是猶或紾其兄之臂, 子謂之姑徐徐云爾, 亦敎之孝弟而已矣." 王子有其母死者, 其傅爲之請數月之喪. 公孫丑曰: "若此者, 何如也?" 曰: "是欲終之而不可得也. 雖加一日愈於已, 謂夫莫之禁而弗爲者也.

趙曰, "王之庶夫人死, 迫於嫡夫人, 不得行其喪親之數."【孫奭云, "王子庶生之母死, 迫於嫡母, 而弗敢終喪."】加益一日則愈於止, 況數月乎?"
○《集》曰, "王子之母死, 厭[47]於嫡母而不敢終喪也. 《儀禮》, '公子爲其母練冠·麻衣, 旣葬除之.' 疑當時此禮已廢, 或旣葬而未忍卽除, 故請之也."【其傅爲請, 雖止得加一日, 猶勝不加.】
○羅虞臣[48]曰, "宋儒謂'厭於嫡母', 此謬說也."

---

47) 厭: 新朝本에는 '壓'으로 되어 있으나 奎章本에 따라 바로잡는다.
48) 羅虞臣: 나우신은 명대의 학자로 『사훈집司勳集』 등을 지었다.

제나라 선왕이 상기喪期를 단축하고자 하자, 공손추가 말하였다. "기년상朞年喪이라도 하는 것이 그만두는 것보다는 나을 것입니다." 맹자께서 말씀하셨다. "이는 어떤 사람이 자기 형의 팔뚝을 비트는데 그대가 그에게 '우선 천천히 비틀라.' 하는 것과 같다. 또한 그에게 효제孝弟를 가르칠 뿐이다." 왕자王子 중에 그 어머니가 죽은 자가 있었는데, 그의 사부師傅가 그를 위해 몇 달의 상이라도 지킬 수 있게 해주기를 청하였다. 공손추가 말하였다. "이와 같은 경우는 어떻습니까?" 맹자께서 말씀하셨다. "이는 상기喪期를 마치고자 해도 할 수 없는 경우이니, 비록 하루를 더하더라도 그만두는 것보다는 낫다. 앞의 경우는 금하지 않는데도 상기를 지키지 않는 것을 말한 것이다."

조기가 말했다. "왕의 서부인이 죽으면 적부인에게 핍박을 받아 친상의 수를 다 행할 수 없다.【손석이 말하기를 "왕자를 낳아준 서모가 죽으면 적모에게 눌려 감히 그 상기를 마칠 수 없다."라고 하였다.】하루라도 더 할 수 있다면 그만두는 것보다 나은데 하물며 몇 개월에 있어서이겠는가?"

○ 『맹자집주』에서 말했다. "왕자를 낳은 어머니가 죽었는데 적모에게 눌려서 감히 상기를 마칠 수 없었다. 『의례』에 '공자는 그 어머니를 위하여 연관練冠을 쓰고 시마복과 수질을 착용했다가 (3개월 후) 장사를 지낸 뒤에 벗었다.'라고 하였으니, 아마도 당시에 이러한 예가 이미 폐지되었거나 이미 장사를 지낸 뒤에도 차마 곧바로 상복을 벗을 수 없기 때문에 청한 것인 듯하다."【그의 사부가 청한 것은 다만 하루를 더하더라도 오히려 더하지 않는 것보다 낫기 때문이다.】

○ 나우신이 말했다. "송나라 때 학자들은 '적모에게 눌렸다.'라고 하는데, 이는 잘못된 설이다."

○呂柟[49]曰, "庶子爲母練冠, 爲父後者爲母緦, 豈不傷仁? 故孟子曰, '雖加一日, 愈於已.'"

○**鏞案** 齊宣王欲短喪者, 謂旣葬而除, 如杜預法也。王子傅請數月之喪者, 當時公之庶子, 爲其母都不敢持喪, 並其練冠・緦絰, 亦不如禮, 故其傅請依古禮, 爲葬前之喪也。【數月謂葬前。】無故短喪者, 若不滿三年, 均之爲悖倫, 雖至一年, 無足差愈。此所以有紾臂之喩也。在法當斷者, 縱欲終三年, 誠不得自由。雖加一日, 大勝全廢, 此所以許其請喪, 而無所譏貶也。一誅一赦, 霜雨頓殊, 孟子之意, 斯可知也。孟子恕王子, 曰, "是欲終之, 而不可得也。" 則練冠・緦・絰, 旣葬而除。明是周公之古典, 天之經也, 地之義也。呂柟之說恐謬。

○**又按** 厭於嫡母之說, 本出於趙岐, 豈宋儒之所誤乎? 咎在漢儒, 羅說, 非也。

---

49) 呂柟: 여남은 명대의 주자학자이다.

○ 여남이 말했다. "서자는 생모를 위하여 역관을 쓰고 후자가 된 자는 생모를 위하여 시마복을 입으니, 어찌 인을 상하게 하는 것이 아니겠는가? 그러므로 맹자가 하루를 더하더라도 그만두는 것보다 낫다고 한 것이다."

○ **용안** 제선왕이 상기를 단축하고자 했다는 것은 장례를 지낸 뒤에 상복을 벗는다는 말이니, 두예의 법과 같다. 왕자의 사부가 몇 개월 더 상복을 입도록 청했다는 것은, 당시 공의 서자는 생모를 위하여 감히 오래 거상할 수 없고, 연관, 시마복, 수질도 예대로 하지 못하기 때문에 그의 사부가 고례대로 하기를 청한 것이니 이는 장례를 지내기 전의 거상이다.[몇 개월이란 장례 이전을 말하는 것이다.] 이유 없이 상기를 단축하는 경우 삼년을 채우지 않으면 똑같이 패륜이 되기 때문에 일년상을 치르더라도 조금도 나을 것이 없다. 이 때문에 팔을 비트는 것에 비유한 것이다. 법에 있어서 중단해야 할 경우에는 삼년상을 마치고자 하더라도 마음대로 할 수가 없다. 따라서 하루를 더 하더라도 그만두는 것보다 크게 나으니, 이 때문에 그가 청한 거상을 허락한 것으로 여기에 기롱하고 폄하한 것은 없다. 한 번 꾸짖고 한 번 용서함이 서리가 내려 초목이 시들고 비가 내려 초목이 자라는 것처럼 다르니 맹자의 뜻을 알 만하다. 맹자가 왕자를 용서하여 말하기를 "이는 상기를 마치려고 하여도 할 수 없는 경우이다."라고 하였으니, 연관·시마복·수질은 장례를 지낸 뒤 벗는 것이 분명하다. 이는 주공이 옛 법으로, 하늘의 경이며 땅의 의이다. 여남의 설은 잘못된 것 같다.

○ 또 살펴보건대, 적모에게 눌린다는 설은 본래 조기에게서 나왔으니, 어찌 송나라 유자들의 잘못이겠는가? 허물이 한나라 유자에게 있으니, 나우신의 설은 잘못이다.

13-42 천하에 도가 있을 때는 도를 기준으로 몸을 따르게 한다는 장
〔天下有道以道殉身章〕

孟子曰: "天下有道, 以道殉身; 天下無道, 以身殉道. 未聞以道殉乎人者也."

趙曰, "殉, 從也。天下有道, 道從身施功實也, 天下無道, 以身從道, 守道而隱。"
○《集》曰, "殉, 如殉葬之殉。"
○**鏞案** 若作殉葬之殉, 則'以道殉身'不可通。

맹자가 말했다. "천하에 도道가 있을 때는 자신을 통해 도를 실현하고 천하에 도가 없을 때는 자신을 통해 도를 따르니 도를 가지고 남을 따른다는 말은 내가 듣지 못하였다."

조기가 말했다. "순은 따른다는 뜻이다. 천하에 도가 있으면 도가 몸을 따라 공적이 베풀어지고, 천하에 도가 없으면 몸으로 도를 따르고 도를 지켜 은거한다."

○ 『맹자집주』에서 말했다. "순은 순장의 순과 같다."

○ **용안** 만약 순장의 순이라고 한다면 '이도순신以道殉身'은 뜻이 통하지 않는다.

13-44 그만두어서는 안 될 경우에 그만두는 자는 그만두지 못할 것이 없다는 장 [於不可已而已者無所不已章]

* 이 장에서 다산은 '그만두어서는 안 되는 것'을 수신修身으로 보고 '후하게 해야 할 것'을 몸[身]으로 보아, 이를 『대학』에서 말하는 본말의 본으로 삼고자 한다.

孟子曰:"於不可已而已者, 無所不已; 於所厚者薄, 無所不薄也。其進銳者, 其退速。"

趙曰, "已, 棄也。不可而棄之, 無罪者咸恐懼。"
○朱子曰, "厚薄, 以家對國言之。"【又云, "所厚謂父子·兄弟骨肉之恩。"】
○鏞案 趙注全荒, 今不錄。
○不可已者, 修身也。所厚者, 身也。吾之所宜厚者, 莫如吾身。身旣不修, 則於敎民化俗, 尤非可議者。次於身者, 莫如吾家。家旣不齊, 則於治國平邦, 尤非可議者。此厚薄之差也。『大學』之云'所厚'者, 亦身也。

맹자가 말했다. "그만두어서는 안 될 경우에 그만두는 자는 그만두지 못할 것이 없고, 후하게 해야 할 경우에 박하게 한다면 박하게 하지 못할 것이 없다. 나아감이 빠른 자는 물러나는 것도 빠르다."

조기가 말했다. "'이已'는 버린다는 뜻이다. 버릴 수 없는데도 그를 버린다면 죄없는 사람들이 모두 두려워한다."

○ 주자가 말했다. "후함과 박함은 가家를 가지고 국國에 대해 말한 것이다."【또 말하기를 "후하게 할 바는 부자·형제의 골육의 은혜를 말한다."라고 하였다.】

○ **용안** 조기의 주는 전부 황당하니 지금 기록하지 않는다.

○ 그만둘 수 없는 것은 수신이다. 후하게 할 것은 몸이다. 내가 후하게 해야 할 것 중에 내 몸과 같은 것이 없다. 몸이 닦이지 않으면 백성을 가르치고 풍속을 교화하는 바에 대해서는 더욱 논할 것이 없다. 몸에 버금가는 것으로는 내 집 같은 것이 없다. 집안이 이미 가지런하지 않으면 나라를 다스리고 평안하게 하는 바에 대해서는 더욱 논할 것이 없다. 이것이 바로 후하고 박한 것의 차이이다. 『대학』에서 '후하게 할 바'라는 것도 또한 몸이다.

13-45 군자는 사물에 대해 아끼기는 하나 인으로 사랑하지 않는다는 장 〔君子之於物也愛之而弗仁章〕

* 이 장에서 맹자는 인仁을 두 사람 사이에 성립하는 것으로 보아 사물에 대해서는 인을 적용하지 않는다고 주장한다.

孟子曰:"君子之於物也, 愛之而弗仁; 於民也, 仁之而弗親. 親親而仁民, 仁民而愛物."

《集》曰, "物, 謂禽獸·草木."
○鏞案 二人爲仁。人與人相接, 方可有仁之名。於物, 不當仁也。佛氏之禁殺, 是仁於物也, 墨氏之兼愛, 是親於人也。

《集》曰, "楊氏曰, '所謂理一而分殊者.'"
○鏞案 誠考理一, 何得分殊? 理一之說, 恐有流弊。

맹자가 말했다. "군자가 사물에 대해 아끼기는 하지만 인仁으로 사랑하지 않으며, 사람에 대해 인으로 사랑하나 친애하지 않는다. 어버이를 친애하고 나서 백성을 사랑하고, 백성을 사랑하고 나서 사물을 아끼는 것이다."

『맹자집주』에서 말했다. "물은 금수와 초목을 말한다."

○ **용안** 두 사람이 인仁이 된다. 사람과 사람이 서로 접해야 바야흐로 인이라는 명칭이 있을 수 있다. 사물에 있어서는 인이 합당하지 않다. 불가에서 살생을 금하는 것은 사물에 대해 인하는 것이며, 묵자의 겸애는 남을 어버이로 여겨 친애하는 것이다.

『맹자집주』에서 말했다. "양시가 말하기를 '이른바 이치는 하나이나 나누어짐은 만 가지로 다르다.'라고 하였다."

○ **용안** 참으로 이치가 하나라면 어떻게 만 가지로 다를 수 있겠는가? 이치가 하나라는 설에는 아마도 유폐가 있는 듯하다.

13-46 지혜로운 자는 모르는 것이 없다는 것과
남의 시마복과 소공복은 자세히 살핀다는 것에 관한 장
〔知者無不知也緦小功放飯流歠章〕

孟子曰:"知者無不知也, 當務之爲急; 仁者無不愛也, 急親賢之爲務. 堯舜之知而不徧物, 急先務也; 堯舜之仁不徧愛人, 急親賢也. 不能三年之喪, 而緦小功之察; 放飯流歠, 而問無齒決, 是之謂不知務."

趙曰,"放飯, 大飯也。流歠, 長歠也。"【《集注》同。】
○毛曰,"古之禮, 飯必與人共飯而同一器, 不用匙箸, 以手取之。故飯黏著手, 則不得拂之, 而放于本器之中。當棄餘于篚, 無篚, 棄餘于會。會者, 簋蓋也。其言鑿鑿如此。"
○**鏞案** 今陳澔[50)]《集說》亦無此解, 不知古俗故也。

---

50) 陳澔: 진호는 원대의 학자로『예기집설禮記集說』을 저술했다.

맹자께서 말씀하셨다. "지혜로운 사람은 모르는 것이 없으나 당장 해야 할 일을 급선무로 여기고, 어진 사람은 사랑하지 않는 것이 없으나 현자를 친애하는 것을 급선무로 여긴다. 요순 같은 지혜로도 사물을 두루 알지 못한 것은 먼저 해야 할 일을 급히 여겼기 때문이고, 요순 같은 인仁으로도 사람을 두루 사랑하지 못한 것은 현자를 친애함을 급한 일로 여겼기 때문이다. 자신의 3년상은 잘하지 못하면서 (3개월의 상복인) 시마복緦麻服과 (5개월의 상복인) 소공복小功服은 자세히 살피며, 밥숟갈을 크게 뜨고 국을 흘리고 소리 내어 마시면서 마른 고기를 이빨로 끊어서 먹지 말라고 따지는 것을 일러 급선무를 알지 못한다고 이르는 것이다."

조기가 말했다. "'방반'은 밥을 크게 떠먹는 것이고 '유철'은 국을 훌훌 마시는 것이다."【『맹자집주』도 같다.】

○ 모기령이 말했다. "옛날의 예는 밥을 먹을 때 반드시 다른 사람과 함께 먹으면서 하나의 그릇을 함께 사용했는데, 수저를 사용하지 않고 손으로 밥을 퍼먹었다. 그러므로 밥이 손에 달라붙으면 털어낼 수 없어 목기 안에다 버린다. 마땅히 찌꺼기를 광주리에 버려야 하는데, 광주리가 없으면 찌꺼기를 회會에다 버린다. 회라는 것은 서직을 담는 제기의 뚜껑이다. 그 말이 이와 같이 (고례에) 딱 들어맞는다."

○ **용안** 지금 진호의 『예기집설禮記集說』에도 이런 해석은 없으니, 옛 풍속을 모르기 때문이다.

진심 상 _ 895

진심盡心
하下

14-4 '나는 진을 잘 치며 전쟁을 잘한다'고 한 구절에서 '짐승이 뿔을 땅에 대듯이 하였다'라는 구절에 대한 장

〔我善爲陳善爲戰若崩厥角章〕

* 이 장에서 다산은 무왕이 은나라를 정벌할 때를 묘사한 맹자의 표현 중, '약붕궐각若崩厥角'에 대한 종전의 해석을 비판하였다.

孟子曰: "有人曰, '我善爲陳, 我善爲戰.' 大罪也. 國君好仁, 天下無敵焉. 南面而征, 北狄怨, 東面而征, 西夷怨; 曰, '奚爲後我?' 武王之伐殷也, 革車三百兩, 虎賁三千人. 王曰, '無畏! 寧爾也, 非敵百姓也.' 若崩厥角稽首. 征之爲言正也, 各欲正己也, 焉用戰?"

《集》曰: "〈泰誓〉文, 與此小異."
○**鏞案** '若崩厥角'四字, 形容殷民如旱得雨[1]之情. 今改之曰'百姓懍懍, 若崩厥角', 則項羽入秦之氣象, 豈天吏除殘之義乎?【梅·蔡以爲民畏紂之虐, 憂懼不安】寧執非敵, 又何說也? 僞者竊取《孟子》, 佯作殘缺之色, 以欺後世.

---

[1] 如旱得雨:『맹자·양혜왕 상』에서 맹자가 양양왕에게 7~8월 가뭄에 말랐던 싹이 비를 맞고 일어나는 일을 군주의 정치에 따라 백성들이 귀의하는 일에 비유했던 사례에 비추어, 원문에는 '旱' 뒤에 '苗'가 없지만, '마른 싹'으로 번역하였다.

맹자가 말했다. "어떤 사람이 '나는 진을 잘 치며, 나는 전쟁을 잘한다.'라고 하면 그는 큰 죄인이다. 나라의 군주가 사람을 사랑하는 마음을 지니고 있다면, 세상에 대적할 자가 없다. 은나라의 탕임금이 남쪽을 향하여 정벌하니까 북쪽의 적이 원망하였으며, 동쪽을 향하여 정벌하니까 서이西夷가 원망하여 '어찌 우리들을 나중에 정벌하는가?'라고 하였다. 주무왕이 은나라를 정벌할 때, 전투용 수레가 300대였고, 정예 전투병이 3,000명이었다. 그때 무왕은 은나라 사람들에게 이렇게 말하였다. '두려워하지 말라. 너희들을 편안히 하려는 것이지, 백성들과 대적하려는 것이 아니다.' 그러자 은나라 사람들이 땅에 닿도록 머리를 숙였다. '정征'은 '정正(바로잡는다)'을 말한다. 은나라 사람들은 각기 자기를 바로잡아 주기를 바랐다. 그러니 어찌 사람들과 적이 되어 싸웠겠는가?"

『맹자집주』에서 말했다. "『서경·태서』의 글은 이것과 조금 다르다."

○ **용안** '약붕궐각若崩厥角'이라는 네 글자는 은나라 백성이 마치 마른 싹이 비를 만난 것 같은 정황을 형용한 것이다. 이제 이것을 고쳐 "백성들이 두려워하여 짐승이 뿔을 땅에 대듯이 머리를 조아렸다."라고 한다면, 항우가 진나라에 들어간 기상이지, 어찌 하늘의 관리[天吏]가 잔혹한 자를 제거한 뜻이겠는가?[매색과 채침은 백성들이 주紂의 학정을 두려워하여 벌벌 떨며 불안해한 것이라고 하였다.] 『서경·태서』에서 "차라리 우리가 대적할 바가 아니라고 여기라.(寧執非敵)"라고 한 것은 또 무슨 말인가? 『서경』을 위작한 사람이 『맹자』를 절취해놓고, 거짓으로 빠진 데가 있는 양 꾸며서 후세 사람을 속인 것이다.

14-10 이로움에 주밀한 자는 흉년이 죽일 수 없다는 장

〔周于利者凶年不能殺章〕

* 이 장에서는 "주우리자周于利者"의 '주周'에 대한 다산의 견해가 제시되었다.

| 孟子曰:"周于利者凶年不能殺, 周于德者邪世不能亂."

趙曰:"周達於理."
○《集》曰:"周, 足也."
○**鏞案** 周者, 密也, 稠密無疏漏也.

맹자가 말했다. "이로움에 주밀한 자는 흉년이 죽일 수 없고, 덕에 주밀한 자는 삿된 시대가 어지럽힐 수 없다."

조기가 말했다. "주周는 이치에 통달한 것이다."
○ 『맹자집주』에 말했다. "주周는 풍족한 것이다."
○ **용안** 주周라는 것은 주밀한 것이니, 주밀하여 엉성함이 없는 것이다.

14·14 백성이 귀하고 사직은 그 다음이라고 한 장
〔民爲貴社稷次之章〕

* 이 장에서 다산은 "한건수일旱乾水溢, 즉변치사직則變置社稷"에 대한 종전의 해석 즉, "가뭄이 들고 홍수가 지면 사직의 신神을 바꾸어 설치한다."라는 해석을 비판하였다.

孟子曰: "民爲貴, 社稷次之, 君爲輕. 是故得乎丘民而爲天子, 得乎天子爲諸侯, 得乎諸侯爲大夫. 諸侯危社稷, 則變置. 犧牲旣成, 粢盛旣絜, 祭祀以時, 然而旱乾水溢, 則變置社稷."

孫曰: "自顓帝以來, 用句龍[2]爲社, 柱爲稷. 及湯之旱, 以棄易柱.[3] 是知社稷之變置, 見於湯之時也."
○《集》曰: "毁其壇墠, 而更置之."
○胡雲峰曰: "變置社稷者, 改立其祀神之壇墠, 而非改立其神也."
○**鏞案** 孫奭《正義》, 本出於鄭玄〈書序〉之注.《尙書·夏社·序》曰: "湯旣勝夏, 欲遷其社, 不可, 作夏社." 鄭玄有'以旱遷社'之語.【鄭云: "犧牲旣成, 粢盛旣潔, 祭以其時. 而旱暵水溢, 則變置社稷. 故旱[4]至七年, 湯遷社, 以周棄代[5]之."】

---

2) 句龍 : 구룡은 공공씨共工氏의 아들인데, 땅과 물을 잘 다스려서 뒤에 후토신后土神이 되었다.『춘추좌씨전』소공29년에 보인다.
3) 柱 : 주는 열산씨烈山氏의 아들인데, 직稷이 되었다.『춘추좌씨전』소공29년에 보인다.
4) 旱 : 新朝本에는 '무'로 되어 있다.
5) 代 : 新朝本에는 '伐'로 되어 있다.

맹자께서 말씀하셨다. "백성이 귀하고 사직社稷은 그다음이며 군주는 가벼운 것이다. 그러므로 밭일 하는 백성들의 마음을 얻으면 천자가 되고, 천자의 마음을 얻으면 제후가 되고, 제후의 마음을 얻으면 대부가 된다. 제후가 사직을 위태롭게 하면 고쳐 놓는다. 희생犧牲이 이미 이루어지고 자성粢盛이 이미 정결하게 되었으면 제사를 제때에 지내되, 그런데도 가뭄이 들고 홍수가 지면 사직을 고쳐 놓는다."

손석孫奭이 말했다. "전욱顓頊 이래로 구룡句龍이 사社가 되고, 주柱가 직稷이 되었다. 탕임금 때 가뭄이 들자 기棄를 주와 바꾸었으니, 사와 직을 바꾸어놓은 사례는 탕임금 때 보였음을 알겠다."

○ 『맹자집주』에서 말했다. "사직의 단과 담을 헐고 고쳐서 설치한다."

○ 호병문이 말했다. "사직을 바꾸어 설치한다는 것은 신을 제사하는 단과 담을 고쳐서 설치하는 것이지, 그 신을 바꿔 세우는 것은 아니다."

○ **용안** 손석의 『정의』는 본래 정현의 「서서書序」에 대한 주에서 나온 것이다. 『상서·하사夏社』의 서문에 "탕임금이 하나라를 이긴 뒤 그 사社를 옮기고자 하였으나, 그렇게 할 수 없어 「하사」를 지었다."라고 하였는데, 정현의 주에는 "가뭄 때문에 사社를 옮겼다."라는 말이 있다.【정현이 말했다. "희생을 갖추고 자성을 정결하게 하고 나서 제때에 제사를 지낸다. 그러나 가뭄이 들고 홍수가 지면 사직을 바꾸어 설치한다. 그러므로 가뭄이 7년 동안 계속되자 탕이 사社를 옮기고 주기周棄로 대치하였다."】

然湯之所以以棄易柱者, 從以稼穡之功, 棄賢於柱也, 非以旱也, 非以克殷[6]也。故蔡墨之言曰: "烈山氏之子柱爲稷, 自夏以上事之, 周棄亦爲稷, 自商以來事之。"【昭二十九年】無旱遷之說, 祭法所言, 亦只如此。變置社稷者, 當是移其壇墠而已, 鬼神豈可罪之? ○麟曰: "句容有盜, 改置社稷而盜止, 下邳[7]多盜, 遷社稷於南山之上, 盜亦衰息, 見陳後山[8]《談叢》。岳州田鼠害稼, 雍明遠曰, '迎貓之祭不修也。' 命祭之, 鼠隨以斃, 見《范蜀公集》。[9] 《孟子》有變置社稷, 《禮記》有八蜡, 孰謂古制不可行于今乎?"【王應麟所言, 亦遷其壇墠而已】

---

6) 殷: 문맥상 '夏'가 옳은 듯하다.
7) 下邳: 하비는 중국 강소성江苏省 북단에 있는 비현邳縣의 옛 이름이다.
8) 陳後山: 진후산(1053~1101)은 북송 서주徐州 팽성彭城 사람인 진사도陳師道를 말한다. 자는 이상履常 혹은 무기無己이고, 별호가 후산거사後山居士이다. 과거는 보지 않았지만, 서주徐州와 영주潁州의 교수敎授가 되었고 태학박사를 지냈다. 강서시파江西詩派의 대표적 시인이다.
9) 『范蜀公集』: 『범촉공집』은 송나라 때 한림학사를 지낸 범진范鎭의 문집이다. 범진의 자는 경인景仁이고, 시호는 문충文忠으로 촉군공蜀郡公에 봉해졌다. 그의 학문은 육경六經을 근본으로 하였으며『동재기사東齋記事』등 100여 권의 저술이 있다.

그러나 탕임금이 기棄를 주柱와 바꾼 이유는 농사짓는 공功이 기棄가 주柱보다 나았기 때문이지, 가뭄 때문도 아니고 하나라를 이겼기 때문도 아니다. 그러므로 채묵의 말에 "열산씨烈山氏의 아들 주柱가 직稷이 되었으니 하나라 이전에는 그를 제사지냈고, 주기도 직稷이 되었으니 상나라 이후에는 그를 제사지냈다."【『춘추좌전』 소공 29년에 보인다.】라고 했지, 가뭄 때문에 옮겼다는 설은 없다. 제사법에 말한 바도 단지 이와 같다. 사직을 바꾸어 설치한다는 것은 그 단과 담을 옮겨 바꾸어 설치하는 것일 뿐이니, 귀신을 어찌 죄줄 수 있겠는가?

○ 왕응린이 말했다. "구용句容에 도둑이 들어 사직을 고쳐 놓으니 도둑이 그치고, 하비下邳에 도둑이 많아서 사직을 남산 위로 옮기니 도둑이 없어졌다는 말이 진후산陳後山의 『후산담총後山談叢』에 보인다. 악주에 들쥐가 농작물을 해치자, 옹명원이 말하기를 '고양이를 맞이하는 제사를 지내지 않아서이다.'라고 하고, 명하여 제사를 지내게 하니 쥐가 따라 죽었다는 말이 『범촉공집范蜀公集』에 보인다. 『맹자』에는 사직을 바꾸어 놓는다는 말이 있고, 『예기』에는 8가지의 사제가 있으니, 누가 옛 제도를 지금에 행할 수 없다고 하겠는가?"【왕응린이 말한 바도 사직의 단과 담을 옮겨 설치한다는 것일 뿐이다.】

14-15 성인은 백세의 스승이니
백이와 유하혜가 그에 해당한다는 장 〔人百世之師伯夷柳下惠章〕

* 이 장에서는 구절을 나누는 것에 대한 의견을 제시하였는데, 다산은 이설을 제시한 모기령을 비판하고 『맹자집주』의 분구를 따랐다.

孟子曰: "聖人, 百世之師也, 伯夷·柳下惠是也. 故聞伯夷之風者, 頑夫廉, 懦夫有立志; 聞柳下惠之風者, 薄夫敦, 鄙夫寬. 奮乎百世之上·百世之下, 聞者莫不興起也. 非聖人而能若是乎? 而況於親炙之者乎?"

孫曰: "奮發乎百世之上, 而使百世之下無不興起."
○《集注》本 '奮乎百世之上' 絶句.
○毛曰: "'奮乎百世之上, 百世之下', 一氣不斷. 古文排句詞例如此, 言興乎前以及乎後也. 若以 '百世之下' 連下讀, 則失詞例矣."
○鏞案 毛說極謬.

引證《漢·王吉傳》云: "《孟子》云, '奮乎百世之上, 行乎百世之下, 莫不興起.'

맹자가 말했다. "성인은 백세의 스승이니, 백이와 유하혜가 이것이다. 그러므로 백이의 풍도를 들은 자는 완악한 지아비가 청렴해지고, 나약한 지아비가 입지立志하게 되며, 유하혜의 풍도를 들은 자는 경박한 지아비가 돈후해지고, 비루한 지아비가 너그러워진다. 백세의 위에 분발하면 백세의 아래에서 그 풍도를 들은 자가 모두 흥기하니, 성인이 아니고서 이와 같을 수 있겠는가. 그들에게 직접 배운 자는 말할 필요도 없을 것이다!"

손석이 말했다. "백세의 앞에서 분발하여 백세의 뒤로 하여금 흥기하지 아니함이 없게 하였다."

○ 『맹자집주』에는 '奮乎百世之上'에서 구를 끊었다.

○ 모기령이 말했다. "'奮乎百世之上, 百世之下'는 한 호흡이니 끊지 않는다. 고문의 배구와 사례가 이와 같으니, 앞에서 흥기하여 뒤에까지 미치게 하는 것을 말한다. 만약 '百世之下'를 아래로 붙여서 읽는다면, 사례詞例를 잃게 된다."

○ **용안** 모기령의 설은 대단히 잘못되었다.

인증 『후한서·왕길전』에서 이르기를 "『맹자』에서 '백세 앞에서 분발하여 백세 뒤에까지 행해져 흥기하지 않음이 없다.' 하였다."라고 하였다.

14-16 인은 사람이라는 뜻이니, 합하여 말하면 도라는 장
〔仁者人也合而言之道也章〕

＊이 장에서 다산은 인仁을 별도의 이치로 설정한 『맹자집주』의 해석을 비판하였으며, 『맹자집주』에 인용된 고려본高麗本은 위작이라고 주장하였다.

孟子曰: "仁也者, 人也. 合而言之, 道也."

趙曰: "人與仁, 合而言之, 可以謂之有道."
○《集》曰: "仁者, 人之所以爲人之理."
○鏞案 仁者, 人人之疊文也。其在六書家, 爲諧聲, 爲會意, 爲指事。故曰'仁者, 人也'。人而爲仁, 於是乎道也。理與身, 恐不可以爲道。[10]
趙曰, "人與仁, 合而言之, 可以謂之有道."

考異 尤延之[11]曰: "高麗本《孟子》曰, '仁也者, 人也, 義也者, 宜也, 禮也者, 履也, 智也者, 知也, 信也者, 實也, 合而言之, 道也.'"
○《集》曰: "如此, 則理極分明."
○蔡曰: "外國本之說, 理味俱短."
○鏞案 蔡說, 是也。吾東今無此本。

---

10) 理與身, 恐不可以爲道 : 주자가 "以仁之理, 合於人之身而言之 乃所謂道者也."라고 한 것에 대한 다산의 비판이다.
11) 尤延之 : 우연지는 송나라 때의 장서가 우무尤袤이다. 송대의 저명한 서목인 수초당서목의 저자이다. 자는 연지延之, 호는 수초거사邃初居士・낙계樂溪・목석노일민木石老逸民, 시호는 문간文簡이다. 벼슬은 태흥령泰興令, 대종정승大宗正丞, 시독시독讀, 이부시랑吏部侍郎, 강서전운사江西轉運使 등을 역임했다. 양만리楊萬里, 범성대범成大, 육유陸遊와 함께 '남송사대시인南宋四大詩人'으로 꼽힌다. 『낙계집樂溪集』이 있다.

| 맹자가 말했다. "인은 사람이라는 뜻이니 합하여 말하면 도이다."

조기가 말했다. "인人과 인仁을 합하여 말하면 도가 있다고 할 수 있다."
○ 『맹자집주』에서 말했다. "인仁이란 사람이 사람이 되는 까닭의 이치이다."
○ **용안** 인仁이란 인人과 인人이 합쳐진 글자이다. 육서가六書家에 있어서는 해성諧聲도 되고 회의會意도 되고 지사指事도 된다. 그러므로 "인仁은 사람이다."라고 한 것이다. 사람으로서 인을 행하는 것, 이것이 도道이다. 리理와 신身은 도가 될 수 없을 듯하다.

고이 우연지가 말했다. "고려본 『맹자孟子』에서 말했다. '인이라는 것은 사람이다. 의라는 것은 마땅함이다. 예라는 것은 실천이다. 지라는 것은 앎이다. 신이라는 것은 참된 것이다. 합하여 그것을 말하면 도이다.'"
○ 『맹자집주』에서 말했다. "이와 같다면 이치가 지극히 분명해진다."
○ 채청이 말했다. "외국본의 설은 이치와 의미가 모두 모자란다."
○ **용안** 채청의 설이 옳다. 우리나라에는 오늘날 이 판본이 없다.

14-21 고자에게 말한 산길의 샛길은 며칠만 다니면 된다는 장
〔高子曰山徑之蹊間介然用之章〕

* 이 장에서 다산은 『맹자집주』와 분구를 달리하여, '산경지혜山徑之蹊'가 한 구이고, '간개연용지이성로間介然用之而成路'가 한 구이고, '위간불용爲間不用'을 한 구로 보았다.

孟子謂高子曰: "山徑之蹊, 間介然用之而成路; 爲間不用, 則茅塞之矣. 今茅塞子之心矣."

趙曰: "爲間, 有間也."
○《集注》本'蹊間'爲句.
○鏞案 '蹊間'之'間'與'爲間不用'之'間', 兩'間'字相照, 不當異釋. 余謂'山徑之蹊'[12]一句, '間介然用之而成路'爲[13]一句, '爲間不用'爲一句, 猶言數日用之則成路, 數日不用則茅塞也.

---

12) 蹊: 문맥상 이 뒤에 '爲'가 보충되어야 옳은 듯하다.
13) 爲: 新朝本·奎章本에는 빠져 있으나 문장의 통일성을 위해 보충한다.

맹자가 고자高子에게 말했다. "산길의 샛길은 며칠만 다니면 길을 이루다가도 며칠만 다니지 않으면 풀이 자라 길을 막는다. 지금 띠풀이 그대의 마음을 꽉 막고 있구나!"

조기가 말했다. "위간爲間은 간격이 있다는 것이다."

○ 『맹자집주』본은 '혜간蹊間'까지를 한 구로 삼았다.

○ **용안** '혜간蹊間'의 간자와 '위간불용爲間不用'의 간자는 서로 조응이 되니, 달리 해석하는 것은 마땅하지 않다. 나는 '山徑之蹊'가 한 구이고, '間介然用之而成路'가 한 구이고, '爲間不用'이 한 구라고 생각하니, 며칠 동안 사용하면 길을 이루고 며칠 동안 사용하지 않으면 띠풀이 길을 막는다고 말하는 것과 같은 말이다.

14-22 우왕의 음악이 문왕의 음악보다 낫다고 하자 '성문의 수레바퀴 자국이 두 말의 힘으로 이루어진 것이겠는가?'라고 물은 장〔禹之聲尙文王之聲城門之軌兩馬之力章〕

* 이 장에서 다산은 퇴려追蠡와 성문城門의 바퀴 자국에 한 기존의 주석을 평가하고, 퇴려는 종을 매단 끈[鍾鈕]이 마모되는 것이 아니라 타종으로 인해서 종의 중심부가 상하는 현상이라고 보았다. 또한 성문城門의 수레 바퀴자국에 대한 지나친 천착을 경계하였다.

高子曰: "禹之聲尙文王之聲." 孟子曰, "何以言之." 曰, "以追蠡." 曰, "是奚足哉? 城門之軌, 兩馬之力與."

趙曰, "追, 鍾鈕也, 鈕磨齧處深矣. 蠡, 欲絶之貌."
○鏞案 鍾鈕之謂之追, 未有明文. 許愼《說文》云: "蠡者, 蟲齧木中也." 蟲之齧木, 如螺蜁回譎然, 故字得相通. 六畜有蟲齧之病, 謂之瘯蠡,【見《左傳》】亦此意也. 銅鑄之鈕, 雖久而磨弊, 必當光滑, 不得如蟲齧木之狀. 〈考工記〉云: "舞上謂之甬, 甬上謂之衡, 鍾縣謂之旋, 旋蟲謂之幹." 本無追名. 又曰: "于上之攠, 謂之隧." 鄭注云: "所擊之處攠弊, 生光." 高子若執攠弊而爲言, 則舍隧擧鈕, 必無是理.
○余謂追者, 隧也. 以其爲鍾槌所擊之處, 故名之曰追也.

고자高子가 말했다. "우왕禹王의 음악이 문왕文王의 음악보다 낫습니다." 맹자께서 말씀하셨다. "어째서 그렇게 말하는가?" 고자가 말했다. "퇴려追蠡 때문입니다." 맹자께서 말씀하셨다. "이것이 어찌 족하겠는가? 성문의 바퀴 자국이 말 두 마리의 힘으로 이루어진 것이겠는가?"

조기가 말했다. "'퇴追'는 종을 매단 끈[鍾鈕]이니, 끈이 닳으면 침식된 곳이 깊을 것이다. '려蠡'는 끊어지려고 하는 모양이다."

○ **용안** 종을 매단 끈을 '퇴'라고 하는 것은 적시된 문장이 없다. 허신의 『설문해자』에는 "'려'는 벌레가 나무속을 갉아먹은 것이다."라고 되어 있다. 벌레가 나무 속을 갉아먹은 모양이 마치 소라나 고둥처럼 둥글게 말려있기 때문에 글자가 서로 통할 수 있다. 여섯 가지 가축에게 있는 벌레가 갉아먹는 병을 족려瘯蠡라 하는 것도[『춘추좌전』에 보인다] 또한 이 뜻이다. 구리로 주조한 끈은 아무리 오래되어 닳아진다 해도 빛나고 매끄럽지, 벌레가 나무를 갉아먹은 모양과 같을 수 없다. 『주례·고공기·부씨鳧氏』에서 이르기를 "무舞의 윗부분을 용甬이라고 하고, 용의 윗부분을 형衡이라고 하고, 종을 매다는 것을 선旋이라고 하고, 선충旋蟲을 간幹이라거 한다."라고 하였으니, 본래 퇴라는 이름은 없다. 또 "우于의 윗부분에 있는 미攠를 수隧라고 한다."라고 하였는데, 정현의 주에 "미는 종을 치는 곳으로, 미가 닳게 되면 광채가 난다."라고 하였다. 고자가 만약 미가 닳은 것을 가지고 말했다면 수를 버리고 끈을 거론한 것이 되니 이럴 리가 없다.

○ 나는 '수追'는 '수隨'라고 여긴다. 종의 방망이가 치는 곳이기 때문에 '수'라고 이름을 붙인 것이다.

鍾老則槌處磨弊, 諸孔漏穿, 有似蟲齧之狀也.

趙曰: "禹在文王之前千有餘歲, 用鍾日久, 故追欲絶耳. 譬若城門之軌, 齧其限切深者, 用之多耳. 豈兩馬之力使之然乎?"【《集》義同】
○**鏞案** 趙注, 明矣.

趙曰: "兩馬者, 《春秋外傳》[14]曰, '國馬足以行關, 公馬足以稱賦.' 是兩馬."
○《集》曰: "兩馬, 一車所駕也."
○毛曰: "古關隘郵驛, 皆有都鄙所賦馬, 供往來之用, 謂之國馬. 此民間所出馬也. 至公家乘車及鄕遂賦兵牽載任器, 則馬皆官給, 謂之公馬. 此畜之公牧者也. 故《周禮》牧人所掌, 皆稱國馬, 而馭夫趣馬, 又分公馬而駕治之. 雖無大分別, 要之行城之馬, 則祇此兩等. 然則兩馬, 謂兩等馬耳."

---

14) 『春秋外傳』: 『국어國語』의 별칭이다. 『춘추전春秋傳』을 내전이라고 하고 『국어』를 외전이라고 한다.

종이 오래 되면 방망이 치는 곳이 닳으면서 여러 개의 구멍이 뚫어져서 벌레가 갉아먹은 듯한 모양이 된다.

조기가 말했다. "우임금은 문왕보다 천여 년 앞에 있어서 종을 사용한 지가 오래 되었기 때문에 퇴追(종을 거는 끈)가 끊어지려고 한 것이다. 비유컨대, 성문의 바퀴자국이 갉아먹은 듯이 깊이 패인 것은 많이 사용했기 때문이다. 어찌 두 마리 말의 힘이 그렇게 만들었겠는가?"【『맹자집주』도 뜻이 같다.】

○ **용안** 조기의 주가 분명하다.

조기가 말했다. "양마兩馬란 『춘추외전春秋外傳』에서 '국마國馬는 행군할 정도면 되고, 공마公馬는 거병에 필요할 정도면 된다.'라고 했으니, 이것이 양마이다."

○ 『맹자집주』에서 말했다. "양마는 한 수레에 매는 두 마리 말이다."

○ 모기령이 말했다. "옛날 관문과 역참에는 모두 도시와 시골에서 징발된 말이 있어 관리들의 왕래에 제공하였는데 그것을 국마라고 하니, 이는 민간에서 내놓은 말이다. 공가에서 타는 수레와 향, 수의 병거와 물자를 수송하는 경우에는 말을 모두 관청에서 공급하는데 이를 공마라 하니, 이는 공목이 기르는 말이다. 그러므로 『주례』에 목민이 관장하는 말은 모두 국마라고 칭하였는데, 마부가 말을 몰 때는 또 공마를 분리하여 취급하였다. 큰 구별은 없으나, 요컨대 성을 통행하는 말은 이 두 등급뿐이다. 그러니 양마는 두 등급의 말을 일컫는 것이다."

○又曰: "古乘車之數, 天子六馬, 諸侯及卿大夫皆四馬, 大夫三馬, 見於《禮》注, 惟士則一車兩馬。《儀禮》所云'贈兩馬', 祇是士乘車數耳。《公羊傳》'天子駕六', 《白虎通》[15]'天子馭六馬', 降而方叔[16]四騏,[17] 韓奕[18]四牡,[19] 與行役大夫之四黃[20]四駱,[21] 凡諸侯以下, 乘車皆四。獨《家語》魯君以一車二馬遣孔子, 《左傳》陳成子[22]以乘車兩馬, 賜顏涿聚[23]之子,[24] 皆指士耳。此所云城, 雖未必卽王國之城, 然豈有諸侯·卿·大夫皆不行, 而獨士行者?"

○鏞案 兩馬, 豈國馬公馬乎? 趙說謬。

○車之所以運行, 祇[25]是兩服之力, 自四以上威儀也。況城門所行, 多是[26]士庶商旅之車, 則《集註》謂'兩馬一車', 原自平順。毛說支離矣。

---

15) 『白虎通』: 『백호통』은 후한 때의 사람 반고班固가 찬집撰集한 책이다. 후한 장제章帝 때 여러 유학자들을 백호통白虎觀에 모아 오경五經의 차이를 강론하고 이를 모아 편집한 것이다.
16) 方叔: 방숙은 주나라 선왕宣王 때의 현신으로 형만荊蠻을 평정하였다.
17) 四騏: 사기는 『시경·소아·채이采芑』에 보인다.
18) 韓奕: 한혁은 윤길보尹吉甫가 주선왕周宣王을 찬미하면서 지은 『시경』의 편명인데, 여기서는 한漢나라 후侯로 봉해진 한후韓侯를 가리킨다.
19) 四牡: 사모는 『시경·소아·한혁韓奕』에 보인다.
20) 四黃: 사황은 『시경·소아·거공車攻』에 보인다.
21) 四駱: 사락은 『시경·소아·상상자화裳裳者華』에 보인다.
22) 陳成子: 진성자는 춘추시대 제나라의 대부 陳恒인데, 성자成子는 그의 시휘이다.
23) 顏涿聚: 안탁취는 춘추시대 衛나라 사람으로, 이름은 수유讎由이고, 자로子路의 처형이다. 공자의 제자로, 공자가 위나라에 갔을 때 그의 집에서 머물렀다.
24) 陳成子以乘車兩馬 … 賜顏涿聚之子: 『춘추좌씨전』 애공哀公 27년조에 보인다.
25) 祇: 新朝本에는 '祇'로 되어 있다.
26) 是: 新朝本에는 빠져 있다.

○ 또 말했다. "옛날 승거乘車의 수는 천자가 여섯 필의 말이고, 제후와 경대부는 모두 네 필의 말이며, 대부는 세 필의 말이다. 『예기』의 주에 보면, 오직 사士는 한 대의 수레에 두 필의 말이라고 되어 있는데, 이는 『의례』에 이른바 '두 필의 말을 준다.'라는 것으로 다만 사의 승거를 끄는 말의 수일 뿐이다. 『춘추공양전』에도 '천자의 수레는 여섯 필의 말을 멘다.'라고 하였고, 『백호통白虎通』에도 '천자의 수레는 여섯 필의 말이 끌게 한다.'라고 하였다. 신분이 한 등급 내려와서 방숙方叔은 사기四騏이고, 한혁韓奕은 사모四牡이고, 공무를 수행하는 대부는 사황四黃과 사락四駱이니, 제후 이하는 승거에 모두 말이 네 필이다. 유독 『공자가어』에는 '노나라 임금이 한 수레에 두 필의 말을 공자에게 보냈다.'라고 하였고, 『춘추좌씨전』에는 '진성자陳成子가 승거와 두 필의 말을 안탁취顏涿聚의 아들에게 내려주었다.'라고 하였으니, 모두 사士에게 내려준 것을 가리킨다. 여기서 말하는 성城이 반드시 왕국의 성은 아니라 하더라도, 어찌 제후와 경대부는 모두 통행하지 않고 유독 사만 통행함이 있겠는가?"

○ **용안** 양마가 어찌 국마와 공마이겠는가? 조기의 설은 그르다.

○ 수레가 운행되는 것은 단지 두 마리 복마의 힘이고, 네 필 이상부터는 위의威儀를 나타내기 위한 것이다. 더구나 성문에 다니기로는 사士와 서인庶人과 행상行商의 수레가 많으니, 『맹자집주』에 "말 두 필에 수레 한 대"라고 한 것은 원래부터 문제가 없다. 모기령의 설은 갈피를 잡을 수 없다.

《集》曰:"豊氏[27]曰, '城中之涂, 容九軌, 車可散行, 故其轍迹淺。城門惟容一車, 車皆由之, 故其轍迹深。'"

○毛曰:"經塗九軌, 而每門三門, 祇各一軌, 則塗凡一用, 而門必三之。此正用之多, 而謂久, 可乎? 車之涉軌也, 門與塗同, 時無久暫也。匠人旣造門, 亦卽造塗, 未嘗前年有門, 今年始有塗也, 何謂久也?"

○鏞案 豊氏之說, 似若以經塗之軌, 譬之文王之樂, 城門之軌, 譬之夏禹之樂。誠如是也, 大與孟子之意相左。經塗城門之轍迹淺深, 原不必計較。孫奭《正義》引太山之溜, 久而穿石, 單極之綆, 久而斷幹, 最是達論。何必穿鑿如是?

○〈考工記〉云'旁三門', 謂[28]城每面各三門。毛氏云'每門三門', 亦謬。

---

27) 豊氏: 풍씨(1033~1107)는 중국 북송 시대의 인물인 풍직豊稷을 말한다. 자는 상지相之이고, 시호는 청민淸敏이다. 벼슬은 어사중승御史中丞, 공부상서겸시독工部尙書兼侍讀 등을 역임했다. 저서로는 『맹자주孟子注』가 있다.

28) 謂: 新朝本에는 '諸'로 되어 있다.

『맹자집주』에서 말했다. "풍직豐稷이 말하기를 '성안의 길은 아홉 대의 수레바퀴를 수용할 수 있어서 수레가 흩어져 다닐 수 있기 때문에 그 바퀴자국이 얕으나, 성문은 오직 한 대의 수레만을 수용할 수 있으니, 수레가 모두 이곳을 경유하기 때문에 그 바퀴자국이 깊다.'라고 하였다."

○ 모기령이 말했다. "성안의 길은 9궤이나, 성마다 문이 셋으로 되어 있는데, 각 문에는 1궤씩만 통행하게 되어 있다. 길은 모두 하나만 사용하지만, 문은 반드시 셋으로 되어 있다. 이는 바로 많이 써서 그런 것인데 오래 되었기 때문이라고 말하는 것이 옳겠는가? 수레가 지나가는 곳이 궤이다. 문과 길을 동시에 만들지, 어느 것을 먼저 만들고 어느 것을 나중에 만드는 경우는 없다. 장인이 문을 만든 뒤에 곧바로 길을 만들지, 전년에 문을 만들고 금년에 길을 만드는 경우는 일찍이 없으니, 어찌 오래 되었다고 말할 수 있겠는가?

○ **용안** 풍직豐稷의 설은 성안의 길을 지나는 수레의 바퀴 자국을 문왕의 음악에 비유하고, 성문을 지나는 수레의 바퀴 자국을 하우夏禹의 음악에 비유한 것 같으니, 참으로 이와 같다면 맹자의 뜻과 서로 어긋난다. 성 안의 길을 지나는 수레의 바퀴자국과 성문을 지나는 수레의 바퀴자국의 얕고 깊음은 원래 비교할 필요가 없다. 손석의 『맹자정의』에 "태산의 낙숫물도 오랫동안 떨어지면 돌을 뚫고, 한 가닥의 두레박줄도 오래 사용하면 매달아놓은 나무를 자른다."라는 말을 인용하였으니, 이것이 가장 사리에 맞는 논지이다. 어찌 반드시 저렇게 천착할 필요가 있겠는가?

○ 『주례·고공기』에 '방삼문旁三門'이라고 하는 것은 국성의 각 면마다 삼문으로 되어 있음을 이른 것이다. 모기령이 말한 각 문마다 문이 셋이라는 것도 또한 잘못이다.

12-24 입과 맛, 눈과 색의 관계에 대한 장〔口之於味目之於色章〕

* 이 장에서는 다산의 인성론의 핵심인 성기호설性嗜好說의 세부적 논의가 전개되는데, 다산은 이목구비사지의 기욕嗜欲도 기호嗜好이기는 하지만, 그것대로 되지 않는 '명命'에 따르기 때문에 성性에 포함시킬 수 없다고 보고, 품부받은 명에 의한 선천적 결정성을 부정한다. 또한 인의예지는 행사에 의해 획득되는 것으로 보고, 명록命祿이나 우연에 의해 결정된다는 후천적 결정성을 부정한다.

孟子曰:"口之於味也, 目之於色也, 耳之於聲也, 鼻之於臭也, 四肢於安佚也, 性也, 有命焉, 君子不謂性也. 仁之於父子也, 義之於君臣也, 禮之於賓主也, 智之於賢者也, 聖人之於天道也, 命也, 有性焉, 君子不謂命也."

趙曰:"美味·美色·五音·芬香·安佚, 皆人性之所欲也. 得居此樂者, 有命祿, 人不能皆如其願. 故君子不謂之性也."
○**鏞案**《集注》乃隰栝此文. 性字原是嗜好之意, 故世人皆以嗜好爲性. 孟子獨曰: '若是性也, 則人必均得, 今旣得之有命, 則其非性,' 可知也.

趙曰:"仁者得以恩愛施於父子, 義者得以義理施於君臣, 好禮者得以禮敬施於賓主, 智者得以明智知賢達善, 聖人得以天道王於天下, 此皆命祿. 遭遇乃得君居[29]而行之,[30] 不遇者不得施行.

---

[29] 居:新朝本에는 '君'으로 되어 있으나 『맹자주소·진심 상』에 따라 바로잡는다.
[30] 之:新朝本에는 빠져 있으나 『맹자주소·진심 상』에 따라 보충한다.

맹자가 말했다. "입이 맛에 있어서와 눈이 색깔에 있어서와 귀가 음악에 있어서와 코가 냄새에 있어서와 사지四肢가 편안함[安佚]에 있어서는 성性이지만, 명命에 달려 있다. 그러므로 군자君子는 성性이라고 이르지 않는다. 인仁이 부자간父子間에 있어서와 의義가 군신간君臣間에 있어서와 예禮가 빈주간賓主間에 있어서와 지智가 현자賢者에 있어서와 성인聖人이 천도天道에 있어서는 명命이지만, 성性에 달려 있다. 그러므로 군자君子는 명命이라 이르지 않는다."

조기가 말했다. "좋은 맛, 아름다운 색채, 좋은 음악, 향기로운 냄새, 사지의 편안함은 사람의 성품이 하고 싶어 하는 바이다. 그러나 이러한 즐거움에 거처할 수 있는 자에게는 명록命祿이 있으니, 사람이 모두 자기 원하는 대로 할 수는 없다. 그러므로 군자는 그것을 성性이라고 말하지 않는다."

○ **용안** 『맹자집주』는 바로잡아야 한다. 이 글의 '성性'자는 원래 기호嗜好라는 뜻이기 때문에 세상 사람들이 모두 기호를 성이라 여겼다. 맹자는 다만 "이와 같은 성性은 사람들이 필시 균등하게 얻는 것인데, 지금 이미 그것을 얻는 것이 명命에 달렸다면, 그것은 성性이 아니다."라고 한 것임을 알 수 있다.

조기가 말했다. "인仁한 자는 부자 사이에 은애恩愛를 베풀 수 있고, 의로운 자는 임금과 신하 사이에 의리를 베풀 수 있고, 예를 좋아하는 자는 손님과 주인 사이에 예의와 공경을 베풀 수 있고, 지혜로운 자는 밝은 지혜로 어진이를 알아보고 선에 통달할 수 있고, 성인은 천도로써 천하에 왕도를 시행할 수 있으니, 이는 모두 명록이 만나는 바이다. 그 자리를 얻게 되면 그것을 행하고, 만나지 못할 경우에는 시행할 수 없다.

然亦才性有之, 故可用也, 不但坐而聽命。"

○《集》曰: "程子曰, '仁義禮智天道, 在人則賦於命者, 所稟有厚薄淸濁。然性善可學而盡, 故不謂之命也。'"

○鏞案 趙注純熟無病, 恐不可輕改也。人於父子, 孰不欲盡仁, 而大舜遇瞽瞍。人於君臣, 孰不欲盡義, 而比干遇商受。[31] 孰不好禮, 而不得處擯相之位, 則不能行賓主之禮。孰不好智, 而不得處百揆之任, 則不能用賢者之才。聖人之於天道, 豈不欲公諸天下, 而不得其位, 則孔子緘口而不言。是皆有命也。然而父子之仁, 根於天性, 故大舜不諉於命, 而號泣以克諧, 君臣之義, 根於天性, 故比干不諉於命, 而剖心以盡忠。好禮者, 修禮以明賓主之文, 好智者, 親賢以麗賢者之澤, 聖人小心昭事, 以達天道。

---

31) 商受: 상수는 상商나라의 마지막 임금 주紂의 이름이다.

그러나 또한 재성才性이 그것을 지니고 있기 때문에 쓰일 수 있는 것이지, 다만 앉아서 명을 듣고만 있는 것은 아니다."

○ 『맹자집주』에서 말했다. "정자가 말하기를 인仁·의義·예禮·지智·천도天道가 사람에게 있으니 명을 품부 받은 것이나, 품부 받음에는 두텁고 얕음, 맑음과 탁함이 있다. 그러나 성선性善은 배워서 다할 수 있기 때문에 명이라고 하지 않는다."라고 하였다.

○ **용안** 조기의 주가 순숙純熟하여 결함이 없으니 경솔하게 고쳐서는 안 될 듯하다. 부자 사이에 있어서 어느 누가 인을 다하고자 하지 않겠는가마는, 순임금은 고수를 만났다. 임금과 신하 사이에 있어서 어느 누가 의를 다하고자 하지 않겠는가마는, 비간은 상수를 만났다. 어느 누가 예를 좋아하지 않겠는가마는, 빈상擯相의 지위에 있지 못하면 빈주賓主의 예를 행할 수 없다. 어느 누가 지혜를 좋아하지 않겠는가마는, 백규百揆의 벼슬에 있지 않으면 어진 이로서의 재능을 쓸 수가 없다. 성인이 어찌 천도를 천하에 공평히 하고자 하지 않겠는가마는 그 지위를 얻지 못하면 공자처럼 입을 다물고 말할 수 없다. 이는 모두 명命이 있는 것이다. 그러나 부자 사이의 인은 천성天性에 근본하기 때문에 순임금이 명을 핑계삼지 않고 크게 소리내어 울고서는 능히 화합하였고, 군신 사이의 의는 천성天性에 근거하기 때문에 비간이 명을 핑계하지 않고 심장을 갈라서 충성을 다하였다. 예를 좋아하는 자는 예를 닦아서 빈주의 예절을 밝히고, 지혜를 좋아하는 자는 어진이를 친애하여 어진이와 서로 도와 학문을 닦고, 성인은 삼가고 조심하는 마음으로 상제를 밝게 섬겨서 천도에 통달한다.

不以其不遇其時, 不處其位, 而或敢不盡心焉。誠以父子君臣之倫·敬賓尊賢之法·欽崇天道之誠, 皆出於天性, 不可以所遇之不同, 有所改易。故君子不謂命也。

○程子原以仁義禮智, 爲在心之理, 故乃曰'所稟有厚薄淸濁'。毋論仁義禮智, 本以行事得名。旣稱聖人, 則所稟必無薄濁。其義自不可立。

○乾隆庚戌十月閣課, 御問曰:"'仁之於父子也'一節, 趙註以命祿遭遇, 釋此命字, 其說可通。而《集註》則以稟賦之淸濁厚薄, 釋此命字, 恐於'聖人之於天道'一句, 有說不去者。蓋旣稟薄濁, 則不得稱聖人。非若仁義禮智, 無論賢愚, 皆可以通言也。似不如舊說'聖人得以天道王於天下', 係於遭遇之說之爲順也。朱子之棄舊說而立新說, 抑何以歟?"

그러니 때를 만나지 못하고 지위에 있지 못했다고 해서 혹 마음을 다하지 않을 것은 아니다. 참으로 부자군신의 윤리와 손님을 공경하고 어진이를 존중하는 법과 천도를 흠모하고 숭앙하는 정성[誠]은 모두 천성에서 나온 것이니, 만나는 바가 같지 않다고 해서 바꿀 수는 없다. 그러므로 군자는 명이라고 말하지 않는다.

○ 정자는 원래 인·의·예·지를 마음의 이치로 삼았기 때문에 "품부 받음에 두텁고 얇고, 맑고 탁함이 있다."라고 하였다. 인·의·예·지가 본래 일을 행하고서 얻는 이름이라는 점을 논급하지 않았다. 이미 성인이라고 일컬었으면 틀림없이 품부 받음에 얇고 탁함은 없을 것이다. 따라서 정자의 말은 저절로 성립될 수 없다.

○ 건륭 경술(1790)년 10월 각과에서 임금께서 물으셨다. "'인仁이 부자父子에 있어서이다.'라는 한 절 대해 조기의 주에는 명록命祿을 만나는 것으로 이 '명命'자를 풀이하였으니, 그 설이 통할 만하다. 그런데 『맹자집주』에는 품부 받은 바의 맑고 탁하고 두텁고 얇은 것으로 이 '명'자를 풀이하였으니, '성인이 천도에 있어서'라는 한 구에 대해서는 그 설이 통하지 못하는 점이 있는 듯하다. 이미 얇고 탁한 것을 품부받았으면 성인이라고 칭할 수가 없기 때문이다. 어질고 어리석음을 막론하고 통틀어 말할 수 있는 인·의·예·지와는 같지 않다. '성인이 천도를 얻어 천하에 왕 노릇 할 수 있다.'라는 것을 때를 만난 것과 연결짓던 구설舊說만큼 순조롭지는 못한 듯하다. 주자가 구설을 버리고 새로운 설을 내세운 것은 또한 무엇 때문인가?"

臣對曰:"今詳《集註》, 雖以稟賦釋之, 朱子亦未嘗以爲定論。故於橫渠'晏子之說', 以所稟之命·命分之命, 作兩般義看。又引舜·瞽瞍之事, 以爲所遇之氣數。又曰'一以所稟言之, 一以所値言之', 則朱子於此, 蓋兩存而未決之矣。程子以四德天道, 並列爲五, 而以《孟子》本文例之, 則未論其稟賦與遭遇, 當以四德聖人, 並列爲五。今乃於前四句, 取上'仁義'字, 於後一句, 取下'天道'字, 恐於義例不合。蓋以稟薄濁而稱聖人, 終有說不去者, 故姑以天道易之也, 然'薄濁'二字, 恐於天道, 亦下不得。朱子之旣本此說, 而又無定論, 或以是歟。臣未敢知也。"

《集》曰:"或曰,'者, 當作否。人, 衍字。'"[32]
○鏞案 或說, 恐謬。

---

32) 或曰 … 衍字:『맹자』경문에 있는 "智之於賢者也, 聖人之於天道也"를 "智之於賢否也, 聖之於天道也"로 해야 한다는 말이다.

나는 다음과 같이 대답하였다. "지금 『맹자집주』를 자세히 살펴보건대, 품부 받은 것으로 풀이하긴 하였지만 주자도 정론定論으로 삼았던 적은 없습니다. 그러므로 장횡거의 '안영晏嬰에 대한 설'에 대해서는 품부 받은 바의 명과 명분의 명이라는 두 갈래의 뜻으로 본 것입니다. 또 순임금과 고수의 일을 인용할 때는 만난 바의 운수[氣數]라고 여겼습니다. 그리고 '한쪽은 품부된 바로써 말하고, 한쪽은 만나는 바로써 말했다.'라고 하였으니, 주자는 이에 대해 두 해석을 다 두고 결론을 내리지 못했습니다. 정자는 사덕四德과 천도를 아울러 다섯 가지를 열거하였는데, 『맹자』의 본문에서 그 사례를 따르면 품부 받은 것과 때를 만나는 것을 막론하고 사덕과 성인을 아울러 다섯으로 열거해야 합니다. 그런데 지금 앞의 4구는 위의 '인의仁義'자를 취하고, 뒤의 1구는 아래의 '천도天道'자를 취하였으니, 아마도 의례義例에 맞지 않는 듯합니다. 대개 품부 받은 것이 얇고 탁한데도 성인으로 일컫는다면 끝내 그 설은 통하지 못하는 점이 있을 것이기 때문에 일단 천도로써 바꾸어 놓았던 것입니다. 그러나 '박탁薄濁' 두 글자는 천도에 대해서도 적용될 수 없습니다. 주자가 이 설에 근본하면서도 정론이 없는 것은 혹 이 때문인 듯합니다. 신은 감히 알지 못하겠습니다."

『맹자집주』에서 말했다. "혹자는 '자者자는 부否자가 되어야 하고, 인人자는 잘못 들어간 글자이다.'라고 했다."

○ **용안** 혹설은 잘못인 듯하다.

○'是非之心, 智之端'一句, 余每疑之, 今而得之矣。'智之於賢者也'與'仁之於父子也, 義之於君臣也', 等而例之, 則智者所以辨別賢愚也。故宰我·子貢·有若, 知足以知聖人, 知聖人爲知也。古者親親·尊尊·長長·賢賢, 爲斯道之大綱, 此四者卽所謂仁義禮智也。

○ "시비지심是非之心은 지智의 시작이다."라는 한 구절에 대해 나는 늘 의심하였는데, 이제야 그 뜻을 터득하였다. "지智가 현자賢者에 있어서"는 "인仁이 부자간父子間에 있어서와 의義가 군신간君臣間에 있어서"와 같은 예이니, 지혜 있는 사람이란 현명한 사람과 어리석은 사람을 변별한다. 그러므로 재아와 자공과 유약은 앎이 성인을 충분히 알아볼 만하였으니, 성인을 아는 것이 지智가 된다. 옛날에는 어버이를 어버이로 섬기고, 존귀한 이를 높이고, 어른을 어른으로 대접하고, 어진 이를 어질게 여기는 것이 우리 유학의 대강大綱이었으니, 이 네 가지가 곧 이른바 인·의·예·지이다.

14-25 악정자가 어떤 사람인지 호생불해가 물은 장
〔浩生不害問樂正子何人章〕

* 맹자가 말한 선인善人과 신인信人, 미인과 대인, 성인聖人과 신인神人을 인물에 대한 평론으로 보는 일반적인 해석에 대해서 다산은 수양의 단계별 유형이라고 논하였다.

浩生不害問曰: "樂正子何人也?" 孟子曰: "善人也, 信人也." "何謂善? 何謂信?" 曰: "可欲之謂善, 有諸己之謂信, 充實之謂美, 充實而有光輝之謂大, 大而化之之謂聖, 聖而不可知之之謂神. 樂正子, 二之中, 四之下也."

趙曰: "己之可欲, 乃使人欲之, 是爲善人."
○《集》曰: "其爲人也, 可欲而不可惡, 則可謂善人矣."【《語類》有不相協之文, 見《大全》】
○輔曰: "先儒多以'可欲'爲己之欲, 如《書》所謂敬修其可願之意, 獨《集注》不然."
○<u>鏞案</u> 六層[33]皆主自身說, 獨以第一層爲他人之可欲, 可乎? 可欲者, 知道之可欲也. 知之者不如好之者, 好之者不如樂之者, 今此層級亦此類也. 趙註全荒, 今不論.

---

33) 六層: 선善·신信·미美·대大·성聖·신神의 여섯 단계를 말한다.

호생불해浩生不害가 물었다. "악정자樂正子는 어떠한 사람입니까?"

맹자께서 말씀하셨다. "선인善人이며, 신인信人이다." 호생불해가 물었다. "무엇을 선인이라고 이르며, 무엇을 신인이라고 이릅니까?" 맹자께서 말씀하셨다. "가욕可欲스러움을 선인이라고 이르고 선을 자기 몸에 소유함을 신인이라고 이르고, 충실함을 미인美人이라고 이르고, 충실하여 광휘光輝함이 있음을 대인大人이라고 이르고, 대인이면서 저절로 화化함을 성인聖人이라고 이르고, 성聖스러워 알 수 없는 것을 신인神人이라고 이른다."

조기가 말했다. "자기가 하고자 하는 것을 남에게 하도록 하는 것이 선인이다."

○ 『맹자집주』에서 말했다. "그 사람됨이 바랄 만하고 미워할 만하지 않으면 선인善人이라고 할 수 있다."【『주자어류』에는 서로 합하지 않는 글이 있다. 『주자대전』에 보인다.】

○ 보광輔廣이 말했다. "선유들은 대부분 '가욕'을 자기가 하고 싶은 것으로 여겼으니, 『서경』에서 이른바 '그가 원할 만한 것을 공경히 닦는다.'라는 뜻과 같다. 유독 『맹자집주』만 그렇지 않다."

○ **용안** 여섯 단계는 모두 자신을 주로 한 설인데, 오직 제1단계만 타인의 바랄 만한 것이 된다면 옳겠는가? '가욕'이란 도를 아는 것을 하고 싶다는 것이다. 아는 것은 좋아하는 것만 같지 못하고, 좋아하는 것은 즐기는 것만 같지 못하니, 지금 이 단계의 등급도 이런 유類이다. 조기의 주는 모두 황당하니, 지금 논하지 않는다.

14-27 삼베와 실에 대한 세와 곡식에 대한 세에 대한 장

〔有布縷之征粟米之征章〕

* 이 장에서는 전국시대의 세제에 대해 논하였는데, 다산은 정征을 전세田稅로 본 임지기와 주자의 주석을 비판하고 그것을 부세賦稅로 보았다.

孟子曰: "有布縷之征, 粟米之征, 力役之征. 君子用其一, 緩其二. 用其二而民有殍, 用其三而父子離."

趙曰[34]: "征, 賦也。國有軍旅之事, 則橫興此三賦也."
○《集》曰: "征賦之法, 各以其時."
○林曰: "粟米之征, 百畝之田所出."
○鏞案 古者井地所出, 不云賦, 不云稅, 不云征。征稅者, 皆賦之類也。布縷者, 里布也, 粟米者, 屋粟也, 力役者, 公旬也。林說, 非矣。《周禮》'里布·屋粟', 本非罰惰之意, 故亦嘗家輸而人納之, 至於戰國, 軍興賦重, 故孟子之言如此。《集注》以夏秋冬分徵之, 恐未必然.

---

34) 趙曰: 新朝本에는 빠져 있으나『맹자주소·진심 하』에 따라 보충한다.

맹자가 말했다. "삼베와 실에 대한 세稅와 곡식에 대한 세稅와 힘으로 부역하는 세稅가 있으니, 군자君子는 이 중에 한 가지만 쓰고, 두 가지는 느슨하게 한다. 두 가지를 쓰면 백성들이 굶어 죽고, 세 가지를 쓰면 부자父子도 헤어질 것이다."

　조기가 말했다. "정征은 부세이다. 나라에 전쟁할 일이 있으면, 이 세 가지 부세를 마구 시행한다."
　○ 『맹자집주』에서 말했다. "부세를 징수하는 법은 각기 때에 맡게 한다."

　○ 임지기가 말했다. "속미의 부세는 100묘의 농지에서 나오는 것이다."
　○ **용안** 옛날에 정전에서 내는 것은 부賦라고 하거나 세稅라고 하거나 정征이라고 하지 않았다. 여기의 '정세征稅'라는 것은 모두 부의 종류이다. '포루布縷'는 이포里布이며, '속미粟米'는 옥속屋粟이며, '역역力役'은 공순公旬이니, 임지기의 설은 그르다. 『주례』의 이포와 옥속은 본래 게으른 사람을 벌하는 의미의 세금이 아니었으므로 집집마다 내고 사람마다 내던 것이었다. 전국시대에 이르러서 군사를 일으켜 부세가 과중하기 때문에 맹자의 말이 이와 같았던 것이다. 『맹자집주』에서는 여름과 가을과 겨울로 나누어 세를 징수했다고 되어 있는데, 아마도 반드시 그런 것은 아닌 듯하다.

14-29 분성괄이 제나라에서 벼슬한 장 [盆成括仕於齊章]

* 이 장에서는 분성괄盆成括이라는 인물을 고증하고 있는데, 다산의 견해는 제시되지 않고, 그의 고제인 이정李晴이 안설을 붙여 맹자와 동시대에 제나라에서 벼슬한 인물과 『안자춘추‧외편』에 등장하는 제나라 경공 때의 인물 분성괄盆成适은 동일하지 않다고 논평하였다.

盆成括仕於齊, 孟子曰:"死矣盆成括!"盆成括見殺, 門人問曰:"夫子何以知其將見殺?"曰:"其爲人也小有才, 未聞君子之大道也, 則足以殺其軀而已矣."

引證《晏子春秋‧外篇》云:"景公宿於路寢之宮, 夜分聞西方有男子哭者, 公悲之。明日問於晏子, 對曰, '西郭徒居布衣之士, 盆成适也。父之孝子, 兄之順弟也。又嘗爲孔子門人。今其母不幸而死, 柎柩未葬, 是以悲之。'公曰, '子爲寡人吊之, 因問其偏柎[35]何所在。'晏子奉命往, 盆成适再拜稽首而不起曰, '偏柎寄于路寢, 得爲地下之臣, 擁札搢筆, 給事宮殿中右陛之下, 願以某日送, 未得君之意也。窮困無以圖之, 布[36]脣枯舌焦心熱中。願君圖之。'

---

35) 偏柎: 편부는 아버지의 시구屍柩를 말한다.
36) 布: 新朝本에는 빠져 있으나 『안자춘추晏子春秋‧외편外篇 상』에 따라 보충한다.

분성괄盆成括이 제나라에 벼슬하였는데, 맹자가 말했다. "죽겠구나, 분성괄이여!" 분성괄이 죽임을 당하자, 문인이 물었다. "부자夫子께서는 어찌하여 그가 장차 죽임을 당할 것을 아셨습니까?" 맹자가 대답했다. "그의 사람됨이 재주가 조금 있으나 군자의 대도大道를 듣지 못했으니, 그 몸을 죽이기에 족할 뿐이다."

인증 『안자춘추·외편』에서 말했다. "제나라 경공景公이 노침路寢의 궁에서 자다가 한밤중에 서쪽에서 어떤 남자가 곡하는 소리를 듣고 슬퍼하였다. 이튿날 안자晏子에게 물으니 안자가 대답했다. '서쪽 성곽에서 아무 하는 일 없이 살고 있는 포의布衣 분성괄이 운 것입니다. 아버지에게는 효자이며 형에게는 공손한 동생입니다. 일찍이 공자의 문인이 되었습니다. 지금 그의 어머니가 불행히 죽었는데, 어머니의 유해를 아버지의 묘에 합장하지 못해 그 때문에 슬퍼하는 것입니다.' 경공이 말했다. '그대가 과인을 위하여 조문하고 편부偏祔가 어디에 있는지 물어보라.' 안자가 명을 받들고 가니, 분성괄이 재배하고 머리를 조아린 채 일어나지 않고 말했다. '편부가 노침에 묻혀 지하의 신臣이 되었으니, 간찰을 팔로 안고 붓을 손에 들고 궁전의 오른쪽 섬돌 아래에서 일을 하고 계십니다. 어느 날 어머니 시신을 보내드리고자 하였으나, 아직 임금의 뜻을 얻지 못하였습니다. 곤궁하여 도모할 길이 없으니 입술이 타고 혀가 마르고 마음을 태우고 속을 졸이고 있습니다. 원컨대 그대가 이를 도모해주소서.'

晏子曰, '然, 恐君不許也.' 盆成适蹴然曰, '今爲人子臣, 而離散其親
戚, 孝乎哉? 若此而不得祔, 則臣請輓尸車, 而寄之於國門外宇溜之
下, 身不敢飮食, 擁轅執轑, 木乾鳥棲, 袒肉暴骸, 以望君愍之.' 晏子
又復乎公, 公喟然太息曰, '悲乎哉!' 迺使男子袒免·女子髮笄者以百
數, 爲開凶門, 以迎盆成适. 适脫衰絰, 冠條纓墨綠, 以見乎公. 公曰,
'吾聞之, 五子不滿隅, 一子可滿朝, 非迺子耶?' 盆成适于是臨事不敢
哭, 奉事以禮. 畢出門, 然後擧聲焉."
○睛案, 盆成适似盆成括,[37] 然與晏子同時, 又稱孔子門人, 則又似別
人. 其祔葬之事, 似蹈襲〈檀弓〉所記杜氏事.【《晏子春秋》又有逢於何[38] 合葬
事, 皆一套語】偏祔, 當作楄柎[39].[40]

---

37) 括:新朝本에는 '适'로 되어 있다.
38) 逢於何:봉어하는 중국 춘추시대 제경공齊景公 때의 사람이다. 어머니가 죽자 아버지의 무덤에 합장하기 위해 안영晏嬰에게 간청하였고, 안영의 주선으로 합장하게 되었다.
39) 柎:新朝本에는 '祔'로 되어 있다.
40) 楄柎:편부는 상례喪禮에서 관棺 가운데에 깐 널을 말한다. 시체를 괴어놓는 것이다.

안자가 말했다. '그러나 임금이 허락하지 않을 것이다.' 분성괄이 벌떡 일어나 말했다. '지금 남의 자식과 신하가 되어서 친척을 뿔뿔이 흩어지게 하면 효라고 할 수 있겠습니까? 이와 같은데도 합장할 수 없다면 저는 시신을 실은 수레를 끌고 국문國門 밖으로 가서 처마 및 낙숫물 떨어지는 곳에 머물며, 먹지도 마시지도 않고 수레를 껴안은 채 마구리를 붙들고는, 나무처럼 말라서 새가 깃들 정도가 되면 옷을 벗고 뼈를 드러내어, 임금이 보고 근심하기를 바라겠습니다.' 안자가 다시 경공에게 복명하니, 경공이 크게 탄식하며 '슬프도다.'라고 하였다. 이에 단문袒免한 남자와 발계髮筓한 여자 100명에게 상가의 문을 열고 분성괄을 맞이하게 하였다. 분성괄이 최질衰絰을 벗고 갓끈을 매어 검은 테를 두른 갓을 쓰고서 경공을 뵈었다. 경공이 말했다. '내가 듣건대, 다섯 아들이 있어도 한 구석을 채우지 못하는 경우가 있고, 한 아들이 있어도 조정을 채울 수 있는 경우가 있다고 하더니 바로 그대가 아닌가? 분성괄은 이에 장례에 임하여 감히 곡하지 않고 예로써 일을 치루었다. 일을 다 마치고 문을 나온 뒤에야 소리내어 울었다."

○ **정안** 이 분성괄盆成适은 『맹자』의 분성괄盆成括인 것 같지만, 안자와 동시대 사람이고 또 공자의 문인이라 일컬으니 다른 사람인 것 같다. 그 부장하는 일은 『예기·단궁』에 기록된 두씨杜氏의 일을 답습한 것 같다.【『안자춘추』에는 봉어하逢於何가 그 어머니를 합장한 일도 있으니 이 모두 하나의 상투어이다.】 편부偏祔는 의당 편부楄柎가 되어야 한다.

14-35 마음 기르는 데 욕심 줄이는 것보다 나은 것이 없다는 장
〔養心莫善[41]於寡欲章〕

* 이 장에서 다산은 마음을 기르는 것은 도심道心을 보존하는 것이라고 보고, 조기와 주돈이의 과도한 해석을 비판하였다.

孟子曰:"養心莫善於寡欲. 其爲人也寡欲, 雖有不存焉者, 寡矣; 其爲人也多欲, 雖有存焉者, 寡矣."

趙曰:"少欲而亡者, 單豹[42]之類, 貪而不亡, 欒魘[43]之類."
○周子曰:"養心, 不止於寡而存耳。蓋寡之又寡, 以至於無, 則誠立明通."【見小註】
○張南軒曰:"存者, 謂其心之不外馳也."
○黃勉齋[44]曰:"孟子嘗言求放心矣, 又言存其心矣。操之則存, 舍之則亡."
○**鏞案** 趙註大謬。濂溪之說亦失本旨.
○孟子一生所察, 卽道心之存亡也。慾寡, 則道心亡者亦寡, 慾多, 則道心亡者亦多。君子之所嚴省者, 只這存亡而已.

---

41) 善:新朝本・奎章本에는 '先'으로 되어 있으나 『맹자・진심 하』에 따라 바로잡는다.
42) 單豹:단표는 『장자莊子・달생達生』에 나오는 노나라의 은자를 말한다. 산속에서 골짜기에 흐르는 물만 마시고 살아서 70세에도 얼굴이 아이 같았으나, 결국은 호랑이에게 잡아먹혔다고 한다.
43) 欒魘:난염은 중국 춘추시대 진晉나라의 대부 난서欒書의 아들을 말한다. 난서가 제齊와 초楚를 이겨서 왕실을 보좌한 공이 컸는데, 그의 아들 난염欒魘이 범선자范宣子의 딸 난기欒祁에게 장가들었다. 그의 대에는 망하지 않았으나, 그의 사후에 난기가 재산을 탕진하고, 그 아들 난영欒盈이 모함을 받아 멸족을 당하였다.
44) 齋:新朝本에는 '齊'로 되어 있다.

맹자가 말했다. "마음을 기르는 데 욕심을 줄이는 것보다 나은 것이 없다. 그 사람됨이 욕심이 적으면 비록 보존되지 못함이 있더라도 보존되지 못한 것이 적을 것이요, 사람됨이 욕심이 많으면 비록 보존됨이 있더라도 보존된 것이 적을 것이다."

조기가 말했다. "욕심을 적게 하였으면서도 망한 자는 단표單豹의 유이고, 탐욕스러웠으면서도 망하지 않은 자는 난염欒魘의 부류이다."

○ 주돈이가 말했다. "마음을 기르는 일은 욕심을 적게 하여 보존하는 데만 그치지 않는다. 대체로 욕심을 적게 하고 또 적게 하여 무욕에 이르게 되면 성이 확립되어 밝게 통하게 된다."【소주에 보인다.】

○ 장식이 말했다. "'존存'이란 마음이 밖으로 치달리지 않는 것이다."

○ 황간이 말했다. "맹자는 일찍이 '잃어버린 마음을 찾는 것'에 대해 말하였고, 또 '그 마음을 보존하는 것'에 대해서도 말하였으니, 잡고 있으면 보존되고 놓으면 잃어버린다."

○ **용안** 조기의 주는 크게 그르고, 주돈이의 설 또한 본뜻을 잃었다.

○ 맹자가 일생 동안 살핀 것이 바로 도심을 보존하느냐 잃어버리느냐 하는 것이었다. 욕심이 적으면 도심을 적게 잃고, 욕심이 많으면 도심을 많이 잃어버린다. 군자가 엄하게 살펴야 할 것은 단지 마음을 보존하느냐 잃어버리느냐 하는 것일 뿐이다.

14-37 공자께서 진 나라에 계시면서 우리 당의 선비가 광간하다고 했던 말씀에 관해 만장이 질문한 장

〔萬章問曰孔子在陳曰吾黨之士⁴⁵⁾狂簡章〕

* 맹자가 인간형을 광자와 견자와 향원으로 제시하였는데, 다산은 향원의 속성을 나타내는 표현으로 사용된 엄연閹然의 '엄閹'을 자신의 뜻을 드러내지 않는 것이라고 풀이하였다.

萬章問曰: "孔子在陳曰: '盍歸乎來! 吾黨之小子狂簡, 進取, 不忘其初.' 孔子在陳, 何思魯之狂士?" 孟子曰: "孔子'不得中道而與之, 必也狂獧乎! 狂者進取, 獧者有所不爲也.' 孔子豈不欲中道哉? 不可必得, 故思其次也." "敢問何如斯可謂狂矣?" 曰: "如琴張, 曾晳, 牧皮者, 孔子之所謂狂矣."

"何以謂之狂也?" 曰: "其志嘐嘐然, 曰, '古之人, 古之人.' 夷考其行, 而不掩焉者也. 狂者又不可得, 欲得不屑不絜之士而與之, 是獧也, 是又其次也. 孔子曰: '過我門而不入我室, 我不憾焉者, 其惟鄉原乎! 鄉原, 德之賊也.'"

曰: "何如斯可謂之鄉原矣?" 曰: "'何以是嘐嘐也? 言不顧行, 行不顧言, 則曰, 古之人, 古之人. 行何爲踽踽涼涼? 生斯世也, 爲斯世也, 善斯可矣.' 閹然媚於世也者, 是鄉原也."

---

45) 士: 新朝本·奎章本에는 '小子'로 되어 있으나 『맹자·진심 하』에 따라 바로잡는다.

만장萬章이 물었다. "공자孔子께서 진陳나라에 계시면서 말씀하시기를 '어찌 돌아가지 않겠는가? 오당吾黨의 선비가 광간狂簡하여 진취적이되, 그 처음을 버리지 못한다.'라고 하셨으니, 공자께서는 진나라에 계시면서 어찌하여 노나라의 광사狂士들을 생각하셨습니까?"

맹자께서 말씀하셨다. "공자는 '중도의 인물을 얻어 함께 하지 못할진댄 반드시 광견을 할진저! 광자는 진취적이요, 견자는 하지 않는 바가 있다.'라고 하셨으니, 공자께서 어찌 중도의 인물을 얻기를 원하지 않으셨겠는가? 반드시 얻을 수는 없기 때문에 그다음의 인물을 생각하신 것이다."

만장이 물었다. "감히 묻겠습니다. 어떠하여야 광狂이라 이를 수 있습니까?" 맹자께서 답하셨다. "금장琴張·증석曾晳·목피牧皮와 같은 자가 공자의 이른바 광狂이라는 것이다." 만장이 물었다. "어찌하여 광이라고 이릅니까?" 맹자께서 말씀하셨다. "그 뜻이 높고 커서 말하기를 '옛사람이여, 옛사람이여!' 하되, 평소에 그의 행실을 살펴보면 행실이 말을 가리우지 못하는 자이기 때문이다. 광자를 또 얻지 못하거든, 불결한 것을 좋게 여기지 않는 선비를 얻어서 더불고자 하셨으니, 이가 견이니, 이는 또 그다음인 것이다."

만장萬章이 물었다. "공자께서 말씀하시기를 '내 문 앞을 지나면서 내 집에 들어오지 않더라도 내 유감으로 여기지 않을 자는 그 오직 향원鄕原일 것이다. 향원은 덕의 적賊이다.' 하셨으니, 어떠하여야 향원이라 이를 수 있습니까?"

맹자께서 말씀하셨다. "어찌하여 이처럼 말과 뜻이 커서 말은 행실을 돌아보지 않으며, 행실은 말을 돌아보지 않고 말하기를 '옛 사람이여, 옛 사람이여!' 하며, 행실을 어찌하여 이처럼 외롭고 쓸쓸하게 하는고. 이 세상에 태어났으면 이 세상을 위하여 남들이 선善하다고 하면 이 가可하다.' 하여서, 속에 품고 드러내지 않으면서 세상에 아첨하는 자가 이 향원鄕原이다."

萬章曰: "一鄕皆稱原人焉, 無所往而不爲原人, 孔子以爲德之賊, 何哉?" 曰: "非之無擧也, 刺之無刺也, 同乎流俗, 合乎汚世, 居之似忠信, 行之似廉絜, 衆皆悅之, 自以爲是, 而不可與入堯舜之道, 故曰'德之賊'也. 孔子曰: '惡似而非者; 惡莠, 恐其亂苗也; 惡佞, 恐其亂義也; 惡利口, 恐其亂信也; 惡鄭聲, 恐其亂樂也; 惡紫, 恐其亂朱也; 惡鄕原, 恐其亂德也.' 君子反經而已矣. 經正, 則庶民興; 庶民興, 斯無邪慝矣.

趙曰: "琴張, 子張也.《論語》曰, '師也, 辟.'[46] 又善鼓琴, 號曰琴張."

○《集》曰: "琴張, 名牢, 字子張."
○麟曰: "趙蓋未知《左傳》有琴張."

引證 莊子曰: "子桑戶·孟子反·子琴張相與爲友.

---

46) 師也, 辟: 『논어論語·선진先進』에 보인다.

만장이 말했다. "한 지방이 모두 원인原人이라고 이른다면 가는 곳마다 원인原人이 되지 않음이 없거늘, 공자께서 '덕의 적賊'이라고 하심은 어째서입니까?" 맹자께서 말씀하셨다. "비난하려 하여도 들 것이 없으며, 풍자하려 하여도 풍자할 것이 없어서, 유속流俗과 동화하며 더러운 세상에 영합하여, 거居함에 충신忠信과 같으며 행함에 청렴결백과 같아서, 여러 사람들이 다 좋아하거든, 스스로 옳다 여기되 요순의 도에 들어갈 수 없다. 그러므로 '덕의 적賊'이라고 하신 것이다. 공자께서 말씀하셨다. '같으면서 아닌 것[似而非]을 미워하노니, 가라지를 미워함은 벼의 싹을 어지럽힐까 두려워해서요, 말재주가 있는 자를 미워함은 의義를 어지럽힐까 두려워해서요, 말 잘하는 입을 가진 자를 미워함은 신신을 어지럽힐까 두려워해서요, 정鄭나라 음악을 미워함은 정악正樂을 어지럽힐까 두려워해서요, 자주색을 미워함은 붉은 색을 어지럽힐까 두려워해서요, 향원鄕原을 미워함은 덕을 어지럽힐까 두려워해서이다.' 군자는 떳떳한 도를 회복할 뿐이니, 경도經道가 바로잡히면 서민庶民이 흥기하고, 서민이 흥기하면 사특邪慝함이 없어질 것이다."

조기가 말했다. "금장琴張은 자장子張이다. 『논어』에 '사는 편벽되다.'라고 하였다. 그는 또 거문고를 잘 타서 금장이라고 불렀다."

○ 『맹자집주』에서 말했다. "금장은 이름이 뇌이고 자가 자장이다."

○ 왕응린이 말했다. "조기는 아마도 『춘추좌씨전』에 금장이 있는 줄 몰랐던 것 같다."

인증 장자莊子가 말했다. "자상호子桑戶와 맹자반孟子反과 자금장子琴張이 서로 벗이 되었다.

子桑戶死未葬, 孔子聞之, 使子貢往侍[47]事。或編曲或鼓琴, 相和而歌曰, '嗟來, 桑戶乎! 而已反其眞, 而我猶爲人猗。' 子貢[48]趨而進曰, '敢問臨喪而歌, 禮乎?' 二人相視而笑曰, '是惡知禮[49]意?'"【大宗師】
○〈檀弓〉曰:"季武子寢疾, 及其喪也, 曾點倚門而歌。"

趙曰:"屑, 潔也, 不潔, 汚穢也。能治惡行者, 可與言矣。"
○陳曰:"以不善爲不潔, 而不屑爲之也。"
○鏞案 趙註不可刪也。

《集》曰:"閹, 如奄人之奄。"
○[50] 閹與奄·弇通。〈月令〉曰:"其器閎以奄。"【注云:"奄者, 上窄。"】〈考工記〉曰:"弇則鬱。"【凡器之口小中寬者, 謂之[51]弇】小人含意不宣, 以媚於人, 謂之閹。今之所謂媕婀,[52] 卽此意。

---

47) 侍: 新朝本에는 '行'로 되어 있으나 『장자莊子·대종사大宗師』에 따라 바로잡는다.
48) 貢: 新朝本에는 '夏'로 되어 있으나 『장자莊子·대종사大宗師』에 따라 바로잡는다.
49) 禮: 新朝本에는 이 뒤에 '禮'가 있다.
50) ○: 용례상 이 뒤에 '鏞案'이 보충되어야 옳은 듯하다.
51) 之: 新朝本에는 '小'로 되어 있다.
52) 媕婀: 암아는 머뭇거리며 결단을 내리지 못하는 모양을 말한다.

자상호가 죽어 아직 장사를 치르기 전에 공자가 그 소식을 듣고서 자공으로 하여금 가서 일을 돕게 하였다. 자공이 가보니, 어떤 이는 악곡을 만들고, 어떤 이는 거문고를 타면서 서로 어울려 노래하기를 '야, 상호야! 너는 진으로 돌아갔는데, 우리는 아직도 이 세상 사람이구나!'라고 하였다. 자공이 달려 나와 그들에게 말하기를 '감히 묻건대, 상에 임해서 노래를 부르는 것이 예인가?'라고 하니, 두 사람이 서로 보며 웃으며 말하기를 '이 사람이 어찌 예의 뜻을 알겠는가?'라고 하였다."【『장자·대종사』에 보인다.】

　○ 『예기·단궁』에서 말했다. "계무자가 병이 들었는데, 그가 죽자 증점이 문에 기대어 노래를 불렀다."

　조기가 말했다. "'설'은 깨끗함이고, '불결'은 더러움이다. 악행을 잘 다스리는 자는 더불어 말할 수 있다."

　○ 진사개가 말했다. "선하지 않은 것을 깨끗하지 않은 것으로 여겨, 이런 일 하기를 달갑게 여기지 않은 것이다."

　○ **용안** 조기의 주는 깎아버릴 수 없다.

　『맹자집주』에서 말했다. "'엄閹'은 엄인奄人(환관)의 엄奄과 같다."

　○ **용안** '엄閹'은 엄奄, 엄弇과 통한다. 『예기·월령』에서 말했다. "그 그릇은 가운데가 넓고 위가 좁다[弇]."【주에서 "엄奄이란 위가 좁은 것이다."라고 하였다.】 『주례·고공기』에서 말했다. "엄하면 막힌다."【그릇의 주둥이가 작고 가운데가 넓은 것을 '엄'이라고 한다.】 소인이 뜻을 품고 드러내지 않으면서 남에게 아첨하는 것을 엄閹이라고 하니, 오늘날 이른바 암아婀娿가 곧 이 뜻이다.

14-38 요순으로부터 탕왕에 이르기까지 5백년이라고 한 장
〔由堯舜至於湯五百有餘歲章〕

* 이 장에서는 유가의 도통을 설명하였는데, 다산은 특별한 의견을 개진하지 않았다.

孟子曰: "由堯舜至於湯, 五百有餘歲, 若禹·皐陶, 則見而知之; 若湯, 則聞而知之. 由湯至於文王, 五百有餘歲, 若伊尹·萊朱, 則見而知之; 若文王, 則聞而知之. 由文王至於孔子, 五百有餘歲, 若太公望·散宜生,⁵³⁾ 則見而知之; 若孔子, 則聞而知之. 由孔子而來至於今, 百有餘歲, 去聖人之世若此其未遠也, 近聖人之居若此其甚也, 然而無有乎爾, 則亦無有乎爾."

《集》曰: "篇終歷序群聖之統."
○麟曰: "《論語》終於〈堯曰〉篇,《孟子》終於堯·舜·湯·文·孔子, 而《荀子》亦終〈堯問〉, 其意一也."⁵⁴⁾

---

53) 散宜生: 산의생은 중국 주나라 문왕의 벗이자 무왕의 신하이다. 문왕이 주왕紂王의 의심을 사서 유리羑里에 갇혔을 때 뇌물을 바치고 문왕을 풀려나게 하였고, 무왕 때는 훌륭한 신하 10명을 꼽을 때 포함되었다.
54) 신조본에는 이 단락의 마지막에 '與猶堂全書 第二集 第六卷【終】'라는 권차 표시가 있다.

맹자께서 말씀하셨다. "요순으로부터 탕왕에 이르기까지가 5백여 년이니, 우왕과 고요皐陶는 직접 보고서 알았고, 탕왕은 들어서 아셨다. 탕왕으로부터 문왕에 이르기까지가 5백여 년이니, 이윤伊尹과 내주萊朱는 직접 보고서 알았고, 문왕은 들어서 아셨다. 문왕으로부터 공자에 이르기까지가 5백여 년이니, 태공망太公望과 산의생散宜生은 직접 보고서 알았고, 공자는 들어서 아셨다. 공자로부터 오늘에 이르기까지가 백여 년이니, 성인聖人의 세대와의 거리가 이와 같이 멀지 않으며, 성인이 거주하신 곳과 가까움이 이와 같이 심한데, 그럼에도 아무 것도 없으니, 그렇다면 또한 아무것도 없겠구나!"

『맹자집주』에서 말했다. "편의 끝에 여러 성인의 도통을 차례로 서술하였다."

○ 왕응린이 말다. "『논어』는 「요왈堯曰」에서 마치고, 『맹자』는 요임금·순임금·탕임금·문왕·공자에서 마쳤으며, 『순자』는 또한 「요문堯問」에서 마쳤으니, 그 의미가 한가지이다."

색인

【ㄱ】

가공언賈公彦 378, 379
『가우집嘉祐集』 198
가의賈誼 86, 87, 304, 305, 535
각초角招 105
『간하도낙서설看河圖洛書說』 428
갈백葛伯 390, 391
강녀姜女 119
걸왕桀王 290, 291, 395, 773, 783, 796, 797, 799
겸선兼善 411
경방京房 248
경세제민經世濟民 423
경수창耿壽昌 68, 69, 774
『경전서록經典序錄』 149
경춘景春 378, 379
『계고록稽古錄』 598, 599
『고고도考古圖』 460
고공단보古公亶父 118, 119
고몽린顧夢麟 280, 486, 487, 781
『고문상서소증古文尙書疏證』 366
『고문상서원사古文尙書寃詞』 583, 585
『고사전高士傳』 34, 478
『고상서古尙書』 399
고수瞽瞍 31, 558, 559, 566, 567, 569, 578, 579, 581, 585, 587, 697, 872, 873, 875, 877, 923, 927
고염무顧炎武 24, 486, 638, 639, 641
고요皐陶 160, 161, 363, 729, 872, 873, 875, 877, 947

고종高宗 88, 202, 203, 313, 315, 378, 591
『곡량전穀梁傳』 55, 134, 334, 385, 582, 789
『곡량폐질穀梁廢疾』 62
곤鯀 524, 525, 575
공공共工 575, 902
공도자公都子 406, 407, 471, 696, 697, 754, 755
공류公劉 116, 117
공명고公明高 554, 555, 557
공명의公明儀 286, 287, 381, 409, 529
공법貢法 326, 332, 333, 337, 339, 341, 351
공손연公孫衍 378, 379
공손정公孫丁 529, 531
공손추公孫丑 22, 29, 132, 143, 144, 145, 150, 151, 159, 161, 165, 181, 195, 197, 199, 241, 370, 394, 400, 401, 455, 559, 560, 572, 706, 709, 777, 884, 885
공수자公輸子 418, 419
공양고公羊高 352
『공양묵수公羊墨守』 62
『공양전公羊傳』 54, 55, 62, 134, 186, 187, 334, 352, 523, 801, 917
공영달孔穎達 134, 186, 187, 237, 275, 392, 531, 565, 574, 585, 671
공자격公子格 639
공자신公子申 149
공전公田 61, 63, 65, 204, 205, 314, 321, 325, 327, 329, 335, 341, 349

『공총자孔叢子』 20, 21, 27
곽말약郭沫若 64
곽숙霍叔 267, 269, 273, 275
관숙管叔 158, 159, 266, 267, 269, 271, 273, 275, 277
『관자管子』 63, 65, 74, 84, 85, 87, 113, 364, 365, 409, 411, 521, 535
『관자교정管子校正』 64
『관자주管子注』 64
『관자집교管子集校』 64
광무제光武帝 71
『광아廣雅』 570, 571
「광절교론廣絶交論」 89
교격膠鬲 146, 147, 618, 803
구기법九畿法 477
구혁법溝洫法 351, 353
『국어國語』 54, 55, 237, 311, 322, 340, 341, 673, 698, 699, 807, 914
『국어주國語註』 54, 55
「굴원전屈原傳」 369
궁지기宮之奇 605
권철신權哲身 370, 371
규전圭田 349, 352, 353, 357
극예郄芮 524, 525
『급총주서汲冢周書』 488, 489
기결冀缺 524, 525
기자箕子 146, 147, 233, 324, 325, 326, 327, 489
기주岐周 117, 119, 123, 477, 577, 591
기호嗜好 286, 289, 293, 295, 699, 701, 827, 854, 857, 920, 921

김이상金履祥 84, 126, 127, 129, 477

【ㄴ】

난왕赧王 23
『남사南史』 616, 617
낭야琅邪 103, 111, 113, 115, 641
노담老聃 415
『노무릉집盧武陵集』 88
노사도盧思道 88, 89
노평공魯平公 123, 136, 137, 139
『논어論語』 23, 24, 26, 32, 33, 36, 90, 97, 107, 146, 162, 169, 192, 195, 210, 214, 223, 225, 226, 233, 234, 235, 237, 258, 259, 261, 312, 320, 336, 340, 341, 367, 368, 370, 382, 383, 402, 404, 412, 432, 444, 445, 448, 449, 450, 457, 462, 469, 492, 493, 494, 629, 641, 652, 669, 698, 702, 704, 705, 747, 770, 774, 784, 786, 791, 793, 795, 942, 943, 947
『논어상설論語詳說』 414
『논어집주고증論語集註考證』 84
『능엄경楞嚴經』 302, 303

【ㄷ】

단간목段干木 401, 492, 493
『단궁잠오檀弓箴誤』 322, 323
단장취의斷章取義 371
당태종唐太宗 71, 161

「대사마大司馬」 446, 447, 477, 648, 795
대영지戴盈之 404, 405
대체大體 289, 651, 751, 754, 755, 757, 827
『대학소의大學疏義』 84
도강徒杠 481
도공悼公 317, 641
『도올檮杌』 515
도응桃應 872, 873
도척盜跖 290, 291, 721, 723, 725, 831, 863
도통道統 28, 39, 299, 731, 946, 947
『독사관견讀史管見』 414
독선獨善 411
동이東夷 477, 479
동중서董仲舒 44, 45, 62, 537
『동파서전東坡書傳』 70
『동파역전東坡易傳』 70
두예杜預 24, 134, 215, 268, 269, 316, 317, 393, 402, 405, 443, 803, 887
등문공滕文公 29, 132, 133, 134, 255, 277, 278, 285, 286, 287, 306, 315, 317, 320, 321, 334, 349, 377, 395, 423, 496
등정공滕定公 306, 307

【ㅁ】

마단림馬端臨 22, 350, 351
마속馬謖 462, 463
매색梅賾 273, 277, 369, 390, 397, 399, 488, 489, 578, 581, 583, 585, 587,
597, 599, 603, 623, 789, 899
맹가孟軻 21, 27, 29, 137, 425
맹경자孟敬子 316, 317
맹모삼천孟母三遷 141
맹문산門山 148, 149
맹분孟賁 151, 165
맹시사孟施舍 151, 163, 165, 167
『맹자생졸년월일고孟子生卒年月日考』 366
『맹자요의孟子要義』 42, 448, 691, 709
『맹자정의孟子正義』 28, 29, 33, 37, 39, 42, 193, 386, 676, 919
「맹자제사孟子題辭」 21, 27, 29, 33, 141
『맹자집주고증孟子集註考證』 84
맹헌자孟獻子 636, 637, 641
명고鳴鼓 447, 449, 554, 555, 557
명당明堂 46, 116, 117, 119, 121, 123, 631, 793, 795
명리설明理說 193
명심견성明心見性 295
명조鳴條 476, 477, 600, 603
모기령毛奇齡 24, 25, 35, 62, 63, 69, 87, 89, 101, 113, 116, 119, 121, 123, 133, 135, 169, 175, 177, 237, 255, 266, 267, 275, 313, 317, 335, 337, 340, 341, 367, 369, 390, 393, 400, 403, 411, 412, 421, 439, 441, 531, 535, 539, 541, 571, 573, 576, 578, 581, 583, 585, 604, 607, 609, 617, 633, 639, 641, 653, 655, 777, 779, 802, 803, 805, 823, 895, 906, 907, 915,

917, 919
『모시해고毛詩解詁』 68
무경武庚 267, 269, 271, 273
무성武城 107, 286
무정武丁 147
묵적墨翟 406, 409, 411, 415, 864, 865
「문설文說」 33
문일다聞一多 64
『문자文子』 247, 340, 364, 365, 403, 430, 431, 494, 495, 529
문조文祖 30, 593
『문헌통고文獻通考』 22, 23, 38, 129, 237, 350, 551, 631, 833
미자微子 146, 147, 233, 234, 368, 394, 412, 489, 697
민자건閔子騫 155, 168, 199, 449, 450

【ㅂ】

박읍亳邑 597, 603
반흥사潘興嗣 488, 489
발모마정拔毛磨頂 412, 413
방몽逄蒙 528, 529, 724, 725
「방훈放勳」 361, 579
백규白圭 798, 799, 923
백금伯禽 312, 313, 631
백리해百里奚 604, 605, 606, 607, 609, 703, 783, 803, 805, 807
백어伯魚 22, 23, 25, 305
백이伯夷 157, 217, 228, 229, 231, 233, 234, 235, 438, 439, 612, 613, 615, 617, 625, 783, 858, 859, 862, 863, 873, 906, 907
「백이전해伯夷傳解」 233
범선자范宣子 340, 341, 938
범조우範祖禹 422, 423
『법언法言』 32, 33
「변명론辨命論」 88
복자천宓子賤 107
「복조부鵩鳥賦」 86
부동심不動心 150, 151, 159, 161, 163, 165, 171, 175, 181, 677
부열傅說 802, 803
북궁유北宮黝 151, 163, 165, 167, 169
북궁의北宮錡 626, 627
분성괄盆成括 934, 935, 937
비간比干 146, 147, 489, 697, 705, 828, 829, 831, 923
『비연집斐然集』 414

【ㅅ】

사광師曠 418, 419, 719
『사기史記』 21, 22, 23, 25, 29, 31, 35, 83, 85, 99, 127, 231, 233, 268, 269, 275, 279, 393, 460, 478, 479, 577, 587, 590, 599, 603, 607, 638, 639, 653, 655, 720, 721, 805, 862, 863
사량좌謝良佐 460
사령운謝靈運 570, 571
사마정司馬貞 22, 23
「사물잠四勿箴」 179, 711

『사서몽인四書蒙引』 130, 428, 429, 439, 477, 525, 753, 764, 835, 851
『사서석지四書釋地』 366
사숙私淑 23, 525
사전私田 61, 321, 335, 349
사추史鰌 282, 283
삼년상三年喪 31, 138, 306, 313, 579, 589, 591, 593, 594, 595, 887
『삼천지三遷志』 24, 25
삼환三桓 48, 49, 702
상商 202, 257, 271, 315, 325, 343, 905
『상례사전喪禮四箋』 277
『상서고훈尙書古訓』 396, 584
『상서대전尙書大全』 56, 57
『상서주尙書注』 84
『상서표주尙書表注』 84
상앙商鞅 331, 365
서벽徐辟 372, 373
『석명釋名』 88
설契 361, 565
『설문해자說文解字』 178, 179, 481, 483, 509, 694, 913
『설원說苑』 112, 460, 483, 639, 805
설직薛稷 88, 89
성간成覸 305
『성리대전性理大全』 299, 625
성선性善 20, 29, 33, 287, 290, 293~301, 683~701, 705, 713, 721, 731, 743, 923
「성선변性善辨」 33
『성신법省身法』 428
성악性惡 295, 299, 537

『성증론聖證論』 26, 27, 582
『세사유편世史類編』 599
『세설신어世說新語』 88
소순蘇洵 70, 198
소식蘇軾 70, 71, 73, 198, 439, 460, 511, 697, 699, 701, 875, 945
소옹邵雍 208
소철蘇轍 70, 198
『속맹자續孟子』 28, 29
손석孫奭 26, 28, 32, 33, 37, 39, 42, 60, 61, 97, 99, 193, 209, 245, 386, 443, 455, 549, 571, 599, 653, 655, 677, 741, 777, 787, 789, 799, 829, 839, 853, 863, 871, 881, 885, 903, 907, 919
손임보孫林父 531
송경공宋景公 203
『송서宋書』 375
『수경水經』 480
『수경주水經注』 279, 480, 481
숙손야叔孫婼 634, 635
숙손표叔孫豹 340, 341, 343, 634
숙향叔向 312, 313, 483
순舜 31, 122, 149, 157, 159, 287, 291, 305, 325, 333, 361, 363, 367, 387, 399, 407, 411, 419, 423, 469, 477, 509, 543, 555~569, 573~595, 601, 603, 613, 619, 637, 659, 697, 699, 703, 705, 711, 721~725, 773~777, 781, 791, 799, 803, 843~847, 851~855, 863, 867, 871~877, 895, 923, 927, 943, 947

순경荀卿 127, 249, 295, 299, 635
순수巡狩 103, 787
순우곤淳于髡 782, 783
술직述職 103, 111, 787
『시경시세도詩經時世圖』 517, 670
『시법諡法』 198
신농神農 325, 358, 359, 364, 365
신독愼獨 297, 698
『신서新書』 86, 87, 305, 535
심동心同 263
심체心體 213, 701, 739, 747
심학心學 24, 167

【ㅇ】

아성亞聖 20, 31
『악서고존樂書孤存』 422, 621
『악서해樂書解』 422, 423
안사고顔師古 44, 68, 69, 577
안연顔淵 155, 168, 199, 210, 211, 214, 287, 336, 450, 725, 770, 831
안영晏嬰 104, 113, 415, 927, 936
『안자춘추晏子春秋』 104, 105, 110, 111, 113, 505, 934, 935, 937
양백준楊伯俊 18
양시楊時 60, 61, 414, 460, 493, 495, 497, 525, 893
양양왕梁襄王 70, 73, 85, 135, 898
양웅揚雄 32, 294, 295, 297, 299, 301, 532, 533, 731
양주楊朱 406, 409, 410, 411, 412, 413, 415, 864, 865, 867
양혜왕梁惠王 41, 42, 43, 49, 52, 53, 59, 61, 67, 83, 85, 86, 93, 135, 334, 336, 560, 695, 763, 898
양호陽虎 158, 320, 321, 322, 323, 617
양화陽貨 320, 368, 400, 401, 403, 492, 493, 702
여대림呂大臨 460, 461
여민동락與民同樂 52
여부餘夫
『여씨춘추呂氏春秋』 107, 149, 365, 404, 405, 641
여조겸呂祖謙 30, 60, 68, 184, 185, 342, 492
『역경몽인易經蒙引』 428
『역례易例』 201, 473, 747
역아易牙 718, 719
연릉계자延州來季子 238, 239
『열녀전列女傳』 112, 141, 237, 805
염약거閻若璩 24
염우冉牛 155
영가학파永嘉學派 68
「영광전부靈光殿賦」 582, 583, 768
영대靈臺 53
영소靈沼 53
영유靈囿 53
예羿 529
『예경禮經』 378, 379, 556, 557
오륜五倫 358, 369
오묘지택五畝之宅 67
오정吳程 23, 303, 551

오패五霸 74, 786, 787, 871
오행五行 36, 112, 245, 326, 471, 689
옥려자屋廬子 768, 769
완효서阮孝緒 582, 583
「왕공론王龔論」 89
왕도王道 59, 75, 105
왕망王莽 32, 331, 532, 581, 711
왕소王劭 22, 23
왕숙王肅 26, 27, 397, 582, 583
왕유王維 532, 533
왕응린王應麟 26, 27, 35, 39, 44, 45, 67, 69, 99, 105, 115, 149, 199, 279, 319, 365, 375, 415, 425, 431, 483, 505, 513, 639, 641, 673, 677, 773, 787, 821, 867, 879, 905, 943, 947
요덕명廖德明 128
요로饒魯 138, 139, 383, 546, 547, 743
요방흥姚方興 581, 583
요순堯舜 148, 157, 286, 287, 291, 320, 363, 371, 399, 407, 411, 419, 423, 601, 603, 613, 703, 721, 723, 772, 773, 775, 791, 799, 843, 855, 870, 895, 943, 946, 947
「요전堯典」 30, 31, 396, 397, 488, 524, 563, 569, 571, 579, 581, 583, 585, 588, 591, 593, 781
용자龍子 320, 321, 332, 333, 339, 719
우산牛山 733
우왕禹王 512, 513, 537, 546, 547, 562, 594, 595, 912, 913, 947
우제虞祭

『원화군현지元和郡縣志』 104, 105
위무지魏無知 412, 413
위사魏斯 48, 49
위소韋昭 54, 55, 63, 521
유공차庾公差 529, 531
유비有庳 575, 577
유약有若 157, 363
유하혜柳下惠 6, 13, 216, 228, 229, 234, 235, 237, 290, 612, 613, 615, 617, 625, 783, 863, 873, 906, 907
유향劉向 33, 44, 112, 113, 365, 639, 805
유형원柳馨遠 422
유흠劉歆 20, 33, 672
유희劉熙 89
육구연陸九淵 538, 539
윤동尹峒 184
윤종심尹鍾心 184
은殷 146, 147, 149, 158, 202, 231, 233, 255, 266, 267, 299, 271, 275, 286, 315, 317, 321, 324, 325, 328, 331, 333, 427, 488, 562, 591, 599, 643, 828, 898
『의례儀禮』 54, 74, 134, 138, 139, 187, 215, 257, 378, 396, 485, 651, 885, 917, 927
이강회李綱會 190
이광李廣 160, 161
이기론理氣論 175, 810, 822
이도전李道傳 128
이루離婁 35, 42, 59, 149, 163, 182, 185, 211, 213, 217, 309, 325, 331, 361,

368, 417, 418, 419, 421, 424, 452, 453, 469, 475, 483, 569, 621, 636, 685, 689, 707, 709, 729, 735, 744, 797, 823, 825, 861, 863, 878, 903, 911, 912, 913

『이아爾雅』 32, 33, 570, 571

이윤伊尹 157, 399, 595, 597, 599, 600, 601, 612, 613, 615, 625, 783, 873, 947

이주離朱 421

이지夷之 373

이학理學 208

『인물고人物考』 599

인작人爵 758, 759, 760

인정仁政 74, 81, 147, 193, 200, 201, 204, 217, 349, 359, 419, 423, 425, 447, 765

인화人和 242, 243

임신사林慎思 29

임지기林之奇 194, 195, 341, 665, 781, 855, 932, 933

【ㅈ】

자사子思 21, 23, 25, 27, 28, 279, 281, 283, 295, 299, 304, 448, 487, 489, 527, 637, 639, 657~661, 783, 823

자산子産 338, 345, 442, 481, 567, 569, 765

자여子輿 27

자유子游 107, 155, 168, 363, 449

자장子張 155, 286, 313, 363, 370, 414, 449, 451, 943

자최복齊衰服 485

자쾌子噲 263, 573

자탁유자子濯孺子 529

자하子夏 97, 149, 151, 155, 169, 363, 414, 449, 452, 671

장식張栻 30, 60, 68, 492, 493, 696

장의張儀 379

장재張載 208, 460, 823

장창臧倉 136, 137, 139, 261

장포莊暴 94, 95

저자儲子 127, 548, 551

저풍諸馮 476, 477

「적벽부赤壁賦」 511

『전국책戰國策』 44, 85, 127, 129, 133, 135, 237, 393, 807

전부산轉附山 87, 103, 111

『전한서前漢書』 581

전영田嬰 126, 133, 135, 638

절지折枝 74, 77, 87, 89

정백웅鄭伯熊 68

정약용丁若鏞 18, 42, 99, 112, 123, 135, 139, 422, 705

정약전丁若銓 109, 232

정이程頤 60, 298, 537

정전井田 51, 73, 320, 323, 325, 327~333, 339, 351, 353, 357, 423

정현鄭玄 26, 36, 54, 55, 61, 87, 96, 138, 187, 268, 269, 277, 286, 309, 311, 351, 353, 354, 357, 369, 582, 583, 671, 774, 903, 913

정호程顥 60, 298, 299, 538

제민왕齊湣王 83, 85, 124, 127, 129, 133, 135
제선왕齊宣王 75, 85, 100, 101, 102, 103, 116, 117, 124, 125, 126, 127, 129, 133, 135, 313, 464, 485, 878, 884, 887
『제왕세기帝王世紀』 34, 478, 562, 563, 597
제을帝乙 203
제환공齊桓公 75, 277, 515, 523
조간자趙簡子 258, 259, 641
조괄趙括 462, 463
조교曹交 772, 773
「조굴원부弔屈原賦」 86
조기趙岐 20, 21, 27, 29, 33, 37, 44, 141, 199, 232, 287, 481, 531, 561, 573, 607, 867, 887
조맹부趙孟頫 532, 533
조무산朝儛山 87, 103, 111
조법助法 314, 315, 321, 328, 334, 335, 337, 341, 351
조식曹植 571
『조야첨재朝野僉載』 89
「조주한문공묘비음趙州韓文公墓碑陰」 511
좌구명左丘明 148, 149, 452, 453
『좌씨고육左氏膏肓』 62
『좌씨장지左氏章指』 68
『주례周禮』 20, 54, 61, 65, 66, 107, 174, 175, 186, 187, 269, 271, 319, 329, 348, 350, 351, 352, 353, 355, 366, 367, 378, 396, 446, 477, 618, 626,

629, 630, 631, 633, 646, 647, 648, 649, 672, 790, 791, 793, 795, 799, 913, 915, 919, 933, 945
『주례설周禮說』 68
주묘周廟 121, 123
주소周霄 381
주아부周亞夫 160, 161
『주역사전周易四箋』 324, 325
『주자어류朱子語類』 128, 129, 281, 815, 931
『죽서기년竹書紀年』 134, 135, 393, 597
중니仲尼 29, 75, 363, 492, 493, 506, 507, 595
『중용설中庸說』 297, 699
『중용혹문中庸或問』 297, 693
증삼曾參 149, 413
증서曾西 145
증신曾申 149, 304, 305
지언知言 153, 155, 173, 181, 191, 193, 197
『지재론조止齋論祖』 68
진량陳良 359, 363
진목공秦穆公 604, 605, 607, 783
진문공晉文公 75, 85, 515, 523, 524
진부량陳傅良 68
진사개陳師凱 126, 127, 222, 223, 725, 749, 945
진상陳相 359, 365
『진서晉書』 215, 617
진식陳埴 176, 177, 178, 209, 299, 713
진중자陳仲子 496, 497

진평陳平 160, 161, 412, 418, 637

【ㅊ】

창랑지가滄浪之歌
『창려선생집昌黎先生集』 28
채모蔡模 470, 471, 523
채숙蔡叔 158, 267, 269, 273, 275
채읍采邑 45, 47, 239, 277, 348
채청蔡淸 130, 131, 203, 281, 428, 429, 439, 448, 449, 477, 525, 527, 599, 647, 753, 763, 765, 781, 835, 851, 881, 909
천명天命 103, 136, 137, 201, 296, 301, 427, 437, 588, 594, 689, 693, 705, 715, 717, 729, 731, 755, 811, 817, 821, 877, 883
천시天時 242, 243, 245, 247, 249, 424
천작天爵 758, 759
철법徹法 328, 335, 337, 855
『초사楚辭·어부사漁父辭』 431
『춘추석례春秋釋例』 134, 135, 268, 393
『춘추장력春秋長歷』 268
『춘추정의春秋正義』 134, 135, 392, 393, 531
『춘추좌전집해春秋左傳集解』 268
충우充虞 250, 251, 257, 261
측천무후則天武后 88
『칠록七錄』 583

【ㅌ】

탕湯 147, 391, 393, 595, 596, 603, 773, 899, 903, 905, 947
태갑太甲 201, 203, 430, 431, 596, 597, 599, 671
태강太康 109, 671
태뢰太牢 139, 651
태산泰山 77, 89, 119, 157, 159, 163, 860, 861, 919
「태서설太誓說」 399
태숙太叔 338, 339, 494, 495
태정太丁 202, 595, 597, 599
태평공주太平公主 88, 89
투의신鬪宜申 149

【ㅍ】

패도覇道 85, 105
팽갱彭更 386, 387
필영畢郢 477

【ㅎ】

하휴何休 62, 63, 521
『학씨구경해郝氏九經解』 252
한고조漢高祖 710
『한비자韓非子』 51, 99
『한서漢書』 20, 21, 25, 27, 33, 35, 36, 44, 51, 61, 63, 67, 68, 69, 100, 119, 120, 217, 268, 269, 279, 304, 364, 365,

404, 412, 422, 425, 481, 577, 581,
617, 625, 720, 727, 779, 805, 863, 907

한유韓愈 29, 339, 703

함구몽咸丘蒙 578, 579

허령불매虛靈不昧 303

『허재집虛齋集』 428

허행許行 358, 359, 365, 371

『현안춘추玄晏春秋』 34, 478

혜강嵇康 236, 237

호생불해浩生不害 677, 930, 931

호안국胡安國 312, 313, 414, 696, 697, 700, 701

호연지기浩然之氣 153, 179, 181, 182, 183, 185, 189, 191, 193, 197, 199, 819, 879

호인胡寅 414, 415

호흘胡齕 75

홍범구주洪範九疇 320, 326, 327

「홍범도洪範圖」 327

황보밀皇甫謐 34, 35, 478, 479, 562

황제黃帝 32, 50, 88, 101, 119, 122, 148, 268, 325, 418, 420, 421, 422, 562, 563, 565, 710, 727, 839, 863

『회남자淮南子』 539, 541, 727

『효경孝經』 32, 33, 121

후직后稷 116, 121, 361, 477, 479, 547, 793, 855, 867

훈종釁鍾 74, 75